연등회요 1
선문답과 법문 공안집

일러두기

1. 이 책은 『만신찬속장경(卍新纂續藏經)』 제79책인 『종문연등회요(宗門聯燈會要)』 (회옹오명 편저) 총 30권을 번역하고 주석한 책입니다. 『종문연등회요』는 중국 선종(禪宗)에서 이어 온 법계를 따라 모두 656명의 조사와 선사들이 깨달은 인연담, 선문답, 상당법어, 전법게 등을 실은 공안집(公案集)입니다.

2. 이 책에 실린 내용에 대한 자세한 해설은 무심선원 법문 영상으로 확인할 수 있으며, 본문에 삽입된 QR코드를 스마트폰으로 스캔하면 관련 영상을 시청할 수 있습니다.

3. 그 외 다양한 법문 관련 영상 및 음성 자료는 무심선원 홈페이지(www. mindfree.net)를 통해 이용할 수 있습니다. ※문의: 051-515-7226

선문답과 법문 공안집

聯燈

연등회요

1

會要

회옹오명 편저

김태완 역주

담앤북스

책을 펴내며

선(禪)이란

말하면 도리어 어둡고 말하지 않으면 밝으며

찾으면 도리어 없는데

찾지 않으면 늘 앞에 드러나 있다.

본래 말할 수 없는 것을 억지로 말하니

부처님과 조사의 모든 말은 뱀의 다리를 그린 것이다.

왜 이런 수고를 마다하지 않으실까?

중생을 제도하려고 자비를 베푸신 것이다.

부처님과 조사가 스스로의 입을 더럽히면서 말씀하신

그 무한한 자비의 혜택을 이 책에서 누려 보기 바란다.

그러나 한마디를 듣고 열 마디를 알아듣는 지혜가 없으면

부처님과 조사의 은혜를 갚지 못할 뿐만 아니라

도리어 부처님과 조사를 비난하게 될 것이고

지혜를 얻는 것이 아니라 더욱 어리석게 될 것이다.

부처님과 조사의 말씀을 알아듣는 지혜가 없다면

자신의 어리석음을 알고 성실하게 배우려는 자세로

부처님과 조사의 말씀을 대해야 하며

함부로 경솔하게 판단하지 말아야 한다.

생각이 끊어지고 분별에서 벗어나는 날이 오면

비로소 부처님과 조사의 은혜를 알게 될 것이다.

2024년 6월

무심선원 선원장 김태완

목차

연등회요 제1권

제1장
과거칠불 게송

제2장
경전 출전 공안

제3장
석가모니 제자들 공안

연등회요 제3권

제7장
오조홍인 대사 방출 법사

제8장
육조혜능 선사 법사

해제

1. 판본 소개

『종문연등회요(宗門聯燈會要)』는 보통 『연등회요(聯燈會要)』라고 약칭한다. 남송(南宋) 대혜종고(大慧宗杲)의 3세 문하인 천주(泉州) 숭복사(崇福寺) 주지 회옹오명(晦翁悟明)이 편찬한 30권으로 된 선종(禪宗) 전등사서(傳燈史書)이다. 1183년에 쓴 편저자의 서문(序文)이 붙어 있는 것으로 보아 이때 간행된 것으로 보인다.

과거칠불(過去七佛)로부터 시작하여 서천(西天) 28조, 동토(東土) 6조, 우두종(牛頭宗) 9명, 오조홍인(五祖弘忍) 문하 8명, 육조혜능(六祖慧能) 문하 13명, 남악회양(南嶽懷讓) 문하 18세 303명, 청원행사(靑原行思) 문하 15세 289명 등 선종(禪宗)에서 이어 온 법계를 따라 모두 656명의 조사와 선사들이 깨달은 인연담, 선문답, 상당법어, 전법게 등을 실었다.

이 책은 이전에 나온 『조당집(祖堂集)』, 『경덕전등록(景德傳燈錄)』, 『천성광등록(天聖廣燈錄)』 등 전등서(傳燈書)와는 달리 개별 선사들의 행장(行狀)은 생략하고 그들의 문답이나 법문만 추려서 공안(公案)의 형태로 수록하고 있는 점이 특징이다.

이 번역본은 『만신찬속장경(卍新纂續藏經)』 제79책에 실려 있는 『연등회요』를 번역한 것이다. 총 30권의 한문본을 5권씩 나누어 번역하여 모두 6권의 책으로 묶었는데, 2024년부터 『연등회요-선문답과 법문 공안집』이라는 제목으로 매년 1책씩 출간할 계획이다. 이 번역본은 필자가 무심선원에서 법문 교재로 사용한 것이기 때문에, 무심선원에는 『연등회요』 전체의 법문이 남아 있으니 필요한 사람은 법문을 구하여 들어보는 것도 도움이 되리라 생각한다.

제1책에는 모두 449개의 공안이 실려 있는데, 세부적으로는 과거칠불 7개, 경전 출전 35개, 석가모니 제자들 28개, 인도 조사 49개, 중국 조사 15개, 중국 선사 315개 등이다.

2. 번역 시 주안점

『연등회요』는 중국 송대(宋代) 속어(俗語)인 백화문(白話文)으로 쓰인 책이므로, 당송대(唐宋代) 백화문 사전(詞典)을 일차적으로 참고하고 한어사전(漢語詞典) · 선어사전(禪語辭典) · 불교사전 · 중국어사전 등 현재 입수할 수 있는 모든 사전을 참고로 하여 번역의 오류를 줄이려고 노력하였다. 특히 불경(佛經)이나 앞선 선사들의 어록에서 인용한 문장들이 수없이 나오는데, 빠짐없이 그 원전을 찾아보고 확인하여 번역의 정확성을 도모하였다. 또 번역의 편의를 위하여 사전이나 참고 문헌에서 찾아본 모든 용어들을 애초부터 사전으로 만들면서 번역 작업을 진행하였다. 번역 시 주안점을 둔 부분은 다음과 같다.

(1) 번역문과 해당 원문을 나란히 배치하였으며 한 단락씩 대역(對譯)하는 형식을 취하였다. 단, 내용이 긴밀히 연결되는 경우에는 두세 단락을 합하여 편집하기도 하였다.

(2) 문법적 사항, 불교 용어, 선 용어, 인명, 지명 등에 관한 주석은 번역문에 달았고, 원문 판본의 교감(校勘)에 관한 주석은 원문에 달았다.

(3) 주석은 가능한 한 자세히 달아서 읽는 사람이 따로 사전을 찾는 번거로움을 줄이고자 하였다.

(4) 번역본 각 권의 내부에서 몇 번씩 반복하여 등장하는 용어의 주석은 처음에는 상세히 해설하고, 다음부터는 조금 간략히 설명하였다. 책의 특성상 순서대로 읽어 나가는 책이 아니므로, 앞에 한 번 나온 주석이라 하여 뒤에서 모두 생략하지는 않고 필요에 따라 다시 간략히 달았다.

(5) 원문이 고전 한문이나 현대 중국어와는 다른 송대(宋代) 백화문(白話文)인 까닭에 조금이라도 의심되는 글자나 단어는 가능한 한 다양한 사서(辭書)를 이용하여 거듭 확인하고 번역하였으며, 각주에 그 뜻을 밝혔다. 극히 드물게 사서에 나오지 않는 단어의 경우『대일본속장경(大日本續藏經)』과 『대정신수대장경(大正新修大藏經)』 등에 실려 있는 당송대(唐宋代) 선어록(禪語錄)과 논서(論書) 및 송대(宋代) 유학자(儒學者)들의 어록(語錄) 등을 검색하여 그 사례에서 사용된 뜻을 참고하여 번역하였다.

(6) 난해한 부분의 경우 이해를 돕기 위하여 주석에서 역자의 견해를 간략히 밝혔다.

(7) 번역은 최대한 현행 국문으로 옮기되, 불교에서 일반적으로 사용하는 용어(用語), 고유명사 및 적절한 역어(譯語)가 없는 당시의 상용어(常用語)는 그대로 두었다.

(8) 원문의 표점은 원칙적으로 한문 원문의 일반적인 표점방식을 따라 찍되, 번역문과 어긋남이 없도록 하였다.

(9) 각주에서 인용문이 등장하는 경우에도 가능한 한 원문을 첨부하였다.

3. 번역에 참고한 사전류

(1) 『송어언사전(宋語言詞典)』, 원빈(袁賓) 등 4인 편저, 상해교육출판사, 1997년.

(2) 『당오대어언사전(唐五代語言詞典)』, 강람생(江藍生)·조광순(曹廣順) 편저, 상해교육출판사(上海教育出版社), 1997년.

(3) 『한한대사전(漢韓大辭典)』, 단국대학교 동양학연구소 편찬, 단국대학교출판부, 2000-2008년.

(4) 『중한대사전(中韓大辭典)』, 고대민족문화연구소 중국어대사전편찬실 편찬, 고려대학교민족문화연구소, 1995년.

(5) 『한어대사전(漢語大詞典)』, 한어대사전편집위원회 편찬, 상해(上海) 한어대사전출판사, 1994-2001년.

(6) 『명문대옥편(明文大玉篇)』, 김혁제·김성원 편찬, 명문당, 1992년.

(7) 『허사대사전(虛詞大辭典)』, 연세대학교허사사전편찬실 편, 성보사, 2001년.

(8) 『신판선학대사전(新版禪學大辭典)』, 구택대학(駒澤大學) 선학대사전편찬소 편, 동경(東京) 대수관서점(大修館書店), 1985년.

(9) 『선학사전(禪學辭典)』, 이철교·일지·신규탁 편저, 불지사, 1995년.

(10) 『불교대사전(佛教大辭典)』, 길상(吉祥) 편, 서울 홍법원(弘法院), 1998년.

(11) 『가산불교대사림(伽山佛教大辭林)』, 지관(智冠) 편저, 서울 가산불교문화연구원, 1998-2022년.

(12) 『선어사전(禪語辭典)』, 고하영언(古賀英彦) 편저, 경도(京都) 사문각출판(思文閣出版), 1991년.

(13) 『선종사전(禪宗詞典)』, 원빈(袁賓) 편저, 호북인민출판사(湖北人民出版社), 1994년.

(14) 『송원어록사전(宋元語錄辭典)』, 용잠암(龍潛庵) 편저, 1985년.

(15) 『선종저작사어안석(禪宗著作詞語案釋)』, 원빈(袁賓) 저, 강소고적출판사(江蘇古籍出版社), 1990년.

(16) 『돈황문헌어언사전(敦煌文獻語言詞典)』, 장례홍(蔣禮鴻) 주편, 항주대학출판사, 1994년.

(17) 『주해어록총람(註解語錄總覽)』, 이동술 편집, 서울 여강출판사, 1992년.

(18) 『중국고금지명대사전(中國古今地名大辭典)』, 사수창(謝壽昌) 외 6인 편집, 대북(台北) 대만상무인서관(臺灣商務印書館), 1983년.

(19) 『중국역대관칭사전(中國歷代官稱辭典)』, 조덕의(趙德義)·왕흥명(汪興明) 주편(主編), 북경(北京) 단결출판사(團結出版社), 2002년.

(20) 『송대관제사전(宋代官制辭典)』, 공연명(龔延明) 편저, 북경(北京) 중화서국출판(中華書局出版), 1997년.

(21) 『중국불교인명대사전(中國佛教人名大辭典)』, 진화법사(震華法師) 편, 상해(上海) 상해사서출판사(上海辭書出版社), 2002년.

(22) 『중국역사지도집(中國歷史地圖集)』, 담기양(譚其驤) 주편, 북경(北京) 중국지도출판사(中國地圖出版社), 1996년.

(23) 『조정사원(祖庭事苑)』, 목암선경(睦庵善卿) 편(編), 1108년.

(24) 『법원주림(法苑珠林)』, 서명사(西明寺) 석도세(釋道世) 찬(撰), 668년.

서문

1. 회명(悔明)의 서문[1]

　달마(達磨)가 서쪽에서 와 문자를 세우지 않고 사람의 마음을 곧장 가리켜 자성을 보아 깨달음을 이루게 하는 것은 당사자가 결정적인 뜻을 갖추기만 하면 되는 것이다.[2] 큰 역량이 있다면, 앞뒤를 따지지[3] 않고 즉시 한 칼에 두 동강을 내어 꼭대기에도 이르고 밑바닥에도 이르러 두 번째 견해가 없고 두 번째 사람이 없어서 곧장 앞선 부처나 조사(祖師)와 다름이 없고 차별이 없을 것이다.

　조계(曹溪)[4]로부터 그 아래로 그렇게 전하는 자를 얻은 것이 천여 숫자가 되었는데, 무릇 한마디나 반 마디의 말을 함에는 마치 번갯불이 치는 것과 같아서 눈 깜짝할 사이에[5] 신라국(新羅國) 속으로 가 버리며, 설사 방편(方便)이 있다고 하더라도 마치 국가의 무기(武器)와 같아서 어쩔 수 없어

1　이 회명(悔明)의 서문은 원문에서 사충(思忠)의 서문 뒤에 실려 있지만, 작성 시기가 가장 이른 것이므로 가장 앞에 배치했다. 원문에서 서문의 순서는 이영의 서문, 사충의 서문, 회명의 서문 순서이지만, 작성 시기는 ①회명의 서문이 1183년, ②이영(李泳)의 서문이 1189년, ③사충의 서문이 1291년이다. 본 번역본에서는 독자의 편의를 위하여 작성 시기의 순서에 따라 서문의 순서를 배치하였다.

2　지요(只要) : ①-하기만 하면 (된다). ②만약 -라면.

3　사전산후(思前筭後) : =사전상후(思前想後). 지난날을 회상하고 앞날을 헤아려 봄. 반복하여 여러모로 고려함.

4　조계(曹溪) : 조계는 곧 육조혜능(六祖慧能)을 가리킨다. 원래는 중국 광동성(廣東省) 소주부의 동남쪽 30리 쌍봉산(雙峰山) 아래에 있는 땅 이름. 667년 조숙량(曹叔良)으로부터 이 땅을 희사(喜捨)받아 보림사(寶林寺)를 짓고 선풍(禪風)을 크게 떨쳤다. 입적한 뒤에 전신(全身)을 이곳에 묻었으므로 육조의 별호가 되었다. 육조혜능을 조계고불(曹溪古佛) 혹은 조계고조(曹溪高祖)라고 존칭한다.

5　잡안(眨眼) : ①눈을 깜빡이다. 눈을 깜짝이다. ②눈 깜짝할 사이.

야 사용하는 것이다. 못과 쐐기를 빼내고 달라붙은 것을 떼어 내고 묶인 것을 풀어낸다는 한마디를 말한다 해도, 벌써 목에 칼을 쓴 것이고 다리에 쇠고랑을 찬 것이니, 그 나머지는 어떻게 해야 되겠느냐?

요 몇 해 사이에 스승의 지위에 머무는 자가 근본에 뿌리박지 않으면서도, 가지를 말하고 덩굴을 말하고 대구(對句)[6]와 압운(押韻)[7]으로 말하고 꽃과 비단으로 화려하게 장식하듯[8] 말하여 남도 속이고 스스로도 속는 자가 몇이나 되는지 알 수도 없다. 배우는 자도 삿됨과 바름을 구분하지 못하고 서로 번갈아 이어받아 그러한 부류로 물들어 가니 이전의 전하지 못하는 종지(宗旨)[9]가 끊어져 들리지 않게 되었다.

나는 순희(淳熙) 계묘년(癸卯年)에 영가(永嘉)의 중천(中川)에서 하안거(夏安居)를 보내면서 『전등록(傳燈錄)』,[10] 『광등록(廣燈錄)』,[11] 앞선 선사(禪師)들의 어록, 오늘날 선사들의 어록과 여러 노스님들의 어록(語錄)을 보면서 깨달음[12]

---

6 대구(對句) : ①시문(詩文)에서 글자 수가 서로 같고 뜻이 서로 상대가 되는 글귀. 중국(中國) 위진(魏晉) 이래로 문인들이 성운(聲韻)과 변려(騈儷)에 치중하여 대구가 형식화되었으며, 근체시(近體詩)가 생긴 후로는 율시(律詩)의 중간 두 연(聯; 함련(頷聯), 경련(頸聯))만을 대구로 하였다. ②문이나 기둥에 써 붙이는 서로 짝이 되는 문구(文句). =대련(對聯).

7 압운(押韻) : 시(詩), 사(詞), 가(歌), 부(賦)를 지을 때에 일정한 자리에 운자(韻字)를 달아 성운(聲韻)의 조화를 이루는 것. =운각(韻脚).

8 족금찬화(簇錦攢花) : 비단을 모으고 꽃을 모으다. 화려하게 장식함을 가리킴.

9 부전지지(不傳之旨) : 전하지 못하는 뜻. 모든 사람에게 본래 갖추어져 있는 본성(本性)을 가리킴. 누구에게나 본래 갖추어져 있으니 전할 수는 없다.

10 『경덕전등록(景德傳燈錄)』을 가리킨다. 30권. 송(宋) 승천도원(承天道原)이 엮음. 경덕(景德) 원년(元年)인 1004년에 이루어져 양억(楊億)이 교정하고 진종(眞宗)에게 상진하여 입장(入藏)이 허락됨. 당대(唐代)에 이루어진 『보림전(寶林傳)』, 『속보림전(續寶林傳)』, 『진문성주집(眞門聖胄集)』 등이 뒤를 이어 달마선(達摩禪)의 전등상승설(傳燈相承說)에 따라 총 1701인에 이르는 스승과 제자의 공부와 깨달음의 이야기를 모아서 엮은 기언체(記言體) 보록(譜錄). 최초의 본격적인 선종 사서이다.

11 『천성광등록(天聖廣燈錄)』을 가리킨다. 30권. 송(宋) 이준욱(李遵勗)이 지은 중국 선종의 열전체(列傳體) 사서(史書). 경우(景祐) 3년인 1036년 완성. 경덕전등록이 뒤를 이어 남악(南嶽) 문하 9대, 청원(靑原) 문하 12대까지를 증보한 사서. 이준욱은 임제(臨濟) 문하 7대에 해당하는 곡은온총(谷隱蘊聰)에게서 공부한 거사이다.

12 향상(向上) : ①미혹의 경계에서 깨달음의 경계로 들어가는 것을 향상문(向上門), 깨달음의 경계에서 미혹의 경계를 거두어들임을 향하문(向下門)이라고 한다. 참된 도는 향상과 향하를 구족한다고 함. ②향상사(向上事), 향상일규(向上一竅), 향상일로(向上一路)와 같음. 구극(究極)의 종지(宗旨) 또는 대오(大悟)를 가리킨다.

의 근거[13]에 온전히 통한 것들을 주워 모았는데, 인간세계와 하늘세계 중생들의 안목(眼目)을 닫거나 열 만한 분들이 600여 분이었다. 가르치고 깨달은 일화[14]를 말하거나[15] 묻고 답하거나 옛날과 오늘날의 이야기를 끄집어내어 비판하면서[16] 그 묘한 요지(要旨)를 얻은 것을 각각의 당사자를 따라서 장(章)을 나누어 차례대로 수록하여 편집하니 30권이 되었는데,『연등회요(聯燈會要)』라고 이름을 붙였다.

오직 임제종(臨濟宗)과 운문종(雲門宗) 둘만이 분양선소(汾陽善昭)[17]와 설두중현(雪竇重顯)[18]으로부터 그 이하까지 그 어록을 드물게 얻었을 뿐이다. 지금 편집한 내용 가운데 열에 두셋은『속등록(續燈錄)』[19]에 실린 것인데, 여

---

13 파비(巴鼻) : ①유래(由來). 근거(根據). ②요지(要旨). ③자신(自信). ④의지할 곳. 기댈 곳.

14 기연(機緣) : ①시기(時機)의 인연(因緣). ②어떤 일이 일어난 내력의 이야기.

15 제창(提唱) : ①제(提)와 창(唱)은 이야기를 끄집어내어 말하는 것. 선(禪)의 종지(宗旨)를 제시(提示)하고 창도(唱道)함. ②선문(禪門)에서 조사어록(祖師語錄)을 강(講)하는 것.

16 염제(拈提) : ①집어 들다. 언급하다. ②선종(禪宗)의 설법에서 옛 사람들의 이야기를 끄집어내어 해석하고 비판하는 일.

17 분양선소(汾陽善昭) : 947-1024. 중국 오대말(五代末) 송대(宋代)의 임제종 승려로, 분양은 주석한 산의 이름이다. 수산성념(首山省念)에게 참학하여 법을 이어받았으며, 시호는 무덕(無德) 선사이다. 문하에서 자명초원(慈明楚圓), 대우수지(大愚守芝), 낭야혜각(瑯琊慧覺) 등이 배출되었다. 저서에『분양무덕선사어록(汾陽無德禪師語錄)』,『분양선소선사어록(汾陽善昭禪師語錄)』,『분양소선사어요(汾陽昭禪師語要)』등이 있다.

18 설두중현(雪竇重顯) : 980-1052. 송대(宋代)의 스님으로 운문종(雲門宗) 계통이다. 설두는 그가 주석한 산의 이름이다. 수주(遂州, 四川省) 출신이며, 자는 은지(隱之)이고, 속가의 성은 이(李)씨이다. 대자사(大慈寺)의 원영(元瑩), 석문(石門)의 곡은온총(谷隱蘊聰)에게 나아가 교상(敎相)을 연구하였으며, 수주(隨州, 湖北省)의 지문광조(智門光祚)를 뵙고는 깨달음을 얻고 그 법을 이어받았다. 동정(洞庭)의 취미봉(翠微峰)과 명주(明州) 설두산(雪竇山)의 자성사에 머물렀다. 문풍을 크게 드날려 운문종(雲門宗)을 중흥시켰다.『경덕전등록(景德傳燈錄)』을 중심으로 고칙(古則) 100여 가지를 뽑아 여기에 송고(頌古)를 지어 붙여『설두송고(雪竇頌古)』를 지었다. 저술로는『동정어록(洞庭語錄)』·『설두개당(雪竇開堂)』·『폭천집(瀑泉集)』·『조영집(祖英集)』·『송고집(頌古集)』·『염고집(拈古集)』·『설두후록(雪竇後錄)』등이 있다. '명각대사(明覺大師)'라는 시호를 받았다.

19 속등록(續燈錄) :『건중정국속등록(建中靖國續燈錄)』이다. 5등록(燈錄) 가운데 하나. 30권. 목록 3권. 운문문언(雲門文偃) 문하 7세손인 불국유백(佛國惟白; 혹은 법운유백(法雲惟白))이 엮었다. 경덕전등록(景德傳燈錄)과 천성광등록(天聖廣燈錄)의 뒤를 이은 선종(禪宗)의 사전서(史傳書). 속등록(續燈錄)이라고도 한다. 송(宋) 건중정국(建中靖國) 원년(元年; 1101년)에 완성하여 상진(上進)하니 휘종(徽宗)이 서(序)를 내려 대장경(大藏經)에 입장(入藏)을 허락하였다. 전체를 정종(正宗), 대기(對機), 염고(拈古), 송고(頌古), 게송(偈頌)의 5문(門)으로 대별하여, 선문(禪門)의 법맥(法脈), 스승과 제자의 약력, 스승과 제자가 만나 가르치고 깨달은 이야기인 기연어구(機緣語句), 고칙공안(古則公案), 게송(偈頌) 등을 실어 후학들에게 귀감(龜鑑)으로 제시하였다. 운문종 계통 선승들의 법어(法語)가 많이 실려 있는 것이 특징이다.

기에서는 취한 것이 없는 듯이 하였으니 마땅히 뜻을 같이하는 사람을 기다려 함께 모여 그것을 보충해야 아마도[20] 후학들로 하여금 선배들의 전형(典刑)이 여기에 남아 있음을 볼 수 있게 할[21] 것이다.

그러나 앞서 말한 문자를 세우지 않고 사람의 마음을 곧장 가리켜 자성을 보아 깨달음을 이룬다는 이 한 줄의 말[22]이 어떻게 문자언어가 아닐 수 있을까?[23] 하지만 만약 문자언어로 이해한다면 아직 납승(衲僧)의 안목이 갖추어지지 않은 것이고, 문자언어로 이해하지 않는다고 해도 역시 납승의 안목은 아직 갖추어지지 않은 것이다. 결국 어떻게 해야 할까? 재주와 지혜가 뛰어난 도인(道人)[24]이라면, 시험 삼아 하나하나 빠짐없이[25] 판별해[26] 보기 바란다.

순희(淳熙) 10년(1183년)[27] 해제(解制)[28] 뒤 5일에 언계(偃谿)의 진라자(眞懶子) 회명(悔明)이 잠광실(潛光室)에서 쓰다.

達磨西來, 不立文字, 直指人心, 見性成佛, 只要當人具決定志. 有大力量, 不思前第後, 直下一刀兩段, 到頂到底, 無第二見, 無第二人, 便與從上佛祖, 無異無別. 自曹谿而下, 得其傳者, 千有餘數, 凡垂一言半句, 如同電拂, 眨得眼來, 新羅國裡, 設有方便, 如國家兵器, 不得已而用之. 道箇抽釘拔楔, 解粘去縛, 早是項上着枷,

---

20 서기(庶幾) : ①-를 바라다. ②거의 (-할 것이다). 대체로 (-할 것이다). 아마도 (-할 것이다). ③괜찮다. 근사하다. ④당대의 뛰어난 인재.
21 득(得) : -하게 하다. =사(使), 영(令).
22 일락색(一絡索) : ①한 줄의 말. 한 줄의 예화(例話). 일련(一連)의 예화. ②일련의 일. 한 가닥 얽힌 일들.
23 득비(得非) : =득무(得無), 득무(得毋), 득물(得勿), 득망(得亡), 득불(得不). 어떻게 -하지 않을 수 있겠는가? -이 아닌가? -없지 않겠는가?
24 도류(道流) : 불교의 승려(僧侶)나 도교의 도사(道士)를 부르는 일반적인 말. 도인(道人)과 같음.
25 종두(從頭) : 하나하나. 모조리. 빠짐없이.
26 정당(定當) : (동사) 판별하다. 판단하다.
27 순희(淳熙)는 남송(南宋) 2대 황제인 효종(孝宗)의 연호. 순희 10년은 1183년 계묘(癸卯)이다.
28 동안거(冬安居) 해제일이라면 음력 1월 15일이고, 하안거(夏安居) 해제일이라면 음력 7월 15일이다.

脚下着枙了也, 其餘合作麼生卽得? 近年已來, 據師位者, 不本宗由, 枝詞蔓說, 對句押韻, 簇錦攢花, 謾人自護, 不知其幾. 學者不辨邪正, 遞相沿襲, 與之俱化, 從上不傳之旨, 絶無聞矣. 余淳熙癸卯, 坐夏永嘉之中川, 因閱傳燈廣燈, 前輩當代諸大老錄, 採摭其具徹向上巴鼻, 可以關鑿人天眼目者, 六百餘家. 提唱機緣, 問答語句, 拈提古今, 得其要妙者, 各逐本人, 章次收錄, 離爲三十卷, 命曰聯燈會要. 唯臨濟雲門二宗。自汾陽昭雪竇顯而下。罕得其錄. 今所編者, 十之二三, 續燈所載, 似無取焉, 當俟同志, 集而補之, 庶幾後學, 得見前輩典刑存焉爾. 然前所謂不立文字, 直指人心, 見性成佛, 此一絡索, 得非文字語言乎? 若作文字語言會, 未具衲僧眼在, 不作文字語言會, 亦未具衲僧眼在. 畢竟如何? 英俊道流, 試請從頭定當看.

時, 淳熙十年, 解制後五日, 偃谿眞懶子悔明, 書于潛光室.

2. 이영(李泳)의 서문

초(楚)나라 사람이 조승주(照乘珠)[29]를 자랑하는 것은 정(鄭)나라 사람과는 달라서, 향기로운 계수나무로 짠 궤짝에 넣어 두고 비취색 깃털로 장식하고 붉은 옥(玉)으로 꿰매어 놓는데, 정나라 사람은 그 바깥의 윤택함을 좋아하여 천금(千金)을 아까워하지 않고 다투어 그 궤짝을 사고는 구슬은 되돌려 준다. 아아! 요즈음의 어린아이 같은 승려[30]는 말씀을 받들고 문자에 얽매이니 바로 그런 부류가 아니겠는가? 칠불(七佛)[31]로부터 돌이켜 보면 애초에 사람에게 보여 준 한 글자도 없었다. 『전등록(傳燈錄)』, 『광등록

---

29 조승(照乘): =조승주(照乘珠). 수레의 앞길을 환하게 비춘다는 보주(寶珠).

30 추승(雛僧): =추승(鶵僧). ①어린아이 같은 승려. 어리석고 순진한 스님을 가리킴. ②사미(沙彌).

31 칠불(七佛): 과거칠불을 가리키는데, 석존 이전의 여섯 부처에 석존을 더해서 칠불이라 한다. 비바시불(毘婆尸佛)·시기불(尸棄佛)·비사부불(毘舍浮佛)·구류손불(拘留孫佛)·구나함모니불(拘那含牟尼佛)·가섭불(迦葉佛)·석가모니불 등이다.

(廣燈錄)』과 앞서 편찬한 책들은 한때의 인연(因緣)[32]일 뿐, 비록 언어가 우주에 가득하여도 성제(聖諦)[33]인 제일의(第一義)는 전혀 보이지 않는데, 하물며 두 번째 구절이겠는가?

연대가 점점 멀어지니 문자를 베껴 쓰는 과정에서 착오가 생기기도 하고,[34] 밀실(密室)에서 귀에 대고 소곤거리는 말은 왔다 갔다 하며 제자리걸음 하는[35] 것을 척척 대답을 잘하는[36] 것으로 여기기도 하고, 봉황이 사는 숲의 나무 그루터기[37] 하나를 가지고 온전히 제시한 것으로 여기기도 하고, 흘러나온 분파(分派)가 가없이 넓고 아득하기도 하고, 곧장 가리키는 근본을 모두 이름과 모습을 배우는 것으로 여기게 되기도 하였으니, 궤짝이 곧 나에게 있게 될 뿐이므로 마니보주(摩尼寶珠)[38]는 어디에 있겠는가?

이러한 것을 참으로 싫어하는 눈 밝은 노숙(老宿)은 암자의 방으로 들어가 무기를 쥐고 그를 내쫓지만, 이러한 것을 깊이 걱정하는 사람은 많은 우여곡절을 겪으면서도[39] 끊어짐 없이 이어져 이윽고 납승(衲僧)이 의지하

---

32 기연(機緣) : ①시기(時機)의 인연(因緣). ②어떤 일이 일어나는 내력.

33 성제(聖諦) : ↔속제(俗諦). 제일의제(第一義諦)·진제(眞諦)·승의제(勝義諦)라고도 한다. 열반·진여·실상(實相)·중도(中道)·법계(法界)·진공(眞空) 등 깊고 묘한 진리를 말한다. 이 진리는 모든 법가운데 제일이라는 뜻에서 제일의제(第一義諦)라고 한다.

34 오언성마(烏焉成馬) : 문자를 베끼는 과정에서 생기는 착오를 이르는 말. 오(烏), 언(焉), 마(馬)의 모습이 비슷하여 흔히 잘못 베껴 쓴 데에서 비롯되었다.

35 타지요(打之遶) : =타개지요(打箇之遶). 같지라[之]처럼 같은 자리를 왔다 갔다 하며 빙빙 돌다. 진척이 없고 제자리걸음을 하다. 문득 깨닫지를 못하고 제자리걸음 하는 수행자를 꾸짖는 말.

36 기변(機辯) : 응구첩대(應口輒對)하다. 즉석에서 대답을 척척 잘하다. 말을 척척 잘 받아넘기다.

37 봉림사(鳳林樝) : 봉황이 사는 숲의 나무 그루터기. 전체가 아닌 극히 일부를 가리킴. 왜곡된 것.

38 마니주(摩尼珠) : maṇi. 마니(摩尼)·말니(末尼)로 음역. 주(珠)·보(寶)·무구(無垢)·여의(如意)로 번역. 구슬이라는 뜻. 마니보주(摩尼寶珠)·보주(寶珠)·여의주(如意珠)라고 한다. 투명한 구슬. 이 구슬은 용왕의 뇌 속에서 나온 것이라 하며, 사람이 이 구슬을 가지면 독이 해칠 수 없고, 불에 들어가도 타지 않는 공덕이 있다고 한다. 혹은 제석천왕이 금강저(金剛杵)를 가지고 아수라와 싸울 때에 부서진 금강저가 남섬부주에 떨어진 것이 변하여 이 구슬이 되었다고도 한다. 또는 지나간 세상의 모든 부처님의 사리가 불법(佛法)이 멸할 때에 모두 변하여 이 구슬이 되어 중생을 이롭게 한다고도 한다. 불법(佛法)을 상징하는 물건이다.

39 곡곡만만(曲曲彎彎) : ①매우 구불구불함을 형용하는 말. ②많은 우여곡절을 겪음을 비유하는 말.

는 곳⁴⁰을 남김없이 찾아 모아서⁴¹ 불조(佛祖)의 진면목⁴²에 칼을 들이대어 칼질을 하였으니, 하나하나⁴³에서 몸을 빼낼 길⁴⁴이 있는 것이다.

제목을 『연등회요(聯燈會要)』로 하여 목판에 새겨 유통시켜 장차 치열하게 전투를 벌이는⁴⁵ 싸움터⁴⁶에서 사람을 쏘기 전에 먼저 말을 쏘고 적군을 사로잡기 전에 먼저 왕을 사로잡은 연후에 활을 활집에 넣고 북을 늦혀서⁴⁷ 태평하게 앉아 있도록 하면, 늙은이가 짊어진 마음은 아마도 역시 끊어질 것이다.

천 리나 멀리 편지를 보내어 나에게 서문(序文)을 부탁하였다. 내가 듣기로, 동사(東寺)는 다만 한 알 명주(明珠)를 요구하였고,⁴⁸ 앙산(仰山)은 그 자리에서 바구니 하나를 기울였다. 지금 이 책을 보니 하늘과 땅의 보물을 남김없이 쏟아 내었는데, 다시 어찌 하나의 바구니를 기울임에 그치겠

---

40 파비(巴鼻) : ①유래(由來). 근거(根據). ②요지(要旨). ③자신(自信). ④의지할 곳. 기댈 곳.

41 망라(罔羅) : =망라(網羅). ①그물. ②남김없이 찾아서 모으다. 널리 받아들여 모두 포용하다. ③중생을 구속하는 번뇌.

42 정녕(頂[寧+頁]) : 정수리와 이마. 고인(古人)이나 불조(佛祖)의 진면목(眞面目)을 비유함.

43 착착(着着) : ①하나하나. 한 걸음 한 걸음. ②착착.(일이 순조롭게 되어 가는 모양)

44 출신지로(出身之路) : 자신을 모든 속박에서 빼낼 길. 모든 격식과 구속에서 빠져나오는 길.

45 오전(鏖戰) : ①격렬하게 전투를 벌이다. ②치열하게 경쟁함을 비유.

46 사장(沙場) : ①모래밭. ②싸움터.

47 고궁부고(櫜弓仆鼓) : 활을 활집에 넣고 세워 둔 북을 늦히다. 전쟁이 끝나 태평함을 이르는 말. =고궁와고(櫜弓臥鼓), 고궁집과(櫜弓戢戈), 고궁집시(櫜弓戢矢).

48 마조도일(馬祖道一)의 제자인 동사여회(東寺如會; 744-823)의 다음 이야기를 염두에 둔 말 : 동사(東寺)가 앙산(仰山)에게 물었다. "어디 사람이냐?" 앙산이 말했다. "광남(廣南) 사람입니다." 동사가 말했다. "내가 듣기로 광남에는 진해명주(鎭海明珠)가 있다고 하던데, 사실인가?" 앙산이 말했다. "그렇습니다." 동사가 말했다. "이 구슬은 어떠느냐?" 앙산이 말했다. "흰 달은 숨고 검은 달이 나타납니다." 동사가 말했다. "가져올 수 있느냐?" 앙산이 말했다. "가져왔습니다." 동사가 말했다. "어찌하여 나에게 보여 주지 않는가?" 앙산이 말했다. "제가 앞서 위산(潙山)에 도착하여 이 구슬을 찾게 되었는데, 그리하여 대답할 말이 없고 말할 도리가 없었습니다." 동사가 말했다. "참된 사자새끼는 잘 울부짖을 줄 아는구나. 비유하면 마치 초명충(蟭螟虫)이 모기의 속눈썹 위에 집을 짓고 십자로에서 '땅은 드넓고 사람은 드물어서 서로 만나는 사람이 적구나.'라고 외치는 것과 같구나."(師問仰山: "甚處人?" 山云: "廣南人." 師云: "我聞廣南有鎭海明珠, 是否?" 云: "是." 師云: "此珠如何?" 云: "白月卽隱, 黑月卽現." 云: "將得來否?" 云: "將得來." 師云: "何不呈似老僧?" 云: "某甲昨到潙山, 被索此珠, 直得無言可對, 無理可伸." 師云: "眞師子兒, 善能哮吼. 譬如蟭螟虫, 向蚊子眼睫上作窠, 於十字街頭, 大叫云: '土曠人稀, 相逢者少.'")

는가? 깊은 물속에 사는 사나운 여룡(驪龍)의 턱 밑에 있는 진주를 찾는[49] 자라면, 신령스러운 여룡이 잠에서 깰 때를 만나지 말아야 하는 것이다.

비록[50] 처음부터 끝까지 상황을 반전시키는 한마디 말[51]이 있을지라도, 아직 근원에 통달하지 못했다면 마침내 난잡하게 뒤섞인 말[52]이 있는 곳에 있을 것이니, 큰 방편을 나타내는[53] 작가(作家)[54]라야만 반드시 변별(辨別)해 낼 수 있을 것이다.

순희(淳熙) 기유(己酉; 1189년)[55] 3월 초하루[56] 담제(淡齊) 이영(李泳) 서(序).

楚人鬻照乘之殊於鄭, 實之薰桂之櫝, 飾以翡翠, 綴以玫瑰, 鄭人悅其外之澤也, 不吝千金, 爭市其櫝, 珠則還之. 嗚呼! 今之鶻僧, 承言滯句, 其類是歟? 自七佛以還, 初無一字示人. 傳燈廣燈, 暨前修, 一時機緣, 雖言滿宇宙, 聖諦第一義, 蓋未之見也, 況有所謂第二句哉? 年祀浸邈, 烏焉成馬, 密室呫囁, 以打之遶爲機辯, 以鳳林楂爲全提, 末派渺瀰, 直指之宗胥, 而爲名相之學, 櫝則爲我有矣, 摩尼寶珠,

49 탐여함(探驪頷) : =탐여득주(探驪得珠). 깊은 물속에 사는 여룡(驪龍)의 턱 밑에 있는 진주를 얻었다는 전설에서 비롯된 말로서, 과거에 급제하거나 시문(詩文)의 주제가 잘 드러났음을 가리킨다. =탐여(探驪), 탐여주(探驪珠), 탐주(探珠).

50 수연(雖然) : ①=수(雖). ②비록 -일지라도.

51 일전어(一轉語) : 상황을 반전(反轉)시키는 한마디 말. 그때그때의 상황에 알맞은 말을 자유자재하게 사용하여 선지(禪旨)를 가리키는 것. 심기(心機)를 바꾸어서[一轉] 깨닫게 하는 힘이 있는 말이라는 뜻.

52 효와([言+肴]訛) : ①글이 까다로워 이해하기 어려움. 글이 난잡하여 오해하기 쉬움. 일부러 어렵게 보이도록 비틀어 말함. ②난잡하게 뒤섞임. 뒤흔들어 어지럽힘. 뒤섞여 잘못됨. =오아(鼇牙), 효와(淆訛), 효와(殽訛), 요와(謠訛), 오와(鼇訛). ③고칙공안(古則公案)의 성격을 말함. 고칙공안은 수수께끼 같은 문제를 내어 듣는 이가 자신의 본성(本性)을 놓치고 말에 끌려가 헤매도록 유도하기 때문에 이렇게 말함.

53 정사(似) : ①말해 주다. ②드러내 보이다.

54 가(家) : =작가(作家). 고수(高手). 뛰어난 솜씨를 가진 사람. 노련하다. 정통하다. 작자(作者)라고도 한다. 선종(禪宗)에서는 진실한 뜻을 체득하고 수행자를 대함에 있어 노련하게 방편을 사용하는 선(禪)의 종장(宗匠)을 일컫는다.

55 순희(淳熙)는 남송(南宋) 2대 황제 효종(孝宗)의 연호. 기유(己酉)년은 순희 16년인 1189년.

56 초길(初吉) : 음력 매월 초하룻날.

其將安在? 眞懶明老, 入木庵之室, 而操戈逐之, 深疾夫, 曲曲彎彎, 綿綿密密, 乃罔羅衲僧巴鼻, 下刃於頂[寧+頁]上, 着着有出身之路者. 目以聯燈會要, 鏤板流通, 將使鏖戰, 沙場者, 射人先射馬, 擒賊先擒王, 然後囊弓仆皷, 坐底太平, 老貟之心, 蓋亦切矣. 千里詒書, 謁余以序. 余聞, 東寺只索一顆明珠, 仰山當下傾一栲栳. 今觀此書, 盡泄天地之寶, 又何止傾一栲栳也? 探驪頷者, 其毋遭神龍之寤哉. 雖然自顚迄末, 有一轉語, 未徹根源, 畢竟[言+肴]訛在底處, 呈似大方之家, 必能辯出.

淳熙己酉三月初吉, 淡齊李泳, 序.

3. 사충(思忠)의 서문

『연등록(聯燈錄)』[57]은 회옹(晦翁) 화상이 강심(江心)의 잠광실(潛光室)에 머물 때에 요점(要點)[58]을 온전히 집어 들어[59] 인간세계와 하늘세계의 중생들[60]을 꿰뚫어 유사한 것끼리 한데 묶어[61] 편집(編集)하여 만든 책이다. 처음 복건성(福建省) 천주(泉州)의 숭복사(崇福寺)에서 공안(公案)을 제창함에[62] 나이 많은 스님들과 신도[63]들이 간행하기를 힘써 간청하고 무봉(鄮峰)[64]으로 옮겨 감에 이르러 드디어 목판(木板)이 선원(禪院)[65]을 가득 채웠다.

---

57 연등록(聯燈錄)은 연등회요(聯燈會要)를 가리킴.

58 기요(機要) : 기밀(機密). 요점. 본래의 면목을 드러내는 능력.

59 전제(全提) : 온전히 집어 들다. 완전히 제시(提示)하다.

60 인천(人天) : 인간세계와 하늘세계에 사는 사람과 신령 등 여러 중생. 육도윤회하는 중생들 가운데 불법을 공부할 수 있는 중생들.

61 연류(聯類) : 유사한 것끼리 한데 묶다.

62 창도(唱道) : =창도(唱導). ①행렬의 앞에서 길을 비키라고 행인들에게 고함지르는 것. ②앞장서서 길을 인도하다. ③앞장서서 의견을 제시하다. 제창(提唱)하다. ④불법(佛法)을 강설(講說)하여 중생을 인도하다.

63 단신(檀信) : ①단월(檀越)인 신도(信徒)를 축약한 명칭. 시주(施主). 신도(信徒). ②단월의 신시(信施) 즉 단시(檀施). 보시(布施).

64 무봉(鄮峰) : =무산(鄮山). 절강성(浙江省) 영파시(寧派市) 동쪽에 있는 산.

65 전단림(旃檀林) : =전단림(栴檀林). 향나무인 전단나무의 숲. 무성한 숲이라는 뜻. 주로 선승(禪僧)이

임신년(壬申年; 1272년)[66]에 나는 적창(寂窓) 노숙(老叔)의 시하(侍下)에 있었는데, 자주『연등록』속의 이야기[67]를 말하여 격려(激勵)하면서 말하기를 "이 어록(語錄)의 거취(去取)는 간명(簡明)하고 번잡스럽지 않다."라고 하였다. 그러나 오래지 않아서 목판이 불타게[68] 되자 매우 아까워하며 탄식하였다.

나는 민(閩)과 월(越)을 수고스럽게 돌기를 20년 만에 다시 호상(湖上)으로 돌아와 옛 판본을 찾아서 나라에 크게 보답하기 위하여 목판으로 책을 인쇄하게 되었다.[69] 그 비용이 2백만여 문(文)[70]이었는데, 부유한 문아(文雅) 장주(藏主)가 도와주어 그 일을 이루게 되었다.

이 어록(語錄)으로써 감사의 뜻을 나타내고[71] 나는 예전처럼[72] 육왕사(育王寺)의 적창탑(寂窓塔) 아래로 돌아왔다. □[73]가 끝이 없으니 등불의 잇따른 불꽃이 이어져 어둠을 다시 밝아지게 하여 우리 종교(宗教)에 도움이 되기를 바랄 뿐이다.[74]

지원(至元) 신묘(辛卯; 1291년)[75] 부처님이 도를 이룬 날[76]에 송강(松江) 전산

수행하는 도량인 선원(禪院)을 가리킨다.

66 임신(壬申)은 원(元)나라 세조(世祖) 지원(至元) 9년인 1272년이다.

67 기연(機緣) : ①시기(時機)의 인연(因緣). ②어떤 일이 일어난 내력의 이야기.

68 회로(灰爐) : =화로(火爐).

69 침재(鋟梓) : 목판에 새겨 인쇄함. 흔히 가래나무를 판목(板木)으로 사용한 데서 유래된 말인데, 책을 간행함을 일컫는다.

70 민(緡) : ①돈꿰미. 돈을 두루 이르는 말. =민전(緡錢). 돈을 꿰다. ②(명수사) 1천 문(文). 문(文)은 동전(銅錢)을 세는 기본 단위.

71 경(敬) : ①공손히 올리다. ②예물로써 경의나 감사의 뜻을 나타내다. 또는 그 예물.

72 잉구(仍舊) : 예전과 같다. 전과 다름 없다.

73 [凡/□/一]가 어떤 글자인지 알 수 없다.

74 운이(云耳) : =운이(云爾), 운이(云尒). ①문장 끝에 쓰여 '이와 같을 뿐'이라는 뜻을 나타냄. ②-을 따름이다. -뿐이다. 제한을 표시하는 말투. ③문장 끝에 쓰여 결속(結束)을 나타내는 말. ④이와 같이 말함. 그렇게 말함.

75 지원(至元)은 원(元) 1대 황제인 세조(世祖)의 연호. 신묘(辛卯)년은 지원 28년인 1291년.

76 성도일(成道日) : 석가모니가 깨달음을 얻은 날. 우리나라에서는 중국 송대(宋代)에서부터 정해진

(澱山)의 비구(比丘) 사충(思忠) 삼가 쓰다.

　聯燈錄, 乃晦翁和尙居江心潛光室時, 全提機要, 開鑿人天, 編集聯類, 而成此書. 始唱道于泉之崇福, 耆衲檀信, 力請刊行, 逮遷鄮峰, 遂以板實旃檀林. 歲壬申, 思忠在寂窓老叔侍下, 多擧錄中機緣激勵, 乃曰：“此錄去取, 簡而不繁.” 未幾, 板爲灰爐, 深爲嘆惜. 僕僕旋閩越, 二十年, 復來湖上, 搜尋故本, 就大報國鋟梓. 工費二千餘緡, 實文雅藏主, 相其成也. 敬以此錄, 仍舊歸育王寂窓塔下. [凡/口/一]之無窮, 俾燈聯燄續, 晦而復明, 庶有補於宗敎云耳.

　時, 至元辛卯, 佛成道日, 松江澱山, 比丘思忠, 拜書.

음력 12월 8일을 성도일로 하고 있다. 음력 12월 즉 납월(臘月) 8일이므로 납팔(臘八)이라고도 한다. 이 글은 원대(元代)의 글이므로 성도일은 음력 12월 8일이다.

연등회요(聯燈會要) 제1권

제1장
과거칠불 게송 - 7개의 게송

1. 비바시불

제1칙

제4칙

제6칙

제9칙

과거 장엄겁(莊嚴劫)[1] 제998존(尊) 비바시불(毗婆尸佛)이 게송을 말했다.

"몸은 모습 없는 속에서 생겨나니
마치 환상으로 온갖 모습이 생기는 것 같다.
환상 속 사람의 마음과 의식은 본래 없으니
죄와 복이 모두 헛되어 머물 곳이 없다."

過去莊嚴劫, 第九百九十八尊, 毗婆尸佛偈曰:
"身從無相中受生, 猶如幻出諸形像. 幻人心識本來無, 罪福皆空無所住."

『장아함경(長阿含經)』에서 말했다.

"사람의 수명은 8만 세이고, 부처님은 크샤트리아 종족이고, 성(姓)은 구리야이고, 아버지의 이름은 반두이고, 어머니의 이름은 반두파제이고, 반두파성에 머물렀고, 파파라 나무 아래에 앉아 최고의 바른 깨달음을 이루었고, 세 번 법을 말하여 34만 8천 명의 사람들을 제도하였다. 뛰어난

---

1 장엄겁(莊嚴劫) : vyuha-kalpa. 과거·현재·미래의 삼대겁 가운데서, 현재를 현겁(賢劫), 미래를 성수겁(星宿劫)이라 함에 대하여 과거의 대겁을 장엄겁이라 하며, 이 장엄겁의 주겁(住劫) 동안에 화광불(華光佛)로부터 비사부불(毗舍浮佛)까지의 천 불이 나셨다 함.

제자[2]가 둘이 있으니, 하나는 건다이고, 하나는 제사이다. 집사(執事)[3]는 무우(無憂)이고, 아들은 방응(方膺)이다."

『長阿含經』云: "人壽八萬歲, 佛刹利種, 姓拘利若, 父名槃頭, 母名槃頭婆提, 居 槃頭婆城, 坐波波羅樹下, 成最正覺, 說法三會, 度人三十四萬八千. 上足二, 一名 騫茶, 一名提舍. 執事無憂, 子方膺."

2. 시기불

과거 장엄겁의 제999존인 시기불(尸棄佛)이 게송을 말했다.

"모든 선한 일을 하는 것이 본래 환상이고
모든 악한 일을 하는 것도 역시 환상이다.
몸은 물거품 같고 마음은 바람 같으니
환상에는 뿌리도 없고 진실한 모습도 없다."

過去莊嚴劫, 第九百九十九尊, 尸棄佛偈曰:
"起諸善業本是幻, 造諸惡業亦是幻. 身如聚沫心如風, 幻出無根無實相."

『장아함경』에서 말했다.
"사람의 수명은 7만 세이고, 부처님은 크샤트리아 종족이고, 성은 구리야이고, 아버지의 이름은 명상(明相)이고, 어머니의 이름은 광요(光耀)

---

2 상족(上足) : 제자 가운데 상석(上席)인 자. 상수(上首)의 제자. 고제(高第).
3 집사(執事) : ①비구를 대신하여 금전수수 등의 일을 맡는 사람. ②사찰의 사무를 담당하는 승려의 소임. 선원(禪院)에서는 지사(知事)라고 함.

이고, 광상성(光相城)에 머물렀고, 분타리 나무 아래에 앉아 최고의 바른 깨달음을 이루었고, 세 번 법을 말하여 25만 명의 사람들을 제도하였다. 뛰어난 제자가 둘 있었는데, 하나는 아비정이고, 하나는 삼파파이다. 집사는 인행(忍行)이고, 아들은 무량(無量)이다."

『長阿含經』云: "人壽七萬歲, 佛剎利種, 姓拘利若, 父名明相, 母名光耀, 居光相城, 坐分陀利樹下, 成最正覺, 說法三會, 度人二十五萬. 上足二, 一名阿毗淨, 一名三婆婆. 執事忍行, 子無量."

3. 비사부불

과거 장엄겁 제1000존인 비사부불(毗舍浮佛)이 게송을 말했다.

"지수화풍(地水火風)을 빌려 몸으로 삼고
마음은 본래 생기지 않고 경계 때문에 있다.
앞의 경계가 없다면 마음도 없으니
죄와 복은 환상과 같아 생기는 것이 곧 사라지는 것이다."

過去莊嚴劫, 第一千尊, 毗舍浮佛偈曰:
"假借四大以爲身, 心本無生因境有. 前境若無心亦無, 罪福如幻起亦滅."

『장아함경』에서 말했다.
"사람의 수명은 6만 세이고, 부처님은 크샤트리아 종족이고, 성은 구리야이고, 아버지의 이름은 선등(善燈)이고, 어머니의 이름은 칭계(稱戒)이고,

무유성(無蹂城)에 머물렀고, 파파 나무 아래에 앉아 최고의 바른 깨달음을 이루었고, 두 번 법을 말하여 13만 명의 사람을 제도하였다. 뛰어난 제자가 둘 있는데, 하나는 부유이고, 하나는 울다라이다. 집사는 적광(寂光)이고, 아들은 묘각(妙覺)이다."

『長阿含經』云: "人壽六萬歲, 佛刹利種, 姓拘利若, 父名善燈, 母名稱戒, 居無蹂城, 坐婆婆樹下, 成最正覺, 說法二會, 度人一十三萬. 上足二, 一名扶游, 一名鬱多羅. 執事寂光, 子妙覺."

4. 구류손불

현재의 현겁(賢劫)[4] 제1존 구류손불(拘留孫佛)이 게송을 말했다.

"몸에는 진실함이 없음을 보는 것이 부처의 안목이고
마음은 환상과 같음을 깨달음이 부처의 깨달음이다.
몸과 마음의 본성이 공(空)임을 밝혔다면
이 사람이 부처와 무엇이 다르겠느냐?"

---

4 현겁(賢劫) : bhadra-kalpa. 발타겁(跋陀劫)·파타겁(波陀劫)이라 음역. 현시분(賢時分)·선시분(善時分)이라 번역. 삼겁의 하나. 세계는 인수(人壽) 8만 4천 세 때부터 백 년을 지낼 때마다 1세씩 줄어들어 인수 10세에 이르고, 여기서 다시 백 년마다 1세씩 늘어나서 인수 8만 4천 세에 이르며, 이렇게 1증(增) 1감(減)하는 것을 20회 되풀이하는 동안, 곧 20증감(增減) 하는 동안에 세계가 성립되고[成], 다음 20증감하는 동안에 머물러[住] 있고, 다음 20증감하는 동안에 무너지고[壞], 다음 20증감하는 동안은 텅 비어[空] 있음. 이렇게 세계는 성(成)·주(住)·괴(壞)·공(空)을 되풀이하니, 이 성·주·괴·공의 4기(期)를 대겁(大劫)이라 함. 과거의 대겁을 장엄겁(莊嚴劫), 현재의 대겁을 현겁(賢劫), 미래의 대겁을 성수겁(星宿劫). 현겁의 주겁(住劫) 때에는 구류손불(拘留孫佛)·구나함모니불(拘那含牟尼佛)·가섭불(迦葉佛)·석가모니불(釋迦牟尼佛) 등의 1천 부처님이 출현하여 세상 중생을 구제하는데 이렇게 많은 부처님이 출현하는 시기이므로 현겁이라 이름.

見在賢劫, 第一尊, 拘留孫佛偈曰:

"見身無實是佛見, 了心如幻是佛了. 了得身心本性空, 斯人與佛何殊別?"

『장아함경』에서 말했다.

"사람의 수명은 4만 세이고, 부처님은 브라만 종족이고, 성은 가섭이고, 아버지의 이름은 기득(記得)이고, 어머니의 이름은 선지(善枝)이고, 안화성(安和城)에 머물렀고, 시라사 나무 아래에 앉아 최고의 바른 깨달음을 이루었고, 한 번 법을 말하여 4만 명의 사람들을 제도하였다. 뛰어난 제자가 둘 있는데, 하나는 살니이고, 하나는 비루이다. 집사는 선각(善覺)이고, 아들은 상승(上勝)이다."

『長阿含經』云: "人壽四萬歲, 佛婆羅門種, 姓迦葉, 父名記得, 母名善枝, 居安和城, 坐尸利沙樹下, 成最正覺, 說法一會, 度人四萬. 上足二, 一名薩尼, 一名毗樓. 執事善覺, 子上勝."

5. 구나함모니불

현재 현겁 제2존인 구나함모니불(俱邪含牟尼佛)이 게송을 말했다.

"부처는 몸을 보지 않으니 앎이 곧 부처이고
만약 진실로 앎이 있다면 달리 부처는 없다.
지혜로운 자는 죄의 본성이 공(空)임을 알 수 있으니
편안하여[5] 삶과 죽음을 두려워하지 않을 것이다."

---

5 탄연(坦然): 평탄하여. 편안하여.

見在賢劫, 第二尊, 拘那含牟尼佛偈曰:

"佛不見身知是佛, 若實有知別無佛. 智者能知罪性空, 坦然不怖於生死."

『장아함경』에서 말했다.

"사람의 수명은 3만 세이고, 부처님은 브라만 종족이고, 성은 가섭이고, 아버지의 이름은 대덕(大德)이고, 어머니의 이름은 선승(善勝)이고, 청정성(淸淨城)에 머물렀고, 오잠파라문 나무 아래에 앉아 최고의 깨달음을 이루었고, 한 번 법을 말하여 3만 명의 사람들을 제도하였다. 뛰어난 제자가 둘 있는데, 하나는 서반나이고, 하나는 울다루이다. 집사는 안화(安和)이고, 아들은 도사(導師)이다."

『長阿含經』云: "人壽三萬歲, 佛婆羅門種, 姓迦葉, 父名大德, 母名善勝, 居淸淨城, 坐烏暫婆羅門樹下, 成最正覺, 說法一會, 度人三萬. 上足二, 一名舒槃那, 一名鬱多樓. 執事安和, 子導師."

6. 가섭불

현재 현겁 제3존 가섭불(迦葉佛)이 게송을 말했다.

"모든 중생들의 본성은 깨끗하여
본래 생겨나지 않으니 사라질 수도 없다.
바로 이 몸과 마음은 환상으로 생기니
환상으로 나타나는[6] 곳에는 죄와 복이 없다."

---

6 환화(幻化): 실체가 없는 허깨비가 나타나 보이는 것. 공화(空華)와 같은 경우.

見在賢劫, 第三尊, 迦葉佛偈曰:

"一切衆生性清淨, 從本無生無可滅. 卽此身心是幻生, 幻化之中無罪福."

『장아함경』에서 말했다.

"사람의 수명은 2만 세이고, 부처님은 브라만 종족이고, 성은 가섭이고, 아버지의 이름은 범덕(梵德)이고, 어머니의 이름은 재주(財主)이고, 파라내성에 머물렀고, 니구율 나무 아래에 앉아 최고의 바른 깨달음을 이루었고, 한 번 법을 말하여 2만 명의 사람들을 제도하였다. 뛰어난 제자가 둘 있는데, 하나는 제사이고, 하나는 파라파이다. 집사는 선우(善友)이고, 아들은 진군(進軍)이다."

『長阿含經』云:"人壽二萬歲, 佛婆羅門種, 姓迦葉, 父名梵德, 母名財主, 居波羅奈城, 坐尼拘律樹下, 成最正覺, 說法一會, 度人二萬. 上足二, 一名提舍, 一名婆羅婆. 執事善友, 子進軍."

7. 석가모니불

제1칙   제2칙   제3칙

현재 현겁 제4존 석가모니불(釋迦牟尼佛)이 게송을 말했다.

"환상으로 나타남에는 원인도 없고 생겨남도 없으니
모두가 저절로 그러하여 이와 같음을 본다.
모든 법은 스스로 변화하여 생기는 것 아님이 없으니
환상으로 나타나지만 생기는 것은 없으니 두려워할 것도 없다."

見在賢劫, 第四尊, 釋迦牟尼佛偈曰:

"幻化無因亦無生, 皆卽自然見如是. 諸化無非自化生, 幻化無生無所畏."

『불본행경(佛本行經)』에 의거하여 말한다.[7]

"크샤트리야 종족이고, 아버지는 정반왕(淨飯王)이고, 어머니는 마야이다. 무한한 세월 동안 계율을 지켜 범행(梵行)[8]이 깨끗하였으므로 목숨이 다한 뒤에 바른 생각으로 도솔타천에 가서 태어났으니 그 보처(補處)[9]에 응한 것이다. 이름을 호명(護明)이라 하였는데 지혜가 만족하게 갖추어졌고, 나이 4천 세를 살면서 온갖 하늘의 중생들에게 법을 말하여 교화(敎化)하며 법의 모습을 드러내었다. 수명이 다하자 이윽고 아래로 내려와 마야부인에게 잉태되었고, 10개월 뒤 봄날에 마야부인이 룸비니 동산에 놀러가 파라차 나무 아래에 이르러 오른손을 들어 나뭇가지를 잡았는데, 보살은 어머니의 오른쪽 옆구리에서 태어났다."

謹桉『佛本行經』云:"姓刹帝利, 父淨飯王, 母摩耶. 於無量劫, 護持禁戒, 梵行淸淨, 命終之後, 正念往生兜率陀天, 應其補處. 名曰護明, 智慧滿足, 天壽四千歲, 爲諸天說法敎化, 顯示法相. 天壽旣盡, 遂卽下生, 托孕摩耶夫人, 十月滿足, 當春之時, 摩耶夫人, 游嵐毗尼園, 至波羅叉樹下, 卽擧右手, 攀其樹枝, 菩薩從母右脅而降."

---

7 『불본행집경(佛本行集經)』 제6권 『상탁도솔품(上託兜率品)』 하(下)에 이런 내용이 나온다.
8 범행(梵行): 범(brahmacara)은 청정(淸淨)·적정(寂靜)의 뜻으로 범행은 맑고 깨끗한 행실. 정행(淨行)과 같음. ①더럽고 추한 음욕을 끊는 것을 범행이라 한다. 곧 범천(梵天)의 행이라는 말. ②공(空)·유(有)의 양쪽에 치우쳐 물들지 않고, 맑고 깨끗한 자비심으로 중생의 고통을 건지고 낙을 주는 보살행을 가리킨다. 일반적으로는 불교 수행자의 바른 행위를 가리킨다.
9 보처(補處): 구족하게는 일생보처(一生補處). 이전 부처님이 입멸한 뒤에 성불해서 그 자리를 보충하는 이라는 뜻. 곧 부처가 될 후보자. 보살의 수행이 점점 나아가 최후에 도달한 보살로서의 마지막 자리. 일생만 지내면 바로 성불하게 되므로 일생보처라 한다. 미구에 성불할 미륵보살을 보처존(補處尊)이라 하고, 그 밖에 일반으로 부처님 후보자 위치에 있는 보살들은 모두 보처보살이라 함.

『보요경(普耀經)』에 의지하여 말한다.[10]

"부처님이 처음 크샤트리아 왕가(王家)에 태어나 큰 지혜의 빛을 밝게 비추어 온 우주를 비추자, 땅에서 황금 연꽃이 솟아 나와 두 발을 저절로 받들었다. 부처님은 동서남북으로 각각 일곱 걸음을 걷고는 손으로 하늘과 땅을 가리키며 큰 소리로 외쳤다. '위아래와 동서남북에 나보다 존귀한 자가 있을 수 없다.' 이때가 곧 주(周)나라 소왕(昭王) 24년(서기전 1029년) 갑인세(甲寅歲) 4월 8일이다.

소왕 42년(서기전 1011년) 2월 8일이 되자 사대문(四大門) 밖으로 놀러 나갔다가 성을 넘어서 출가(出家)[11]하여 사법(邪法)을 두루 시험해 보고 외도(外道)[12]를 항복시켰다. 목왕(穆王) 3년(서기전 999년) 계미(癸未) 2월 8일 새벽 샛별이 나타날 때에 도(道)를 이루어서 교진여(憍陳如) 등 5인을 위하여 사성제(四聖諦)의 가르침을 펼쳐 깨달음을 얻게 하였다.

세상에 머물며 법을 말하기를 49년 동안 한 뒤에 상수제자인 가섭에게 말했다. '내가 깨끗한 법의 눈이요 열반의 묘한 마음이요 모습 없는 진실한 모습이요 미묘한 바른 법을 그대에게 분부(付)하니, 그대는 잘 보호하여 가져라.' 더불어 아난(阿難)에게 명하기를 '가섭을 도와[13] 교화를 행하고 법을 전하여 끊어짐이 없도록 하라.'고 하였다. 이윽고 게송을 말하였다.

'법은 본래 법이면서 법이 없고

---

10 석가모니의 탄생, 출가, 성도, 초전법륜(初轉法輪)에 관한 이야기가 『불설보요경(佛說普曜經)』에 있으나, 그 밖의 이야기는 저자가 임의로 부가한 것으로 보인다.

11 출가(出家) : Pravrajita. 번뇌에 얽매인 속세의 생활을 버리고 성가의 생활에 들어감. 또는 출가한 사람. 신출가(身出家)와 심출가(心出家)의 2종이 있다. 신출가는 몸이 출가하는 것으로서 소승(小乘)의 비구(比丘)와 대승(大乘)의 보살승(菩薩乘)을 가리키고, 심출가는 마음이 출가하는 것으로서 유마힐(維摩詰)·현호(賢護) 등과 같이 속인(俗人) 모양을 한 대승보살(大乘菩薩)을 가리킨다.

12 외도(外道) : ① tirthaka. 외교(外敎)·외학(外學)·외법(外法)이라고도 함. 인도에서 불교 이외의 모든 교학. 종류가 많아 96종이 있고, 부처님 당시에 6종의 외도가 있었음. tirthaka는 신성하고 존경할 만한 은둔자(隱遁者)라는 뜻이나, 불교에서 보면 모두 다른 교학이므로 외도라 함. ②불교 이외의 종교.

13 부이(副貳) : ①부관(副官). ②조역(助役). 보좌역.

법이 없는 법도 법이다.
지금 없는 법을 부촉할 때에
법이니 법이니 하나 일찍이 무슨 법인가?'

다시 가섭에게 말했다. '내가 금실로 짠 승가리(僧伽梨)[14]를 그대에게 전해 줄 것이니 대대로 전하여 보처(補處)에 전해 주어 미륵불(彌勒佛)이 세상에 나올 때까지 망가지지 않도록 하여라.' 그러고는 곧 니련선하의 옆 사라쌍수 사이에 오른쪽으로 누워 두 발을 포개고는 맑고 고요하게[15] 숨을 거두었다. 이때가 목왕 52년(서기전 950년) 임신(壬申) 2월 15일이었다. 그 후 1017년 뒤에 그 가르침이 동토(東土)로 흘러들어 왔으니, 한(漢)나라 영평(永平) 10년(서기 67년) 무진세(戊辰歲)이다."

又桉『普耀經』云: "佛初生刹利王家, 放大智光明, 照十方法界, 地湧金蓮華, 自然捧雙足. 東西及南北, 各行於七步, 分手指天地, 作大師子吼: '上下及四維, 無能尊我者.' 卽周昭王二十四年, 甲寅歲, 四月八日也. 至四十二年, 二月八日, 游四門, 踰城出家, 歷試邪法, 摧伏外道. 至穆王三年癸未, 二月八日, 明星現時, 成道, 爲憍陳如五人, 轉四諦法輪, 而證道果. 住世說法, 四十九年, 後告上首迦葉云: '吾以淸淨法眼, 涅槃妙心, 實相無相, 微妙正法, 分付於汝, 汝當護持.' 幷敕阿難, 副貳傳化, 無令斷絶. 仍說偈云: '法本法無法, 無法法亦法. 今付無法時, 法法何曾法?' 復告迦葉云: '吾將金縷僧伽梨衣, 傳付於汝, 轉授補處, 至慈氏佛出世, 勿令朽壞.' 卽於熙連河側娑羅樹間, 右脅累足, 泊然而寂. 實穆王五十二年, 壬申, 二月十五日也. 後一千一十七年, 敎流東土, 卽從漢永平十年, 戊辰歲也."

---

14 승가리(僧伽梨): 승복(僧服) 3의(衣)의 하나. 중의(重衣)·합의(合衣)라 번역. 대의(大衣)라고도 함. 설법할 때 또는 마을에 나가 걸식할 때 입는 옷.
15 박연(泊然): 욕심이 없고 마음이 평화로운 고요한 모습. 무욕염담(無欲恬淡)한 모양. =박여(泊如), 박호(泊乎).

제2장
경전 출전 공안 - 35칙 공안

1. 세존이 태어나다

　　세존은 처음 태어나서 한 손으로는 하늘을 가리키고 한 손으로는 땅을 가리키고는 사방으로 일곱 걸음을 걷고서 눈으로 사방을 둘러보며 말했다.
　　"하늘 위 하늘 아래 오직 나만이 홀로 존귀하다."[16]

　　世尊初生下, 一手指天, 一手指地, 周行七步, 目顧四方云: "天上天下, 唯我獨尊."

　　운문문언(雲門文偃)이 말했다.
　　"내가 당시에 그 꼴을 보았다면, 한 방망이로 때려죽여 개의 먹이로 줌으로써, 천하를 태평하게 하려고 하였을 것이다."

　　雲門云: "我當時若見, 一棒打殺, 與狗子喫, 貴圖天下太平."

---

16 수(隋) 천축(天竺) 삼장(三藏) 사나굴다(闍那崛多)가 한역(漢譯)한 『불본행집경(佛本行集經)』 제10권. 「상사점간품(相師占看品)」 하(下)에 다음 내용이 있다 : 또 대사(大師)여, 동자가 처음 태어날 때에 부축해 주는 사람 없이 땅 위에 서서 사방으로 일곱 걸음을 걸었는데 땅을 딛는 곳마다 모두 연꽃이 피어났다. 사방을 둘러보았는데 눈도 깜작이지 않았고 두려워하지도 않고 놀라지도 않으며 동쪽에 서 있으니 어린아이들이 응애응애 하고 울부짖는 것과는 같지 않았다. 그 말소리는 단정하였고 교묘한 말솜씨로 이렇게 말했다. "모든 세간에서 오로지 나 홀로 존귀하고 오로지 내가 가장 뛰어났다. 나는 지금 태어나고 병들고 죽는 뿌리를 끊어 버릴 것이다."(復次大師, 童子初生, 無人扶持, 住立於地, 各行七步, 凡所履處, 皆生蓮花. 顧視四方, 目不曾瞬, 不畏不驚, 住於東面, 不似孩童呱然啼叫. 言音周正, 巧妙辭章, 而說是言: "一切世間, 唯我獨尊, 唯我最勝. 我今當斷生老死根.")

낭야혜각(瑯琊慧覺)이 말했다.

" '이 깊은 마음을 가지고 무수한 세계[17]를 받드니 이를 일러 부처님의
은혜에 보답한다고 한다.'[18]라고 이를 만하다."

瑯琊覺云: "可謂將此深心奉塵刹, 是則名爲報佛恩."

운봉문열(雲峰文悅)이 말했다.

"운문(雲門)에게 비록 혼란을 안정시키는 계책이 있긴 하나 속박에서 빠
져나올 길[19]은 전혀 없구나."[20]

雲峰悅云: "雲門雖有定亂之謀, 且無出身之路."

묘희(妙喜)[21]가 노래하였다.

"늙은이가 태어나자마자 급히 서두르며[22]
사방으로 일곱 걸음 걸으니 미치광이[23] 같구나.
저 한없이 어리석은 사람들을 속여서

---

17 진찰(塵刹) : 티끌 같은 세계. 무수한 세계.

18 『수능엄경』 제3권에 나오는 게송.

19 출신지로(出身之路) : 자신을 모든 속박에서 빼낼 길. 모든 격식과 구속에서 빠져나오는 길.

20 차무(且無) : 전혀 -가 없다.

21 묘희(妙喜) : 대혜종고의 호(號). 묘희(妙喜)라는 호는 무진거사(無盡居士)에게서 받았다. 무진거사(無盡
居士)는 승상(丞相)인 장상영(張商英; 1043-1121)인데, 대혜종고가 스승인 담당문준의 탑명(塔銘)을 부탁
하여 인연을 맺었다. 무진거사는 대혜와 함께 이야기하고는 크게 기뻐하며 대혜의 자(字)를 담회
(曇晦)라 짓고, 호를 묘희(妙喜)라 지어 주었다. 그 때문에 종고는 종종 스스로를 묘희라 부른다. 운
문암(雲門庵)에 있을 때에는 스스로를 운문(雲門)이라 부르고, 경산(徑山)에 있을 때에는 스스로를 경
산이라고 불렀지만, 때로는 머무는 장소가 아닌 묘희라는 호로써 자신을 나타내기도 하였다.

22 착망(著忙) : 마음이 조급해지다.

23 전광(顚狂) : =전광(癲狂), 풍전(瘋癲). ①미치광이. ②경솔하다. 경박하다.

두 눈 빤히 뜨고 씩씩하게[24] 화탕지옥[25]으로 들어가게 하네."

妙喜頌云: "老漢纔生便着忙, 周行七步似顚狂. 賺他無院[26]癡男女, 開眼堂堂入

鑊湯."

2. 세존이 법좌에 오르다

세존이 어느 날 법좌(法座)에 올랐는데[27] 대중이 모여 자리를 잡자마자
문수(文殊)[28]가 백추(白槌)[29]하고서 말했다.

---

24 당당(堂堂) : ①씩씩한 모양. ②버젓한 모양. 어쩔 수 없는 모양.

25 확탕로(鑊湯爐) : 기름이나 구리를 넣어 펄펄 끓고 있는 지옥에 있다는 큰 가마솥.

26 無院 :『대혜보각선사어록』제10권 '송고(頌古)'에는 '無限'으로 되어 있다. '無限'이 맞다.

27 승좌(陞座) : ①선원(禪院)의 주지가 법당(法堂)의 법좌(法座)에 올라가 대중에게 설법(說法)하는 것. 상
    당(上堂)과 같음. ②송대(宋代) 무렵부터는 보설(普說)과 같은 뜻으로 사용.

28 문수(文殊) : Mañjuśrī. 문수보살(文殊菩薩). 대승보살. 구역(舊譯)에서는 문수사리(文殊師利)·만수시리
    (滿殊尸利)라 하고, 신역(新譯)에서는 만수실리(曼殊室利)라 한다. 묘덕(妙德)·묘수(妙首)·보수(普首)·
    유수(濡首)·경수(敬首)·묘길상(妙吉祥) 등으로도 번역된다. 문수(文殊) 혹은 만수(曼殊)는 묘(妙)의
    뜻, 사리(師利) 혹은 실리(室利)는 두(頭)·덕(德)·길상(吉祥)의 뜻. 보현보살과 짝하여 석가모니불의
    보처로서 왼쪽에 있어 지혜를 맡고 있다. 머리에 5계(髻)를 맺은 것은 대일(大日)의 5지(智)를 표시
    한다. 바른손에는 지혜의 칼을 들고, 왼손에는 꽃 위에 지혜의 그림이 있는 청련화를 쥐고 있다.
    사자를 타고 있는 것은 위엄과 용맹을 나타낸 것. 이 보살은 석존의 교화를 돕기 위하여 일시적인
    권현(權現)으로 보살의 자리에 있다고도 한다.

29 백추(白槌) : 백추(白椎)라고도 한다.『조정사원(祖庭事苑)』에 다음과 같은 설명이 있다 : 세존(世尊)의
    율의(律儀)에 의하면, 설법(說法)을 하고자 할 때에는 반드시 먼저 대중에게 알리는 말을 하여 대중
    을 경건하고 엄숙하게 만드는 법을 행하였다. 오늘날 선종(禪宗)에서는 법을 아는 존숙(尊宿)에게
    그 소임(所任)을 맡겨서, 장로(長老)가 법좌에 앉자마자 말하기를 "법회에 모인 여러 스님네들이여,
    마땅히 제일의제(第一義諦)를 보아야 합니다."라고 한다. 장로가 대중들의 역량을 살펴서 행하는
    법회(法會)에서의 문답(問答)이 끝나면, 소임을 맡은 존숙은 다시 알려서 말하기를 "법왕(法王)의 법
    을 잘 보십시오. 법왕의 법은 이렇습니다."라고 말한다. 이것이 대체로 앞선 분들의 참된 규범(規
    範)이니, 모두 부처님의 뜻을 잃지 않고 있다. (世尊律儀, 欲辨佛事, 必先秉白, 爲穆衆之法也. 今宗門白椎, 必命
    知法尊宿以當其任, 長老才據座而, 而秉白云: "法筵龍象衆, 當觀第一義." 長老觀機, 法會酬唱旣終, 復秉白曰: "諦觀法王
    法, 法王法如是." 此蓋先德之眞規, 皆不失佛意.)

"법왕(法王)[30]의 법을 잘 살펴보시오.[31] 법왕의 법은 이와 같습니다."[32]

世尊一日陞座, 大衆纔集定, 文殊白槌云: "諦觀法王法. 法王法如是."

설두중현(雪竇重顯)[33]이 노래하였다.

"여러 성현들이 모인 가운데 안목 있는 자[34]는 알겠지만
법왕의 법은 이와 같지 않다네.
모임 속에 만약 선타객(仙陀客)[35]이 있었더라면

---

30 법왕(法王) : 부처님은 법에 있어서 자재하고 법을 자유로이 지배하며 부려서 삼계(三界)의 위대한 스승이 되기 때문에 법왕이라 한다.

31 체관(諦觀) : 자세하고 분명하게 관찰하다.

32 우전국(于闐國) 삼장(三藏) 실차난타(實叉難陀)가 한역(漢譯)한 『대방광불화엄경(大方廣佛華嚴經)』 제4권 『세주묘엄품(世主妙嚴品)』 제1-4에 다음 내용이 있다 : 그때 묘색나라연집금강신이 부처님의 위신력을 빌려서 모든 집금강신의 무리를 두루 둘러보면서 게송을 말했다. "그대들은 마땅히 법왕을 보아야 하니, 법왕의 법은 이와 같다네. 색(色)의 모습은 끝이 없어, 세간에 두루 나타난다네. 부처님의 몸에 있는 하나하나의 털에 나타나는 빛의 그물은 생각으로 헤아릴 수 없다네. 비유하면 마치 맑은 태양이, 온 세계를 두루 비추는 것과 같다. ……"(爾時妙色那羅延執金剛神, 承佛威力, 普觀一切執金剛神衆, 而說頌言: "汝應觀法王, 法王法如是. 色相無有邊, 普現於世間. 佛身一一毛, 光網不思議. 譬如淨日輪, 普照十方國. ……")

33 설두중현(雪竇重顯) : 980-1052. 송대(宋代)의 스님으로 운문종(雲門宗) 계통이다. 설두는 그가 주석한 산의 이름이다. 수주(遂州, 四川省) 출신이며, 자는 은지(隱之)이고, 속가의 성은 이(李)씨다. 어려서 보안원(普安院)의 인선(仁銑)을 따라 출가하여 구족계를 받았고, 대자사(大慈寺)의 원영(元瑩), 석문(石門)의 곡은온총(谷隱蘊聰)에게 나아가 교상(敎相)을 연구하였으며, 수주(隨州, 湖北省)의 지문광조(智門光祚)를 뵙고는 깨달음을 얻고 그 법을 이어받았다. 동정(洞庭)의 취미봉(翠微峰)과 명주(明州) 설두산(雪竇山)의 자성사에 머물렀다. 문풍을 크게 진착시켜 운문종(雲門宗)을 중흥시켰다. 30여 년간 산에 머물면서 70여 명의 제자를 양성하였으며, 『경덕전등록(景德傳燈錄)』을 중심으로 고칙(古則) 100여 가지를 뽑아 여기에 송고(頌古)를 지어 붙여 『설두송고(雪竇頌古)』를 지었다. 나중에 다시 원오 극근(圜悟克勤)이 여기에 평창(評唱)・착어(著語)를 붙여 『벽암집(碧巖集)』이라 이름 붙였다. 저술로는 『동정어록(洞庭語錄)』・『설두개당(雪竇開堂)』・『폭천집(瀑泉集)』・『조영집(祖英集)』・『송고집(頌古集)』・『염고집(拈古集)』・『설두후록(雪竇後錄)』 등이 있다. 황우(皇祐) 4년 6월 10일에 입적하였으니, 당시 나이 일흔셋, 법랍은 쉰이었다. '명각대사(明覺大師)'라는 시호를 받았다.

34 작자(作者) : 안목을 갖춘 뛰어난 선승. =작가(作家).

35 선타객(仙陀客) : =선타파(仙陀婆). 현명하고 민첩한 사람. 뜻을 잘 알아차리는 사람. 말이 잘 통하는 사람. 『열반경』제9권에 나오는 이야기에 등장함. 현명한 신하 선타파는 왕이 자신을 부르면 왕의 의중을 잘 알아차려서 소금, 그릇, 물, 말의 네 가지 중 하나를 바쳤다고 하는 고사에서 비롯된 말로 여러 사람 중에서 출중한 사람을 뜻함.

문수가 구태여 백추할 필요가 있었겠는가?"[36]

雪竇頌云: "列聖叢中作者知, 法王法令不如斯. 會中若有仙陀客, 何必文殊下一槌?"

3. 여인이 선정에서 나오다

  문수(文殊)가 여러 부처님들이 모인 곳에 이르자 때마침 여러 부처님들은 각자의 본래 처소로 돌아갔는데, 오직 한 여인만이 저 부처님의 가까이에 앉아서 삼매에 들어 있기에 문수가 부처님께 여쭈었다.
  "어찌하여 저 여인은 부처님 가까이 앉을 수가 있는데, 저는 그러지 못합니까?"
  부처님이 말했다.
  "그대가 이 여인을 깨워 삼매에서 일어나게 하여, 그대 스스로 물어보아라."
  문수가 여인 주위를 세 번 돌고는 손가락을 한 번 튕기고, 나아가 범천(梵天)[37]에까지 밀고 올라가[38] 그의 신통력을 다 부려 보았으나 삼매에서 나오게 할 수 없었다. 세존이 말했다.
  "설사 백 명 천 명의 문수라도 이 여인을 선정에서 나오게 할 수 없을 것이다. 아래쪽으로 십이억 항하사(恒河沙)[39] 국토를 지나면 망명보살(罔明菩薩)[40]이 있는데, 그가 이 여인을 선정에서 나오게 할 수 있을 것이다."

---

36 하필(何必): 구태여 -할 필요가 있는가? -할 필요가 없다.
37 범천(梵天): brahma-loka. 바라하마천(婆羅賀麼天)이라고도 쓴다. 색계 초선천(初禪天). 범(梵)은 맑고 깨끗하다는 뜻. 이 하늘은 욕계(欲界)의 음욕(淫欲)을 여의어서 항상 깨끗하고 조용하므로 범천이라 한다. 여기에 다시 세 하늘이 있으니 범중천·범보천·대범천이지만, 범천이라 통칭한다.
38 탁지(托至): -까지 밀고 올라가다.
39 항하사(恒河沙): 항하(恒河)는 강가(Ganga) 즉 갠지스강의 번역어. 항하사(恒河沙)는 갠지스강의 모래라는 말로서 무수히 많은 숫자를 뜻한다.
40 망명보살(罔明菩薩): 현겁(賢劫) 16존의 한 분으로 금강계만다라(金剛界曼茶羅) 등의 서방 5존 중 북

잠깐 사이에 망명보살이 땅으로부터 솟아나 세존께 절을 하였다. 세존이 망명에게 명하니, 망명보살이 여인 앞에 가서 손가락을 한 번 튕기자 여인이 이에 선정에서 나왔다.[41]

世尊因文殊至諸佛集處, 值諸佛各還本處, 唯有一女人, 近彼佛座, 入於三昧, 文殊白佛: "何此女人得近佛座而我不得?" 佛告文殊: "汝但覺此女, 令從三昧起, 汝自問之." 文殊遶女人三匝, 鳴指三下, 乃托至梵天, 盡其神力, 而不能出. 世尊云: "假使百千文殊, 亦出此女人定不得. 下方過四十二恒河沙國土, 有罔明菩薩, 能出此女人定." 須臾罔明從地湧出, 作禮世尊, 世尊敕罔明, 出女人定. 罔明於女人前, 鳴指一下, 女子從定而起.

오운(五雲)이 말했다.

"문수만이 이 여인을 선정에서 나오게 할 수 없을 뿐만 아니라, 세존도 이 여인을 선정에서 나오게 하지 못할까 봐 두려울 뿐이다. 단지 가르침처럼 이해한다면, 어떻게[42] 깨닫겠는가?"[43]

협산령(夾山齡)이 말했다.

"만약 물살처럼 급히 흐르면서[44] 칼날을 벗어나는 안목을 갖추었다면, 비단 이 한 무리의 사내들이 실패하였음을 볼 뿐만 아니라, 갠지스강의 모래알처럼 많은 부처와 조사가 출현하더라도 그에게 정체가 들킬 것이

쪽 제2위에 봉안된 보살이다. 밀호(密號)는 방편금강(方便金剛)·보원금강(普願金剛)이라고 한다.

41 『경덕전등록(景德傳燈錄)』제27권 『제방잡거징념대별어(諸方雜擧徵拈代別語)』에 이 이야기가 등장하는데, 여기에서는 망명보살(罔明菩薩)이 망명보살(網明菩薩)로 되어 있다. 서진(西晉) 월씨(月氏) 삼장(三藏) 축법호(竺法護)가 한역(漢譯)한 『제불요집경(諸佛要集經)』하권(下卷)에 이와 유사한 내용이 있다.

42 즘생(怎生) : 어떤? 어떻게? 어떻게 하면? =작마생(作麼生).

43 체해(體解) : 체험하여 알다. 깨닫다.

44 분류(奔流) : ①급히 흐르다. ②솟구쳐 흐르는 급한 물살. ③떠돌아다니다.

다.[45] 만약 푸르고 누른 색깔을 분별하지 못하고 삿되고 바름을 구분하지 못한다면, 단지 여자가 선정에서 나온다는 것은 현사(玄沙)[46]가 말한 것임을 찾을 뿐이다."

五雲云: "不唯文殊不能出此女子定, 但恐世尊也出此定不得. 只如敎意, 怎生體解?"

夾山齡云: "若具奔流度刃底眼, 非但見這一隊漢敗闕, 乃至河沙佛祖出來也被他覰破. 其或靑黃不辨, 邪正不分, 只管覓女子出定, 玄沙道底."

4. 가섭이 문수를 내쫓다

문수(文殊)가 세 곳에서 하안거를 보냈기 때문에 자자(自恣)[47]하는 날 가섭(迦葉)이 백추(白槌)하여 문수를 내쫓으려고 하였는데, 가섭이 백추하는 방망이를 들자마자 헤아릴 수 없이 많은 문수를 보게 되었다. 가섭이 자기의 신통력을 다하였으나 마침내 방망이를 들 수 없었다. 이에 세존이 가섭에게 물었다.

"그대는 어느 문수를 내쫓으려 하느냐?"

---

45 처파(覰破) : 확실히 엿보다. 엿보아 정체를 파악하다. '파'는 동사의 뒤에서 동작의 완성이나 발생한 장소를 표시함. 요(了), 득(得), 재(在)와 같은 용법.

46 현사사비(玄沙師備) : 835-908. 청원의 아래. 민현(閩縣; 복건성) 사람. 속성은 사씨(謝氏). 어려서 낚시를 좋아하였다. 함통(咸通) 초년에 하루는 홀연히 발심하여 복주 부용산(芙蓉山)의 영훈(靈訓)에게 참학하여 출가하였다. 5년(864)에는 예장(豫章; 강서성) 개원사(開元寺)의 도현율사(道玄律師)에게 구족계를 받았다. 같은 해 가을에 옛 마을로 돌아와 수행에 힘쓰고, 7년에 설봉산(雪峰山)의 의존(義存)에게 참학하여 그의 법을 이었다. 설봉의 회하에 있을 때는 지율(持律)을 엄격히 지켜 비두타(備頭陀)라고 존칭되고, 사씨 집안의 3남이어서 사삼랑(謝三郞)이라고 불리기도 하였다. 보응산(普應山)에서 암자 생활을 하다가 후관현(侯官縣)의 현사원(玄沙院)에 주석하였다. 광화(光化) 원년(898) 민왕 왕심지(王審知)의 명으로 안국원(安國院)에 주석하였다. 명종(明宗)은 종일대사(宗一大師)를 하사하였다. 개평(開平) 2년 11월 27일에 입적하였다.

47 자자(自恣) : 하안거(夏安居)가 끝나는 날에 대중(大衆)이 서로 견(見)·문(聞)·의(疑)의 세 가지 일에 대해서 과실을 지적하고 함께 참회하는 것을 말한다.

가섭은 대답이 없었다.[48]

世尊因自恣日, 文殊三處度夏, 迦葉欲白槌擯出, 纔擧槌, 乃見百千萬億文殊. 迦葉盡其神力, 槌不能擧. 世尊遂問迦葉: "汝欲擯那箇文殊?" 葉無對.

5. 문수가 세존을 협박하다

세존의 영취산[49] 법회에서 오백 명의 비구들이 사선정(四禪定)[50]을 얻고 오신통(五神通)[51]을 갖추었지만 아직 무생법인(無生法忍)[52]은 얻지 못했는데,

---

48 『대승유가금강성해만수실리천비천발대교왕경(大乘瑜伽金剛性海曼殊室利千臂千鉢大教王經)』제5권에 이와 유사한 내용이 있다.

49 영취산(靈鷲山) : 범어 Gṛdhrakūṭa. 기사굴산(耆闍崛山)의 번역. 중인도 마갈타국 왕사성 부근에 있는 산. 부처님이 설법하시던 곳으로 『법화경』을 설한 곳으로 유명하며, 선에서는 염화미소(拈花微笑)로 정법안장(正法眼藏)을 제1조 가섭(迦葉)에게 전한 곳으로 유명하다. 산 정상에 독수리를 닮은 바위가 있어 붙여진 이름이다.

50 사선정(四禪定) : 색계(色界)에 있어서 네 가지의 단계적 경지를 일컫는다. 초선(初禪)부터 제4선까지를 말하는데, 욕계의 미혹을 뛰어넘어 색계에 생겨나는 네 단계의 명상을 가리킨다. 즉 네 가지의 선(禪)의 단계, 네 단계의 명상, 네 가지의 마음 통일을 말한다. 먼저 초선은 각(覺) · 관(觀) · 희(喜) · 낙(樂) · 일심(一心)의 다섯 가지로 이루어지는데, 심일경성(心一境性)을 체(體)로 삼고, 능심려(能審慮)를 용(用)으로 하여 욕계의 번뇌를 멸하는 수행법으로서, 욕 · 악 · 불선법을 제거하고 유각(有覺) · 유관(有觀)으로써 번뇌를 끊어 없애는 선이다. 두 번째인 제2선은 내정(內淨) · 희(喜) · 낙(樂) · 일심(一心)의 네 가지로 이루어지며, 유각 · 유관을 없애고 무각(無覺) · 무관(無觀)으로써 드는 정생(定生)의 희락, 신근(信根)이 있는 선을 말한다. 제3선은 사(捨) · 염(念) · 혜(慧) · 낙(樂) · 일심(一心)의 다섯 가지로 이루어지며, 희를 멸하고 사(捨)를 닦아서 제성(諸聖)이 체득한 법을 억념(憶念)하여 만드는 선이다. 제4선은 불고불락(不苦不樂) · 사(捨) · 염(念) · 일심(一心)의 네 가지로 이루어지는데, 불고불락의 사념청정(捨念淸淨)으로써 드는 선을 뜻한다.

51 오신통(五神通) : 5통(通), 5신변(神變)이라고도 함. 5종의 불가사의하고 자재하고 묘한 작용. 천안통(天眼通) · 천이통(天耳通) · 숙명통(宿命通) · 타심통(他心通) · 신족통(神足通)을 말함. 천안통(天眼通)은 지상세계와 하늘세계와 땅 밑 지옥의 모든 모습을 막힘없이 보는 눈, 천이통(天耳通)은 지상세계와 하늘세계와 땅 밑 지옥의 모든 소리를 막힘없이 듣는 귀, 숙명통(宿命通)은 과거 전생(前生)의 운명을 아는 것, 타심통(他心通)은 타인의 마음을 아는 것, 신족통(神足通)은 어디든 자유롭게 갈 수 있는 능력이라는 뜻. 이 오신통은 누구든 수행을 통하여 얻을 수 있는 능력이지만, 불도의 신통과 외도의 신통은 다르다. 외도의 신통은 분별 속에서 얻음이 있지만, 불도의 신통은 불이(不二)의 법성(法性)을 보는 눈이 밝은 것이다. 부처의 신통을 누진통(漏盡通)이라고 하는데, 누진통은 번뇌망상을 완전히 소멸하고 불이의 법성에 막힘없이 통하여 모든 미혹(迷惑)에서 해탈한 것이다.

52 무생법인(無生法忍) : 불생법인(不生法忍), 불기법인(不起法忍)이라고도 함. 인(忍)은 인(認)과 같이 인

숙명통(宿命通)[53]을 가지고 각자 스스로 살펴보니 과거에 아버지를 죽이고 어머니에게 해를 입히고 또 여러 가지 무거운 죄를 저지른 것을 알고는 마음에 의심을 품고서 깊고 깊은 법에 깨달아 들어가지 못하고 있었다. 이에 문수(文殊)가 부처님의 위신력(威神力)[54]을 받들어 손에 날카로운 칼을 쥐고서[55] 여래를 위협하였다. 세존이 문수에게 말했다.

"멈추어라! 멈추어라! 역죄(逆罪)[56]를 저지르지 마라. 나에게 해를 입히지 마라. 내가 꼭 해를 입는다면, 내가 착하기 때문에 해를 입는 것이다. 문수야! 본래부터 나와 남이 없는데, 속마음에서 나와 남이 있음을 보기만 하면 그런 속마음이 일어날 때에 나는 반드시 해를 입으니, 이를 일러 해를 끼친다고 한다."

이에 오백 명의 비구들은 본래의 마음이 마치 꿈과 같고 환상과 같음을 스스로 깨달았는데, 꿈과 환상 속에는 나와 남이 없었고 낳는 부모도 없었고 낳아진 자식도 없었다. 이에 오백 명의 비구들은 이구동성으로 찬탄하며 말했다.

"크게 지혜로운 문수보살께서 법의 근원을 깊이 통달하시고는 스스로 손에 날카로운 칼을 쥐고서 여래의 몸을 위협하였네. 칼처럼 부처님도 그러하여, 하나의 모습일 뿐 두 모습은 없구나. 어떤 모습도 없고 하는 일

정하고 수용한다는 뜻이니, 법인(法忍)은 법을 인정하고 수용하여 의심하지 않는 것.『유마경(維摩經)』중권(中卷)「입불이법문품(入不二法門品)」제9에 "생멸(生滅)은 이법(二法)이지만, 법(法)은 본래 생하지 않는 것이어서 지금 멸하지도 않습니다. 이러한 무생법인(無生法忍)을 얻는 것이 바로 불이법문(不二法門)에 들어가는 것입니다."(生滅爲二, 法本不生今則無滅. 得此無生法忍, 是爲入不二法門.)라 하고 있다. 무생법인(無生法忍)은 불생불멸(不生不滅)하는 법(法), 즉 생겨나거나 소멸함이 없는 법을 인정하고 의심 없이 수용한다는 뜻이다.

53 숙명지통(宿命智通) : =숙명통(宿命通). 과거의 일을 아는 신통한 지혜. 오신통(五神通) 가운데 하나.

54 불신력(佛力) : =불위신력(佛威神力). 부처님의 위력적이고 불가사의하고 신통한 능력.

55 지(持) : (개사) -을 가지고. -으로써. =용(用), 이(以).

56 역죄(逆罪) : =오역죄(五逆罪). 5무간업(無間業)이라고도 함. 불교를 거역하는 5종의 중죄. ①살부(殺父). ②살모(殺母). ③살아라한(殺阿羅漢). ④파화합승(破和合僧). ⑤출불신혈(出佛身血).

도 없는데, 여기에서 어떻게[57] 죽이겠는가?"[58]

世尊因靈山會上, 有五百比丘, 得四禪定, 具五神通, 未得法忍, 以宿命智通, 各各自見, 過去殺父害母, 及諸重罪, 心內懷疑, 於甚深法, 不能證入. 於是文殊, 承佛神力, 手握利劍, 持逼如來. 世尊謂文殊云: "住! 住! 不應作逆. 勿得害吾. 吾必被害, 爲善被害. 文殊! 從本以來, 無有我人, 但以內心見有我人, 內心起時, 吾必被害, 卽名爲害." 於是五百比丘, 自悟本心, 如夢如幻. 於夢幻中, 無有我人, 乃至能生所生父母. 於是五百比丘, 同聲贊嘆云: "文殊大智士, 深達法源底, 自手握利劍, 持逼如來身. 如劍佛亦爾, 一相無有二, 無相無所爲, 是中云何殺?"

6. 문수가 철위산에 떨어지다

문수(文殊)가 문득 부처라는 견해와 법이라는 견해를 일으키자, 세존은 신통력으로 문수를 이철위산(二鐵圍山)[59]에 가두었다.[60]

世尊, 因文殊忽起佛見法見, 被世尊神力攝向二鐵圍山.

7. 문밖의 문수

---

57 운하(云何) : 어떻게? 어찌하여? 어떤?

58 수(隋) 천축 삼장 달마급다(達摩笈多)가 번역한 『대보적경(大寶積經)』제105권. 「신통증설품(神通證說品)」제9에 이와 유사한 내용이 있다.

59 이철위산(二鐵圍山) : 수미산을 중심으로 하는 아홉 겹의 산 가운데서 아홉 번째 산으로, 대철위산(大鐵圍山)·소철위산(小鐵圍山)의 둘로 이루어져 있다.

60 『제불요집경』하권에 이와 유사한 내용이 있다.

세존이 하루는 문수가 문밖에 서 있는 것을 보고서 말했다.

"문수야! 문수야! 어찌하여 문안으로 들어오지 않느냐?"

문수가 말했다.

"저는 문밖에 있다는 하나의 법도 보지 못하는데, 어찌하여 저에게 문안으로 들어오라고 하십니까?"[61]

世尊一日, 見文殊在門外立, 乃云: "文殊! 文殊! 何不入門來?" 文殊云: "我不見一法在門外, 何以敎我入門來?"

현각징(玄覺徵)이 말했다.

"이것은 문안의 말인가, 문밖의 말인가?"

대위철(大潙哲)이 말했다.

"내가 너만 못하다."

玄覺徵云: "爲復是, 門內語? 門外語?"

大潙哲云: "吾不如汝."

8. 깨달음의 마음을 내다

세존이 모든 제자들[62]을 거느리고 제육천(第六天)[63]으로 가서 『대집경(大

---

61 『문수사리소설반야바라밀경(文殊師利所說般若波羅蜜經)』에 이와 유사한 내용이 있다.

62 성중(聖衆): ①많은 비구들. ②부처님의 제자들. ③교단(敎團). ④성문(聲聞), 연각(緣覺), 보살(菩薩), 부처 등 여러 성스러운 사람들. ⑤보살들.

63 제육천(第六天): 타화자재천(他化自在天). 이 하늘은 6욕천(欲天)의 가장 높은 데 있으므로 제6천이

集經)』을 말하려 하여 다른 불국토와 이 사바세계에 있는 인간세계와 하늘 세계의 모든 모질고 흉악한 귀신들에게 모두 모여 부처님의 부촉을 받고 바른 법을 보호하라고 명령을 내렸다. 만약 오지 않는 자가 있으면 사천왕(四天王)⁶⁴이 뜨거운 쇠바퀴를 날려 그들을 쫓아서 모이게 하였다. 모이고 나서는 부처님의 명령을 따르지 않는 자가 없었고, 각자 바른 법을 보호하겠다고 큰 서원(誓願)을 내었는데, 오직 한 마왕(魔王)만이 세존께 여쭈었다.

"고오타마시여! 저는 모든 중생들이 부처가 되어서 중생의 세계가 전부 텅 비고 중생이라는 이름도 없어지기를 기다렸다가 깨달음의 마음을 내겠습니다."

世尊將諸聖衆, 往第六天, 說『大集經』, 救他方此土, 人間天上, 一切獰惡鬼神, 悉皆集會, 受佛付囑, 擁護正法. 設有不赴者, 四天門王, 飛熱鐵輪, 追之令集. 旣集會已, 無有不順佛敕者, 各發弘誓擁護正法, 唯有一魔王, 謂世尊云: "瞿曇! 我待一切衆生成佛, 盡衆生界空, 無有衆生名字, 我乃發菩提心."

천의회(天衣懷)가 말했다.
"위험을 만나 변함이 없는 것이 참된 대장부이다. 여러분은 어떻게 한

라 함. 욕계천의 임금인 마왕이 있는 곳. 이 하늘은 남이 변해 나타내는 낙사(樂事)를 자유롭게 자기의 쾌락으로 삼는 까닭에 타화자재천이라 함. 이 하늘의 남녀는 서로 마주 보는 것만으로 음행이 만족하고, 아들을 낳으려는 생각을 일으키기만 해도 아들이 무릎 위에 나타난다고 함. 또 이 하늘 사람의 키는 3리(里), 수명은 1만 6천 세. 이 하늘의 1일은 인간의 1천 6백 년에 해당.

64 사천문왕(四天門王) :=사천왕(四天王). 사대천왕(四大天王)·호세사천왕(護世四天王)이라고도 한다. 욕계육천(欲界六天)의 최하위를 차지한다. 수미산 정상의 중앙부에 있는 제석천(帝釋天)을 섬기며, 불법(佛法)뿐 아니라, 불법에 귀의하는 사람들을 수호하는 호법신이다. 동쪽의 지국천왕(持國天王), 남쪽의 증장천왕(增長天王), 서쪽의 광목천왕(廣目天王), 북쪽의 다문천왕(多聞天王:毘沙門天王)을 말한다. 그 부하로는 견수(堅手)·지만(持鬘)·항교(恒憍)가 있는데, 이들은 수미산의 아래쪽에 있다. 또한 사천왕은 이들 외에도 수미산을 둘러싸고 있는 지쌍산(持雙山) 등 일곱 겹의 산맥과 태양·달 등도 지배하고 있다.

마디 알맞은 말[65]을 하여 석가모니[66]에게 할 말을 할 것이냐?[67] 평소의 신통묘용(神通妙用)[68]과 지혜와 판단력[69]이 전혀 소용이 없다.[70] 모든 인간세계[71]에서 부처님을 좋아하지 않음이 없으나, 여기에 이르면 어떤 것이 부처이고 어떤 것이 마귀인가? 판별할 사람이 있느냐?"

잠시 말없이 있다가 말했다.

"마귀를 알려고 하느냐? 눈을 뜨면 밝음이 보인다. 부처를 알려고 하느냐? 눈을 감으면 어둠이 보인다. 마귀와 부처의 콧구멍[72]을 주장자로 일시에 뚫어 버려라."

묘희(妙喜)가 대신 말했다.

---

65 일전어(一轉語) : 그때그때의 상황에 알맞은 말을 자유자재하게 사용하여 선지(禪旨)를 가리키는 것. 심기(心機)를 바꾸어서[一轉] 깨닫게 하는 힘이 있는 말이라는 뜻.

66 황면구담(黃面瞿曇) : 석가모니. 황면(黃面), 황두(黃頭)라고 약칭. 석가의 탄생지인 카필라성의 카필라는 황색(黃色)이라는 뜻이고, 석가의 씨족명은 고오타마(Gotama. 구담(瞿曇)으로 음역)이므로 이렇게 부른다. 황면노자(黃面老子)라고도 한다.

67 출기(出氣) : ①화풀이를 하다. 분노를 발설시키다. ②숨 쉬다. ③탄식하다. ④기백(氣魄)을 드러내다. ⑤할 말을 하다.

68 신통묘용(神通妙用) : 신령스럽게 통하고 묘하게 작용한다. 걸림 없이 자재한 깨달음의 경지를 표현한 말.

69 변재(辨才) : 판단 능력.

70 용불착(用不着) : 쓸 수 없다. 소용없다. '불착(不着)'은 '불용(不用)'이나 '불수(不須)'와 마찬가지로 '-할 수 없다'는 뜻.

71 염부제(閻浮提) : 산스크리트로는 Jambu-dvīpa이다. 수미산 남쪽에 있는 대륙으로 4대주의 하나이다. 수미산(須彌山)을 중심으로 인간세계를 동서남북 네 주로 나누었을 때, 염부제는 남주이다. 인간세계는 여기에 속한다고 한다. 여기 16의 대국, 500의 중국, 10만의 소국이 있다고 하며 이곳에서 주민들이 누리는 즐거움은 동북의 두 주보다 떨어지지만 모든 부처가 출현하는 곳은 오직 이 남주뿐이라고 한다. 북쪽은 넓고 남쪽은 좁은 지형으로 염부나무가 번성한 나라라는 뜻이다. 원래는 인도를 가리키는 말이었는데, 후세에는 인간세계를 아울러 지칭하는 말이 되었다.

72 비공(鼻孔) : 코. 콧구멍. 비공(鼻孔)은 글자 그대로는 콧구멍이라는 뜻이지만, 콧구멍을 포함한 코 전체를 가리키는 말이다. 파비(把鼻)라는 말이 손잡이를 붙잡는다는 뜻이므로 코는 손잡이를 뜻하거나, 혹은 비조(鼻祖)라고 하듯이 근원이나 시초를 가리키는 뜻이 있다. 선승들의 어록에서 비공(鼻孔)이라는 말은 근원이나 시초라는 뜻으로서 우리의 본래면목을 가리킨다. 예컨대, 『경덕전등록』에 나오는 "부모가 아직 낳지 않았을 때 코는 어디에 있는가?(父母未生時鼻孔在什麼處)" 혹은 "납승이라면 모름지기 바로 납승의 코를 밝혀내야 한다.(衲僧直須明取衲僧鼻孔)" 등의 말에서 코(鼻孔)는 본래면목을 가리킨다.

"하마터면⁷³ 그대를 마왕이라고 잘못 부를 뻔하였구나."

天衣懷云: "臨危不變, 眞大丈夫. 諸仁者, 作麼生着得一轉語, 與黃面瞿曇出氣? 尋常神通妙用, 智慧辨才, 總用不着. 盡閻浮大地, 無不愛佛, 到這裏, 何者是佛? 何者是魔? 還有人辨得麼?" 良久云: "欲識魔麼? 開眼見明. 欲識佛麼? 合眼見暗. 魔之與佛, 以柱杖子, 一時穿卻鼻孔."

妙喜代云: "幾乎錯喚汝作魔王."

9. 보현보살을 보다

보안보살(普眼菩薩)이 보현(普賢)⁷⁴을 보려고 하였으나 볼 수가 없었다. 그리하여 세 번 선정(禪定)에 들어가 삼천대천세계⁷⁵를 두루 찾았으나 보현을 볼 수 없었다. 돌아와서⁷⁶ 부처님께 아뢰니 부처님이 말했다.

"그대가 다만 고요한 삼매(三昧) 속에서 한 생각을 일으키기만 하면 곧 보현을 볼 것이다."

---

73 기호(幾乎) : 거의. 하마터면.

74 보현(普賢) : 보현보살(普賢菩薩). 문수사리 보살과 함께 석가여래의 협사(脇士)로 유명한 보살. 문수보살이 여래의 왼편에 모시고 여러 부처님들의 지덕(智德)·체덕(體德)을 맡음에 대하여, 이 보살은 오른쪽에 모시고 이덕(理德)·정덕(定德)·행덕(行德)을 맡았다. 또 문수보살과 같이 일체 보살의 으뜸이 되어 언제나 여래의 중생 제도하는 일을 돕고 드날린다. 또 중생들의 목숨을 길게 하는 덕을 가졌으므로 보현연명보살, 혹은 연명보살(延命菩薩)이라고도 한다. 형상은 여러 가지가 있으나, 크게 나누면 흰 코끼리를 탄 모양, 연화대(蓮花臺)에 앉은 모양의 2종이 있다. 예로부터 코끼리에 탄 형상을 많이 만들었고, 연화대에 앉은 모양은 진언밀교(眞言密教)에서 만들었다.

75 삼천대천세계(三千大千世界) : 불교 우주관에서는 수미산을 중심으로 4방에 4대주(大洲)가 있고, 그 바깥 주위를 대철위산(大鐵圍山)이 둘러싸고 있다고 한다. 이것을 1세계 또는 1사천하(四天下)라 함. 사천하를 천 개 합한 것이 1소천세계(小千世界), 소천세계를 천 개 합한 것이 1중천세계(中千世界), 중천세계를 천 개 합한 것이 1대천세계임. 1대천세계에는 소천·중천·대천의 3가지 천(千)이 있으므로 1대 3천세계, 또는 3천 대천세계라 함. 이 일대천세계(一大千世界)를 삼천대천세계(三千大天世界)라 하며, 또 삼천세계(三千世界)라고도 함.

76 각래(卻來) : ①돌아오다. ②도리어. 사실은.

보안이 이에 한 생각을 일으키자마자 곧 공중에서 여섯 개의 이를 가진 흰 코끼리를 타고 있는 보현을 보았다.

世尊因普眼菩薩, 欲見普賢, 不能得見. 乃至三度入定, 遍觀三千大千世界, 覓普賢, 不能得見. 卻來白佛, 佛云: "汝但於靜三昧中, 起一念便見普賢." 普眼於是, 纔起一念, 便見普賢, 向空中, 乘六牙白象.

운거순이 말했다.
"어떻게 이해하는가? 내가 말하겠다. 보안은 세존을 밀어 넘어뜨렸고,[77] 세존은 보안을 밀어 넘어뜨렸다. 그대들은 말해 보라. 보현은 어디에 있는가?"

雲居舜云: "作麼生會? 雲居道. 普眼推倒世尊, 世尊推倒普眼. 汝道. 普賢在甚麼處?"

10. 세존이 설법을 마치다

세존이 어느 날 법좌(法座)[78]에 오르자 대중이 모여 자리를 잡았는데, 가섭(迦葉)이 백추(白槌)[79]하고서 말했다.

---

77 추도(推倒) : ①밀어 넘어뜨리다. ②=추번(推翻). 뒤집다.
78 법좌(法座) : 선승(禪僧)이나 법사(法師)가 올라앉아 설법(說法)하는 좌석. 설법을 행하는 법당(法堂)에 설치되어 있다.
79 백추(白槌) : 백추(白椎)라고도 한다. 『조정사원(祖庭事苑)』에 다음과 같은 설명이 있다 : 세존(世尊)의 율의(律儀)에 의하면, 설법(說法)을 하고자 할 때에는 반드시 먼저 대중에게 알리는 말을 하여 대중을 경건하고 엄숙하게 만드는 법을 행하였다. 오늘날 선종(禪宗)에서는 법을 아는 존숙(尊宿)에게 그 소임(所任)을 맡겨서, 장로(長老)가 법좌에 앉자마자 말하기를 "법회에 모인 여러 스님네들이여, 마땅히 제일의제(第一義諦)를 보아야 합니다."라고 한다. 장로가 대중들의 역량을 살펴서 행하는

"세존께서 설법(說法)을 마치셨습니다."

세존은 곧 자리에서 내려왔다.

世尊一日陞座, 大衆集定, 迦葉白槌云: "世尊說法竟." 世尊便下座.

11. 꽃을 들어 법을 전하다

세존이 영취산[80]의 법회에서 꽃을 들어 대중에게 보였다. 대중이 모
두 말없이 있었는데, 오직 가섭만이 소리 없이 활짝 웃었다.[81] 세존이
말했다.

"나에게 있는 정법안장(正法眼藏)[82]·열반묘심(涅槃妙心)[83]·실상무상(實相無

법회(法會)에서의 문답(問答)이 끝나면, 소임을 맡은 존숙은 다시 알려서 말하기를 "법왕(法王)의 법
을 잘 보십시오. 법왕의 법은 이렇습니다."라고 말한다. 이것이 대체로 앞선 분들의 참된 규범(規
範)이니, 모두 부처님의 뜻을 잃지 않고 있다. (世尊律儀, 欲辨佛事, 必先秉白, 爲穆衆之法也. 今宗門白椎, 必命
知法尊宿以當其任, 長老才據座已, 而秉白云: "法筵龍象衆, 當觀第一義." 長老觀機, 法會酬唱旣畢, 復秉白曰: "諦觀法王
法, 法王如是." 此蓋先德之眞規, 皆不失佛意.)

80 영취산(靈鷲山) : 범어 Gṛdhrakūṭa. 기사굴산(耆闍崛山)의 번역. 중인도 마갈타국 왕사성 부근에 있
    는 산. 부처님이 설법하시던 곳으로서『법화경』을 설한 곳으로 유명하며, 선에서는 염화미소(拈花
    微笑)로 정법안장(正法眼藏)을 제1조 가섭(迦葉)에게 전한 곳으로 유명하다. 산 정상에 독수리를 닮
    은 바위가 있어 붙여진 이름이다.

81 파안미소(破顔微笑) : 소리 내지 않고 활짝 웃다.

82 정법안장(正法眼藏) : 선(禪)의 종지(宗旨), 불법(佛法)의 진의(眞意). 불법(佛法)의 진수(眞髓)를 뜻한다.
    안(眼)은 일체의 것을 비추고, 장(藏)은 일체의 것을 포함한다는 의미이다. 그리하여 안장(眼藏)은
    모든 것을 비추고 일체를 포함하는 무상(無上)의 정법(正法)의 공덕(功德)을 나타낸 말이다. 청정법
    안(淸淨法眼)이라고도 하며, 선가에서는 이로써 교외별전(敎外別傳)의 심인(心印)을 삼음. 석존이 깨
    달은 정법(正法)을 깨달으면 눈이 모든 것을 밝게 보듯이 진실을 남김없이 보게 되므로 안장(眼藏)이
    라 한다. 정법안장의 가장 오래된 주석서인『정법안장어초(正法眼藏御抄)』에서는 "정법안장은 그
    대로 불법(佛法)을 가리키는 이름이다."라고 하였다. 정법안장이라는 말의 출전은『대범천왕문불
    결의경(大梵天王問佛決疑經)』이다.

83 열반묘심(涅槃妙心) : 적멸(寂滅)인 묘한 마음. 깨달아 해탈한 마음을 가리키는 말. 있음과 없음, 주
    관과 객관의 양변을 떠나 분별할 것이 없으므로 적멸이라 하고, 헤아릴 수 없이 묘하게 드러나 작
    용하므로 묘심이라고 한다.

相)[84]·미묘법문(微妙法門)[85]을 문자를 세우지 않고 가르침 밖에서 따로 전하니 마하가섭에게 부촉[86]하노라."

世尊在靈山會上, 拈花示衆, 衆皆黙然, 唯迦葉破顔微笑. 世尊云: "吾有正法眼藏, 涅槃妙心, 實相無相, 微妙法門, 不立文字, 教外別傳, 付囑摩訶迦葉."

묘희가 노래했다.

"한 떨기 꽃을 들어 올리니
풍류(風流)[87]가 자기 집[88]을 벗어났구나.
만약 말로써 마음법을 부촉했더라면
천하의 일이 삼대처럼 많았을 것이다."

妙喜頌云: "拈起一枝花, 風流出當家. 若言付心法, 天下事如麻."

12. 다자탑 앞에서 법을 전하다

---

84 실상무상(實相無相) : 진실에는 모습이 없다. 망상에는 모습이 있다는 망상유상(妄相有相)의 상대어.

85 미묘법문(微妙法門) : 만법(萬法)의 실상(實相)은 불가사의(不可思議)하므로 미묘(微妙)하다고 하고, 그 미묘한 법으로 들어가는 문이 부처님의 가르침인 불법(佛法)이라고 하여 법문(法門)이라 한다.

86 부촉(付囑) : 부촉(付屬)이라고도 함. 다른 이에게 부탁함. 부처님은 설법한 뒤에 청중 가운데서 어떤 이를 가려내어 그 법의 유통(流通)을 촉탁하는 것이 상례(常例). 이것을 부촉·촉루(屬累)·누교(累教) 등이라 함. 경문 가운데서 부촉하는 일을 말한 부분을「촉루품(囑累品)」, 또는 부촉단(付屬段)이라 하니, 흔히 경의 맨 끝에 있음.『법화경』과 같은 것은 예외(例外).

87 풍류(風流) : 우아하고 멋스러운 정취(情趣). 또는 선인(先人), 성현(聖賢)들의 유풍(遺風)이나 가풍을 말함.

88 당가(當家) : ①자기 집. ②자기 자신.

세존이 예전에 다자탑(多子塔)[89] 앞에 이르러 마하가섭에게 명하여 자리를 나누어 앉아 승가리(僧伽梨)[90]로 그를 둘러싸고는 말했다.

"나에게 있는 정법안장(正法眼藏)을 그대에게 남몰래 부촉하니, 그대는 마땅히 잘 보호하고 지켜서 장래에 전하여 끊어지지 않도록 하여라."

世尊昔至多子塔前, 命摩訶迦葉分座, 以僧伽梨圍之, 乃告云:"吾有正法眼藏, 密付於汝, 汝當護持, 傳付將來, 無令斷絶."

13. 이승에게 설법하지 않는다

세존이 하루는 법좌에 올라서 말없이 앉아 있었는데, 아난(阿難)이 백추하고 말했다.

"세존께 설법을 청합니다."

세존이 말했다.

"모임 속에 계율을 범한 두 비구가 있다. 나는 그 까닭에 법을 말하지 않는다."

아난이 타심통(他心通)[91]으로 그 비구들을 보고는 드디어 쫓아내었다. 세존이 다시 말없이 있자, 아난이 부처님께 아뢰었다.

"그 두 비구는 이미 쫓겨났는데, 어찌하여 법을 말씀하시지 않습니

---

89 다자탑(多子塔) : Pahuputraka. 중인도 비야리성(毘耶離城)의 서쪽에 있던 탑 이름. 비야리에 있던 4 탑의 하나. 천자탑(千子塔)·다자지제(多子支提)라고도 한다. 왕사성의 어떤 바라문 장자의 아들 딸 각 30인이 모든 인연을 끊고 출가수도하여 벽지불이 되었다. 그 후 그들의 권속들이 그들을 위하여 세운 탑이므로 다자탑이라 한다. (『조정사원(祖庭事苑)』 제8권)

90 승가리(僧伽梨) : 승복(僧服) 3의(衣)의 하나. 중의(重衣)·합의(合衣)라 번역. 대의(大衣)라고도 함. 설법할 때 또는 마을에 나가 걸식할 때 입는 옷.

91 타심통(他心通) : 육통(六通)의 하나. 다른 이가 마음으로 생각하는 것을 아는 불가사의한 심력(心力).

까?"

세존이 말했다.

"나는 성문(聲聞)과 연각(緣覺) 등 이승(二乘)[92]의 사람을 위하여 법을 말하지 않기로 맹서하였다."

곧 자리에서 내려왔다.

世尊一日陞座, 黙然而坐, 阿難白槌云: "請世尊說法." 世尊云: "會中有二比丘, 犯律行. 我故不說法." 阿難以他心通, 觀是比丘, 遂乃遣出. 世尊復黙然, 阿難白世尊: "是二比丘, 已遣出, 何不說法?" 世尊云: "吾誓不爲聲聞二乘人說法." 便下座.

14. 과거 부처님의 탑

세존이 아난과 함께 길을 가다가 옛 부처의 탑 하나를 보았는데, 세존이 절을 올리자 아난이 말했다.

"누구의 탑입니까?"

세존이 말했다.

"과거의 온갖 부처님의 탑이다."

아난이 말했다.

"과거의 온갖 부처님은 누구의 제자입니까?"

세존이 말했다.

"나의 제자이다."

아난이 말했다.

---

92 이승(二乘) : 성문승(聲聞乘)과 연각승(緣覺乘). 소승(小乘)을 가리킴.

"마땅히[93] 그래야 합니다."

世尊同阿難行次, 見一古佛塔, 世尊作禮, 阿難云: "是甚麼人塔?" 世尊云: "是過去諸佛塔." 阿難云: "過去諸佛是甚麼人弟子?" 世尊云: "是吾弟子." 難云: "應當如是."

15. 과거칠불의 의식

세존이 하루는 식사 때가 다 되자 아난에게 명하였다.
"너는 성(城)에 들어가 탁발(托鉢)하거라."[94]
아난이 "예!" 하고 대답하니, 세존이 말했다.
"네가 탁발한다면 마땅히 과거칠불의 의식(儀式)에 따라야 할 것이다."
아난이 이에 물었다.
"어떤 것이 과거칠불의 의식입니까?"
세존이 "아난아!" 하고 부르자 아난이 "예!" 하고 대답하였는데, 세존이 말했다.
"탁발하여라."[95]

世尊一日食時將至, 敕阿難: "汝當入城持鉢." 阿難應諾, 世尊云: "汝旣持鉢, 當依過去七佛儀式." 阿難遂問: "如何是過去七佛儀式?" 世尊召阿難, 阿難應諾, 世尊云: "持鉢去."

---

93 응당(應當): 마땅히 -해야 한다.
94 지발(持鉢): =탁발(托鉢). 스님이 발우(鉢盂)를 가지고 걸식하는 것.
95 거(去): 어구(語句) 말미에 붙어서 바람이나 명령을 나타내는 어조사. 착(着)과 같음.

16. 사찰을 건립하다

세존이 과거세에 땅에 머리를 풀어 깔아 진흙을 덮고서 연등불(燃燈佛)[96]에게 꽃을 바쳤는데, 연등불은 머리를 풀어 깐 곳을 보고서 드디어 대중을 가로막아[97] 물리치고는 땅을 가리키며 말했다.

"이곳에는 응당 한 개의 사찰[98]을 세워야 한다."

대중 속에 있던 슬기로운 아들[99]인 장자(長者)[100] 한 사람이 나뭇가지를 들고 있다가 그곳에다 꽂고는 말했다.

"사찰을 건립하였습니다."

그때 하늘에서 꽃비를 뿌리면서 찬탄하였다.

"서자(庶子)[101]에게 큰 지혜가 있도다."

世尊因地布髮掩泥, 獻花於燃燈佛, 燃燈見布髮處, 遂約退衆, 乃指地云: "此一方地, 宜建一梵刹." 衆中有一賢子長者, 持標, 於指處插云: "建梵刹已竟." 時諸天散花贊嘆云: "庶子有大智矣."

---

96 연등불(燃燈佛) : 산스크리트로는 Dīpaṅkara-buddha이고, 정광불(錠光佛)·정광불(定光佛)·보광불(普光佛)·등광불(燈光佛) 등으로도 번역한다. 과거불(過去佛)의 하나였는데, 석존(釋尊)이 보살로서 최초로 성불(成佛)의 수기(授記)를 받았던 것은 바로 이 연등불 때였다고 한다. 그때, 석존은 바라문 청년인 선혜(善慧)로서 연등불에게 연꽃을 받들어 올리고 진흙길에 자신의 머리칼을 펼쳐 연등불이 지나가시게 하였다. 그 행위로 인해 연등불로부터 장차 석가모니불이 될 것이라는 수기를 받게 되었다고 한다.

97 약(約) : ①가로막다. 단절시키다. ②의거하다. 근거하다. ③(범위) 온전히. 모두. ④(시간) 잠시. 우연히.

98 범찰(梵刹) : 정찰(淨刹), 보찰(寶刹), 성찰(盛刹)이라고도 한다. 범(梵)은 깨끗하다는 뜻. 찰(刹)은 깃대라는 뜻. 곧 부처님을 모시고 불교를 공부하는 절을 일컫는 말.

99 현자(賢子) : 어질고 유능한 아들. 주로 남의 아들에 대한 미칭(美稱)으로 사용.

100 장자(長者) : 범어 śreṣṭha, gṛhapāti. 호족·부귀한 사람이나 덕행이 수승한 사람을 존칭하는 말이다. 인도에서 좋은 집안에 나서 많은 재산을 가지고 덕을 갖춘 사람을 가리키는 말.

101 서자(庶子) : 첩의 자식. 얼자(孼子). 슬기로운 아들인 장자(長者)가 첩의 자식이었던 듯하다.

17. 연화색 비구니

세존이 90일 동안 도리천[102]의 궁전에서 어머니를 위하여 법을 말하고 나서 천계(天界)[103]를 하직하고 아래로 내려올 때에 사부대중(四部大衆)[104]과 팔부신중(八部神衆)[105]이 함께 공계(空界)[106]로 가서 영접하였다. 그 무리 속에 연화색(蓮花色)이라는 비구니가 있었는데 이렇게 생각하였다.

'나는 비구니이니 분명히 비구[107]의 무리 뒤에 자리할 것이다. 그러니 신통력을 사용하여 전륜성왕으로 변신하여 천 명의 자식들을 거느리고 가장 먼저 부처님을 뵙는 것이 좋겠다.'

결국 그 소원을 이루어서 세존을 뵈니 세존이 그를 보자마자 곧 꾸짖으

---

102 도리천(忉利天) : 범어 Trāyastriṃśa의 음역. 욕계 6천 중의 하나. 수미산 정상의 33천을 말함. 그 세계의 왕을 제석천(帝釋天)이라고 한다.

103 천계(天界) : 천상계. 욕계천·색계천·무색계천의 총칭. 사왕천·도리천·염마천·도솔천·화락천·타화자재천의 욕계천과 초선천·2선천·3선천·4선천·무상천·5나함천의 색계천과 공처천·식처천·무소유처천·비상비비상처천의 무색계천 등.

104 사부대중(四部大衆) : 사부중(四部衆), 사중(四衆)이라고도 한다. 불교의 교단을 형성하는 네 부류의 사람들을 가리킨다. 출가(出家)의 남승(男僧)인 비구(比丘)와 여승(女僧)인 비구니(比丘尼), 재가(在家)의 남신도인 우바새와 여신도인 우바이 등 넷이다.

105 팔부신중(八部神衆) : 불법(佛法)을 수호하는 8종의 신장(神將). 팔부중·천룡팔부(天龍八部)라고도 한다. ①천(天): 천계(天界)에 거주하는 제신(諸神). 천은 삼계(三界: 欲界·色界·無色界) 27천(天)으로 구분되나, 지상의 천으로는 세계의 중심에 있는 수미산(須彌山) 정상의 도리천(忉利天: 三十三天)이 최고의 천이며, 제석천(帝釋天)이 그 주인이다. ②용(龍): 물속에 살면서 바람과 비를 오게 하는 능력을 가진 존재. 호국의 선신(善神)으로 간주되며 팔대용신(八大龍神) 등 여러 종류가 있다. ③야차(夜叉): 고대 인도에서는 악신(惡神)으로 생각되었으나, 불교에서는 사람을 도와 이익을 주며 불법을 수호하는 신이 되었다. ④건달바(乾達婆): 인도신화에서는 천상의 신성한 물 소마(Soma)를 지키는 신. 그 소마는 신령스러운 약으로 알려져 왔으므로 건달바는 훌륭한 의사이기도 하며, 향만 먹으므로 식향(食香)이라고도 한다. ⑤아수라(阿修羅): 인도신화에서는 다면(多面)·다비(多臂), 즉 얼굴도 많고 팔도 많은 악신(惡神)으로 간주되었으나, 불교에서는 조복(調伏)을 받아 선신(善神)의 역할을 한다. ⑥가루라(迦樓羅): 새벽 또는 태양을 인격화한 신화적인 새로서 금시조(金翅鳥)라고도 한다. 불교 수호신이 되었다. ⑦긴나라(緊那羅): 인간은 아니나 부처를 만날 때 사람의 모습을 취한다. 때로는 말의 머리로 표현되기도 한다. 가무(歌舞)의 신이다. ⑧마후라가(摩睺羅迦): 사람의 몸에 뱀의 머리를 가진 음악(音樂)의 신. 땅속의 모든 요귀를 쫓아내는 임무가 있는 것으로 알려져 있다. 천룡팔부중(天龍八部衆)에 관한 기록은 『법화경(法華經)』 등의 대승불교 경전에 보이며, 사천왕(四天王)의 권속으로 기술되고 있다.

106 공계(空界) : 허공(虛空). 6계(界)의 하나. 가없는[無邊] 허공.

107 대승(大僧) : 비구(比丘). 아직 구족계(具足戒)를 받지 않은 사미(沙彌)에 대하여 구족계를 받은 비구를 가리키는 말.

며 말했다.

"연화색 비구니는 어찌하여 비구를 지나쳐서 먼저 나를 보느냐? 네가 비록 나의 색신(色身)[108]을 볼지라도 나의 법신(法身)[109]은 결코 보지 못할 것이다. 수보리(須菩提)[110]는 바위굴 속에 앉아 있지만 도리어 나의 법신을 본다."

世尊九十日, 在忉利天宮, 爲母說法, 及辭天界而下時, 四衆八部, 俱往空界奉迎. 有蓮花色比丘尼, 作念云: "我是尼身, 必居大僧後. 不若用神力, 變作轉輪聖王, 千子圍繞, 最初見佛." 果滿其願, 世尊纔見, 便呵云: "蓮華色比丘尼, 何得越大僧見吾? 汝雖見吾色身, 且不見吾法身. 須菩提在岩中宴坐, 卻見吾法身."

18. 여섯 번째 신통

오통선인(五通仙人)이 세존에게 물었다.

"세존에게는 육신통(六神通)[111]이 있고, 저에게는 오신통(五神通)이 있습니

---

108 색신(色身) : ①지수화풍(地水火風)의 사대(四大)로 이루어진 빛깔과 모습이 있는 육신(肉身). 불·보살의 상호신(相好身). 빛깔도 형상도 없는 법신(法身)에 대하여 빛깔과 모습이 있는 육신(肉身)을 말함. 산스크리트로는 rpūa-kāya이다. ②형체를 가진 부처님의 신체를 뜻한다. 밖으로 드러나서 볼 수가 있는 부처님의 육신, 또는 육체를 갖춘 부처님, 화신(化身)과 같은 것이 되는 것을 가리킨다. 32상을 갖춘 부처님의 모습으로 태어나는 몸[生身]을 말하기도 한다.

109 법신(法身) : dharma-kāya. 3신(身)의 하나. 법은 진여(眞如), 법계의 이(理)와 일치한 부처님의 진신(眞身). 빛깔도 형상도 없는 본체신(本體身). 대승(大乘)에서는 우주의 본체인 진여실상(眞如實相)의 마음을 법신이라 한다.

110 수보리(須菩提) : Subhūti. 석가세존의 10대 제자 가운데 한 명. 선현(善現)·선길(善吉)·선업(善業)·공생(空生) 등으로 번역. 온갖 법이 공(空)한 이치를 깨달은 첫째가는 이라 하여 해공제일(解空第一)이라고 함. 『증일아함경(增壹阿含經)』에 전기가 있음.

111 육신통(六神通) : (1)6종의 불가사의한 신통력. ①천안통(天眼通). 육안으로 볼 수 없는 것을 보는 신통. ②천이통(天耳通). 보통 귀로는 듣지 못할 음성을 듣는 신통. ③타심통(他心通). 다른 사람의 의사를 자재하게 아는 신통. ④숙명통(宿命通). 지나간 세상의 생사를 자재하게 아는 신통. ⑤신족통(神足通). 또는 여의통(如意通). 부사의하게 경계를 변하여 나타내기도 하고 마음대로 날아다니기도 하는 신통. ⑥누진통(漏盡通). 자재하게 번뇌를 끊는 힘. (2)육신통 가운데 다섯 번째까지

다. 어떤 것이 나머지 하나의 신통입니까?"

세존이 "오통선인!" 하고 부르니 오통선인이 "예!" 하고 대답하였다. 세존이 말했다.

"이 하나의 신통을 그대는 나에게 물었느냐?"

世尊因五通仙人問云: "世尊有六通, 我有五通. 如何是那一通?" 世尊召云: "五通仙人!" 通應諾. 世尊云: "那一通, 汝問我?"

설두(雪竇)가 말했다.

"석가는 원래 저 한 개 신통을 알지 못했는데, 도리어 삿됨 때문에 바르게 되었구나."[112]

운봉열(雲峰悅)이 말했다.

"그렇게 대단한[113] 고오타마가 외도(外道)에게 감파(勘破)당했다. 여기 긍정하지 않는 자가 있느냐? 나오너라. 내가 그대에게 묻고자 한다. 어떤 것이 저 한 개 신통인가?"

보녕용(保寧勇)이 노래했다.

"무한한 세월 동안 만난 적이 없었는데
어떻게 움직이지도 않고 그속에 이르렀는가?

는 외도(外道)의 오신통(五神通)이라고 하는 것에 대하여, 여섯 번째인 자재하게 번뇌를 끊는 힘인 누진통(漏盡通)을 가리켜 부처님의 육신통(六神通)이라고 함.

112 타(打) : (어떤 동작을) 하다. -하게 되다.

113 대소(大小) : =대소대(大小大). 이렇게 큰. 이렇게 대단한.

불법이 대단하지 않다고[114] 말하지 말지니
가장 힘든 것은 고오타마의 저 한 개 신통이다."

雪竇云: "老胡元不知那一通, 卻因邪打正."

雲峰悅云: "大小瞿曇, 被外道勘破了也. 有傍不肯底麼? 出來. 我要問汝. 如何
是那一通?"

保寧勇頌云: "無量劫來曾未遇, 如何不動到其中? 莫言佛法無多子, 最苦瞿曇那
一通."

19. 장조범지의 실패

장조범지(長爪梵志)[115]가 뜻을 논의할 것을 요구하면서 미리 약속하였다.
"저의 뜻이 만약 무너진다면 제 스스로 머리를 베어 사죄드리겠습니다."
세존이 말했다.
"당신의 뜻은 어떤 것으로 근본을 삼습니까?"
장조범지가 말했다.
"저의 뜻은 어떤 것도 받아들이지 않는 것으로 근본을 삼습니다."
세존이 말했다.
"이 견해는 받아들입니까?"
장조범지는 소매를 떨치고서 나갔는데, 가는 도중에 느낀 바가 있어서
제자에게 말했다.

---

114 무다자(無多子) : 얼마 없다. 많지 않다. 자(子)는 접미사. 당오대(唐五代)에 작은 수량을 표시하는
　　단어의 뒤에 사용됨. 사자(些子; 약간의)와 같음.

115 장조범지(長爪梵志) : =Kauṣṭhila. 구치라(俱絺羅)・구슬치라(拘瑟恥羅)・구슬지라(俱瑟祉羅)・구치라
　　(拘絺羅). 번역하여 슬(膝). 사리불의 외삼촌. 나면서부터 손톱이 길었으므로 장조범지(長爪梵志)라
　　이름. 뒤에 부처님께 귀의. 변재가 있어 부처님 제자 가운데서 문답 제일이라 부른다.

"나는 돌아가서 머리를 베어 세존께 사죄드려야 하겠다."

그 제자가 말했다.

"사람과 하늘신령들의 앞에서 다행히 승리를 얻으셨는데, 왜 머리를 베려 하십니까?"

장조범지가 말했다.

"나는 차라리 지혜 있는 사람 앞에서 머리를 벨지언정, 지혜 없는 사람 앞에서 승리를 얻지는 않겠다."

이윽고 탄식하였다.

"나의 뜻은 두 곳에서 실패했다.[116] 이 견해를 받아들인다면 우리 가문의 큰 것을 저버리고,[117] 이 견해를 받아들이지 않는다면 우리 가문의 작은 것을 저버린다.[118] 사람과 하늘신령과 소승들은 모두 내 뜻의 실패한 곳을 알지 못하고, 오직 세존과 여러 대보살들만이 내 뜻이 실패하였음을 아셨다."

그리하여 세존 앞으로 돌아가 말했다.

"저의 뜻은 두 곳에서 실패하였습니다. 그러므로 머리를 베어 사죄드리겠습니다."

세존이 말했다.

"나의 법 속에는 이와 같은 일이 없습니다. 당신은 마땅히 마음을 돌려서 도(道)를 향해야 합니다."

이에 장조범지는 오백 명의 제자들과 함께 일시에 부처님께 의지해 출가하여 아라한과를 얻었다.

世尊因長爪梵志, 索論義, 預約云: "我義若墮, 我自斬首以謝." 世尊云: "汝義以

---

116 부타(負墮) : 지다. 패배하다. 실패하다. =부패(負敗).
117 이 뜻을 받아들인다면, 어떤 것도 받아들이지 않는다는 주장에 어긋난다.
118 이 뜻을 받아들이지 않는다면, 자기 주장이 성립하지 않는다.

何爲宗?"志云:"我義以一切不受爲宗."世尊云:"是見受否?"志拂袖而去, 行至中
路, 有省, 乃謂弟子云:"吾當回去, 斬首以謝世尊."弟子云:"人天衆前, 幸當得勝,
何以斬首?"志云:"我寧於有智人前斬首, 不於無智人前得勝."乃嘆云:"我義兩處負
墮. 是見若受, 負門處麤, 是見不受, 負門處細. 一切人天二乘, 皆不知我義墮處, 唯
有世尊諸大菩薩, 知我義墮."回至世尊前云:"我義兩處負墮. 故當斬首以謝."世尊
云:"我法中無如是事. 汝當回心向道."於是同五百徒衆, 一時投佛出家, 證阿羅漢.

천의회(天衣懷)가 노래했다.

"이 견해를 받아들이면 가문을 부수고
이 견해를 받아들이지 않으면 누구와 논의하나?
멜대[119]가 문득 부러져 양쪽으로 나누어지니
한 개 털끝에서 천지(天地)를 나타내는구나."

天衣懷頌云:"是見若受破家門, 是見不受與誰論? 區擔驀折兩頭脫, 一毫頭上現
乾坤."

20. 무엇을 보여 주는가

세존에게 비구가 물었다.
"저는 불법 속에서 본 곳은 있으나 깨달은 곳은 아직 없습니다. 세존께
서는 마땅히 무엇을 보여 주시겠습니까?"
부처님이 말했다.

---

119 편담(區擔) : 멜대.

"비구 아무개[120]여. 마땅히 무엇을 보여 주겠습니까? 이것이 그대의 질문이냐?"

世尊因比丘問: "我於佛法中, 見處即有, 證處未是. 世尊當何所示?" 佛云: "比丘某甲. 當何所示? 是汝所問?"

21. 어디에 태어났나

세존이 소리를 잘 구별하는 기바(耆婆)와 함께 무덤 사이에 이르러 다섯 개의 해골을 보았는데, 세존이 하나의 해골을 두드리며 물었다.
"이것은 어느 길[121]에 태어났느냐?"
기바가 말했다.
"사람의 길에 태어났습니다."
세존이 다시 하나를 두드리며 물었다.
"이것은 어느 길에 태어났느냐?"
기바가 말했다.
"하늘의 길에 태어났습니다."
세존이 다시 하나를 두드리며 물었다.
"이것은 어느 길에 태어났느냐?"
기바는 어쩔 줄을 몰랐다.[122]

---

120 모갑(某甲) : 아무개. 어떤 사람. (이름을 밝히기 어렵거나 불확실한 경우에 사용)
121 도(道) : 취(趣)와 같음. 윤회하는 길. 육도(六道).
122 망조(罔措) : 손을 댈 곳이 없다. 손쓸 수가 없다. 어쩔 수 없다. 어쩔 줄 모른다.

世尊因耆婆善別音響, 同至塚間, 見五髑髏, 世尊敲一髑髏, 問云: "此生何道?" 云: "生人道." 又敲一云: "此生何道?" 云: "生天道." 又敲一云: "此生何道?" 耆婆罔措.

22. 내려놓아라

흑치(黑齒) 바라문[123]이 신통력을 행하여 왼손과 오른손에 자귀나무[124]와 오동나무의 꽃 두 송이를 받들고 와서 부처님께 올렸다. 부처님이 바라문을 부르자 바라문이 대답했는데, 부처님이 말했다.

"내려놓아라."

바라문은 왼손의 꽃을 내려놓았다. 부처님은 다시 바라문을 불러 내려놓으라고 하자, 바라문은 오른손의 꽃을 내려놓았다. 부처님은 다시 바라문을 불러 내려놓으라고 하였다. 이에 바라문이 말했다.

"저는 이제 빈손으로 서 있는데, 또 무엇을 내려놓습니까?"

부처님이 말했다.

"나는 그대에게 꽃을 내려놓으라고 한 것이 아니다. 그대는 마땅히 밖의 육진(六塵)[125]과 안의 육식(六識)[126]과 중간의 육근(六根)[127]을 한꺼번에 내려놓아야 한다. 내려놓을 수 없는 곳에 이르면 그대는 삶과 죽음에서 벗어날 것이다."

---

123 범지(梵志) : 산스크리트 brāhmaṇa, 즉 바라문(婆羅門)을 뜻으로 번역한 말이다. 범천(梵天)의 법을 구하려는 뜻을 지닌 자, 특히 출가바라문을 지칭하는 경우가 많다.

124 합환(合歡) : 자귀나무.

125 육진(六塵) : 육근(六根)에 대응하는 색(色)·성(聲)·향(香)·미(味)·촉(觸)·법(法) 등의 육경(六境)을 말한다. 이 육경이 본래청정한 마음을 오염시키기 때문에 '티끌[塵]'이라 한다.

126 육식(六識) : 객관적 인식의 대상을 색(色)·성(聲)·향(香)·미(味)·촉(觸)·법(法)의 6경(境)으로 하고, 이 6경에 대하여 보고 듣고 맡고 맛보고 닿고 아는 인식 작용. 곧 안식(眼識)·이식(耳識)·비식(鼻識)·설식(舌識)·신식(身識)·의식(意識)이다.

127 육근(六根) : 대상을 인식하는 여섯 가지 기관, 즉 눈[眼]·귀[耳]·코[鼻]·혀[舌]·살갗[身]·의식[意] 등을 가리킨다.

바라문은 그 말을 듣고서 곧장 무생법인(無生法忍)[128]을 깨달았다.

世尊因黑齒梵志, 運神力, 以左右手, 擎合歡梧桐花兩株, 來供養佛. 佛召仙人, 志應諾, 佛云: "放下着." 志放下左手花. 佛又召仙人放下着, 志放下左[129]手花. 佛又召仙人放下着. 志云: "我今空手而立, 更放下箇甚麼?" 佛云: "吾非敎汝放捨其花. 汝當放捨外六塵內六識中六根, 一時放捨. 至無可捨處, 是汝免生死處." 志放言下悟無生法忍.

23. 지옥에서 편안하다

제바달다[130]가 부처님을 비방하여 산 채로 지옥에 떨어졌는데, 부처님이 아난에게 명령하여 찾아가 묻게 하였다.

"그대는 지옥에서 편안하냐?"

제바달다가 말했다.

"저는 비록 지옥에 있으나 삼선천(三禪天)[131]에 있는 것처럼 즐겁습니다."

128 무생법인(無生法忍) : 불생법인(不生法忍), 불기법인(不起法忍)이라고도 함. 인(忍)은 인(認)과 같이 인정하고 수용한다는 뜻이니, 법인(法忍)은 법을 인정하고 수용하여 의심하지 않는 것. 『유마경(維摩經)』 중권(中卷) 「입불이법문품(入不二法門品)」 제9에 "생멸(生滅)은 이법(二法)이지만, 법(法)은 본래 생하지 않는 것이어서 지금 멸하지도 않습니다. 이러한 무생법인(無生法忍)을 얻는 것이 바로 불이법문(不二法門)에 들어가는 것입니다."(生滅爲二, 法本不生今則無滅. 得此無生法忍, 是爲入不二法門.)라 하고 있다. 무생법인(無生法忍)은 불생불멸(不生不滅)하는 법(法), 즉 생겨나거나 소멸함이 없는 법을 인정하고 의심 없이 수용한다는 뜻이다.

129 左 : '右'가 되어야 문맥에 알맞다.

130 조달(調達) : Tevadatta. 일반적으로 제파달다(提婆達多)라고 음역(音譯)한다. 줄여서 제파(提婆)·조달(調達) 등으로 부른다. 석가모니의 종제(從弟)로 아난(阿難)의 형이라고도 하고, 또는 선각장자(善覺長者)의 아들로 야수타라비(耶輸陀羅妃)의 아우라고도 한다.

131 삼선천(三禪天) : 욕계(欲界)·색계(色界)·무색계(無色界) 속에서 색계의 사선천(四禪天) 가운데에 있는 하늘이다. 여기에서는 깊고 오묘한 선정(禪定)으로 몸과 마음의 쾌락을 낳기 때문에 '정생희락지(定生喜樂地)'라고 한다. 삼계(三界)의 구지(九地) 가운데서 이곳이 쾌락을 받음에 있어 극한이다. 이 하늘 속에는 소정천(少淨天)·무량광천(無量光天)·변정천(遍淨天)이 있다.

부처님이 다시 묻도록 하였다.

"그대는 지옥에서 나오기를 원하느냐?"

제바달다가 말했다.

"저는 세존께서 지옥으로 오시면 나가겠습니다."

아난이 말했다.

"부처님은 삼계(三界)[132]의 큰 스승이신데, 어찌 지옥으로 들어오겠느냐?"

제바달다가 말했다.

"부처님께서 지옥으로 들어올 까닭이 없는데, 제가 어찌 지옥에서 나갈 까닭이 있겠습니까?"

世尊因調達謗佛, 生身陷地獄, 佛敕阿難, 傳問云: "汝在地獄中安否?" 達云: "我雖在地獄, 如三禪天樂." 佛又敕問: "汝還求出否?" 達云: "我待世尊來卽出." 阿難云: "佛是三界大師, 豈有入地獄分?" 達云: "佛旣無入地獄分, 我豈有出地獄分?"

취암진(翠嵓眞)이 말했다.

"자기의 말[133]은 자기의 입[134]에서 나온다."

翠巖眞云: "親言出親口."

---

132 삼계(三界) : 아직 해탈하지 못한 중생(衆生)의 정신세계를 셋으로 분류한 것. 욕계(欲界) · 색계(色界) · 무색계(無色界).

133 친언(親言) : 자기의 말. 스스로 말하다.

134 친구(親口) : ①자기의 입. ②자기 입으로. 직접.

24. 외도의 희론

외도(外道)[135]가 세존에게 물었다.

"모든 법은 항상(恒常)합니까?"

세존이 대답하지 않자, 다시 물었다.

"모든 법은 무상(無常)합니까?"

세존이 역시 대답하지 않았는데, 외도가 말했다.

"세존께서는 일체지(一切智)[136]를 갖추신 분인데, 어찌하여 저의 물음에 대답하지 않으십니까?"

세존이 말했다.

"그대의 물음이 모두 희론(戲論)[137]이기 때문이다."

世尊因異學問：“諸法是常耶?”世尊不對, 又問：“諸法是無常耶?”世尊亦不對, 異學云：“世尊具一切智, 何不對我?”世尊云：“汝之所問, 皆爲戲論.”

25. 구슬의 색깔

---

135 이학(異學)：①외도(外道). 불교 이외의 다른 종파의 개조(開祖) 또는 신봉자. ②모든 학파. 모든 외도. ③바라문교를 가리킴. ④자신이 신봉하는 것과 다른 학설. 외학(外學).

136 일체지(一切智)：모든 법의 모습을 모조리 다 아는 지혜.

137 희론(戲論)：희롱(戲弄)의 담론(談論). 부질없이 희롱하는 아무 뜻도 이익도 없는 말. 여기에는 사물에 집착하는 미혹한 마음으로 하는 여러 가지 옳지 못한 언론인 애론(愛論)과 여러 가지 치우친 소견으로 하는 의론인 견론(見論)의 2종이 있다. 둔근인(鈍根人)은 애론, 이근인(利根人)은 견론, 재가인(在家人)은 애론, 출가인(出家人)은 견론, 천마(天魔)는 애론, 외도(外道)는 견론, 범부(凡夫)는 애론, 2승(乘)은 견론을 고집함.

세존이 하루는 색깔따라 변하는 마니주(摩尼珠)¹³⁸를 가지고 다섯 방향¹³⁹의 천왕(天王)¹⁴⁰에게 물었다.

"이 구슬은 어떤 색깔이냐?"

천왕들은 서로 다른 색깔을 말했다. 이에 세존이 그 구슬을 감추고서 손을 들어 보이며 물었다.

"이 구슬은 무슨 색이냐?"

천왕들이 말했다.

"부처님 손안에는 구슬이 없는데, 색깔이 어디에서 나오겠습니까?"

세존이 탄식하며 말했다.

"그대들은 어찌하여 뒤집어져 헤맴이 이리도 심하냐? 내가 세간의 구슬을 보여 줄 때에는 재빨리 푸르니 누르니 붉으니 희니 하고 힘주어 말하더니, 내가 진짜 구슬을 보여 주니까 아무도 알지를 못하는구나."

그때 다섯 곳의 천왕은 이 말을 듣고서 모두 도(道)를 깨쳤다.

世尊一日以隨色摩尼珠, 問五方天王云: "此珠作何色?" 天王互說異色. 世尊藏其珠, 卻擧手問: "此珠作何色?" 天王云: "佛手中無珠, 色從何有?" 世尊嘆云: "汝何

---

138 마니주(摩尼珠) : maṇi. 마니(摩尼)・말니(末尼)로 음역. 주(珠)・보(寶)・무구(無垢)・여의(如意)로 번역. 마니주(摩尼珠)・마니보주(摩尼寶珠)・보주(寶珠)・여의주(如意珠)라고 한다. 투명한 구슬. 이 구슬은 용왕의 뇌 속에서 나온 것이라 하며, 사람이 이 구슬을 가지면 독이 해칠 수 없고, 불에 들어가도 타지 않는 공덕이 있다고 한다. 혹은 제석천왕이 금강저(金剛杵)를 가지고 아수라와 싸울 때에 부서진 금강저가 남섬부주에 떨어진 것이 변하여 이 구슬이 되었다고도 한다. 또는 지나간 세상의 모든 부처님의 사리가 불법(佛法)이 멸할 때에 모두 변하여 이 구슬이 되어 중생을 이롭게 한다고도 한다. 불법(佛法)을 상징하는 물건이다.

139 오방(五方) : 동(東)・서(西)・남(南)・북(北)・중앙(中央)의 다섯 방소(方所). 오방에는 밀교에 의하면 두 가지 설의 오방색(五方色)이 있다. ①동방 청색, 서방 백색, 남방 적색, 북방 흑색, 중앙 황색. 이는 세법(世法)에 따른 것으로 불공삼장(不空三藏)의 설. ②동방 황색, 서방 백색, 남방 적색, 북방 흑색, 중앙 청색. 이는 선무외(善無畏)의 설이다.

140 천왕(天王) : 욕계(欲界)와 색계(色界)의 천주(天主). 사왕천(四王天)에는 동・서・남・북의 사천왕(四天王)이 있어 해와 달과 여러 별들을 신하로 삼고, 도리천(忉利天)에는 제석천(帝釋天)이 왕이 되어 삼십삼천(三十三天)의 천중(天衆)들을 거느리고, 초선천(初禪天)에는 시기대범(尸棄大梵)이 왕이 되어 범중천(梵衆天), 범보천(梵輔天)을 다스리는 따위.

迷倒之甚? 吾將世珠示之, 便强說有靑黃赤白, 吾將眞珠示之, 便總不知." 時五方天王, 聞語悉悟道.

26. 성의제와 세속제

바사닉왕[141]이 세존에게 물었다.

"성의제(聖義諦)[142] 속에도 세속제(世俗諦)[143]가 있습니까? 만약 있다고 하시면 지혜는 하나가 되어선 안 됩니다. 만약 없다고 하시면 지혜는 둘이 되어선 안 됩니다. 하나와 둘이라는 뜻, 그 뜻은 어떤 것입니까?"

세존이 말했다.

"대왕이시여, 당신은 과거 용광불(龍光佛)[144]의 법회에서 이 뜻을 물었던 적이 있습니다. 제가 지금 말하지 않으면 당신도 듣지 못합니다. 말하지도 않고 듣지도 않는 것, 이것을 일러 하나의 뜻이고 둘의 뜻이라 합니다."[145]

---

141 바사닉(波斯匿) : Prasenajit. 파사닉이라고도 함. 프라세나지트의 음역. 사람 이름. 중인도 교살라국의 사위성의 왕 이름. 석가모니의 재세 당시에 재위에 있었다. 기다(祇多) 태자, 말리(末利) 부인과 함께 불교에 귀의하여 교단의 외호자로서 큰 역할을 하였다. 세수 80세에 타계했다고 함. 발라서나시다(鉢邏犀那恃多)·비선닉(卑先匿)·화열(和悅)·월광(月光)·승군(勝軍)·승광(勝光)이라 함.

142 성의제(聖義諦) : =성제(聖諦). 2제의 하나. 제일의제(第一義諦)·진제(眞諦)·승의제(勝義諦)라고도 한다. 열반·진여·실상(實相)·중도(中道)·법계(法界)·진공(眞空) 등 깊고 묘한 진리를 말한다. 이 진리는 모든 법가운데 제일이라는 뜻에서 제일의제(第一義諦)라고 한다.

143 세속제(世俗諦) : 일반적인 진리를 말하는데, 세속적 입장에서의 진리이다. 즉, 세속은 세간의 통속을 말한다. 세제(世諦)·속제(俗諦)라고도 한다. 세(世)는 세속이라는 뜻이고, 제(諦)는 진실한 도리라는 뜻. 세속 사람들이 아는 도리, 곧 세간 일반에서 인정하는 진리. 반대는 진제(眞諦) 혹은 승의제(勝義諦)라고 한다.

144 용광불(龍光佛) : =용광왕불(龍光王佛). 『인왕반야바라밀호국경(仁王般若波羅蜜護國經)』 「보살교화품(菩薩敎化品)」 제3에 등장하는 부처님. 과거 십천겁(十千劫)에 살았다고 한다. 용광왕불의 법회에서 바사닉왕은 사지(四地) 보살이었고, 세존은 팔지(八地) 보살이었다고 한다.

145 『인왕반야바라밀호국경(仁王般若波羅蜜護國經)』 「이제품(二諦品)」 제4에 이와 유사한 내용이 있다.

世尊因波斯匿王問: "聖義諦中還有世俗諦否? 若言其有, 智不應一, 若言其無, 智不應二. 一二之義, 其義云何?" 世尊云: "大王, 汝於過去龍光佛法中, 曾問此義. 我今無說, 汝亦無聞, 無說無聞, 是名一義二義."

취암진(翠嵒眞)이 말했다.

"바사닉왕은 질문은 잘하나 대답은 잘하지 못하고, 세존은 대답은 잘하나 질문은 잘하지 못한다. 한 사람은 이치 위에 치우쳐 있고,[146] 한 사람은 사실 위에 치우쳐 있다. 내가 당시에 이 광경을 보았다면 횃불 하나를 집어 들고서 석가모니[147]의 낯가죽이 얼마나 두꺼운지를 비추어 보았을 것이다."

翠巖眞云: "波斯匿王, 善問不善答, 世尊, 善答不善問. 一人理上偏枯, 一人事上偏枯. 翠巖當時若見, 點一把火, 照看黃面老子, 面皮厚多少."

27. 돼지도 모르다

세존이 앉아 있다가 두 사람이 돼지를 메고 가는 것을 보고서 물었다.
"그것은 무엇입니까?"
그 사람들이 말했다.
"세존은 일체지(一切智)[148]를 갖추신 분인데, 돼지도 모르십니까?"

---

146 편고(偏枯): ①반신불수이다. ②불공평하다. ③치우쳐 있다.
147 황면노자(黃面老子): 석가모니. 황면(黃面), 황두(黃頭)라고 약칭. 석가의 탄생지인 카필라성의 카필라가 황색(黃色)이라는 뜻이므로, 이와 같이 말한다. 석가의 씨족명인 고오타마를 붙여 황면구담(黃面瞿曇)이라고도 한다.
148 일체지(一切智): 모든 법의 모습을 모조리 다 아는 지혜. 천태(天台)에서는 성문·연각(緣覺)의 지혜라 하고, 구사(俱舍)에서는 부처님의 지혜라 함.

세존이 말했다.

"역시 물어보아야 하는구나."

世尊坐次, 見二人舁豬子過, 乃問:"這箇是甚麼?"其人云:"世尊具一切智, 豬子也不識?"世尊云:"也要問過."

대양연(大陽延)이 말했다.

"세존의 질문이 아니었다면 잊어버릴 뻔했습니다."[149]

大陽延云:"不因世尊問, 泊[150]乎忘卻."

28. 가섭이 춤추다

건달바왕이 세존을 위하여 음악을 연주할 때에 산과 강과 땅이 모두 거문고 소리를 내었는데, 가섭이 일어나 춤을 추었다. 이에 건달바왕이 물었다.

"가섭은 아라한이 아닙니까? 모든 번뇌망상이 이미 사라졌는데, 어찌하여 또 남은 습기(習氣)가 있습니까?"

부처님이 말했다.

"진실로 남은 습기는 없으니, 법을 비방하지 마라."

건달바왕이 다시 거문고를 세 번 뜯자 가섭 역시 세 번 춤을 추었다. 건달바왕이 말했다.

"가섭이 춤을 추었잖아요?"

---

149 계호(洎乎) : 거의 -하다. 하마터면 -할 뻔하다.
150 洎 : 泪의 오기(誤記).

부처님이 말했다.

"가섭은 춤춘 적이 전혀 없다."

건달바왕이 말했다.

"세존께서는 어찌하여 헛된 말씀을 하십니까?"

부처님이 말했다.

"헛된 말이 아니다. 그대가 거문고를 뜯자 산과 강과 땅과 초목이 모두 거문고 소리를 내었는데, 그렇지 않으냐?"

건달바왕이 말했다.

"그렇습니다."

부처님이 말했다.

"가섭 역시 그와 같아서 진실로 춤춘 적이 없다."

건달바왕은 이에 믿고 받들었다.

世尊因乾闥婆王獻樂, 其時山河大地, 盡作琴聲, 迦葉起舞. 王問: "迦葉, 豈不是阿羅漢? 諸漏已盡, 何更有餘習?" 佛云: "實無餘習, 莫謗法也." 王又撫琴三遍, 迦葉亦三度作舞. 王云: "迦葉作舞, 豈不是?" 佛云: "實不曾作舞." 王云: "世尊何得妄語?" 佛云: "不妄語. 汝撫琴, 山河大地草木, 盡作琴聲, 豈不是?" 王云: "是." 佛云; "迦葉亦復如是, 實不曾作舞." 王乃信受.

수산주(修山主)가 징원(澄源) 선사에게 물었다.

"건달바왕이 음악을 연주하자 곧장 수미산이 솟아오르고 바닷물은 출렁이었으며 가섭은 춤을 추었는데, 어떻게 이해하십니까?"

징원이 말했다.

"가섭은 과거세에 음악가였는데, 그 습기가 아직 사라지지 않은 것입니다."

수산주가 말했다.

"수미산이 솟아오르고 바닷물이 출렁인 것은 또 어떻습니까?"
징원은 이에 그만두었다.[151]

법안(法眼)이 대신 말했다.
"바로 습기(習氣)이다."

修山主問澄源禪師: "乾闥婆王奏樂, 直得須彌岌峇, 海水騰波, 迦葉作舞, 作麼
生會?" 源云: "迦葉過去世, 曾作樂人來, 習氣未除." 修云: "須彌岌峇, 海水騰波,
又作麼生?" 源休去.

法眼代云: "正是習氣."

29. 정법과 부정법

외도(外道)가 세존께 물었다.
"어제는 어떤 법을 말씀하셨습니까?"
세존이 말했다.
"정해진 법을 말했다."
외도가 물었다.
"오늘은 무슨 법을 말씀하십니까?"
세존이 말했다.
"정해지지 않은 법을 말한다."
외도가 물었다.

---

151 휴거(休去) : 쉬다. 그만두다. 거(去)는 구절의 끝에 붙어서 진술한 사건이나 사태의 실현이나 완
료를 나타내는 어기조사(語氣助詞).

"어제는 정해진 법을 말씀하셨는데, 오늘은 왜 정해지지 않은 법을 말씀하십니까?"

세존이 말했다.

"어제는 정해졌고, 오늘은 정해지지 않았다."

世地[152]因外道問: "昨日說何法?" 云: "說定法." 外道云: "今日說何法?" 云: "說不定法." 外道云: "昨日說定法, 今日何故說不定法?" 云: "昨日定, 今日不定."

대위철(大潙哲)이 말했다.

"그대의 경계가 아니다."

大潙哲云: "非公境界."

30. 외도의 깨달음

외도가 세존에게 물었다.

"말 있음도 묻지 않고, 말 없음도 묻지 않습니다."

세존이 가만히 앉아 있으니,[153] 외도가 찬탄하며 말했다.

"세존께서는 대자대비(大慈大悲)하셔서 나의 어리석은 구름을 열어젖히고 내가 들어갈 수 있도록 하시는구나."

절을 올리고서 나갔는데, 아난이 부처님께 아뢰었다.

"외도에게 어떤 깨달음이 있었기에 들어간다고 말했습니까?"

---

152 地 : 尊의 오기(誤記).
153 거좌(據座) : 의자에 앉다. 의자에 앉아 있다. 가만히 앉아 있다.

세존이 말했다.

"마치 세간의 좋은 말이 채찍의 그림자만 보고서도 달리는 것과 같다."

世尊因外道問云: "不問有言, 不問無言." 世尊據坐, 外道贊嘆云: "世尊大慈大悲, 開我迷雲, 令我得入." 作禮而去, 阿難白佛云: "外道有何所證, 而言得入?" 世尊云: "如世良馬見鞭影而行."

취암지(翠嵒芝)가 말했다.

"그렇게 대단한[154] 세존께서 외도에게 면전에서[155] 놀림을 당했구나.[156] 외도의 '나를 들어갈 수 있게 만들었다.'라는 말 같은[157] 것은 오히려[158] 꿈에서도 진실을 보지[159] 못한 말이다. 꿈에서도 진실을 보지 못했는데, 어떻게 깨달았겠는가?"

취암진(翠嵒眞)이 말했다.

"육합(六合)[160]·구유(九有)[161]·검정색·누른색·푸른색·보라색이 하나하나 서로 만나[162] 모두들 말하기를 '묵묵히 앉아서 응대하지 않은 것은 오히려 옳지 않다.'라고 한다."

---

154 대소(大小) : =대소대(大小大). 이렇게 큰. 이렇게 대단한.

155 당면(當面) : ①당장. ②마주 보고서.

156 차호(搽糊) : =차호(茶糊), 차호(搽胡). 놀리다. 희롱하다. 조롱하다. 우롱하다. 괴롭히다. 들볶다.

157 지여(只如) : =지우(至于), 약부(若夫), 지여(祗如). ①-에 대하여는. -과 같은 것은. ②예컨대. ③그런데.

158 요차(要且) : 도리어. 각(却). 오히려.

159 몽견(夢見) : 꿈에 보다. 꿈꾸다.

160 육합(六合) : 『초학기(初學記)』에서 하늘과 땅과 동서남북을 가리키는 말. 우주(宇宙).

161 구유(九有) : 구중생거(九衆生居)·구유정거(九有情居)의 준말이며, '구거(九居)'라고도 한다. 중생이 생사윤회하는 아홉 개의 세계를 의미하는데, ①욕계(欲界)의 인(人)과 육천(六天), ②초선천(初禪天), ③이선천(二禪天), ④삼선천(三禪天), ⑤사선천중(四禪天中)의 무상천(無想天), ⑥공처(空處), ⑦식처(識處), ⑧무소유처(無所有處), ⑨비상비비상처(非想非非想處) 등이 그것이다.

162 교참(交參) : 서로 만나다.

다시 여러 사람들이 언급한 말을 거론하고 나서 말했다.

"장난삼아 놀리는 짓은 사리불[163]과 부루나[164] 같으나, 지혜를 움직여 글을 쓰고[165] 마음이 끌려[166] 활동하여 무슨 이익이 있겠는가?"

설두(雪竇)가 말했다.

"삿됨과 바름이 나누어지지 않았으니, 허물은 채찍의 그림자에서 말미암는다."

묘희(妙喜)가 말했다.

"삿됨과 바름이 양쪽으로 나누어졌으니, 바름은 채찍의 그림자에서 말미암는다."

천의회(天衣懷)가 노래했다.

"두 개의 칼날이 보호하여[167] 둘 다 꺾어지니
어리석음의 구름이 이로부터 활짝[168] 걷혔다네.
태초[169]의 방울을 얻은[170] 뒤에
살짝[171] 한 번 흔드니 구름이 일고 천둥이 치는구나."

---

163 추자(鶖子) : 사리불(舍利佛)을 가리킨다. 부처의 십대 제자 가운데 한 사람으로, 지혜제일로 일컬어진다.

164 만자(滿慈) : '부루나(富樓那)'를 가리킨다. 인도 교살라국 사람으로, 바라문 출신이다. 대단히 총명하여 어려서 오명(五明)을 통달하였고, 속세를 싫어하여 입산 수도하였다. 부처가 성도하여 녹야원에서 설법하는 것을 듣고 벗들과 함께 부처에게 귀의하여 아라한과를 얻었다. 변재가 훌륭하여 불제자 가운데 설법제일로 알려졌다.

165 이사(摛詞) : 문사(文辭)를 서술하다. 문장을 쓰다. 글을 쓰다.

166 치신(馳神) : ①그리워하다. ②마음이 끌리다. 동경하다. 마음이 쏠리다.

167 부호(覆護) : 보호하다. 비호하다.

168 활연(豁然) : (마음이) 활짝(탁) 트이는 모양. 확(환히) 뚫리는 모양.

169 겁초(劫初) : 성겁(成劫)의 처음. 세계가 성립하는 시초.

170 수득(收得) : 얻다. 수확하다.

171 경경(輕輕) : 살짝. 가볍게. 살살.

翠巖芝云: "大小世尊, 被外道當面搽糊, 只如外道云: '令我得入.' 要且不曾夢見, 旣不曾夢見, 爲甚麼悟去?"

翠巖眞云: "六合九有, 緇黃靑紫, 一一交參, 咸言: '良久據坐不對, 要且不是.'"

又擧諸方拈了, 復云: "於戲假如鶖子滿慈, 運智摛詞, 馳神作用, 何益之有?"

雪竇云: "邪正不分, 過由鞭影."

妙喜云: "邪正兩分, 正由鞭影."

天衣懷頌云: "雙鋒覆護兩俱摧, 迷雲從此豁然開. 收得劫初鈴子後, 輕輕一振動雲雷."

31. 세 종류의 물건

일곱 명의 현녀(賢女)가 시타림(屍陀林)[172]을 노닐 때에 한 여자가 시체를 가리키며 말했다.

"시체는 여기에 있는데 사람은 어디에 있나?"

한 여자가 말했다.

"어째서? 어째서?"[173]

모든 여자들은 자세히 살펴보고서[174] 각자 깨달았는데, 감동한 제석천(帝釋天)[175]이 꽃을 뿌리면서 말했다.

---

172 시타림(屍陀林) : śītavana. 시타벌나(尸陀伐那)라 음역. 한림(寒林)이라 번역. 중인도 마갈타국 왕사성 북문의 북쪽에 있던 숲. 본래 성중(城中)에 사는 사람의 시체를 버리는 공동묘지. 뒤에는 죄인들을 살게 하였다. 시다림(尸茶林)·시다림(屍多林)·시림(屍林)·한림(寒林) 등으로도 쓴다.

173 작마(作麼) : =작마생(作麼生). ①어째서? 왜? ②어떻게? ③어떠하냐? ④무엇 하러?

174 체관(諦觀) : 자세하고 분명하게 관찰하다.

175 제석천(帝釋天) : 산스크리트 Indra의 역어인데, '석가제환인다라(釋迦提桓因陀羅)'를 줄인 말로 "제천을 주재하는 샤크라"라는 뜻이다. 능천주(能天主)·천주제석(天主帝釋)·천제석(天帝釋)·천제(天帝)·제석(帝釋) 등으로도 쓴다. 우레의 번갯불을 신격화한 것으로, 베다 시대에는 신들 가운데서 가장 강력한 존재로 간주되었고, 항상 악신인 아수라들과 싸워서 깨뜨렸다고 한다. 그러다가 불교시대가 되자, 제석을 대신하여 범천(梵天)이 세계를 지배하는 최고신이 되었고, 제석은 지상최

"성스러운 자매들이여, 필요한 것은 무엇이든 제가 평생토록 공급해 드리기를 바랍니다."

이에 여인이 말했다.

"저희들은 사사(四事)[176]와 칠진(七珍)[177]은 모두 다 가지고 있습니다만, 단지 세 종류의 물건이 필요합니다. 첫 번째 필요한 것은 뿌리 없는 나무 한 그루이고, 두 번째 필요한 것은 양지와 음지가 없는 땅 한 조각이고, 세 번째 필요한 것은 소리쳐도 메아리가 없는 산골짜기 한 곳입니다."

제석천이 말했다.

"필요한 물건은 제가 다 가지고 있습니다만, 이와 같은 세 종류의 물건은 제가 얻을 수 없습니다."

여인이 말했다.

"당신에게 이러한 물건이 없다면, 어떻게 사람을 제도(濟度)[178]할 수 있겠습니까?"

제석천은 어찌할 바를 모르고[179] 함께 부처님을 찾아가 부처님께 말씀드리니, 부처님이 말했다.

"교시가(憍尸迦)[180]여, 나의 모든 제자들과 모든 대아라한들은 아무도 이 뜻을 알지 못한다. 오직 모든 대보살들만이 이 뜻을 알 뿐이다."

世尊因七賢女, 游屍陀林, 一女指屍云: "屍在這裏, 人在甚麼處?" 一女云: "作

고인 수미산에 있는 삼십삼천(三十三天, 忉利天)의 최고궁인 선견성(善見城)에 머물면서 지상을 지배하는 존재가 되었다. 범천과 함께 불교를 수호하는 신으로 간주된다.

176 사사(四事) : 수행승의 일상에 필요한 4종의 물건. 음식, 의복, 침구, 탕약.

177 칠진(七珍) : =칠보(七寶). 7종의 귀금속이나 보석을 지칭하는데, 금, 은, 유리(瑠璃), 파려(頗黎: 水晶이라고도 한다), 차거(硨磲: 車磲라고도 하며 조개의 일종이다), 산호(珊瑚: 赤珠라고도 한다), 마노(瑪瑙) 등이다.

178 제도(濟度) : 미혹한 세계에서 생사만을 되풀이하는 중생들을 건져 내어, 생사 없는 열반의 저 언덕에 이르게 함. =득도(得度).

179 망조(罔措) : 손을 댈 곳이 없다. 손쓸 수가 없다. 어쩔 수 없다. 어쩔 줄 모른다.

180 교시가(憍尸迦) : Kauśika. 또는 교지가(憍支迦). 제석(帝釋)의 성(姓).

麼? 作麼?"諸姊諦觀, 各各契悟, 感帝釋散花云:"惟願聖姊, 有何所須, 我當終身供給."女云:"我家, 四事七珍, 悉皆具足, 唯要三般物. 一要無根樹子一株, 二要無陰陽地一片, 三要叫不響底山谷一所."帝釋云:"一切所須, 我悉有之, 若此三般物, 我實無得."女云:"汝若無此, 爭能濟人?"帝釋罔措, 同往白佛, 佛言:"憍尸迦, 我諸弟子, 諸大阿羅漢, 悉皆不解此義. 唯有諸大菩薩, 乃解此義."

32. 범왕인가 제석인가

세존(世尊)은 도(道)를 이룬 뒤에 서다림(逝多林)[181]의 나무 아래에 가부좌(跏趺坐)[182]를 하고 앉아 있었다. 그때 두 명의 상인이 500대의 수레를 끌고 숲 주위를 지나가고 있었는데, 두 대의 수레를 이끄는 소가 멈추어 서서 가지 않았다. 상인들이 크게 놀라자[183] 산신(山神)이 알려 주었다.

"숲속에 성인(聖人)이 계시는데 도를 이루고 나서 49일 동안 아무것도 먹지 않고 있습니다. 당신들이 공양을 올리셔야 합니다."

상인들이 숲속에 들어가자 과연 단정히 앉아 움직이지 않고 있는 한 사람이 보였다. 이에 상인들이 물었다.

"당신은 범왕(梵王)[184]입니까? 제석천입니까? 산신(山神)입니까? 강의 신

---

181 서다림(逝多林) : Jetavana. 서다림(誓多林), 기다림(祈陀林)이라고도 번역. Jeta 태자가 소유한 숲이라는 뜻. 기원정사(祇園精舍)가 이 숲에 있다.

182 가부좌(跏趺坐) : 앉는 법의 한 가지. 결가부좌(結跏趺坐)와 반가부좌(半跏趺坐)가 있다. 결가부좌는 전가부좌(全跏趺坐)·본가부좌(本跏趺坐)·연화좌(蓮華坐)라고도 하는데, 먼저 오른발을 왼편 넓적다리 위에 놓고, 왼발을 오른편 넓적다리 위에 놓고 앉는 것. 반가부좌는 반가좌(半跏坐)·반가부(半跏趺)라고도 하는데, 왼쪽 다리를 구부려 오른쪽 넓적다리 위에 얹고 앉거나, 혹 오른쪽 다리를 왼쪽 넓적다리 위에 올려 놓고 앉는 자세. 결가부좌를 여래좌(如來坐)라 함에 대하여, 반가부좌는 보살좌라 한다. 또 왼 다리로 오른 다리를 누르고 앉는 것을 길상좌(吉祥坐), 오른 다리로 왼 다리를 누르고 앉는 것을 항복좌(降伏坐) 또는 항마좌(降魔坐)라고 한다.

183 괴아(怪訝) : 매우 기괴하다. 매우 놀랍다.

184 범왕(梵王) : 범천왕(梵天王) 혹은 범왕천(梵王天)과 같음. 범어 brahmā의 음역으로 몰라함마(沒羅含摩). 범마(梵摩)라 번역하며 범왕(梵王)·대범천왕(大梵天王)이라고도 한다. 색계 초선천의 주로서

입니까?"

세존은 미소를 지으며 가사(袈裟)[185]를 들어 보여 주었다. 그러자 상인들은 절을 올리고서 공양을 차렸다.

世尊成道後, 在逝多林樹下, 跏趺而坐. 有二商人, 以五百乘車, 經過林畔, 有二車牛不行. 商人怪訝, 山神報云:"林中有聖人, 成道逾四十九日未食. 汝當供養." 商人入林, 果見一人, 端坐不動. 遂問云:"爲是梵王耶? 帝釋耶? 山神耶? 河神耶?" 世尊微笑, 擧袈裟示之. 商人作禮, 陳供養.

33. 세존의 제자

세존은 어느 날 『열반경(涅槃經)』을 말하는 법회(法會)에서 손으로 가슴을 문지르며 대중에게 말했다.

"너희들은 나의 자마황금(紫摩黃金)[186] 색깔의 몸을 잘 보아라. 만족할 만큼 충분히 참배하여[187] 후회가 없도록 하여라. 만약 내가 멸도(滅度)[188]하였다고 여기면 나의 제자가 아니며, 만약 내가 멸도하지 않았다고 여겨도 역시 나의 제자가 아니다."

색계 대범천의 높은 누각에 거주하며, 별명을 시기(尸棄)·세주(世主) 등이라 한다. 불교에서는 제석과 함께 정법을 옹호하는 신(神)이라 하여, 부처님이 세상에 나올 적마다 반드시 제일 먼저 설법하기를 청한다. 또 항상 부처님을 오른 편에 모시면서 손에는 흰 불자(拂子)를 들고 있다.

185 가사(袈裟) : 스님이 입는 법의(法衣). 산스크리트의 카사야(Kaṣāya)에서 나온 말로 부정색(不正色)이라는 뜻이다. 청·황·적·백·흑의 5정색 이외의 잡색으로만 염색하여 쓰도록 규정하였기 때문에 이렇게 부른다.

186 자마황금(紫摩黃金) : 또는 자금. 자색이 나는 황금. 염부(閻浮)나무 아래를 흐르는 강물 속에서 나는 사금(砂金). 곧 염부단금(閻浮檀金).

187 첨앙취족(瞻仰取足) : 만족할 만큼 충분히 우러러보다. 충분히 참배하다.

188 멸도(滅度) : 열반(涅槃)을 번역한 말. 나고 죽는 큰 환난을 없애어 번뇌의 바다를 건넜다는 뜻. 해탈(解脫)과 같은 뜻의 말.

그때 백만억(百萬億)의 대중이 모두 도를 깨달았다.

世尊一日, 於涅槃會上, 以手摩胸, 告大衆云: "汝等善觀吾紫摩金色之身. 瞻仰
取足, 勿令後悔. 若謂吾滅度, 非吾弟子. 若謂吾不滅度, 亦非吾弟子." 時百萬億
衆, 悉皆悟道.

운봉열(雲峰悅)이 말했다.
"그렇다면 고황(膏肓)[189]의 입구이니 약을 쓸 수도 없다. 나는 오늘 사마
의(死馬醫)[190]가 되겠다. 여러분들의 피부 밑에는 피가 흐르고 있느냐?"

雲峰悅云: "然則膏肓之門, 不足以發藥. 雲峰今日, 且作死馬醫. 汝等諸人, 皮下
還有血麼?"

34. 한마디도 말하지 않았다

세존이 열반할 때가 다가왔을 때에 문수(文殊)가 부처님께 법바퀴를 다
시 굴려 달라고 부탁을 드리자, 세존이 혀를 차면서[191] 말했다.
"문수야, 나는 49년 동안 세간에 있으면서 한마디도 말한 적이 없었다.
너는 나에게 다시 법바퀴를 굴려 달라고 하니, 내가 언제 법바퀴를 굴린
적이 있었느냐?"

---

189 고황(膏肓) : 심장과 횡격막의 사이. 고(膏)는 심장의 아랫부분이고, 황(肓)은 횡격막의 윗부분으
로, 이 사이에 병이 생기면 낫기 어렵다고 한다.
190 사마의(死馬醫) : 사마당작활마의(死馬當作活馬醫)의 준말. 죽은 말을 살아 있는 말처럼 치료한다는
뜻으로서, 안되는 일을 부질없이 하는 것, 혹은 안될 줄 알면서도 최선을 다하는 것.
191 돌(咄) : ①떽! 떼기! 어흠! 꾸짖는 소리. 호통치는 소리. ②허! 어허! 쯧쯧! 애달프다! 탄식 또는
놀람을 나타내는 소리.

世尊臨入涅槃, 文殊請佛再轉法輪, 世尊咄云: "文殊, 吾四十九年住世, 未嘗說
一字. 汝請吾再轉法輪, 是吾曾轉法輪耶?"

35. 곽시쌍부(槨示雙趺)

세존이 열반에 들고 나서 가섭(迦葉)이 뒤늦게 도착했는데, 세존은 곽
(槨)에서 두 다리를 내어 가섭에게 보여 주었다. 가섭은 절을 올리고서 여
래에게 청하기를 삼매(三昧)의 불을 가지고 스스로 화장(火葬)[192]하시라고
부탁드렸다. 그러자 즉시 금관(金棺)이 칠보(七寶)로 장식된 상(床)으로부터
벌떡 일어나 구시나가라성[193]을 일곱 바퀴 돌고서, 다시 본래 있던 곳으로
돌아와 화광삼매(火光三昧)[194]가 되어서 스스로를 불태웠다.

世尊已入涅槃, 迦葉後至, 世尊乃於槨中露雙趺示之. 迦葉作禮, 請如來, 以三
昧火, 而自闍維. 卽時金棺, 從七寶床升擧, 繞拘尸羅城七匝, 卻還本處, 化火光三
昧, 而自焚之.

---

192 사유(闍維) : 팔리어 jhāpita의 음역. 화장(火葬). 다비(茶毗)와 같음. 죽은 이를 화장하는 것.
193 구시라(拘尸羅) : Kuśinagara. 또는 구시나갈(拘尸那竭) · 구시나라(拘尸那羅) · 구시나(拘尸那) · 구이나
  갈(拘夷那竭) · 구시(拘尸 · 究施). 번역하여 각성(角城) · 모성(茅城). 중인도 옛 왕국의 이름. 비야리(毘
  耶利)의 동북쪽에 있다. 한때는 구사발제(拘舍拔提)라 부르고, 말라족(末羅族)이 이곳에서 살았다.
  석존은 이 나라의 시뢰나벌저(尸賴拏伐底) 하반(河畔)의 사라림(沙羅林)에서 입멸했다 한다.
194 화광삼매(火光三昧) : 화광정(火光定)과 같음. 불을 내는 선정(禪定).

제3장

석가모니 제자들 공안 – 28칙 공안

1. 문수보살의 약초

문수보살[195]이 하루는 선재동자(善財童子)에게 약초를 캐라고 일렀다.

"약초를 캐 오너라."

선재가 이곳저곳 돌아보니 약초 아닌 풀이 없어서 돌아와 말했다.

"약초 아닌 것이 없습니다."

문수가 말했다.

"약초를 캐 오너라."

선재가 한 줄기 풀을 집어 들어 문수에게 건네주었다. 문수는 그것을 받아서 대중에게 보여 주며 말했다.

"이 약초는 사람을 죽일 수도 있고 또 사람을 살릴 수도 있다."

文殊大士, 一日令善財採藥云: "是藥者採將來." 善財遍採, 無不是藥, 卻來白云: "無不是者." 文殊云: "是藥者採將來." 善財拈一枝草, 度與文殊. 文殊提起, 示衆云: "此藥, 能殺人, 亦能活人."

대위철이 말했다.

"선재는 약초를 잘 캘 줄 알았고, 문수는 약초를 잘 쓸 줄 알았다. 단

---

195 대사(大士): 마하살(摩訶薩)의 번역. 보살(菩薩)과 같은 뜻.

지 비야리성에 병들어 누워 있었을 뿐만 아니라, 비록[196] 온 세상 사람들이 모두 반드시 죽을 병이 들었다고[197] 하더라도 문수가 있는 곳에 이른다면 문수는 그들 각자가 그 병에서 벗어나도록[198] 할 것이다. 무슨 까닭에 서릿발같이 날카로운 칼[199]을 쓸 줄 모르는가?[200] 목숨을 늘리는 데에[201] 왜 구환단(九還丹)[202]이 필요하겠는가?"

大潙哲云:"善財能採, 文殊善用. 非但寢疾毗耶, 直饒盡大地人, 抱必死之疾, 到文殊所, 敎伊箇箇脫體而去. 何故解用不須霜刀劍? 延齡何必九還丹?"

2. 문수보살의 범행

문수보살이 선주의천자(善住意天子)에게 말했다.
"그대가 지금 만약 모든 부처님을 등질 수 있고 법(法)과 승(僧)을 비방할 수 있다면, 나는 그대와 함께 이와 같은 범행(梵行)[203]을 할 것이다."
천자가 말했다.
"보살께서는 지금 무슨 까닭에 또 이러한 말씀을 하십니까?"

---

196 직요(直饒) : 비록 -라고 하여도. 설사 -라고 하여도.

197 포질(抱疾) : 병이 들다. =포병(抱病).

198 탈체(脫體) : ①온몸. 전신(全身). ②몸을 벗어나다. 몸에서 떠나다. ③질병이 몸에서 떠나다. 병이 낫다.

199 상인검(霜刀劍) : 서릿발처럼 번득이는 예리한 칼날을 가진 서슬이 시퍼런 칼.

200 용불수(用不須) : 쓸 수 없다. 소용없다. '불수(不須)'는 불용(不用)이나 불착(不着)과 마찬가지로 '-할 수 없다'는 뜻.

201 연령(延齡) : 수명을 늘리다. 장수하다. 오래 살다. =연년(延年).

202 구환단(九還丹) : 신선들이 사용했다고 하는 영생불사(永生不死)의 영약이다.

203 범행(梵行) : 범(brahmacara)은 청정(淸淨)·적정(寂靜)의 뜻. 맑고 깨끗한 행실. 정행(淨行)과 같음. ①더럽고 추한 음욕을 끊는 것을 범행이라 한다. 곧 범천(梵天)의 행이라는 말. ②공(空)·유(有)의 양쪽에 치우쳐 물들지 않고, 맑고 깨끗한 자비심으로 중생의 고통을 건지고 낙을 주는 보살행을 가리킨다. 일반적으로는 불교 수행자의 바른 행위를 가리킨다.

문수보살이 말했다.

"천자여, 그대의 생각에는 무엇을 부처라고 보는가?"

천자가 말했다.

"여여(如如)[204]한 법계(法界)를 저는 부처라고 말합니다."

문수보살이 말했다.

"그대는 어떻게 생각하느냐? 여여한 법계가 오염될 수 있느냐?"

천자가 말했다.

"될 수 없습니다."

문수보살이 말했다.

"이 까닭에 나는 이와 같이 말한다. 그대가 지금 만약 불법(佛法)을 어기고 등질 수 있다면, 나는 그대와 함께 이와 같이 범행을 할 것이다."

文殊大士, 謂善住意天子言: "汝今若能違背諸佛, 毁謗法僧, 吾卽同汝如是梵行." 天子言: "大士今何故復如是語?" 大士言: "天子, 如汝意者, 以何爲佛?" 天子言: "如如法界, 我言是佛." 大士言: "汝意云何? 如如法界, 可染着乎?" 天子言: "弗也." 大士言: "以是義故, 我如是說. 汝今若能毁背佛法, 吾將同汝如是梵行."

3. 문수보살의 삶과 죽음

문수가 암제차(菴提遮) 여인에게 물었다.

"삶의 뜻은 무엇이냐?"

여인이 말했다.

---

204 여여(如如): 진여(眞如). '진리'에 해당하는 말. 생멸(生滅)에 대칭되는 말. 제법(諸法)의 실상(實相)을 나타내는 말.

"살지 않고 사는 것이 삶의 뜻입니다."

문수가 말했다.

"어떤 것이 살지 않고 사는 것이냐?"

여인이 말했다.

"만약 지수화풍(地水火風) 네 개의 인연이 스스로 모인 적이 없음을 밝게 알 수 있으면서도 형편에 따라 적절하게 대응할[205] 수 있다면, 그것이 삶의 뜻입니다."

문수가 다시 물었다.

"죽음의 뜻은 무엇이냐?"

여인이 말했다.

"죽지 않고 죽는 것이 죽음의 뜻입니다."

문수가 말했다.

"어떤 것이 죽지 않고 죽는 것이냐?"

여인이 말했다.

"만약 지수화풍 네 개의 인연이 스스로 흩어진 적이 없음을 밝게 알 수 있으면서도 형편에 따라 적절하게 대응할 수 있다면, 그것이 죽음의 뜻입니다."

文殊問菴提遮女云: "生以何爲義?" 女云: "生以不生生爲生義." 文殊云: "如何是生以不生生爲生義?" 女云: "若能明知地水火風四緣, 未嘗自得有所和合, 而能隨其所宜, 以爲生義." 文殊又問: "死以何爲義?" 女云: "死以不死死爲死義." 文殊云: "如何是死以不死死爲死義?" 女云: "若能明知地水火風四緣, 未嘗自得有所離散, 而能隨其所宜, 以爲死義."

---

205 수소의(隨所宜) : =수의(隨宜). ①마음대로. 좋을 대로. 자유로이. 함부로. 제멋대로 (하다). ②일을 형편에 따라 적절히 처리함.

4. 천친보살

천친보살(天親菩薩)[206]이 미륵(彌勒)의 내궁(內宮)에서 내려오자 무착(無着)[207]이 물었다.

"경전에 말하기를 '인간 세상의 4백 년이 저 하늘에서는 하루 밤낮이지만, 미륵은 일시(一時)에 5백 억 천자가 무생법인(無生法忍)[208]을 깨닫도록 한다.'라고 하는데, 미륵은 어떤 법을 말하는 것이냐?"

천친이 말했다.

"다만 이 법을 말할 뿐이니, 오직 범음(梵音)[209]이 깨끗하고 아름다워 즐

---

206 천친(天親) : 320?-400?. 인도의 승려·불교학자. 세친(世親)이라고도 한다. 산스크리트는 바수반두(Vasubandhu). 바수반두(婆藪槃豆)·벌소반도(伐蘇畔度) 등으로 음역한다. 간다라국(國)의 정통 브라만 출신. 형인 무착(無著; Asaṅga)과 동생 사자각(師子覺)도 유명한 불교학자이다. 처음에는 소승불교 가운데의 최대학파였던 설일체유부(說一切有部)와 경량부(經量部)의 사상을 공부하여, 하루에 한 게송(偈頌)씩 600게를 지었다는 명저『아비달마구사론(阿毘達磨俱舍論)』을 저술하였다. 이 책은 소승불교의 특징 있는 여러 사상(불교철학)을 잘 간추려 엮은 것으로서, 인도·중국·한국·일본 등지에서 널리 읽혔다. 뒤에 형 무착의 권유로 대승불교로 전향하여, 미륵(彌勒)·무착으로 이어지며 확립된 유식사상(唯識思想)을『유식이십론(唯識二十論)』과『유식삼십송(唯識三十頌)』에 결집하였다. 대승불교에서의 그의 위치는,『화엄(華嚴)』『법화(法華)』『열반(涅槃)』『승만(勝鬘)』『무량수(無量壽)』등의 여러 대승경전(大乘經典)의 연구 발표로, 대승 전반에 걸쳐 개척자적인 지위를 확보하였는데, 특히 중요한 것은 형 무착의 유식학(唯識學)을 계승하여 이를 완성시킨 데 있다. 무착과 세친의 대승불교는 유가행파(瑜伽行派)로 불리어, 용수(龍樹) 등의 중관파(中觀派)와 더불어 인도 대승불교의 양대 주류를 이루었다.『대승성업론(大乘成業論)』『불성론(佛性論)』『변중변론(辨中邊論)』등의 저서도 있다.

207 무착(無着: 310-390?) : 범어로 Asaṅga. 음역으로 아승가(阿僧伽), 아승. 음역으로 무착, 무장애(無障碍). 4세기에 활약했던 인도의 학승. 처음에는 소승으로 출가하였지만 뒤에 대승으로 전향하고 미륵(彌勒;『유가사지론(瑜伽師地論)』의 저자)을 스승으로 하여 그의 설을 세상에 소개하고 유식설의 조직과 체계화에 진력하였다. 주된 저작은『섭대승론(攝大乘論)』『대승아비달마집론(大乘阿毘達磨集論)』『현양성교론(顯揚聖教論)』등이 있다. 아우로는『구사론(俱舍論)』의 저자인 세친(Vasubandhu, 婆修盤頭)이 있고, 그도 대승으로 전향하여 미륵과 무착의 저작을 주석하고, 그것을 선양하는 데 노력하여 크게 이룩하였다.

208 무생법인(無生法忍): 불생법인(不生法忍), 불기법인(不起法忍)이라고도 함. 인(忍)은 인(認)과 같이 인정하고 수용한다는 뜻이니, 법인(法忍)은 법을 인정하고 수용하여 의심하지 않는 것.『유마경(維摩經)』중권(中卷)『입불이법문품(入不二法門品)』제9에 "생멸(生滅)은 이법(二法)이지만, 법(法)은 본래 생하지 않는 것이어서 지금 멸하지도 않습니다. 이러한 무생법인(無生法忍)을 얻는 것이 바로 불이법문(不二法門)에 들어가는 것입니다."(生滅爲二, 法本不生今則無滅. 得此無生法忍, 是爲入不二法門.)라고 있다. 무생법인(無生法忍)은 불생불멸(不生不滅)하는 법(法), 즉 생겨나거나 소멸함이 없는 법을 인정하고 의심 없이 수용한다는 뜻이다.

209 범음(梵音) : ①범성(梵聲)·범음성(梵音聲)이라고도 한다. 맑고 깨끗한 음성이라는 뜻으로 불·보살의 음성. 곧 교법을 말씀하시는 소리. ②경 읽는 소리. ③4법요(法要)의 하나. 법회를 할 때에

거이 듣도록 만듭니다."

天親菩薩, 從彌勒內宮下, 無着問: "經云: '人間四百年, 彼天爲一晝夜, 彌勒於
一時中, 成就五百億天子, 證無生法忍.' 未審說甚麽法?" 天親云: "只說這箇法, 只
是梵音淸雅, 令樂聞."

천의회(天衣懷)가 말했다.

"미륵이 이미 잘못 말했고, 천친이 이미 잘못 전했다. 나는 오늘 거듭
잘못을 저질러[210] 그대들에게 상세히 밝히겠다."[211]

잠시 말없이 있다가 말했다.

"잘 들어라, 잘 들어라. 향하(向下)[212]의 문채를 내일에[213] 영원히 부탁한
다."

天衣懷云: "彌勒已是錯說, 天親已是錯傳. 山僧今日將錯就錯, 與汝諸人注破."
良久云: "諦聽諦聽. 向下文長付在來日."

5. 이익보살

꽃을 흩어 뿌린 다음에 『시방소유승묘화(十方所有勝妙華)』 등의 게송을 소리 내어 부르며, 깨끗하
고 아담한 목소리로 3보에게 공양하는 것. 여래의 범음은 시방(十方)에 두루 들리고, 그 음성을
듣는 이는 모두 도과(道果)를 얻는다고 하므로 법회할 때는 이 범음으로써 불·보살에게 공양하
는 것.

210 장착취착(將錯就錯): 잘못인 줄 알면서도 계속 잘못을 저지르다. 잘못을 거듭 범하다.

211 주파(注破): 주석(註釋)하다. 주소(注疏)하다. 덧붙여 상세히 설명하다. 파(破)는 동사의 뒤에서 동
작의 완성을 표시하는 요(了), 득(得)과 같은 어조사(語助辭).

212 향하(向下): 향상(向上)의 반대말. 향상(向上)이 곧 불이(不二)의 차별 없는 본분(本分)을 가리킨다면,
향하(向下)는 이원적(二元的) 차별의 금시(今時)를 가리킨다.

213 재(在): (개사) -부터. -을. -에게. -을 향하여. -에. -로. -까지.

이익보살(利益菩薩)이 연등불(然燈佛)²¹⁴에게 아뢰었다.

"저는 위없는 평등한 깨달음을 얻고 싶습니다. 세존께서 저를 가르쳐 주셔서 깨달음을 빨리 이루도록 해 주시기를 간청합니다."

부처님이 이익보살에게 말했다.

"그대가 이 법을 보면, 무엇이 이 법일까? 그대가 묻는 것이 곧 이 법이다."

利益菩薩, 白燃燈佛: "我欲得阿耨菩提. 唯願世尊, 教示我, 令速成菩提." 佛言利益: "汝觀此法, 何者是法? 是汝所問."

6. 천축의 상수보살

천축²¹⁵에 한 명의 상수(上首)²¹⁶보살이 있었는데, 걸식하는 승려²¹⁷가 되어 성으로 들어가 밥을 구걸하고 있었다. 그때 항가(恒伽)라는 비구가 그 보살에게 말했다.

---

214 연등불(然燈佛) : 산스크리트로는 Dīpaṅkara-buddha이고, 정광불(錠光佛) · 정광불(定光佛) · 보광불(普光佛) · 등광불(燈光佛) 등으로도 번역한다. 과거불(過去佛)의 하나였는데, 석존(釋尊)이 보살로서 최초로 성불(成佛)의 수기(授記)를 받았던 것은 바로 이 연등불 때였다고 한다. 그때, 석존은 바라문 청년인 선혜(善慧)로서 연등불에게 연꽃을 받들어 올리고 진흙길에 자신의 머리칼을 펼쳐 깔아 연등불이 지나가게 하였다. 그 행위로 인해 연등불로부터 장차 석가모니불이 될 것이라는 수기를 받게 되었다고 한다.

215 천축(天竺) : 인도. B.C. 20세기경 아리아족이 중앙아시아로부터 남하하여 세계의 지붕 파밀고원을 넘어, 지금의 인더스평원에 들어서자 그 푸르게 초목이 우거진 평원과 양양하게 흐르는 강물을 보고 경탄하는 소리를 발한 신두(Sindhu 물, 큰 바다라는 뜻)라는 말이 이 강과 이 지방의 이름이 되고, 이것을 중국에서 신두(辛頭) · 연독(身毒) · 현두(賢頭) · 천두(天豆) 등으로 음역. 이것이 차차 달라져 천축이 된 것. 이 천축이란 이름은 일찍이 한나라 때부터 사용. 인도라는 이름도 이 연독 등에서 와전된 것.

216 상수(上首) : 여러 좌석 중에서 맨 첫째 자리에 앉는 이. 또는 한 대중 가운데 가장 우두머리. 수좌(首座). 상좌(上座). 상석자(上席者). 장로(長老).

217 걸사(乞士) : 비구의 세 가지 뜻 가운데 하나. 비구는 모든 생업을 끊고, 밥을 빌어서 몸을 기르고, 또 법을 빌려 부처님의 혜명(慧命)을 이으므로 걸사라 함.

"당신은 어디에서 왔습니까?"

보살이 말했다.

"나는 진실(眞實) 속에서 왔습니다."

비구가 다시 물었다.

"무엇을 일러 진실이라 합니까?"

보살이 말했다.

"고요히 사라졌기 때문에 진실이라고 합니다."

비구가 다시 물었다.

"고요히 사라진 모습 속에 구함이 있습니까, 구함이 없습니까?"

보살이 말했다.

"구함이 없습니다."

비구가 다시 물었다.

"구함이 없는데, 어찌 구할 필요가 있겠습니까?"[218]

보살이 말했다.

"구함이 없는 속에서 나는 구하고자 합니다."

비구가 다시 물었다.

"구함이 없는 속에서 어찌 구할 필요가 있겠습니까?"

보살이 답했다.

"구함이 있다면, 모든 것이 전부 공(空)이니, 얻는 것도 공이고, 가지는 것도 공이고, 진실한 것도 공이고, 구하는 것도 공이고, 말하는 것도 공이고, 묻는 것도 공입니다. 고요히 사라진 열반에서는 모든 허공세계가 나누어져도 역시 다시 모두 공입니다. 나는 이와 같은 공법(空法)을 위하여 진실을 구합니다."

---

218 하용(何用) : 어찌 -할 필요가 있겠는가? -할 필요가 없다. 무엇 하는가? 어디에 쓰는가? 무슨 도움이 되는가?

天竺有一上首菩薩, 作一乞士, 入城乞食次. 時有比丘恒伽, 謂乞士言:"汝從何來?"云:"我從眞實中來." 又問:"何謂眞實?"云:"寂滅故名眞實." 又問:"寂滅相中, 有所求耶? 無所求耶?"云:"無所求." 又問:"無所求者, 何用求耶?"云:"無所求中, 吾欲求之." 又問:"無所求中, 何用求耶?"答:"有所求者, 一切皆空, 得者亦空, 着者亦空, 實者亦空, 求者亦空, 語者亦空, 問者亦空. 寂滅涅槃, 一切虛空界分, 亦復皆空. 吾爲如是空法, 而求眞實."

7. 유마의 불이법문

유마(維摩)²¹⁹의 모임에서 32명의 보살이 각기 불이법문(不二法門)을 말하고서 문수(文殊)가 말했다.

"나는 모든 법에서 말도 없고 설명도 없고 보여 줌도 없고 앎도 없고 모든 물음과 답변을 벗어났으니, 이것이 곧 보살이 불이법문에 들어가는 것입니다."

문수가 다시 유마에게 물었는데, 유마는 말이 없었다. 이에 문수가 찬탄하며 말했다.

"말과 문자가 없음에 이르렀으니, 이것이 바로 보살이 참으로 불이법문에 들어가는 것이로다."

維摩會上, 三十二菩薩, 各說不二法門, 文殊云:"我於一切法, 無言無說, 無示無識, 離諸問答, 是爲菩薩入不二法門." 文殊又問維摩, 維摩默然. 文殊嘆云:"乃至無有語言文字, 是菩薩眞入不二法門."

---

219 유마(維摩) : Vimalakīrti. 유마힐(維摩詰)·비마라힐(毘摩羅詰) 등이라고 음역. 정명(淨名)·무구칭(無垢稱)이라 번역. 인도 비야리국 장자로서, 속가에 있으면서 보살행업을 닦은 이. 그 깨달음이 높아서 불자제로도 미칠 수 없었다고 함.『유마경(維摩經)』의 주인공.

보복전(保福展)이 말했다.

"대단한 유마인데 문수가 한 번 앉히자 곧장 지금에 이르기까지 일어나지 못하고 있구나."

설두(雪竇)가 말했다.

"유마는 무슨 말을 했나?"

다시 말했다.

"감파(勘破)했구나."[220]

낭야각(瑯琊覺)이 말했다.

"문수가 잘했다고 칭찬하였지만, 역시 점쟁이의 허세 가득한 말이니[221] 유마는 침묵했던 것이다. 여러분들은 거북 껍질에 구멍을 내거나 기와를 부수어 점을 치지는[222] 말아라."

保福展云: "大小維摩, 被文殊一坐, 直至如今, 起不得."

雪竇云: "維摩道甚麼?" 又云: "勘破了也."

瑯琊覺云: "文殊贊善, 也是杓卜聽虛聲, 維摩默然. 汝等諸人, 不得鑽龜打瓦."

---

220 감파(勘破) : 그 내막을 뚜렷하게 알아차림. 분명하게 파악함. 점검(點檢), 간파(看破). 파(破)는 요(了), 득(得), 재(在)와 마찬가지로 동사의 뒤에서 동작의 완성이나 발생 장소를 나타내는 어조사.

221 표복청허성(杓卜聽虛聲) : 국자를 내던져 점을 치고서 길흉화복(吉凶禍福)에 관한 허장성세(虛張聲勢)의 말을 듣는다. 표복(杓卜)은 풍속(風俗)으로서, 국자를 내던져 길흉(吉凶)을 점치는 것을 일러 표복(杓卜)이라 한다. (風俗, 抛杓以卜吉凶者, 謂之杓卜.)(『조정사원(祖庭事苑)』 제6권) 허성(虛聲)은 허장성세의 말.

222 찬귀타와(鑽龜打瓦) : 거북 껍질을 뚫고 기왓장을 때려 부수다. 거북 껍질을 뚫고 기왓장을 때려 부수는 일은 곧 점치는 것을 가리킨다. 『두주(杜注)』에 따르면, 옛날 무왕이 병이 들었을 때 성왕이 거북으로 점을 치니 여러 신하들이 말하기를 "거북이 뚫어지지 아니하면 길하고 뚫어지면 흉하다." 하고, 또 초나라 때 신당(神堂)이 있었는데 누구나 길흉을 알고자 하면 그곳에 가서 기왓장을 던졌다. 기왓장이 엎어지면 흉하고 뒤집어지면 길하다 하였다.

8. 유마의 식사

유마는 수보리가 발우를 들고서 문 앞에 이르자 발우를 받아 향반(香飯)[223]을 가득 채우고서 수보리 존자에게 말했다.

"만약 법(法)에서 평등할 수 있다면 밥에서도 역시 평등합니다. 나아가 온갖 사견(邪見)에 들어가고, 피안에 도달하지 않고, 팔난(八難)[224]에 머물고, 무난(無難)을 얻지 않고, 번뇌와 같아지고, 깨끗한 법에서 벗어납니다. 당신이 무쟁삼매(無諍三昧)[225]를 얻는다면, 모든 중생도 역시 이 선정(禪定)을 얻습니다. 당신에게 보시하는 것을 복전(福田)[226]이라 이르지 않고, 당신을 공양하면 삼악도(三惡道)[227]에 떨어집니다. 여러 마귀들과 같은 하나의 손으로써 온갖 번뇌에 사로잡힌 중생[228]이 되니, 당신과 여러 마귀들과 온갖 번뇌망상들이 평등하여 차이가 없습니다. 모든 중생을 원망하는 마음이 있고 부처님을 비방하고 법을 훼손하고 사람의 부류[229]에 들어

---

223 향반(香飯) : =향적반(香積飯). 절에서 밥을 가리키는 말. 본래는 유마(維摩)가 향적여래(香積如來)의 세계로부터 가져와서 여러 승려들에게 공양했다고 하는 식사. 『유마경』「향적불품(香積佛品)」에 의하면, 유마힐은 상방세계 42항하사에 있는 향적불(香積佛)이 다스리는 중향(衆香)이라는 불국토로 가서 발우 향적반(香積飯)을 가득 담아 와서 보살들을 먹였다고 한다.

224 팔난(八難) : 팔무가(八無暇). 부처님을 보지도 법을 듣지도 못하는 여덟 가지 장애. ①지옥(地獄)·②축생(畜生)·③아귀(餓鬼) (이 삼악도(三惡道)는 고통이 심해서 불법(佛法)을 듣지 못한다)·④장수천(長壽天; 오래도록 살고 죽지 않기 때문에 구도심(求道心)이 일어나지 않는다)·⑤울단월(鬱單越; 변지(邊地)라고도 함. 이곳은 즐거움이 너무 많아서 불법을 듣지 않는다)·⑥농맹음아(聾盲瘖瘂; 귀먹고 눈멀고 말 못하는 결함 때문에 불법을 배우지 못한다)·⑦세지변총(世智辨聰; 세속의 지혜와 판단력이 뛰어나 불법을 들으려 하지 않는다)·⑧불전불후(佛前佛後; 부처님을 만나지 못하기 때문에 불법을 배우지 못한다).

225 무쟁삼매(無諍三昧) : 분별로써 따지는 망상(妄想)이 사라진 삼매. 곧 불이중도(不二中道)에 계합함을 이른다.

226 복전(福田) : 복의 씨앗을 뿌린 밭. 여래나 비구 등 공양을 받을 만한 안목이 있는 이에게 공양하면 복이 되는 것이, 마치 농부가 밭에 씨를 뿌려 다음에 수확하는 것과 같으므로 복전이라 한다. 보시(布施)하고, 신봉하는 것에 의해 행복을 가져온다고 하는 대상. 부처님이나 법 또는 교단. 부처님·승려 또는 삼보를 가리킴. 이것을 존중하고 공양하는 것이 행복을 낳는다는 뜻으로 밭에 비유되었음. 복덕을 생성하고 복덕을 주는 사람.

227 삼악도(三惡道) : 지옥·아귀·축생.

228 노려(勞侶) : 진로(塵勞) 즉 번뇌의 동반자라는 뜻이니, 번뇌에 사로잡힌 중생을 가리킨다.

229 중수(衆數) : 사람 사이. 사람의 부류.

가지 않고 마침내 열반을 얻지 못합니다. 당신이 만약 이와 같으면, 비로소 밥을 얻을 수 있습니다."

수보리는 이 말을 듣자 허둥지둥하면서[230] 어떻게 대답해야 할지 알지를 못하고 발우를 놓고서 도망가고 싶어졌다.

維摩因須菩提, 持鉢到門, 取鉢滿盛香飯, 謂尊者云: "若能於法等者, 於食亦等. 乃至入諸邪見, 不到彼岸, 住於八難, 不得無難, 同於煩惱, 離淸淨法. 汝得無諍三昧, 一切衆生, 亦得是定. 其施汝者, 不名福田, 供養汝者, 墮三惡道. 爲與衆魔同一手, 作諸勞侶, 汝與衆魔及諸塵勞, 等無有異. 於一切衆生, 而有怨心, 謗於佛, 毁於法, 不入衆數, 終不得滅度. 汝若如是, 乃可取食." 須菩提聞此語, 忙然不知以何答, 置鉢欲去.

9. 수보리의 꽃비

수보리가 법을 말하자 제석천이 꽃비를 내렸는데, 수보리가 이에 물었다.
"이 꽃들은 하늘에서 얻습니까, 땅에서 얻습니까, 사람에게서 얻습니까?"
제석천이 말했다.
"모두 다 아닙니다."
수보리가 물었다.
"그럼 어디에서 얻습니까?"
제석천이 손을 들어 올리자, 수보리가 말했다.
"그렇습니다. 그렇습니다."

---

230 망연(忙然) : 급하다. 바쁘다. 분주하다. 허둥지둥하다.

須菩提說法, 帝釋雨花, 須菩提乃問: "此花從天得耶? 從地得耶? 從人得耶?" 帝釋皆云: "弗也." 須菩提云: "從何而得?" 帝釋擧起手, 須菩提云: "如是. 如是."

10. 수보리의 설법

수보리가 바위 사이에서 편안히 앉아[231] 있을 때에 온갖 천신(天神)들이 꽃비를 내리면서 찬탄하자, 수보리가 말했다.

"하늘에서 찬탄하는 이는 누구입니까?"

천신이 말했다.

"저는 범천(梵天)입니다. 존자께서 반야를 잘 말씀하시는 것을 존경(尊敬) 합니다."

수보리 존자가 말했다.

"저는 반야에 대하여 한 글자도 말한 적이 없는데, 당신은 어찌하여 찬탄합니까?"

천신이 말했다.

"그렇습니다. 존자께서는 말씀하신 것이 없고, 저는 들은 것이 없습니다. 말이 없고 듣지 않는 것, 이것이 참으로 반야를 말하는 것입니다."

須菩提在巖間宴坐, 諸天雨花贊嘆, 尊者云: "空中贊嘆者, 復是何人?" 天云: "我是梵天. 敬重尊者善說般若." 尊者云: "我於般若未嘗說一字, 汝云何贊嘆?" 天云: "如是. 尊者無說, 我乃無聞. 無說無聞, 是眞說般若."

설두(雪竇)가 말했다.

---

231 연좌(宴坐) : 단정히 앉아 몸과 마음을 고요히 하여 좌선(坐禪)함.

"시끄러운 곳을 피하고 고요한 곳을 구하려면 세간에는 아직 그 방법이 없는데, 바위 사이에 편안히 앉아서 이 한 무리 사내들에게 비웃음을 받는구나.[232] 다시 이 노인네가 참고 있지[233] 못하고 '하늘에서 꽃비를 내려 찬탄하는 이는 누구입니까?' 하고 물었으니, 이미 실패한[234] 것이다. '저는 존자께서 반야를 잘 말씀하시는 것을 존중합니다.'라고 한 것은 더러운 물[235]을 갑자기[236] 뿌린 것이다. 다시 말하기를 '나는 반야를 한 글자도 말한 적이 없다.'라고 하였으니, 번뇌망상 속을 헤매는 사람이로다.[237] '존자께서는 말하지 않았고, 저도 듣지 않았습니다.'라고 말한 것은 어떤 것이 좋고 나쁜지를 알지 못하는 것이다. 모두 이러한 자들이니 어디에서 오늘[238]이 있겠느냐?"

다시 대중을 부르고서 말했다.

"나는 본래[239] 일 없는 사람인데, 그대들은 여기에 와서 무엇을 찾느냐?" 주장자를 휘둘러 일시에 쫓아내었다.[240]

雪竇云: "避喧求靜處, 世未有其方, 在巖間宴坐, 也被這一隊漢搽糊. 更有這老漢, 把不定, 問: '空中雨花贊嘆, 復是何人?' 早敗闕了也. '我重尊者善說般若.' 惡水驀頭潑. 又云: '我於般若, 未嘗說一字.' 草裏漢. '尊者無說, 我乃無聞.' 識甚好惡. 總似這般漢, 何處有今日?"

復召大衆云: "雪竇幸是無事人, 汝來這裏, 覓甚麽?" 以挂杖一時趁下.

232　차호(搽糊) : =차호(茶糊), 차호(搽胡). 놀리다. 희롱하다. 조롱하다. 우롱하다. 괴롭히다. 들볶다.

233　파정(把定) : 물샐틈없이 지키다. 제압하다. 제어하다. 꼭 잡다. 장악하다. =파득주(把得住).

234　패궐(敗闕) : 손해 보다. 실패하다. 좌절하다. 꺾이다.

235　악수(惡水) : 더러운 물. =탁수(濁水).

236　맥두(驀頭) : 갑자기. 돌연. 문득. =맥연(驀然), 맥지(驀地).

237　초리한(草裏漢) : 망상 속을 헤매는 사람. 풀숲은 번뇌망상을 가리킴.

238　금일(今日) : =금시(今時). 오늘. 현재. 지금. 깨달음이 완성되어 있는 지금 이 순간을 가리킨다.

239　행(幸) : 본래.

240　진하(趁下) : 쫓아내다.

11. 사리불과 천녀

사리불이 천녀(天女)에게 물었다.

"당신은 어찌하여 여자의 몸을 바꾸지 않습니까?"

천녀가 말했다.

"저는 12년 동안 여인의 모습을 찾았지만, 마침내 찾을 수 없었습니다. 그런데 무엇을 바꾸어야 합니까?"

그리고서 즉시 천녀는 신통력(神通力)으로써 사리불을 천녀의 모습으로 바꾸고 자신은 사리불의 모습으로 바꾸고서, 다시 사리불에게 물었다.

"당신은 어찌하여 여자의 모습을 바꾸지 않습니까?"

사리불이 말했다.

"저는 지금 어떻게 여자의 몸으로 변했는지 알지 못하겠습니다."

舍利弗問天女: "汝何不轉却女身?" 云: "我從十二年, 求女人相, 了不可得, 當何所轉?" 卽時天女, 以神通力, 變舍利弗作天女, 乃化身如舍利弗, 却問舍利弗: "汝何不轉却女身?" 舍利弗言: "我今不知, 何輪[241]而變爲女身."

12. 사리불과 월상녀

사리불이 성(城)에 들어가다가 월상녀(月上女)가 성에서 나오는 모습을 멀리서 보고는 생각하였다.

---

241 輪 : 轉의 오자(誤字).

'이 여인이 부처님을 뵈었다면 인가(認可)[242]를 얻지 않았을까? 한번 물어보아야 하겠다.'

곧 가까이 다가가서 물었다.

"어디 가십니까?"

월상녀가 말했다.

"사리불처럼 이렇게[243] 갑니다."

사리불이 말했다.

"저는 지금 성에 들어가고 있고 당신은 성에서 나오고 있는데, 어찌하여 사리불처럼 이렇게 간다고 말씀하십니까?"

월상녀가 말했다.

"부처님의 모든 제자들은 마땅히 무엇에 의지하여 머물러야 합니까?"

사리불이 말했다.

"부처님의 모든 제자들은 마땅히 대열반(大涅槃)에 의지하여 머물러야 합니다."

월상녀가 말했다.

"부처님의 모든 제자들이 이미 대열반에 의지하여 머문다면, 저는 사리불처럼 이렇게 갑니다."

舍利弗因入城, 遙見月上女出城, 舍利弗心口思惟: '此姊見佛, 不知得忍否? 我試問之.' 纔近前便問: "甚麼處去?" 女云: "如舍利弗與麼去." 弗云: "我方入城, 汝當出城, 云何言如舍利弗與麼去?" 女云: "諸佛弟子, 當依何住?" 舍利弗云: "諸佛弟子, 當依大涅槃而住." 女云: "諸佛弟子, 旣依大涅槃而住, 我如舍利弗與

---

242 인(忍) : ①인내(忍耐)한다는 뜻. 자기의 마음에 거슬리는 일에 대하여, 진심(瞋心)을 내지 않음. 또 안인(安忍)의 뜻, 도리에 안주(安住)하여 마음을 움직이지 않는 것. ②사선근(四善根)의 하나. =인위(忍位) ③인욕바라밀(忍辱波羅蜜). ④인정(認定)함. 인가(認可)함.

243 여마(與麼) : 여마(與磨), 여마(與摩), 임마(恁麼)라고도 쓴다. 문어(文語)의 여시(如是), 여차(如此)와 같은 뜻이다.

麼去."

13. 사리불과 수보리

사리불이 수보리에게 물었다.

"꿈속에서 육바라밀(六波羅蜜)[244]을 말하는 것은 깨어 있을 때와 같습니까, 다릅니까?"

수보리가 말했다.

"이 뜻은 매우 깊어서 저는 말할 수 없습니다. 모임 속에 미륵보살이 있으니, 당신은 그에게 가서 물어보십시오."

舍利弗問須菩提: "夢中說六波羅密, 與覺時同異?" 須菩提言: "此義深遠, 吾不能說. 會中有彌勒大士, 汝往彼問."

설두가 말했다.

"그때 만약 눈감아 주지[245] 않고 뒤이어[246] 한 번 꾹 찌르고는, 누가 미륵이라 이르고, 누가 미륵인가 하고 물었다면, 곧장 계획이 산산이 무너졌

---

244 육바라밀(六波羅蜜): 육도(六度)라고 번역하며, 대승의 보살이 실천·수행하는 여섯 가지 행을 가리킨다. ①보시바라밀(布施波羅蜜): 단나바라밀·단바라밀이라고도 하며, 나누어 가지는 미덕이다. 재물·진리·편안함 등의 보시가 있다. ②지계바라밀(持戒波羅蜜): 시라바라밀이라고도 하며, 교단의 계율을 준수하고 개인적으로는 5계 내지 250계를 준수하는 것이다. ③인욕바라밀(忍辱波羅蜜): 찬제바라밀이라고도 한다. 욕됨을 참는 인내심과 그로 인한 관용을 말한다. ④정진바라밀(精進波羅蜜): 비리야바라밀이라고도 한다. 게으름 없이 삼장(三藏)을 공부하고 일체중생을 구원하리라는 서원을 성취하기 위해 노력하는 것이다. ⑤선정바라밀(禪定波羅蜜): 선나바라밀이라고도 하며, 마음을 통일시켜 산란하지 않고 본분을 망각하지 않는 것이다. ⑥지혜바라밀(智慧波羅蜜): 반야바라밀이라고도 하며 완전한 지혜 즉 인간적인 이성을 초월한 무분별지를 말한다. 지혜바라밀은 앞의 다섯 바라밀의 바탕이 되므로 불모(佛母)라 한다.

245 방과(放過): ①여유가 있다. 여유를 두다. ②눈감아 주다. 봐주다. 용서해 주다. 놓아주다.

246 수후(隨後): 뒤이어. 뒤따라.

을[247] 것이다."

雪竇云: "當時若不放過, 隨後與一箚, 誰名彌勒? 誰是彌勒者? 便見冰消瓦解."

14. 부루나의 질문

부루나(富樓那)[248]가 부처님께 물었다.
"깨끗함이란 본래 그런 것인데, 어떻게 문득 산·강산·땅이 생겨났습니까?"

富樓那問佛: "淸淨本然, 云何忽生山河大地?"

낭야각(瑯琊覺)이 말했다.
"나라면 그렇지 않다. 깨끗함이란 본래 그런 것인데, 어떻게 문득 산·강·땅이 생겨났는가?"

천복신(薦福信)이 말했다.
"앞서 가면 이르지 못하고, 뒤따라 가면 너무 지나친다."

---

247 빙소와해(冰銷瓦解) : ①계획이나 조직 따위가 산산이 무너지다. 와해되다. ②(의혹, 오해, 고통 따위가) 사라지다. 해소되다.
248 부루나(富樓那) : Pūrṇa. 구족하게는 부루나미다라니자(富樓那彌多羅尼子)·부라나매저려야부다라 (富羅拏梅低黎夜富多羅)·부나만타불다라(富那曼陀弗多羅)라 음역, 만원자(滿願子)·만축자(滿祝子)·만자자(滿慈子)라 번역. 인도 교살라국 사람. 바라문 종족의 출신. 아버지는 가비라성주(迦毘羅城主) 정반왕의 국사. 큰 부자 집안에서 태어났으며 부처님과 생년월일이 같다. 대단히 총명하여 어려서 4베다(吠陀)·5명(明)을 통달. 진세(塵世)를 싫어하여 입산 수도. 부처님이 성도하여 녹야원에서 설법하심을 듣고 친구들과 함께 부처님께 귀의, 아라한과를 얻었다. 말솜씨가 훌륭하여 불제자 중에 설법제일(說法第一). 뒤에 여러 곳으로 다니며 인격과 말솜씨로써 중생 교화에 전력하였다.

瑯琊覺云: "山僧卽不然. 淸淨本然, 云何忽生山河大地?"

薦福信云: "先行不到, 末後太過."

15. 능엄경의 보는 것

『수능엄경(首楞嚴經)』에서 말했다.

"내가 보지 않을 때에, 어떻게 내가 보지 않는 것을 보지 않을 수 있을까? 만약 보지 않음을 본다면, 저절로 저 보지 않는 모습은 아니다. 만약 내가 보지 않는 것을 보지 않는다면, 저절로 사물(객관)이 아니니, 어떻게 네(주관)가 아니겠는가?"[249]

『首楞嚴』云: "吾不見時, 何不見吾不見之處? 若見不見, 自然非彼不見之相. 若不見吾不見之地, 自然非物, 云何非汝?"

설두가 노래했다.

"코끼리와 소를 눈병 환자[250]는 구별할 수 없는데

---

249 『수능엄경』제2권에 나오는 부처님의 말. 앞뒤의 내용을 부가하면 다음과 같다 : "만약 이 물건을 본다면, 그대 역시 내가 보는 것을 볼 수 있다. 만약 같이 본다면, 일러 나를 본다고 한다. 내가 보지 않을 때에는, 어떻게 내가 보지 않는 것을 보지 않겠는가? 만약 보지 않는 것을 본다면, 저절로 저 보지 않는 모습이 아니다. 만약 내가 보지 않는 것을 보지 않는다면, 저절로 이 물건이 아니니, 어찌 그대가 아니랴? 또 그래서 그대가 지금 사물을 볼 때에, 그대가 이미 사물을 본다면 사물 역시 그대를 볼 것이다."(若見是物, 則汝亦可見吾之見. 若同見者, 名爲見吾. 吾不見時, 何不見吾不見之處? 若見不見, 自然非彼不見之相. 若不見吾不見之地, 自然非物, 云何非汝? 又則汝今見物之時, 汝旣見物, 物亦見汝.)

250 예(翳) : 안구(眼球)의 각막(角膜)이 병에 걸린 뒤에 남은 상처.

본래[251] 안목 있는 선승(禪僧)[252]들은 공통으로 이름 부르고 모습을 갖춘다.[253]

지금 석가세존[254]을 보고자 하는가?

헤아릴 수 없는 세계마다[255]의 중간[256]에 있다네."

雪竇頌云: "全象全牛翳不殊, 從來作者共名模. 如今要見黃頭老? 刹刹塵塵在半途."

16. 빈두로 존자

빈두로(賓頭盧)[257] 존자에게 아육왕(阿育王)[258]이 물었다.

---

251 종래(從來) : ①본래(本來). 어기부사(語氣副詞). 시간을 나타내는 단어와는 같지 않다. ②종전(從前). 원래(原來). 시간의 흐름을 표시하는 자고이래(自古以來)와는 뜻이 같지 않다. ③지금까지. 여태껏. 이제까지.

252 작자(作者) : 뛰어난 안목을 갖춘 선승(禪僧). =작가(作家).

253 명모(名模) : 명모(名摸)라고도 씀. ①이름을 붙이거나 모습을 갖추는 것. ②언구(言句)로 표시하는 것.

254 황두노(黃頭老) : 석가모니. 황면(黃面), 황두(黃頭)라고 약칭. 석가의 탄생지인 카필라성의 카필라가 황색(黃色)이라는 뜻이므로, 이와 같이 말한다. 석가의 씨족명인 고오타마를 붙여 황면구담(黃面瞿曇) 또는 황면노자(黃面老子)라고도 한다.

255 찰찰진진(刹刹塵塵) : 찰(刹)은 국토라는 뜻이고, 진(塵)은 티끌이라는 뜻. 티끌처럼 수많은 국토. 우주를 가리킴.

256 반도(半途) : 반도(半塗)라고도 씀. ①길의 반쯤 되는 거리나 중간. ②일을 다 끝맺지 못한 중간. ③수대(隋代)에 내관(內官)이 입던 옷. ④중도. 도중.

257 빈두로(賓頭盧) : =빈두로파라타(賓頭盧頗羅墮). Piṇḍolabharadvāja. 16나한의 하나. 부동이근(不動利根)이라 번역. 석존의 제자. 빈두로는 이름, 파라타는 성. 흰머리와 기다란 눈썹을 가진 나한. 원래 발차국(跋蹉國) 구사미성 보상(輔相)의 아들. 어렸을 때 불교에 귀의. 출가하여 구족계를 받고, 여러 곳으로 다니며 전도하였다. 부처님께서 성도한 지 6년 만에 이 나한이 왕사성에서 신통을 나타냈다가 외도들의 조소를 받았으므로, 부처님께서 이 뒤에는 부질없이 신통을 나타내지 말라 하고, 서구야니주에 가서 교화하게 하였다. 뒤에 다시 돌아오게 되고, 부처님의 명을 받아 열반에 들지 않고, 남인도의 마리산에 있으면서 불멸 후에 중생을 제도하며, 말세의 공양을 받아 대복전(大福田)이 되었으므로 주세(住世)아라한이라고 일컫는다. 후세에 인도 대승절에서 문수를 상좌(上座)로 함에 대하여, 소승절에서는 빈두로를 상좌로 하는 풍습이 생겼다. 중국에서는 동진(東晋)의 도안(道安)이 처음으로 빈두로를 신앙하고, 송나라 태초(泰初) 말기(471)에 법현·법경 등이 처음으로 그의 형상을 그려 공양하였다. 우리나라에서는 독성(獨聖)·나반존자(那畔尊者)라 하여 절마다 봉안한다.

258 아육왕(阿育王) : 범어 Aśoka. 인도 마우리아 왕조 제3대 왕(B.C. 268-B.C. 232 재위한 것으로 추정). 구

"존자께서는 부처님을 직접 만나 뵙고 오셨다고 하던데,[259] 맞습니까?"

빈두로 존자는 손으로 눈썹을 붙들어 일으키며[260] 말했다.

"아시겠습니까?"

왕이 말했다.

"모르겠습니다."

존자가 말했다.

"아누달지용왕(阿耨達池龍王)[261]이 일찍이 부처님을 식사에 초청하였는데, 저는 그때에 그 행사[262]에 참여하였습니다."

賓頭盧尊者, 因阿育王問: "承聞尊者親見佛來, 是否?" 尊者以手策起眉云: "會麼?" 云: "不會." 者云: "阿耨達池龍王, 曾請佛齋, 吾是時預其數."

취암진(翠嵓眞)이 말했다.

"말해 보라. 어디에서 보느냐? 비록 눈 내리는 하늘이 어렴풋하고[263] 호

역은 아노가(阿怒伽)라 하며, 신역은 아유가(阿[車+兪]伽)라 한다. 무우(無憂)라 번역. B.C. 2세기에 전 인도를 통일하고 불교를 보호한 왕. 남전과 북전에 그 기록이 꼭 같지 않으나, 왕은 B.C. 321년경에 인도에 공작왕조를 개창한 찬드라굽타 대왕의 손자이며, 빈두사라왕의 아들로 출생하였다. 돌에 새긴 글에 의하면 즉위 8년에 칼링가를 정복하여 포로 15만, 살륙 10만의 무수한 죽음의 대참사를 목격하고, 부처님께 귀의하였다고도 한다. 그 후로는 무력에 의한 정복을 중지하였다. 그리고 모든 인간이 지켜야 할 윤리인 Dharma(法)에 의한 정치를 이상으로 삼고 이를 실현하는 데 진력하였다. 왕은 8만 4천의 절과, 8만 4천의 보탑을 건축하고 정법의 선포를 위하여 바위와 석주 등에 글을 새기어 스스로 부처님의 유적을 순례하였다. 즉위 17년 만에 화씨성에서 제3차의 결집을 하고, 희랍 5국에 전도승을 파견하고, 26년 동안에 26회의 특사를 내리는 등, 정법을 융성케 하였다. 이와 같은 왕의 정책은 36년간 통치 후에는 쇠퇴해 갔으나, 그의 치세 중에는 불교를 비롯한 갠지스강 유역의 고도의 문화가 다른 지방에 급속히 퍼져 문화의 발달을 촉진시켰다.

259 승문(承聞) : 소식을 듣다.

260 책기(策起) : =책기(捵起). 부기(扶起). 붙들어 일으키다.

261 아누달지용왕(阿耨達池龍王) : 8대룡의 하나. 아누달지(阿耨達池)에 살면서 4대하를 흘러 내어 염부주를 젖게 한다고 함. 보살의 화신이라 하여 존숭을 받는 용왕. =아누달지용왕, 아뇩달용왕.

262 수(數) : 의식(儀式)의 절차(節次). 예절(禮節)의 순서.

263 표묘(漂渺) : 있는지 없는지 알 수 없을 만큼 어렴풋함. 아득함.

수의 물빛이 온화하고 상쾌하더라도,[264] 꿈 이야기는 하지 말아라."

대위철(大潙哲)이 말했다.

"무우왕(無憂王)[265]이 비록 3만의 대아라한에게 식사를 대접하였지만, 도리어[266] 빈두로를 알아보지 못했구나. 그때 빈두로가 왕을 향하여 눈썹을 붙들어 일으키며 '알겠습니까?'라고 말한 것은 곧장 예(禮)를 행한 것이니, 빈두로를 알아보았을 뿐만 아니라 옛 부처님들도 함께 찾아뵌 것이다."

翠巖眞云: "且道. 甚麽處見? 直饒雪天漂渺, 湖光淡蕩, 且莫說夢."

大潙哲云: "無憂王雖飯三萬大阿羅漢, 要且不識賓頭盧. 當時待他策起眉毛云: '會麽?' 便與作禮, 非唯識賓頭盧, 亦乃同參古佛."

17. 선재동자의 몸

비목선인(毗目仙人)[267]이 선재(善財)[268]의 손을 붙잡자 선재가 스스로 자기의 몸을 보니, 온 우주의 불국토 헤아릴 수 없는 세계의 모든 부처님이 계신 곳으로 가고 나아가 말할 수 없고 헤아릴 수 없이 많은 세월이 지남을 보았다. 선인이 손을 놓자 선재는 곧 자기의 몸이 다시 본래 있던 곳으로 돌아와 있음을 보았다.

---

264 담탕(淡蕩) : ①온화하고 상쾌함. ②한가하고 여유로움. 유유자적함.

265 무우왕(無憂王) : 아쇼카왕.

266 요차(要且) : 도리어. 각(却). 오히려.

267 비목선인(毗目仙人) : 60권 화엄경인 『대방광불화엄경(大方廣佛華嚴經)』 제47권 「입법계품(入法界品)」 제34-4. 에서는 비목다라(毘目多羅) 선인(仙人)이라 하고, 80권 화엄경 『대방광불화엄경(大方廣佛華嚴經)』 제64권 39 「입법계품(入法界品)」 5. 에서는 비목구사(毘目瞿沙) 선인(仙人)이라 하고 있다.

268 선재(善財) : =선재동자(善財童子). Sudhana. 『화엄경』 「입법계품」에 나오는 구도자(求道者). 53선지식을 두루 찾아뵙고, 맨 나중에 보현보살(普賢菩薩)을 만나서 10대원(大願)을 듣고, 아미타불의 국토에 왕생하여 입법계(入法界)의 지원(志願)을 채웠다 함. 선재의 구법에 의하여 『화엄경』 입법계의 순서가 정해졌다.

善財因毗目仙人執其手, 善財自見其身, 往十方佛剎微塵數諸佛所, 乃至經不可說不可說微塵數劫時. 仙人放手, 善財卽見自身還在本處.

18. 미륵의 누각

선재동자(善財童子)가 53명의 선지식을 찾아뵙고 마지막에 미륵(彌勒)의 누각 앞에 이르러 누각의 문이 닫힌 것을 보고서, 위로 우러러보면서 탄식하다가 미륵이 다른 곳에서 오는 것을 보았다. 이에 선재는 절을 올리고 말했다.

"누각의 문을 열어서 제가 들어갈 수 있도록 해 주십시오."

그때[269] 미륵이 선재 앞에 이르러 손가락을 튕겨 소리를 한 번 내자 누각의 문이 열렸다. 선재가 들어가자 누각의 문이 곧 닫혔는데, 헤아릴 수 없이 많은 누각이 보이고 하나하나의 누각 속에는 한 분의 미륵이 온갖 권속을 거느리고 있었으며, 더불어 한 사람의 선재도 그 앞에 서 있음이 보였다.

善財參五十三員善知識, 末後到彌勒閣前, 見樓閣門閉, 瞻仰讚嘆, 見彌勒從別處來. 善財作禮云: "願樓閣門開, 令我得入." 尋時彌勒, 至善財前, 彈指一聲, 樓閣門開. 善財入已, 閣門卽閉, 見百千萬億樓閣, 一一樓閣內, 有一彌勒領諸眷屬, 幷一善財而立其前.

19. 선재 문수를 보다

---

269 심시(尋時) : 당시(當時). 그때. 즉시. 당장.

선재동자에게 무착(無着)이 물었다.

"나는 문수(文殊)를 보고 싶은데, 누가 문수이냐?"

선재가 말했다.

"당신이 한순간[270] 깨끗한 마음을 내면 그것이 곧 문수입니다."

무착이 말했다.

"나는 한순간 깨끗한 마음을 내었는데, 무엇 때문에 보이지 않느냐?"

선재가 말했다.

"이것이 참으로 문수를 보는 것입니다."

善財因無着問:"我欲見文殊, 何者卽是?"財云:"汝發一念心淸淨, 卽是."無着
云:"我發一念心淸淨, 爲甚麼不見?"財云:"是眞見文殊."

20. 선주천자

선주천자(善住天子)[271]가 문수(文殊)에게 아뢰었다.

"여래가 계신 곳으로 함께 가서 아직 받지 않은 것을 의논하여 결정하고[272] 또 동시에 법답게 따져 묻는[273] 것이 좋겠습니다."

---

270 일념(一念) : 한순간. 한 생각. 극히 짧은 시간. 머리카락 한 올을 세로로 열 등분 내지는 백 등분,
   천 등분으로 가른다. 그리고 그 가른 것 하나를 옥판(玉板) 위에다 놓고, 날카로운 칼날을 갖다
   대어서 자른다. 그 날카로운 칼날이 옥판에 도달할 때까지의 시간이 일념(一念)이다. (堅析一髮爲十
   分乃至白分千分. 以其一分置玉板上, 擧利刃斷. 約其利刃至板時爲一念也.)(『화엄일승법계도총수록(華嚴一乘法界圖
   叢髓錄)』)
271 선주천자(善住天子) : 도리천(忉利天)의 여러 천자 가운데 하나. 7일 후에 자기 목숨이 끝날 것과 염
   부제로 돌아와 축생의 몸을 받다가 다시 지옥에 떨어질 것을 스스로 미리 알고 크게 두려워하여
   제석천(帝釋天)에게 도움을 청하니, 제석천이 기원정사(祇園精舍)에 계시는 부처님에게 법문을 청
   하였다. 부처님께서 불정존승다라니(佛頂尊勝陀羅尼)를 말하여 선주천자에게 외우게 하니, 수명을
   연장하고 어려움을 면하게 되었다고 한다.
272 자결(咨決) : 의논하여 결정하다. 의논하다.
273 문난(問難) : ①논란하다. 토론하다. ②질문하다. 따져 묻다.

문수가 말했다.

"그대는 여래(如來)를 분별하여 집착하지[274] 마라."

천자가 말했다.

"여래가 지금 어디에 있기에 나더러 집착하지 말라는 것입니까?"

문수가 말했다.

"단지 눈앞에 있다."

천자가 말했다.

"만약 그와 같다면, 저는 왜 보지 못합니까?"

문수가 말했다.

"그대가 만약 아무것도 보지 않는다면, 이것을 일러 참으로 여래를 본다고 한다."

천자가 말했다.

"만약 앞에 있음을 본다면, 어찌하여 여래에 집착하지 말라고 저를 훈계하는 것입니까?"

문수가 말했다.

"그대가 지금 앞을 보면 무엇이 있는가?"

천자가 말했다.

"허공계(虛空界)가 있습니다."

문수가 말했다.

"여래라는 것은 허공계이고, 허공계가 곧 여래이다. 이 속에는 분별할 수 있는 한 물건도 없다."

善住天子, 白文殊云: "可共往如來所咨決未受, 亦同此時如法問難." 文殊云: "汝莫分別取着如來." 天子云: "如來今在何所, 令我莫着?" 文殊云: "只在目前." 天

子云:"若如是者, 我何不見?"文殊云:"汝若一切不見, 是名眞見如來."天子云:"若見在前, 云何戒我莫取着如來?"文殊云:"汝今見前何有?"天子云:"有虛空界."文殊云:"如來者虛空界是, 虛空界卽是如來. 此中無有一物可分別者."

21. 앙굴마라와 산모

앙굴마라(央崛摩羅)[275]가 발우를 들고 어떤 장자(長者)의 집에 이르렀을 때에 마침 그 장자의 부인이 산통(産痛)이 있었지만 아직 아이를 낳지 못하고 있었다. 장자가 말했다.

"부처님의 제자시여, 당신은 성인이 되었으므로 어떤 법을 가지고 산통을 면하고 아이를 낳게 할 수 있습니까?"

앙굴마라가 장자에게 말했다.

"저는 입도(入道)한 지 얼마 되지 않아서 아직 이 법을 모릅니다. 제가 돌아가서 세존께 여쭈어 보고 와서 말씀드리겠습니다."

이윽고 되돌아와 부처님께 말씀드리니 부처님이 앙굴마라에게 말씀하셨다.

"그대는 속히 가서 '나는 성인의 법을 따른 이래로 아직 살생(殺生)을 한 적이 없다.'라고 말하거라."

앙굴마라가 가서 그렇게 말하니, 부인은 그 말을 듣고서 즉시[276] 아이를

---

275 앙굴마라(央崛摩羅) : Aṅgulimāla의 음사로, 앙굴리마라(鴦掘利摩羅)라고도 한다. 앙굴마라는 처음에 마니발타라 바라문을 스승으로 섬겼다. 어느 날 스승이 출타하였을 때에 스승의 아내에게 유혹을 당하였으나 거절하였다. 앙심을 품은 스승의 아내는 모함을 하였고, 그 말을 들은 스승은 앙굴마라에게 여러 나라로 돌아다니면서 천 사람을 죽여 천 개의 손가락으로 머리 장식물을 만들어 오면 법을 일러 주겠다고 하였다. 이에 앙굴마라는 여러 곳으로 다니면서 999명을 죽이고 드디어는 제 모친을 죽이려 하였다. 그때 석가모니가 그와 마주쳤다. 그는 석가모니를 공격하려 하였으나 오히려 석가모니의 가르침에 귀의하게 되었다. 앙굴마라는 사람을 죽여 그 손가락으로 머리 장식물을 만들려 하였기 때문에 '지만외도(指鬘外道)'로도 불린다.

276 당하(當下) : 즉각. 바로. 그 자리에서.

낳았다.

殃崛摩羅, 因持鉢, 至一長者家, 値婦人産難, 子母未分. 者云:"瞿曇弟子, 汝爲
至聖, 當有何法, 能免産難?"殃崛語長者云:"我乍入道, 未知此法. 待我回問世尊,
卻來相報." 及返白佛, 佛告殃崛:"汝速去報言:'我自從賢聖法來, 未曾殺生.'"殃
崛往告, 婦人聞之當下分免.

묘희(妙喜)가 노래하였다.

"화음산(華陰山)²⁷⁷ 앞 백 척 깊은 우물
차가운 샘물 있어 뼛속까지 시리구나.
뉘 집 여인네 와서 제 그림자 비치나?
다른 건 비치지 않고 비뚤어진 옷깃만 비치네."

妙喜頌云:"華陰山前百尺井, 中有寒泉徹骨冷, 誰家女子來照影? 不照其餘照斜領."

22. 기야다 존자

월지국(月氏國)²⁷⁸ 왕은 계빈국(罽賓國)²⁷⁹에 기야다(祇夜多)라는 한 존자(尊

---

277 화음산(華陰山) : 섬서성(陝西省)에 있는 화산(華山; 곧 서악(西嶽))의 북쪽을 화음(華陰)이라 하고, 남쪽
을 화양(華陽)이라 한다. 화음산(華陰山)은 곧 화산(華山).
278 월지국(月氏國) : 한대(漢代)에 감숙성(甘肅省)의 서북에 나라를 세웠던 종족. 흉노(匈奴) · 오손(烏孫)
에게 패하여 일부는 서쪽으로 이주하여 중앙아시아에 옮겨 살았는데 이를 대월지(大月氏)라 하
고, 본래의 땅에 머무른 것을 소월지(小月氏)라 한다.
279 계빈국(罽賓國) : Kaśmīra. 겁빈(劫賓) · 갈빈(羯賓) · 가습미라(迦濕彌羅) · 갈습미라(羯濕弭羅) · 가섭
미라(迦葉彌羅)라고도 음역. 지금의 카슈미르(Cashmir) 지역. 북인도 건타라국의 동북 산중에 있
던 왕국. 아육왕이 보낸 전도자가 처음으로 이곳에 불교를 펼치고, 2세기경 카니시카왕의 영토

者)가 있어서 이름을 크게 떨치고 있다는 소문을 듣자, 곧 여러 신하들과 함께 그 나라로 가서 예를 갖추어 찾아 뵙고 법을 물었다. 예물을 드리고 나서[280] 존자에게 설법(說法)[281]을 청하자, 존자가 말했다.

"대왕(大王)께서 오실 때에 좋은 길이었고, 지금 가시면 역시 오실 때와 같습니다."[282]

로 되었다. 협·세우 등 5백 스님들이 모여『대비바사론(大毘婆沙論)』을 편찬한 곳.

280 수경(修敬) : 교사에게 주는 수업료. 스승에게 드리는 예물. 예물을 드리다.

281 개연(開演) : 상세히 설명하다. 환히 밝혀 해설하다.

282 元魏西域三藏吉迦夜共曇曜『잡보장경(雜寶藏經)』제7권『93 월지국왕건아나한기야다연(月氏國王 見阿羅漢祇夜多緣)』의 내용에서 요약 발췌한 것이다. 전체 내용은 다음과 같다 : 월지국의 왕은 이름이 전단계니타였는데, 계빈국 존자인 아라한 기야다(祇夜多)의 명성을 듣고서 만나 보고 싶다고 생각하였다. 그리하여 가마를 타고 여러 신하들을 거느리고 그 나라로 갔다. 가는 도중에 남몰래 이렇게 생각하였다. '나는 지금 왕이다. 왕에게 천하의 모든 백성들은 엎드려 공경하지 않는 자가 없다. 스스로 큰 덕을 지닌 자가 아니라면 어찌 감히 나의 공양을 받을 수 있겠는가?' 이렇게 생각하고서 곧장 앞으로 나아가 금방 그 나라에 이르렀다. 어떤 사람이 기야다 존자에게 말하였다. "이름이 전단계니타인 월지국왕이 여러 신하들과 함께 멀리서 찾아왔습니다. 존자께서는 의복(衣服)을 갖추어 입으시고 함께 접대하시기를 바랍니다." 그때 존자가 말했다. "나는 부처님의 말씀을 듣는 출가한 사람으로서 도(道)가 높아서 세속에 드러나고 유덕(有德)하고자 애쓸 뿐인데, 어찌 좋은 옷을 갖추어 입고서 나아가 맞이하겠습니까?" 그리하여 곧장 고요히 침묵하며 단정히 앉아서 나가지 않았다. 이에 월지국왕은 그곳으로 가서 기야다 존자를 만나 그 위덕(威德)을 보고서 공경하고 믿는 마음이 더욱 일어나, 그 앞에서 머리를 숙여 절을 하고는 한 곳에 머물렀다. 그때 존자가 침을 뱉고자 하니 월지국왕은 자기도 모르게 앞으로 나아가 침 그릇을 가져다 주었다. 그때 기야다 존자가 왕에게 말했다. "저는 지금 아직 임금님의 복전(福田)이 되지 못하고 있습니다. 그런데 어찌하여 몸소 굽혀서 수레를 타고 오셨습니까?" 그때 월지국왕은 깊이 부끄러워하며 생각하였다. '내가 오면서 남몰래 생각한 것을 모두 아시는구나. 신령스러운 덕이 없다면 어찌 이와 같겠는가?' 그리하여 존자가 있는 곳에서 거듭 공경하는 마음이 일어났다. 그때 기야다 존자는 곧 왕에게 교법(敎法)을 간단하게 말하였다. "대왕께서 오실 때에 길이 좋았습니다. 가실 때에도 오실 때와 같을 것입니다." 왕은 이 가르침을 듣고서 곧 자기 나라로 돌아갔다. 돌아가는 도중에 여러 신하들이 원망하면서 말했다. "우리들은 멀리서 대왕을 따라 그 나라에 갔는데, 마침내 아무런 가르침도 듣지 못하고 헛되이 되돌아가는구나." 그때 월지국왕이 신하들에게 말했다. "경들은 지금 얻은 것이 없다고 나를 책망하는가? 아까 존자가 나에게 '대왕께서 오실 때에 길이 좋았습니다. 가실 때에도 오실 때와 같을 것입니다.' 하고 법을 말했는데, 경들은 이것을 이해하지 못하는가? 나는 과거에 계(戒)를 지키고 보시를 베풀고 승방(僧坊)을 짓고 절과 탑을 세우는 등 여러 가지 공덕을 쌓으며 왕이 될 씨앗을 심어서 지금 이 자리를 누리고 있는 것이다. 지금 다시 복을 쌓고 많은 착한 일을 한다면 미래에 반드시 다시 복을 받을 것이다. 그러므로 존자가 나에게 '대왕께서 오실 때에 길이 좋았습니다. 가실 때에도 오실 때와 같을 것입니다.'라고 훈계한 것이다." 여러 신하들은 이 말을 듣고서 머리를 조아리며 사죄하며 말했다. "저희들이 지혜가 얕고 어리석어서 헛된 생각을 하였습니다."(月氏國王有王, 名栴檀罽尼吒, 聞罽賓國, 尊者阿羅漢, 字祇夜多, 有大名稱, 思欲相見. 卽自躬駕, 與諸臣從, 往造彼國. 於其中路, 心竊生念: '我今爲王. 王於天下, 一切人民, 靡不敬伏. 自非有大德者, 何能堪任受我供養?' 作是念已, 遂便前進, 徑詣彼國. 有人告尊者祇夜多言: "月氏國王, 名栴檀罽尼吒, 與諸臣從, 遠來相見. 唯願尊者, 整其衣服, 共相待接." 時尊者答言: "我聞佛語, 出家之人, 道邁俗表, 唯德是務, 豈以服飾出迎接乎?" 遂便靜黙端坐不出. 於是月氏國王, 往其住處, 見尊者祇夜多, 睹其威德, 倍生敬信, 卽前稽首, 卻住一面. 時尊者欲唾, 月氏國王, 不覺前進授唾器. 時尊者祇夜多, 卽語王言: "貧道今者未堪爲王作福

月氏國王, 聞罽賓國, 有一尊者, 曰祇夜多, 有大名稱, 卽與群臣, 往彼國, 禮見問法. 修敬畢, 請尊者, 爲開演. 尊者云: "大王時來[283]好道 今去亦如來時."

23. 부처 있는 곳

긴나라왕(緊那羅王)[284]이 무생악(無生樂)[285]을 연주하여 공양하자, 부처님께서 이르셨다.

"유정(有情)[286]이든 무정(無情)[287]이든 모두 왕을 따라서 가거라. 만약 왕을 따라가지 않는 한 물건이라도 있으면, 부처 있는 곳으로 가지 못할 것이다."

緊那羅王, 奏無生樂供養, 佛乃敕: "有情無情, 俱隨王去. 若有一物不隨王去, 卽去佛處不得."

24. 무염족왕의 대적정

田也. 胡爲躬自抂屈神駕?" 時月氏王, 深生慚愧: '我向者竊生微念, 以知我心. 自非神德, 何能爾也?' 於尊者所, 重生恭敬. 時尊者祇夜多, 卽便爲王, 略說敎法: "王來時道好. 去如來時." 王聞敎已, 便卽還國. 至其中路, 群臣怨言: "我等遠從大王, 往至彼國, 竟無所聞, 然空還國." 時月氏王, 報群臣言: "卿之貴我, 無所得也? 向時尊者, 爲我說法: '王來時道好, 去如來時.' 卿等不解此耶? 以我往昔, 持戒布施, 修造僧坊, 造立塔寺, 種種功德, 以殖王種, 今享斯位. 今復修福, 廣積衆善, 當來之世, 必重受福. 故誡我言: '王來時道好, 去如來時.'" 群臣聞已, 稽首謝言: "臣等斯下, 智慧愚淺, 竊生妄解.")

283 時來 : '來時'가 되어야 문법적으로 맞다.

284 긴나라왕(緊那羅王) : kiṃnara. 악신(樂神)의 이름이다. 노래를 하고 음악을 연주하며 춤을 추어서 제석천(帝釋天)을 섬겼다. 그 형체는 일정하지 않아서, 말의 머리에 사람의 몸이라고 하거나 사람의 머리에 말의 몸이라고 하기도 한다.

285 무생악(無生樂) : 생겨남이 없는 음악. 무생법인(無生法忍)을 가리킴.

286 유정(有情) : 정식(情識)을 가지고 있는 모든 것. 살아 있는 모든 것. 중생(衆生).

287 무정(無情) : 정식(情識)이 없는 무정물(無情物). 의식(意識)이 없는 사물(事物).

무염족왕(無厭足王)[288]이 대적정(大寂定)[289]에 들어가 곧 무정(無情)과 유정(有情)은 모두 왕을 따르라고 명령하였다. 만약 한 물건이라도 왕을 따르지 않는다면, 대적정에 들어갈 수 없었다.

無厭足王, 入大寂定, 乃敕有情無情, 皆順於王. 若有一物, 不順於王, 即入大寂定不得.

25. 금강제보살

장폐마왕(障蔽魔王)이 모든 권속을 거느리고 1천 년 동안 금강제보살(金剛齊菩薩)을 따라다니며 금강제보살이 나타나는 곳을 찾았으나 찾지 못했는데, 어느 날 문득 보게 되자 물었다.

"당신은 무엇에 의지하여 머물기에 내가 1천 년 동안이나 당신이 나타나는 곳을 찾아도 찾지 못했습니까?"

금강제보살이 말했다.

"나는 머묾 있음에 의지하지도 않고 머물며, 머묾 없음에 의지하지도 않고 머뭅니다. 이와 같이 머뭅니다."

障蔽魔王, 領諸眷屬, 一千年, 隨金剛齊菩薩, 覓起處不得, 忽一日得見, 乃問云:

---

288 무염족왕(無厭足王) : 『화엄경』「입법계품」에서 선재동자가 찾은 53선지식 가운데 17번째 선지식. 다라당성(多羅幢城)에 머무는 왕. 선재동자는 보안장자(普眼長者)로부터 무염족왕을 찾아가 보살도(菩薩道)를 배우라는 권고를 받고 무염족왕을 찾아가니, 무염족왕은 선재동자에게 모든 것이 환상(幻相)과 같다고 말한다. 무염족(無厭足)이란 집착 없는 행을 하여 중생을 이롭게 하되 싫증을 내지 않는다는 뜻.

289 대적정(大寂定) : ①대적정삼매(大寂定三昧)·대적정묘삼마지(大寂靜妙三摩地). 정(定)은 선정(禪定)·삼매(三昧)·삼마지(三摩地)라고도 함. 마음을 한 대상에 머물게 하여 산란치 않은 것을 말한다. 대적정은 여래가 드는 선정으로 모든 산란에서 떠나 마침내 적정(寂靜)하다는 뜻으로 대적(大寂)이라 함. ②대열반(大涅槃)을 말함. 이것은 절대 적정의 경지이므로 이와 같이 말함.

"汝當依何而住, 我一千年, 覓汝起處不得?" 齊云: "我不依有住而住, 不依無住而住. 如是而住."

법안(法眼)이 말했다.
"장폐마왕이 금강제보살을 보지 못한 것은 우선 놓아두자. 그런데[290] 금강제보살은 장폐마왕을 보았는가?"

法眼云: "障蔽魔王, 不見金剛齊, 即且從. 只如金剛齊, 還見障蔽魔王麼?"

26. 노파와 부처

성(城)의 동쪽에 사는 한 노파는 부처님과 나이가 같았는데, 부처님을 보고 싶어하지 않았다. 매번 부처님이 오시는 것을 볼 때마다 곧 회피하였다. 비록 그렇긴 하였으나 동쪽과 서쪽을 둘러보아도 모두가 다 부처님이었다. 이윽고 손으로 그 얼굴을 가리니 열 손가락과 손바닥 속이 모두 부처님이었다.

城東有一老母, 與佛同生, 而不欲見佛. 每見佛來, 即便回避. 雖然如此, 回顧東西, 總皆是佛. 遂以手掩其面, 十指掌中, 亦總是佛.

27. 암바리차녀

---

290 지여(只如): =지우(至于), 약부(若夫), 지여(祇如). 그런데.

암바리차녀(菴婆提遮女)가 문수(文殊)에게 물었다.

"삶이 곧 삶이 아니라는 뜻을 잘 알면서도, 무엇 때문에 삶과 죽음을 따라 흘러 다닙니까?"

문수가 말했다.

"그 힘이 아직 충분치 못하기 때문이다."

菴婆提遮女, 問文殊云: "明知生是不生之義, 爲甚麼被生死之所流轉?" 文殊云: "其力未充."

28. 독룡의 항복

어떤 마을에 독룡(毒龍)이 살았다. 그때 오백 명의 존자들이 그곳으로 가서 독룡을 항복시키려 하였으나 실패하였다. 그런데 다른 지방의 존자 한 사람이 손가락을 한 번 튕기자 그 독룡은 곧 항복하였다.

有一聚落, 毒龍所居. 時五百尊者, 往彼降之不得. 有一異方尊者, 彈指一聲, 其龍卽降.

낭야각(瑯琊覺)이 말했다.

"만약 교승(教乘)[291]에 의거한다면 본래 과판(科判)[292]이 있겠지만, 나라면

---

291 교승(教乘) : 불교에서 경전의 가르침을 일컫는 말로, 교상(教相)이라고도 한다. 부처님이 말한 경문을 가리키는데, 교법(教法)과 같은 말이다. 승(乘)은 운반한다는 뜻이니, 교법으로 중생을 실어 열반의 언덕에 이르게 한다는 뜻이 된다. 선승(禪乘)에 대응하는 말. 교(教)와 선(禪)을 구분하여 교(教)를 가리킴. 교학(教學). 즉, 경전에서 펼치고 있는 방편설(方便說).

292 과판(科判) : 내용에 따라 문단을 나눔. 여기에서는 교상판석(教相判釋)을 이름. 교상판석(教相判釋)이란 교상(教相)·판교(判教)·교판(教判)·교섭(教攝)이라고도 하는데, 석가세존께서 일생 동안에 말한 가르침을, 그 말한 시기의 차례와 뜻의 얕고 깊음에 따라 분류 판별하는 것. 경문(經文)을 강

그렇지 않아서 단지 이 한 번의 손가락 튕김조차도 할 필요가[293] 없다. 비록 그렇긴 하지만, 피곤한 물고기가 통발 속에 머물게 하지도 말고 우둔한 새가 갈대 속에 깃들이도록 하지도 마라."[294]

　　琅琊覺云: "若據敎乘, 自有科判, 山僧卽不然. 只這彈指, 也不消得. 雖然如是, 且莫困魚止箔, 鈍鳥棲蘆."

의하거나, 1종 1파를 세움에는 반드시 먼저 교상을 판별하여 그 경과 종파의 위치를 정하는 것이 보통이었다. 삼시교(三時敎)·오시팔교(五時八敎)·이장삼법륜(二藏三法輪)·성정이문(聖淨二門)·삼교팔종(三敎八宗)·오교십종(五敎十宗)·오시오교(五時五敎)·이장이교(二藏二敎)의 분류가 그런 것이다.

293　소득(消得): ①-할 만한 가치가 있다. -할 만하다. 걸맞다. 상응하다. ②누리다. 향유하다. 수용(受用)하다.

294　피곤한 물고기가 통발에 머물고 우둔한 새가 덫에 깃들인다는 것은 어리석은 범부가 알지 못하고 스스로 죽을 곳으로 들어간다는 뜻. 가르치는 자는 배우는 자가 살아날 곳으로 안내해야지 죽을 곳을 찾아가도록 놓아두어서는 안 된다는 말.

제4장
인도 조사

西天祖師

1. 초조 마하대가섭

(1) 가섭의 전법게

　초조(初祖) 마하대가섭은 세존과 자리를 나누어 앉았고 옷을 전해 받았으며, 세존이 시멸하자 법장(法藏)[295]을 결집하였다. 그때 아난(阿難)은 아직 번뇌를 없애지 못하여 그 모임에 참여하지 못했다. 아난은 이에 칠엽굴(七葉窟)[296] 앞의 너럭바위 위에 앉아서 한밤중이 되자 깨달음을 얻고는 곧장 신통을 나타내어 바위를 뚫고서 안으로 들어갔다. 가섭은 뒤에 법안(法眼)[297]을 맡기고는[298] 게송을 말했다.

　"이 법도 저 법도 본래 법이니

---

295 법장(法藏) : 경전(經典)을 가리키는 말. 경전은 수많은 법문, 곧 온갖 법의 진리를 갈무리하고 있으므로 이렇게 일컫는다.

296 필발라굴(畢鉢羅窟) : 또는 비발라굴(卑鉢羅窟)・빈파라굴(賓波羅窟)・빈발라굴(賓鉢羅窟)・칠엽굴(七葉窟). 중인도 마갈타국 왕사성 가까운 곳에 있는 굴. 부처님이 입멸하신 그 해에 대가섭을 상좌로 하여, 부처님이 남기신 법(法)을 결집(結集)한 곳. 굴 위에 필발라나무가 무성하였으므로 필발라굴이라 하고, 또는 대가섭의 본래 이름을 따라서 이름한 것이라고도 함.

297 법안(法眼) : 모든 법의 참된 모습을 분명하게 보는 눈. 보살은 이 눈으로 모든 법의 실상(實相)을 잘 알고 중생을 제도함.

298 부촉(付囑) : 부촉(付屬)이라고도 함. 맡겨 주다. 부탁하다. 부처님은 설법한 뒤에 청중 가운데서 어떤 이를 가려내어 그 법의 유통(流通)을 맡기는 것이 상례(常例). 이것을 부촉・촉루(囑累)・누교(累敎) 등이라 함. 경문 가운데서 부촉하는 일을 말한 부분을 「촉루품(囑累品)」, 또는 부촉단(付屬段)이라 하니, 흔히 경의 맨 끝에 있음. 『법화경』과 같은 것은 예외(例外).

법도 없고 법 아님도 없다.
어떻게 하나의 법 속에
법이 있고 법 아님이 있겠는가?"

初祖摩訶大迦葉(凡三), 分座傳衣, 世尊示滅, 結集法藏. 斥出阿難, 未盡諸漏. 阿
難遂於畢鉢巖前, 磐陀石上, 坐至中夜, 得證道果, 卽現神通, 透石而入. 迦葉後付
法眼, 而說偈云: "法法本來法, 無法無非法. 何於一法中, 有法有不法?"

(2) 나는 어디에

어떤 외도(外道)가 물었다.
"어떤 것이 저의 '나'입니까?"
가섭이 말했다.
" '나'를 찾는 것이 곧 그대의 '나'이다."
외도가 말했다.
"이것이 저의 '나'라면, 스님의 '나'는 어디에 있습니까?"
가섭이 말했다.
"그대가 물으면 내가 찾는다."

有外道問: "如何是我我?" 祖云: "覓我者是汝我." 外道云: "這箇是我我, 師我何
在?" 祖云: "汝問, 我覓."

(3) 누가 하랴

가섭이 진흙을 밟아서 반죽을 하고 있을 때에 어떤 사미(沙彌)²⁹⁹가 물었다.

"존자께서는 어찌하여 손수 하십니까?"

가섭이 말했다.

"내가 하지 않으면 누가 나를 위하여 해 주겠느냐?"

祖踏泥次, 有沙彌問: "尊者何得自爲?" 祖云: "我若不爲, 誰爲我爲?"

법안(法眼)이 말했다.

"내가 그때에 사미를 보았다면, 끌고 들어와서 진흙을 밟게 했을 것이다."

法眼云: "我當時若見, 拽來踏泥."

2. 제2조 아난 존자

(1) 기이한 일

제2조 아난(阿難) 존자가 하루는 부처님께 아뢰었다.

"오늘 성(城)에 들어가서 기이한 일을 하나 보았습니다."

부처님이 말했다.

"어떤 기이한 일을 보았느냐?"

아난이 말했다.

---

299 사미(沙彌) : 사미는 범어 śrāmaṇeraka 또는 śrāmaṇera의 음역. 불교 교단(승가) 중에서 십계를 받은 7세 이상 20세 미만의 출가한 남자. 같은 여자를 사미니(沙彌尼(범어 śrāmaṇerikā))라 한다.

"성에 들어갔을 때에 한 무리의 즐기는 사람들이 춤을 추는 것을 보았는데, 성을 나오면서 보니 모두들 사라지고 아무도 없었습니다."

부처님이 말했다.

"나도 어제 성에 들어갔을 때에 하나의 기이한 일을 보았다."

아난이 물었다.

"어떤 기이한 일을 보셨습니까?"

부처님이 말했다.

"내가 성에 들어갈 때에 한 무리의 즐기는 사람들이 춤을 추는 것을 보았는데, 성을 나올 때에도 역시 한 무리의 즐기는 사람들이 춤을 추는 것을 보았다."

二祖阿難尊者(凡三), 祖一日白佛云: "今日入城, 見一奇特事." 佛云: "見何奇特事?" 祖云: "入城時, 見一攢樂人作舞, 出城, 總見無常." 佛云: "我昨日入城, 亦見一奇特事." 祖云: "未審見何奇特事?" 佛云: "我入城時, 見一攢樂人作舞, 出城時, 亦見一攢樂人作舞."

(2) 찰간을 넘어뜨려라

아난이 가섭에게 물었다.

"사형(師兄), 세존께서 금란가사(金襴袈裟)[300]를 전해 주신 것 이외에 또 무엇을 전해 주셨습니까?"

이에 가섭이 "아난!" 하고 불렀는데, 아난이 "예!" 하고 답하자, 가섭이 말했다.

---

300 금란가사(金襴袈裟): 금색의(金色衣)·금란의(金襴衣)·금루가사(金縷袈裟)·금색첩의(金色㲲衣)·황금첩의(黃金㲲衣)라고도 함. 금실로 지은 가사.

"문 앞의 찰간(刹竿)[301]을 넘어뜨려 버려라."

祖問迦葉云: "師兄, 世尊傳金襴袈裟外, 別傳箇甚麼?" 迦葉召阿難, 祖應諾, 迦葉云: "倒卻門前刹竿着."

분양소(汾陽昭)가 말했다.
"묻지 않으면, 누가 알까?"

취암지(翠嵒芝)가 말했다.
"천년 동안은 그림자가 없는 나무이고, 지금은 밑바닥 없는 신발이다."

汾陽昭云: "不問, 那知?"
翠巖芝云: "千年無影樹, 今時沒底靴."

(3) 아난의 전법게

아난이 깨달음을 얻고 나서 상수하(常水河)를 방문하여 사찰[302]로 바꾸고는 온갖 성인의 무리를 모아 놓고서 도(道)를 얻은 제자인 상나화수(商那和修)를 바라보며 바른 법안(法眼)을 부촉하고 게송을 말했다.

"본래 부촉함에는 법이 있었는데

---

301 찰간(刹竿) : 절의 당탑 앞에 세워 두는 긴 장대로, 그 위에 보주(寶珠)가 붙어 있다. 사원에서 설법이 있는 것을 표시하기 위해 세우는 깃발을 건 장대이다. 설법할 때에 문 앞에 이것을 세워서 깃발을 건다.

302 금지(金地) : 불교 사찰(寺刹)을 일컫는 말. 급고독(給孤獨) 장자(長者)가 황금을 보시하여 기타태자(祇陀太子)의 정원을 구입하여 석가모니를 위하여 정사(精舍)를 건립하려고 바친 고사에서 유래한 것. 금전(金田)이라고도 한다.

부촉하고 나서는 법이 없다고 말하네.

각자는 모름지기 스스로 깨달아야 하니

깨닫고 나면 법 없음도 없다."

祖大事既辦, 詣常水河, 化爲金地, 集諸聖衆, 顧得道弟子商那和修, 付正法眼, 說偈云: "本來付有法, 付了言無法. 各各須自悟, 悟了無無法."

3. 제3조 상나화수 존자

제3조 상나화수(商那和修) 존자가 우파국다(優婆鞠多)에게 말했다.

"그대는 나이가 몇이냐?"

우파국다가 말했다.

"저의 나이는 열일곱입니다."

3조가 말했다.

"그대의 몸이 열일곱 살이냐, 그대의 본성이 열일곱 살이냐?"

우파국다가 말했다.

"스님의 수염이 이미 하얀는데, 수염이 하얗습니까, 마음이 하얗습니까?"

3조가 말했다.

"단지 수염이 흴 뿐, 마음이 흰 것은 아니다."

우파국다가 말했다.

"저도 몸이 열일곱 살이지, 본성이 열일곱 살은 아닙니다."

3조는 그가 법기(法器)[303]임을 알았는데, 뒤에 법안을 맡기고서 게송을

---

303 법기(法器) : 법을 담을 만한 그릇. 즉 불도를 수행할 만한 기량을 갖춘 인재.

말했다.

> "법도 아니고 또 마음도 아니니
> 마음도 없고 또 법도 없다.
> 이 마음법을 말할 때에
> 이 법은 마음법이 아니다."

三祖商那和修尊者(凡一), 問優婆鞠多云: "汝年幾耶?" 云: "我年十七." 祖云: "汝身十七耶? 性十七耶?" 云: "師髮已白, 爲髮白耶? 心白耶?" 祖云: "但髮白, 非心白爾." 云: "我身十七, 非性十七." 祖知是法器, 後付法眼, 而說偈云: "非法亦非心, 無心亦無法. 說是心法時, 是法非心法."

4. 제4조 우파국다 존자

(1) 비구니를 방문하다

제4조 우파국다 존자가 한 비구니를 방문하였는데, 문을 들어가자마자 곧장 발우를 쳐서 흩뿌렸다. 비구니가 말했다.

"부처님이 계실 적에 여섯 무리의 비구[304]들이 매우 거친 행동을 하였다고 합니다. 존자께서는 몇 번이나 저의 집에 오셨으면서도 일찍이 이런 적이 없었는데, 조사의 지위를 계승하시더니 이와 같이 거칠게 행동하시는군요."

---

304 육군비구(六群比丘) : 부처님 계실 때에 떼를 지어 나쁜 일을 많이 하던 6인의 악한 비구. 발난타(跋難陀) · 난타(難陀) · 가류타이(迦留陀夷) · 천노 · 마사 · 불나불(弗那跋). 부처님은 계율의 대부분을 이 6군 비구로 말미암아 정함.

四祖優婆鞠多尊者(凡二), 祖訪一比丘尼, 纔入門, 便觸撒缽盂. 尼云: "佛在日, 六群比丘, 甚是麤行. 數來我舍, 尚不如此, 尊者紹繼祖位人, 得與麼麤行."

분양소(汾陽昭)가 대신 말했다.
"잘못임을 이미 알았다."

汾陽昭代云: "已知錯誤."

(2) 무엇이 출가했느냐

사조(四祖)가 법을 말하여 사람을 제도할 때에 주영(籌盈)의 석실(石室)에 중향(衆香)이라 불리는 장자(長者)가 있었는데, 조사에게 의지하여 출가하였다. 조사가 물었다.
"그대는 마음이 출가하였느냐, 몸이 출가하였느냐?"
중향이 말했다.
"제 스스로 출가하였지, 몸과 마음이 출가한 것이 아닙니다."
조사가 말했다.
"몸과 마음이 출가하지 않았다면, 또 누가 출가하였느냐?"
중향이 말했다.
"무릇 출가라는 것은 '나' 없는 '나'이기 때문에 마음이 생겨나지도 않고 사라지지도 않습니다. 마음이 생겨나지도 않고 사라지지도 않는다면, 변함없는 도(道)입니다. 그러므로 모든 부처님들 역시 변함이 없고 마음에 모습이 없으니, 그 본바탕 역시 그렇습니다."
조사가 말했다.
"그대는 마땅히 크게 깨달아서 마음이 저절로 통달해야 한다."

즉시 머리를 깎아 출가시키고는 이름을 제다가(提多迦)라고 고쳐 주었다. 드디어 법안(法眼)을 맡기고는 게송을 말했다.

"마음은 스스로 본래의 마음이니
본래의 마음에는 법이 있는 것이 아니다.
법도 있고 본래의 마음도 있지만
마음도 아니고 본래의 법도 아니다."

祖說法度人, 籌盈石室, 有長者子曰衆香, 投祖出家. 祖問: "汝心出家耶? 身出家耶?"云: "我自出家, 非爲身心."祖云: "不爲身心, 復誰出家?"云: "夫出家者, 無我我故, 心不生滅. 心不生滅, 卽是常道. 故諸佛亦常, 心無形相, 其體亦然."祖云: "汝當大悟, 心自通達."卽爲剃度, 易名提多迦. 遂付法眼, 而說偈云: "心自本來心, 本心非有法. 有法有本心, 非心非本法."

5. 제5조 제다가 존자

미차가(彌遮迦)라는 자가 제5조 제다가(提多迦) 존자의 자비로운 모습을 보고서 곧 오래된 인연이 있음을 깨닫고는 선술(仙術)[305]을 버리고 부처님의 깨달음을 구하고자 하여 오조에게 물었다.
"저는 선도(仙道)를 공부하는데 진척이 없습니다. 오직 텅 비고 고요함만을 지킬 뿐, 지극한 도리에는 통달하지 못하고 있습니다."
오조가 말했다.

---

305 선술(仙術) : 신선(神仙)의 방술(方術). 장생불사(長生不死)를 추구하므로, 생사(生死)에서 벗어나는 불교와는 다르다.

"부처님이 말씀하시기를 '선술(仙術)을 익히고 학문을 공경하는 것은 작은 도(道)로서 새끼줄과 같다.'라고 하셨다. 그대는 마땅히 그것을 스스로 알아야 한다. 만약 작은 흐름을 버리고 큰 바다로 문득 돌아간다면, 반드시 무생법인(無生法忍)[306]을 깨달을 것이다."

미차가는 이 말을 듣고서 확 뚫리면서 깨달았다. 뒤에 오조는 법안(法眼)을 맡기고서 게송을 말했다.

"본래의 법인 마음에 통달하면
법도 없고 법 아닌 것도 없다.
깨달음은 깨닫지 못함과 같으니
깨달음도 없고 또 법도 없다."

五祖提多迦尊者(凡一), 有彌遮迦者, 見師慈相, 卽悟宿因, 乃棄仙術, 而求聖果, 請問祖云: "我於仙道, 更無進趣. 唯守虛靜, 不達至理." 祖云: "佛言: '修仙敬學小道似繩牽.' 汝可自知之. 若棄小流, 頓歸大海, 當證無生." 彌遮迦聞語, 豁然契悟. 後付法眼, 而說偈云: "通達本法心, 無法無非法. 悟了同未悟, 無悟亦無法."

6. 제6조 미차가 존자

제6조 미차가(彌遮迦) 존자가 불도(佛道)로써 북인도 지역을 교화할 때에

---

306 무생법인(無生法忍) : 불생법인(不生法忍), 불기법인(不起法忍)이라고도 함. 인(忍)은 인(認)과 같이 인정하고 수용한다는 뜻이니, 법인(法忍)은 법을 인정하고 수용하여 의심하지 않는 것. 『유마경(維摩經)』 중권(中卷) 「입불이법문품(入不二法門品)」 제9에 "생멸(生滅)은 이법(二法)이지만, 법(法)은 본래 생하지 않는 것이어서 지금 멸하지도 않습니다. 이러한 무생법인(無生法忍)을 얻는 것이 바로 불이법문(不二法門)에 들어가는 것입니다."(生滅爲二, 法本不生今則無滅. 得此無生法忍, 是爲入不二法門.)라 하고 있다. 무생법인(無生法忍)은 불생불멸(不生不滅)하는 법(法), 즉 생겨나거나 소멸함이 없는 법을 인정하고 의심 없이 수용한다는 뜻이다.

바수밀(婆須蜜)이라는 자가 있었는데, 손에는 술잔을 들고서 육조를 맞이하며 물었다.

"스님은 어느 지방에서 왔으며, 어디로 가십니까?"

육조가 말했다.

"자기 마음에서 왔으며, 머물 곳 없는 곳으로 가려고 한다."

바수밀이 물었다.

"스님은 저의 손에 있는 물건을 아십니까?"

육조가 말했다.

"이것은 계율을 범하는 물건[307]이니 깨끗하지 못한 것이다."

바수밀이 물었다.

" '나'를 아십니까?"

육조가 말했다.

" '나'라면 알지 못하고, 안다면 '나'가 아니다. 그대는 이름을 말하라. 내가 그 뒤에 그대에게 본래의 인연을 보여 줄 것이다."

바수밀이 말했다.

"저는 성이 바라타이고, 이름은 바수밀입니다."

육조가 말했다.

"부처님이 그대에게 수기(授記)[308]하셨으니, 조사의 지위를 이어야 한다."

즉시 머리를 깎아 주니 전생의 인연[309]을 즉시 깨달았다. 뒤에 육조는

---

307 촉기(觸器) : 계율에 저촉(抵觸)되는 더러운 기물. 계율을 범하는 데에 사용되는 기물. 깨끗하지 못한 기물.

308 수기(授記) : 부처님이 불법에 귀의한 중생에게 어느 시기, 어느 국토에서 어떤 이름의 부처로 태어날 것이며, 그 수명은 얼마나 될 것이라는 것 등을 낱낱이 제시하면서, 미래세의 언젠가는 반드시 부처가 될 것이라고 알려 주는 것. 화가라(和伽羅), 화가라나(和伽羅那), 기별(記別), 수기설(授記說).

309 숙인(宿因) : 지난 세상에 지은 업인(業因). 전생에 만든 인연(因緣). 선업 · 악업에 통함.

법안(法眼)을 맡기고서 게송을 말했다.

"마음이 없으면 말할 수도 없지만

말을 했다면 법이라고 일컫지 않는다.

만약 마음이 마음 아님을 깨닫는다면

비로소 마음 마음 하는 법을 알 것이다."

六祖彌遮迦尊者(凡一), 道化北天, 有婆須蜜者, 手提酒器, 逆問祖云: "師何方來? 欲往何所?" 祖云: "從自心來, 欲往無所." 云: "師識我手中物否?" 祖云: "此是觸器, 而負淨者." 云: "還識我否?" 祖云: "我卽不識, 識卽非我. 汝當稱名. 吾後示汝本因." 云: "我姓波羅墮, 名婆須密." 祖云: "佛記汝, 當紹祖位." 卽與剃度, 頓悟宿因. 後付法眼, 而說偈云: "無心無可說, 說得不名法. 若了心非心, 始解心心法."

7. 제7조 바수밀 존자

제7조 바수밀 존자는 여러 나라를 돌아다니면서 법을 말하여 사람들을 제도(濟度)[310]하였는데, 스스로를 불타난제(佛陀難提)라 일컫는 어떤 한 지혜로운 사람이 칠조에게 말했다.

"저는 스님과 진실[311]을 따지고 싶습니다."

칠조가 말했다.

"진실이라면 따질 수 없고, 따진다면 진실이 아니다. 만약 진실을 따지

---

310 제도(濟度) : 미혹한 세계에서 생사만을 되풀이하는 중생들을 건져 내어, 생사 없는 열반의 저 언덕에 이르게 함. =득도(得度).

311 의(義) : ①사물. 대상. 물건. 자체. 실체. 사실. 진실. ②교의(教義). ③교설(教說). 가르침. ④도리. 이치. ⑤비밀. 숨겨진 뜻.

려고 한다면, 끝내 진실 아닌 것을 따질 것이다."

불타난제는 곧장 본래의 마음을 깨닫고서 칠조에 의지하여 출가(出家)하였다. 뒷날 칠조는 법안을 맡기고서 게송을 말했다.

"마음은 허공 세계와 같아서
허공과 같은 법을 보여 준다.
허공을 깨달을 때에는
옳은 법도 없고 그른 법도 없다."

七祖婆須蜜尊者(凡一), 游行諸國, 說法度人, 有一智者, 自稱佛陀難提, 謂祖云: "我欲與師論義." 祖云: "義卽不論, 論卽不義. 若擬論義, 終非義論." 難提卽悟本心, 投祖出家. 後付法眼, 而說偈云: "心同虛空界, 示等虛空法. 證得虛空時, 無是無非法."

8. 제8조 불타난제 존자

제8조 불타난제 존자는 지혜가 넓고 깊었으며 재빠른 말솜씨에는 거침이 없었는데, 복타밀다(伏馱密多)라는 사람이 절을 하고서 물었다.

"부모는 나와 친하지 않습니다. 누가 가장 친한 자입니까? 모든 부처님은 나의 길이 아닙니다. 무엇이 가장 뛰어난 길입니까?"

팔조가 말했다.

"그대의 말이 마음과 친함은 부모에 비할 바가 아니구나. 그대의 행동이 도(道)와 들어맞는다면, 모든 부처님의 마음이 곧 그것이다. 밖으로 모습 있는 부처를 구한다면 그대와는 같지 않을 것이다. 그대의 본래 마음을 알고자 한다면, 합해져 있는 것도 아니고 떨어져 있는 것도 아니다."

복타밀다는 이 말을 듣고서 부처님의 도리를 문득 깨달았는데, 팔조는 그의 머리를 깎아 주었다. 팔조는 뒷날 법안을 맡기면서 게송을 말했다.

"허공에는 안과 밖이 없고
마음이라는 법 역시 그와 같다.
만약 허공을 깨닫는다면
이것은 진여의 도리에 통달하는 것이다."

八祖佛陀難提尊者(凡一), 智慧滔淵, 捷辯無礙, 有伏馱密多者, 作禮問云: "父母非我親, 誰是最親者? 諸佛非我道, 誰是最道者?"祖云: "汝言與心親, 父母非可比. 汝行與道合, 諸佛心卽是. 外求有相佛, 與汝不相似. 欲識汝本心, 非合亦非離."伏馱聞是偈, 頓悟佛理. 祖與剃度, 後付法眼, 而說偈云: "虛空無內外, 心法亦如是. 若了虛空故, 是達眞如理."

9. 제9조 복타밀다 존자

제9조 복타밀다(伏馱密多) 존자는 50년 동안 살면서 하나의 평상 위에 앉아 있기만 하고 입으로는 한마디 말도 하지 않았으며 발로는 한 번도 걸음을 걷지 않았는데, 팔조(八祖)의 말씀을 듣고서 도를 깨닫고는 법을 전하여 중생을 제도하였다. 난생(難生)이라는 자가 있었는데, 구조(九祖)에게 의지하여 출가하고 늘 앉아서 눕지 않았으며 법성(法性)[312]에 통달하였다.

---

312 법성(法性): Dharmatā. 항상 변하지 않는 법의 법다운 성(性). 모든 법의 체성(體性). 곧 만유의 본체. 진여(眞如)·실상(實相)·법계(法界) 등이라고도 함.

구조가 법안을 맡기고서 게송을 말했다.

"진리는 본래 이름이 없지만
이름 때문에 진리를 드러낸다.
참되고 참된 법을 받아들이면
참됨도 아니고 거짓됨도 아니다."

九祖伏馱密多尊者(凡一), 生來五十年, 唯坐一床, 口不曾言, 足不曾履, 聞偈悟
道, 傳法度生. 有難生者, 投師出家, 長坐不臥, 通達法性. 祖付法眼, 而說偈云:
"眞理本無名, 因名顯眞理. 受得眞眞法, 非眞亦非僞."

10. 제10조 협 존자

제10조 협(脅) 존자는 어머니 배 속에서 60년을 잉태되었다가 신령스러
운 구슬의 꿈에 감응하여 탄생하였는데, 탄생한 날에는 밝은 빛이 방안을
가득 채웠다. 출가하여 도를 얻고서 한 숲속에 이르자 부나야사(富那夜奢)
라는 자가 공경하며 합장하고서 십조(十祖)의 앞에 섰다. 조사가 물었다.
"그대는 어디에서 왔느냐?"
부나야사가 말했다.
"저의 마음은 가는 것이 아닙니다."
조사가 물었다.
"그대는 어디에 머물러 있느냐?"
부나야사가 말했다.
"저의 마음은 멈추어 있는 것이 아닙니다."

조사가 물었다.

"그대는 고정되어 있지 않느냐?"

부나야사가 말했다.

"모든 부처님도 역시 그렇습니다."

조사가 말했다.

"그대는 모든 부처님이 아니다."

부나야사가 말했다.

"모든 부처님도 역시 모든 부처님이 아닙니다."

조사는 그가 법기(法器)임을 알고서 곧 머리를 깎아 주고는 법을 부촉하면서 게송을 말했다.

"참된 본바탕은 스스로 그렇게 참되고

참된 말씀 때문에 도리가 있다.

참되고 참된 법을 깨달으면

가는 것도 아니고 멈추어 있는 것도 아니다."

十祖脅尊者(凡一), 處胎六十年, 神珠夢應, 誕生之日, 滿室光明. 出家得道, 至一林中, 有富那夜奢者, 恭敬合掌而立祖前. 祖問: "汝從何來?" 云: "我心非往." 祖云: "汝住何處?" 云: "我心非止." 祖云: "汝不定耶?" 云: "諸佛亦然." 祖云: "汝非諸佛." 云: "諸佛亦非." 祖知是法器, 卽與剃度, 付法說偈云: "眞體自然眞, 因眞說有理. 領得眞眞法, 無行亦無止."

연등회요(聯燈會要) 제2권

제4장

인도 조사

西天祖師

11. 제11조 부나야사 존자

제11조 부나야사 존자가 바라나국(波羅奈國)을 방문하였을 때에 마명(馬鳴)이라는 대사(大士)가 있다가 조사를 맞이하여 물었다.

"저는 부처를 알고자 합니다. 어떤 것이 부처입니까?"

조사가 말했다.

"그대가 부처를 알고자 한다면, 알지 못하는 것이 곧 부처이다."

마명이 말했다.

"부처가 곧 알지 못하는 것이라면, 어떻게 부처인지를 압니까?"

조사가 말했다.

"이미 알지 못하는 것이 부처인데, 어떻게 부처가 아님을 알겠느냐?"

마명이 말했다.

"이것은 톱의 뜻입니다."

조사가 말했다.

"그것은 나무의 뜻이다."

조사가 다시 물었다.

"톱의 뜻은 어떤 것이냐?"

마명이 말했다.

"스님과 똑같이 나타납니다."

마명이 도리어 물었다.

"나무의 뜻은 어떤 것입니까?"

조사가 말했다.

"그대는 나에게 해체(解體)되었다."

마명은 마음이 활짝 열리면서 크게 깨달았다. 조사는 뒷날 마명에게 법안을 맡기면서 게송을 말했다.

"헤맴과 깨달음은 마치 숨거나 나타남과 같아서
밝고 어두움이 서로 떨어져 있지 않다.
지금 숨거나 드러나는 법을 부촉하니
하나도 아니고 또 둘도 아니다."

十一祖富那夜奢尊者(凡一), 詣波羅奈國, 有馬鳴大士, 迎祖作禮, 問云: "我欲識佛. 何者即是?" 祖云: "汝欲識佛, 不識者是." 云: "佛旣不識, 焉知是乎?" 祖云: "旣不識佛, 焉知不是?" 云: "此是鋸義." 祖云: "彼是木義." 祖復問: "鋸義者何?" 云: "與師平出." 馬鳴卻問: "木義者何?" 祖云: "汝被我解." 馬鳴豁然大悟. 後付法眼, 而說偈云: "迷悟如隱顯, 明暗不相離. 今付隱顯法, 非一亦非二."

12. 제12조 마명 존자

제12조 마명 존자는 법을 얻은 뒤에 화씨국(華氏國)으로 갔는데, 그곳에는 가비마라(迦毘摩羅)라는 자가 3천 명 권속을 거느리고 큰 신통력을 가지고 있었다. 조사가 물었다.

"그대가 신통력을 다하면 변화가 어떠냐?"

가비마라가 말했다.

"저는 큰 바다를 바꾸어서 매우 작은 것으로 만들 수 있습니다."

조사가 말했다.

"그대는 본성의 바다를 바꾸느냐?"

가비마라가 말했다.

"무엇을 일러 본성의 바다라고 합니까? 저는 아직 알지 못합니다."

조사가 말했다.

"본성의 바다라는 것은 산·강·땅이 모두 의지하여 성립하고, 삼매(三昧)와 육신통(六神通)[313]이 여기에서 나타난다."

가비마라는 이 말을 듣고서 자기의 본래 마음에 딱 들어맞았는데, 삼천 명의 문도를 이끌고 조사에게 의지하여 출가하였다. 뒤에 조사가 법안을 맡기면서 게송을 말했다.

"숨거나 드러나는 것이 곧 본성이고
밝고 어두움이 원래 둘이 아니다.
지금 깨달음의 법을 부촉했으니
취하지도 말고 또 버리지도 마라."

十二祖馬鳴尊者(凡一), 得法之後, 於華氏國, 有迦毗摩羅者, 三千眷屬, 有大神力. 祖問云: "汝盡神力, 變化若爲?" 云: "我化巨海, 極爲小事." 祖云: "汝化性海得否?" 云: "何謂性海? 我未嘗知." 祖云: "性海者, 山河大地, 皆依建立, 三昧六通, 由

---

313 육통(六通): =육신통(六神通). 육종신통력(六種神通力)·육신통(六神通)이라고도 함. 6종의 신통력. 부사의한 공덕 작용. ①천안통(天眼通). 육안으로 볼 수 없는 것을 보는 신통. ②천이통(天耳通). 보통 귀로는 듣지 못할 음성을 듣는 신통. ③타심통(他心通). 다른 사람의 의사를 자재하게 아는 신통. ④숙명통(宿命通). 지나간 세상의 생사를 자재하게 아는 신통. ⑤신족통(神足通). 또는 여의통(如意通). 부사의하게 경계를 변하여 나타내기도 하고 마음대로 날아다니기도 하는 신통. ⑥누진통(漏盡通). 자재하게 번뇌를 끊는 힘.

茲發現."迦毗摩羅, 聞是語已, 契自本心, 與三千徒, 投祖出家. 後付法眼, 而說偈
云:"隱顯卽本法, 明暗元不二. 今付了悟法, 非取亦非離."

13. 제13조 가비마라 존자

제13조 가비마라 존자는 본래 외도(外道)[314]를 익히다가 불교에 마음을
의지하였는데, 서인도를 돌아다니다가 한 깊은 산에 이르자 용수(龍樹)라
는 존자(尊者)가 나와 맞이하여 조사에게 물었다.

"깊은 산은 외롭고 고요하여 독사와 구렁이가 사는 곳인데, 지극히 존
귀하신 대덕(大德)[315]께서 어찌하여 쓸데없이 오셨습니까?"

조사가 말했다.

"나는 지극히 존귀하지 않다. 슬기로운 사람을 찾아서 왔다."

용수는 말없이 생각하였다.

'이 스님은 깨달음을 얻기로 결정되어 있는 본성[316]을 얻어서 도를 보는
눈이 밝아졌는가? 큰 성인으로서 진리를 이었는가?'

조사가 말했다.

"그대가 비록 마음속에서 말하였지만, 나는 이미 알고 있다. 다만 출가
하면 될 뿐이지, 내가 성인인지 아닌지를 왜 염려하는가?"

용수가 뉘우치며 사과하자, 조사는 그를 출가시켰다. 조사가 뒤에 법안

---

314 외도(外道) : ①tirthaka. 외교(外教)·외학(外學)·외법(外法)이라고도 함. 인도에서 불교 이외의 모
든 교학. 종류가 많아 96종이 있고, 부처님 당시에 6종의 외도가 있었음. tirthaka는 신성하고 존
경할 만한 은둔자(隱遁者)라는 뜻이나, 불교에서 보면 모두 다른 교학이므로 외도라 함. ②불교
이외의 종교.

315 대덕(大德) : 스님을 높여 부르는 경칭(敬稱).

316 결정성(決定性) : ①결정되어 있는 본성(本性). ②반드시 언젠가는 성문이나 연각이나 보살이 되기
로 결정되어 있는 성(性). 부정성(不定性)이나 무성(無性)에 상대되는 말.

을 맡기면서 게송을 말했다.

"숨어 있지도 않고 드러나 있지도 않은 법이란
이 참된 실제(實際)[317]를 말하는 것이다.
이렇게 숨거나 드러난 법을 깨달으면
어리석지도 않고 또 지혜롭지도 않다."

十三祖迦毗摩羅尊者(凡一), 本習外道, 歸心佛乘, 游西印度, 至一深山, 有龍樹尊
者, 出迎, 問祖云:"深山孤寂, 蛇蟒所居, 大德至尊, 何枉神足?"祖云:"吾非至尊.
來訪賢者."龍樹黙念云:'此師得決定性明道眼否? 是大聖繼眞乘否?'祖云:"汝雖
心語, 吾己意知. 但辦出家, 何慮吾之不聖?"龍樹悔謝, 祖與剃度. 後付法眼, 而說
偈云:"非隱非顯法, 說是眞實際. 悟此隱顯法, 非愚亦非智."

14. 제14조 용수 존자

제14조 용수 존자는 큰 지견(知見)[318]을 갖추고서 통하지 않는 것이 없었
다. 서인도를 돌아다녔는데, 그 나라의 사람들은 대다수 복업(福業)[319]을 믿
고 있다가 용수가 묘법(妙法)[320]을 말하는 것을 듣고서 서로서로 말했다.
"사람의 복업이 세간에서는 제일이다. 헛되이 불성(佛性)[321]을 믿지만, 누

---

317 실제(實際) : 참된 끝이라는 뜻으로 진여법성(眞如法性)을 가리킴. 이는 온갖 법의 끝이 되는 곳이
　　므로 실제, 또 진여의 실리(實理)를 깨달아 그 궁극(窮極)에 이르므로 이렇게 이름.
318 지견(知見) : ①지혜로써 보는 것. ②지식으로써 아는 것.
319 복업(福業) : 3업(業)의 하나. 복락(福樂)의 과보(果報)를 받을 욕계(欲界)의 선업(善業).
320 묘법(妙法) : 미묘한 법문. 묘(妙)는 불가사의(不可思議), 법은 교법(教法). 부처님의 설교(說教) 전체
　　를 말한다. 제법실상(諸法實相)을 말한 법문(法門)을 묘법이라 한다.
321 불성(佛性) : ①부처의 본성. 깨달음의 본성. ②깨달을 가능성. 여래장(如來藏).

가 그것을 볼 수 있겠는가?"

조사가 말했다.

"그대들이 불성을 보고자 한다면, 먼저 아만(我慢)[322]을 제거해야 한다."

그 무리가 말했다.

"불성은 큽니까, 작습니까?"

조사가 말했다.

"크지도 않고 작지도 않으며, 넓지도 않고 좁지도 않으며, 복업도 없고 과보도 없으며, 죽음도 아니고 삶도 아니다."

그들은 이치가 뛰어남을 듣고서 모두 처음의 마음을 돌려 무생법인을 깨달았다. 가나제바(迦那提婆)라는 자가 조사를 찾아왔는데, 조사는 그가 지혜로운 사람임을 알아보고서 먼저 시자(侍者)에게 일러 발우에 물을 가득 채워 의자 앞에 두라고 하였다. 가나제바는 바늘 하나를 꺼내어 그 발우에 던져 넣었는데, 용수 조사가 기뻐하며 수긍하였다. 용수 조사는 뒷날 법안을 맡기면서 게송을 말했다.

"숨고 드러나는 법을 밝히게 되면
비로소 해탈의 이치를 말한다.
법에서 마음이 깨닫지 않으면
노여움도 없고 기쁨도 없다."

十四祖龍樹尊者(凡一), 具大知見, 無所不通. 游西印度, 彼國人, 多信福業, 聞尊者爲說妙法, 各相謂言: "人之福業, 世間第一. 徒言佛性, 誰能睹之?" 祖云: "汝欲見佛性, 先須除我慢." 彼衆云: "佛性大小?" 祖云: "非大非小, 非廣非狹, 無福無報, 不死不生." 彼聞理勝, 悉回初心, 悟無生忍. 有迦那提婆者, 謁祖, 祖知是智人, 先

---

322 아만(我慢) : ātmamāna. 나를 믿으며 스스로 높은 체하는 교만.

令侍者, 盛滿鉢水, 置于座前. 彼以一鍼, 進而投之, 忻然契會. 後付法眼, 而說偈云: "爲明隱顯法, 方說解脫理. 於法心不證, 無瞋亦無喜."

15. 제15조 가나제바 존자

제15조 가나제바 존자는 많은 지식을 가지고 지혜롭게 판단한다고 여러 나라에 명성을 날렸다. 뒷날 파연불성(巴連弗城)을 여행하다가 여러 외도들이 불법(佛法)을 훼방하려는 계획을 세운 지 오래되었다는 소문을 들었다. 조사가 기다란 깃발을 손에 들고서 그 무리 속으로 들어가자, 그들이 말했다.

"그대는 어찌하여 앞장서지 않는가?"

조사가 말했다.

"그대들은 어찌하여 뒤따르지 않는가?"

그들이 말했다.

"그대는 도둑 같구나."

조사가 말했다.

"그대들은 착한 사람 같구나."

그들이 말했다.

"그대는 어떤 법을 아느냐?"

조사가 말했다.

"그대들은 아무것도 알지 못하는구나."

그들이 말했다.

"우리는 깨달음을 얻고자 한다."

조사가 말했다.

"나는 확실히 깨달음을 얻었다."

그들이 말했다.

"그대가 얻었을 리가 없다."

조사가 말했다.

"원래의 도를 나는 얻었지만, 그대들은 진정 얻지 못했구나."

그들이 말했다.

"그대가 아직 얻지 못했는데, 어찌하여 얻었다고 말하는가?"

조사가 말했다.

"그대들에게는 '나'가 있기 때문에 얻지 못하는 것이다. 나에게는 '나'가 없기 때문에 나는 당연히 얻었다."

그들은 더 할 말이 없자 이에 물었다.

"그대의 이름은 무엇이오?"

조사가 말했다.

"나는 가나제바라고 한다."

그 무리 가운데 우두머리인 라후라다(羅睺羅多)가 이 말을 듣고서 잘못을 뉘우치자 마음이 열려 깨달았다. 조사는 그에게 법안을 맡기고서 게송을 말했다.

"본래 법을 전할 사람을 만나면
해탈의 도리를 말한다네.
법에는 참으로 증명할 것이 없으니
끝도 없고 시작도 없기 때문이다."

十五祖迦那提婆尊者(凡一), 博識辨慧, 名聞諸國. 後游巴連弗城, 聞諸外道欲障佛法計之已久. 祖執長幡, 入彼衆中, 彼云: "汝何不前?" 祖云: "汝何不後?" 彼云:

"汝似賊人." 祖云: "汝似良人." 云: "汝解何法?" 祖云: "我百不會." 云: "我欲得佛."
祖云: "我酌然得佛." 云: "汝不合得." 祖云: "元道我得, 汝實不得." 云: "汝既不得,
云何言得?" 祖云: "汝有我故, 所以不得. 我無我故, 我自當得." 彼旣詞屈, 乃問云:
"汝名何等?" 祖云: "我名迦那提婆." 彼衆中, 有上首羅睺羅多, 聞語悔過, 心卽開
悟. 祖付法眼, 而說偈云: "本對傳法人, 爲說解脫理. 於法實無證, 無終亦無始."

16. 제16조 라후라다 존자

　　제16조 라후라다 존자는 법을 얻은 뒤에 가는 곳마다 중생들을 이롭게
하다가 쉬라바스티성[323] 금수하(金水河)의 원천에 이르러 승가난제(僧伽難提)
가 선정(禪定)에 들어가 있는 것을 보았다. 조사가 기다린 지 7일이 되어서
야 승가난제는 비로소 선정에서 나왔는데, 조사가 그에게 물었다.
　　"그대의 몸이 선정에 드느냐, 마음이 선정에 드느냐?"
　　승가난제가 말했다.
　　"몸과 마음이 모두 선정에 듭니다."
　　조사가 물었다.
　　"몸과 마음이 모두 선정에 들면, 무엇이 들어가고 나가느냐?"
　　승가난제가 말했다.
　　"비록 들어가고 나가는 일은 있으나, 선정의 모습을 잃지는 않습니다.
마치 황금이 우물 속에 있는 것과 같고, 황금이 우물 밖으로 나오는 것과
같습니다. 세상에서의 모습은 왔다 갔다 하지만, 금의 본바탕은 늘 고요
합니다."

323　실라벌(室羅筏) : śrāvastī. 사위국(舍衛國)이라고도 함. 중인도 가비라국(迦毘羅國) 서북쪽에 있던 도
　　성(都城).

조사가 말했다.

"금이 우물 속에 있든 우물 밖으로 나오든 금 자체에는 움직임과 고요함이 없는데, 어떻게 들어가고 나옴이 있겠느냐?"

승가난제가 말했다.

"금의 움직임과 고요함을 말한다면, 어떤 물건이 들어가고 나가겠습니까? 금이 들어가고 나간다고 말한다면, 금은 움직임과 고요함이 아닙니다."

조사가 말했다.

"만약 금이 우물 속에 있다면, 나오는 것은 어떤 금인가? 만약 금이 우물 밖으로 나온다면, 우물 속에 있는 것은 어떤 물건인가?"

승가난제가 말했다.

"금이 만약 우물 밖으로 나온다면, 우물 속에 있는 것은 금이 아닙니다. 금이 만약 우물 속에 있다면, 우물 밖으로 나오는 것은 물건이 아닙니다."

조사가 말했다.

"이 뜻은 그렇지 않다."

승가난제가 말했다.

"그 도리는 용납되지 않습니다."

조사가 말했다.

"이 뜻은 당연히 무너진다."

승가난제가 말했다.

"그 뜻은 이루어지지 않습니다."

조사가 말했다.

"그 뜻은 이루어지지 않았지만, 나의 뜻은 이루어졌다."

승가난제가 말했다.

"나의 뜻이 비록 이루어지더라도, 법은 나가 아니기 때문입니다."
조사가 말했다.
"나의 뜻이 이미 이루어졌으니, 나에게는 나가 없기 때문이다."
승가난제가 말했다.
"나에게 나가 없기 때문이라면, 다시 무슨 뜻이 이루어지겠습니까?"
조사가 말했다.
"나에게 나가 없기 때문이니, 그 까닭에 그대의 뜻이 이루어진다."
승가난제가 말했다.
"당신의 스승은 누구시기에 나가 없음을 얻었습니까?"
조사가 말했다.
"나의 스승은 가나제바이신데, 나가 없음을 깨달았다."
승가난제는 게송으로 찬탄하였다.

"가나제바 스님께 머리 숙여 절하오니
당신을 제자로 배출하였군요.
당신에게는 나가 없기 때문에
나는 당신을 스승으로 모시고자 합니다."

조사가 게송으로 응답했다.

"나에게는 이미 나가 없기 때문에
그대는 내가 나임을 보아야 한다.
그대가 만약 나를 스승으로 모신다면
나는 나 아닌 나임을 알 것이다."
승가난제는 즉시 마음이 탁 열리며 깨달았는데, 곧 출가하기를 원했다. 뒷날 조사는 승가난제에게 법안을 맡기고는 게송을 말했다.

"법에는 진실로 깨달을 것이 없으니

취하지도 말고 또 버리지도 마라.

법은 있는 것도 아니고 없는 것도 아닌데

안과 밖이 어떻게 일어나겠느냐?"

十六祖羅睺羅多尊者(凡一), 得法之後, 隨處利生, 至室羅筏城, 金水河源, 見僧伽難提入定. 祖俟之七日, 方從定起, 祖問之云: "汝身定耶? 心定耶?" 云: "身心俱定." 祖云: "身心俱定, 有何出入?" 云: "雖有出入, 不失定相. 如金在井, 如金出井, 世相去來, 金體常寂." 祖云: "若金在井, 若金出井, 金無動靜, 何有出入?" 云: "言金動靜, 何物出入? 言金出入, 金非動靜." 祖云: "若金在井, 出者何金? 若金出井, 在者何物?" 云: "金若出井, 在者非金. 金若在井, 出者非物." 祖云: "此義不然." 云: "彼理非着." 祖云: "此義當墮." 云: "彼義不成." 祖云: "彼義不成, 我義成矣." 云: "我義雖成, 法非我故." 祖云: "我義已成, 我無我故." 云: "我無我故, 復成何義?" 祖云: "我無我故, 故成汝義." 云: "仁者師誰, 得是無我?" 祖云: "我師迦那提婆, 證是無我." 僧伽難提以偈贊曰: "稽首提婆師, 而出於仁者. 仁者無我故, 我欲師仁者." 祖答以偈云: "我已無我故, 汝須見我我. 汝若師我故, 知我非我我." 難提當下豁然, 卽求剃度. 後付法眼, 而說偈云: "於法實無證, 不取亦不離. 法非有無相, 內外云何起?"

17. 제17조 승가난제 존자

제17조 승가난제 존자는 보장엄왕(寶莊嚴王)의 아들이었다. 산속의 집에 이르렀을 때 한 아이가 손에 둥근 거울을 쥐고 있는 모습을 보았다. 그 아

이는 곧장 조사를 찾아 뵈었는데, 조사가 물었다.

"너는 몇 살이냐?"

그 아이가 말했다.

"저는 지금 100살입니다."

조사가 말했다.

"너의 나이는 아직 어린데, 어찌하여 100살이라고 하느냐? 도리가 아니다."

그 아이가 말했다.

"저는 도리를 알지는 못하지만, 정말 100살입니다."

조사가 말했다.

"너는 기틀을 좋아하느냐?"

그 아이가 말했다.

"부처님께서 말씀하시길 '만약 사람이 100세를 살면서 모든 부처님의 기틀을 좋아하지 않는다면, 하루를 산 것만도 못하다.'라고 하셨으니 그것을 확실히 깨달을 수 있습니다."

조사가 말했다.

"너의 손에 있는 물건은 무엇을 나타내느냐?"

그 아이가 말했다.

"모든 부처님의 크고 둥근 거울인데, 안팎에 흠집이 없습니다."

두 사람이 함께 그 거울을 보니 마음의 눈이 모두 비슷하였다. 이윽고 그 아이는 조사에게 의지하여 출가하니, 이름을 가야사다(伽耶舍多)라고 짓고 시자로 삼았다. 하루는 바람이 불어 전각에 매달아 놓은 방울이 울렸는데, 조사가 물었다.

"바람이 우느냐, 방울이 우느냐?"

가야사다가 말했다.

"바람이 우는 것도 아니고 방울이 우는 것도 아니고, 저의 마음이 웁니다."

조사가 말했다.

"마음은 또 무엇이냐?"

가야사다가 말했다.

"모두 고요하기 때문입니다."

조사가 말했다.

"좋다. 좋다. 나의 도(道)를 이을 자가 그대가 아니면 누구겠느냐?"

곧 법안을 맡기면서 게송을 말했다.

"마음 땅에는 본래 생겨나는 것이 없지만

마음 땅으로 말미암아 인연이 생긴다.

인연과 씨앗이 서로 방해하지 않으면

꽃과 열매도 또한 그럴 것이다."

十七祖僧伽難提尊者(凡一), 寶莊嚴王之子也. 因到山舍, 見一童子手提圓鑑. 直造祖前, 祖問: "汝幾歲耶?"云: "我今百歲."祖云: "汝年尙幼, 何言百歲? 非其理也."云: "我不會理, 正百歲爾."祖云: "汝善機耶?"云: "佛言:'若人生百歲, 不善諸佛機, 未若生一日.'而得決了之."祖云: "汝手中物, 當何所表?"云: "諸佛大圓鑑, 內外無瑕翳."兩人同得見, 心眼皆相似. 遂投祖出家, 名伽耶舍多, 俾令給侍. 一日風吹殿角鈴鳴, 祖問: "風鳴耶? 鈴鳴耶?"云: "非風鈴鳴, 我心鳴耳."祖云: "心復誰乎?"云: "俱寂靜故."祖云: "善哉. 善哉. 繼吾道者, 非子而誰?"卽付法眼, 而說偈云: "心地本無生, 因地從緣起. 緣種不相妨, 華果亦復爾."

18. 제18조 가야사다 존자

　제18조 가야사다 존자는 법을 얻은 뒤에 여러 나라를 두루 다니다가 대월지국(大月氏國)[324]에 이르러 바라문(婆羅門)의 집 하나를 발견하였다. 조사(祖師)가 그 집 문으로 들어가려는데 집 주인인 구마라다(鳩摩羅多)가 물었다.

　"누구를 따르는 무리입니까?"

　조사가 말했다.

　"부처님을 따르는 무리입니다."

　그 바라문은 부처님의 이름을 듣고서 마음에 두려움이 생겨 곧 문을 닫아 버렸다. 조사가 잠시 뒤에 그 문을 두드리니 그가 말했다.

　"이 집에는 사람이 없습니다."

　조사가 말했다.

　"없다고 답하는 자는 누구입니까?"

　그는 조사의 말씀이 남다름을 듣고서 문을 열고 영접하여 조사에게 출가하였다. 뒷날 조사는 법안을 구마라다에게 맡기고서 게송을 말했다.

　"씨앗도 있고 마음의 땅도 있으니

　인연이 되면 싹을 틔울 수 있다네.

　인연에 가로막히지 않으면

　지금 생겨나는데 생겨나지만 생기는 것이 아니다."

　十八祖伽耶舍多尊者(凡一), 得法之後, 遍游諸國, 至大月氏國, 見一婆羅門舍. 祖將入門, 舍主鳩摩羅多問: "是何徒衆?" 祖云: "是佛徒衆." 彼聞佛名, 心神悚然,

---

324　대월지국(大月氏國) : 한대(漢代)에 감숙성(甘肅省)의 서북에 나라를 세웠던 종족. 흉노(匈奴)・오손(烏孫)에게 패하여 일부는 서쪽으로 이주하여 중앙아시아에 옮겨 살았는데 이를 대월지(大月氏)라 하고, 본래의 땅에 머무른 것을 소월지(小月氏)라 한다.

卽閉其戶. 祖良久敲門, 彼云: "此舍無人." 祖云: "答無者誰?" 彼聞語異, 開門延接, 投誠出家. 後付法眼, 而說偈云: "有種有心地, 因緣能發萌. 於緣不相礙, 當生生不生."

19. 제19조 구마라다 존자

제19조 구마라다 존자는 원래 자재천(自在天)[325]이었는데, 조사의 지위를 계승할 때가 되자 인간의 세상으로 내려왔다. 법을 얻은 뒤에 중인도(中印度)에 이르자 사야다(闍夜多)라는 자가 물었다.

"저는 평소 삼보(三寶)에 대하여 늘 괴로움에 얽매여 전타라(旃陀羅)[326]의 집을 이웃하고 있는 것과 같습니다. 여법(如法)[327]하게 되면 그에게는 어떤 행운이 있고 저에게는 어떤 허물이 있습니까?"

조사가 말했다.

"어찌 의심할 수 있겠는가? 좋고 나쁜 과보(果報)에는 세 가지 시절이 있다. 범부는 단지 어진 이가 일찍 죽고 포악한 이가 오래 살며 반역자가 잘되고 의로운 이가 못되는 경우를 보고서 곧 말하길 원인에 의한 결과는 없고 죄와 복은 헛되다고 하니, 영향(影響)이 서로 뒤따른다는 사실을 전

---

325 자재천(自在天) : =대자재천(大自在天). Maheśvara. 마혜수라(摩醯首羅)·마혜습벌라(摩醯濕伐羅)로 음역. 눈은 셋이고 팔은 여덟으로 흰 소를 타고 흰 불자(拂子)를 들고 큰 위덕을 가진 신의 이름. 외도들은 이 신을 세계의 본체라 하며, 또는 창조의 신이라 하여 이 신이 기뻐하면 중생이 편안하고, 성내면 중생이 괴로우며, 온갖 물건이 죽어 없어지면 모두 이 신에게로 돌아간다고 한다. 이 신을 비자사(毘遮舍)라 부르기도 하고 초선천(初禪天)의 임금이라 하며, 혹은 이사나(伊舍那)라 하여 제6 천주(天主)라고도 한다.

326 전타라(旃陀羅) : caṇḍāla. 전다라(旃茶羅)라고도 한다. 도자(屠者)·엄치(嚴幟)·포악(暴惡)·살자(殺者)·하성(下姓)이라 번역. 인도 종성(種姓)의 이름. 인도 계급 중에서 가장 하천한 계급으로 백정·옥졸(獄卒) 등의 비천한 직업에 종사하는 종족. 남자는 전다라(旃陀羅), 여자는 전다리(旃陀利)라고 함.

327 여의(如意) : ①뜻하는 대로 이루어진다. ②본래의 모습에서 어긋나지 않는다. ③본바탕을 벗어나지 않는다. 여법(如法)하다.

혀 알지 못한 것이다. 털끝만큼도 어긋나지 않으면 비록 영원한 세월이 흐르더라도 없어지지 않을 것이다."

그때 사야다는 이 말을 듣고서 의심이 문득 풀렸다. 조사가 다시 그에게 말했다.

"그대는 이미 삼업(三業)을 믿었으나 업이 어리석음 때문에 생기는 것은 아직 밝히지 못했다. 어리석음은 식(識) 때문에 있고, 식은 깨닫지 못했기 때문에 있고, 깨닫지 못하는 것은 마음에 있다. 마음은 본래 깨끗하여 생겨나지도 않고 사라지지도 않고, 조작함이 없고, 응보(應報)가 없고, 뛰어남도 못남도 없고, 고요하고 신령스럽다. 그대가 이러한 법문(法門)에 들어온다면, 모든 부처님과 같을 수 있을 것이다. 모든 좋음과 나쁨, 유위(有爲)와 무위(無爲)가 전부 꿈과 같다."

사야다는 이 말을 듣고서 무생법인(無生法忍)을 문득 깨달았다. 뒷날 구마라다 조사는 사야다에게 법안을 맡기면서 게송을 말했다.

"본성은 본래 생겨남이 없는데
남이 말해 주기를 바라는구나.
법에 이미 얻을 것이 없다면
어찌 결정함과 결정하지 못함을 생각하랴?"

十九祖鳩摩羅多尊者(凡一), 爲自在天, 繼祖時至, 降生人間. 得法之後, 至中天竺國, 有闍夜多者, 問云: "我家素向三寶, 常縈疾苦, 鄰舍旃陀. 所作如意, 彼何幸, 而我何辜?" 祖云: "何足疑乎? 且善惡之報, 有三時焉. 凡人但見仁夭暴壽, 逆吉義凶, 便謂無因果虛罪福, 殊不知影響相隨. 毫釐靡忒, 縱百千劫, 亦不磨滅." 時闍夜多, 得聞是語, 頓釋所疑. 復告之云: "汝已信三業, 而未明業從惑生. 惑因識有, 識依不覺, 不覺依心. 心本淸淨, 無生滅, 無造作, 無報應, 無勝負, 寂寂然, 靈靈然.

汝若入此法門, 可與諸佛同矣. 一切善惡, 有爲無爲, 皆如夢幻." 彼於言下, 頓悟無生. 後付法眼, 說偈云: "性上本無生, 爲對求人說. 於法旣無得, 何懷決不決?"

20. 제20조 사야다 존자

제20조 사야다(闍夜多) 존자는 라자그리하[328]에서 태어나 불사(佛事)를 널리 일으켜 돈교법문(頓敎法門)[329]을 널리 펼쳤다. 그곳의 배우는 무리들은 변론(辯論)만을 오로지 숭상하였는데, 그 우두머리의 이름이 바수반두였다. 그는 하루에 한 끼만 먹고 눕지 않았으며, 하루에 여섯 번 예불(禮佛)을 올리고 깨끗하여 욕심이 없었기 때문에 대중의 존경을 받았다. 조사는 그를 제도하려고 하여 그 무리에게 물었다.

"이렇게 두타(頭陀)[330]를 널리 행하고 범행(梵行)[331]을 부지런히 닦아서 부처가 될 수 있을까?"

그 무리가 말했다.

"우리 스승님의 정진(精進)[332]이 이와 같은데, 무슨 까닭에 될 수 없겠습니까?"

---

328 라열성(羅閱城) : 라열기성(羅閱祇城). Rājagṛha. 마가다국의 수도인 왕사성(王舍城).

329 돈교법문(頓敎法門) : 돈문(頓門), 돈오문(頓悟門)이라고도 함. 돈오(頓悟)를 가르치는 법문(法門). 『선원제전집도서(禪源諸詮集都序)』에서 규봉종밀(圭峰宗密)이 말하기를 "원래 부처님의 말씀에는 돈교(頓敎)와 점교(漸敎)가 있고, 선(禪)에는 돈문(頓門)과 점문(漸門)이 있다."(原夫佛說頓敎漸敎禪開頓門漸門)라고 하였다. 돈오란 문득 깨닫는다는 말로서, 상대어는 점차로 깨달아 간다는 점오(漸悟)이다. 돈오문은 곧 조사선(祖師禪)을 가리킨다. 조사선의 돈오문은 점차적인 수행을 하여 문득 깨닫는 것이 아니라, 스승의 말을 듣고서 문득 깨닫고 그 뒤에 점차적인 수행을 하는 것이 특징이다.

330 두타(頭陀) : dhūta. 번뇌의 티끌을 떨어 없애고, 의·식·주에 탐착하지 않으며, 청정하게 불도를 수행하는 것.

331 범행(梵行) : brahma-carya. 청정(淸淨)·적정(寂靜)의 뜻, 맑고 깨끗한 행실. 정행(淨行)과 같음. ① 더럽고 추한 음욕을 끊는 것을 범행이라 한다. 곧 범천(梵天)의 행이라는 말. ②공(空)·유(有)의 양쪽에 치우쳐 물들지 않고, 맑고 깨끗한 자비심으로 중생의 고통을 건지고 낙을 주는 보살행을 가리킨다. 일반적으로는 불교 수행자의 바른 행위를 가리킨다.

332 정진(精進) : 수행(修行)을 게을리 하지 않고 항상 용맹하게 나아가는 것.

조사가 말했다.

"너희 스승은 도(道)[333]와는 거리가 멀다. 설사 고행(苦行)[334]을 하여 헤아릴 수 없는 세월이 지나더라도 모두 허망함의 뿌리이다."

그 무리가 말했다.

"존자께서는 어떤 덕업(德業)을 쌓았기에 우리 스승님을 비난하십니까?"

조사가 말했다.

"나는 도를 구하지도 않지만, 또 뒤집어져 있지도 않다. 나는 하루에 한 끼만 먹는 것은 아니지만, 또한 아무거나 마구 먹지도 않는다. 나는 만족함을 알지 못하지만, 또한 탐욕스럽지도 않다. 마음에 바라는 바가 없음을 일러 도라고 한다."

그때 바수반두는 두루 돌아다니다가 이 말을 듣고서 망상번뇌가 없는 지혜를 내었다. 조사가 곧 다시 그에게 물었다.

"아까 내가 대중 앞에서 그대를 깎아내렸는데, 번뇌가 없느냐?"

바수반두가 말했다.

"제가 저를 자책하고 저의 허물을 반성한 이래로 어떤 나쁜 말을 들어도 마치 바람이나 메아리가 스쳐가는 것과 같습니다. 하물며 지금 위없는 감로수를 얻어 마셨는데, 도리어 번뇌를 내겠습니까? 보살께서 묘한 도를 일깨워 주시기를 오직 원할 뿐입니다."

조사가 말했다.

"그대는 오래도록 덕의 뿌리를 심었으니, 이제 나의 종지(宗旨)[335]를 계승하여라."

---

333 도(道) : 깨달음. 보리(菩提). 범어 bodhi의 번역.
334 고행(苦行) : duṣkara-caryā, tapas. 자기의 몸을 괴롭게 하고, 육체의 욕망을 억제하며 견디기 어려운 여러 가지 수행을 하는 것. 이는 주로 외도들이 천상에 나기 위하여, 혹은 깨닫기 위하여, 또는 소원을 성취하기 위하여 행한다.
335 종지(宗旨) : 근본되는 뜻. 본성, 본심(本心), 깨달음, 견성, 반야, 본래면목 등과 같은 말.

뒷날 조사가 법안을 맡기고는 게송을 말했다.

"말을 듣고서 무생법(無生法)[336]에 들어맞으면
법계의 본성과 같다.
만약 이와 같이 알 수 있다면
이(理)와 사(事)[337]에 통달할 것이다."

二十祖闍夜多尊者(凡一), 祖於羅閱城, 廣興佛事, 敷演頓教法門. 彼有學衆, 唯尙辯論, 有上首名婆修盤頭. 一食不臥, 六時禮佛, 淸淨無欲, 爲衆所尊. 祖欲度之, 問彼衆云: "此遍行頭陀, 勤修梵行, 可得佛乎?" 彼衆云: "我師精進如是, 何故不得?" 祖云: "汝師與道遠矣. 設行苦行, 經於塵劫, 皆虛妄之本." 彼衆云: "尊者蘊何德業, 而譏我師?" 祖云: "我不求道, 亦不顚倒. 我不一食, 亦不雜食. 我不知足, 亦不貪欲. 心無所希, 名之曰道." 時遍行聞是語已, 發無漏智. 祖須臾卻問云: "適吾對衆挫仁者, 得無惱乎?" 云: "我責躬悔過以來, 聞諸惡言, 如風如響. 況今獲飮無上甘露, 返生熱惱耶? 惟願大士, 誨以妙道." 祖云: "汝久植德本, 當繼吾宗." 後付法眼, 而說偈云: "言下合無生, 同於法界性. 若能如是解, 通達理事竟."

21. 제21조 바수반두 존자

336　무생법(無生法) : 무생법인(無生法忍), 불생법인(不生法忍), 불기법인(不起法忍)이라고도 함. 인(忍)은 인(認)과 같이 인정하고 수용한다는 뜻이니, 법인(法忍)은 법을 인정하고 수용하여 의심하지 않는 것. 『유마경(維摩經)』 중권(中卷) 「입불이법문품(入不二法門品)」 제9에 "생멸(生滅)은 이법(二法)이지만, 법(法)은 본래 생하지 않는 것이어서 지금 멸하지도 않습니다. 이러한 무생법인(無生法忍)을 얻는 것이 바로 불이법문(不二法門)에 들어가는 것입니다."(生滅爲二, 法本不生今則無滅. 得此無生法忍, 是爲入不二法門.)라 하고 있다. 무생법인(無生法忍)은 불생불멸(不生不滅)하는 법(法), 즉 생겨나거나 소멸함이 없는 법을 인정하고 의심 없이 수용한다는 뜻이다.
337　이사(理事) : 이(理)는 절대 평등한 본체로서 불이법. 사(事)는 상대 차별한 현상으로서 분별법.

제4장 인도 조사　157

제21조 바수반두 존자는 어머니 배 속에서 수기(授記)[338]를 받기를 반드시 세상을 비추는 등불이 될 것이라고 하였는데, 태어나 자라서 고행을 하였으나 마침내 깨달음을 얻었다. 나제국(那提國)에 이르자 그 국왕의 아들인 마나라(摩拏羅)가 조사에게 의지해 출가하여 큰 신통력을 얻고서 마음의 근본을 문득 깨달아 조사의 지위를 계승하게 되었다. 바수반두 존자는 마나라에게 법안을 맡기면서 게송을 말했다.

"물거품과 환상은 모두 걸림이 없는데
어떻게 깨닫지 못할 수가 있겠느냐?
그 속에서 법(法)에 통달하면
오늘도 아니고 옛날도 아니다."

二十一祖婆修盤頭尊者(凡一), 在胎遇記, 必爲世燈, 生長苦行, 而證道果. 至那提國, 國王有子摩拏羅, 投祖出家, 得大神力, 頓悟心宗, 當紹祖位. 卽付法眼, 而說偈云: "泡幻同無礙, 如何不了悟? 達法在其中, 非今亦非古."

22. 제22조 마나라 존자

제22조 마나라 존자는 왕궁의 즐거움을 버리고 출가하여 도를 깨닫고는 월지국으로 갔는데, 그곳에서 학늑나(鶴勒那)라는 자가 물었다.
"용(龍)의 새끼는 어찌하여 총명하고, 학(鶴)의 무리는 어찌하여 어리석

---

338 수기(授記) : 부처님이 불법에 귀의한 중생에게 어느 시기, 어느 국토에서 어떤 이름의 부처로 태어날 것이며, 그 수명은 얼마나 될 것이라는 것 등을 낱낱이 제시하면서, 미래세의 언젠가는 반드시 부처가 될 것이라고 알려 주는 것. 화가라(和伽羅), 화가라나(和伽羅那), 기별(記別), 수기설(授記說).

습니까?"

조사가 그의 오래전 인연을 말해 주니 학늑나는 곧 마음이 열리면서 깨달았다. 그리고 다시 말했다.

"저는 이제 어떤 업(業)을 닦아야만 이 학의 무리들로 하여금 몸을 바꾸어 사람의 몸을 얻도록 할 수 있겠습니까?"

조사가 말했다.

"부처님에게는 위없는 법이라는 보물이 있어서 대대로 전해 왔다. 지금 그대에게 맡겨 주니 중생들을 두루 제도(濟度)하도록 하여라."

학의 무리들은 이로 말미암아 해탈을 얻었다. 마나라 존자는 뒤에 학늑나에게 법안을 맡기면서 게송을 말했다.

"마음은 온갖 경계를 따라서 흘러가는데
흐르는 곳이 참으로 그윽하구나.
흐름을 따라서 본성을 알게 되면
기쁨도 없고 걱정도 없다."

二十二祖摩拏羅尊者(凡一), 捨王宮樂, 出家證道, 往月氏國, 有鶴勒那者, 問云: "龍子何聰? 鶴衆何惑?"祖告其宿因, 心卽開悟, 復云: "我今當修何業, 令此鶴衆, 轉得人身?"祖云: "佛有無上法寶, 展轉相傳. 今付於汝, 廣度有情."鶴衆因此而得解脫. 後付法眼, 而說偈云: "心隨萬境轉, 轉處實能幽. 隨流認得性, 無喜亦無憂."

23. 제23조 학늑나 존자

제23조 학늑나 존자가 태어날 때에 하늘에는 꽃이 고운 빛깔로 흩날

렸고 땅에는 금화(金貨)가 깔렸다. 왕궁에 거두어서 양육하니 신통한 변화를 널리 나타내었다. 뒤에 중인도(中印度)에 이르니 사자비구(師子比丘)가 물었다.

"저는 도(道)를 구하고자 합니다. 어떻게 마음을 써야 합니까?"

학늑나 조사가 말했다.

"그대가 만약 마음을 쓴다면 공덕(功德)이 아니다. 그대가 만약 하는 일이 없다면 곧 불사(佛事)이다. 경에서 '내가 만든 공덕'이라고 하지만, 나의 것[339]이 없기 때문이다."

사자비구는 이 말을 듣고서 즉시 부처의 지혜 속으로 들어갔다. 학늑나 조사는 법안을 맡기면서 게송을 말했다.

"마음을 알아차렸을 때에는
생각할 수 없다고 말할 수 있다.
또렷또렷하나 얻을 것은 없고
얻었을 때에는 안다고 말하지 않는다."

二十三祖鶴勒那尊者(凡一), 生時天花散彩, 地布金錢. 收養王宮, 廣現神變. 後至中印度, 有師子比丘, 問云:"我欲求道. 當何用心?"祖云:"汝欲求道, 無所用心." 云:"旣無用心, 誰作佛事?"祖云:"汝若用心, 卽非功德. 汝若無作, 卽是佛事. 經云:'我所作功德.'而無我所故."師子聞之, 頓入佛慧. 祖付法眼, 而說偈云:"認得心地時, 可說不思議. 了了無可得, 得時不說知."

---

339 아소(我所) : 아지소유(我之所有)의 약자. 아소사(我所事)라고도 함. 나의 것. 나의 소유(所有). 나의 것이라는 관념. 나에게 속한다고 집착하는 것.

24. 제24조 사자 존자

(1) 참된 선정

제24조 사자(師子) 존자가 계빈국(罽賓國)[340]에 이르러 달마달(達磨達)에게 선정(禪定)을 물었다.

"당신은 정(定; 고요히 머묾)을 익히는데, 어떻게 여기에 왔는가? 이미 여기에 이르렀다면, 어떻게 정을 익힌다고 말하는가?"

달마달이 말했다.

"제가 비록 여기에 왔지만, 마음은 시끄럽지 않습니다. 정은 사람을 따라 익혀지는 것이니, 어찌 장소가 따로 있겠습니까?"

조사가 말했다.

"당신이 이미 여기에 왔다면, 그 정 역시 이른 것이다. 이미 정해진 장소가 없는데, 어찌 사람에게서 익혀지겠는가?"

달마달이 말했다.

"정이 사람을 익숙하게 하기 때문이지, 사람이 정을 익히는 것이 아닙니다. 제가 비록 여기에 왔지만, 그 정은 늘 익숙해지고 있습니다."

조사가 말했다.

"사람이 정을 익히는 것이 아니라 정이 사람을 익숙하게 만들기 때문이라면, 애초 스스로 올 때에 그 정은 누가 익히는가?"

달마달이 말했다.

"마치 깨끗하고 밝은 구슬은 안팎에 더러움이 없는 것과 같습니다. 정

---

340 계빈(罽賓) : Kaśmīra. 또는 갈습미라(羯濕弭羅)·가섭미라(迦葉彌羅)·계빈(罽賓)이라 음역. 지금의 카슈미르(Cashmir). 북인도 건타라국의 동북 산중에 있던 왕국. 아육왕(阿育王)이 보낸 전도자가 처음으로 이곳에 불교를 펼치고, 2세기경 카니시카왕의 영토로 되었다. 협·세우 등 5백 스님들이 모여『대비바사론(大毘婆沙論)』을 편찬한 곳.

에 만약 통달한다면 반드시 이와 같이 되어야 합니다."

조사가 말했다.

"정에 만약 통달한다면 밝은 구슬과 똑같다.[341] 지금 그대를 보니 구슬의 무리는 아니구나."

달마달이 말했다.

"구슬이 이미 밝다면 안팎이 모두 정입니다. 저의 마음이 시끄럽지 않음은 이러한 깨끗함과 같습니다."

조사가 말했다.

"그 구슬에는 안팎이 없는데 당신이 어떻게 정(定; 머묾)할 수 있겠느냐? 더러운 물건은 흔들리지 않고, 이 정은 깨끗하지 않다."

그는 이 말을 듣고서 마음이 밝아졌다.

二十四祖師子尊者(凡三), 祖至罽賓國, 問禪定達磨達云: "仁者習定, 當何來此? 旣至于此, 胡云習定?"云: "我雖來此, 心亦不亂. 定隨人習, 豈在處所?"祖云: "仁者旣來, 其定亦至. 旣無處所, 豈在人習?"云: "定習人故, 非人習定. 我雖來此, 其定常現."祖云: "人非習定, 定習人故, 當自來時, 其定誰習?"云: "如淨明珠, 內外無翳. 定若通達, 必當如此."祖云: "定若通達, 一似明珠. 今見仁者, 非珠之徒."云: "珠旣明徹, 內外悉定. 我心不亂, 猶若此淨."祖云: "其珠無內外, 仁者何能定? 穢物不動搖, 此定不是淨."彼聞此語, 心地朗然.

(2) 동자의 구슬

조사가 하루는 자식을 데리고 가는 장자(長者) 한 사람을 만났는데, 그 장자가 물었다.

---

341 일사(一似) : =일여(一如). -와 똑같다.

"이 아이는 이름이 파사사다(婆舍斯多)인데, 태어나자마자 곧 좌우의 주먹을 쥐고서 지금 이렇게 컸는데도 아직 손을 펴지 않고 있습니다. 원컨대 존자께서 전생의 인연[342]을 보여 주시기 바랍니다."

조사가 자세히 살펴보다가 곧 찾아서 말했다.

"나의 구슬을 돌려줄 수 있겠느냐?"

동자는 얼른 주먹을 펼쳐서 구슬을 바쳤다. 대중이 모두 놀라며 이상하게 여기자 조사가 말했다.

"나의 전생 과보는 승려였는데 서해(西海) 용왕(龍王)의 식사에 초대를 받아 갔다가 이 구슬을 받아서 이 동자 파사사다에게 맡겼는데, 오늘 나의 구슬을 돌려받으니 그 도리가 분명합니다."

장자는 그 아들을 내주어 출가하여 스님이 되도록 하였는데, 조사는 이로써 전생의 빚을 갚았다. 조사는 미리 마음법을 맡기면서 게송을 말했다.

"바야흐로 지견(知見)을 말할 때에
지견은 곧 이 마음이고
바로 이 마음이 곧 지견이니
지견은 곧 지금이다."

祖一日, 遇一長者, 引其子, 而問云: "此子名婆舍斯多, 當生便拳左手, 今雖長大, 而未能舒. 願尊者, 示其宿因." 祖熟視之, 卽索云: "可還我珠?" 童子遽開拳奉珠. 衆皆驚異, 祖云: "吾前報爲僧, 赴西海龍王齋, 受襯珠, 付此童子婆舍斯多, 今還吾珠, 理固然矣." 長者捨其子, 出家得度, 祖將償宿債. 預付心法, 而說偈云: "正說知見時, 知見卽是心, 當心卽知見, 知見卽于今."

---

342 숙인(宿因) : 지난 세상에 지은 업인(業因). 전생에 만든 인연(因緣). 선업·악업에 통함.

(3) 오온이 공이다

계빈국에는 두 사람의 외도(外道)가 있었는데, 온갖 환술(幻術)[343]을 배워서 거짓으로 석가(釋迦)의 모습을 하여 왕궁에 몰래 들어갔다가 그 한 짓이 드러나 버렸다. 계빈국의 왕은 크게 분노하여 가람(伽藍)[344]을 파괴하고는 스스로 칼을 쥐고 조사에게 물었다.

"스님은 오온(五蘊)이 공(空)임을 얻었습니까?"

조사가 말했다.

"이미 오온이 공임을 얻었습니다."

왕이 말했다.

"삶과 죽음을 벗어났습니까?"

조사가 말했다.

"삶과 죽음을 벗어났습니다."

왕이 말했다.

"저에게 머리를 내어 주실 수 있습니까?"

조사가 말했다.

"몸이 나에게 있지 않은데, 하물며 머리를 아끼겠습니까?"

왕이 곧 칼을 휘두르자 조사의 목에서 하얀 우유가 높이 치솟아 올랐고 왕의 오른팔도 이어서 땅에 떨어졌는데, 하얀 우유는 7일이 지나서야 멈추었다.

罽賓有二外道, 學諸幻術, 僞爲釋子, 盜入王宮, 事跡旣敗. 罽賓王怒, 破毀伽藍,

---

343 환술(幻術) : 남의 눈을 속여 괴상한 것을 나타나 보이게 하는 기술. 마술(魔術)과 같음.
344 가람(伽藍) : 승가람마(僧伽藍摩, saṅghārāma) · 승가람(僧伽藍)의 준말. 중원(衆園)이라 번역. 여러 승려들이 함께 모여 불도를 수행하는 곳. 후세에는 건축물인 전당(殿堂)을 부르는 이름으로 되었음. 절의 통칭.

仍自秉劍, 謂祖云: "師得蘊空否?" 祖云: "已得蘊空." 云: "離生死否?" 祖云: "已離生死." 云: "可施我頭?" 祖云: "身非我有, 豈況於頭?" 王卽揮刃, 白乳涌丈餘, 王之右臂, 尋亦墮地, 七日而終.

현사(玄沙)가 말했다.
"대단한 사자 존자가 머리도 알지 못하고서 주인공 노릇을 하는구나."

설두(雪竇)가 말했다.
"안목이 뛰어난 군주가 원래 있었구나."

玄沙云: "大小師子尊者, 頭也不會, 作得主."
雪竇云: "作家君王, 天然有在."

25. 제25조 파사사다 존자

(1) 외도를 굴복시킴

제25조 파사사다(婆舍斯多) 존자의 어머니는 신령스러운 칼의 꿈을 꾸고 나서 존자를 잉태하였다. 존자는 태어나서 사자 존자를 만나 전생의 인연을 드러내고는 비밀리에 마음도장을 전해 받았다. 뒤에 남인도로 가다가 중인도의 가승(迦勝)이라는 국왕에게 공양을 받았다. 그곳에 왕에게 존중을 받던 무아(無我)라는 외도가 있었는데, 파사사다 조사가 온 것을 매우 시기하여 왕 앞에서 조사에게 말했다.
"나는 말하지 않고 논쟁합니다."

조사가 말했다.

"그럼 누가 이기고 짐을 압니까?"

외도가 말했다.

"이기고 짐을 다투지 않고 다만 그 뜻을 취할 뿐입니다."

조사가 말했다.

"당신은 무엇을 뜻으로 삼습니까?"

외도가 말했다.

"마음 없음으로 뜻을 삼습니다."

조사가 말했다.

"당신에게 마음이 없다면 어떻게 그 뜻을 얻습니까?"

외도가 말했다.

"나는 마음 없음을 말하니 이름에 해당하고 뜻은 아닙니다."

조사가 말했다.

"당신은 마음 없음을 말하니 이름에 해당하고 뜻은 아니군요. 나는 마음이 아니라고 말하니 뜻에 해당하고 이름은 아닙니다."

외도가 말했다.

"뜻에 해당하고 이름이 아니라면, 누가 뜻을 말할 수 있습니까?"

조사가 말했다.

"당신은 이름에 해당하고 뜻이 아니라 하니, 이 이름은 어떤 이름입니까?"

외도가 말했다.

"뜻이 아님을 말하는 것이니, 이 이름에는 이름이 없습니다."

조사가 말했다.

"이름이 이름이 아니라면, 뜻 역시 뜻이 아닙니다. 말하는 자는 누구이며, 무엇을 말해야 합니까?"

이와 같이 주고받기를 59번이나 하자 드디어 외도는 입을 다물고 믿고 굴복하였다.

二十五祖婆舍斯多尊者(凡二), 母夢神劍, 覺而有孕. 旣誕遇師子尊者, 顯發宿因, 密傳心印. 適南天竺國, 中印度國王名迦勝, 設禮供養. 有外道號無我, 爲王敬重, 深嫉祖來, 乃於王前, 謂祖云: "我與黙論, 不假言說." 祖云: "孰知勝負?" 云: "不爭勝負, 但取其義." 祖云: "汝以何爲義?" 云: "以無心爲義." 祖云: "汝旣無心, 安得其義?" 云: "我說無心, 當名非義." 祖云: "汝說無心, 當名非義. 我說非心, 當義非名." 云: "當義非名, 誰能辯義?" 祖云: "汝名非義, 此名何名?" 云: "爲辯非義, 是名無名." 祖云: "名旣非名, 義亦非義. 辯者是誰? 當辯何物?" 如是往返五十九翻, 外道杜口信伏.

파초(芭蕉)가 말했다.
"마치 코끼리와 말이 비틀거리며 제대로 걷지 못할 때, 온갖 고통[345]을 주어서 뼛속까지 고통이 이르면 비로소 제대로 걷는 것과 같구나."

대양연(大陽延)이 말했다.
"조개와 도요새가 서로 물고 버티다가 어부의 손에 죽는구나."

묘희(妙喜)가 말했다.
"존자는 무엇 하러 많은 말을 하셨나? 그 외도에게 '말하지 않고 논쟁해 보시오.' 하고 청하였다가 곧 '뜻이 성립되지 않는구나.'[346]라고 말하면 될 것을."

---

345 초독(楚毒) : 심한 고통. =초통(楚痛).
346 의타(義墮) : 뜻이 성립되지 않는다. 뜻이 무너지다.

芭蕉云: "譬如象馬儱戾難調, 加諸楚毒, 至于徹骨, 方乃調伏."

大陽延云: "蚌鷸相持, 死在漁人之手."

妙喜云: "尊者何用繁詞? 待他道: '請師默論, 不假言說.' 便云: '義墮了也.'"

(2) 태자의 출가

남인도의 태자(太子)인 불여밀다(不如密多)가 조사에게 의지하여 출가할 때에, 조사가 말했다.

"그대는 출가를 원하는데, 어떤 일을 해야 할까?"

불여밀다가 말했다.

"제가 출가를 원하는 것은 불사(佛事)[347]를 해야 하기 때문입니다."

조사가 찬탄하며 말했다.

"태자의 지혜가 타고난 것이니,[348] 분명히 온갖 성인이 탄생한 흔적이다."

곧 출가를 허락하고서 머리를 깎아 주고 구족계를 주었다. 뒤에 법안 (法眼)을 맡기면서 게송을 말했다.

"성인이 지견(知見)을 말하니
경계를 만나 시비(是非)가 없고
내가 이제 참 자성을 깨달으니
도(道)도 없고 이(理)도 없구나."

---

347 불사(佛事) : 깨달음의 일, 곧 깨달음. 혹은 깨달은 자인 부처님이 잘하는 일인 교화(教化)를 가리키니, 여러 가지 일을 통하여 불법을 열어 보이는 것. 선원(禪院)에서 개안(開眼)·상당(上堂)·입실 (入室)·안좌(安座)·염향(拈香) 등의 일들이나 절을 짓고 불상을 조성하고 경전을 만드는 것을 모두 불사라고 한다. 또 불교에서 행하는 법회를 일반적으로 불사 또는 법사(法事)라 한다.

348 천지(天至) : ①천성(天性)에서 우러나오다. ②타고난 성실한 성품.

祖因南天竺國太子, 不如密多, 投祖出家, 祖云:"汝求出家, 當爲何事?"云:"我
求出家, 當爲佛事."祖嘆云:"太子智慧天至, 必諸聖降跡."卽垂納受, 削髮具戒.
付法眼藏, 而說偈云:"聖人說知見, 當境無非是, 我今悟眞性, 無道亦無理."

26. 제26조 불여밀다 존자

제26조 불여밀다 존자는 태자의 지위를 버리고 불법을 전하여 중생을
제도하였다. 동인도에 이르니 어떤 바라문의 아들이 마을을 돌아다니며
전혀[349] 머묾이 없었다. 조사가 그에게 물었다.

"너는 어찌하여 그렇게 급히 가느냐?"

그 아이가 말했다.

"스님은 어찌하여 그렇게 느리게 가십니까?"

조사가 말했다.

"너는 지금 성(姓)이 무엇이냐?"

그 아이가 말했다.

"스님과 같은 성입니다."

조사가 말했다.

"너는 과거의 일을 기억하느냐?"

그 아이가 말했다.

"저는 아주 오래된 세월을 기억하는데, 스님과 함께 살았습니다."

조사가 말했다.

"나와 함께 무슨 일을 하였느냐?"

그 아이가 말했다.

---

349 초(初) : (부정을 나타내는 무(無), 불(不) 등의 앞에 사용되어 완전한 부정을 나타냄) 전혀. 조금도. 절대로.

"스님께서는 마하반야(摩訶般若)³⁵⁰를 자세히 설명하셨고, 저는 깊고 깊은 경전(經典)³⁵¹을 읽고³⁵² 있었습니다."

조사가 말했다.

"오늘의 대화는 과거의 인연에 잘 들어맞는구나. 너는 바로 대세지보살(大勢至菩薩)³⁵³이니라."

곧 출가시켜서 이름을 반야다라(般若多羅)라고 불렀다. 뒤에 법안을 맡기면서 게송을 말했다.

"참된 자성이 마음 땅에 들어 있는데
머리도 없고 또 꼬리도 없구나.
인연에 반응하여 사물로 나타나니
방편으로 부르기를 지혜라고 한다네."

二十六祖不如密多尊者(凡一), 捨太子位, 傳法度生. 至東印度, 有婆羅門子, 街巷游行, 初無定止. 祖問之云: "汝行何速?" 云: "師行何緩?" 祖云: "汝今何姓?" 云: "與師同姓." 祖云: "汝憶往事否?" 云: "我念遠劫, 與師同居." 祖云: "共爲何事?" 云: "師演摩訶般若, 我轉甚深修多羅." 祖云: "今日所談, 深契宿因. 汝乃大勢至菩薩

---

350 마하반야(摩訶般若) : mahā-prajñā. 대혜(大慧)라 번역. 마하는 크다는 뜻이고, 반야는 지혜라는 뜻이다. 큰 지혜란 곧 만법(萬法)의 실상(實相)이 공(空)임을 깨달아 얻는 지혜이다.

351 수다라(修多羅) : sūtra. 수투로(修妬路)·소달람(素呾纜)·수단라(修單羅)라고도 쓰며, 선(線)·조(條)·연(綖)의 뜻이 있다. 계경(契經)·직설(直說)·성교(聖敎)·법본(法本)·선어교(善語敎) 등이라 번역. 부처님의 방편의 말씀을 적어 놓은 경전(經典)을 가리킴.

352 전경(轉經) : =전독(轉讀). 전(轉)은 옮겨간다는 뜻. 경문(經文)의 글자를 처음부터 끝까지 한 글자 한 글자 다 읽는 것이 아니고, 권마다 처음과 가운데와 끝에서 몇 줄씩만을 읽고, 나머지는 책장만 넘기며 읽는 시늉을 함.

353 대세지보살(大勢至菩薩) : 아미타불의 우보처보살. 마하살타마발라발다(摩訶薩馱摩鉢羅鉢跢)라 음역. 대정진(大精進)·득대세(得大勢)라고도 번역. 아미타불에게는 자비문과 지혜문이 있는데, 관세음은 자비문을 표하고, 대세지는 지혜문을 표한다. 이 보살의 지혜 광명이 모든 중생에게 비치어 3도(途)를 여의고 위없는 힘을 얻게 하므로 대세지라 한다. 또 발을 디디면 삼천 세계와 마군의 궁전이 진동하므로 대세지라 한다. 형상은 정수리에 보배병을 얹고 아미타불의 바른쪽에 있으며, 염불하는 수행자를 맞이할 때에는 합장하는 것이 통례이다.

也.” 卽度出家, 名般若多羅. 後付法眼, 而說偈云:“眞性心地藏, 無頭亦無尾. 應緣
而化物, 方便呼爲智.”

27. 제27조 반야다라 존자

(1) 가장 뛰어난 보물

제27조 반야다라 존자는 법을 얻은 뒤에 남인도로 갔다. 그곳 향지국
(香志國)의 왕은 불승(佛乘)[354]을 신봉하고 공양 올리는 것을 존중하였는데,
조사에게 값을 매길 수 없는 보물 구슬을 보시하였다. 그 왕에게는 아들
이 셋 있었는데, 조사는 받은 구슬을 가지고 세 왕자에게 물었다.

“이 구슬은 둥글고 밝은데 이것에 미칠 만한 것이 있겠습니까?”

첫째와 둘째 왕자는 모두 이렇게 답했다.

“이 구슬은 칠보(七寶)[355] 가운데에서도 귀중한 것이니 이보다 더 나은
것은 결코 없습니다.”

셋째 왕자는 이름이 보리다라(菩提多羅)[356]였는데, 이렇게 말했다.

“이것은 세간의 보물이니 뛰어난 것이 아닙니다. 모든 보물 가운데 법
보(法寶)가 가장 뛰어납니다. 이것은 세속의 빛이니 뛰어난 것이 아닙니

---

354 불승(佛乘) : 승(乘)은 실어 옮긴다는 뜻. 중생들을 싣고 깨달음의 결과에 이르게 하는 가르침. 부
처님이 말씀하신 교법(教法)을 가리키는 말.

355 칠보(七寶) : 7종의 귀금속이나 보석을 지칭하는데, 금, 은, 유리(瑠璃), 파려(頗黎: 水晶이라고도 한다),
차거(硨磲: 車渠라고도 하며 조개의 일종이다), 산호(珊瑚: 赤珠라고도 한다), 마노(瑪瑙) 등이 그것이다. 다만,
경전에 따라 차이가 많으며, 순서도 일정하지 않다. 초기 불전(佛典)에 이미 보이지만, 특히 정토
계 경전이나 『법화경』 등의 대승경전에 나오며, 불국토 · 극락정토를 묘사하는 데에 이용되었다.
예를 들면, 정토의 숲은 칠보(七寶)의 나무로 이루어졌다고 하면서, ‘칠보수림(七寶樹林)’이라든가
‘칠보행수(七寶行樹)’라 한 것이 그렇다.

356 보리다라(菩提多羅)는 곧 보리달마(菩提達磨)이다.

다. 모든 빛 가운데 지혜의 빛이 가장 뛰어납니다. 이것은 세간의 밝음이
니 뛰어난 것이 아닙니다. 모든 밝음 가운데 마음의 밝음이 가장 뛰어납
니다. 이 구슬의 밝은 빛은 스스로를 비출 수 없습니다. 지혜의 빛에 의지
해야 이것을 분명히 알 수 있습니다. 이것을 분명히 알았다면, 이 구슬을
아는 것입니다. 이 구슬을 안다면 그 보물을 밝힌 것입니다. 만약 그 보물
을 밝혔다면, 보물은 본래 보물이 아닙니다. 만약 그 구슬을 분명히 알았
다면, 구슬은 본래 구슬이 아닙니다. 지혜의 구슬에 의지하여야 세간의
구슬을 잘 알 수 있습니다. 보물은 본래 보물이 아니니, 지혜의 보물에 의
지하여야 법의 보물을 밝힐 수 있습니다. 그러므로 스님께 이러한 도(道)
가 있다면, 그 보물은 저절로 드러날 것입니다. 중생에게 도가 있다면, 마
음이라는 보물 역시 그렇습니다."

존자는 그 왕자가 판단하는 지혜는 누구도 미칠 수 없다고 찬탄하
였다.

二十七祖般若多羅尊者(凡二), 旣得法已, 適南印度. 香志國王, 崇奉佛乘, 尊重
供養, 於祖施以無價寶珠. 王有三子, 祖以所受珠, 問三王子云: "此珠圓明, 有能及
否?" 第一第二王子, 皆云: "此珠七寶中尊, 固無逾矣." 第三王子, 菩提多羅云: "此
是世寶, 未足爲上. 於諸寶中, 法寶爲上. 此是世光, 未足爲上. 於諸光中, 智光爲
上. 此是世明, 未足爲上. 於諸明中, 心明爲上. 此珠光明, 不能自照. 要假智光, 而
辯於此. 旣辯此已, 卽知是珠. 旣知是珠, 卽明其寶. 若明其寶, 寶不自寶. 若辯其
珠, 珠不自珠. 要假智珠, 以辯世珠. 寶不自寶, 要假智寶, 以明法寶. 然則師有其
道, 其寶自現. 衆生有道, 心寶亦然." 尊者嘆, 其辯慧無能及矣.

(2) 모습 없는 물건

조사가 셋째 왕자에게 다시 물었다.

"온갖 물건 가운데 어떤 물건에 모습이 없습니까?"

왕자가 말했다.

"온갖 물건 가운데에서는 모습 없음을 이룩할 수 없습니다."

조사가 말했다.

"온갖 물건 가운데 어떤 물건이 가장 높습니까?"

왕자가 말했다.

"온갖 물건 가운데 나와 남[357]이 가장 높습니다."

조사가 말했다.

"온갖 물건 가운데 어떤 물건이 가장 큽니까?"

왕자가 말했다.

"온갖 물건 가운데 법성(法性)이 가장 큽니다."

조사는 그가 법기(法器)임을 알았다. 그로 말미암아 그를 출가시켜 계를 주었다. 뒤에 바른 법안을 맡기면서 게송을 말했다.

"마음 땅에서 온갖 종자가 생겨나고

사실로 말미암아 다시 도리가 생긴다.

열매가 열리면 깨달음이 두루하고

꽃이 피면 세계가 일어난다네."

祖復問: "於諸物中, 何物無相?" 云: "於諸物中, 不起無相." 祖云: "於諸物中, 何物最高?" 云: "於諸物中, 人我最高." 祖云: "於諸物中, 何物最大?" 云: "於諸物中, 法性最大." 祖知是法器, 因受出家具戒. 付正法眼, 而說偈云: "心地生諸種, 因事

---

357 인아(人我): ①→법아(法我). 5온(蘊)이 화합하여 이루어진 신체에 실재한 것같이 생각되는 상일주재(常一主宰)의 아(我)를 말함. 이런 견해를 인아견(人我見), 또는 아견(我見)이라 함. ⇒인아견(人我見) ②다른 이와 자기라는 뜻.

復生理. 果滿菩提圓, 花開世界起."

묘희(妙喜)가 말했다.
"도리(道理)를 말한 것은 좋으니, 불법승(佛法僧)[358]에 귀의(歸依)[359]하여라."

妙喜云:"說得道理好, 歸依佛法僧."

28. 제28조 보리달마

(1) 셋째 왕자

제28조 보리달마[360]는 남인도 국왕[361]의 셋째 아들이었다. 구슬로 말미암아 법의 뜻을 잘 밝혀서 대중이 놀라서 탄복하였다. 그 나라에는 두 사람의 스님이 있었는데, 한 사람은 이름이 불대승(佛大勝)이었고 한 사람은

---

358 불법승(佛法僧) : 3보(寶)라 하니, 우주의 진리를 깨달은 불타(佛陀), 불타가 진리를 가르치기 위해 말씀하신 교법(敎法), 교법을 따라 수행하는 승려(僧侶)의 집단인 승가(僧家)를 아울러 일컫는 말.

359 귀의(歸依) : saraṇa. 귀입(歸入)·귀투(歸投)의 뜻. 돌아가 의지하여 구원을 청함.

360 보리달마(菩提達磨) : Bodhidharma. ?-528. 중국 선종의 초조(初祖). 서천 28조의 제28. 남인도 향지국왕의 셋째 아들. 본명은 보리다라였으나, 뒤에 보리달마로 고쳤다. 처음 반야다라에게 도를 배우며, 40년 동안 섬기다가 반야다라가 죽은 뒤에 본국에서 크게 교화하여 당시 성행하던 소승선관(小乘禪觀)의 6종(宗)을 굴복시켜 이름이 인도에 퍼졌다. 뒤에 그의 조카 이견왕(異見王)을 교화하였다. 배를 타고 중국으로 향하여 520년(양나라 보통 1년) 9월에 광주 남해군에 이르렀다. 10월에 광주 자사 소앙의 소개로 금릉(金陵)에 가서 궁중에서 양무제(梁武帝)와 문답하였으나 무제는 달마의 말을 알아듣지 못했다. 낙양으로 가서 숭산 소림사에 머물면서 사람들을 만나지 않았기 때문에 세상에서는 그를 벽관바라문(壁觀婆羅門)이라 불렀다. 이락(伊洛)에 있던 신광(神光)이 달마의 풍성을 사모하고 찾아와 밤새도록 눈을 맞고 밖에 섰다가 팔을 끊어 구도(求道)의 정성을 표하니 드디어 곁에서 시봉하도록 허락하고, 혜가(慧可)라 이름을 지어 주었다. 소림사에서 9년 동안 있다가 혜가에게 종지(宗旨)와 신표로서 가사(袈裟)·발우(鉢盂) 및 『능가경』을 전하고, 우문(禹門)의 천성사로 갔다가 영안 1년 10월 5일에 죽었다. 당나라 대종(代宗)이 원각대사(圓覺大師)라고 시호(諡號)하였다.

361 남인도 향지국(香志國)의 왕.

이름이 불대광(佛大光)이었다. 사람들은 그들의 가문을 두 감로문(甘露門)이라고 불렀다. 불대승을 따르는 무리는 유상(有相)·무상(無相)·정혜(定慧)·계행(戒行)·무득(無得)·적정(寂靜) 등 여섯 종파(宗派)로 나누어졌는데, 그들은 각자의 영역을 벗어나 많은 사람들에게 법을 전하여 교화하였다.

二十八祖菩提達磨(凡十三), 南天竺國王第三子也. 因珠辯義, 衆所驚伏. 本國有二師, 一名佛大勝, 一名佛大光, 號二甘露門. 大勝之徒, 分爲六宗, 一曰有相, 二曰無相, 三曰定慧, 四曰戒行, 五曰無得, 六曰寂靜, 各封已解, 傳化多衆.

(2) 유상종(有相宗)

보리달마 조사가 유상종(有相宗)에게 물었다.
"모든 법 가운데 무엇을 일러 참된 모습이라고 합니까?"
무리 속에서 살바라(薩婆羅)라는 우두머리[362]가 답했다.
"온갖 모습 속에서 온갖 모습을 뒤얽히게[363] 하지 않으면, 이를 일러 참된 모습이라고 합니다."
조사가 말했다.
"모든 모습이 뒤얽히지 않는 것을 일러 참된 모습이라고 한다면, 어떻게 정해야 합니까?"
살바라가 말했다.
"온갖 모습 속에는 참됨이 정해지지 않습니다. 만약 온갖 모습을 정한다면, 무엇을 일러 참됨이라고 하겠습니까?"
조사가 말했다.

---

362 상수(上首) : 여러 좌석 중에서 맨 첫째 자리에 앉는 이. 또는 한 대중 가운데 가장 우두머리. 수좌(首座). 상좌(上座). 상석자(上席者). 장로(長老).
363 호(互) : ①엇갈리다. 뒤얽히다. ②그릇되다. 어긋나다.

"어떤 모습도 정하지 않는 것을 곧 일러 참된 모습이라고 한다면, 당신이 지금 정하지 않는데 어떻게 그것을 얻겠습니까?"

살바라가 말했다.

"제가 정하지 않는다고 말한 것은 온갖 모습을 말하는 것이 아닙니다. 온갖 모습을 말해야 한다면, 그 뜻 역시 그렇습니다."

조사가 말했다.

"당신이 정하지 않는다고 말한 것은 당연히 참된 모습 때문입니다. 정하거나 정하지 않기 때문이라면 참된 모습이 아닙니다."

살바라가 말했다.

"정하는 것이 이미 정하지 않는 것이라면 참된 모습이 아닙니다. 내가 틀렸음을 알기 때문에 정하지도 않고 변하지도 않습니다."

조사가 말했다.

"당신이 지금 변하지 않는다면, 무엇을 일러 참된 모습이라고 합니까? 이미 변하고 이미 가 버렸다면, 그 뜻 역시 그렇습니다."

살바라가 말했다.

"변하지 않았다면 마땅히 있지만, 있되 있지 않기 때문입니다. 그러므로 참된 모습을 변화시킴으로써 그 뜻을 정합니다."

조사가 말했다.

"참된 모습은 변하지 않고, 변한다면 참됨이 아닙니다. 있거나 없음 속에서 무엇을 일러 참된 모습이라고 하겠습니까?"

살바라의 마음은 조사가 현묘하게 이해하고 남몰래 통달한 것을 알고서 손으로 허공을 가리키며 말했다.

"이것은 세간에 있는 모습이니 또한 텅 빌 수 있기 때문입니다. 이 몸이 허공과 같을 수 있음을 알겠습니까?"

조사가 말했다.

"만약 참된 모습을 안다면, 모습 아님을 봅니다. 만약 모습 아님을 밝힌다면, 그 색(色) 역시 그렇습니다. 마땅히 색 속에서 색의 바탕을 잃지 않아야, 모습 아님 속에서 있음에 걸리지 않기 때문입니다. 만약 이와 같이 안다면, 이를 일러 참된 모습이라고 합니다."

그 무리는 이 말을 듣고서 마음이 밝아졌다.

祖問有相宗云: "一切諸法, 何名實相?" 衆中有上首, 名薩婆羅, 答云: "於諸相中, 不互諸相, 是名實相." 祖云: "一切諸相, 而不互者, 若名實相, 當何定耶?" 云: "於諸相中, 實無有定. 若定諸相, 何名爲實?" 祖云: "諸相不定, 便名實相, 汝今不定, 當何得之?" 云: "我言不定, 不說諸相. 當說諸相, 其義亦然." 祖云: "汝言不定, 當爲實相. 定不定故, 卽非實相." 云: "定旣不定, 卽非實相. 知我非故, 不定不變." 祖云: "汝今不變, 何名實相? 已變已往, 其義亦然." 云: "不變當在, 在不在故. 故變實相, 以定其義." 祖云: "實相不變, 變卽非實. 於有無中, 何名實相?" 薩婆羅心, 知師玄解潛達, 以手指空云: "此是世間有相, 亦能空故. 當知此身得似此否?" 祖云: "若解實相, 卽見非相. 若了非相, 其色亦然. 當於色中, 不失色體, 於非相中, 不礙有故. 若如是解, 此名實相." 彼衆聞已, 心意朗然.

(3) 무상종(無相宗)

조사가 무상종(無相宗)에게 물었다.

"당신들은 모습 없음을 말하는데, 어떻게 그것을 증명합니까?"

그 무리 속에 바라제(波羅提)라는 자가 있다가 답했다.

"저는 모습 없음을 밝혔으니 마음이 드러나지 않기 때문입니다."

조사가 말했다.

"당신의 마음이 드러나지 않는데, 어떻게 그것을 밝힙니까?"

바라제가 말했다.

"저는 모습 없음을 밝히지만, 마음이 취하거나 버리지는 않습니다. 밝힐 때에도 역시 마주 대하는 것은 없습니다."

조사가 말했다.

"온갖 있음과 없음에서 마음이 취하거나 버리지 않고 또 마주 대하는 것도 없다면, 어떤 밝음도 없기 때문입니다."

바라제가 말했다.

"부처님의 삼매에 들어가도 오히려 얻는 것이 없는데, 하물며 모습 없음을 알려고 하겠습니까?"

조사가 말했다.

"모습을 이미 알지 못한다면, 누가 있음과 없음을 말합니까? 오히려 얻는 것이 없다면, 무엇을 일러 삼매라고 합니까?"

바라제가 말했다.

"저는 증명하지 못한다고 말하는 것은 증명하여도 증명되는 것이 없다는 것입니다. 삼매가 아니기 때문에 저는 삼매라고 말합니다."

조사가 말했다.

"삼매가 아니라면 무엇을 일러 삼매라고 합니까? 당신이 이미 증명하지 못한다면, 증명하지 못함을 어떻게 증명합니까?"

바라제는 조사가 분석하는 말을 듣고서 곧 본래 마음을 깨달았다.

祖問無相宗云: "汝言無相, 當何證之?" 彼衆有波羅提者, 答云: "我明無相, 心不現故." 祖云: "汝心不現, 當何明之?" 云: "我明無相, 心不取捨. 當於明時, 亦無當者." 祖云: "於諸有無, 心不取捨, 又無當者, 諸明無故." 彼云: "入佛三昧, 尙無所得, 何況無相, 而欲知之?" 祖云: "相旣不知, 誰云有無? 尙無所得, 何名三昧?" 云: "我說不證, 證無所證. 非三昧故, 我說三昧." 祖云: "非三昧者, 何當名之? 汝旣不證, 非證何證?"波羅提聞祖辯析, 卽悟本心.

(4) 정혜종(定慧宗)

조사가 정혜종(定慧宗)에 물었다.

"당신들이 배우는 정혜(定慧)는 하나입니까, 둘입니까?"

그 무리 속에 바란타(婆蘭陀)가 있다가 답했다.

"우리의 이 정혜는 하나도 아니고 둘도 아닙니다."

조사가 말했다.

"이미 하나도 아니고 둘도 아니라면, 무엇을 일러 정혜라고 합니까?"

바란타가 말했다.

"정(定)에 있으나 정이 아니고, 혜(慧)에 있으나 혜가 아닙니다. 하나가 곧 하나가 아니고, 둘 역시 둘이 아닙니다."

조사가 말했다.

"하나를 마주하여 하나가 아니고 둘을 마주하여 둘이 아니라면, 이미 정혜가 아닌데 무엇에 근거하여 정혜입니까?"

바란타가 말했다.

"하나도 아니고 둘도 아니라면 정혜를 알 수 있습니다. 정도 아니고 혜도 아닌 것 역시 그렇습니다."

조사가 말했다.

"혜가 정이 아니기 때문이라면, 그런 줄 어떻게 압니까? 하나도 아니고 둘도 아니라면, 무슨 정이고 무슨 혜입니까?"

바란타는 그 말을 듣고서 마음의 의심이 문득 풀렸다.

祖問定慧宗云:"汝學定慧, 爲一爲二?"彼衆有婆蘭陀, 答云:"我此定慧, 非一非二." 祖云: "旣非一二, 何名定慧?" 云: "在定非定, 處慧非慧. 一卽非一, 二亦非二."
祖云: "當一不一, 當二不二, 旣非定慧, 約何定慧?" 云: "不一不二, 定慧能知. 非定
非慧, 亦復然矣." 祖云: "慧非定故, 然何知哉? 不一不二, 誰定誰慧?" 婆蘭陀聞已,
心疑頓釋.

(5) 계행종(戒行宗)

조사가 계행종(戒行宗)에 물었다.

"어떤 것을 일러 계(戒)라 하고, 어떤 것을 일러 행(行)이라 합니까? 이 계
행(戒行)을 마주하면 하나입니까, 둘입니까?"

그 무리 속에 있던 현자(賢者)가 답했다.

"하나와 둘, 둘과 하나를 모두 그것이 만듭니다. 가르침에 의지하여 오
염이 없으면 일러 계행이라 합니다."

조사가 말했다.

"당신이 가르침에 의지한다고 말하니, 곧 오염이 있는 것입니다. 하나
와 둘을 모두 부순다면, 무엇을 일러 가르침에 의지한다고 합니까? 이 둘
이 어긋난다면 행(行)에 이르지 못합니다. 안팎이 밝지 않다면, 무엇을 일
러 계(戒)라고 하겠습니까?"

그 현자가 말했다.

"저에게 안팎이 있다면 그것은 이미 알아 버린 것입니다. 이미 통달했
다면 곧 계행입니다. 만약 어긋남을 말한다면, 모두 옳거나 모두 잘못입
니다. 말씀이 깨끗하면 계이고 행입니다."

조사가 말했다.

"모두 옳거나 모두 잘못이라면, 무엇을 일러 깨끗하다고 합니까? 이미
통달했기 때문이라면, 무엇을 일러 안팎이라고 합니까?"

현자는 그 말을 듣고서 곧 스스로 부끄러워하면서 항복하였다.

祖問戒行宗云: "何者名戒? 云何名行? 當此戒行, 爲一爲二?" 彼衆有賢者, 答云: "一二二一, 皆彼所生. 依教無染, 名爲戒行." 祖云: "汝言依教, 卽是有染. 一二俱破, 何言依教? 此二違背, 不及於行. 內外非明, 何名爲戒?" 云: "我有內外, 彼已知竟. 旣得通達, 便是戒行. 若說違背, 俱是俱非. 言及淸淨, 卽戒卽行." 祖云: "俱是俱非, 何名淸淨? 旣得通故, 何談內外?" 賢者聞之, 卽自慚伏.

(6) 무득종(無得宗)

조사가 무득종(無得宗)에 물었다.

"당신들은 얻음 없음을 말하는데, 얻음 없이 어떻게 얻습니까? 이미 얻은 것이 없다면, 역시 얻음 없이 얻은 것입니다."

그 무리 속에 있던 보정(寶靜)이라는 자가 답했다.

"저희가 말하는 얻음 없음은 얻음 없이 얻는 것이 아닙니다. 애초 얻어야 얻는다고 말한다면, 얻음 없음이 곧 얻음입니다."

조사가 말했다.

"이미 얻고서도 얻지 않았다면, 얻음 역시 얻음이 아닙니다. 이미 얻어야 얻는다고 한다면, 얻어야 얻는데 어떻게 얻습니까?"

보정이 말했다.

"얻음이 얻음 아님을 본다면, 얻음 아님이 곧 얻음입니다. 만약 얻지 않음을 본다면, 일러 얻어야 얻는다고 합니다."

조사가 말했다.

"얻음이 이미 얻음이 아니라면, 얻어야 얻는 것도 얻음이 없습니다. 이미 얻은 것이 없는데, 대체 무엇을 얻었습니까?"

보정이 듣고서 문득 의심의 그물을 제거하였다.

祖問無得宗云: "汝云無得? 無得何得? 旣無所得, 亦無得得." 彼衆有寶靜者, 答
云: "我說無得, 非無得得. 當說得得, 無得是得." 祖云: "旣得不得, 得亦非得. 旣云
得得, 得得何得?" 云: "見得非得, 非得是得. 若見不得, 名爲得得." 祖云: "得旣非
得, 得得無得. 旣無所得, 當何所得?" 寶靜聞之, 頓除疑網.

(7) 적정종(寂靜宗)

조사가 적정종(寂靜宗)에 물었다.

"무엇을 일러 적정(寂靜)이라고 합니까? 온갖 법 속에서 무엇이 정(靜)이
고 무엇이 적(寂)입니까?"

그 무리 속의 지도자가 답했다.

"이 마음이 움직이지 않으면 이것을 일러 적(寂)이라 하고, 법에 물들지
않으면 일러 정(靜)이라 합니다."

조사가 말했다.

"본래의 마음은 움직이지 않는데, 적정(寂靜)에 의지해야 할까요? 본래
적(寂)인데, 적정이 무슨 소용이 있을까요?"

지도자가 말했다.

"모든 법이 본래 공(空)인 것은 공도 공이기 때문입니다. 그 공도 공이기
때문에 일러 적정이라고 합니다."

조사가 말했다.

"공도 공이니 이미 공이고, 온갖 법도 역시 그렇습니다. 적정은 모습이
없는데, 어떻게 정(靜)하고 어떻게 적(寂)하겠습니까?"

그 지도자는 조사의 일깨움을 듣고서 활짝 깨달았다. 그리하여 여섯 대

중이 함께 귀의하니 남인도가 교화되어 셀 수 없는 중생들이 제도되었다.

祖問寂靜宗云: "何名寂靜? 於諸法中, 誰靜誰寂?" 彼有導者, 答云: "此心不動, 是名爲寂, 於法無染, 名之爲靜." 祖云: "本心不動, 要假寂靜? 本來寂故, 何用寂靜?" 云: "諸法本空, 以空空故. 於彼空空, 故名寂靜." 祖云: "空空已空, 諸法亦爾. 寂靜無相, 何靜何寂?" 彼導者聞祖指誨, 豁然開悟. 旣而六衆咸歸, 化被南天, 度無量衆.

(8) 양무제와의 만남

이에 조사는 인연이 성숙하여 교화를 행할 때에 이르렀다고 생각하였는데, 조카인 이견왕(異見王)[364]이 큰 배를 준비하여 여러 가지 보물로 가득 채워 해안에 이르기까지 전송하였다. 조사는 여러 바다를 떠돌면서 3년이나 지나서야 중국 남해(南海)에 이르러 광주(廣州)[365]에 상륙하니 양(梁)나라 보통(普通) 8년(527년)[366] 7월 21일이었다.

자사(刺史) 소앙(蕭昻)이 영접하고서 표(表)[367]를 써서 무제(武帝)[368]에게 올

---

364 이견왕(異見王) : 생몰 연대 미상. 남인도 향지왕의 아들. 월정다라의 장자로서 보리달마가 그의 숙부임. 처음에는 불교를 탄압했지만, 후에 달마에게 감화를 받아 불교를 외호(外護)하게 됨.

365 광주(廣州) : 중국 광동성(廣東省)의 성도(省都).

366 보통(普通)은 양(梁) 무제(武帝)의 연호로서 520년부터 526년까지 7년 동안이니, 보통 8년이라는 것은 잘못된 것이다. 보통 7년 다음 해가 보통 8년이라면, 보통 8년은 527년이 된다. 527년은 양(梁) 무제(武帝) 대통(大通) 1년이다.

367 표(表) : 임금에게 올리는 편지.

368 양무제(梁武帝) : 중국 남조(南朝) 양(梁)나라의 초대 황제(재위 502-549). 성명 소연(蕭衍). 묘호 고조(高祖). 소연은 박학하고 문무에 재질이 있어, 남제(南齊)의 경릉(竟陵) 왕자량(王子良)의 집에서 심약(沈約)과 범운(范雲) 등 문인 귀족과 교유하여 팔우(八友)의 이름을 얻었다. 500년 옹주(雍州)의 군단장이던 소연은 남의 황제 동혼후(東昏侯)에 대한 타도군을 일으켜, 그 도읍인 건강(建康; 南京)을 함락시켜 남제를 멸망시키고 제위에 올라 국호를 양(梁)이라 불렀다. 무제의 치세는 50년에 이르는데, 그 전반은 정치에 정진했으나, 후반에는 그의 불교신앙이 정치면에도 나타나, 불교사상에서는 황금시대가 되었지만 정치는 파국의 징조를 보이기 시작했다. 548년에 일어난 후경(侯景)의 반란으로 병사하여 수도인 건강은 황야로 변했다. 양무제는 중국 역대 황제 가운데 가장 불교를 좋아했던 황제라고 한다. 양무제 때에 보리달마가 중국에 와서 무제를 만났으나 서로 말이 통하지 못했다고 한다. 양무제는 또 지공화상(誌公和尙)과 부대사(傅大士)라는 뛰어난 스님 및 거사와 불교의 인연을 맺고 있었다.

렸는데 무제는 사자를 보내어 조서(詔書)를 내렸다. 10월 1일 금릉(金陵)[369]에 이르니 무제가 물었다.

"짐은 즉위한 이래 절을 세우고 경전을 베껴 쓰고 스님을 출가시킨 것이 헤아릴 수 없습니다. 어떤 공덕(功德)이 있습니까?"

조사가 말했다.

"공덕이 전혀 없습니다."

무제가 말했다.

"어찌하여 공덕이 없습니까?"

조사가 말했다.

"이것은 단지 사람이나 하늘사람이 이루는 조그만 과실일 뿐입니다. 마치 모양을 따르는 그림자와 같아서 비록 있긴 하나 진실이 아닙니다."

무제가 말했다.

"어떤 것이 참된 공덕입니까?"

조사가 말했다.

"깨끗한 지혜는 묘하고 두루하며, 바탕이 본래 텅 비고 고요합니다. 이와 같은 공덕은 세간에서는 구할 수 없습니다."

황제가 물었다.

"어떤 것이 성스러운 진리의 첫 번째 뜻입니까?"

조사가 말했다.

"텅 비어서[370] 성스러움이 없습니다."

황제가 물었다.

"당신은 누구요?"

---

369 금릉(金陵) : 남경(南京)의 옛 이름. 원래 이름은 건업(建業)이었다가 서진(西晉) 때에 건강(建康)으로 고치고 당(唐) 때에 금릉(金陵)으로 불렸다가 명(明) 때에 남경(南京)으로 고쳐서 지금까지 이 이름으로 불린다. 현 강소성(江蘇省)의 성도(成都).

370 확연(廓然) : 확 트이다. 텅 비다.

조사가 말했다.

"알지 못합니다."

황제는 깨닫지 못했다.

於是祖念, 緣熟行化時至, 俗姪異見王, 具大舟, 實以衆寶, 送至海壖. 祖汎重溟
三周寒暑, 達于南海, 抵廣州, 實梁普通八年, 七月二十一日也. 刺史蕭昻延接, 具
表奏武帝, 帝遣使詔. 十月一日到金陵, 帝問: "朕自卽位而來, 造寺寫經度僧, 不
可勝數. 有何功德?" 祖云: "並無功德." 帝云: "何得無功德?" 祖云: "此但人天小果.
如影隨形, 雖有非實." 帝云: "如何是眞功德?" 祖云: "淨智妙圓, 體自空寂. 如是
功德, 不可以世求." 帝問: "如何是聖諦第一義?" 祖云: "廓然無聖." 帝云: "對朕者
誰?" 祖云: "不識." 帝不領旨.

(9) 혜가를 제도하다

조사는 그달 19일에 몰래 양자강(揚子江)을 건너서 북쪽으로 갔는데, 11월
22일에 낙양(洛陽)에 이르렀으니 후위(後魏) 효명제(孝明帝) 태화(太和) 10년
(528년)[371]이었다. 숭산(嵩山)의 소림사(少林寺)에 머물면서 온종일 벽을 마주
하고 앉아만 있었기 때문에 사람들이 그를 일러 벽관바라문(壁觀婆羅門)이
라 하였다. 신광(神光)이라는 스님이 찾아와 절을 올렸지만 가르침을 받을
수 없었다. 이에 신광은 스스로 생각하였다.

'옛 사람은 도를 구할 때에 뼈를 두드려 골수를 뽑아내었고 살갗을 찔
러 피를 내어 굶주린 짐승에게 먹였으며, 머리카락을 펼쳐서 진흙을 뒤덮
었고 절벽에서 몸을 던져 호랑이의 먹이가 되기도 하였다. 옛 사람도 하

---

371 태화(太和)는 북위(北魏) 효문제(孝文帝)의 연호로 477년부터 499년까지 23년 동안인데, 태화 10년
은 486년이다. 그런데 달마가 중국에 도착한 것이 527년이라고 했으니, 528년은 북위(北魏) 효명
제(孝明帝) 무태(武泰) 1년이다.

물며 이러한데, 나는 또 어떤 사람인가?'

그해 12월 9일 밤에 하늘에서 큰 눈이 내렸는데, 신광이 마당 아래에 날이 밝을 때까지 서 있자 눈이 무릎 위까지 쌓였다. 조사가 가엾게 여겨 물었다.

"너는 눈 속에 서서 무엇을 구하느냐?"

신광이 눈물을 흘리면서 말했다.

"스님께서 감로문(甘露門)을 열어 중생을 널리 구원하시기를 바랍니다."

조사가 말했다.

"모든 부처님의 위없는 묘한 도는 무한한 세월 동안 열심히 노력해도 잘 행하기가 어렵고 잘 수용하기가 어렵다. 조그마한 덕과 조그마한 지혜와 가벼운 마음과 오만한 마음을 가지고 어찌 참된 진리를 이어받으려 하느냐? 헛되이 고생만 할 뿐이다."

신광은 조사의 말을 듣고서 몰래 날카로운 칼을 꺼내어 자기의 왼팔을 스스로 잘라서 조사의 앞에다 놓았다. 이에 조사는 그가 법을 담을 만한 그릇임을 알고서 말했다.

"모든 부처님은 도를 구할 때에 진리를 위하여 몸을 잊었다. 그대가 지금 팔을 끊어 내 앞에 놓으니, 도를 구할 만하구나."

이어서 그에게 혜가(慧可)라는 이름을 내리고는 법을 말해 주었다. 조사가 말했다.

"그대가 단지 밖으로 모든 인연을 쉬고 안으로 마음에 헐떡임이 없어서 마음이 담벼락과 같기만 하면, 도에 들어갈 것이다."

혜가는 여러 가지로 마음을 설명하고 본성을 말하였지만 아직 도리에 계합하지는 못했는데, 어느날 문득 깨닫고는 조사에게 달려가 말했다.

"저는 이미 모든 인연을 쉬었습니다."

조사가 말했다.

"딱 끊어져 없어진 것이 아니냐?"

혜가가 말했다.

"끊어져 없어진 것은 아닙니다."

조사가 말했다.

"어떤 경험을 한다는 것이냐?"

혜가가 말했다.

"또렷이 늘 알고 있기 때문입니다. 말할 수는 없습니다."

조사가 말했다.

"이것은 모든 부처님이 전한 마음의 바탕이니, 다시는 의심하지 마라."

祖於是月十九日, 潛渡江北, 十一月二十二日, 屆于洛陽, 當後魏孝明太和十年也. 寓止嵩山少林, 終日面壁而坐, 人謂之壁觀婆羅門. 有僧神光者, 來參禮, 莫聞誨勵. 光自惟曰: '古人求道, 敲骨取髓, 刺血濟飢, 布髮掩泥, 投崖飼虎. 古尚如此, 我又何人?' 其年十二月初九日夜, 天大雪, 光立庭下, 遲明雪積過膝. 師憫而問之曰: "汝立雪中, 當何所求?" 光垂淚云: "願和尚, 開甘露門, 廣度群品." 祖云: "諸佛無上妙道, 曠劫精勤, 能行難行, 能忍難忍. 豈以小德小智, 輕心慢心, 欲繼眞乘? 徒勞勤苦." 光聞祖語, 潛取利刀, 自斷左臂, 置于祖前. 祖知是法器, 乃云: "諸佛求道, 爲法忘軀. 汝今斷臂吾前, 求亦可在." 遂與易名曰慧可, 仍與說法. 告之曰: "汝但外息諸緣, 內心無喘, 心如墻壁, 乃可入道." 慧可種種說心說性, 曾未契理, 忽一日契悟, 走告祖云: "我已息諸緣耳." 祖云: "莫成斷滅否?" 可云: "不斷滅." 祖云: "以何爲驗?" 可云: "了了常知故. 言之不可及." 祖云: "此是諸佛所傳心體, 更勿疑也."

(10) 안심법문(安心法門)

달마 조사가 「안심법문(安心法門)」에서 말했다.

"어리석을 때에는 사람이 법을 따르고, 깨달은 때에는 법이 사람을 따른다. 깨달을 때에는 의식이 경계를 거두어들이고, 어리석을 때에는 경계가 의식을 거두어들인다. 마음이 있어서 분별하고 헤아리기만 하면, 자기 마음이 드러나는[372] 것이 모두 꿈이다. 만약 의식과 마음이 고요히 소멸하여 생각 한 번 움직일 곳조차 없다면, 이를 일러 바른 깨달음이라 한다."

祖有安心法門云: "迷時人逐法, 解時法逐人. 解時識攝色, 迷時色攝識. 但有心分別計較, 自心現量者, 悉皆是夢. 若識心寂滅, 無一動念處, 是名正覺."

질문 : "무엇을 일러 자기 마음이 드러난다고 합니까?"
대답 : "모든 법이 있다고 본다면, 있는 것이 스스로 있는 것이 아니라 자기 마음이 헤아려서 있는 것이다. 모든 법이 없다고 본다면, 없는 것이 스스로 없는 것이 아니라 자기 마음이 헤아려서 없는 것이다. 나아가 모든 법의 경우에도 이와 마찬가지로 모두 자기 마음이 헤아려서 있고 자기 마음이 헤아려서 없다. 또 만약 사람이 모든 죄를 짓는다 해도, 스스로 자기의 법왕(法王)[373]을 보면 곧 해탈을 얻는다. 만약 사실(事實) 위에서 깨닫는다면 힘이 셀 것이고, 사실 속에서 법을 본다면 곳곳에서 망상(妄想)에 빠지지[374] 않을 것이지만, 문자를 따라 깨닫는다면 힘이 약할 것이다. 사실을 대하는 것이 곧 법을 대하는 것이라면, 그대의 여러 가지 행위로 말

---

372 현량(現量) : 인명(因明) 3량인 현량(現量)・비량(比量)・비량(非量)의 하나. 심식(心識) 3량의 하나. 드러난 그대로 아는 것. 비판하고 분별함을 떠나서 경계의 사상(事象)을 그대로 각지(覺知)하는 것. 예를 들면, 맑은 거울에 어떤 형상이든 그대로 비치듯, 꽃은 꽃으로 보고, 노래는 노래로 듣고, 냄새는 냄새로 맡고, 매운 것은 매운 대로 맛보고, 굳은 것은 굳은 대로 느껴서, 조금도 분별하고 미루어 구하는 생각이 없는 것.
373 법왕(法王) : 부처님은 법에 있어서 자재하고 법을 자유로이 지배하며 부려서 삼계(三界)의 위대한 스승이 되기 때문에 법왕이라 한다. 곧 자기의 본래면목(本來面目)을 가리킴.
374 실념(失念) : 망념(妄念)에 빠지다. 망상(妄想)에 빠지다. 잘못된 생각에 빠지다.

미암아 뛰고 자빠지고 하는 일이 전부 법계에서 벗어나지 않는다. 만약 법계를 가지고 법계 속으로 들어간다면, 어리석은 사람이다. 무릇 모든 행위는 전부 법계의 마음에서 벗어나지 않는다. 무슨 까닭인가? 마음의 본바탕이 곧 법계이기 때문이다."

問: "云何自心現量?"

答: "見一切法有, 有不自有, 自心計作有. 見一切法無, 無不自無, 自心計作無. 乃至一切法亦如是, 並是自心計作有, 自心計作無. 又若人造一切罪, 自見己之法王, 即得解脫. 若從事上得解者, 氣力壯, 從事中見法者, 即處處不失念. 從文字解者, 氣力弱, 即事即法者, 深從汝種種運爲, 跳踉顛蹶, 悉不出法界. 若以法界入法界, 即是癡人. 凡有施爲, 皆不出法界心. 何以故? 心體是法界故."

질문 : "세상 사람들이 여러 가지 학문(學問)을 하는데, 어찌하여 도(道)를 얻지는 못합니까?"

대답 : "자기(己)를 보기 때문에 도를 얻지 못한다. 자기라는 것은 나[我]이다. 도인(道人)[375]은 고통을 만나도 근심하지 않고 즐거움을 만나도 기뻐하지 않으니, 자기를 보지 않기 때문이다. 그러므로 고통과 즐거움을 알지 못하는 것은 자기가 없기 때문이다. 허무(虛無)에 이르면 자기조차도 없는데, 다시 무슨 물건이 있어서 없지 않겠느냐?"

問: "世間人, 種種學問, 云何不得道?"

答: "由見己故, 所以不得道, 己者我也. 至人逢苦不憂, 遇樂不喜, 由不見已故.

---

375 지인(至人) : 대도인. 진리를 확연히 깨친 사람. 본래 『장자(莊子)』에 나오는 말. 『장자』에서는 지인(至人)을 다음과 같이 말한다. "지인에게는 자기가 없다."(至人无己), "지인의 마음 씀은 거울과 같다."(至人之用心若鏡), "지인은 무위(無爲)하다."(至人无爲), "진실을 벗어나지 않으면 일러 지인이라 한다."(不離於眞謂之至人)

所以不知苦樂, 由亡己故. 得至虛無, 己尙自亡, 更有何物而不亡也?"

질문 : "모든 법이 이미 공(空)이라면, 누가 도(道)를 닦습니까?"

대답 : "누군가가 있다면 도를 닦아야 하지만, 아무도 없다면 도를 닦을 필요가 없다. 누군가라는 것은 역시 나[我]이다. 만약 나가 없다면, 사물을 만나도 옳으니 그르니 하는 시비(是非)를 일으키지 않는다. 옳다는 것은 나 스스로가 옳은 것이지, 사물이 옳은 것이 아니다. 그르다는 것은 나 스스로가 그른 것이지, 사물이 그른 것이 아니다. 마음을 만나 마음이 없다면 불도(佛道)에 통달(通達)한 것이다. 사물을 만나 견해를 일으키지 않는 것을 일러 도에 통달했다고 한다. 사물을 만나 곧장 도에 통달하여 그 근원을 알면, 이 사람은 지혜의 눈이 열린 것이다.

지혜로운 사람은 사물을 따르고[376] 자기를 따르지 않으니, 취하거나 버리거나 어긋나거나 알맞음이 없다. 어리석은 사람은 자기를 따르고 사물을 따르지 않으니, 취하거나 버리거나 어긋나거나 알맞음이 있다. 한 물건도 보지 않는 것을 일러 도를 본다고 하고, 한 물건도 행하지 않는 것을 일러 도를 행한다고 한다. 모든 곳에서 머묾이 없는 것이 곧 머무는 것이다. 머묾이 없고 법(法)을 만들지도 않는다면, 부처를 보는 것이다. 만약 모습을 볼 때라면, 모든 곳에서 귀신을 본다. 모습을 취하기 때문에 지옥에 떨어지고, 법을 보기 때문에 해탈을 얻는다.

만약 생각하고 분별함[377]을 본다면, 끓는 기름 솥과 불타는 숯 등의 일을 받아들일 것이니 생사윤회하는 모습을 당장 볼[378] 것이다. 만약 법계의 본성을 본다면, 열반의 본성을 만날 것이다. 생각하고 분별함이 없다

---

376 임(任) : 따르다. 의지하다.

377 억상분별(憶相分別) : 이것저것 생각함. 생각하고 분별함.

378 현견(現見) : ①직접 보다. 현재 보는 것. 현량(現量)의 특징 중 하나. ②경험하는 바. ③감각적 지각. ④현재 앞에 드러나 있음.

면, 곧 법계의 본성이다. 마음은 색(色)이 아닌 까닭에 있는 것이 아니지만 사용해도 없어지지 않기 때문에 없는 것이 아니며, 또 사용해도 늘 공(空)이기 때문에 있는 것이 아니지만 공(空)이면서도 늘 사용하기 때문에 없는 것이 아니다."

問: "諸法旣空, 阿誰修道?"

答: "有阿誰, 須修道, 若無阿誰, 卽不須修道. 阿誰者, 亦我也. 若無我者, 逢物不生是非. 是者我自是, 而物非是也. 非者我自非, 而物非非也. 卽心無心, 是爲通達佛道. 卽物不起見, 是名達道. 逢物直達, 知其本源, 此人慧眼開. 智者任物不任己, 卽無取捨違順. 愚人任己不任物, 卽有取捨違順. 不見一物, 名爲見道, 不行一物, 名爲行道. 卽一切處無處卽作處. 無作處無作法卽見佛. 若見相時, 卽一切處見鬼. 取相故墮地獄, 觀法故得解脫. 若見憶想分別, 卽受鑊湯爐炭等事, 現見生死相. 若見法界性, 卽涅槃性. 無憶想分別, 卽是法界性. 心非色故非有, 用而不廢故非無, 又用而常空故非有, 空而常用故非無."

그 성의 태수(太守)인 양현지(楊衒之)가 성의를 다하여 찾아뵙고서[379] 종지(宗旨)를 보여 주기를 청하자, 대사는 게송을 말했다.

"악(惡)을 보지 않고도 싫어하고
선(善)을 보지 않고도 부지런히 힘쓴다.
지혜를 버리지 않고도 어리석음에 가깝고
미혹함을 품고 있지 않고[380] 깨달음으로 나아간다.

---

379 참구(參扣) : 찾아뵙다. =참고(參叩).
380 여기의 포(抱)는 품을 포(抱)보다는 버릴 포(抛)가 더 문맥에 알맞다. 아래의 "범부·성인과 함께 걷지 않고 초연(超然)함을 이름하여 조사(祖師)라고 한다."라는 구절을 고려해 본다면, 미혹함을 버리지 않고 깨달음으로 나아간다는 말이 보다 여법하다.

대도(大道)에 통달함이여 한량(限量)을 넘어섰고
불심(佛心)에 통달함이여 한도(限度)를 벗어났구나.
범부·성인과 함께 걷지 않고
초연(超然)함을 이름하여 조사(祖師)라고 한다."

期城大守楊衒之, 竭誠參扣, 乞示宗旨. 師說偈云: "亦不睹惡而生嫌, 亦不觀善
而勸措. 亦不捨智而近愚, 亦不抛迷而就悟. 達大道兮過量, 通佛心兮出度. 不與
凡聖同躔, 超然名之曰祖."

(11) 골수를 얻은 자

달마 조사가 인도로 되돌아갈 때가 되자 문인(門人)들에게 말했다.

"돌아갈 때가 되었다. 그대들은 각자 얻은 바를 말해 보아라."

도부(道副)가 말했다.

"저의 소견으로는, 문자(文字)에 집착하지도 않고 문자를 떠나지도 않으
면 도(道)가 작용하게 됩니다."[381]

조사가 말했다.

"그대는 나의 피부를 얻었다."

총지(總持) 비구니가 말했다.

"제가 이해한 바로는, 마치 아난[382]이 아촉불국[383]을 봄에 한 번 보고서

---

381 문자에 집착하지도 않고 문자를 떠나지도 않는다는 것은, 어느 쪽도 선택할 수 없고 어떻게도
할 수 없는 진퇴양난의 상황 즉 분별이 일어날 수 없는 상황을 가리킨다. 분별이 일어날 수 없어
서 마음이 갈 곳이 없고 쥐가 덫에 갇힌 것과 같은 때에 비로소 불이중도(不二中道)에 통할 수 있
는 가능성이 열린다. 그러므로 문자에 집착하지도 않고 문자를 떠나지도 않는 곳에서 도가 작용
한다고 한 것이다. 깨달음을 얻기 직전에 깨달음이 일어날 수 있는 상황을 가리킨 말이다.

382 경희(慶喜) : ①다문제일(多聞第一) 아난다(阿難陀)를 말함. ②아촉불국(阿閦佛國)을 이르는 말. 환희
(歡喜)라고도 함.

383 아촉불국(阿閦佛國) : 동방으로 일천 세계의 불국토를 지나 있다는 대일여래(大日如來)가 주불인 국

다시는 거듭 보지 않는 것과 같습니다."384

　조사가 말했다.

　"그대는 나의 살을 얻었다."

　도육(道育)이 말했다.

　"사대(四大)는 본래 공(空)이고 오온(五蘊)은 있는 것이 아닙니다. 저의 안목으로는 의식할 수 있는 하나의 법도 진실로 없습니다."385

　조사가 말했다.

　"그대는 나의 뼈를 얻었다."

　혜가(慧可)는 세 번 절을 올리고는 자리에 서 있었는데,386 조사가 말했다.

　"그대가 나의 골수를 얻었구나."

祖將西返, 乃命門人云: "時將至矣. 汝等各言所得." 道副云: "如我所見, 不執文字, 不離文字, 而爲道用." 祖云: "汝得吾皮." 尼總持云: "我之所解, 如慶喜見阿閦佛國, 一見更不再見." 祖云: "汝得吾肉." 道育云: "四大本空, 五陰非有. 而我見處,

---

토의 이름. 옛적에 이 세계에서 동방으로 1천 불국을 지나 아촉불국(阿閦佛國)이 있고, 대일여래(大日如來)가 주불(主佛)이라고 함. 아촉(阿閦)은 그 부처님께서 무진에(無瞋恚)의 원을 발하고 수행을 완성하여 아비라제국에서 현재 설법하는 부처님이다. 아촉의 국토를 선쾌(善快)·환희(歡喜)·묘락(妙樂)이라 함은 Abhirata의 번역이다.

384　후한(後漢) 지루가참(支婁迦讖)이 한역(漢譯)한 『아촉불국경(阿閦佛國經)』 하권(下卷) 「제보살학성품(諸菩薩學成品)」 제4에 다음 내용이 있다. 그때 아난이 마음속으로 생각하였다. '나는 수보리를 시험해 보고 나에게 무슨 말을 하는지 알고 싶다.' 현자 아난이 현자 수보리에게 물었다. "여보세요 수보리, 아촉불과 모든 제자들과 그 불국토를 보십니까?" 수보리가 아난에게 말했다. "그대는 위쪽을 바라보라." 아난이 말했다. "어진 수보리여, 나는 이미 위쪽을 바라보았는데, 위쪽은 전부 허공입니다." 수보리가 아난에게 말했다. "당신이 위쪽을 바라보면 허공인 것처럼 아촉불과 모든 제자들과 그 불국토도 마땅히 그와 같습니다."(爾時阿難心念言: "我欲試須菩提, 知報我何等言." 賢者阿難問賢者須菩提言: "唯須菩提, 爲見阿閦佛及諸弟子等幷其佛刹不?" 須菩提謂阿難言: "汝上向視." 阿難答言: "仁者須菩提, 我已上向視, 上皆是虛空." 須菩提謂阿難言: "如仁者上向見空, 觀阿閦佛及弟子等幷其佛刹當如是.") 이 내용으로 보아 아난이 아촉불국을 한 번 보고서 다시는 보지 않는다는 말은, 아난이 처음 아촉불국이라는 이름을 듣고서 아촉불국이라는 나라가 있는 줄로 알았는데, 수보리의 가르침에 의하여 아촉불국은 바로 분별을 벗어난 공(空) 즉 불이중도(不二中道)의 자성(自性)임을 깨닫고서 아촉불국이라는 방편의 이름에 더 이상 속지 않게 되었다는 뜻이다.

385　얻을 것이 하나도 없다는 반야바라밀(般若波羅蜜)을 가리키는 말이다.

386　모든 도리(道理)와 언어분별을 벗어나 있는 그대로의 법계를 드러내니 곧 선(禪)이다.

實無一法可當情." 祖云: "汝得吾骨." 慧可禮三拜, 依位而立, 祖云: "汝得吾髓."

천의회(天衣懷)가 말했다.

"조사가 이와 같이 말한 것은 헤아릴[387] 수 없는 속에서 도리어 헤아린 것이고, 도리(道理)[388]가 없는 속에서 도리어 도리를 이룬 것이다. 만약 그로 하여금 덕산(德山)이나 임제(臨濟)의 문하를 밟도록[389] 하였다면, 9년 동안 쓸쓸히 앉아 있음을 보이지 않고도 사람들에게 벽관바라문(壁觀婆羅門)이라고 불렸을 것이다. 비록 그렇긴 하나 재앙이 후손에게 미치는 것을 면하지는 못했다."

대양연(大陽延)이 말했다.
"말해 보아라. 다시 한 사람이 나타난다면 무엇을 얻을까?"
이어서 말했다.
"얻지 못한다. 얻지 못한다."

취암지(翠嵓芝)가 말했다.
"이조(二祖)는 그의 조롱을 받았으니,[390] 골수라고 말하지 마라. 껍질도 아직 만져 본[391] 적이 없는데, 무슨 까닭에 조사의 지위를 계승하겠는가?"

天衣懷云: "祖師與麽說話, 無計較中, 翻成計較, 無途轍中, 卻成途轍. 若敎伊踏着德山臨濟門下, 免見九年冷坐, 被人喚作壁觀胡僧. 直饒如是, 也未免殃及兒孫."

---

387 계교(計較): 서로 견주어 살펴봄. 헤아림.
388 도철(途轍): 조리(條理). 도리(道理).
389 답착(踏着): 밟다.
390 차호(搽糊): =차호(茶糊), 차호(搽胡). 놀리다. 희롱하다. 조롱하다. 우롱하다. 괴롭히다. 들볶다.
391 모착(摸着): 짚어 보다. 더듬어 보다. 어루만지다.

大陽延云: "且道. 更有一人出來, 得箇甚麼?" 乃云: "不得. 不得."

翠岩芝云: "二祖被他當面搽糊, 莫道髓. 皮也不曾摸着, 因甚卻紹祖位?"

(12) 전법게

조사가 혜가를 돌아보고서 말했다.

"예전에 여래께서는 바른 법의 눈을 마하대가섭에게 맡기셨는데, 대대로 물려 와서 나에게 이르렀다. 나는 지금 그대에게 맡기니, 그대는 잘 지녀야 할 것이다. 더불어 그대에게 가사(袈裟)[392]도 주어서 법(法)의 신표(信標)로 삼겠으니 법을 드러내도록 하여라."

혜가가 말했다.

"스님께서 구체적으로 말씀해 주십시오."

조사가 말했다.

"안으로 법인(法印)[393]을 전하여 깨달은 마음을 증명하고,[394] 밖으로 가사를 맡겨서 종지(宗旨)[395]를 정한다. 2백 년 뒤에는 전해지지 않을 것이다. 법이 세계에 두루하여 도(道)를 밝히는 자는 많겠지만 도를 행하는 자는 적을 것이고, 이치를 말하는 자는 많겠지만 이치에 통하는 자는 적을 것이다. 남몰래 들어맞아 비밀리에 깨닫는다면, 아무리 많아도 부족할 것이다. 나의 게송을 들어라."

---

392 가사(袈裟) : 스님이 입는 법의(法衣). 산스크리트의 카사야(Kaṣāya)에서 나온 말로 부정색(不正色)이라는 뜻. 청·황·적·백·흑의 5정색 이외의 잡색으로만 염색하여 쓰도록 규정하였기 때문에 이렇게 부른다.

393 법인(法印) : Dharma-mudrā. 교법을 확인하는 도장. 종지(宗旨)와 같음. 인(印)은 인신(印信)·표장(標章)이라는 뜻. 세상의 공문에 인장을 찍어야 비로소 정식으로 효과가 발생하는 것과 같이 부처님이 깨달은 바른 법을 인가한다는 뜻을 나타냄.

394 증(契證) : ①자신의 증거가 들어맞는 것. ②제자의 깨달음이 스승의 깨달음과 들어맞는 것. ③깨달아 진리에 들어맞는 것. =증계(證契).

395 종지(宗旨) : 근본되는 뜻. 본성, 본심(本心), 깨달음, 견성, 반야, 본래면목 등과 같은 말.

달마가 게송을 말했다.

"나는 원래 이 땅에 와서
법을 전하여 어리석은 중생을 구제하였다.
하나의 꽃에서 다섯[396] 꽃잎이 나오면
맺힌 열매가 저절로 익을 것이다."

祖顧慧可, 而告之云: "昔如來以正法眼, 分付摩訶大迦葉, 展轉付囑, 而至於我. 我今付汝, 汝當護持. 幷授汝袈裟, 以爲法信, 各有所表." 可云: "請師指陳." 祖云: "內傳法印, 以契證心, 外付袈裟, 以定宗旨. 後二百年, 止而不傳. 法周沙界, 明道者多, 行道者少, 說理者多, 通理者少. 潛符密證, 千萬有餘. 聽吾偈." 云: "吾本來茲土, 傳法救迷情. 一花開五葉, 結果自然成."

(13) 인도로 돌아가다

조사는 후위(後魏) 태화(太和)[397] 19년 병진(丙辰; 495년)[398] 10월 5일에 단정히 앉아 서거(逝去)하였고, 12월 28일에 웅이산(熊耳山)에서 장사(葬事)를 지냈다. 3년 뒤에 송운(宋雲)이 서역(西域)에 사신(使臣)으로 갔다 돌아오다가

---

396 중국 선종(禪宗)의 꽃을 피운 오가(五家)를 가리킴. 오가(五家)는 당말(唐末)에서 송초(宋初)에 걸친 선종(禪宗)의 황금기에 번성했던 중국 선종의 주요 종파들. 위앙종(潙仰宗), 임제종(臨濟宗), 조동종(曹洞宗), 운문종(雲門宗), 법안종(法眼宗)의 다섯이다.

397 태화(太和)는 북위(北魏) 6대 임금인 효문제(孝文帝)의 연호로서, 서기 471-499년 사이 23년 동안이다.

398 태화(太和) 19년은 병진세(丙辰歲)가 아니라, 서기 495년 을해세(乙亥歲)이다. 앞서 달마가 중국 남해(南海)의 광주(廣州)에 상륙한 것이 양(梁)나라 보통(普通) 8년(527년)이라고 하였으니, 달마가 495년에 죽었다는 것은 연대적으로 전혀 앞뒤가 맞지 않다. 병진(丙辰)년이라면 북위(北魏) 효정제(孝靜帝) 천평(天平) 3년인 서기 536년이다. 달마가 527년에 중국에 와서 536년에 죽었다면, 달마는 중국에서 9년 머문 것이다. 아마 이 때문에 달마가 소림에서 9년 동안 면벽(面壁)했다는 말이 나온 것 같다.

총령(蔥嶺)에서 조사를 만났는데, 손에 신발 한 짝을 들고서 홀로 경쾌하게 걸어가고 있었다. 송운이 물었다.

"스님은 지금 어디로 가십니까?"

조사가 말했다.

"인도로 갑니다."

그러고는 다시 송운에게 조사가 말했다.

"당신의 임금님은 이미 세상을 떠났습니다."

송운은 허둥지둥 동쪽으로 갔다. 왕께 사신 갔던 일을 보고할 때가 되자 명제(明帝)[399]는 이미 세상을 떠났고 효장(孝莊)[400]이 즉위(卽位)하였으므로 송운은 표(表)를 작성하여 그 일을 보고드렸다. 왕의 명령으로 달마 묘탑(墓塔)의 문을 열어 보니, 빈 관(棺)과 신발 한 짝이 남아 있을 뿐이었다.

祖於後魏太和十九年, 丙辰歲, 十月初五日, 端坐而逝, 十二月二十八日, 葬熊耳山. 後三年, 宋雲使西域歸, 遇祖于蔥嶺, 手攜隻履, 飄飄獨行. 雲問: "師今何往?" 祖云: "西天去." 又謂雲曰: "汝主已厭世." 雲茫然東邁, 曁復命, 明帝已登遐矣, 孝莊卽位, 雲具表, 奏其事. 旨令發壙, 惟空棺隻履存焉.

---

399 북위(北魏) 8대 임금인 효명제(孝明帝). 재위 기간은 서기 515년-528년이다.
400 북위(北魏) 9대 임금인 효장제(孝莊帝). 재위 기간은 서기 528년-530년이다.

제5장

중국 조사

東土祖師

1. 이조혜가

(1) 마음을 편안하게

혜가[401]가 달마에게 물었다.

"모든 부처님의 법인(法印)을 말씀해 주실 수 있습니까?"

달마가 말했다.

"모든 부처님의 법인은 남에게서 얻는 것이 아니다."

혜가가 말했다.

"저의 마음이 아직 편안하지 못합니다. 스님께서 마음을 편하게 해 주십시오."

달마가 말했다.

---

401 이조혜가(二祖慧可) : 487-593. 수나라 때의 선승. 낙양의 무뢰(武牢, 하남성 낙양부근)인. 성은 희씨(姬氏). 어릴 때의 이름은 신광(神光)이다. 선종의 2조. 젊어서 노장과 불전을 배웠고, 뒤에 낙양의 용문(龍門)의 향산(香山)에 있다가 보정(寶靜)에 의해서 출가하여 영목사(永穆寺)에서 수계(受戒)하였다. 그 후 각지를 돌아다니며 배우다가 32세에 다시 향산에 돌아와서 8년간 수행에 힘썼다. 북위 정광(正光) 원년(520년) 40세 때 숭산 소림사의 보리달마를 방문하고 제자가 되어 6년간 수행에 힘썼다. 처음에 혜가가 달마를 찾아갔을 때 눈이 허리를 덮을 정도로 쌓였지만 달마는 혜가를 제자로 받아들이지 않았다고 한다. 그래서 혜가는 자신의 팔뚝을 잘라 자신의 굳은 마음을 보였다고 한다. 뒤에 달마에게 전법을 받고 업도(鄴都, 하남성)에서 34년간 설법하여 크게 종풍을 드높였다. 북제 천보 3년(550년)에 제자인 승찬(僧璨)에게 법을 전하였다. 북주의 파불(破佛; 574-578)을 만나 환공산(皖公山, 안휘성)에 은거하였다가 파불의 어두운 때 다시 업도에 돌아왔다. 뒤에 승려 변화(辯和)의 미움을 받아 읍재(邑宰)인 적중간(翟仲侃)에게 고초를 겪다가 수나라 개황 13년 계축 3월 16일 입적하였다. 정종보각대사(正宗普覺大師)·대조선사(大祖禪師)라고 시호하였다.

"마음을 가져오너라. 그대를 편안하게 해 주겠다."

혜가는 깊이 생각에 잠기다가[402] 잠시 뒤에 말했다.

"마음을 찾았으나, 전혀 찾지 못하겠습니다."

달마가 말했다.

"그대의 마음을 편안하게 해 주었구나."

二祖慧可大師(凡三), 師問達磨: "諸佛法印, 可得聞乎?" 磨云: "諸佛法印, 不從人得." 師云: "我心未寧. 乞師安心." 磨云: "將心來. 與汝安." 師沉吟, 須臾云: "覓心, 了不可得." 磨云: "與汝安心竟."

파초(芭蕉)가 말했다.

"금강석으로 만든 사람과 진흙으로 만든 사람이 서로 등을 문지르는구나."

백운단(白雲端)이 노래했다.

"아무리 마음을 찾아도 찾을 수 없으니

텅 빈[403] 소림(少林)에서 사람을 볼 수 없네.

뜰 가득한 오래된 눈 속에서 거듭 냉기를 느끼지만

콧구멍[404]은 여전히 입술 위에 달려 있다네."

---

402 침음(沈吟) : ①망설이다. 주저하다. ②깊이 생각하다. 심사숙고하다.

403 요요(寥寥) : ①외롭고 쓸쓸한 모양. ②공허한 모양. ③수량이 아주 적음을 형용한 말.=요요무기(寥寥無幾). ④광활(廣闊)함. 공활(空豁)함. 드넓음.

404 비공(鼻孔) : 코. 콧구멍. 비공(鼻孔)은 글자 그대로는 콧구멍이라는 뜻이지만, 콧구멍을 포함한 코 전체를 가리키는 말이다. 파비(把鼻)라는 말이 손잡이를 붙잡는다는 뜻이므로 코는 손잡이를 뜻하거나, 혹은 비조(鼻祖)라고 하듯이 근원이나 시초를 가리키는 뜻이 있다. 선승들의 어록에서 비공(鼻孔)이라는 말은 근원이나 시초라는 뜻으로서 우리의 본래면목을 가리킨다. 예컨대, 『경덕전등록』에 나오는 "부모가 아직 낳지 않았을 때 코는 어디에 있는가?(父母未生時鼻孔在什麼處)" 혹은

芭蕉云: "金剛與泥人揩背."

白雲端頌云: "終始覓心不可得, 寥寥不見少林人. 滿庭舊雪重知冷, 鼻孔依前搭上唇."

(2) 참회시켜 주다

혜가가 북제(北齊)로 가니 한 거사(居士)[405]가 있었는데, 나이가 40세를 넘었다. 그 거사가 혜가를 찾아와 절을 올리고 말했다.

"저는 온몸이 부스럼[406]으로 뒤덮였습니다. 스님께서 저의 죄를 참회하게 해 주십시오."

혜가가 말했다.

"죄를 가져오너라. 그대를 참회토록 해 주겠다."

거사는 잠시 묵묵히 있다가 말했다.

"죄의 자성(自性)을 찾아도 전혀 찾을 수 없습니다."

혜가가 말했다.

"당신이 죄를 참회토록 하였다. 마땅히 불법승(佛法僧) 삼보(三寶)에 의지하여 머물러야 한다."

거사가 말했다.

"지금 스님을 뵈오니 승(僧)을 알았습니다. 그런데 어떤 것을 일러 불(佛)과 법(法)이라 합니까?"

혜가가 말했다.

"납승이라면 모름지기 바로 납승의 코를 밝혀내야 한다.(衲僧直須明取衲僧鼻孔)" 등의 말에서 코[鼻孔]는 본래면목을 가리킨다.

405 거사(居士) : kulapati; gṛhapati. 가라월(迦羅越)·의가하발저(疑呬賀鉢底)라 음역. 가주(家主)라 번역. 재물을 많이 가진 사람, 집에 있는 선비라는 뜻. 불교에서는 보통 출가하지 않고, 가정에 있으면서 불문(佛門)에 귀의한 남자. 여자는 여거사(女居士).

406 전풍양(纏風恙) : 풍질(風疾), 풍병(風病), 풍양(風恙). 온몸에 부스럼이 나고 고름이 흐르는 병.

"이 마음이 바로 불(佛)이고, 이 마음이 바로 법(法)이다. 불과 법은 둘이 아니고, 승(僧) 역시 그렇다."

거사가 말했다.

"죄의 자성(自性)은 안에도 있지 않고 밖에도 있지 않고 그 사이에도 있지 않음을 오늘 비로소 알았습니다. 이 마음이 그런 것처럼 불법(佛法)에도 둘이 없습니다."

혜가는 그를 그릇이 된다고 깊이 인정하였다.

師適北齊, 有一居士, 年逾四十, 詣前作禮云: "弟子身纏風恙. 請師懺罪." 師云: "將罪來. 與汝懺." 士良久云: "覓罪性, 了不可得." 師云: "與汝懺罪竟. 宜依佛法僧住." 居士云: "今見和尙, 已知是僧. 何名佛法?" 師云: "是心是佛, 是心是法. 佛法不二, 僧寶亦然." 居士云: "今日始知, 罪性不在內, 不在外, 不在中間. 如其心然, 佛法無二也." 師深器之.

낭야(瑯琊)가 말했다.

"여전히 부족한데 어떻게 해야 범(梵)[407]이 있겠는가?"

瑯琊云: "猶欠作云何梵在."

(3) 혜가의 전법게

---

407 범(梵) : brahman. 범마(梵摩)·발람마(勃嚂摩)·바라하마(婆羅賀摩)·몰라함마(沒羅憾摩)·범람마(梵覽磨)라고 음역하고, 이욕(離欲)·청정(淸淨)·적정(寂靜)·청결(淸潔)이라 번역. 인도의 우파니샤드 철학 및 바라문교에서 세운 우주 최고의 원리. 곧 우주 만유의 근본을 범이라 하고, 온갖 세계는 이 최고인 범(梵)이 스스로 번식하려는 뜻을 내므로 말미암아 생긴 것이니, 범에서 생긴 세계는 차별·욕망·고통·허망의 세계인 것. 이제 허망하고 고통인 세계를 벗어나려면 우리가 저마다의 정신이 차별의 속박을 여의고, 최고 지대(至大)한 정신인 범과 합일하지 않고는 될 수 없는 것이다. 우리 각자의 정신은 애착하는 것에 혹(惑)하여 고통의 세계에서 헤매거니와, 그 자성은 최고 정신인 범과 동일한 것이므로 우리는 자기의 성품을 깨닫고 최고 정신을 알면, 곧 범과 합일하여 허망하고 고통스러운 세계를 해탈하게 된다고 함.

혜가는 곧 그 거사를 출가시켜 머리를 깎아 주고는 이름을 승찬(僧璨)이라고 바꾸었다. 법을 맡기고는 게송을 말했다.

"본래 인연에는 땅이 있는 것이니
땅으로 말미암아 싹이 나고 꽃이 핀다네.
본래부터 씨앗이 없었다면
꽃도 필 수 없는 것이다."

뒷날 개황(開皇) 13년 계축(癸丑; 593년)[408] 3월 16일에 시적(示寂)하니 나이가 107세였다.

師卽授出家剃落, 易名僧璨. 付法說偈云: "本來緣有地, 因地種花生. 本來無有種, 花亦不曾生." 後於開皇十三年癸丑, 三月十六日, 示寂, 壽一百七歲.

2. 삼조승찬

(1) 해탈법문

삼조승찬[409] 대사에게 사미 도신(道信)이 찾아와 절을 올리고 말했다.

---

408 개황(開皇)은 수(隋) 제1대 임금인 문제(文帝)의 연호. 개황 13년 계축은 서기 593년이다.

409 삼조승찬(三祖僧璨): ?-606. 선종 동토(東土)의 제3대 조사. 관향(貫鄕)은 자세하지 않음. 재가(在家) 시절에 풍질(風疾)을 앓았는데, 2조 혜가(慧可)를 만나서 문답을 하다가 풍질이 공불가득(空不可得)한 이치를 깨닫고, 혜가에게 출가하고 서로 만난 지 2년 만에 혜가의 법을 받았다. 뒤에 서주(舒州; 안휘성)의 사공산(司空山)에 들어갔는데, 그때 북주(北周) 무제(武帝)의 파불(破佛; 547년)을 만나서 같은 주의 환공산(皖空山)에 은거한 지 10여 년, 그 사이에 얼(嶭)·월(月)·정(定)·암(巖)의 여러 선사가 모여서, 그가 진인(眞人)이라는 것을 상탄(賞歎)하였다. 얼마 지나지 않아 그들과 함께 나부산(羅浮山)에 들어가서 은거한 지 3년, 대재회(大齋會)에 나아가 한 손으로 회중(會中)에서 한 나뭇가지를 들고 엄연히 시적하였다. 『보림전(寶林傳)』 이하의 책에는 그의 시적 연도가 수(隋)의

"스님께서 저에게 해탈법문(解脫法門)을 해 주십시오."

삼조가 말했다.

"누가 너를 묶었느냐?"

도신이 말했다.

"묶은 사람은 없습니다."

조사가 물었다.

"그런데 어찌 또 풀려나기를 원하느냐?"

도신은 그 말을 듣고서 크게 깨달았다. 도신이 9년 동안 승찬 대사를 모신 뒤에 승찬 대사가 법안(法眼)을 맡기고서 게송을 말했다.

"꽃의 씨앗이 비록 땅속에 있지만

땅에서 싹이 나오면 꽃이 핀다.

만약 씨앗을 뿌리는 사람이 없다면

꽃과 땅도 모두 쓸모가 없을 것이다."

三祖僧璨大師(凡二). 因沙彌道信來, 作禮云: "願和尙乞與解脫法門." 師云: "誰縛汝?" 云: "無人縛." 師云: "何更求解脫乎?" 信於言下大悟. 服勤九載, 後付法眼, 而說偈云: "花種雖因地, 從地種花生. 若無人下種, 花地盡無生."

(2) 서서 입멸하다

대업(大業) 2년이라고 되어 있다. 수의 개황중(開皇中; 581-600)에 도신(道信)을 만나 제자로 삼고 8, 9년 후에 정법(正法)을 도신에게 전하였다. 승찬은 두타선정(頭陀禪定)을 늘 하였고, 그의 문기(文記)를 드러내지는 않았지만 『신심명(信心銘)』은 그가 지은 것으로 되어 있다. 당의 현종(玄宗)이 경(鑑)지선사(鏡)智禪師)라고 시호하였지만, 보통은 경(鑑)지승찬(鏡)智僧璨) 또는 삼조승찬(三祖僧璨)이라고 말한다. 독고급(獨孤及)은 「서주산곡사각적탑고경지선사비명병서(舒州山谷寺覺寂塔故鏡智禪師碑銘並序)」 및 「서주산곡사상방선문제삼조찬대사탑명(舒州山谷寺上方禪門第三祖璨大師塔銘)」을 지었다.

승찬 대사는 수(隋) 양제(煬帝) 대업(大業) 2년 병인(丙寅; 606년) 10월 15일에 사부대중(四部大衆)[410]에게 법요(法要)[411]를 말하고는 큰 나무 아래에서 합장하고 서서 입멸(入滅)[412]하였다. 탑은 본산(本山)[413]에 세웠다.

師於隋煬帝大業二年丙寅, 十月十五日, 爲四衆, 宣演法要訖, 於大樹下, 合掌立終. 塔于本山.

3. 사조도신

사조도신[414] 선사는 하내(河內)의 사마씨(司馬氏)의 아들이다. 도신이 삼조(三祖)에게 물었다.

"어떤 것이 옛 부처님의 마음입니까?"

삼조가 말했다.

"너는 지금 어떤 마음이냐?"

도신이 말했다.

"저에게는 지금 마음이 없습니다."

---

410 사부대중(四部大衆) : 사부중(四部衆), 사중(四衆)이라고도 한다. 불교의 교단을 형성하는 네 부류의 사람들을 가리킨다. 출가(出家)의 남승(男僧)인 비구(比丘)와 여승(女僧)인 비구니(比丘尼), 재가(在家)의 남신도인 우바새와 여신도인 우바이 등 넷이다.

411 법요(法要) : 가르침 가운데 요점(要點). 불법(佛法)의 주요(主要)한 점.

412 입멸(入滅) : 입열반(入涅槃)과 같은 말. 해탈을 얻은 사람의 죽음을 가리킴.

413 본산(本山) : 이 산, 이 절이라는 뜻. 우리 절, 당사(當寺)와 같다. 여기에서는 삼조승찬이 살았던 절.

414 사조도신(四祖道信) : 580-651. 중국 선종의 제4조(祖). 호북성(湖北省) 기주(蘄州) 광제현(廣濟縣) 사람. 속성은 사마(司馬). 593년 14세에 승찬(僧璨)을 뵙고 스승으로 섬기기 9년, 마침내 의발(衣鉢)을 전해 받았다. 대중을 거느리고 강서성(江西省) 길주(吉州)와 여산(廬山)의 대림사(大林寺)에 살다, 624년 기주(蘄州)에 돌아가 쌍봉산(雙峰山)의 동산(東山)에서 4부 대중을 교화하였기 때문에 그의 법석(法席)을 동산법문(東山法門)이라 한다. 태종(太宗)이 불렀으나 나가지 않았고, 영휘(永徽) 2년에 나이 72세로 입적했다. 대종(代宗)이 대의선사(大醫禪師)라는 시호를 내렸다. 오조(五祖) 홍인(弘忍)에게 법을 전했다.

삼조가 말했다.

"너에게 이미 마음이 없는데, 부처님에게는 어찌 마음이 있겠느냐?"

도신이 그 말을 들으니 문득 의심이 사라졌다. 그로부터 마음을 가다듬고서 잠도 자지 않고 눕지도 않고서 60년을 지냈다. 어느 날 기주(蘄州)의 황매현(黃梅縣)에서 한 동자를 만났는데, 생긴 것이 빼어나 보통 아이들과는 달랐다. 도신이 그 아이에게 물었다.

"너는 성(姓)이 무엇이냐?"

그 아이가 말했다.

"성은 있지만 보통의 성이 아닙니다."

도신이 말했다.

"어떤 성이냐?"

아이가 말했다.

"불성(佛性)입니다."

도신이 말했다.

"너는 성(姓)이 없느냐?"

아이가 말했다.

"성(姓)은 공(空)이기 때문입니다."

도신은 그 아이를 법기(法器)로 여기고서 출가시켜 머리를 깎고는 시자(侍者)로 삼았다. 뒷날 법안(法眼)을 맡기면서 게송을 말했다.

"꽃과 씨앗에는 생기는 땅이 있으니
땅으로 말미암아 꽃이 생기게 된다.
큰 인연이 믿음과 합하면
생길 때에 생기지만 생기지 않는 것이다."

도신은 고종(高宗) 영휘(永徽)[415] 신해년(辛亥年; 651년) 9월 4일 편안히 앉아서 시적(示寂)[416]하였는데, 나이는 72세였다. 탑은 본산(本山)에 있다.

四祖道信禪師(凡一), 河內司馬氏子也. 師問三祖: "如何是古佛心?" 祖云: "汝今是甚麼心?" 師云: "我今無心." 祖云: "汝旣無心, 諸佛豈有耶?" 師言下頓息疑情. 自茲攝心無寐, 脅不至席者, 六十年. 一日於蘄州黃梅縣, 逢一童子, 骨相奇秀, 異乎常童. 師問之云: "子何姓?" 云: "姓卽有, 不是常姓." 師云: "是何姓?" 云: "是佛性." 師云: "汝無姓耶?" 云: "姓空故." 師黙器之, 卽受出家落髮, 俾令給侍. 後付法眼, 而說偈云: "花種有生地, 因地花生生. 大緣與信合, 當生生不生." 師於高宗永徽辛亥歲, 九月四日, 安坐示寂, 壽七十二. 塔于本山.

4. 오조홍인

오조홍인[417] 대사는 기주(蘄州)의 황매(黃梅) 사람인데, 아버지가 없었기 때문에 어머니의 성씨인 주(周)씨를 따랐다. 법을 얻은 뒤에는 파두산(破頭山)[418]에 머물렀는데, 거사인 노혜능(盧惠能)이 찾아와 인사를 올렸다. 홍인

---

415 영휘(永徽)는 당(唐) 3대 임금인 고종(高宗) 이치(李治)의 연호로서 650년부터 656년까지 7년간이다.

416 시적(示寂) : 적(寂)은 적멸(寂滅)의 뜻. 스님이 죽는 것을 부처의 입멸(入滅)에 견주어 하는 말.

417 오조홍인(五祖弘忍) : 601-674. 중국 당(唐)나라 초기의 선승(禪僧). 중국 선종(禪宗)의 제5조. 호북성(湖北省) 황매현(黃梅縣) 출생. 7세 때 제4조 도신(道信)을 따라 출가하여 51세에 대사(大師)가 되었다. 동산(東山)에 살았기 때문에 그 교단을 동산법문(東山法門)이라 칭하였는데, 700명의 제자를 가르쳐 크게 선풍(禪風)을 선양하였다. 달마(達磨) · 혜가(慧可)로 시작되는 중국 선종의 실제적인 확립자로서, 문하에 신수(神秀) · 혜능(慧能) 등 10대 제자를 배출하였으며, 이 두 제자가 남종선(南宗禪) · 북종선(北宗禪)의 두 계통으로 나뉘어 남북의 각지에서 그 선(禪)을 펼쳤다.

418 파두산(破頭山) : =쌍봉산(雙峰山). 호북성(湖北省) 기주(蘄州) 황매현(黃梅縣) 서북쪽 40리에 있는 산. 쌍봉산(雙峰山), 파액산(破額山)이라고도 한다. 사조(四祖) 도신(道信)이 이 산으로 와 쌍봉산(雙峰山)이라고 이름을 바꾸고 30년 동안 머물면서 선법(禪法)을 펼쳤다. 서산(西山)은 사조도신이 머물렀기 때문에 사조산(四祖山)이라 하고, 오조(五祖) 홍인(弘忍)은 동산(東山)인 빙무산(憑茂山)에 머물렀기 때문에 홍인의 문하를 동산법문(東山法門)이라 한다. 산속에 정각사(正覺寺)라는 큰 절이 있다.

이 물었다.

"그대는 어디에서 왔느냐?"

혜능이 말했다.

"영남(嶺南)[419]에서 왔습니다."

홍인이 물었다.

"무엇을 구하려 하느냐?"

혜능이 말했다.

"오로지 부처가 되기를 바랄 뿐입니다."

홍인이 말했다.

"영남 사람에게는 불성(佛性)[420]이 없는데, 어떻게 부처가 되겠느냐?"

혜능이 말했다.

"사람에게는 남과 북이 있지만, 불성이 어찌 그렇겠습니까?"

오조(五祖)는 속으로 그를 기특하게 여겼지만, 겉으로는 꾸짖으며 말했다.

"헛간으로 가거라."

혜능은 방앗간에 들어가 허리에 돌을 매달고 방아를 찧어 대중에게 공양하였다. 오조는 법을 맡기기 위하여 문인들에게 게송을 짓게 하고는 견성(見性)[421]한 사람에게 법을 맡기겠다고 말했다. 그때 상수(上首)인 신수

---

419 영남(嶺南) : 대유령(大庾嶺) 남쪽 지방을 가리킴. 대유령(大庾嶺)은 강서성(江西省) 남안부(南安府) 대유현(大庾縣) 남쪽 25리에 있는 고개. 이 고개는 강서성과 광동성(廣東省)의 경계로서, 남쪽을 영남(嶺南), 북쪽을 영북(嶺北)이라 한다. 육조혜능(六祖慧能)이 태어난 고향과 교화를 펼친 활동지는 모두 대유령의 남쪽인 광동성에 있다.

420 불성(佛性) : ①부처의 본성. 깨달음인 본성. ②깨달을 가능성. 여래장(如來藏).

421 견성(見性) : 본성(本性)을 보는 것. 견성이 곧 성불(成佛)이니, 견성은 깨달음이다. 『육조단경』에서는 견성을 곧 불이법(不二法)이라 하고 있다. 견성(見性)이라는 말은 북량(北涼)의 담무참(曇無讖)이 번역한 『대반열반경(大般涅槃經)』에 나타나며, 견성성불(見性成佛)이라는 말은 일찍이 『열반경집해(涅槃經集解)』 33권에 보량(寶亮; 444-509)의 말로서 나타나고 있다. 선종(禪宗)의 문헌에서 보면 우선 견성(見性)이라는 말은 당대(唐代)에 만들어진 것으로 추측되는 위경(僞經)인 『수능엄경(首楞嚴經)』에 빈번히 등장하고 있으며, 『능가사자기』에는 "견불성(見佛性)"이라는 말이 여러 차례 등장하여 "見佛性者 永離生死 名出世人"이라 하고도 있다. 그러나 '견성(見性)' 혹은 '견성성불(見性成佛)'이

(神秀) 대사가 하나의 게송을 지어 복도의 벽에다가 썼다.

"몸은 깨달음의 나무요
마음은 밝은 경대(鏡臺)[422]이다.
늘 부지런히 털고 닦아서
먼지가 묻지 않도록 하라."

오조가 찬탄하며 말했다.
"만약 이에 따라 수행한다면, 뛰어난 결과를 얻을 것이다."
대중이 모두 그 게송을 외웠는데, 혜능은 그 게송을 듣고서 물었다.
"외우는 것은 어떤 문장입니까?"
동학(同學)이 그간의 이야기를 말해 주자 혜능이 말했다.
"아름답기는 하나 아직 깨닫지는 못했군요."
동학이 꾸짖으며 말했다.
"너 같은 게 뭘 안다고 그런 미친 소리를 하느냐?"
혜능이 말했다.
"만약 믿지 않는다면, 하나의 게송으로 그 게송에 화답하기를 바랍니다."
동학은 서로 돌아보면서 비웃었다. 혜능은 밤이 깊어지자 스스로 촛불을 쥐고서 한 동자에게 부탁하여 신수의 게송 곁에 하나의 게송을 적도록 하였다.

"깨달음에는 본래 나무가 없고

라는 말이 본격적으로 사용되는 것은 『육조단경(六祖壇經)』이후이다.
422 경대(鏡臺) : 거울을 달아 세운 가구. 거울과 그 지지대(支持臺)에 서랍을 갖추어서 화장 도구 등을 넣을 수 있게 만든 것과 거울에 틀만 붙여서 만든 것이 있다.

밝은 거울도 경대가 아니다.
본래 한 물건도 없는데
어느 곳에 먼지가 묻겠는가?"

오조는 이 게송을 혜능이 쓴 것인 줄 알고서 마음속으로 그를 인정하였지만, 겉으로는 이렇게 말했다.
"이 게송 역시 아직 견성하지 못했다."
오조는 깊은 밤에 몰래 혜능을 불러 방장(方丈)⁴²³에 들어오도록 하여 법을 맡겼다.
"나는 위없는 미묘하고 바른 법과 전해진 가사(袈裟)를 너에게 맡기니, 잘 지니고 있다가 미래에 전해 주어 끊어지지 않도록 하여라. 나의 게송을 들어라."
오조가 게송을 말했다.

"의식(意識) 있는 중생이 반야의 씨앗을 뿌리면
마음이라는 땅에서 깨달음의 열매가 생긴다.
의식이 없으면 반야의 씨앗도 없고
불성(佛性)이 없으면 깨달음의 열매도 없다."

혜능은 무릎을 꿇고서 옷과 법을 받고는 말했다.
"법은 이미 받았습니다만, 옷을 누구에게 전해 줍니까?"
오조가 말했다.
"달마(達磨) 대사가 처음 이 땅에 왔을 때에 사람들은 아직 그를 믿지 않

---

423 방장(方丈) : 4방으로 1장(丈)이 되는 방. 또는 절의 주지가 거처하는 방. 유마거사가 4방 1장(丈; 10척. 약 3미터) 되는 방 안에 병들어 누워 있으면서 『유마경』을 설법하였다는 말에서 비롯됨.

았다. 그 까닭에 옷을 전하여 법을 얻은 것이 사실임을 밝혔다. 지금은 믿는 마음이 이미 익었다. 옷은 다툼의 실마리가 되니 너에게서 멈추고 다시 전하지는 말아라."

오조는 혜능에게 법을 맡기고 나서 4년이 지난 상원(上元)⁴²⁴ 2년(675년)에 대중에게 작별을 고했다.

"나는 이제 할 일을 마쳤으니, 갈 때가 되었다."

이윽고 편안히 앉아서 입적(入寂)하였으니, 나이가 74세였다. 탑은 황매(黃梅)의 동산(東山)에 세웠다.

五祖弘忍大師(凡一), 蘄州黃梅人, 無父, 從母姓周氏. 得法之後, 居破頭山, 有居士盧惠能來參. 師問: "汝自何來?" 云: "嶺南." 師云: "欲求何事?" 云: "唯求作佛." 師云: "嶺南人無佛性, 若爲得佛?" 云: "人有南北, 佛性豈然?" 祖默異之, 乃呵云: "着槽廠去." 能入碓坊, 腰石舂米供衆. 師將付法, 命門人呈偈, 見性者付焉. 有上首神秀大師, 作一偈, 書于廊壁間云: "身是菩提樹, 心如明鏡臺. 時時勤拂拭, 莫遣惹塵埃." 師嘆云: "若依此修行, 亦得勝果." 衆皆誦之, 能聞, 乃問云: "誦者是何章句?" 同學具述其事, 能云: "美則美矣, 了則未了." 同學呵云: "庸流何知, 發此狂言?" 能云: "若不信, 願以一偈和之." 同學相顧而笑. 能至深夜, 自執燭, 倩一童子, 於秀偈之側, 書一偈云: "菩提本無樹, 明鏡亦非臺. 本來無一物, 何處惹塵埃?" 師知是能作, 心已默之, 乃謂衆云: "此偈亦未見性." 深夜潛召能入室, 囑之云: "吾以無上微妙正法, 幷所傳袈裟, 用付於汝, 善自護持, 傳付將來, 無令斷絶. 聽吾偈." 云: "有情來下種, 因地果還生. 無情旣無種, 無性亦無生." 能跪受衣法云: "法旣受已, 衣付何人?" 師云: "達磨初來, 人未之信. 故傳衣以明得法之實. 今信心已熟. 衣乃諍端, 止於汝身, 不復傳也." 師付法後又四載, 上元二年, 告衆云: "吾今事畢, 時可行矣." 遂安坐而寂, 俗壽七十有四. 塔于黃梅之東山.

---

424 상원(上元)은 당(唐) 3대 임금인 고종(高宗)의 연호로서 서기 674년-676년 3년간이다.

5. 육조혜능

(1) 마음이 움직인다

육조혜능[425] 대사는 신주(辛州)[426] 노씨(盧氏)의 아들이다. 법을 얻은 뒤에 남몰래 남해(南海) 법성사(法性寺)에 갔다가 우연히 사찰의 깃발이 바람에 휘날리는 것을 보았다. 그때 두 스님이 서로 말을 주고받았는데, 한 사람은 "바람이 움직인다."라고 하였고, 한 사람은 "깃발이 움직인다."라고 하였다. 두 사람이 이렇게 주장하여 도리에 알맞지 않음을 보고서 대사가 말했다.

"바람이 움직이는 것도 아니고 깃발이 움직이는 것도 아닙니다. 당신들 마음이 움직이는 것입니다."

그 말을 듣고서 두 스님은 두려워하였다.

六祖惠能大師(凡八), 辛州盧氏子. 得法之後, 晦跡于南海法性寺, 偶風颺刹幡. 有二僧對論, 一云: "風動." 一云: "幡動." 往復曾未契理, 師云: "不是風動, 不是幡動. 仁者心動." 二僧悚然.

---

425 육조혜능(六祖惠能) : 638-713. 중국 선종(禪宗) 제6조. 중국 남해(南海) 신흥(新興; 광동성 조경부 신흥현) 사람. 속성은 노(盧)씨. 어려서 아버지를 여의고, 땔나무를 해서 팔아 어머니를 봉양하였다. 어느 날 장터에서 『금강경』 읽는 것을 듣고 문득 깨닫고는 출가할 발심을 하였다. 어머니의 허락을 얻어 당나라 함형(咸亨) 년간(670-674)에 소양(韶陽)으로 갔다가 무진장(無盡藏) 비구니가 『열반경』 읽는 것을 듣고 그 뜻을 알아차리고 해설하였으며, 뒤에 선종 제5조 홍인(弘忍)을 찾아가 제6조로 인정받았다. 676년 남방으로 내려가 15년여를 숨어 지내다가, 마침내 조계(曹溪) 보림사(寶林寺)에서 대법(大法)을 선양하였다. 당(唐) 선천(先天) 2년 8월에 76세를 일기로 입적하였다. 시호는 대감(大鑑). 혜능은 보리달마에 의하여 중국에 전해졌다고 하는 조사선(祖師禪)의 실질적 정립자이며, 그의 행적과 가르침을 기록한 『육조대사법보단경(六祖大師法寶壇經)』은 중국 조사선(祖師禪)의 출현을 알리는 중요한 책이다.

426 신주(辛州) : 신주(新州)와 같음. 중국 대유령(大庾嶺) 남쪽 광동성(廣東省)에 있는 육조혜능(六祖慧能)의 고향. 혜능이 태어난 집을 개조하여 국은사(國恩寺)라는 절을 지었음.

설봉(雪峰)이 말했다.

"조사가 용두사미(龍頭蛇尾)[427]이니 20방 맞아야 할[428] 것이다."

태원부(太原孚)가 곁에 모시고 섰다가 자기도 모르게 이를 딱딱 맞부딪쳤다. 설봉이 말했다.

"내가 이렇게 말한 것도 역시 20방 맞아야 한다."

파릉감(巴陵鑑)이 말했다.

"조사가 '바람이 움직이는 것도 아니고 깃발이 움직이는 것도 아니다.'라고 말하였는데, 이미 바람도 깃발도 아니라면 어디에 마음이 있는가? 조사의 주인이 될 사람이 있으면 나와서 파릉과 만나 보자."

설두(雪竇)가 말했다.

"바람이 움직이고 깃발이 움직인다 하니, 이미 바람과 깃발이라면 어디에 마음이 있는가? 파릉의 주인 노릇 할 사람이 있으면, 나와서 설두와 만나 보자."

보령용(保寧勇)이 노래했다.

"아득히 펼쳐진 한 줄기 관역(官驛)의 길에서
아침에도 저녁에도 사람의 통행을 막은 적이 없네.
집안의 온 식구가 지나가지 않은 자가 없는데
문 앞에 가시나무가 생겨남은 어찌할 수 없구나."

---

427 용두사미(龍頭蛇尾) : 용 머리에 뱀 꼬리. 시작은 좋았으나 갈수록 나빠지는 것이나, 시작은 거창했지만 끝은 보잘것없게 되는 것을 비유하는 말이다.

428 호여(好與) : ①마땅히 -해 주다. ②주의하다. 조심하다. 정성스럽게 부탁하는 말.

雪峰云: "祖師龍頭蛇尾, 好與二十棒." 太原孚侍立, 不覺咬齒. 峰云: "我恁麼道, 也好與二十棒."

巴陵鑒云: "祖師道: '不是風動, 不是幡動.' 旣不是風幡, 向甚麼處着? 有人與祖師作主, 出來與巴陵相見."

雪竇云: "風動幡動, 旣是風幡, 向甚麼處着? 有人與巴陵作主, 出來與雪竇相見."

保寧勇頌云: "蕩蕩一條官驛路, 晨昏曾不禁人行. 渾家不是不進步, 無柰當門荊棘生."

(2) 마음이 곧 부처

육조가 대중에게 말했다.

"여러분, 그대들은 각자 마음을 고요히 하여 나의 설법을 들어라. 여러분 모두는 자기 마음이 곧 부처이니 다시는 의심하지 마라. 밖에는 세울 만한 한 물건도 없다. 모든 것은 본래의 마음이 온갖 것들을 만들어 낸 것이다. 그러므로 경전에서 말했다. '마음이 생기면 모든 것이 생기고, 마음이 사라지면 모든 것이 사라진다.'

만약 모든 종류의 지혜[429]를 이루고자 한다면, 반드시 일상삼매(一相三昧)와 일행삼매(一行三昧)에 통달해야 한다. 만약 모든 곳에서 모습에 머물지 않아서 그 모습을 싫어하지도 않고 좋아하지도 않고 또 취하지도 않고 버리지도 않고 이익이나 이룸과 부서짐 등의 일을 생각하지도 않고 편안하고 한가하고 태연하고 고요하고 텅 비고 걸림 없고 깨끗하다면, 이를 일러 일상삼매(一相三昧)라 한다.

만약 모든 곳에서 가고, 머물고, 앉고, 누움에 바로 이 마음이 순일(純一)

---

429 종지(種智): 일체종지(一切種智)의 준말.

하여 도량(道場)⁴³⁰에서 움직이지 않고 정토(淨土)⁴³¹를 참으로 이룬다면, 이를 일러 일행삼매(一行三昧)라 한다.

만약 사람이 이 두 삼매를 갖춘다면, 마치 싹이 트고 자라서 열매를 맺을 수 있는 씨앗이 땅속에 있는 것과 같은데, 일상삼매와 일행삼매도 이와 같다. 내가 지금 법을 말하는 것은 마치 때에 알맞은 비가 내려서 대지를 적시는 것과 같다. 그대들의 불성(佛性)은 비유하면 씨앗과 같으니 비가 내리면 모두 싹이 틀 것이다. 나의 뜻을 이어받는 자는 반드시 깨달음을 얻을 것이고, 나의 행위에 의지하는 자는 반드시 묘한 깨달음⁴³²을 얻을 것이다."

示衆云："諸善知識, 汝等各各靜心, 聽吾說法. 汝等諸人, 自心是佛, 更莫狐疑. 外無一物, 而能建立. 皆是本心, 生萬種法. 故經云：'心生種種法生, 心滅種種法滅.' 若欲成就種智, 須達一相三昧一行三昧. 若於一切處, 而不住相, 彼相中, 不生憎愛, 亦不取捨, 不念利益成壞等事, 安閑恬靜, 虛融澹薄, 此名一相三昧. 若於一切處, 行住坐臥, 純一直心, 不動道場, 眞成淨土, 名一行三昧. 若人具二三昧, 如地有種, 能含藏長養, 成就其實, 一相一行, 亦復如是. 我今說法, 猶如時雨, 溥潤大地. 汝等佛性, 譬如種子, 遇茲沾洽, 悉皆發生. 承吾旨者, 決獲菩提, 依吾行者, 定證妙果."

(3) 이름 없는 물건

---

430 도량(道場) : '도장'이라고도 한다. ①보리도장(菩提道場). 모든 불·보살이 성도(聖道)를 얻거나 또는 얻으려고 수행하는 곳. 중인도 마갈타국 니련선하 가의 보리수(菩提樹) 아래는 석존의 도량. ②불교를 말하거나 또는 불도를 수행하는 장소. 밀교에서는 기도수법(祈禱修法)을 짓는 장소. 중국에서는 613년(수(隋)의 대업(大業) 9년) 양제(煬帝)의 조칙에 따라 사원(寺院)을 도량이라 불렀다.

431 정토(淨土) : ↔예토(穢土). 더러운 번뇌가 없는 깨달음의 깨끗한 땅. 부처님이 계시는 청정한 국토(國土). 더러운 번뇌망상이 없는 깨끗한 마음.

432 묘과(妙果) : 묘행(妙行)에 의하여 얻은 증과(證果). 즉 불과(佛果), 깨달음.

육조가 대중에게 말했다.

"나에게 한 물건이 있는데 머리가 없고 꼬리도 없고 이름도 없고 자(字)도 없고 뒤도 없고 앞도 없다. 여러분은 알겠느냐?"

그때 하택신회(荷澤神會)가 나와서 말했다.

"그것은 모든 것의 본원(本源)이고 저의 불성(佛性)입니다."

조사는 신회를 한 대 때리고 말했다.

"이 말 많은[433] 사미는, 내가 한 물건이라고 해도 오히려 맞지 않다고 했는데도 어찌 본원이니 불성이니 하는가? 이 녀석은 향후에 비록 개당(開堂)하여 일가(一家)를 이룬다고[434] 하여도 다만 한 개 지해종도(知解宗徒)[435]가 될 수 있을 뿐이다."

示衆云: "吾有一物, 無頭無尾, 無名無字, 無背無面. 諸人還識麼?" 時荷澤神會, 出云: "是諸法之本源, 乃神會之佛性." 師打一棒云: "這饒舌沙彌, 我喚作一物尙不中, 豈況本源佛性? 此子向後, 設有把茆蓋頭, 也只成得箇知解宗徒."

법안(法眼)이 말했다.

"옛 사람이 사람을 예언한 것이 결국 잘못이 아니구나. 지금 지해(知解)를 종지(宗旨)로 세우는 것은 곧 하택(荷澤)이다."

法眼云: "古人受記人, 終是不錯. 如今立知解爲宗, 卽荷澤也."

---

433 요설(饒舌): 말을 많이 하다. =다취(多嘴).

434 파모개두(把茆蓋頭): 파모(把茆)는 띠로 지붕을 엮은 초가집. 개두(蓋頭)는 머리에 쓰는 두건. 스님이 독립하여 개당(開堂)함으로써 일가(一家)를 이룬다는 뜻이다.

435 지해종도(知解宗徒): 당말 오대의 법안종의 개조인 법안문익(法眼文益; 885-958)이 하택신회(荷澤神會; 685-760)를 '지해종도(知解宗徒)'라고 칭한 말에서 비롯된다. 선(禪)을 실제로 체험하지 못하고 알음알이로 이해하는 데 그치는 사람을 일컫는 말이다.

(4) 대승의 견해

당(唐) 중종(中宗)은 내시(內侍)인 설간(薛簡)을 파견하여 육조를 궁으로 불렀으나 육조는 병을 핑계로 가지 않았다. 설간이 말했다.

"서울의 스님들은 모두 말하기를 '도(道)를 알고자 하면 반드시 좌선(坐禪)하여 선정(禪定)을 익혀야 한다. 선정을 통하지 않고서 해탈을 얻은 자는 아직 없었다.'라고 합니다. 어떻습니까?"

육조가 말했다.

"도는 마음에서 깨닫는 것이지, 어찌 앉는 것에 있겠습니까? 경전에서 말했습니다. '만약 여래를 보고서 앉는다거나 눕는다고 하면 삿된 도를 행하는 것이다.' 무슨 까닭일까요? 온 적도 없고 가지도 않기 때문입니다. 만약 생기지도 사라지지도 않는다면 여래의 깨끗한 선(禪)이고, 모든 법이 텅 비고 고요하다면 여래의 깨끗한 앉음입니다. 결국 깨달을 것이 없는데, 어찌 앉겠습니까?"

설간이 말했다.

"제가 서울에 돌아가면 임금님께서 반드시 물을 것입니다. 스님께서 마음의 요체를 가르쳐 주시기 바랍니다. 임금님께 말씀드리고 서울에서 도를 배우는 자들에게 전하고자 합니다. 비유하면 하나의 등불이 백 개 천 개의 등불에 불을 붙이는 것과 같으니, 어둠이 모두 밝아지고 밝음이 끝이 없을 것입니다."

육조가 말했다.

"도에는 밝음과 어둠이 없습니다. 밝음과 어둠은 서로 상대하는 뜻입니다. 밝고 밝아서 끝이 없다는 것 역시 끝이 있습니다."

설간이 말했다.

"밝음은 지혜를 비유하고, 어둠은 번뇌를 비유합니다.[436] 도를 닦는 사람이 만일[437] 지혜로써 번뇌를 비추어 밝히지 않는다면 영원한 삶과 죽음에서 어떻게 벗어나겠습니까?"

육조가 말했다.

"만약 지혜로써 번뇌를 비추어 밝힌다면, 이것은 이승(二乘)[438]의 견해이니 양이나 사슴[439] 등의 근기(根機)입니다. 뛰어난 지혜를 가진 큰 근기라면 결코 그렇지 않습니다."

설간이 말했다.

"어떤 것이 대승(大乘)의 견해입니까?"

육조가 말했다.

"밝음과 밝음 없음을 범부는 둘로 보지만, 지혜로운 자는 그 본성에 둘이 없음을 밝게 통달합니다. 둘이 없는 자성이 곧 실성(實性)입니다. 실성은 범부에게 적은 것이 아니고 성인에게 많은 것도 아니고, 번뇌에 머물러도 시끄럽지 않고 선정에 머물러도 고요하지 않습니다. 끊어지지도 않고 이어지지도 않고, 오지도 않고 가지도 않고, 중간에 있지도 않고 안에 있지도 않고 밖에 있지도 않고, 생겨나지도 않고 사라지지도 않고, 자성과 모습이 한결같아서 늘 그대로이며 바뀌지 않으니, 이것을 일러 도(道)라고 합니다."

설간이 물었다.

---

436 『육조단경』에서 이 구절은 "明喩智慧, 暗喩煩惱."이다.

437 당(儻) : 만일(혹시) -이라면.

438 이승(二乘) : 성문승(聲聞乘)과 연각승(緣覺乘). 소승(小乘)을 가리킴.

439 양은 성문승(聲聞乘)을 사슴은 연각승(緣覺乘)을 가리킨다. 『법화경』「비유품」에 나오는 삼계화택(三界火宅)의 비유에 나오는 내용. 화택(火宅) 즉 불난 집은 삼계(三界) 즉 사바세계를, 아이들은 중생을, 장자는 부처님을 비유한 것이다. 양·사슴·소의 세 가지 수레는 각각 성문승·연각승·보살승인 3승을 비유한 것이며, 대백우거(大白牛車)는 1불승(一佛乘)에 비유한 것이다. 모든 부처님은 중생을 교화하는 방편으로 1불승을 3승으로 나누어 말한다. 삼승방편(三乘方便)은 일승진실(一乘眞實)을 밝히려는 것이다.

"스님께서 말씀하시는 생기지도 않고 사라지지도 않음은 외도(外道)와 어떻게 다릅니까?"

육조가 말했다.

"외도가 말하는 생기지도 않고 사라지지도 않음은, 사라짐을 가지고 생김을 없애고 생김을 가지고 사라짐을 드러내니, 사라짐이 도리어 사라짐이 아니고 생김이 생김 없음을 말합니다. 제가 말하는 생기지도 않고 사라지지도 않음은 본래 생김이 없으니 지금 다시 사라짐이 없는 것입니다. 그러므로 외도와 같지 않습니다. 마음의 요체를 알고자 하신다면, 다만 모든 좋음과 나쁨을 일절 생각하지 마십시오. 그러면 저절로 깨끗한 마음의 바탕으로 들어가, 늘 고요하고 맑으면서 묘한 작용이 끝이 없을 것입니다."

설간은 육조의 가르침을 받고서 마음이 활짝 열리며 크게 깨달았다. 절을 올려 작별을 하고는 대궐로 돌아가 임금께 육조의 가르침을 말씀드리니, 임금이 비단가사와 보배 발우를 내려 감사를 표했다.

唐中宗, 遣內侍薛簡詔祖, 祖辭疾不赴. 簡云: "京師禪德皆云: '欲得會道, 必須坐禪習定. 若不因禪定, 而得解脫者, 未之有也.' 未審如何?" 師云: "道由心悟, 豈在坐也? 經云: '若見如來, 若坐若臥, 是行邪道.' 何故? 無所從來, 亦無所去. 若無生滅, 是如來淸淨禪, 諸法空寂, 是如來淸淨坐. 究竟無證, 豈況坐耶?" 簡云: "弟子回京, 主上必問. 願和尙指示心要. 傳奏聖人及京城道學者. 譬如一燈, 然百千燈, 冥者皆明, 明明無盡." 師云: "道無明暗. 明暗是代謝之義. 明明無盡, 亦是有盡." 簡云: "明論智慧, 暗況煩惱? 修道之人, 儻不以智慧, 照破煩惱, 無始生死, 憑何出離?" 師云: "若以智慧, 照破煩惱者, 此是二乘見解, 羊鹿等機. 上智大根, 悉不如是." 簡云: "如何是大乘見解?" 師云: "明與無明, 凡夫見二, 智者了達其性無二. 無二之性, 卽是實性. 實性者, 處凡愚而不減, 在賢聖而不增, 住煩惱而不亂, 居禪定

而不寂. 不斷不常, 不來不去, 不在中間, 及其內外, 不生不滅, 性相如如, 常住不
遷, 名之曰道."簡云: "師說不生不滅, 何異外道?"師云: "外道所說不生不滅, 將滅
止生, 以生顯滅, 滅猶不滅, 生說無生. 我說不生不滅者, 本自無生, 今亦無滅. 所
以不同外道. 欲知心要, 但一切善惡, 都莫思量, 自然得入. 清淨心體, 湛然常寂,
妙用恒沙."簡蒙指教, 豁然大悟. 禮辭還闕, 奏師語, 詔賜袈裟絹帛寶鉢, 以謝.

(5) 불법을 알지 못한다

어떤 스님이 물었다.

"황매(黃梅)[440]의 뜻은 어떤 사람이 얻습니까?"

육조가 말했다.

"불법(佛法)을 아는 사람이 얻는다."

그 스님이 물었다.

"스님께서는 얻었습니까?"

육조가 말했다.

"나는 얻지 못했다."

그 스님이 물었다.

"스님께서는 왜 얻지 못했습니까?"

육조가 말했다.

"나는 불법을 알지 못한다."

僧問: "黃梅意旨, 甚麼人得?"師云: "會佛法人得."僧云: "和尙得否?"師云: "我

---

440 매(黃梅): 중국 호북성(湖北省) 동남(東南)에 있는 지명(地名). 중국 당나라 때의 오조홍인(五祖弘忍)을
가리키기도 함. 중국 선종(禪宗)의 제5조인 홍인은 황매의 동북쪽의 30리에 있는 동산(東山; 빙무산
(憑茂山))의 진혜사(眞惠寺)에 살았기 때문에 그렇게 부름. 또한 오조홍인의 교단을 동산법문(東山法
門)이라고도 한다. 육조혜능(六祖慧能)은 황매의 남쪽에 있는 동선사(東禪寺)에서 오조에게 의발(衣
鉢)을 전해 받았다.

不得." 僧云: "和尙爲甚麼不得?" 師云: "我不會佛法."

(6) 본래 깨끗하다

육조 대사가 선천(先天)[441] 원년(元年; 712년)에 대중에게 말했다.

"나는 홍인(弘忍) 대사에게서 옷과 법을 받아 지금 여러분을 위하여 설법한다. 그대들의 자성에 갖추어진 근기가 순수하게 익어서 절대로 의심하지 않는다면, 큰일을 떠맡을 수 있다. 나의 게송을 들어라.

마음 땅이 온갖 씨앗을 품고 있는데
비가 두루 내리면 모두 싹을 틔운다네.
돈오(頓悟)라는 꽃의 정취[442]가 사라지니
깨달음이라는 열매가 저절로 이루어진다."

다시 말했다.

"법에는 둘이 없고, 마음도 역시 그렇다. 도(道)는 깨끗하여 어떤 모습도 없다. 그대들은 고요함을 관(觀)하거나 마음을 비우는 짓은 절대로 하지 마라. 이 마음은 본래 깨끗하여 취할 수도 없고 버릴 수도 없다. 각자 노력하라."

師於先天元年, 告衆云: "吾受忍大師衣法, 今爲汝說. 汝等性根純熟, 決定不疑, 堪任大事. 聽吾偈." 云: "心地含諸種, 溥雨悉皆萌. 頓悟花情已, 菩提果自成." 復云: "其法無二, 其心亦然. 其道淸淨, 亦無諸相. 汝等愼勿觀靜, 及空其心. 此心本

---

441 당(唐) 5대 임금인 예종(睿宗)의 연호. 712년부터 713년까지 2년 동안이다.
442 화정(花情) : 꽃의 정취(情趣). 꽃의 운치. 꽃의 멋.

淨, 無可取捨. 各自努力."

(7) 온 것은 반드시 간다

육조 대사는 선천(先天) 2년(713년) 7월 1일에 문인(門人)들에게 말했다.

"나는 신주(辛州)로 돌아가고자 한다. 그대들은 얼른 배와 노를 준비하여라."

그때 대중은 슬퍼하고 그리워하며 대사에게 머물러 줄 것을 간청하였다. 대사가 말했다.

"모든 부처님은 세상에 나타나셔서 도리어 열반(涅槃)을 보여 주셨다. 오는 일이 있으면 반드시 가는 일도 있는 것이 변함없는 이치이다. 나의 이 육신이 돌아갈 때에는 반드시 정해진 장소가 있다."

대중이 말했다.

"스님께서 여기를 떠나시면 언제 돌아오십니까?"

대사가 말했다.

"낙엽이 떨어져 뿌리로 돌아가면, 돌아올 때를 말할 수 없다."[443]

師於先天二年, 七月一日, 謂門人云:"吾欲歸辛州, 汝等速理舟楫." 時大衆哀慕, 乞師且住. 師云:"諸佛出現, 猶示涅槃. 有來必去, 理固常然. 吾此形骸, 歸必有所." 衆云:"師從此去, 早晚卻回?"師云:"葉落歸根, 來時無口."

법운수(法雲秀)가 말했다.

"돌아올 때에 입이 없을 뿐만 아니라, 갈 때에도 역시 콧구멍이 없다."

---

443 여기에서 입이 없다는 것은 말할 수 없다는 뜻이다.

法雲秀云: "非但來時無口, 去時亦無鼻孔."

(8) 마음 없는 자

대중이 다시 물었다.

"스님의 법안(法眼)[444]은 어떤 사람이 전해 받습니까?"

대사가 말했다.

"도(道)가 있는 자는 얻을 것이고, 마음이 없는 자는 통할 것이다."

이윽고 신주(辛州)의 국은사(國恩寺)로 돌아가 목욕하고 가부좌를 틀고서 입적(入寂)하니, 선천(先天) 2년(713년) 8월 3일이었고 세수(世壽)는 76세였다. 탑(塔)은 소주(韶州)의 보림사(寶林寺)[445]로 돌아와 세웠고, 시호는 대감선사(大鑑禪師)라고 내렸다.

衆復問: "師之法眼, 何人傳授?" 師云: "有道者得, 無心者通." 遂歸辛州國恩寺, 沐浴跏趺順寂, 卽其年, 八月三日也, 俗壽七十六. 歸塔于韶州寶林, 敕諡大鑑禪師.

---

444 법안(法眼) : 모든 법의 참된 모습을 분명하게 보는 눈. 보살은 이 눈으로 모든 법의 실상(實相)을 잘 알고 중생을 제도함.

445 보림사(寶林寺) : 광동성(廣東省) 소주(韶州) 곡강현(曲江縣) 60리 조계산(曹溪山)에 있는 절. 인도의 승려 지약삼장(智藥三藏)이 창건하였고, 육조혜능(六祖慧能)이 이 절에서 오랫동안 머물며 선(禪)을 널리 펼쳤다.

제6장
사조도신 대사 방출 법사
四祖道信大師旁出法嗣

1. 우두법융

(1) 이것이 무엇이냐

금릉(金陵) 우두산(牛頭山) 법융(法融)[446] 선사의 기상(氣象)을 사조도신이 멀리서 듣고 몸소 찾아와, 법융이 흔들림 없이 앉아 있는 모습을 보고서 물었다.

"그대는 여기서 무엇을 하느냐?"

법융이 말했다.

"마음을 보고 있습니다."

조사가 물었다.

"보는 것은 어떤 사람이고, 마음은 어떤 물건이냐?"

법융은 답할 수가 없었다. 조사는 법융이 앉아 있는 바위에다 '일불(一佛)'이라는 글자를 적었는데, 법융은 그것을 보고서 두려워 앉아 있을 수가 없었다. 조사가 물었다.

---

446 우두법융(牛頭法融) : 594-658. 우두선(牛頭禪)의 개조(開祖). 『대반야경』을 읽다가 진공(眞空)의 이치를 통달. 뒤에 모산(茅山)의 경법사(炅法師)에게 출가하여 수학(受學)함. 643년(정관 17년) 강소성(江蘇省) 건강(建康; 지금의 남경(南京)) 우두산(牛頭山) 유서사(幽棲寺) 북쪽 바위 아래에 선실(禪室)을 짓고 있었다. 하루는 사조(四祖) 도신(道信)이 와서 일러 줌을 받고 심요(心要)를 깨달았다. 이로부터 사방에서 도속(道俗)들이 모여 와 교화를 받게 되니 문인(門人)이 100인을 넘었다. 652년(영휘 3년) 그 고을 수령인 소원선(蕭元善)의 청으로 건초사(建初寺)에서 『대품경』을 강설. 뒤에 그를 이은 법계(法系)를 우두선(牛頭禪)이라 한다.

"여기에 거주하는 곳이 또 있느냐?"

법융이 말했다.

"뒤편에 작은 암자가 있습니다."

이윽고 조사를 인도하여 암자 앞에 이르자 호랑이와 승냥이 등 짐승들만 있었다. 조사가 손으로 짐승들을 가리키며 두려워하는 모습을 보이자 법융이 물었다.

"아직도 이러한 것이 있습니까?"

조사가 말했다.

"이러한 것이 무엇이냐?"

법융은 이 말을 듣고서 깨달았다.

金陵牛頭山法融禪師(凡二). 四祖遠觀氣象, 躬自尋訪, 見師端坐自若, 祖問: "汝在此作甚麼?" 師云: "觀心." 祖云: "觀者何人? 心是何物?" 師不能加答. 祖於宴坐石上, 書一佛字, 師悚然, 不敢坐. 祖問: "只這裏, 別有住處?" 師云: "後有小菴子." 遂引祖至菴前, 唯有虎狼異獸. 祖以手指, 作怕勢, 師云: "猶有這箇在?" 祖云: "這箇是甚麼?" 師於言下有省.

이에 머리를 숙여 절을 하고는 참된 요지를 말씀해 주실 것을 청했다. 조사가 말했다.

"헤아릴 수 없이 많은 법문이 함께 마음으로 돌아가고, 강바닥 모래알처럼 많은 묘한 공덕이 전부 마음이라는 근원에 있다. 모든 계율의 문과 선정의 문과 지혜의 문과 신령스럽게 통하고 변화함이 전부 본래 갖추어져 있으니, 너의 마음을 떠나지 않으면 모든 번뇌와 업장(業障)이 본래 텅 비고 고요하며 모든 인과법(因果法)은 전부 꿈과 같다.

벗어날 삼계(三界)가 없고, 구할 깨달음도 없다. 사람과 사람 아닌 것의 본성과 모습이 평등하다. 대도(大道)는 텅 비고 드넓어서 생각과 분별을 벗어났다. 이와 같은 법을 지금 네가 이미 얻어서 다시는 모자람이 없다면, 부처와 무슨 다름이 있겠느냐? 다시 다른 법은 없다.

너는 다만 내키는 대로 자유롭게 살되, 관심수행(觀心修行)[447]을 하지는 말고, 마음을 맑게 하지도 말고, 탐내거나 성내지도 말고, 근심하지도 마라. 막힘없고 걸림 없이 하고 싶은 대로 자유롭게 하되 선행도 하지 않고 악행도 하지 않으면, 가고, 머물고, 앉고, 눕는 행위와 보고, 듣고, 만나는 것이 전부 부처님의 묘한 작용이니 상쾌하고 걱정이 없다. 그러므로 일러 부처라고 한다."

乃稽首, 請說眞要. 祖云: "夫百千法門, 同歸方寸, 河沙妙德, 總在心源. 一切戒門定門慧門, 神通變化, 悉自具足, 不離汝心, 一切煩惱業障, 本來空寂, 一切因果, 皆如夢幻. 無三界可出, 無菩提可求. 人與非人, 性相平等. 大道虛曠, 絶思絶慮. 如是之法, 今汝已得, 更無少欠, 與佛何殊? 更無別法. 汝但任心自在, 莫作觀行, 亦莫澄心, 莫起貪嗔, 莫懷愁慮. 蕩蕩無礙, 任意縱橫, 不作諸善, 不作諸惡, 行住坐臥, 觸目遇緣, 總是佛之妙用, 快樂無憂. 故名爲佛."

법융이 말했다.
"마음이 이미 완전히 갖추어져 있다면, 어떤 것이 부처이고, 어떤 것이 마음입니까?"
조사가 말했다.
"마음이 아니면 부처를 묻지 못하고, 부처를 묻는다면 반드시 마음이다."
법융이 말했다.

---

447 관행(觀行) : 관심수행(觀心修行). 마음의 본성을 관찰하는 수행. 지관수행(止觀修行)에서 관(觀)에 해당함.

"관심수행을 하지 않는다면, 경계(境界)를 만날 때에 어떻게 대응합니까?"

조사가 말했다.

"경계와 인연에는 좋고 나쁨이 없다. 좋고 나쁨은 마음에서 일어난다. 마음이 만약 일부러 이름 붙이지 않는다면, 헛된 분별심(分別心)이 어디에서 일어나겠느냐? 헛된 분별심이 일어나지 않으면, 참마음이 자유로이 두루 안다. 네가 다만 마음을 따라 자유롭되 다시는 대응하지 않는다면, 일러 언제나 머무는 법신(法身)은 달라짐이 없다고 한다. 내가 승찬(僧璨) 대사에게 받은 돈교법문(頓敎法門)을 이제 너에게 맡긴다. 뒷날 다섯 사람이 나타나 너를 이어서 교화할 것이다."

師云 : "心旣具足, 何者是佛? 何者是心?" 祖云 : "非心不問佛, 問佛非不心." 師云 : "旣不作觀行, 於境起時, 如何對治?" 祖云 : "境緣無好醜, 好醜起於心. 心若不强名, 妄情從何起? 妄情旣不起, 眞心任遍知. 汝但隨心自在, 無復對治, 卽名常住法身, 無有變異. 吾授璨大師頓敎法門, 今付於汝. 後有五人, 紹汝玄化."

(2) 알맞게 마음을 쓸 때

읍재(邑宰)[448] 소원선(蕭元善)이 물었다.

"알맞게[449] 마음을 쓸 때에는 어떻게 해야[450] 평안하고[451] 좋을까요?"

법융이 말했다.

---

448 읍재(邑宰) : 현령(縣令). =읍후(邑侯), 읍존(邑尊), 읍령(邑令).

449 흡흡(恰恰) : ①마음을 쓰는 모양. ②서로 잘 어울리는 모양. ③꾀꼴꾀꼴.(꾀꼬리가 지저귀는 소리) ④꼭. 바로. 때마침. ⑤빽빽한 모습. 두루한 모습.

450 약위(若爲) : 어떻게. 어떠한가? 어찌 -할 수 있으랴? 어떻게 해야 -?

451 안온(安穩) : ①안정되다. ②평안하다. 평온하다. ③온당하다. 타당하다. ④편안히 쉬다.

"알맞게 마음을 쓸 때에는

알맞게 쓸 마음이 없습니다.

그릇된 말은 이름과 모습에 힘쓰고

바른 말은 번거롭게 많은 말이 없습니다.

없는 마음을 알맞게 쓰면

늘 써도 알맞게 없습니다.

마음이 없는 곳을 알고자 하면

마음 있는 것과 다름이 없습니다."

邑宰蕭元善問: "恰恰用心時, 若爲安穩好?" 師云: "恰恰用心時, 恰恰無心用. 曲談名相勞, 直說無煩重. 無心恰恰用, 常用恰恰無. 欲識無心處, 不與有心殊."

우두 제2세 금릉 우두산 법융 선사 법사

牛頭第二世 金陵牛頭山法融禪師法嗣

1. 우두지암

금릉(金陵) 우두지암(牛頭智巖) 선사는 곡아(曲阿)의 화(華)씨 아들이다. 애초에 수(隋)나라에서 낭장(郎將)⁴⁵²이 되어 여러 번 전공(戰功)을 세웠으나, 뒤에 출가를 위하여 서주(舒州)의 환공산(皖公山)으로 들어가 보월(寶月) 선

---

452 낭장(郎將) : 고대 무관(武官)의 직위. 중랑장(中郎將) 아래의 직위. 200명 정도를 지휘하는 자리임.

사의 제자가 되었다. 일찍이 골짜기에서 선정(禪定)에 들었는데, 계곡물이 불어났으나 선사가 태연하게[453] 움직이지 않고 있자 그 물이 스스로 물러났다고 한다. 이전에 함께 군에 있었던 사람 둘이 선사를 찾아와 서로 인사를 나누고서 그들이 말했다.

"낭장은 미쳤소? 어찌하여 여기에 머물고 있소?"

지암(智巖)이 말했다.

"내가 미친 것은 깨닫고 싶은 것인데, 그대들이 미친 것은 바로 튀어나오는군. 예쁜 얼굴빛과 음탕한 목소리를 좋아하고, 부귀영화를 탐내어 공도 없이 은총을 받으며[454] 삶과 죽음에 흘러 다니는데, 어떻게 스스로 벗어나겠는가?"

두 사람은 감복하여 물러갔다. 지암은 뒤에 법융(法融) 선사를 찾아뵙고 깨달음을 얻었다. 법융이 지암에게 말했다.

"나는 도신(道信) 대사의 비결을 받았으나, 얻은 것을 모두 잊었다. 설사 열반을 능가하는 하나의 법이 있다고 하더라도, 그것이 꿈과 같다고 나는 말한다. 무릇 하나의 티끌이라도 날아오르면 하늘을 다 가릴 것이고, 하나의 겨자씨라도 떨어지면 땅을 뒤덮을 것이다. 그대는 이제 이미 이러한 견해를 넘어섰으니, 내가 다시 무슨 말을 하겠느냐?"

우두의 삼세(三世)와 사세(四世)에 관한 이야기는 남아 있지 않다.

金陵牛頭智巖禪師(凡一), 曲阿華氏子. 初爲隋郎將, 累有戰功, 後乞出家, 入舒州皖公山, 從寶月禪師, 爲弟子. 嘗在谷中入定, 山水瀑漲, 師怡然不動, 其水自退. 有昔同軍者二人, 訪師, 旣相見, 謂師云: "郎將狂邪? 何爲住此?" 師云: "我狂欲惺, 君狂正發. 嗜色淫聲, 貪榮冒寵, 流轉生死, 何由自出?" 二人感悟而去. 師後謁融

---

453 이연(怡然) : 안락하고 자유로운 모양. 즐기는 모양.
454 모총(冒寵) : 공로가 없으면서도 은총을 받음.

禪師, 發明大事. 融謂師云: "吾授信大師眞訣, 所得俱忘. 設有一法過於涅槃, 吾說
亦如夢幻. 夫一塵飛而翳天, 一芥墮而覆地. 汝今已過此見, 吾復何云?" 牛頭三世
四世無機緣.

우두 제5세 금릉 우두법위 선사 법사

牛頭第五世 金陵牛頭法威禪師法嗣

1. 학림현소

윤주(潤州)의 학림현소[455] 선사는 윤주 연릉(延陵)의 마(馬)씨 아들이다. 어
떤 스님이 문을 두드리자 현소(玄素)가 말했다.

"누구요?"

그 스님이 말했다.

"중입니다."

현소가 말했다.

"중이라고 말하지 마라. 부처가 와도 소용없다."

그 스님이 말했다.

---

455 학림현소(鶴林玄素) : 668-752. 당대(唐代) 선승(禪僧). 우두종(牛頭宗). 학림(鶴林)은 머물렀던 절 이
름. 자(字)는 도청(道淸). 속성은 마(馬)씨. 속성을 따서 마소(馬素)라고도 함. 강소성(江蘇省) 윤주(潤
州) 연릉(延陵) 출신. 강소성 강녕(江寧) 장수사(長壽寺)로 출가하여 구족계를 받은 후, 항상 현미(玄
微)를 탐구하였다. 만년에 청산(靑山) 유서사(幽棲寺)의 우두종 제5세 우두지위(牛頭智威) 문하에서
공부하여 그의 법을 이어받음. 군목위선(郡牧韋銑)이 청하여 윤주 황학산(黃鶴山) 학림사(鶴林寺)에
머물렀다. 천보(天寶) 11년 11월 11일에 세수 85세로 입적하였다.

"무엇 때문에 소용없습니까?"

현소가 말했다.

"머물 곳이 없기 때문이다."

潤州鶴林玄素禪師(凡一), 本郡延陵馬氏子. 有僧敲門, 師云:"誰?"僧云:"是僧." 師云:"莫道是僧. 佛來也不着."僧云:"爲甚麽不着?"師云:"無棲泊處."

고산영(鼓山永)이 말했다.

"학림은 다만 자기 영역[456]을 장악할 줄만 알 뿐, 위로 올라가거나 아래로 내려갈 줄은 모르는구나. 나라면 그렇지 않다. 방장(方丈)의 문을 활짝 열어젖혀서[457] 스님이 오든 부처가 오든 장애가 전혀 없도록 하겠다. 무슨 까닭에 그런가? 집에 심부름꾼이 없으면 군자(君子) 노릇을 하지 못하기 때문이다."

鼓山永云:"鶴林只解把定封疆, 不能隨高就下. 山僧卽不然. 方丈門八字打開了也, 僧來佛來, 了無罣礙. 何故如此? 家無小使, 不成君子."

2. 안국현정

(1) 참자성의 연기

선주(宣州) 안국현정(安國玄挺) 선사가 처음 오조홍인(五祖弘忍) 선사를 찾

---

456 봉강(封疆) : ①흙을 쌓아 경계를 표시하다. 또는 그 경계. ②강역(彊域). 강토(疆土). 국토.
457 팔자타개(八字打開) : 활짝 열어젖히다. 마음을 열고 숨김없이 말하다.

아뢰고 곁에서 모시고 있을 때에 『화엄경(華嚴經)』을 강의하는 스님이 오조에게 물었다.

"참자성의 연기(緣起)는 그 뜻이 어떠합니까?"

오조가 말없이 있자, 현정(玄挺) 선사가 문득 말했다.

"스님이 바로 지금 한 생각을 일으켜 질문할 때가 곧 참자성이 연기하는 것이지요."

그 스님은 그 말을 듣고서 크게 깨달았다.

宣州安國玄挺禪師(凡二), 初參五祖忍禪師, 侍立次, 有講華嚴僧, 問五祖: "眞性緣起, 其義云何?" 祖默然, 師遽云: "大德正興一念問時, 是眞性緣起." 其僧言下大悟.

묘희(妙喜)[458]가 말했다.

"아직 한 생각도 일으키지 않았을 때에도 연기가 없을 수는 없다."

그때 어떤 스님이 물었다.

"아직 한 생각도 일으키지 않았는데, 무엇을 일러 연기라고 합니까?"

묘희가 말했다.

"나는 다만 그대가 이렇게 말하기를 바랄 뿐이다."

妙喜云: "未興一念問時, 不可無緣起也." 時有僧云: "未興一念問時, 喚甚麽作緣起?" 妙喜云: "我也只要汝恁麽道."

(2) 바른 종지

---

458 묘희(妙喜) : 대혜종고(大慧宗杲)의 호(號).

어떤 스님이 물었다.

"남쪽의 종지(宗旨)[459]는 무엇에 말미암아 성립합니까?"

현정 선사가 말했다.

"바른 종지에는 남쪽과 북쪽이 없다."

僧問: "南宗自何而立?" 師云: "正宗無南北."

3. 천주숭혜

(1) 자기의 입장

서주(舒州) 천주산(天柱山) 숭혜(崇慧) 선사는 팽주(彭州)의 진(陳)씨 아들이다. 어떤 스님이 물었다.

"달마(達磨)가 아직 이 땅에 오지 않았을 때에도 불법(佛法)이 있었습니까?"

숭혜 선사가 말했다.

"오지 않았을 때는 우선 내버려 두고,[460] 바로 지금의 일은 어떠냐?"

그 스님이 말했다.

"저는 모르겠습니다. 스님께서 가르쳐 주십시오."

숭혜 선사가 말했다.

"영원토록 가없이 넓은 하늘에 하루아침의 풍류(風流)가 있구나."

---

459 남종(南宗)과 북종(北宗) : 육조혜능이 남쪽의 광동 지방에서 활동하였으므로, 육조의 선(禪)을 남종돈교(南宗頓敎) 혹은 남종선(南宗禪)이라 하고, 중앙의 황도(皇都)에서 활동한 대통신수(大通神秀)의 선을 북종선(北宗禪)이라 한다.

460 차치(且致) : =차치(且置). 우선 놓아두다. 우선 내버려 두다. 일단 그대로 두다.

그러고는 다시 물었다.

"알겠느냐?"

그 스님이 말했다.

"모르겠습니다."

숭혜 선사가 말했다.

"자기의 입장은 어떠냐? 저 달마가 왔는지 오지 않았는지를 따져서 어찌 하려느냐? 그는 꼭 점쟁이[461] 같다. 그대가 알지 못하는 것을 보면, 그대를 위하여 점괘를 낸다. 길하거나 흉한 점괘가 나오기만 하면, 모두 그대의 몫이니, 모든 것은 스스로 응대해야 한다."

그때 어떤 스님이 물었다.

"어떤 것이 점을 칠 줄 아는 사람입니까?"

숭혜 선사가 말했다.

"그대가 문밖으로 나가자마자 곧장 들어맞지 않을 것이다."

舒州天柱山崇慧禪師(凡二), 彭州陳氏子. 僧問: "達磨未來此土, 還有佛法也無?" 師云: "未來卽且致, 卽今事作麼生?" 云: "某甲不會. 乞師指示." 師云: "萬古長空, 一朝風月." 又云: "會麼?" 云: "不會." 師云: "自己分上作麼生? 干他達磨來與未來作麼生? 他家大似賣卜漢相似. 見汝不會, 爲汝錐破卦文. 纔生吉凶, 盡在汝分上, 一切自看." 時有僧問: "如何是解卜底人?" 師云: "汝纔出門時, 便不中也."

(2) 천주의 가풍

어떤 스님이 물었다.

"어떤 것이 천주(天柱)의 가풍(家風)입니까?"

---

461 매복한(賣卜漢) : 점쟁이. 돈을 받고 점을 쳐 주는 사람. 점을 쳐 주고 생계를 꾸리는 사람.

숭혜 선사가 말했다.

"때때로 흰 구름[462]이 찾아오면 문을 닫고, 아름다운 경치[463]가 전혀 없으면서도 사산(四山)[464]은 흐른다네."

다시 물었다.

"종문(宗門)의 일을 스님께서 말씀해 주십시오."

숭혜 선사가 말했다.

"돌 소가 길게 울부짖으니 참된 허공 밖에서도 들리고, 나무 말이 흐느껴 울 때에 달빛은 산속으로 숨는다."

僧問: "如何是天柱家風?" 師云: "時有白雲來閉戶, 更無風月四山流." 問: "宗門中事, 請師擧唱." 師云: "石牛長吼眞空外, 木馬嘶時月隱山."

금릉 우두 제6세 금릉 우두혜충 선사 법사

金陵牛頭第六世 金陵牛頭慧忠禪師法嗣

1. 불굴유칙

---

462 백운(白雲) : ①선승(禪僧)의 무심(無心)을 가리키는 말. ②객승(客僧). 주승(主僧)을 청산(青山)이라고 함에 대비하여 하는 말. ③사(事). 이(理)를 청산(青山)이라고 함에 대비한 말.

463 풍월(風月) : ①맑은 바람과 밝은 달. 아름다운 경치. 풍류(風流). ②남녀 간의 정사(情事). ③한가한 일. ④시문(詩文). ⑤몸가짐이 단정하지 않음. 방탕함. 문란함.

464 사산(四山) : 인생의 사고(四苦; 生·老·病·死). 사방에서 뭉쳐 오면 도망할 곳이 없기 때문에 이렇게 말한다. 또 노·병·사·쇠(衰)나 노·병·사·무상(無常)을 말한다. 절박한 곤란을 말하기도 한다.

(1) 한 물건도 없다

천태(天台) 불굴암(佛窟岩) 유칙(惟則) 선사는 경조(京兆) 손(孫)씨 아들이다. 법당에 올라 말했다.

"천지에는 사물이 없고, 나에게도 물건이 없다. 그러나 일찍이 물건이 없었던 적이 없으니, 그렇다면 성인(聖人)은 그림자와 같다. 100년이 꿈과 같은데, 누가 살고 죽겠는가? 지인(至人)이 홀로 비추니 만물의 주인이 될 만하다. 내가 그것을 알고, 그대들이 그것을 안다."

天台佛窟岩惟則禪師(凡二), 京兆孫氏子. 示衆云: "天地無物也, 我無物也. 然未嘗無物, 斯則聖人如影. 百年如夢, 孰爲生死哉? 至人以是獨照, 能爲萬物之主. 吾知之矣, 汝知之乎."

(2) 금강역사의 화살

어떤 스님이 물었다.
"어떤 것이 금강역사(金剛力士)[465]의 화살입니까?"
유칙 선사가 말했다.
"과녁에 딱 들어맞았다."

僧問: "如何是那羅延箭?" 師云: "中的也."

---

465 나라연(那羅延): 금강역사(金剛力士)라고도 한다. 나라연은 인도의 옛 신의 이름. 나라연나(那羅延那)·나라야나(那羅野拏). 번역하여 견고(堅固)·구쇄역사(鉤鎖力士)·인생본(人生本). 천상의 역사(力士)로서, 그 힘의 세기가 코끼리의 백만 배나 된다고 함.

윤주 학림현소 선사 법사

潤州鶴林玄素禪師法嗣

1. 경산도흠

(1) 왜 일어나는가?

항주(杭州) 경산도흠(徑山道欽)[466] 선사는 소주(蘇州) 곤산(崑山)의 주(朱)씨 아들이다. 당(唐) 대종(代宗)이 조칙(詔勅)으로 선사를 불렀는데, 선사가 대궐 아래에 이르자 왕이 직접 정중한 예를 갖추어 공경(恭敬)하였다. 어느 날 선사가 궁전에 있다가 황제가 오는 것을 보고서 자리에서 일어나자, 황제가 말했다.

"스님께서는 왜 일어나십니까?"

선사가 말했다.

"단월[467]께서는 왜 가고, 서고, 앉고, 눕는[468] 속에서 빈도(貧道)[469]를 보십니까?"

---

466 경산도흠(徑山道欽) : 714-792. 당대(唐代) 선승. 경산(徑山)은 머물렀던 산 이름. 속성은 주(周)씨. 소주(蘇州) 곤산(崑山) 출신. 처음에는 유교(儒敎)를 공부했지만, 28세에 우연히 학림현소(鶴林玄素)를 만나 출가하였다. 임안(臨安)의 경산에 머물며 선풍(禪風)을 날렸다. 당(唐)의 대종(代宗) 황제가 귀의하여 제자가 되었다. 시호는 대각(大覺)이다. 법계(法系)로는 사조도신(四祖道信) 문하의 7세에 해당하고, 금릉(金陵) 우두산(牛頭山)의 충(忠) 선사(禪師)의 자손에 해당한다.

467 단월(檀越) : dāna-pati의 음사. 시주(施主)라 번역. 보시하는 사람. =단월가(檀越家).

468 사위의(四威儀) : 가고, 머물고, 앉고, 눕는(行住坐臥) 네 가지 동작. 즉, 일상의 행위 동작.

469 빈도(貧道) : ①핍도(乏道)라고도 하니, 범어의 사문(沙門)을 번역한 말. 사문은 올바른 도를 닦아서 생사의 빈핍(貧乏)을 끊었으므로 이렇게 일컬음. ②도를 닦은 것이 아직 모자란다는 뜻. 스님들이 자기를 말할 적에 겸양하는 칭호.

杭州徑山道欽禪師(凡五), 蘇州崑山朱氏子. 唐代宗詔師, 至闕下, 親加禮敬. 一日師在大內, 見帝來, 乃起立, 帝云: "師何以起?" 師云: "檀越, 何得向四威儀中, 見貧道也?"

(2) 마조에게 속다

마조(馬祖) 대사가 사람을 시켜 편지를 전달하게 하였는데, 도흠 선사가 편지를 열어 보니 하나의 동그라미가 그려져 있었다. 도흠은 붓을 가지고 그 동그라미 속에 점 하나를 찍어서 그 편지를 되돌려 주었다. 뒷날 혜충국사(慧忠國師; ?-775)가 그 이야기를 듣고서 말했다.
"도흠 선사가 도리어 마조에게 속았다."

馬大師, 令人送書到, 師開緘, 見一圓相. 索筆, 就圓相中, 着一點, 卻封回. 後忠國師聞云: "欽師猶被馬祖惑."

설두(雪竇)가 말했다.
"경산(徑山)이 속은 것은 우선 놓아두고, 만약 혜충 국사를 말한다면[470] 따로 어떤 솜씨를 부렸기에 속지 않을 수 있었는가?"
어떤 노숙(老宿)[471]이 말했다.
"당시에 찢어 버리고[472] 곧장 그만두었어야 했다."
또 누가 말했다.
"다만 찢어 부수어야 했다. 만약 경산과 같이 했다면, 단지 부끄러운 줄

---

470 정사(呈似): 말해 주다. 드러내 보이다.
471 노숙(老宿): 노년숙덕(老年宿德)의 약어로 덕을 쌓은 노인이라는 뜻이다. 덕망 있는 스님에 대한 경칭으로 사용된다.
472 좌각(坐卻): 꺾어 버리다. 찢어 버리다. 부수어 버리다. =좌단(坐斷).

을 모를 뿐이다. 천하의 노화상이라 불린다면 각자 금강(金剛)의 눈동자[473]를 갖추고 신통변화를 두루 부리는데, 속지 않을 수 있겠는가? 설두의 안목도 단지 마조 대사가 동그라미를 그렸을 때에 벌써 스스로 속았음을 여러분들이 모두 알기를 바란 것이다.”

雪竇云: “徑山被惑, 且置, 若呈似忠國師, 別作箇甚麼伎倆, 免被惑去?”

有老宿云: “當時坐卻便休.”

又有道: “但與劃破. 若恁麼, 只是不識羞. 敢謂天下老師, 各具金剛眼睛, 廣作神通變化, 還免得麼? 雪竇見處, 也要諸方共知, 只這馬師畫出, 早自惑了也.”

(3) 무엇이 경계인가?

마조 대사가 지장(智藏)[474]을 시켜서 도흠에게 묻도록 하였다.

“24시간 속에서 무엇을 경계라고 여깁니까?”

도흠 선사가 말했다.

“그대가 마조 대사에게 돌아갈 때에 답신(答信)을 줄 것이다.”

지장이 말했다.

“지금 곧 돌아갑니다.”

도흠 선사가 말했다.

“마조 대사에게 도리어 조계(曹溪)[475]에게 질문해야 한다고 말씀드려라.”

馬大師, 令智藏問: “十二時中, 以何爲境?” 師云: “待汝回去時有信.” 藏云: “只今

---

473 금강안정(金剛眼睛) : 금강으로 된 눈동자. 금강(金剛)은 굳고 예리한 두 가지 덕을 가지고 있으므로, 불멸의 진여(眞如)를 가리키는 비유로 씀. 진여를 볼 수 있는 눈. 진여를 보는 안목(眼目).

474 마조도일(馬祖道一)의 제자인 서당지장(西堂智藏; 735-814).

475 조계(曹溪) : 육조혜능(六祖慧能).

便回去." 師云: "傳語馬大師, 却須問取曹谿."

(4) 출가는 대장부의 일

최공(崔公)과 조공(趙公)이 물었다.

"저희들이 오늘 출가(出家)하고 싶은데, 가능할까요?"

도흠 선사가 말했다.

"출가는 대장부의 일이지, 장군이나 재상이 할 수 있는 일이 아닙니다."

최공과 조공은 여기에서 깨달은 바가 있었다.

崔趙公問: "弟子今欲出家, 得否?" 師云: "出家乃大丈夫事, 非將相之所能爲."
公於是有省.

(5) 어떤 것이 도인가?

어떤 스님이 물었다.

"어떤 것이 도(道)입니까?"

도흠 선사가 말했다.

"산 위에는 잉어가 있고, 물속에는 바람에 날리는 먼지[476]가 있다."

다시 물었다.

"어떤 것이 조사가 서쪽에서 온 뜻입니까?"

도흠 선사가 말했다.

"그대의 질문이 알맞지 않다."

그 스님이 물었다.

---

476 봉진(蓬塵) : 바람이 불어 날리는 먼지.

"어떻게 해야 알맞습니까?"

도흠 선사가 말했다.

"내가 죽은 뒤에 그대에게 말하겠다."

僧問: "如何是道?" 師云: "山上有鯉魚, 水裏有蓬塵." 問: "如何是祖師西來意?" 師云: "汝問不當." 云: "如何得當去?" 師云: "待吾滅後, 向汝道."

금릉 우두 제7세 천태 불굴암 유칙 선사 법사

金陵牛頭第七世 天台佛窟岩惟則禪師法嗣

1. 운거지

천태(天台) 운거지(雲居智) 선사에게 계종(繼宗)이라는 스님이 물었다.

"자성을 보아 깨달음을 이룬다는 말의 뜻은 어떤 것입니까?"

운거지가 말했다.

"깨끗한 자성은 본래 맑아서 시끄러운 흔들림이 없고, 있음과 없음·깨끗함과 더러움·길고 짧음·취하고 버림에 속하지 않고, 바탕이 스스로 얽매임 없이 자유자재하다.[477] 이와 같이 밝게 본다면 일러 자성을 본다고 한다. 자성이 곧 부처이고, 부처가 곧 자성이다. 그러므로 '자성을 보아 깨달음을 이룬다.'라고 하는 것이다."

---

477 소연(翛然) : 사물에 얽매이지 않고 자유자재한 모양.

스님이 물었다.

"자성이 이미 깨끗하여 있음과 없음에 속하지 않는다면, 어떻게 볼 수 있습니까?"

운거지가 말했다.

"보지만 보이는 것은 없다."

스님이 물었다.

"보이는 것이 없는데, 어떻게 봅니까?"

운거지가 말했다.

"보는 곳도 없다."

스님이 물었다.

"그와 같이 볼 때에는 누가 봅니까?"

운거지가 말했다.

"볼 수 있는 자가 없다."

스님이 물었다.

"결국 어떤 이치입니까?"

운거지가 말했다.

"그대는 아느냐? 헛되이 헤아려 있다고 여기면 주관과 객관이 있으니 일러 헤맨다고 할 수 있다. 보는 것에 따라 견해를 일으키면 곧장 분별망상[478]에 떨어진다. 밝게 보는 사람이라면 그렇지 않으니, 온종일 보면서도 본 적이 없다. 그 보는 곳을 찾으면 바탕과 모습을 얻을 수 없고 주관과 객관이 모두 끊어졌는데, 이것을 일러 자성을 본다고 한다."

스님이 물었다.

"이 자성은 모든 곳에 두루 있습니까?"

---

478 생사(生死) : =생멸(生滅). jāti-maraṇa. 중생의 일생인 시작과 끝을 말함. 즉, 번뇌에 물든 중생의 삶. 상대 개념은 열반(涅槃). 또 생사는 생사심(生死心)을 가리키는데, 생사심은 분별과 차별 속에서 취하고 버리고 조작하는 중생의 분별심(分別心).

운거지가 말했다.

"두루 있지 않은 곳이 없다."

스님이 물었다.

"범부에게도 갖추어져 있습니까?"

운거지가 말했다.

"두루 있지 않은 곳이 없다고 말했는데, 어찌 범부에게 갖추어져 있지 않겠느냐?"

스님이 물었다.

"무슨 까닭에 모든 부처와 보살은 얽매이지 않는데, 범부만 홀로 고통에 얽혀 있습니까? 어떻게 두루 있다고 하겠습니까?"

운거지가 말했다.

"범부가 더럽고 깨끗한 자성 속에서 주관과 객관이 있다고 헤아리므로 분별망상에 떨어진다. 모든 부처와 보살은 깨끗한 자성 속에서 있음과 없음에 속하지 않음을 잘 알기 때문에 주관과 객관이 성립하지 않는다."

스님이 물었다.

"만약 그렇게 말씀하신다면, 깨달을 수 있는 사람과 깨닫지 못하는 사람이 있습니까?"

운거지가 말했다.

"깨달음조차 얻을 수 없는데, 어찌 깨달을 수 있는 사람이 있겠느냐?"

스님이 물었다.

"지극한 도리는 어떤 것입니까?"

운거지가 말했다.

"내가 그 요점을 말할 테니 그대는 기억해야 한다. 깨끗한 자성 속에는 범부와 성인이 없고 깨달은 사람과 깨닫지 못한 사람이 없다. 범부와 성인은 둘 모두 이름이다. 만약 이름을 따라 이해한다면, 분별망상에 떨어

질 것이다. 만약 헛된 이름이 진실하지 않음을 안다면, 알맞은 이름이란
없다."

다시 말했다.

"이것은 마지막에 도달한 곳이다. 만약 나는 깨달을 수 있고 그는 깨달
을 수 없다고 말한다면, 이것은 큰 병이다. 깨끗함과 더러움·범부와 성
인이 있다고 본다면 역시 큰 병이고, 범부와 성인이 없다는 견해를 짓는
다면 다시 인과(因果)가 없다고 내버리는 것에 속한다. 머물 수 있는 깨끗
한 자성이 있다고 본다면 역시 큰 병이고, 머물지 않는다는 견해를 짓는
다면 역시 큰 병이다. 그러나 깨끗한 자성 속에 비록 시끄러운 흔들림은
없지만, 부서지지 않는 방편(方便)을 갖추어 알맞게 활용하여 자비를 행하
니, 이와 같이 자비를 행하는 곳이라면 온전히 깨끗한 자성이고 자성을
보아 깨달음을 이룬다고 할 수 있다."

계종은 이 말을 듣고서 뛸 듯이 기뻐하면서 절을 올려 감사를 표하
였다.

天台雲居智禪師(凡一), 有僧繼宗問: "見性成佛, 其義云何?" 師云: "清淨之性, 本
來湛然, 無有動搖, 不屬有無淨穢, 長短取捨, 體自翛然. 如是明見, 乃名見性. 性
卽佛, 佛卽性. 故云: '見性成佛.'" 僧云: "性旣淸淨, 不屬有無, 因何有見?" 師云:
"見無所見." 僧云: "旣無所見, 何更有見?" 師云: "見處亦無." 僧云: "如是見時, 是
誰之見?" 師云: "無有能見者." 僧云: "究竟其理如何?" 師云: "汝知否? 妄計爲有,
卽有能所, 乃得名迷. 隨見生解, 便墮生死. 明見之人, 卽不然, 終日見而未嘗見.
求其見處, 體相不可得, 能所俱絶, 名爲見性." 僧云: "此性遍一切處否?" 師云: "無
處不遍." 僧云: "凡夫具否?" 師云: "尙言無處不遍, 豈有凡夫而不具乎?" 僧云: "因
何諸佛菩薩, 不被所拘, 凡夫獨縈於苦? 何曾得遍?" 師云: "凡夫於染淨性中, 計有
能所, 卽墮生死. 諸佛大士, 善知淸淨性中, 不屬有無, 卽能所不立." 僧云: "若如是

說, 卽有能了不了人?"師云: "了尙不可得, 豈有能了人乎?"僧云: "至理如何?"師
云: "我以要言之, 汝卽應念. 淸淨性中, 無有凡聖, 亦無了不了人. 凡之與聖, 二俱
是名. 若隨名生解, 卽墮生死. 若知假名不實, 卽無有當名者."又云: "此是極究竟
處. 若云我能了, 彼不能了, 卽是大病. 見有淨穢凡聖, 亦是大病, 作無凡聖解, 又
屬撥無因果. 見有淸淨性可棲止, 亦是大病, 作不棲止解, 亦是大病. 然淸淨性中,
雖無動搖, 具不壞方便應用, 及興慈運悲, 如是興運之處, 卽全淸淨之性, 可謂見性
成佛矣."繼宗得聞是語, 踊躍作禮而謝.

항주 경산도흠 선사 법사

杭州徑山道欽禪師法嗣

1. 작소도림

(1) 참된 출가

항주(杭州) 작소도림(鵲巢道林)⁴⁷⁹ 선사는 복주(福州) 복청(福淸)의 옹(翁)씨 아

---

479 작소도림(鵲巢道林) : 741-824. 조과도림(鳥窠道林)이라고도 함. 당대(唐代) 우두종(牛頭宗) 선승(禪僧).
   속성은 반(潘)씨. 절강성(浙江省) 출신. 21세에 과원사(果願寺)로 출가하여 계를 받았다. 경산도흠
   (徑山道欽) 문하에서 공부하여 그 법을 이었다. 절강성 항주(杭州) 진망산(秦望山)에 살면서 소나무
   가지 위에 앉아 좌선하였으므로 조과(鳥窠) 선사라고 하였다. 시호는 원수선사(圓修禪師). 『연등회
   요』에서 옹(翁)씨 아들이라고 한 것은 오류이고, 절강성 항주(杭州) 부양(富陽) 출신이므로 복건성
   (福建省) 복주(福州) 복청(福淸) 사람이라고 한 것도 오류이다.

들이다. 전당(錢塘)[480]의 서호(西湖)에 살 곳을 정했는데, 궁사(宮使)[481]인 회통 (會通)이라는 자가 도광(韜光) 선사가 권하여 시킨 탓에 도림 선사를 찾아뵙고서 말했다.

"저는 평소 재계(齋戒)[482]를 지키고 관리가 되기를 원하지 않고 출가에 뜻을 두고 그리워했습니다. 스님께서 출가시켜 주십시오."

도림 선사가 말했다.

"요즈음은 스님이 되어도 정성을 다하여 어려움을 견디며 애를 쓸[483] 수 있는 자가 드물고, 대체로 분수에 넘치게 행동하는 경우가 많습니다."

회통이 말했다.

"본래 깨끗하니 쪼고 닦을 것이 아니고, 원래 밝으니 비출 필요가 없습니다."

선사가 말했다.

"당신이 만약 깨끗한 지혜가 묘하고 두루하고 본바탕이 스스로 텅 비고 고요함을 깨달았다면, 그것이 곧 참된 출가인데, 어찌하여 겉모습에 의지하여 구하겠습니까? 당신이 재가(在家)의 보살이 되어 보시(布施)와 지계(持戒)를 모두 실천한다면, 사령운(謝靈運)[484]과 짝이 될 것입니다."

---

480 절강성(浙江省) 전당(錢塘)이므로 전증(錢增)은 전당(錢塘)의 오기(誤記)이다.

481 궁사(宮使) : ①궁중(宮中)의 사자(使者), 곧 환관(宦官). ②한 궁전을 주관하는 관리.

482 재계(齋戒) : 식사와 행동하는 것을 삼가고, 몸과 마음을 깨끗하게 함. 팔관재계(八關齋戒)의 준말. 팔재계란 팔관재계(八關齋戒)・팔계재(八戒齋)・팔계(八戒)・팔지재법(八支齋法)・팔소응리(八所應離)라고도 하는데, 재가자가 하루 동안 받아 지키는 여덟 가지 계율. 중생을 죽이지 말라・훔치지 말라・음행하지 말라・거짓말하지 말라・술 먹지 말라・꽃다발 쓰거나 향 바르고 노래하고 풍류를 즐기지 말며 가서 구경하지 말라・높고 넓고 큰 잘 꾸민 평상에 앉지 말라・때 아닌 때에 먹지 말라의 8계. 이 가운데 제8은 재, 나머지 일곱은 계. 또는 6번째 항목을 꽃다발로 꾸미거나 장식물로 꾸미지 말라・노래하고 춤추며 풍류를 즐기지 말라의 둘로 나누어서 8계와 1재를 말한다고도 함. 관(關)은 금지한다는 뜻.

483 정고(精苦) : 정성을 다하여 각고(刻苦)의 노력을 하다. 정성을 다하여 어려움을 견디며 몸과 마음을 기울여 무척 애를 쓰다.

484 사령운(謝靈運) : 유송(劉宋)의 거사. 진군(陳郡) 양하(陽夏; 하남(河南) 태강(太康)) 사람. 어려서부터 학문을 좋아하여 많은 책을 읽고 시를 잘 지었다. 벼슬길에 나아가 영가(永嘉)의 태수(太守)가 되었다. 문제(文帝; 424-453) 때에는 임천(臨川)의 내사(內史)로 부임하였다. 어릴 때에 불교를 접하여 축도생(竺道生)을 따라 여행한 적도 있다. 또 여산(廬山)에 이르러 혜원(慧遠)을 만나 마음으로 감복하

회통이 말했다.

"비록 그렇긴 하지만, 실제로 무슨 이익이 있겠습니까? 만일[485] 거두어 들여 주신다면, 스님의 가르침을 따르겠다고 서약(誓約)합니다."

선사가 이에 그의 머리를 깎아 출가시켰다.[486]

杭州鵲巢道林禪師(凡三), 福州福淸, 翁氏子. 卜居錢增西湖, 有宮使會通者, 因韜 光禪師, 勉令謁師, 通云:"弟子素持齋戒, 不願爲官, 志慕出家. 願和尙, 受與僧相." 師云:"今時爲僧, 鮮能精苦, 行多浮濫." 通云:"本淨非琢磨, 元明不隨照." 師云:"汝 若了淨智妙圓, 體自空寂, 卽眞出家, 何假外求? 汝當爲在家菩薩, 施戒俱修, 如謝靈 運之儔也." 通云:"然雖如此, 於事何益? 儻垂攝受, 誓遵師敎." 師遂與剃度.

(2) 이곳의 불법

회통이 하루는 떠나고자 하니 도림 선사가 물었다.

"그대는 어디로 가려고 하느냐?"

회통이 말했다.

"저는 불법(佛法)을 위하여 출가하였는데, 스님께서 가르침을 내리시지 않으니 여러 곳으로 가서 불법을 배우려 합니다."

선사가 말했다.

"만약 불법이라면, 내가 있는 여기에도 약간은 있다."

회통이 말했다.

"어떤 것이 스님이 계신 이곳의 불법입니까?"

여 절의 축대를 쌓아 주고 『열반경』 40권을 36권으로 다시 편찬하였다. 『불찬(佛贊)』, 『변종론(辯 宗論)』, 『금강경주(金剛經註)』 등을 저술하였다. 반역을 꾀하였다는 모함을 받아서 사형당하였다.
485 당(儻) : 만일(혹시) -이라면.
486 체도(剃度) : 머리를 깎고 스님이 됨. 출가하여 득도하는 것. =득도(得度).

선사는 자기 옷에서 실오라기 하나를 집어 들어 입으로 불었다. 회통은 이에 깨달은 바가 있었다.

會通一日取辭, 師問: "汝欲何往?" 通云: "某甲爲佛法出家, 和尙不垂慈誨, 往諸方學佛法去." 師云: "若是佛法, 老僧此間, 亦有少許." 通云: "如何是和尙此間佛法?" 師於身上, 拈起布毛, 吹之. 通於是有省.

대위수(大潙秀)가 말했다.

"안타깝게도 이 스님이 알아차린 것은 입에서 나온 소리와 색깔이니, 자기의 밝은 빛이 하늘과 땅을 뒤덮고 있음은 전혀 알지 못하는구나."

묘희(妙喜)가 말했다.

"대위(大潙)가 이렇게 비판하였지만, 도림이 있는 곳은 꿈에도 보지 못했다."

大潙秀云: "可惜這僧認地, 口頭聲色, 殊不知, 自己光明, 蓋天蓋地."

妙喜云: "大潙恁麼批判, 也未夢見鳥窠在."

(3) 더 위험한 곳

시랑(侍郞) 백거이(白居易)[487]가 항주(杭州)의 태수(太守)로 부임하여 도림 선

---

[487] 백거이(白居易) : 772-846. 중국 당(唐)나라 시인(詩人). 자는 낙천(樂天), 호는 향산거사(香山居士), 시호는 문(文). 하남성(河南省) 신정현(新鄭縣) 사람. 한림학사(翰林學士)·좌습유(左拾遺)·낭중(郎中)·중서사인(中書舍人)·항주자사(杭州刺史)·소주자사(蘇州刺史)·비서감(秘書監)·형부시랑(刑部侍郞)·하남윤(河南尹)·태자빈객분사(太子賓客分司)·태자소부분사(太子少傅分司)·형부상서(刑部尚書) 등 많은 벼슬을 하였다. 그러나 백거이는 문학 창작을 삶의 보람으로 여겼다. 그는 대략 3,840편에 달하는 많은 작품을 창작했다.

사를 찾아와서 말했다.

"선사께서 머무는 곳은 매우 위험하군요."

도림 선사가 말했다.

"태수의 위험이 더욱 심합니다."

백거이가 물었다.

"저는 강산을 다스리는 우두머리의 자리에 있는데, 어떤 위험이 있습니까?"

도림 선사가 말했다.

"장작불로 번갈아 끓이듯이 성질과 의식이 가만 있지 않은데, 위험하지 않을 수 있습니까?"

백거이가 다시 물었다.

"어떤 것이 불법(佛法)의 큰 뜻입니까?"

도림 선사가 말했다.

"어떤 악(惡)도 짓지 말고, 여러 선(善)을 행하십시오."

백거이가 말했다.

"세살 먹은 어린아이도 그렇게 말할 줄 압니다."

선사가 말했다.

"세살 먹은 어린아이가 말할 수는 있어도, 팔십 먹은 노인도 행할 수는 없습니다."

백거이는 이에 절을 올리고 작별하였다.

白侍郎居易, 守杭, 謁師問云: "禪師住處甚危嶮." 師云: "太守危嶮尤甚." 白云: "弟子, 位鎭江山, 何危嶮之有?" 師云: "薪火交煎, 性識不停, 得非嶮乎?" 又問: "如何是佛法大意?" 師云: "諸惡莫作, 衆善奉行." 白云: "三歲孩兒, 也解恁麽道." 師云: "三歲孩兒雖道得, 八十老人行不得." 白遂作禮而謝.

연등회요(聯燈會要) 제3권

제7장
오조홍인 대사 방출 법사

五祖弘忍大師旁出法嗣

1. 북종신수

　북종(北宗) 신수(神秀)[488] 대사는 개봉(開封)의 위(尉)씨 아들이다. 법당에 올라 대중에게 말했다.

　"모든 불법(佛法)은 자기 마음에 본래 있으니, 일부러[489] 밖에서 구한다면 아버지를 버리고 도망가는 짓이다."

　北宗神秀大師(凡一), 開封尉氏子. 示衆云:"一切佛法, 自心本有, 將心外求, 捨父逃走."

2. 숭산혜안

(1) 비밀스러운 행위

---

488 대통신수(大通神秀) : ?-706. 중국 당나라 스님. 북종선(北宗禪)의 개조(開祖). 속성은 이씨. 개봉(開封) 사람. 50세에 기주(蘄州) 쌍봉(雙峰) 동산사에 5조 홍인선사(弘忍禪師)를 뵙고 제자가 됨. 홍인이 죽은 뒤에 강릉 당양산에 있으면서 측천무후의 귀의를 받고, 궁중의 내도량(內道場)에 가서 우대를 받았으며, 또 중종황제의 존경을 받음. 신룡 2년에 죽음. 시호는 대통선사(大通禪師). 동문(同門)의 혜능(慧能)이 5조의 법사(法嗣)가 되어 스승의 명으로 남방에 가서 도법을 널리 편 이래로 혜능이 전한 것을 남종(南宗)이라 하고, 신수가 전한 것을 북종(北宗)이라 함.
489 장심(將心) : 일부러. 고의로. 마음먹고. 의도적으로. 존심(存心)과 같음.

숭산(嵩山)의 혜안(惠安)[490] 국사는 형주(荊州) 지강(枝江)의 위(衛)씨 아들이다. 탄연(坦然)[491]과 회양(懷讓)[492]이라는 스님이 물었다.

"어떤 것이 조사가 서쪽에서 오신 뜻입니까?"

혜안 국사가 말했다.

"어찌하여 자기의 뜻은 묻지 않느냐?"

그들이 다시 물었다.

"어떤 것이 자기의 뜻입니까?"

국사가 말했다.

"마땅히 비밀스러운 행위[493]를 보아야 한다."

"어떤 것이 비밀스러운 행위입니까?"

국사는 눈을 떴다 감았다 하면서 보여 주었다. 탄연은 즉시[494] 귀결점을 알아차렸지만, 회양은 다시 조계(曹溪)를 찾아갔다.

嵩山惠安國師(凡二), 荊州枝江, 衛氏子. 有僧坦然懷讓問: "如何是祖師西來意?" 師云: "何不問自己意?" 云: "如何是自己意?" 師云: "當觀密作用." 云: "如何是密作用?" 師以目開合示之. 坦然言下知歸, 讓卽詣曹谿.

---

490 숭산혜안(崇山惠安) : =숭악혜안(嵩嶽慧安). 642-709. 당대(唐代) 선승. 속성은 위(衛)씨, 형주(荊州) 지강(枝江) 출신. 오조홍인(五祖弘忍)을 만나서 심요(心要)를 얻고, 숭악산(嵩嶽山)에 들어가 머물렀다. 당(唐) 중종(中宗)에게 자의(紫衣)를 하사받고, 입적 후 노안선사(老安禪師)라는 시호를 받았다.

491 탄연(坦然) : 『조당집(祖堂集)』에는 탄연(坦然)이 남악회양(南嶽懷讓)의 법을 이은 제자로 되어 있고, 『경덕전등록(景德傳燈錄)』에는 탄연이 숭악혜안(嵩嶽慧安) 국사(國師)의 법을 이은 제자로 되어 있고, 『오등회원(五燈會元)』에는 탄연이 남악회양의 동학(同學)으로서 함께 숭악혜안에게 법을 물은 것으로 되어 있다.

492 남악회양(南嶽懷讓) : 677-744. 당대(唐代) 선승. 남악(南嶽)은 머문 산 이름. 속성은 두(杜)씨. 산동성(山東省) 금주(金州) 출신. 15세에 호북성 형주(荊州) 옥천사(玉泉寺)의 홍경(弘景) 율사(律師)를 찾아가 출가하여 율장을 공부함. 그 뒤에 숭산(嵩山)의 숭악혜안(嵩嶽慧安)을 만나 그의 권유에 의하여 조계(曹溪)의 육조혜능을 찾아가 5년간 그 문하에서 공부하고 육조의 법을 이었다. 당(唐) 선천(先天) 2년(713)에 남악(南嶽)의 반야사(般若寺)에 머물렀고, 개원(開元) 연간(713-741)에 마조도일(馬祖道一)을 가르쳐 법을 전하였다. 청원행사(青原行思)와 더불어 혜능의 2대 제자이다. 그의 문하에서 임제종(臨濟宗)과 위앙종(潙仰宗)이 출현하여 중국 선종의 주류를 이룸. 시호는 대혜선사(大慧禪師).

493 작용(作用) : ①행위하다. ②마음을 쓰다.

494 언하(言下) : ①말하는 사이에. ②바로 그 자리에서. 즉시.

(2) 측천무후

측천무후(則天武后)[495]가 혜안 국사에게 물었다.

"연세가 얼마입니까?"

국사가 말했다.

"기억하지 못합니다."

무후가 물었다.

"어찌하여 기억하지 못합니까?"

국사가 말했다.

"살고 죽는 몸이 돌고 돈다면, 돌고 도는 곳에 일어나고 사라짐이 없는데 어찌 기억할 필요가 있겠습니까? 하물며 이 마음이 물처럼 흘러가는 속에는 틈 없이 물거품이 일어나고 사라지는 것을 보니 곧 망상(妄想)입니다. 태어나서 의식할 때부터 이렇게 움직여서 사라질 때에도 역시 그와 같으니, 어느 해 어느 달 어느 날을 기억할 수 있겠습니까?"

무후는 이 말을 듣고서 더욱 국사를 공경(恭敬)하게 되었다. 국사는 128세나 살았다.

武后問師: "甲子多少?" 師云: "不記." 后云: "何得不記?" 師云: "生死之身, 其若循環, 環無起盡, 焉用記爲? 況此心流注, 中間無間, 見漚起滅者, 乃妄想爾. 從初識至動相, 滅時亦只如此, 何年月日, 而可記乎?" 后聞加敬. 師享壽一百二十八.

---

495 측천무후(則天武后) : 625-705. 중국 역사상 유일한 여제(女帝). 본명은 무조(武照). 무후(武后), 무측천(武則天)이라고도 한다. 당나라 고종(高宗; 649-683)의 비(妃)로 들어와 황후(皇后)의 자리에까지 올랐으며, 40년 이상 중국을 실질적으로 통치했다. 생애 마지막 15년(690-705) 동안은 국호를 당(唐)에서 주(周)로 변경하고 천수(天授)라는 연호를 썼다. 무후는 당조의 기반을 튼튼하게 해 제국을 통일했다.

3. 몽산도명

원주(袁州)의 몽산도명(蒙山道明) 선사는 파양(鄱陽) 진선제(陳宣帝)의 후손이다. 수십 명의 사람들과 노(盧) 행자(行者)[496]를 뒤쫓았는데, 대유령(大庾嶺)에 이르자 혜능(慧能)은 도명이 뒤쫓아오는 것을 보고서 옷과 발우를 너럭바위 위에 던져 놓고 말했다.

"이 옷은 믿음을 표시하는 것인데, 힘으로 다툴 수 있겠습니까? 당신 마음대로 가져가십시오."

도명이 그것을 들려고 하였지만 산처럼 움직이지 않았다. 도명은 머뭇거리며 두려워하다가 말했다.

"저는 법을 구하러 온 것이지, 옷 때문에 온 것이 아닙니다. 행자께서 법을 열어 보여 주십시오."

혜능이 말했다.

"선(善)도 생각하지 말고, 악(惡)도 생각하지 마십시오. 바로 이러한 때에 어떤 것이 도명 상좌(上座)의 본래면목(本來面目)입니까?"

도명은 그 말을 듣자마자 깨달았으니, 온몸에 진땀이 났다. 도명은 혜능에게 절을 올리고 물었다.

"위로부터 내려온 비밀스러운 말과 비밀스러운 뜻 밖에 다시 또 뜻이 있습니까?"

혜능이 말했다.

"내가 지금 당신에게 말하는 것은 비밀이 아닙니다. 당신이 만약 자기의 본래면목을 돌이켜 본다면 비밀은 도리어 당신에게 있습니다."

도명이 말했다.

---

496 노(盧) 행자는 곧 육조혜능(六祖慧能)이다. 육조혜능이 애초 오조홍인(五祖弘忍) 아래에서 깨닫고 법과 옷을 받았을 때에는 아직 구족계(具足戒)를 받기 이전의 행자(行者) 신분이었다.

"저는 황매(黃梅)[497]에서 대중과 함께 있었을 때에는 아직 자기의 면목을 깨닫지 못했습니다. 지금 가르침을 받고 보니 마치 사람이 물을 마셔서 차가움과 따스함을 스스로 아는 것과 같습니다. 이제 행자께서는 저의 스승이십니다."

혜능이 말했다.

"그렇다면 당신과 나는 함께 황매를 스승으로 모셔야 합니다. 잘 보호해 지니십시오."

袁州蒙山道明禪師(凡一), 鄱陽陳宣帝之裔也. 因與數十人, 趁盧行者, 至大庾嶺, 能見師來, 擲衣鉢于盤石上云: "此衣表信, 可力爭耶? 任汝將去." 師擧之, 如山不動. 踟躕悚慄, 乃云: "我來求法, 非爲衣也. 願行者開示." 能云: "不思善不思惡. 正恁麽時, 阿那箇是明上座本來面目?" 明於言下開悟, 遍體汗流. 作禮問云: "上來密語密意外, 還更有意旨否?" 能云: "我今與汝說者, 卽非密也. 汝若返照自己面目, 密卻在汝邊." 明云: "某甲在黃梅隨衆, 實未省自己面目. 今蒙指授入處, 如人飲水冷煖自知. 今行者, 卽某甲師也." 能云: "若如是, 吾與汝, 同師黃梅. 善自護持."

북종신수 대사 법사

北宗神秀大師法嗣

1. 연주 항마장

연주(兗州)의 항마장(降魔藏) 선사는 조군(趙郡)의 왕(王)씨 아들이다. 신수(神秀) 대사가 물었다.

"그대는 이름이 마귀를 항복시킨다는 항마(降魔)인데, 여기에는 산도깨비도 없고 나무귀신도 없는데, 그대가 도리어 마귀를 만드느냐?"

항마 선사가 말했다.

"부처도 있고 마귀도 있습니다."

신수 대사가 말했다.

"그대가 만약 마귀라면 반드시 불가사의한 경계에 머물러야 한다."

항마 선사가 말했다.

"부처조차도 공(空)인데, 어떤 경계가 있겠습니까?"

兗州降魔藏禪師(凡一), 趙郡王氏子也. 秀問:"汝名降魔, 此無山精木怪, 汝翻作魔耶?"師云:"有佛有魔."秀云:"汝若是魔, 必住不思議境界."師云:"是佛亦空, 何境界之有?"

숭산혜안 국사 법사

嵩山惠安國師法嗣

1. 숭산 파조타

(1) 아궁이를 부수다

숭산(嵩山)의 파조타(破竈墮)⁴⁹⁸ 선사는 이름을 알 수 없다. 산의 후미진 곳에 사당(祠堂)이 있는데 매우 영험하였다. 전각 가운데에는 오직 깨진 부엌 하나가 안치되어 있을 뿐이었는데, 그 지방 사람들의 제사가 그치지 않았다. 선사가 그 사당으로 들어가 주장자를 가지고 부엌을 세 번 두드리고 말했다.

"너는 본래 진흙과 벽돌과 기와로 이루어졌는데, 영험은 어디에서 오고 성스러움은 어디에서 일어나기에 동물의 생명을 이렇게 저미고 삶고 하면서 요리하게 하느냐?"

다시 세 번 두드리니 부엌이 곧 기울어지며 무너졌다. 선사가 말했다.

"부서져라. 무너져라. 부서져라. 무너져라."

잠깐 사이에 푸른 옷을 입고 높은 모자를 쓴 한 인물이 나타나 선사에게 절을 올리니, 선사가 물었다.

"그대는 어떤 사람이냐?"

그 신인(神人)이 말했다.

"저는 본래 이 사당의 조왕신(竈王神)인데, 오래도록 업보를 받고 있다가 오늘 스님의 무생법인(無生法忍) 법문을 듣고서 이곳을 벗어날 수 있었습니다. 이제 하늘나라에 태어났으니 일부러 찾아와 감사를 드리는 것입니다."

선사가 말했다.

"그대가 본래 가지고 있는 자성(自性)이지, 내가 억지로 말한 것이 아니다."

신인은 거듭 절을 하고서 사라졌다. 잠시 뒤 선사를 모시고 있던 승려

---

498 파조타(破竈墮) : 당(唐)의 개원(開元; 713-741) 연간의 선승(禪僧). 『경덕전등록』에는 숭악혜안(嵩嶽慧安)의 제자라 되어 있고, 『오등회원』에는 북종신수(北宗神秀)의 제자라 되어 있으니, 북종(北宗)에 속하는 선승이었다. 선법(禪法)에 잘 통했다고 하는데, 그의 말과 행동은 상규(常規)를 벗어나서 다른 사람들이 예측할 수 없게 하였다고 전해진다.

들이 물었다.

"저희들은 오래도록 스님을 모셨지만 깨우침을 받지 못했는데, 조왕신은 어떤 재빠른 뜻을 얻었기에 곧장 하늘나라에 태어날 수 있었습니까?"

선사가 말했다.

"나는 다만 그에게 '너는 본래 진흙과 벽돌과 기와로 이루어진 것이다.'라고만 말했을 뿐이고, 달리 그에게 도리를 말해 준 것은 없다."

모시고 있던 승려들이 말이 없자 선사가 말했다.

"알겠느냐?"

승려들이 말했다.

"모르겠습니다."

선사가 말했다.

"본래 가지고 있는 자성인데, 무엇 때문에 알지 못하느냐?"

승려들이 모두 절을 올리니, 선사가 말했다.

"부서져라. 무너져라. 부서져라. 무너져라."

모시고 있던 승려들은 이에 느낀 바가 있었다.

뒷날 의풍(義豊) 선사가 안(安) 국사에게 이 이야기를 하니, 안 국사가 찬탄하며 말했다.

"이 사람은 사물과 내가 하나임을 철저히 알았으니, 밝은 달이 허공에 있는 것과 같아서 보지 않는 자가 없다고 할 만하나, 그의 이야기의 맥락(脈絡)을 다 밝히기는 어렵다."

嵩山破灶墮禪師(凡三), 不稱名氏. 山塢有廟, 甚靈. 殿中唯破灶一所, 鄕民祭祀不輟. 師入其廟, 以拄杖敲灶三下云: "汝本泥土, 塼瓦合成, 靈從何來, 聖從何起, 恁麼烹宰物命?" 又敲三下, 灶乃傾墮. 師云: "破也. 墮也. 破也. 墮也." 須臾有一青衣峨冠, 設拜師前, 師問: "汝是何人?" 神云: "我本此廟灶神, 久受業報, 今蒙和尙爲說無生法忍, 得脫此處. 今生天上, 特來致謝." 師云: "是汝本有之性, 非吾强言." 神再拜而沒. 少選侍僧問云: "某等久侍和尙, 不蒙示誨, 灶神得何徑旨, 便得生天?" 師云: "我只向伊道, 汝本泥土塼瓦合成, 別也無道理爲他." 侍僧無語, 師云: "會麼?" 僧云: "不會." 師云: "本有之性, 爲甚麼不會?" 侍僧俱作禮, 師云: "破也. 墮也. 破也. 墮也." 侍僧於此有省. 後義豊禪師, 擧似安國師, 安嘆云: "此子會盡物我一如, 可謂如朗月處空無不見者, 難究伊語脈."

(2) 크게 수행한 사람

어떤 스님이 물었다.
"어떤 것이 크게 수행하는 사람입니까?"
파조타 선사가 말했다.
"죄인의 칼을 목에 쓰고 몸에 쇠사슬을 묶는 것이다."
그 스님이 물었다.
"어떤 것이 크게 업을 짓는 사람입니까?"
파조타 선사가 말했다.
"선정을 닦고 삼매에 들어가는 것이다."
그 스님이 말했다.
"스님께서 가르쳐 주십시오."
파조타 선사가 말했다.
"그대가 나에게 악(惡)을 물으면 악은 선(善)을 따르지 않으며, 그대가 나에게 선을 물으면 선은 악을 따르지 않는다."
잠시 말없이 있다가 말했다.
"알겠느냐?"
그 스님이 말했다.

"모르겠습니다."

파조타 선사가 말했다.

"악한 사람에게는 선한 생각이 없고, 선한 사람에게는 악한 마음이 없다. 그러므로 말한다. 선과 악은 마치 뜬구름과 같아서 생기고 사라지는 곳이 전혀 없다."

그 스님은 그 말을 듣고서 크게 깨달았다.

僧問: "如何是大修行底人?" 師云: "檐枷帶鎖." 云: "如何是大作業底人?" 師云: "修禪入定." 云: "乞師指示." 師云: "汝問我惡, 惡不從善, 汝問我善, 善不從惡." 良久云: "會麼?" 云: "不會." 師云: "惡人無善念, 善人無惡心. 所以道. 善惡如浮雲, 起滅俱無處." 其僧言下大悟.

(3) 우두에서 온 스님

우두(牛頭)에서 어떤 스님이 찾아오니 파조타 선사가 물었다.

"어떤 사람의 회상(會上)에서 오는가?"

그 스님은 합장⁴⁹⁹하고서 선사에게 다가와 선사를 한 바퀴 돌고서 밖으로 나갔다. 선사가 말했다.

"우두의 회상에 이런 사람이 있을 리가 없는데."

그 스님이 되돌아와 선사의 윗자리⁵⁰⁰에 가서 합장을 하고 서자, 선사가 말했다.

"과연(果然)! 과연!"

---

499 차수(叉手) : ①두 손을 붙여 합장(合掌)하는 것. ②차수당흉(叉手當胸). 선문(禪門)의 예법. 왼손의 엄지를 구부리고 다른 네 손가락으로 주먹을 만들어 가슴에 붙이고, 오른손으로 감싼 모습. 합장(合掌)에 뒤따르는 예법. 선원(禪院)에서는 이런 모습이 예의에 맞고, 그냥 양손을 내려뜨리고 있는 것은 무례한 모습이다.
500 상견(上肩) : ①자기보다 윗사람. ②자신의 윗자리. 앞 차례.

스님이 도리어 물었다.

"사물을 대하는 것이 다른 것에서 말미암지 않을 때에는 어떻습니까?"

파조타 선사가 말했다.

"어떻게 다른 것에서 말미암지 않을 수 있겠는가?"

스님이 말했다.

"그렇다면 올바른 도리를 따라 근원으로 돌아가는군요."

파조타 선사가 말했다.

"근원으로 돌아가면 무엇을 따르는가?"

그 스님이 말했다.

"스님이 아니라면 아마도 잘못하여 허물을 불러왔을 것입니다."

파조타 선사가 말했다.

"아직은 사조(四祖)를 만나지 못했을 때의 도리(道理)이다. 사조를 만난 뒤의 도리를 한마디 말해 보라."

그 스님은 승상(繩床)을 한 바퀴 돌고서 나가 버렸다. 파조타 선사가 말했다.

"올바름을 따르는 도리는 예나 지금이나 이와 같다."[501]

牛頭有僧來, 師問: "來自何人法會?" 僧叉手近前, 繞師一匝而出. 師云: "牛頭會下, 不可有此人." 僧回師上肩, 叉手而立, 師云: "果然! 果然!" 僧卻問: "應物不由他時如何?" 師云: "爭得不由他?" 僧云: "恁麽則順正歸源去也." 師云: "歸源何順?" 僧云: "若非和尚, 幾錯招愆." 師云: "猶是未見四祖時道理. 見後道將一句來." 僧繞繩床一匝而出. 師云: "順正之道, 今古如然."

---

501 여연(如然) : 이와 같다. 이렇다. =여차(如此).

2. 숭산원규

숭산원규(嵩山元珪) 선사는 이궐(伊闕)[502]의 이(李)씨 아들이다. 안(安) 국사에게서 마음을 확인한 뒤에 큰 산의 높은 곳에 살았다. 하루는 이상한 사람이 높은 모자를 쓰고 고습(袴褶)[503]을 입고 왔는데, 따르는 자가 매우 많았고 가벼운 걸음으로 느릿하게 걸어와 원규 대사를 불렀다. 원규 대사는 그 모습이 특별하고 괴이하여 평범하지 않음을 보고서 그를 타일렀다.

"잘 오셨소,[504] 당신.[505] 왜[506] 왔습니까?"

그가 말했다.

"스님께서는 설마[507] 저를 아시겠습니까?"

대사가 말했다.

"나는 부처와 중생을 동등하게 봅니다. 내가 한 가지로 보는데, 어찌 차별하겠습니까?"

그가 말했다.

"저는 산신(山神)으로서 사람을 죽일 수도 있고 살릴 수도 있는데, 어찌 저를 동일하게 볼 수 있습니까?"

대사가 말했다.

"나는 본래 태어나지 않았는데, 당신이 어떻게 죽일 수 있겠습니까? 나는 몸과 공(空)을 같다고 보고 나와 당신이 같다고 보는데, 당신은 공과 당

---

502 이궐(伊闕) : 땅 이름. 하남성(河南省) 낙양(洛陽) 남쪽에 있으며, 춘추시대 주(周)나라의 궐새(闕塞)이다. 두 산이 마주한 것이 궐문(闕門)과 같고, 이수(伊水)가 그 사이를 흘러간다.

503 고습(袴褶) : 옷 이름. 윗도리는 습(褶), 아랫도리는 고(袴)인데, 한말(漢末)부터 기마복(騎馬服)으로 사용하였다. 남북조(南北朝) 시대에 유행하여 평상복이나 조복(朝服)으로 입기도 하다가, 당말(唐末)에 없어졌다. =고삼(袴衫).

504 선래(善來) : 산스크리트 svāgata의 번역. 잘 왔다는 뜻. 비구가 찾아온 사람을 환영하는 말.

505 인자(仁者) : 상대방을 높여 부르는 말. 당신.

506 호위(胡爲) : 어찌하여. 무슨 까닭으로.

507 녕(寧) : 어찌 -랴? 설마 -이겠는가?

신을 부술 수 있습니까? 만약 공과 당신을 부술 수 있다면, 나는 생겨나지도 않고 사라지지도 않을 것입니다. 당신은 오히려 이와 같을 수 없으면서 다시 어떻게 나를 살리기도 하고 죽이기도 하겠습니까?"

산신령이 머리를 조아리며 말했다.

"저도 다른 신령들에 비하여 총명하고 정직합니다만, 스님에게 있는 드넓은 지혜와 말재주를 어찌 알겠습니까? 원컨대 제가 올바른 계(戒)를 받아서 세상을 구제할 수 있게 해 주십시오."

대사가 말했다.

"당신이 이미 계를 구한다면, 이미 계를 갖춘 것입니다. 까닭이 무엇일까요? 계 밖에 다시 계가 없으니, 또 무슨 계를 갖추겠습니까?"

산신령이 말했다.

"이 도리를 들어도 저는 알지 못하겠습니다. 다만[508] 스님의 계를 구하여 저 자신의 제자가 되겠습니다."

嵩山元珪禪師(凡一), 伊闕李氏子. 印心於安國師, 遂卜廬於嶽之龐塢. 一日有異人, 峨冠袴褶而至, 從者極多, 輕步舒徐, 稱謁大師. 師睹其形貌, 奇偉非常, 乃諭之曰: "善來仁者, 胡爲而至?" 彼云: "師寧識我耶?" 師云: "吾觀佛與衆生等. 吾一目之, 豈分別耶?" 彼云: "我岳神也, 能生死於人, 安得一目我哉?" 師云: "吾本不生, 汝安能死? 吾視身與空等, 視吾與汝等, 汝能壞空與汝乎? 苟能壞空與汝, 則吾不生不滅也. 汝尙不能如是, 又焉能生死吾耶?" 神稽首云: "我亦聰明正直於餘神, 詎知師有廣大之智辯乎? 願受以正戒, 令我度世." 師云: "汝旣乞戒, 卽旣戒也. 所以者何? 戒外無戒, 又何戒哉?" 神云: "此理也, 吾聞茫昧. 止求師戒, 我身爲弟子."

대사가 곧 자리를 마련하여 향로를 들고 탁자를 정돈하고서 말했다.

---

508 지(止) : 단지. 다만.

"그대에게 오계(五戒)를 주겠다. 만약 받아 지닐 수 있다면 '할 수 있습니다.'라고 말해야 하며, 받아 지닐 수 없다면 '아닙니다.'라고 말하라."

산신령이 말했다.

"삼가 가르침을 받겠습니다."

대사가 말했다.

"그대는 음행(淫行)을 하지 않을 수 있겠는가?"

산신령이 말했다.

"저는 이미 장가를 들었습니다."

대사가 말했다.

"그것을 말하는 것이 아니다. 욕망에 얽매임이 없는 것을 말하는 것이다."

산신령이 말했다.

"할 수 있습니다."

대사가 말했다.

"그대는 도둑질하지 않을 수 있겠는가?"

산신령이 말했다.

"무엇이 부족하여 제가 도둑질하여 가질 것이 있겠습니까?"

대사가 말했다.

"그것을 말하는 것이 아니다. 잔치를 베풀어 술과 고기와 여인을 즐기면서 공경하지 않아 선(善)에 해를 끼치는 것을 말한다."

산신령이 말했다.

"할 수 있습니다."

대사가 말했다.

"그대는 살생하지 않을 수 있겠는가?"

산신령이 말했다.

"실제로 권력을 쥐고 있는데, 어찌 살생하지 않는다고 말하겠습니까?"

대사가 말했다.

"그것을 말하는 것이 아니다. 지나침과 잘못됨과 의심과 혼동함을 말하는 것이다."

산신령이 말했다.

"할 수 있습니다."

대사가 말했다.

"그대는 거짓말하지 않을 수 있겠는가?"

산신령이 말했다.

"저는 정직한데, 어찌 거짓이 있겠습니까?"

대사가 말했다.

"그것을 말하는 것이 아니다. 앞뒤가 천심(天心)[509]에 맞지 않는 것을 말하는 것이다."

산신령이 말했다.

"할 수 있습니다."

대사가 말했다.

"그대는 술에 취하지 않을 수 있겠는가?"

산신령이 말했다.

"할 수 있습니다."

대사가 말했다.

"위와 같으면 부처님의 계(戒)가 된다."

師卽爲張座秉爐正几云: "付汝五戒. 若能奉持, 卽應云能, 不能則云否." 神云: "謹授敎." 師云: "汝能不婬乎?" 云: "我亦娶也." 師云: "非謂此也. 謂無羅欲也." 云:

---

509 천심(天心) : ①하늘의 마음. ②본성(本性). 본심(本心).

能." 師云: "汝能不盜乎?" 云: "何乏? 我也焉有盜取哉?" 師云: "非謂此也. 謂饗而
福淫, 不恭而禍善也." 云: "能." 師云: "汝能不殺乎?" 云: "實司其柄, 焉曰不殺?" 師
云: "非謂此也. 謂有濫誤疑混也." 云: "能." 師云: "汝能不妄乎?" 云: "吾正直, 焉有
妄乎?" 師云: "非謂此也. 謂先後不合天心也." 云: "能." 師云: "汝不遭酒敗乎?" 云:
"能." 師云: "如上是爲佛戒也."

대사가 다시 말했다.

"삼가 지니는 마음은 있으면서도 구속되거나 집착하는 마음은 없고, 중
생을 위하는 마음은 있으면서도 자신을 생각하는 마음은 없다. 이와 같
을 수 있다면, 천지(天地)보다 앞서 태어나도 정력(精力)[510]이 아니고 천지보
다 뒤에 죽어도 늙음이 아니며, 온종일 변화하여도 움직임이 아니고 끝내
고요히 침묵하더라도 쉬는 것이 아니다. 이것을 깨달으면 비록 장가를
가더라도 아내를 얻은 것이 아니고, 잔치를 벌이더라도 즐기는 것이 아니
고, 권력을 쥐고 있더라도 권력이 아니고, 조작하더라도 거짓이 아니고,
술에 취하더라도 정신이 흐릿하지 않다.

만약 만물에 대하여 마음이 없을 수 있다면, 욕망에 얽매이더라도 고기
와 음란함을 즐기지는 않고, 선(善)에 해를 끼치더라도 도둑질하지는 않
고, 지나치고 잘못되고 의심하고 혼동하더라도 살생하지는 않고, 앞뒤가
천심에 맞지 않더라도 거짓되지는 않고, 정신이 흐릿하고 거칠고 착각하
더라도 술에 취하지는 않으니, 이것을 일러 마음이 없다고 한다. 마음이
없으면 계(戒)도 없고 계가 없으면 마음도 없고, 부처가 없으면 중생도 없
고 그대가 없으면 나도 없는데, 누가 계(戒)를 행하겠는가?"

又言: "以有心奉持, 而無心拘執. 有心爲物, 而無心想身. 能如是, 則先天地生,

---

510 정(精) : ①순수한 것. 정수(精髓). ②정신. 정력. 원기. ③정액. ④요정(妖精). 요물.

而不爲精, 後天地死, 而不爲老, 終日變化, 而不爲動, 畢竟寂默, 而不爲休. 悟此 則雖娶, 非妻也, 雖饗非取也, 雖柄非權也, 雖作非故也, 雖醉非惛也. 若能無心於 萬物, 則羅欲, 不爲婬福淫, 禍善不爲盜, 濫誤疑混, 不爲殺, 先後違天, 不爲妄, 惛 荒顚倒, 不爲醉, 是謂無心也. 無心則無戒, 無戒則無心, 無佛無衆生, 無汝乃無我, 孰爲戒哉?"

산신령이 말했다.

"저의 신통(神通)은 부처님의 신통에 버금갑니다."

대사가 말했다.

"그대의 신통은 열 가운데 다섯은 할 수 있으나 다섯은 할 수 없는데, 부처님의 신통은 열 가운데 일곱을 할 수 있고 셋을 할 수 없다."

산신령이 두려워하면서 자리에서 물러나 꿇어앉아서 말했다.

"무슨 말씀인지요?"

대사가 말했다.

"그대는 상제(上帝)[511]를 거느리고 동쪽 하늘을 지나가 서쪽에 일곱 가지 빛을 나타낼 수 있느냐?"

산신령이 말했다.

"할 수 없습니다."

대사가 말했다.

"그대는 지신(地神)의 자리를 빼앗아 오악(五岳)[512]을 융합하고 사해(四海)[513]를 통합할 수 있느냐?"

---

511 상제(上帝): 옥황상제. 제석천(帝釋天)을 말한다.

512 오악(五岳): 중국에 있는 다섯 개의 명산(名山). 하남(河南)에 있는 동악(東嶽) 태산(泰山), 하서(河西)에 있는 서악(西嶽) 화산(華山), 하동(河東)에 있는 남악(南嶽) 형산(衡山), 하북(河北)에 있는 북악(北嶽) 항산(恒山), 강남(江南)에 있는 중악(中嶽) 숭산(嵩山).

513 사해(四海): 동서남북에 있는 네 바다.

산신령이 말했다.

"할 수 없습니다."

대사가 말했다.

"이것을 일러 다섯 가지는 할 수 없다고 하는 것이다. 부처님은 모든 모습을 텅 비게 하고 삼라만상의 실상에 밝은 지혜를 이룰 수는 있으나, 정해진 업(業)[514]을 없앨 수는 없다. 부처님은 온갖 중생들이 영원히 행하는 일을 알 수는 있으나, 인연 없는 중생을 제도할 수는 없다. 부처님은 헤아릴 수 없는 중생을 제도할 수는 있으나, 중생의 세계를 없앨 수는 없다. 이것을 일러 세 가지는 할 수 없다고 하는 것이다.

정해진 업은 그러나 견고하지도 오래가지도 않고, 인연이 없는 경우도 한 시기이고, 중생의 세계는 본래 늘어나지도 줄어들지도 않는다. 그 법을 주재(主宰)할 수 있는 한 사람도 없다. 주재자는 있는데 법이 없으면 이를 일러 법이 없다고 하고, 법도 없고 주재자도 없으면 이를 일러 마음이 없다고 한다. 내가 알기로는 부처에게도 역시 신통은 없다. 다만 마음이 없음으로써 모든 법에 통달할 수 있을 뿐이다."

神云: "我神通亞佛." 師云: "汝神通, 十句五能五不能, 佛則十句, 七能三不能." 神悚然避席, 跪啓云: "可得聞乎?" 師云: "汝能戾上帝, 東天行, 而西七曜乎?" 云: "不能." 師云: "汝能奪地祇, 融五岳, 而結四海乎?" 云: "不能." 師云: "是謂五不能也. 佛能空一切相, 成萬法智, 而不能卽滅定業. 佛能知群有性, 窮一劫事, 而不能化導無緣. 佛能度無量有情, 而不能盡衆生界. 是謂三不能也. 定業亦不堅久, 無緣亦是一期, 衆生界本無增減. 且無一人, 能主其法. 有主無法, 是謂無法, 無法無主, 是謂無心. 如我解, 佛亦無神通也. 但能以無心, 通達一切法爾."

---

514 정업(定業): 반드시 과보를 불러오는 업. 과보를 반드시 받되 받는 시간에는 현세에 업을 지어서 현세에 과보를 받는 순현업(順現業), 현세에 지어서 다음 생에 받는 순생업(順生業), 현세에 지어서 다음 생 이후에 받는 순후업(順後業)의 세 가지가 있다.

산신령이 말했다.

"저는 참으로 천박하고 우매하여 아직까지 공(空)의 뜻을 듣지 못했습니다. 스님께서 주신 계(戒)를 제가 받들어 행하겠습니다. 이제 자비로운 은덕에 보답하고 싶으니 제가 잘하는 것을 드리겠습니다."

대사가 말했다.

"내가 몸을 봄에 물건이 없고 법을 봄에 항상된 것이 없어서 태연자약한데,[515] 다시 무슨 바라는 것이 있겠는가?"

산신령이 말했다.

"스님께서는 꼭 저에게 명하여 세간의 일을 하도록 하셔서 저의 조그마한 신통력을 베풀도록 해 주십시오. 그리하여 이전에 마음을 낸 사람·지금 비로소 마음을 낸 사람·아직 마음을 내지 않은 사람·믿지 않는 마음의 사람·반드시 믿는 마음의 사람 등 다섯 부류의 사람이 저의 신비한 자취를 보고서, 부처도 있고 신령도 있고, 할 수 있는 자도 있고 할 수 없는 자도 있고, 저절로 그런 자도 있고 저절로 그렇지 못한 자도 있음을 알도록 해 주십시오."

대사가 말했다.

"아무것도 하지 마라. 아무것도 하지 마라."

산신령이 말했다.

"부처님께서도 신령들에게 불법을 보호하라고 시키셨는데, 스님은 어찌하여 부처님과 어긋나십니까? 뜻하시는 대로 가르침을 내려 주십시오."

대사는 마지못하여 말했다.

"동암사(東岩寺)의 장애는 풀만 우거지고 나무가 없다는 것이다. 북암(北

---

515 괴연(塊然) : ①쓸쓸한 모양. 고독한 모양. ②물체의 덩이처럼 감각이 없는 모양. ③태연한 모양. ④구체적이고 분명함. ⑤우람한 모양.

岩)에는 나무가 있으나 산 뒤쪽이라서 절을 감싸지는 않는다. 그대는 북암의 숲을 산 동쪽으로 옮길 수 있겠느냐?"

산신령이 말했다.

"이제 명을 받았습니다. 그러나 어두운 밤에 반드시 떠들썩한 움직임이 있을 것입니다. 스님께서는 놀라지 마십시오."

산신령은 절을 올리고서 물러갔다. 대사가 대문까지 배웅하면서 보니 그 의장(儀仗)과 따르는 무리들[516]이 구불구불 멀리 이어진 것이 마치 왕의 행차와 같았는데, 아지랑이나 연기처럼 어수선하게 많아서 뿔뿔이 흩어져 가는데 깃발과 늘어뜨린 고리들이 하늘 높이에서 서서히 사라져 갔다. 그날 저녁에 과연 세찬 바람과 천둥소리가 울리며 구름이 일어나고 번개가 쳐서 집이 흔들리고 잠자던 새가 시끄럽게 울부짖었다. 대사가 대중에게 말했다.

"두려워 마라. 두려워 마라. 산신령과 내가 약속한 것이다."

새벽에 날이 개자 북암의 소나무가 전부 동쪽 고개로 옮겨져 빽빽하게 심어져 있었다. 대사가 문도(門徒)들에게 말했다.

"내가 죽은 뒤에는 남이 이 이야기를 알지 못하게 하여라. 만약 이야깃거리가 되면, 사람들이 나를 괴이하게 여길 것이다."

神云: "我誠淺昧, 未聞空義. 師所受戒, 我當奉行. 今願報慈德, 效我所能." 師云: "吾觀身無物, 觀法無常, 塊然更有何欲耶?" 神云: "師必命我, 爲世間事, 展我小神功. 使已發心·初發心·未發心·不信心·必信心, 五等人, 目我神蹤, 知有佛有神, 有能有不能, 有自然有非自然者." 師云: "無爲是. 無爲是." 神云: "佛亦使神護法, 師寧隳叛佛耶? 願隨意垂誨." 師不得已而言曰: "東岩寺之障, 莽然無樹. 北岩有之, 而背非屛擁. 汝能移北樹於東嶺乎?" 神云: "已聞命矣. 然昏夜必有喧

516 의위(儀衛): 의장(儀仗)과 위사(衛士).

動. 願師無駭." 作禮辭去. 師門送, 且觀之, 見儀衛逶迤, 如王者之狀. 嵐靄煙霞,
紛綸間錯, 幢幡環珮, 凌空隱沒焉. 其夕果有暴風吼雷, 奔雲掣電, 棟宇搖蕩, 宿鳥
聲喧. 師謂衆云: "無怖. 無怖. 神與我契矣." 詰旦和霽, 則北岩松栝盡移東嶺, 森然
行植. 師謂其徒曰: "吾沒後, 無令外知. 若爲口實, 人將妖我."

오조 방계 제3세 숭산보적 선사 법사

五祖旁出第三世 嵩山普寂禪師法嗣(師見神秀)

1. 종남산 유정 선사

　종남산(終南山) 유정(惟政) 선사는 평원(平原)의 주(周)씨 아들이다. 당(唐)
문종(文宗)은 대합조개를 좋아하여 연근해의 관리들이 다투어 대합조개를
바쳤다. 하루는 식사를 하면서 조개껍질을 열었으나 껍질이 열리지 않았
다. 문제가 이를 이상하게 여기어 향을 피우고 기도를 올렸더니, 이에 조
개껍질이 열리면서 보살의 모습이 나타났는데 맑고 깨끗한 모습이 잘 갖
추어져 있었다. 이에 황제는 물푸레나무와 향나무로 만든 상자 속에 넣
고 비단으로 덮어서 흥선사(興善寺)로 내려보내어 많은 승려들이 우러러보
고 절하도록 하였다. 그러고서 신하들에게 물었다.
　"이것은 무슨 상서로운 일인가?"
　어떤 사람이 말했다.
　"태일산(太一山)에 유정(惟政) 선사란 분이 계시는데, 불법에 매우 밝다고

합니다. 그를 불러 물어보시지요."

황제는 선사에게 조서(詔書)를 보내어 그 일을 물었다. 선사가 말했다.

"신이 듣기에 사물에는 헛되이 반응하는 것이 없다고 합니다. 이것은 폐하의 신심(信心)을 불러일으키는 것입니다. 그러므로 경(經)에 말했습니다. '이 몸을 가지고 제도를 받는다면, 이 몸을 나타내어 법을 말하는 것이다.'[517]"

문제가 말했다.

"보살의 몸은 이미 드러났으나, 아직 설법(說法)을 듣지는 못했습니다."

선사가 말했다.

"폐하께서 이것을 보시는 것은 일상적입니까, 일상적이지 않습니까? 믿습니까, 믿지 않습니까?"

문제가 말했다.

"기이하고 드문 일이니 짐은 깊이 믿습니다."

선사가 말했다.

"폐하께서는 이미 설법을 들으셨습니다."

황제는 매우 기뻤는데 지금까지 경험한 적 없이 기분이 좋았다. 그리하여 전국의 사찰에 칙령(勅令)을 내려 관세음보살상을 세우도록 하였다.

終南山惟政禪師(凡一), 平原周氏子. 因唐文宗, 好嗜蛤蜊, 沿海官吏, 遞進亦勞. 一日御饌中, 有擘不張者. 帝以爲異, 焚香禱之, 乃開, 見菩薩形, 梵相具足. 卽貯以金粟檀香匣, 覆以美錦, 賜興善寺, 令衆僧瞻禮. 因問群臣: "此何祥也?" 或言: "太一山有惟政禪師, 深明佛法. 乞詔問之." 帝詔師, 問其事. 師云: "臣聞物無虛

---

517 『묘법연화경』「관세음보살보문품(觀世音菩薩普門品)」제25에 나오는 다음 구절을 약간 변경시켰다. "만약 국토에 있는 중생들이 마땅히 부처의 몸을 가지고 해탈할 수 있다면, 관세음보살아, 부처의 몸을 드러내어 설법하는 것이 된다."(若有國土衆生應以佛身得度者, 觀世音菩薩, 卽現佛身而爲說法.)

應. 此乃啓陛下信心耳. 故契經云:'應以此身得度者, 卽現此身而爲說法.'"帝云:
"菩薩身已現, 且未聞說法." 師云: "陛下睹此, 爲常耶? 非常耶? 爲信耶? 非信耶?"
帝云: "希奇之事, 朕深信焉." 師云: "陛下已聞說法竟." 皇情大悅, 得未曾有. 遂敕
天下寺舍, 各立觀音像.

오조 방계 제4세 익주 무상 선사 법사

五祖旁出第四世 益州無相禪師法嗣

1. 익주 보당무주

(1) 세 구절 법문

익주(益州) 보당무주(保唐無住)[518] 선사에게 당나라의 상국(相國)인 두홍점
(杜鴻漸)이 물었다.

"저는 김(金) 화상께서 기억하지도 말고 생각하지도 말고 허망하지도 마
라는 세 구절 법문을 말씀하신다고 들었는데, 맞습니까?"

무주가 말했다.

"그렇습니다."

---

518 보당무주(保唐無住) : 714-774. 당(唐)대 스님. 섬서성(陝西省) 출신. 20세를 지났을 무렵 숭악혜안
(嵩嶽慧安) 선사의 문인 진초장(陳楚璋)을 만나 돈교(頓敎)를 깨닫고, 천보(天寶) 초년(742년경)에 자유
자재함을 얻음. 지덕(至德) 2년(757년) 사천(四川)에 있는 정중사(淨衆寺)에서 무상(無相) 선사를 만
남.『역대법보기(歷代法寶記)』에서는 무상의 법을 무주가 얻었다고 하였고,『원각경대소초(圓覺經大
疏鈔)』에서는 홍인(弘忍)→혜안(慧安)→진초장→무주의 법계를 말함.

상공(相公)이 말했다.

"이 세 구절은 하나입니까, 셋입니까?"

무주가 말했다.

"기억하지 않음을 일러 계(戒)라 하고, 생각하지 않음을 일러 정(定)이라 하고, 허망하지 않음을 일러 혜(慧)라 합니다. 한 마음이 생겨나지 않으면 계정혜를 갖추니, 하나도 아니고 셋도 아닙니다."

상공이 말했다.

"허망(虛妄)하지 마라 할 때에 망(妄)은 마음이 없음을 따르는 것입니까?"

무주가 말했다.

"마음을 따르는 것입니다."

상공이 말했다.

"근거가 있습니까?"

무주가 말했다.

"『법구경(法句經)』에서 말하기를 '만약 정진(精進)하는 마음을 일으키면, 이것은 허망(虛妄)함이지 정진이 아니다. 만약 마음이 허망하지 않을 수 있다면, 정진에 끝이 없을 것이다.'[519]라고 했습니다."

상공이 이 말을 듣고서 의심이 싹 사라졌다.

益州保唐無住禪師(凡二), 唐相國杜鴻漸問: "弟子聞金和尙說, 無憶無念莫妄, 三句法門是否?" 師云: "然." 公云: "此三句, 是一是三?" 師云: "無憶名戒, 無念名定, 莫妄名慧. 一心不生, 具戒定慧, 非一非三也." 公云: "後妄字, 莫是從心之亡乎?" 師云: "從女者, 是也." 公云: "有據否?" 師云: "『法句經』云: '若起精進心, 是妄非精進. 若能心不妄, 精進無有涯.'" 公聞疑情盪然.

---

519 『불설법구경(佛說法句經)』「보광문여래자계답품(普光問如來慈偈答品)」제11에 나오는 게송의 구절. 다만 마지막 글자인 '애(涯)'가 경에서는 '허(虛)'로 되어 있다.

(2) 두홍점의 질문

두홍점 상공이 다시 물었다.

"대사께서는 세 구절을 사람들에게 보여 주십니까?"

무주가 말했다.

"처음 발심한 학인에게는 생각을 쉬게 합니다. 의식의 물결을 맑게 가라앉혀 안정시키면, 맑은 물에 그림자가 나타납니다. 생각 없는 바탕을 깨달으면 모든 것이 고요히 사라져 버리니, 생각 없다는 것도 성립하지 않습니다."

그때 마당의 나무에서 갈까마귀가 울었다. 상공이 물었다.

"스님께서는 갈까마귀 울음소리를 듣습니까?"

무주가 말했다.

"듣습니다."

갈까마귀가 날아가고 나서 상공이 다시 물었다.

"스님은 갈까마귀 울음소리를 듣습니까?"

무주가 말했다.

"듣습니다."

상공이 말했다.

"갈까마귀가 날아가서 울음소리가 없는데, 어떻게 듣는다고 하십니까?"

무주는 이에 대중(大衆)에게 말했다.

"부처님의 세상은 만나기 힘들고, 바른 법은 듣기 어려우니[520] 각자는 잘 들어라. 귀를 열고서 들리거나 들리지 않는 것은 듣는 자성과는 상관이 없다. 듣는 자성은 본래 생겨나지 않는데, 어떻게 사라지겠느냐? 소리

---

520 『화엄경』, 『열반경』, 『보적경』 등 여러 경전에 등장하는 구절.

가 있을 때에는 소리라는 경계가 스스로 생겨나고, 소리가 없을 때에는 소리라는 경계가 스스로 사라진다. 그러나 이렇게 듣는 자성은 소리를 따라서 생겨나지도 않고 소리를 따라서 사라지지도 않는다. 이 듣는 자성을 깨달으면 소리라는 경계에 부림을 당하지 않게 될 것이다. 그러므로 듣는 것에는 생겨나거나 사라짐이 없고 듣는 것에는 오고 감이 없음을 알아야 한다."

상공이 관속들 및 대중과 함께 절을 올리고서 다시 물었다.

"어떤 것이 생겨나지 않는 것입니까? 어떤 것이 사라지지 않는 것입니까? 어떤 것이 해탈(解脫)입니까?"

무주가 말했다.

"경계를 보고 마음이 일어나지 않으면 일러 생겨나지 않는다고 하는데, 생겨나지 않으면 사라지지도 않습니다. 이미 생겨남도 사라짐도 없으면 앞의 경계에 속박되지 않으니, 이것이 바로[521] 해탈입니다."

상공이 물었다.

"어떤 것이[522] 마음을 알고 자성을 보는 것입니까?"

무주가 말했다.

"도를 배우는 모든 사람이 생각을 따라서 흘러가는 것은 참마음을 알지 못하기 때문입니다.[523] 참마음은 생각이 일어나도 따라서 일어나지 않고 생각이 사라져도 고요함에 의지하지 않으며, 오지도 않고 가지도 않으며, 고정되어 있지도 않고 움직이지도 않으며, 취할 수도 없고 버릴 수도 없으며, 깊이 가라앉아 있지도 않고 둥둥 떠다니지도 않으며, 할 일도

---

521 당처(當處) : ①그 자리에서. 현장에서. ②그때. 즉시. 즉각. 바로.
522 하위(何爲) : ①어째서. 왜. 무슨 때문에. =하고(何故). ②(따지는 말투) 무어라 하느냐? ③무엇이 -인가? ④무슨 소용이 있겠는가?
523 개(蓋) : 윗 문장을 받아서 원인이나 이유를 나타냄.

없고 모습도 없으며, 펄떡펄떡 살아 있으며,[524] 평소에[525] 자유롭습니다.[526] 이 마음 바탕은 결코 얻을 수 없으며 알 수도 느낄 수도 없지만, 눈에 띄는 것이 전부 차별 없이 평등하면[527] 곧 자성을 보는 것입니다."

公又問: "師還以三句示人否?" 師云: "初心學人, 還令息念. 澄停識浪, 水淸影現. 悟無念體, 寂滅現前, 無念亦不立也." 于時庭樹鴉鳴, 公問云: "師聞否?" 師云: "聞." 鴉去已, 公又問: "師聞否?" 師云: "聞." 公云: "鴉去無聲, 云何言聞?" 師乃普告大衆云: "佛世難値, 正法難聞, 各各諦聽. 聞無有聞, 非關聞性. 本來不生, 云何有滅? 有聲之時, 是聲塵自生, 無聲之時, 是聲塵自滅. 而此聞性, 不隨聲生, 不隨聲滅. 悟此聞性, 卽免聲塵之所轉. 當知聞無生滅, 聞無去來." 公與僚屬大衆作禮, 又問: "云何不生? 云何不滅? 云何解脫?" 師云: "見境心不起, 名不生, 不生卽不滅. 旣無生滅, 卽不被前塵所縛, 當處解脫." 公云: "何爲識心見性?" 師云: "一切學道人, 隨念流浪, 蓋爲不識眞心. 眞心者, 念生亦不順生, 念滅亦不依寂, 不來不去, 不定不亂, 不取不捨, 不沉不浮, 無爲無相, 活鱍鱍, 平常自在. 此心體, 畢竟不可得, 無可知覺, 觸目皆如, 無非見性也."

---

524 활발발(活鱍鱍) : 활발발(活潑潑)이라고도 씀. 물고기가 물을 튀기면서 펄떡이는 모습처럼 생기발랄한 모양을 가리킴. 활발한. 생기발랄한.

525 평상(平常) : ①평소(平素). 평시(平時). ②평범(平凡).

526 자재(自在) : 장애 없는 자유로움. 깨달은 이의 마음이 허공을 지나는 바람처럼 경계에 장애를 받지 않고 자유로운 것을 나타낸 말.

527 여(如) : ①시간·공간을 초월하여 변하지 않은 자체. 제법(諸法)의 본체(本體). 이체(理體)·이성(理性)·진여(眞如) 등을 말하는 경우. ②현상 그대로의 모양. 으레 그렇다(法爾如然)는 것을 말하는 경우. ③평등하여 차별이 없다는 뜻. 일여(一如)·여동(如同)이라 말하는 경우. ④사물이 서로 비슷한 것을 표하는 경우 등에 쓰는 말.

제8장

육조혜능 선사 법사

六祖惠能禪師法嗣

1. 서천 굴다삼장

서천(西天)의 굴다삼장(堀多三藏)은 인도 사람이다. 불법을 깨달은 뒤에 오대산(五臺山)을 여행하다가 한 스님을 만났는데, 그는 암자를 짓고서 고요히 좌선하고 있었다. 굴다삼장이 물었다.

"당신은 홀로 앉아 무엇을 합니까?"

그 스님이 말했다.

"고요함을 봅니다."

굴다삼장이 물었다.

"보는 자는 누구이고, 고요한 것은 무엇입니까?"

그 스님이 절을 올리고 물었다.

"이 도리는 어떤 것입니까?"

굴다삼장이 말했다.

"어찌하여 스스로를 보지 않고 스스로를 고요하게 하지 않습니까?"

그 스님이 어쩔 줄 모르고 있자,[528] 굴다삼장이 말했다.

"당신은 누구의 문하(門下)입니까?"

그 스님이 말했다.

"신수(神秀) 대사의 문하입니다."

---

528 망연(茫然) : 어쩔 줄 모르다. 멍청하다. 막연하다.

굴다삼장이 말했다.

"저는 인도의 외도로서 가장 낮은 종족이지만 이런 견해에 떨어져 있지는 않습니다. 고요히[529] 앉아만 있다고[530] 도(道)에 무슨 이익이 있겠습니까?"

그 스님은 이에 물었다.

"스님은 어떤 사람을 스승으로 모셨습니까?"

굴다삼장이 말했다.

"저는 육조(六祖)를 스승으로 모셨습니다. 당신도 조계(曹溪)로 찾아가 도를 깨닫기 바랍니다."

그 스님은 절을 올려 감사를 드리고는 조계를 찾아갔다.

西天崛多三藏(凡一), 天竺人也. 得法之後, 游五臺, 遇一僧, 結庵靜坐. 師問: "汝孤坐何爲?"云: "觀靜."師云: "觀者何人? 靜者何物?"僧作禮問: "此理如何?"師云: "何不自觀自靜?"僧茫然, 師云: "汝出誰門?"云: "神秀大師."師云: "我西天, 異道最下種, 不墮此見. 兀然空坐, 於道何益?"僧乃問云: "師所師者何人?"師云: "我師六祖. 汝何不往曹溪, 決其眞要?"其僧禮謝, 尋往曹谿.

2. 소주법해

소주(韶州)의 법해(法海) 선사는 곡강(曲江) 사람이다. 법해가 육조에게 물었다.

"마음이 곧 부처라 하는데, 깨우쳐 주시기 바랍니다."

---

529 올연(兀然) : =올이(兀爾), 올올(兀兀). ①고요히 멈춘 모습. ②아둔한 모습. 어두운 모습. 혼미한 모습. ③우뚝 서서 움직이지 않는 모습.
530 공좌(空坐) : ①단지 앉아만 있다. 오직 앉아만 있다. ②홀로 앉아 있다. ③헛되이 앉아 있다.

육조가 말했다.

"앞생각이 일어나지 않으면 마음이고, 뒷생각이 이어지지 않으면 부처이다. 모든 모습을 이루면 마음이고, 모든 모습에서 벗어나면 부처이다. 내가 다 말하려 한다면, 아무리 오랜 세월 말하더라도 다 말하지 못한다. 내 게송을 들어라.

마음을 일러 지혜라 하고
부처를 일러 선정이라 하는데
선정과 지혜를 고루 갖추면
마음속[531]이 깨끗하다.
이 법문(法門)을 깨달으면
그대의 습성(習性)에 맡겨
활동하더라도 본래 생겨남이 없으니
선정과 지혜를 함께 닦는 것이 옳다."

법해는 그 말을 듣고서 크게 깨닫고는 게송으로 찬양하였다.

"마음이 원래 부처이지만
깨닫지 못하면 스스로 굴복한다.
나는 선정과 지혜가 원인임을 알아서
둘을 함께 닦으니 모든 사물에서 벗어난다네."

韶州法海禪師(凡一), 曲江人也. 師問六祖云:"卽心卽佛, 願垂指諭." 祖云:"前念不生卽心, 後念不續卽佛. 成一切相卽心, 離一切相卽佛. 吾若具說, 窮劫不盡. 聽

---

531 의중(意中) : ①마음속. ②생각이 미치는 범위.

吾偈." 云: "卽心名惠, 卽佛乃定, 定惠等持, 意中淸淨. 悟此法門, 由汝習性, 用本無生, 雙修是正." 師於言下大悟, 以偈贊曰: "卽心元是佛, 不悟而自屈. 我知定惠因, 雙修離諸物."

3. 온주 영가진각

(1) 천연외도

　　온주(溫州)의 영가진각(永嘉眞覺)[532] 대사는 온주의 대(戴)씨 아들이다. 어려서 경론(經論)을 익혀 심오한 경지에 이르렀고, 『유마경』을 보고서 마음을 깨달았다. 현책(玄策) 선사가 진각(眞覺) 대사를 방문하여 그와 이야기를 나누어 보니, 진각이 하는 말이 여러 조사의 가르침과 부합하였다. 현책이 놀라서 물었다.

　　"당신이 법을 얻은 스승은 누구입니까?"

　　진각이 말했다.

　　"제가 방등(方等)[533]의 경론을 들을 때에는 각각 스승이 있었습니다. 뒤에 『유마경』에서 부처님 마음의 근본을 깨달았는데, 아직까지 저의 깨달음을 증명해 주는 스승이 없습니다."

532 　영가현각(永嘉玄覺) : 665-713. 영가진각(永嘉眞覺)이라고도 함. 중국 당대(唐代) 스님. 영가는 출신 지명. 자는 명도(明道). 절강성 온주부 영가현 출신. 어려서 출가하여 삼장(三藏)을 두루 탐구했으며, 특히 천태지관(天台止觀)의 법문에 정통하였다고 한다. 좌계현랑(左谿玄朗)의 권고로 무주현책(婺州玄策)과 함께 조계의 육조혜능을 찾아가 문답하여 인가를 받았고, 그날 혜능의 권고로 하룻밤 묵었는데, 이 때문에 일숙각(一宿覺)이라는 별명을 얻었다. 다음 날 하산하여 온주(溫州)로 돌아와 법회(法會)를 여니, 배우는 사람들이 구름처럼 모여들었다. 당(唐) 예종(睿宗) 선천(先天) 2년에 입적하였다. 시호는 무상대사(無相大師). 저술로는 「증도가(證道歌)」와 『영가집(永嘉集)』이 있다.

533 　방등(方等) : 대승경전(大乘經典)의 총칭. 대승경에 말한 것은 가로로 시방(十方)에 두루한 방광보편(方廣普遍)의 진실한 이치이며, 세로로 범부나 성인을 포함한 평등(平等)한 교(敎)이므로 이렇게 이른다.

현책이 말했다.

"위음왕 이전[534]이라면 괜찮으나, 위음왕 이후에는 스승 없이 스스로 깨달은 자는 모두 천연외도(天然外道)입니다."

진각이 말했다.

"당신께서 저를 인가해 주십시오."

현책이 말했다.

"저의 말은 가볍습니다. 조계(曹溪)에 육조(六祖) 대사가 계신데 제자들이 사방에서 구름처럼 모여 있는데 모두 법을 받은 자들입니다."

溫州永嘉眞覺大師(凡二), 本郡戴氏子. 少習經論, 深造閫域, 因看『維摩經』, 發明心地. 偶玄策禪師相訪, 與師劇談, 出言暗合諸祖, 策驚云: "仁者得法師誰耶?"師云: "我聽方等經論, 各有師承. 後於『維摩經』, 悟佛心宗, 未有證明者."策云: "威音王已前卽得, 威音王已後, 無師自悟, 盡是天然外道."師云: "願仁者爲我證據."策云: "我言輕. 曹溪有六祖大師, 四方雲集, 並是受法者."

(2) 하룻밤 묵어라

현책이 진각을 인솔하여 함께 조계로 갔는데, 진각 대사는 조계에 이르자 육조(六祖)가 앉아 있는 의자[535]를 세 바퀴 돌고 석장(錫杖)을 한 번 쿵 울리고서 우뚝 서 있었다. 육조가 말했다.

"무릇 사문(沙門)이라면 3천의 위의(威儀)와 8만의 세행(細行)을 갖추어야

---

534 위음왕이전(威音王已前) : =위음왕나반(威音王那畔). 위음왕불이 출세하기 이전. 과거장엄겁(過去莊嚴劫)의 최초불을 위음왕불이라 함. 부모미생전(父母未生前), 천지미분전(天地未分前)이라는 말과 같이 태초(太初)를 표시하는 말. 향상제일의제(向上第一義諦)를 표시하는 말. 『조정사원(祖庭事苑)』에는 위음왕 이전은 실제이지(實際理地)를 밝힌 것이고, 위음왕 이후는 불사문중(佛事門中)을 밝힌 것이라 하였음.

535 승상(繩床) : 줄이나 목면을 친 보잘것없는 의자. 호상(胡床)이라고도 함. 선자(禪者)가 여기에 앉아 좌선하거나, 종사가 여기에 앉아 설법(說法)함. 선상(禪床)과 같음.

하는데, 스님은 어디에서 왔기에 이렇게나 오만한가?"

진각이 말했다.

"삶과 죽음의 일이 크고 세월은 재빨리 흐릅니다."

육조가 말했다.

"그렇다면 어찌하여 삶과 죽음이 없음을 체득(體得)하여[536] 빠르고 느림이 없음을 밝히지 않는가?"

진각이 말했다.

"체득하면 삶과 죽음이 없고, 밝히면 본래 빠르고 느림이 없습니다."

육조가 말했다.

"그렇다. 그렇다."

진각이 이에 위의를 갖추어 절을 올리고는 곧 작별을 고하니 육조가 말했다.

"되돌아가는 것이 너무 빠르구나."

진각이 말했다.

"본래 움직이는 것이 아닌데, 어찌 빠름이 있겠습니까?"

육조가 말했다.

"누가 움직이는 것이 아님을 아느냐?"

진각이 말했다.

"스님께서 일부러 분별하십니다."

육조가 말했다.

"그대는 삶과 죽음이 없는 뜻을 깊이 깨달았구나."

진각이 말했다.

"삶과 죽음이 없는데, 어찌 뜻이 있겠습니까?"

육조가 말했다.

---

536 체취(體取) : 몸소 받아들이다. 자세히 받아들이다. 체득하다. 이해하다.

"뜻이 없음을 누가 분별하느냐?"

진각이 말했다.

"분별해도 뜻은 아닙니다."

육조가 말했다.

"좋구나. 좋구나. 하룻밤만 머물다 가거라."

率師同往曹溪, 師到曹溪, 繞繩床三匝, 振錫一下, 卓然而立. 祖云: "夫沙門者, 具三千威儀, 八萬細行, 大德何方而來, 生大我慢?" 師云: "生死事大, 無常迅速." 祖云: "何不體取無生, 了無速乎?" 師云: "體卽無生, 了本無速." 祖云: "如是. 如是." 師遂具威儀作禮, 須臾告辭, 祖云: "返太速乎?" 師云: "本自非動, 豈有速耶?" 祖云: "誰知非動?" 師云: "仁者强生分別." 祖云: "子甚得無生之意." 師云: "無生豈有意耶?" 祖云: "無意誰當分別?" 師云: "分別亦非意." 祖云: "善哉. 善哉. 少留一宿."

설두가 이 이야기를 하다가 "이렇게나 오만한가?" 하는 데에 이르러 곧장 "악!" 하고 일할(一喝)을 하고서 말했다.

"당시에 만약 이렇게 일할을 하였더라면, 용두사미(龍頭蛇尾)는 되지 않았을 텐데."

다시 이야기하다가 석장을 짚고 우뚝 섰다는 곳에 이르러 육조를 대신하여 말했다.

"그대가 조계에 아직 이르지 않았을 때에 벌써 그대에게 30대를 때렸다."

雪竇擧, 至生大我慢處, 便喝, 乃云: "當時若下得這一喝, 免見龍頭蛇尾." 又擧, 至卓然而立處, 代祖師云: "未到曹溪時, 與汝三十棒了也."

4. 사공산 본정

(1) 마음 없음이 도

사공산(司空山) 본정(本淨)[537] 선사는 강주(絳州)의 장씨(張氏) 아들이다. 어떤 스님이 물었다.

"어떤 것이 도(道)입니까?"

본정이 말했다.

"마음 없음이 도입니다."

그 스님이 물었다.

"도는 마음으로 말미암아 있는데, 어떻게 마음 없음이 도라고 말할 수 있습니까?"

본정이 말했다.

"도에는 본래 이름이 없는데, 마음으로 말미암아 도라고 일컫습니다. 마음이라는 이름이 있다면, 도는 허망하지 않을 것입니다. 마음을 찾아도 이미 없는데, 도가 무엇에 의지하여 건립되겠습니까? 마음과 도 둘 다 허망하니, 모두 가짜 이름입니다."

그 스님이 물었다.

"몸과 마음을 보는 것이 도입니까?"

본정이 말했다.

"나의 몸과 마음은 본래 도입니다."

그 스님이 물었다.

---

537 사공본정(司空本淨) : 667-762. 당대(唐代) 선승(禪僧). 육조의 문하. 사공산(司空山)에 머물렀다. 속성은 장(張)씨. 산서성(山西省) 강주(絳州) 출신. 어려서 출가하여 육조혜능 문하에서 공부하다가 깨달아 인가를 받고서 사공산 무상사(無相寺)에 머물렀다. 황제의 요청으로 궁전의 내도량(內道場)에서 여러 종파의 승려들과 자주 법의(法義)를 논하였다. 상원(上元) 2년 5월 5일에 나이 95세로 입적. 시호는 대효선사(大曉禪師).

"아끼는 마음 없음이 도라고 하셨는데, 지금은 다시 몸과 마음이 본래 도라고 하시니, 어찌 서로 어긋나지 않겠습니까?"

본정이 말했다.

"마음 없음이 도이고, 마음이 사라지면 도도 없습니다. 마음과 도는 하나이기 때문에 마음 없음이 도라고 한 것입니다. 몸과 마음이 본래 도이니, 도 역시 본래 몸과 마음입니다. 몸과 마음이 본래 없으니, 도 역시 그 근원을 찾아도 어찌 있겠습니까?"

그 스님이 말했다.

"선사의 몸을 보니 아주 왜소한데, 도리어 이러한 이치를 아시는군요."

본정이 말했다.

"스님은 단지 나의 모습을 볼 뿐이고 내가 모습이 없음을 보지는 못하니, 모습을 보는 것이 스님의 소견(所見)이군요. 경에서 말했습니다. '무릇 모습으로 있는 것은 전부 허망하다. 모든 모습이 모습 아님을 본다면, 그 도를 보는 것이다.'[538] 만약 모습을 진실하게 여긴다면, 영원히 도를 볼 수 없을 것입니다."

그 스님이 말했다.

"모든 스님들은 모습 위에서 모습 없음을 말씀하십니다."

본정이 말했다.

"유마(維摩)가 '사대(四大)[539]에는 주인이 없고, 몸에도 내가 없다.'[540]라고

---

538 『금강경』에 나오는 구절.

539 사대(四大) : 육신(肉身)과 물질(物質)을 구성하는 4대원소(大元素). 지(地)·수(水)·화(火)·풍(風).

540 『유마힐소설경』 중권 「문수사리문질품(文殊師利問疾品)」 제5에 나오는 구절. 앞뒤 내용은 다음과 같다 : 문수사리가 말했다. "거사시여, 병이 있는 보살은 어떻게 그 마음을 조복시킵니까?" 유마힐이 말했다. "병이 있는 보살은 마땅히 이렇게 생각해야 합니다. 나의 지금 이 병은 모두 과거의 망상전도인 온갖 번뇌로 말미암아 생겨났으니 진실한 법이 없는데, 누가 병들겠는가? 까닭이 무엇인가? 사대가 합한 까닭에 가짜로 일러 몸이라 하니, 사대에는 주인이 없고 몸에도 내가 없다. 더구나 이 병이 일어나는 것은 나에게 집착함 때문이다. 이 까닭에 나에게 집착해서는 안 된다. …"(文殊師利言: "居士, 有疾菩薩云何調伏其心?" 維摩詰言: "有疾菩薩應作是念. 今我此病皆從前世妄想顛倒諸煩惱生, 無有實法, 誰受病者? 所以者何? 四大合故假名爲身, 四大無主, 身亦無我. 又此病起, 皆由著我. 是故於我不應生

하였으니, 나 없이 본다면, 도와 들어맞을 것입니다. 스님, 만약 사대에
주인이 있다면 곧 '나'일 것입니다. 그러나 만약 '나'라는 견해가 있다면,
영원히 도를 알 수 없을 것입니다."

본정이 게송으로 말했다.

"사대에 주인이 없음은 마치 물과 같으니
굽이쳐 흐르든 곧게 흐르든 이것저것이 없다.
깨끗하고 더러운 양쪽에 마음을 내지 않으면
막힘과 열림에 어찌 두 뜻이 있었겠는가?
경계를 만남에 단지 물과 같이 마음이 없으면
세간에서 거침없이[541] 행한들 무슨 일이 있겠는가?"

司空山本淨禪師(凡四), 絳別[542]張氏子. 僧問: "如何是道?" 師云: "無心是道." 云:
"道因心有, 何得言無心是道?" 師云: "道本無名, 因心名道. 心名若有, 道不虛然.
窮心旣無, 道憑何立? 二俱虛妄, 總是假名." 云: "見有身心, 是道已否?" 師云: "山
僧身心, 本來是道." 云: "適言無心是道, 今又言身心本來是道, 豈不相違耶?" 師云:
"無心是道, 心泯道無. 心道一如, 故言無心是道. 身心本來是道, 道亦本是身心. 身
心本旣是無, 道亦窮源何有?" 僧云: "觀禪師, 形質甚小, 卻會此理." 師云: "大德只
見山僧相, 不見山僧無相, 見相者是大德所見. 經云: '凡所有相, 皆是虛妄. 若見諸
相非相, 卽見其道.' 若以相爲實, 窮劫不能見道." 云: "諸師於相上, 說無相." 師云:
"淨名云: '四大無主, 身亦無我.' 無我所見, 與道相應. 大德, 若以四大有主, 是我.
若有我見, 窮劫不會道也." 示以偈云: "四大無主復如水, 遇曲逢直無彼此. 淨穢兩

<hr>

著. …")
541 종횡(縱橫) : ①가로 세로. ②자유자재하다. 거침이 없다. 거침없이 내닫다.
542 別 : 州의 오자(誤字).

處不生心, 甕決何曾有二意? 觸境但似水無心, 在世縱橫有何事?"

(2) 기와나 자갈이 도이다

지명(志明) 선사가 물었다.

"만약 마음 없음이 도라고 한다면, 기와나 자갈에도 마음이 없으니 마땅히 도입니까?"

다시 말했다.

"몸과 마음이 본래 도라면, 사생십류(四生十類)[543]에게 모두 몸과 마음이 있으니 역시 마땅히 도여야 하지 않겠습니까?"

본정이 말했다.

"스님, 만약 보고 듣고 느끼고 앎으로써 이해한다면, 도와는 전혀 다릅니다. 그렇게 한다면 보고 듣고 느끼고 앎을 구하는 것이지, 도를 구하는 것은 아닙니다.[544] 경에서 말하기를 '눈·귀·코·혀·몸·의식이 없다.'[545]라고 했습니다. 육근(六根)도 오히려 없는데, 보고 듣고 느끼고 앎이 무엇에 말미암아 성립하겠습니까? 근본을 찾아도 있지 않은데, 어느 곳에 마음이 있겠습니까? 어찌 풀·나무·기와·자갈과 같지 않을 수 있겠습니까?"

지명이 말이 없자, 본정이 다시 게송으로 말했다.

---

543 사생십류(四生十類) : 사생(四生)은 육도(六道)에 살고 있는 모든 중생을 가리키는데, 태어나는 방식에 따라 넷으로 나뉘므로 사생이라 한다. 모태에서 태어나는 태생(胎生), 알에서 태어나는 난생(卵生), 습기 가운데서 태어나는 습생(濕生), 과거의 자신의 업(業)에 의해 태어나는 존재인 화생(化生)이 그것이다. 육도(六道)는 중생이 윤회하는 여섯 가지 길인 지옥(地獄)·아귀(餓鬼)·축생(畜生)·아수라(阿修羅)·인간(人間)·천상(天上)을 가리킨다. 십류(十類)는 사생(四生)과 육도(六道)를 합하여 말한 것.

544 『유마힐소설경』 「불사의품(不思議品)」 제6에 이 내용이 나온다 : "법은 볼 수도 들을 수도 느낄 수도 알 수도 없다. 만약 보고 듣고 느끼고 안다면, 이것은 보고 듣고 느끼고 아는 것이지 법을 구하는 것이 아니다."(法不可見聞覺知. 若行見聞覺知, 是則見聞覺知, 非求法也.)

545 『반야심경』에 나오는 구절.

"보고, 듣고, 느끼고, 아는 것에 막히지 않는다면

소리·냄새·맛·촉감이 늘 삼매이다.

마치 새가 공중에서 이와 같이 날 듯이

취함도 버림도 좋아함도 싫어함도 없다.

만약 대상에 응하는 곳에서[546] 본래 마음이 없다면

비로소 관자재(觀自在)라고 일컬을 수 있으리."

志明禪師問:"若言無心是道, 瓦礫無心, 亦應是道?"又云:"身心本來是道, 四生十類, 皆有身心, 亦應是道?"師云:"大德, 若作見聞覺知解會, 與道懸殊. 卽是求見聞覺知者, 非是求道. 經云:'無眼耳鼻舌身意.'六根尙無, 見聞覺知從何而立? 窮本不有, 何處存心? 焉得不同草木瓦礫?"志明杜口, 師復示以偈云:"見聞覺知無障礙, 聲香味觸常三昧. 如鳥空中只麽飛, 無取無捨無憎愛. 若於應處本無心, 方得名爲觀自在."

(3) 무수무증계

유진(有眞) 선사가 물었다.

"도에 이미 마음이 없다면, 부처에게는 마음이 있습니까? 부처와 도는 같습니까, 다릅니까?"

본정이 말했다.

"같지도 않고 다르지도 않습니다."

유진이 말했다.

"부처님이 중생을 제도하시는 것은 마음이 있기 때문입니다. 도가 사람을 제도하지 않는 것은 마음이 없기 때문입니다. 어찌 다르지 않겠습

---

546 응처(應處) : 만나는 곳. 앞에 드러난 경계. 만나는 인연.

니까?"

본정이 말했다.

"만약 부처는 중생을 제도하고 도는 중생을 제도하지 않는다고 한다면, 이것은 스님이 헛되이 일으킨 분별[547]입니다. 만약 나라면 그렇지 않으니, 부처는 헛된 이름이고 도 역시 헛되이 세운 이름이니 둘 모두 진실하지 않고 가짜 이름일 뿐입니다. 한결같이 가짜 이름인데 어떻게 둘로 나누 겠습니까?"

유진이 말했다.

"부처와 도가 설사 가짜 이름이라 하더라도 이름을 세울 때에는 누가 세우는 것입니까? 만약 제삼자(第三者)가 있다면, 어떻게 없다고 하겠습니 까?"

본정이 말했다.

"부처와 도는 마음으로 말미암아 성립하는데, 마음을 찾아보면 마음은 없습니다. 마음이 이미 없다면 부처와 도 둘 모두 진실이 아님을 깨달을 것입니다. 이 세계가 꿈이나 환상과 같음을 안다면, 본래 이 세계가 공(空) 임을 깨닫습니다. 일부러 부처와 도라는 두 이름을 세운다면, 이것은 소 승(小乘)[548]의 견해입니다."

이에 본정이 무수무증게(無修無證偈)를 말했다.

"도를 보아야 비로소 도를 닦는데
도를 보지 못하고 어떻게 닦겠는가?
도의 본성은 허공과 같은데
허공을 어떻게 닦겠는가?

---

547 이견(二見) : 둘로 분별하여 보는 것. 예컨대, 끊어져 사라진다는 단견(斷見)과 늘 변함없이 항상하 다는 상견(常見)의 이견(二見), 혹은 있다는 유견(有見)과 없다는 무견(無見)의 이견(二見).

548 이승(二乘) : 성문승(聲聞乘)과 연각승(緣覺乘). 소승(小乘)을 가리킴.

도 닦는 자들을 두루 살펴보면
불을 돋우어 물거품을 찾고 있다.
꼭두각시를 보면
실이 끊어지면 일시에 멈춘다."

有眞禪師問: "道旣無心, 佛有心否? 佛之與道, 是一是二?"師云: "不一不二."
云: "佛度衆生, 爲有心故. 道不度人, 爲無心故. 何得無二?"師云: "若言佛度衆生
道無度者, 此是大德安生二見. 如山僧卽不然, 佛是虛名, 道亦妄立, 二俱不實, 總
是假名. 一假之中, 如何分二?"云: "佛之與道, 從是假名, 當立名時, 是誰爲立? 若
有三者, 云何言無?"師云: "佛之與道, 因心而立, 推窮立心, 心亦是無. 心旣是無,
卽悟二俱不實. 知如夢幻, 卽悟本空. 强立佛道二名, 此是二乘人見解."乃說無修
無證偈云: "見道方修道, 不見復何修? 道性如虛空, 虛空何所修? 遍觀修道者, 撥
火覓浮漚. 但看弄傀儡, 線斷一時休."

(4) 본래 수행할 것이 없다

법공(法空) 선사가 물었다.

"부처와 도 둘은 가짜 이름이고, 십이분교[549] 역시 진실이 아닙니다. 그
렇다면 무엇 때문에 이전의 존숙들은 모두 도를 닦는다고 했을까요?"

본정이 말했다.

"경의 뜻을 잘못 안 것입니다. 도에는 본래 닦을 것이 없는데, 스님이
억지로[550] 닦는 것입니다. 도에는 본래 행할 것이 없는데, 스님이 억지로

---

549 십이분교(十二分敎) : 석가모니의 가르침을 그 성질과 형식에 따라 구분하여 12부로 분류하여 놓
    은 불교 경전. 십이분경(十二分經)・십이부경(十二部經)이라고도 한다.
550 강(强) : ①일부러. 고의로. ②매우. 심하게. ③(수량의 뒤에서) -남짓하다. ④간신히. 가까스로. 무
    리하게. ⑤까닭 없이. 이유 없이. 실없이.

행하는 것입니다. 도에는 본래 일삼을 것이 없는데, 억지로 많은 일을 일으킵니다. 도에는 본래 알 것이 없는데, 그 속에서 억지로 아는 것입니다. 이와 같은 견해는 도와 어긋납니다. 이전의 존숙들은 이와 같지 않은데, 단지 스님이 알지 못하는 것입니다. 생각해 보십시오."

다시 게송을 보여 주었다.

"도의 바탕에는 본래 닦을 것이 없으니
닦지 않고서 저절로 도에 합한다.
만약 도를 닦는다는 생각을 낸다면
이 사람은 도를 알지 못하는 것이다.
하나의 참된 본성을 내버리고
도리어 시끄러움[551] 속으로 들어가기 때문이다.
만약 도에 통달한 사람을 만난다면
절대로[552] 도를 향하지 마라."

法空禪師問!"佛之與道, 俱是假名, 十二分教, 亦應不實. 何以從前尊宿, 皆言修道?"師云:"錯會經意. 道本無修, 大德强修. 道本無作, 大德强作. 道本無事, 强生多事. 道本無知, 於中强知. 如此見解, 與道相違. 從前尊宿, 不應如是, 自是大德不會. 請思之."復示以偈云:"道體本無修, 不修自合道. 若起修道心, 此人不會道. 棄卻一眞性, 卻入鬧浩浩. 若逢達道人, 第一莫向道."

5. 무주현책

---

551 호호(浩浩) : 시끄럽게 떠드는 모습. 왁자지껄한 모습. 떠들썩한 모습.
552 제일(第一) : (요구나 바람을 나타내는 부사) 부디. 제발. 절대로. 반드시. 꼭. 필히. 무엇보다도.

무주현책(婺州玄策)[553] 선사는 금화(金華) 사람이다. 여러 지방을 다니다가 하삭(河朔)에 이르러 지황(智隍) 선사가 오조(五祖)를 만나 뵙고 정수(正受)[554]를 얻었다고 스스로 여기고 암자에서 장좌불와(長坐不臥)하기를 20년이 되었다는 소문을 듣고서, 그가 얻은 것이 진실이 아님을 알고 그 암자를 찾아가 물었다.

"당신은 여기서 무엇을 합니까?"

지황이 말했다.

"선정에 듭니다."

현책이 말했다.

"당신은 선정에 든다고 하는데, 마음이 있어서 들어갑니까, 마음 없이 들어갑니까? 만약 마음 없이 들어간다면, 모든 무정물과 풀·나무·기와··돌도 응당 선정에 들어가야 할 것입니다. 만약 마음이 있어서 들어간다면, 모든 중생들의 무리가 역시 선정에 들어가야 할 것입니다."

지황이 말했다.

"제가 선정에 들어갈 때에는 마음이 있는지 없는지를 보지 않습니다."

현책이 말했다.

"마음이 있는지 없는지 보지 않는다면 곧 언제나 선정인데, 어찌하여 들어가고 나가고 하겠습니까? 만약 들어가고 나감이 있다면, 선정이 아닙니다."

지황은 대답을 못하고 말없이 있다가 물었다.

"스님의 스승은 누구입니까?"

현책이 말했다.

---

553 무주현책(婺州玄策) : 생몰 연대 미상. 당대(唐代) 선승(禪僧). 절강성(浙江省) 무주(婺州) 금화(金華) 출신. 육조혜능(六祖慧能)에게 30년 동안 공부. 대영(大榮), 지영(智榮), 지책(智策), 신책(神策) 등의 별칭이 있음. 당(唐) 상원(上元) 연간(760-762)에 입적함.

554 정수(正受) : ①삼매(三昧). 정신통일. 정(定)을 바르게 받아들임. ②맹서(盟誓). 서계(誓戒). ③대상경계를 보는 마음과 보이는 대상경계가 일치되어, 바른 마음으로 대상경계를 거두어들이는 상태.

"저의 스승은 조계(曹溪)의 육조(六祖)입니다."

지황이 물었다.

"육조께서는 무엇을 선정이라 하십니까?"

현책이 말했다.

"저의 스승께서 말씀하시길, 묘하고 맑고 두루 고요하고, 바탕과 작용이 다름이 없고, 오온(五蘊)이 본래 공(空)이고, 육진(六塵)[555]이 있는 것이 아니고, 나오지도 않고 들어가지도 않고, 안정되지도 않고 혼란스럽지도 않고, 선의 본성은 머묾이 없는 것이고, 선의 고요함[556]에 머물지 않고, 선의 본성은 생겨남이 없는 것[557]이고, 선이라는 생각을 내지 않고, 마음은 허공과 같지만 허공이라는 헤아림은 전혀 없다고 하셨습니다."

지황은 이 말을 듣고서 조계로 건너가서 육조를 찾아뵈었다. 육조가 물었다.

"그대는 어디에서 오는가?"

지황이 앞선 이야기를 다 하니, 육조가 감탄하며 말했다.

"진실로 현책이 말한 바와 같다."

육조는 지황이 멀리서 찾아왔음을 가엽게 여기고서 드디어 가르침을 내렸는데, 지황이 이에 크게 깨달으니 20년 동안 얻었던 마음이 그림자도 남지 않았다. 그날 저녁 하북(河北) 지방 사람들은 "지황 선사가 오늘 도를 얻었다."라는 소리가 공중에서 나는 것을 들었다. 지황은 하북으로 되돌아가 사부대중[558]을 교화하였으니 참으로 현책 선사의 힘 때문이었다.

---

555 육진(六塵) : 육근(六根)에 대응하는 색(色)·성(聲)·향(香)·미(味)·촉(觸)·법(法) 등의 육경(六境)을 말한다. 이 육경이 본래청정한 마음을 오염시키기 때문에 '티끌(塵)'이라 한다.

556 선적(禪寂) : 고요히 선정(禪定)에 들어 있는 것.

557 무생(無生) : 무생멸(無生滅)·무생무멸(無生無滅)과 같음. 모든 법의 실상(實相)은 생멸(生滅)이 없다는 것.

558 사부대중(四部大衆) : 사부중(四部衆), 사중(四衆)이라고도 한다. 불교의 교단을 형성하는 네 부류의 사람들을 가리킨다. 출가(出家)의 남승(男僧)인 비구(比丘)와 여승(女僧)인 비구니(比丘尼), 재가(在家)의 남신도인 우바새와 여신도인 우바이 등 넷이다.

婺州玄策禪師(凡一), 金華人也. 游方屆于河朔, 聞智隍禪師謁五祖, 自謂已得正受, 庵居長坐, 積二十年, 師知其所得未眞, 造庵問云:"汝在此作甚麼?"云:"入定." 師云:"汝言入定, 爲有心入耶? 無心入耶? 若無心入者, 一切無情草木瓦石, 應合得定. 若有心入者, 一切有情含識之流, 亦應得定." 隍云:"我正入定時, 不見有有無之心." 師云:"不見有有無之心, 即是常定, 何有出入? 若有出入, 即非大定." 隍無對良久問云:"師嗣誰耶?"師云:"我師曹溪六祖." 隍云:"六祖以何爲禪定?"師云:"我師所說, 妙湛圓寂, 體用如如, 五陰本空, 六塵非有, 不出不入, 不定不亂, 禪性無住, 離住禪寂, 禪性無生, 離生禪想, 心如虛空, 亦無虛空之量." 隍聞是說, 經往曹溪謁六祖. 祖問:"仁者何來?"隍具述前緣, 祖嘆云:"誠如策所言." 祖閔其遠來, 遂垂開決, 於是大悟, 二十年所得心, 都無影響. 其夜河北士庶, 聞空中有聲云:"隍禪師今日得道." 復歸河北, 開化四衆, 實師之力也.

6. 하택신회

(1) 육조에게 맞다

하택신회(荷澤神會)[559] 선사는 양양(襄陽)의 고(高)씨 아들이다. 신회가 육조를 찾아뵙자 육조가 물었다.

"그대는 멀리서 오느라 고생이 많았는데, 근본을 얻었느냐? 만약 근본

---

559 하택신회(荷澤神會) : 670-762. 당대(唐代)의 선승. 선종의 일파인 하택종(荷澤宗)의 개조(開祖)이다. 속성은 고(高)씨이고, 상양(襄陽) 출신이다. 14세에 출가하여, 유불도(儒佛道) 3교를 공부하고, 후에 북종선(北宗禪)의 신수(神秀) 아래서 3년간 배운 뒤, 다시 선종의 제6조(祖) 혜능(慧能)에게 사사, 인가(印可)를 받았다. 그 후 남양(南陽)의 용흥사(龍興寺)를 거쳐, 낙양(洛陽)으로 나가 혜능이 주장하는 '돈오(頓悟)의 선풍'[南宗禪]을 펴다가 한때 추방되었으나, 뒤에 형주(荊州) 개원(開元)의 반야원(般若院)에 거주하였다. 북종선을 배격하고 남종선의 정통성을 주장하였으나, 그는 '지(知)'를 중시하여 선종(禪宗)에서는 지해종도(知解宗徒)로 지탄받았다. 하택종에서는 후일 징관(澄觀) · 종밀(宗密) 등이 활약하였다. 저서에 『현종기(顯宗記)』가 있다.

이 있다면, 주인을 알 것이다. 한번 말해 보아라."

신회가 말했다.

"머묾 없음을 근본으로 삼고, 보는 것이 곧 주인입니다."

육조가 말했다.

"이 사미가 어찌 하나하나 따져서[560] 말하는가?"

곧장 때렸다. 신회는 시자[561]를 맡았다.[562]

荷澤神會禪師(凡四), 襄陽高氏子也. 師謁六祖, 祖問: "知識遠來艱辛, 還將得本來麽? 若有本, 卽合識主. 試道看." 師云: "以無住爲本, 見卽是主." 祖云: "這沙彌, 爭合取次語話?" 便打. 師卽服勤給侍.

(2) 여전히 기와나 자갈

신회가 청원행사(靑原行思)[563]를 방문하니 행사가 물었다.

"어디에서 오느냐?"

신회가 말했다.

"조계에서 옵니다."

행사가 물었다.

"조계의 뜻은 어떠하냐?"

신회가 몸을 흔들고 서자, 행사가 말했다.

---

560 취차(取次) : 순차적으로. 순서대로. 차례차례.
561 급시(給侍) : 모시다. 시중들다. 보살펴 주다.
562 복근(服勤) : 근무하다. 담당하다. 떠맡다.
563 청원행사(靑原行思) : ?-741. 당대(唐代) 선승. 청원(靑原)은 머문 산 이름. 강서성(江西省) 길주(吉州) 안성(安城) 출신. 육조혜능(六祖慧能)에게서 법을 받아 남악회양(南嶽懷讓)과 함께 2대 제자로 불림. 청원산(靑原山) 정거사(靜居寺)에 머물면서부터 문도가 운집함. 문하에서 석두희천(石頭希遷)을 배출함. 시호는 홍제선사(弘濟禪師).

"여전히 기와나 자갈을 가지고 있구나."

신회가 물었다.

"스님은 순수한 금을 사람들에게 주십니까?"

행사가 말했다.

"설사 있다고 한들, 그대가 어느 곳에서 붙잡겠느냐?"

師訪靑原思, 思問: "甚處來?" 師云: "曹溪來." 思云: "曹溪意旨如何?" 師振身而立, 思云: "猶帶瓦礫在." 師云: "和尙莫有眞金與人麼?" 思云: "設有, 汝向甚麼處着?"

취암지(翠嵒芝)가 말했다.

"순수한 금과 기와, 자갈은 잘못 말한 이름이다. 이제 무엇이라고 불러야 할까?"

翠岩芝云: "眞金瓦礫, 錯下名言. 如今喚作甚麼?"

(3) 부모의 죽음

신회가 하루는 부모가 모두 사망했다는 고향의 전갈을 받았다. 신회는 승당(僧堂)[564]으로 들어가 백추(白槌)[565]하고서 말했다.

"부모가 모두 돌아가셨습니다. 여러분들은 마하반야바라밀다를 외워주세요."

---

564 승당(僧堂) : 선승들이 기거하며 좌선하는 선방(禪房). 선당(禪堂) · 운당(雲堂) · 좌선당(坐禪堂) · 좌당(坐堂) · 선불당(選佛堂) · 성승당(聖僧堂) · 고목당(枯木堂) 등이라고도 하며, 칠당가람(七堂伽藍)의 하나. 좌석의 위계와 행동거지가 엄격하다.

565 백추(白槌) : 백퇴(白椎)라고도 함. 백(白)은 알린다는 뜻이고, 추(槌)는 두들겨 소리를 내는 나무판. 선원(禪院)에서 행사가 있을 때에 두들겨 대중에게 알리는 것.

대중이 외우려고 하자 신회는 갑자기 백추하고서 말했다.
"여러분들을 번거롭게 해 드렸습니다. 바로 흩어져 주세요."

師一日鄕信, 報父母俱亡. 師入僧堂白槌云: "父母俱喪. 請大衆, 念摩訶般若波羅蜜多." 大衆擬念, 師遽白槌云: "勞煩大衆. 卽散去."

(4) 생각 없는 법

어떤 스님이 물었다.
"생각 없는 법은 있음과 없음을 갖추고 있습니까?"
신회가 말했다.
"있음과 없음을 말하지 않습니다."
그 스님이 다시 물었다.
"그럴 때에는 어떻게 합니까?"
신회가 말했다.
"그럴 때라는 것은 없습니다. 마치 밝은 거울과 같아서, 만약 모습을 상대하지 않으면 끝내 모습을 나타내지 않습니다. 만약 나타내어도 사물이 없다면, 이것이 진실되게 나타내는 것입니다."

僧問: "無念法, 還具有無否?" 師云: "不言有無." 云: "恁麼時, 作麼生?" 師云: "亦無恁麼時. 猶如明鏡, 若不對像, 終不見像. 若見無物, 乃是眞見."

7. 신주지상

신주(信州)의 지상(智常) 선사는 신주 귀계(貴溪) 사람이다. 육조를 찾아뵙자 육조가 물었다.

"어디에서 왔느냐? 무엇을 구하려고 하느냐?"

지상이 말했다.

"저는 최근 백봉산(白峰山)으로 가서 대통(大通) 선사를 만나 뵙고 견성성불(見性成佛)의 뜻을 가르침 받았으나 아직 의심을 해결하지 못했습니다. 스님께서 자비를 베풀어 가르쳐 주시기 바랍니다."

육조가 말했다.

"그곳에서 무슨 말씀을 들었느냐? 한번 말해 보아라. 내가 그대에게 증명해 주겠다."

지상이 말했다.

"저는 그곳에 가서 3개월이 지났지만 가르침을 받지 못하고 있었습니다. 그러다 법을 위하는 마음이 절실했기 때문에 홀로 방장을 찾아가 절을 올리고 물었습니다.

'어떤 것이 저의 본심(本心)이고 본성(本性)입니까?'

대통 선사가 말했습니다.

'그대는 허공을 보느냐?'

제가 말했습니다.

'봅니다.'

대통 선사가 말했습니다.

'그대가 보는 허공은 모양이 있느냐?'

제가 말했습니다.

'허공에는 모습이 없는데, 무슨 모양이 있겠습니까?'

대통 선사가 말했습니다.

'그대의 본성도 허공과 같다. 자성을 보아 볼 수 있는 한 물건도 없음을 밝히면 일러 바로 본다고 하고, 알 수 있는 한 물건도 없음을 밝히면 일러 참되게 안다고 한다. 푸름도 누름도 없고 길고 짧음도 없으니, 다만 본원(本源)이 깨끗함을 보고 바탕이 두루 밝음을 깨달으면 일러 견성성불이라 하고 또 극락세계라고도 하고 여래지견(如來知見)이라고도 한다.'

저는 비록 이런 말씀을 들었지만, 여전히 확실히 깨닫지는 못하고 있습니다. 스님께서 깨우쳐 주셔서 막힌 곳이 없게 해 주십시오."

육조가 말했다.

"대통 선사의 가르침에는 여전히 보는 것과 아는 것이 남아 있으니 그대를 깨닫게 할 수 없는 것이다. 내가 이제 그대에게 하나의 게송을 보여 주겠다."

"한 법도 보지 않고 볼 것이 없다고 하면
마치 뜬구름이 태양을 가리는 것과 같다.
한 법도 알지 않고 알 것이 없다고 고집하면
도리어 큰 허공에서 번개가 치는 것과 같다.
이러한 지견(知見)이 문득 일어나면
잘못 안 것이니 어찌 방편을 이해하였겠는가?
그대가 지금 한순간 스스로 잘못을 안다면
자기의 신령스러운 빛이 늘 나타나리라."

지상은 게송을 듣고서 마음이 활짝 열렸다.[566] 이에 게송을 지었다.

"무심코 지견을 일으키면
모습에 집착하여 깨달음을 구하게 된다.

---

566 활연(豁然) : (마음이) 활짝(탁) 트이는 모양. 확(환히) 뚫리는 모양.

분별심[567]이 한 번이라도 깨달음을 생각하면
어찌 예전의 어리석음을 뛰어넘겠는가?
자성이 깨달음의 본바탕이니
생각을 따라가면 헛되이 흘러갈 것이다.
조사의 방에 들어가지 못하면
어쩔 줄 모르고[568] 양쪽으로 갈[569] 것이다."

信州智常禪師(凡一), 本州貴溪人也. 謁六祖, 祖問: "甚麼處來? 欲求何事?"云: "學人近往白峰山, 禮大通禪師, 蒙示見性成佛之義, 未決狐疑. 伏望和尚慈悲指示." 祖云: "彼有何言句? 汝試擧看. 吾爲汝證明."常云: "某甲到彼, 凡經三月, 不蒙開示. 爲法切故, 獨造方丈作禮, 請問: '如何是某甲本心本性?'彼云: '汝見虛空否?'某甲云: '見.'彼云: '汝見虛空, 有相貌否?'某甲云: '虛空無形, 有何相貌?'彼云: '汝之本性, 猶如虛空. 觀自性, 了無一物可見, 是名正見, 了無一物可知, 是名眞知. 無有青黃長短, 但見本源淸淨, 覺體圓明, 卽名見性成佛, 亦名極樂世界, 亦名如來知見.'學人雖聞此說, 猶未決了. 乞和尚指誨, 令無凝滯." 祖云: "彼之所示, 猶存見知, 令汝不了. 吾今示汝一偈."云: "不見一法存無見, 大似浮雲遮日面. 不知一法守空知, 還如太虛生閃電. 此之知見瞥然興, 錯認何曾解方便. 汝今一念自知非, 自己靈光常顯現."常聞偈, 心意豁然. 述偈云: "無端起知見, 着相求菩提. 情存一念悟, 寧越昔時迷? 自性覺源體, 隨照枉遷流. 不入祖師室, 茫然趣兩頭."

8. 수주지통

수주(壽州)의 지통(智通) 선사는 수주 안풍(安豐) 사람이다. 『능가경(楞伽經)』을 1천여 번 읽었으나 삼신(三身)과 사지(四智)를 이해하지 못하여 육조를 찾아와 뵙고 그 뜻을 이해하고자 하였다. 육조가 말했다.

"삼신이란 청정법신(淸淨法身)은 그대의 본성이고, 원만보신(圓滿報身)은 그대의 지혜이고, 천백억화신(千百億化身)은 그대의 행위이다. 만약 본성을 떠나 따로 삼신을 말한다면, 일러 몸은 있으나 지혜는 없다고 한다. 만약 삼신에 자성이 없음을 깨닫는다면, 일러 사지(四智)의 깨달음이라고 한다. 나의 게송을 들어라."

"자성이 삼신을 갖추고서
사지를 밝혀내어 이룬다.
보고 듣는 인연을 벗어나지 않고
보고 듣는 인연을 벗어나 십지(十地)에 오른다.
나 이제 그대에게 말하노니
분명히 믿으면[570] 본래 의심이 없을 것이다.
배우려고 찾아다니지[571] 않으면
하루종일 깨달음을 말하리라."

지통이 말했다.
"사지의 뜻도 말씀해 주실 수 있습니까?"
육조가 말했다.
"이미 삼신을 알았다면 곧장 사지를 밝힐 것인데, 어찌 다시 묻느냐? 만약 삼신을 떠나 따로 사지를 말한다면, 이를 일러 지혜는 있는데 몸은 없

---

570 체신(諦信) : 분명히 믿다.
571 치구(馳求) : 찾아서 다니다. 찾아서 헤매다.

다고 한다. 그렇다면 지혜 있는 것이 도리어 지혜 없는 것이 된다."

다시 게송을 말했다.

"대원경지(大圓鏡智)는 자성이 깨끗함이요

평등성지(平等性智)는 마음에 병이 없음이요

묘관찰지(妙觀察智)는 노력의 결과가 아님을 보는 것이요

성소작지(成所作智)는 원만한 거울과 같다.

제5식, 제6식, 제7식, 제8식의 인연이 돌고 돌지만

다만 이름과 말을 할 뿐 참된 자성(自性)은 없다.

만약 돌고 도는 곳에 정(情)[572]을 두지 않는다면

식(識)이 무성하게 일어나더라도 영원히 나가정(那伽定)[573]에 머물리
라."[574]

지통이 감사의 절을 올리고서 게송으로 찬탄하였다.

"삼신은 원래 나의 바탕이요

사지는 본래의 마음이 밝은 것이다.

삼신과 사지가 융합하여 장애가 없으면

사물에 반응함에 모습에서 자유롭고 알맞게 응한다.[575]

---

572 정(情) : 애정(愛情). 집착(執着).

573 나가정(那伽定) : 나가(那伽)는 용(龍)이라는 뜻이니 부처를 가리킴. 나가정은 부처의 선정(禪定). =
    나가대정(那伽大定).

574 『육조단경』에서는 이 다음에 이런 주석이 붙어 있다 : 위와 같이 식(識)을 지(智)로 바꾸는 것을 경
    (經)에서는 이렇게 말한다. "전오식(前五識)을 바꾸면 성소작지(成所作智)가 되고, 제육식(第六識)을
    바꾸면 묘관찰지(妙觀察智)가 되고, 제칠식(第七識)을 바꾸면 평등성지(平等性智)가 되고, 제팔식
    (第八識)을 바꾸면 대원경지(大圓鏡智)가 된다. 비록 제육식과 제칠식의 원인 속에서 전오식과 제팔식
    을 깨달음의 결과로 바꾸지만, 바꾼다는 것은 다만 그 이름을 바꾸는 것이고 그 본바탕을 바꾸는
    것은 아니다."

575 수형(隨形) : 모습에 따르다. 모습에 따라 알맞게 응하다.

마음을 일으켜 수행함은 모두 헛된 행동이요
지키고 머무르면 참되고 순수한 것이 아니다.
현묘한 뜻은 스승의 말씀에서 말미암으니
마침내 오염된 이름을 잊어버린다.”

壽州智通禪師(凡一), 本郡安豐人也. 看『楞伽經』千餘遍, 而不會三身四智, 禮六祖, 求解其義. 祖云: “三身者, 淸淨法身, 汝之性也. 圓滿報身, 汝之智也. 千百億化身, 汝之行也. 若離本性別說三身, 卽名有身無智. 若悟三身無有自性, 卽名四智菩提. 聽吾偈.” 曰: “自性具三身, 發明成四智. 不離見聞緣, 超然登十地. 吾今爲汝說, 諦信本無疑. 莫學馳求者, 終日說菩提.” 通云: “四智之義, 可得聞乎?” 祖云: “旣會三身, 便明四智, 何更問耶? 若離三身, 別談四智, 此名有智無身也. 卽此有智, 還成無智.” 復說偈云: “大圓鏡智性淸淨, 平等性智心無病, 妙觀察智見非功, 成所作智同圓鏡. 五八六七果因轉, 但用名言無實性. 若於轉處不留情, 繁興永處那伽定.” 通禮謝, 以偈贊云: “三身元我體, 四智本心明. 身智融無礙, 應物任隨形. 起修皆妄動, 守住匪眞精. 妙旨因師說, 終忘染汚名.”

9. 홍주법달

홍주(洪州)의 법달(法達) 선사는 육조를 찾아와 절을 하였는데, 머리가 땅에 닿지 않았다. 이에 육조가 꾸짖으며 말했다.
“절을 하면서 머리가 땅에 닿지 않다니, 어찌하여 그렇게 무례한가? 그대의 마음속에 반드시 한 물건이 있을 것이다. 어떤 일을 익혔느냐?”[576]
법달이 말했다.

---

576 온습(蘊習) : (학문, 교양, 기량 등을) 겉으로 드러나지 않게 익히다.

"저는『법화경』을 이미 3천 번이나 읽었습니다."[577]

육조가 말했다.

"그대가 만약 팔만대장경을 다 읽어서 그 경전의 뜻을 얻었다고 하더라도, 그것을 뛰어나다고 여기지 않아야 나와 함께 갈 것이다. 그대는 지금이 일을 등지고 있으니 자신의 허물을 전혀 알지 못하는구나. 나의 게송을 들어라."

"절을 하는 것은 본래 오만한 마음[578]을 꺾는 것인데
머리가 어찌하여 땅에 닿지 않는가?
아상(我相)이 있으면 죄가 생겨나고
공덕(功德)을 잊으면 복이 최고로 뛰어나다."[579]

육조가 다시 물었다.

"그대의 이름은 무엇이냐?"

법달이 말했다.

"이름이 법달입니다."

육조가 말했다.

"그대의 이름을 법달이라 하지만, 언제 법에 통달한 적이 있었느냐?"

육조가 다시 게송을 말했다.

"그대가 지금 이름을 법달이라고 하나
열심히 외우면서 아직 쉬지를 못했구나.

---

577 염(念) : 암송(暗誦)하다. 소리 내어 외우다. 소리 내어 읽다.
578 만당(慢幢) : 오만(傲慢)한 마음이 높은 것을 높은 깃발에 비유한 말.
579 무비(無比) : 최고로 뛰어남. 비교할 것이 없음.

헛되이 외우면서 단지 소리를 좇아가지만
마음을 밝혀야만 보살이라고 일컫는다.
그대는 지금 나와 인연이 있으니
내가 이제 그대에게 말해 주겠다.
부처에게는 말이 없음을 믿기만 하면
연꽃이 입에서 피어날 것이다."

법달이 게송을 듣고서 허물을 뉘우치며 말했다.
"지금부터는 모든 이를 공경하겠습니다. 스님께서 큰 자비를 베풀어
경 속의 뜻과 이치를 요약하여 설명해 주시기를 바랄 뿐입니다."
육조가 말했다.
"그대는 이 경을 읽으면서 무엇을 근본으로 삼는가?"
법달이 말했다.
"저는 우둔하여 단지 문장에 의지하여 읽었을 뿐인데, 어찌 근본이 되
는 뜻을 알겠습니까?"
육조가 말했다.
"그대는 나를 위하여 한번 읽어 보아라. 내가 그대에게 해설해 주겠다."
법달이 곧 소리를 높여 『법화경』을 읽었는데, 방편품(方便品)에 이르자
육조가 말했다.
"그만하라. 그만하라. 이 경은 원래 부처님이 세간에 출현한 인연을 근
본으로 삼는다. 비록 여러 종류의 비유가 있지만 이것을 넘어가는 것은
없다. 왜 그런가? 인연은 오직 일대사(一大事)이고, 일대사는 곧 부처님의
지견(知見)이다. 그대는 경의 뜻을 잘못 이해하지 말아야 한다.
경에서 말하는 '열어 보이고 깨달아 들어가게 한다'[580]는 말을 보고서,

___

580 개시오입(開示悟入) : 『법화경』「방편품」에서 부처님이 세간에 출현한 목적[출세본회(出世本懷)]의 네

이것은 본래 부처님의 지견이지 우리들에게는 그럴 자격이 없다라고, 만약 이렇게 이해한다면 이러한 이해가 바로 경전을 비방하고 부처님을 욕보이는 짓이다. 그가 이미 부처로서 지견을 갖추고 있다면, 무엇 하러 다시 지견을 열겠느냐? 부처님의 지견이란 것은 다만 그대 자신의 마음이지 다시 다른 것은 없음을 그대는 지금 믿어야 한다.

모든 중생들이 밝은 빛을 스스로 감추고 경계를 탐내고 좋아하여 밖으로 얽매이고 안으로 어지러워져 즐겨 바쁘게 돌아다니며 힘쓰니[581] 곧 그들 중생을 걱정하여 삼매에서 일어나 여러 가지로 거듭 간곡하게 권하여[582] 쉬도록[583] 하니, 밖으로 구하지 않으면 부처와 다름이 없다. 그러므로 부처님의 지견을 연다고 하는 것이다. 그대가 만약 단지 애써 읽는 것에 집착하는 것을 공부[584]로 여긴다면, 들소가 자기 꼬리를 좋아하는[585] 것과 무엇이 다르겠느냐?"

법달이 말했다.

"만약 그렇다면 단지 뜻을 알기만 하면 될 뿐이니, 애써 경을 외우지는 말아야 할까요?"

가지 특징을 요약한 말. 부처님이 세간에 출현한 목적은 여래의 지견을 열어[개(開)], 그것을 중생들에게 보이고[시(示)], 그것을 깨닫게 하고[오(悟)], 그것에 들어가게 하는[입(入)] 것이다.

581 구치(驅馳) : ①말을 몰아 내달리다. ②바삐 돌아다니며 힘쓰다. ③부지런히 일하다. 고생하다.

582 고구(苦口) : ①거듭하여 간곡하게 권하다. ②입에 쓰다. 듣기 싫은 말.

583 침식(寢息) : 쉬다. 그만두다.

584 공과(功課) : 일상에서 경전을 외우고 예불하는 행위. 일상생활에서 노동하는 것. 일상 속에서 공부하는 것.

585 이우애미(犛牛愛尾) : 『법화경』 「방편품」의 게송에 나오는 구절. 이우(犛牛)는 밭을 가는 데 쓰는 물소 혹은 들소. 이우의 꼬리는 길고 아름다워서 기(旗)를 만드는 데에 쓰인다. 이우가 긴 꼬리를 자랑하지만, 사람들은 기(旗)를 만들기 위해 이우를 죽이니, 이우는 자랑스러운 꼬리 때문에 죽는다. 중생이 오욕(五欲)을 아름답게 여기고 좋아하지만 오욕 때문에 해탈하지 못하고 생사윤회의 고(苦)를 받는 것은 마치 이우가 꼬리를 좋아하는 것과 같다는 뜻이다. 게송의 앞뒤 구절은 다음과 같다. "내가 깨달음의 눈으로써, 육도(六道)의 중생들을 살펴보니, 가난하여 복된 지혜가 없고, 생사윤회의 험난한 길에 들어가, 고통을 이어 가며 끊어짐이 없구나. 오욕(五欲)을 탐내고 집착함은, 마치 물소가 자기 꼬리를 좋아하는 것과 같고, 탐내고 좋아함으로써 자신을 가려 막으니, 소경에게 보이는 것이 없음과 같구나."(我以佛眼觀, 見六道衆生, 貧窮無福慧, 入生死嶮道, 相續苦不斷. 深著於五欲, 如犛牛愛尾, 以貪愛自蔽, 盲瞑無所見.)

육조가 말했다.

"경에 무슨 허물이 있다고, 어찌 그대가 읽는 것을 가로막겠느냐? 다만 어리석음과 깨달음은 사람에게 달렸고, 손해와 이익은 그대에게서 말미암는다. 나의 게송을 들어라."

"마음이 어리석으면 『법화경』이 나를 부리고
마음이 깨달으면 내가 『법화경』을 부린다.
경을 외워도 오래도록 밝지 못하면
경전의 뜻이 원수(怨讐)가 될 것이다.
생각이 없으면 생각이 바르고
생각이 있으면 생각이 삿되다.
있고 없음을 전혀 헤아리지 않으면
영원히 흰 소가 끄는 수레[586]를 몰 것이다."

법달이 게송을 듣고서 거듭 여쭈었다.

"경전에서 이르기를 '모든 대성문(大聲聞) 내지 보살(菩薩)이 모두 온갖 생각을 다하여 함께 헤아려도 부처님의 지혜를 헤아릴 수 없다.'[587]라고 했습니다. 이제 범부들로 하여금 단지 본래의 마음을 깨닫기만 하면 곧 부처님의 지견(知見)이라고 말씀하시니, 스스로 상근기가 아니라면 의심과 비방을 하지 않을 수 없을 것입니다. 또 경전에서 말한 양 수레, 사슴 수레와 흰 소가 끄는 수레는 어떻게 구별합니까? 스님께서 다시 가르쳐 주

---

586 백우거(白牛車): 『법화경』 「비유품」에서 말한 양거(羊車)·녹거(鹿車)·우거(牛車) 가운데 우거(牛車). 양거(羊車)·녹거(鹿車)·우거(牛車)는 성문승(聲聞乘)·연각승(緣覺乘)·보살승(菩薩乘) 혹은 불승(佛乘)을 가리킨다. 즉, 백우거(白牛車)는 보살승(菩薩乘) 혹은 불승(佛乘)을 가리킨다.

587 『묘법연화경』 「방편품」 제2에 "가령 세간을 가득 메운 자들이 모두 사리불과 같아서, 온갖 생각을 다하여 함께 헤아려도 부처님의 지혜를 헤아릴 수는 없다."(假使滿世間, 皆如舍利弗, 盡思共度量, 不能測佛智.)라는 구절이 있다.

시옵소서."

육조가 말했다.

"경전의 뜻은 분명한데 그대 스스로 어리석어서 어긋났다. 모든 삼승(三乘)의 사람들이 부처님의 지혜를 측량할 수 없는 까닭은 헤아리는 병 때문이다. 비록 그가 생각을 다하여 추측하더라도 더욱더 멀어질 뿐이다.

부처님은 본래 범부를 위해 말씀하시지 부처님을 위해 말씀하시지는 않는다. 이 이치를 기꺼이 믿지 않는다면, 그로 말미암아 자리에서 물러나 흰 소 수레에 앉는 것은 전혀 알지 못하고 다시 문 밖에서 세 개의 수레를 찾을 것이다.

하물며 경전의 문구가 분명히 그대에게 말하고 있다. '오직 일불승(一佛乘)일 뿐 나머지 이승(二乘)이나 삼승(三乘)은 없다. 나아가 헤아릴 수 없는 방편들과 여러 가지 인연들과 비유하는 말들은 이 법이 모두 일불승이기 때문이다.'[588]

하물며 경전의 문장에서 둘도 없고 셋도 없다고 그대에게 분명히 말하고 있는데, 그대는 어찌하여 깨닫지 못하는가? 세 개의 수레는 거짓이니 과거이기 때문이고, 한 개의 수레는 진실이니 지금인 까닭이다. 다만 그대로 하여금 거짓을 버리고 진실에 돌아오도록 시킬 뿐이지만, 진실에 돌아오고 나면 진실이라는 이름도 없다.

가지고 있는 보물은 모두 그대에게 속하고 그대가 향유함으로 말미암음을 마땅히 알고서, 다시는 아버지라는 생각을 하지도 말고, 아들이라는 생각을 하지도 말고, 사용한다는 생각도 없어야 한다. 이것을 일러『법화

---

588 『묘법연화경』「방편품」제2에 있는 구절. 전체는 이렇다 : "사리불아, 여래는 다만 일불승(一佛乘) 때문에 중생에게 법을 말씀하시니, 나머지 이승(二乘)이나 삼승(三乘)은 없다. 사리불아, 모든 우주의 모든 부처님의 법(法)도 역시 이와 같다. 사리불아, 과거의 모든 부처님이 헤아릴 수 없이 많은 방편과 여러 가지 인연과 비유의 말씀을 가지고 중생들에게 모든 법을 자세히 말씀하신 것은 이 법이 모두 일불승이기 때문이다."(舍利弗, 如來但以一佛乘爲衆生說法, 無有餘乘若二若三. 舍利弗, 一切十方諸佛法亦如是. 舍利弗, 過去諸佛以無量無數方便種種因緣譬喩言辭, 而爲衆生演說諸法, 是法皆爲一佛乘故.)

경』을 지니고서 무한한 세월 동안 손에서 책을 놓지 않고 밤낮으로 읽지 아니하는 때가 없다고 하는 것이다."

법달이 깨우침을 받고서 뛸 듯이 기뻐하면서 게송으로 찬탄하였다.

"법화경을 3천 번이나 외웠지만
조계(曹溪)의 한마디 말씀에 사라졌구나.
출세간의 뜻을 밝히지 못한다면
세세생생의 미친 짓을 어떻게 끝내겠는가?
양 · 사슴 · 소 수레의 방편(方便)을 시설하니
처음 · 중간 · 끝을 잘 드러내었네.
누가 알았으리오?
불타는 집 속이 원래 법 가운데 왕(王)[589]임을."

육조가 말했다.
"지금부터 너는 비로소 경을 읽는 스님이라고 일컬을 만하다."

洪州法達禪師(凡一), 師禮六祖, 頭不至地. 祖呵云: "禮不投地, 何如不禮? 汝心中必有一物. 蘊習何事耶?" 云: "某甲念『法華經』, 已及三千部." 祖云: "汝若念至萬部, 得其經意, 不以爲勝, 則與吾偕行. 汝今負此事業, 都不知過. 聽吾偈." 曰: "禮本折慢幢, 頭奚不至地? 有我罪卽生, 亡功福無比." 祖又問: "汝名甚麼?" 云: "名法達." 祖云: "汝名法達, 何曾達法?" 復說偈曰: "汝今名法達, 勤誦未休歇. 空誦但循聲, 明心號菩薩. 汝今有緣故, 吾今爲汝說. 但信佛無言, 蓮花從口發." 師聞偈, 悔過云: "而今而後, 當謙恭一切. 惟願和尙大慈, 略說經中義理." 祖云: "汝念

---

589 법왕(法王) : 부처님은 법에 있어서 자재하고 법을 자유로이 지배하며 부려서 삼계(三界)의 위대한 스승이 되기 때문에 법왕이라 한다.

此經, 以何爲宗?" 師云: "學人愚鈍, 但依文誦念, 豈知宗趣?" 祖云: "汝試爲吾誦一遍. 吾當爲汝解說." 師卽高聲念, 至方便品, 祖云: "止. 止. 此經元來, 以因緣出世爲宗. 縱有多種譬喩, 亦無越於此. 何者? 因緣惟一大事, 一大事卽佛知見也. 汝愼勿錯解經意. 見他道: '開示悟入.' 自是佛之知見, 我輩無分, 若作此解, 乃是謗經毁佛也. 彼旣是佛, 已具知見, 何用更開? 汝今當信, 佛知見者, 只汝自心, 更無別體. 蓋爲一切衆生, 自蔽光明, 貪愛塵境, 外緣內擾, 甘受驅馳, 便勞他, 從三昧起, 種種苦口, 勸令寢息, 莫向外求, 與佛無二. 故云開佛知見. 汝但勞勞執念, 謂爲功課者, 何異犛牛愛尾也?" 師云: "若然者, 但得解義, 不勞誦經耶?" 祖云: "經有何過, 豈障汝念? 只爲迷悟在人, 損益由汝. 聽吾偈." 云: "心迷法華轉, 心悟轉法華. 誦久不明己, 與義作讎家. 無念念卽正, 有念念成邪. 有無俱不計, 長御白牛車." 師聞偈, 再啓云: "經云: '諸大聲聞, 乃至菩薩, 皆盡思度量, 尚不能測於佛智.' 今令凡夫, 但悟本心, 便名佛之知見, 自非上根, 未免疑謗. 又經說三車, 大牛之車, 與白牛車, 如何區別? 願和尙, 再垂開示." 祖云: "經意分明, 汝自迷背. 諸三乘人, 不能測佛智者, 患在度量也. 饒伊盡思共推, 轉加懸遠. 佛本爲凡夫說, 不爲佛說. 此理若不肯信者, 從他退席, 殊不知, 坐卻白牛車, 更於門外, 覓三車. 況經文明向汝道, 無二亦無三, 汝何不省? 三車是假, 爲昔時故, 一乘是實, 爲今時故. 只教汝去假歸實, 歸實之後, 實亦無名. 應知所有珍財, 盡屬於汝, 由汝受用, 更不作父想, 亦不作子想, 亦無用想. 是名持『法華經』, 從劫至劫, 手不釋卷, 從晝至夜, 無不念時也." 師蒙啓發, 踊躍歡喜, 以偈贊曰: "經誦三千部, 曹溪一句亡. 未明出世旨, 寧歇累生狂? 羊鹿牛權設, 初中後善揚. 誰知火宅內, 元是法中王?" 祖云: "汝今後方可名爲念經僧也."

10. 강서지철

강서(江西)의 지철(志徹) 선사는 이름이 행창(行昌)이었으며, 어릴 때부터 의협심(義俠心)이 강했다.[590] 남종(南宗)과 북종(北宗)이 나누어진 이래로 두 종(宗)의 우두머리는 비록 나와 남의 차별이 없었지만, 따르는 무리들이 마침내 좋아하고 싫어하는 마음을 내었다.

북종의 문인(門人)들이 스스로 신수대사(神秀大師)를 세워서 제육조(第六祖)로 삼았으나, 혜능 대사가 옷을 전해 받은 사실이 천하에 알려질 것을 꺼려하였다. 육조 대사는 그 일을 미리 알고 금 10냥을 방장에 두었다. 그때 행창은 북종 문인의 부탁을 받고서 칼을 품고 조실(祖室)에 들어가 해를 끼치고자 하였다. 육조 대사가 목을 늘여서 들이미니 행창이 칼을 휘두른 것이 세 번이었는데, 전혀 손상시키지 못했다. 육조가 말했다.

"바른 칼은 삿되지 않고, 삿된 칼은 바르지 않다. 그대에게 황금을 빚지고 있을 뿐, 목숨을 빚지고 있지는 않다."

행창이 놀라서 엎어져 한참을 있다가 겨우 깨어나서는, 슬피 울면서 잘못을 뉘우치고 곧 출가하기를 원했다. 육조 대사는 드디어 금을 주면서 말했다.

"그대는 우선 가거라. 따르는 무리들이 도리어 그대를 해칠까 봐 두렵다. 그대는 훗날 모습을 바꾸어서 오는 것이 좋겠다. 내가 받아들이겠다."

행창이 그 뜻을 받고서 밤을 이용하여 달아났다. 행창은 어떤 스님에게 의지하여 출가하여 계를 갖추고서 정진하였다. 어느 날 육조의 말씀을 기억하고는 멀리서 찾아와 예를 갖추어 만나 뵈었다. 육조가 말했다.

"나는 오랫동안 그대를 생각해 왔는데, 그대는 어찌 이리 늦게 왔는가?"

---

590 임협(任俠) : ①의협(義俠)을 행하다. 의협심(義俠心)이 강하다. 용감하다. ②의협심(義俠心). 협객(俠客).

행창이 대답했다.

"지난번에는 스님께 죄를 용서해 주시는 은혜를 입었습니다. 지금 비록 출가하여 고행하고 있지만 마침내 은덕을 갚기가 어려우니 오직 진리를 전하고 중생을 구제할 일이 있을 뿐입니다. 저는 일찍이 『열반경』을 읽었는데, 아직 상(常)과 무상(無常)의 뜻을 밝히지 못했습니다. 스님께서 자비를 베푸셔서 대략 풀이하여 말씀해 주십시오."

대사가 말했다.

"무상(無常)이란 곧 불성(佛性)이고, 상(常)이란 곧 선(善)과 악(惡)의 모든 법이요 분별하는 마음이니라."

행창이 말했다.

"스님의 말씀은 경전의 문장과 크게 어긋납니다."

대사가 말했다.

"나는 부처님 마음의 근본을 전하는데, 어찌 불경(佛經)과 어긋날 수 있단 말이냐?"

행창이 말했다.

"경전에서는 불성이 곧 상(常)이라 하였는데 스님께서는 도리어 무상(無常)이라 하시고, 경전에서는 선과 악의 모든 법과 나아가 깨달음의 마음까지 모두가 무상(無常)하다 하였는데 스님께서는 도리어 이런 것들을 일러 상(常)이라 하십니다. 이것이 곧 서로 어긋나는 것이니, 저는 의혹이 더할 뿐입니다."

대사가 말했다.

"『열반경』은 내가 옛날 무진장(無盡藏) 스님이 한 번 읽는 것을 듣고서 곧 강설(講說)하였는데, 한 글자 한 개의 뜻도 경문(經文)에 부합하지 않는 것이 없었다. 이제 그대에게도 결코 다르게 말하지 않았다."

행창이 말했다.

"저는 식견(識見)이 얕고 어두우니, 스님께서 자세히 말씀해 주십시오."

대사가 말했다.

"그대는 알지 못하는가? 불성이 만약 상(常)이라면, 다시 어떤 선하고 악한 모든 법들을 말하겠는가? 나아가 영원히 깨달음의 마음을 내는 자가 한 사람도 없을 것이다. 그러므로 내가 무상(無常)이라고 말한 것은, 바로 부처님께서 말씀하신 참된 상(常)의 도리이다.

또 모든 법들이 만약 무상(無常)이라면, 하나하나의 사물은 모두 자성(自性)을 가지고서 생겨나고 사라지게 될 것이니, 참으로 상(常)인 본성(本性)이 두루하지 않는 곳이 있게 될 것이다. 그러므로 내가 상(常)이라고 말한 것은, 바로 부처님께서 말씀하신 참된 무상(無常)의 뜻이다.

부처님께서는 본래,[591] 범부와 외도가 삿된 상(常)에 집착하고 모든 이승(二乘)[592]의 사람들이 상(常)을 무상(無常)이라고 헤아리며 모두 함께 팔전도(八顚倒)[593]를 이루었기 때문에, 요의교(了義敎)[594]인 『열반경』 속에서 저 치우친 견해를 부수고, 참된 상(常)·참된 낙(樂)·참된 아(我)·참된 정(淨)[595]을 드러내어 말씀하신 것이다.

그대는 지금 말에 기대어 뜻을 등지고서, 단멸(斷滅)인 무상(無常)을 가지고 상(常)을 확실히 죽임으로써 부처님의 원만하고 묘한 마지막 미묘한 말

---

591 비(比) : 본래.

592 이승(二乘) : 성문승(聲聞乘)과 연각승(緣覺乘). 소승(小乘)을 가리킴.

593 팔도(八倒) : 또는 팔전도(八顚倒). 범부와 소승 등이 어리석은 고집으로 바른 이치를 뒤바뀌게 아는 여덟 가지 그릇된 견해. 유위 생멸하는 법을 상(常)·낙(樂)·아(我)·정(淨)하다고 고집하는 범부의 4도(倒)와 무위 열반의 법을 무상(無常)·무락(無樂)·무아(無我)·부정(不淨)이라고 고집하는 2승(乘)의 4도(倒).

594 요의교(了義敎) : ↔ 불료의교(不了義敎). ①진실한 뜻을 분명하게 말한 완전한 가르침. 유식종(唯識宗)에서 주장하길, 설일체유부(說一切有部)의 유교(有敎)와 중관(中觀)의 공교(空敎)는 아직 완전한 뜻을 설명하지 않고 방편에 그친 불료의교라 하고, 유식중도교(唯識中道敎)를 요의교라 함. ②대승에서는 소승을 부처님의 가르침을 완전하게 드러내지 못했다고 하여 불료의교라 하고, 대승을 부처님의 가르침을 완전하게 드러낸 요의교라 함.

595 상락아정(常樂我淨) : 열반의 4덕(德). (1) 상(常). 열반의 경지는 생멸 변천함이 없는 덕. (2) 낙(樂). 생사의 고통을 여의어 무위(無爲) 안락한 덕. (3) 아(我). 망집(妄執)의 아(我)를 여의고 8대자재(大自在)가 있는 진아(眞我). (4) 정(淨). 번뇌의 더러움을 여의어 담연청정(湛然淸淨)한 덕.

씀[596]을 잘못 이해하고 있다. 그러니 비록 천 번을 읽더라도 무슨 이익이 있겠는가?"

행창은 마치 문득 술에 취했다가 깨어난 것 같았는데, 이에 게송으로 말했다.

"무상(無常)한 마음을 지키고 있기 때문에
부처님께서는 항상(恒常)한 자성(自性)을 말씀하셨다.
방편(方便)을 알지 못한다면
도리어 봄날 연못에서 조약돌을 줍는 것과 같을 것이다.[597]
내가 이제 애를 쓰지 않으면
불성(佛性)이 앞에 나타난다네.
스승님께서 주시는 것이 아니고
나 역시 얻는 것이 없다네."

대사가 말했다.
"너는 이제 철저하게 되었으니, 이름을 지철(志徹)이라고 불러야 하겠다."
지철이 감사의 절을 올리고 물러갔다.

江西志徹禪師(凡一), 名行昌, 少任俠. 自南北分化, 二宗主, 雖亡彼此, 而徒侶竟起愛憎. 北宗門人, 自立秀爲第六祖, 而忌能大師傳衣, 爲天下聞. 祖預知其事, 卽置金十兩於方丈. 時行昌, 受北宗門人所囑, 懷刃入祖室, 將欲加害. 祖伸頸而就,

---

596 미언(微言) : 깊은 불법의 뜻을 설명한 미묘한 말. 경문(經文)의 숨겨진 본래 뜻.
597 춘지습력(春池拾礰) : 봄날의 연못에서 조약돌을 줍다. 비가 많이 오는 봄에 물이 가득한 연못에서 조약돌을 주우려면 물속으로 들어가서 찾으려고 해도 찾기가 어렵지만, 그 시기를 지나 날이 가물어 연못물이 줄어들면 연못의 조약돌은 저절로 나타난다. 불성(佛性)을 찾으려고 하면 찾기가 어렵지만 분별망상이 쉬어지면 불성은 저절로 나타난다는 사실을 말하려 하는 것.

行昌揮刃者三, 都無所損. 祖云: "正劍不邪, 邪劍不正. 只負汝金, 不負汝命." 行昌驚仆, 久而方蘇, 哀求悔過, 即願出家. 祖遂與金云: "汝且去. 恐徒衆, 翻害於汝. 他日可易形而來. 吾當攝受." 行昌稟旨, 宵遁. 投僧出家, 具戒精進. 一日憶祖之言, 遠來禮覲. 祖云: "吾久念汝, 汝來何晚?" 云: "昨蒙和尙捨罪, 今雖出家苦行, 終難報於深恩, 其唯傳法度生乎. 弟子曾覽『涅槃經』, 未曉常無常義. 乞和尙慈悲, 略爲解說." 祖云: "無常者, 即佛性也. 有常者, 即善惡一切諸法, 分別心也." 云: "和尙所說, 大違經文." 祖云: "吾傳佛心宗, 安敢違於佛經?" 云: "經說佛性是常, 和尙卻言無常, 善惡諸法, 乃至菩提心, 皆是無常, 和尙卻言是常. 此即相違, 令學人, 轉加疑惑." 祖云: "『涅槃經』, 吾昔聽尼無盡藏誦一遍, 便爲講說, 無一字一義, 不合經文. 乃至爲汝, 終無二說." 云: "學人識量淺昧, 願和尙委曲開示." 祖云: "汝知否? 佛性若常, 更說甚麼善惡諸法? 乃至窮劫, 無有一人發菩提心者. 故吾說無常, 正是佛說眞常之道也. 又一切諸法, 若無常者, 即物物皆有自性, 容受生死, 而眞常有不遍之處. 故吾說常者, 正佛說眞無常義也. 佛此爲凡夫外道, 執於邪常, 諸二乘人, 於常計無常, 共成八倒, 故於涅槃了義敎中, 破彼偏見, 而顯說眞常眞樂眞我眞淨. 汝今依言背義, 以斷滅無常, 及確定死常, 而錯會佛之圓妙, 最後微言. 縱覽千遍, 有何所益?" 行昌忽如醉醒, 乃說偈曰: "因守無常心, 佛說有常性. 不知方便者, 如春池拾礫. 我今不施功, 佛性而見前. 非師相授與, 我亦無所得." 祖云: "汝今徹也, 宜名志徹." 禮謝而去.

11. 길주지성

길주(吉州)의 지성(志誠) 선사는 길주의 태화(太和) 사람이다. 처음 신수(神秀)를 찾아뵈었는데, 신수를 따르는 무리들은 자주 '남종(南宗)의 조사(祖師)는 글자를 읽을 줄도 모르는데 무슨 가르침이 있겠는가?'라고 비난하였다. 신수 대사가 말했다.

"그는 스승 없이 지혜를 얻어서 최상승의 진리를 깊이 깨달았으니, 나는 그에게 미치지 못한다. 오조(五祖)께서 친히 옷과 법을 전해 주었는데, 어찌 헛되겠는가? 나는 한스럽게도 멀리 찾아가 직접 만날 수 없는데도, 헛되이 나라의 은혜를 입고 있구나! 너희들 여러 사람은 여기에 머무르지 말고 조계로 찾아가 질문하는 것이 좋다. 뒷날 돌아와서 나에게 말해다오."

지성은 이 말을 듣고서 작별을 고하고 조계로 찾아가 대중과 함께 질문을 하고 가르침을 청하였는데,[598] 자기가 어디서 왔는지는 말하지 않았다. 육조(六祖)가 대중에게 말했다.

"오늘 법을 도둑질하는 사람이 이 모임 속에 숨어 있구나!"

지성이 곧 앞으로 나와서 절을 하고는 전후의 사정을 모두 다 말씀드렸다. 육조가 물었다.

"그대의 스승은 어떻게 대중에게 법을 보여 주느냐?"

지성이 답했다.

"늘 대중에게 가르치시길, '마음을 쉬어[599] 고요함을 보고, 오래 앉아서 눕지 말라.'라고 하십니다."

육조가 말했다.

"마음을 쉬어 고요함을 보는 것은 병(病)이지 선(禪)이 아니다. 오래 앉아서 몸을 구속하면 도리(道理)에 무슨 이익이 있겠느냐? 나의 게송을 들어라."

육조가 게송을 말했다.

---

598 참청(參請): 스승에게 찾아가 질문을 하고, 그 가르침을 청하는 것.
599 주(住): 멈추다. 쉬다. 주심(住心)이란 마음의 활동을 멈추고 쉬는 것.

"살아서는 앉아서 눕지 못하고
죽어서는 누워서 앉지를 못하네.
더러운 냄새 나는 육신[600]을 한결같이 붙잡고서
어떻게 공부[601]가 되겠는가?"

지성이 말했다.
"대사께서는 어떠한 법을 사람들에게 보여 주십니까?"
육조가 말했다.
"내가 만약에 사람에게 줄 법이 있다고 말한다면, 그것은 그대를 속이는 것이다. 다만 경우에 따라서 얽매인 것을 알맞게[602] 풀어 주는 것을 거짓 이름하여 삼매(三昧)라고 한다."
게송을 말하였다.

"마음에 어긋남이 없는 것이 자성의 계(戒)요
마음에 혼란이 없는 것이 자성의 정(定)이요
더하지도 않고 빼지도 않으면 저절로 금강(金剛)이요
몸이 가고 몸이 오는 것이 본래 삼매이다."

지성이 게송을 듣고 뉘우치며 사죄를 드리고 게송을 하나 지어 바쳤다.

---

600 취골두(臭骨頭) : ①몹쓸 놈. 망나니. ②육신(肉身). 더러운 뼛조각. 더러운 냄새 나는 육체.
601 공과(功課) : 일상에서 경전을 외우고 예불하는 행위. 일상생활에서 노동하는 것. 일상 속에서 공부하는 것.
602 수방(隨方) : 수방취원(隨方就圓)의 준말. 모난 데는 모난 대로, 둥근 데는 둥근 대로 대응하다. 사정의 변화에 잘 맞추다. 자유자재하게 변화하다. 환경에 잘 적응하다.

"오온(五蘊)[603]은 환상의 몸인데
환상이 어찌 궁극적 진실이리오?
되돌아 진여(眞如)를 향하면
법이 도리어 깨끗하지 않다."

육조가 그럴듯하게 여겼다. 잠시 후 지성은 옥천(玉泉)[604]으로 되돌아
갔다.

吉州志誠禪師(凡一), 本州太和人也. 初參神秀, 秀之徒讚: "能大師不識一字, 有
何所長?" 秀云: "他得無師智, 深悟上乘, 吾不如也. 五祖親付衣法, 豈徒然哉? 吾
恨不能遠去親近, 虛受國恩. 汝等諸人, 無滯於此, 可往曹溪質疑. 他日返來, 還爲
吾說." 師聞此語, 辭往曹溪, 隨衆參請, 不言來處. 祖告衆云: "今有盜法之人, 潛在
此會." 師出作禮, 具陳其事. 祖云: "汝師若爲示徒?" 云: "常指教大衆, 令住心觀靜,
長坐不臥." 祖云: "住心觀靜, 是病非禪. 長坐拘身, 於理何益? 聽吾偈." 云: "生來
坐不臥, 死去臥不坐. 元是臭骨頭, 何爲立功過?" 師云: "未審大師, 以何法示人?"
祖云: "吾若言有法與人, 卽爲誑汝. 但且隨方解縛, 假名三昧. 聽吾偈." 曰: "一切
無心自性戒, 一切無礙自性惠. 不增不退自金剛, 身去身來本三昧." 師聞偈, 悔謝
呈偈云: "五蘊幻身, 幻何究竟? 回趣眞如, 法還不淨." 祖然之. 尋還玉泉.

---

603 오온(五蘊) : 5취온(取蘊)·5음(陰)·5중(衆)·5취(聚)라고도 함. 온(蘊)은 모아 쌓은 것. 곧 화합하여
　　모인 것. 무릇 생멸하고 변화하는 것을 종류 대로 모아서 5종으로 구별. 경험세계를 5가지로 분
　　류한 것. ⑴색온(色蘊); 스스로 변화하고 또 다른 것을 장애하는 지수화풍(地水火風)의 사대(四大).
　　⑵수온(受蘊); 고(苦)·낙(樂)·불고불락(不苦不樂)을 느끼는 마음의 작용. ⑶상온(想蘊); 외계(外界)의
　　사물을 마음속에 받아들이고, 그것을 생각해 보는 마음의 작용. ⑷행온(行蘊); 의지에 따라 실행
　　하는 것. ⑸식온(識蘊); 의식(意識)하고 분별하는 것.

604 호북성(湖北省) 형주(荊州)에 있는 옥천사(玉泉寺). 대통신수(大通神秀)가 여기에 머물렀다.

12. 광주지통

광주(廣州)의 지통(智通)[605] 선사는 남해(南海) 사람이다. 처음 육조를 찾아 뵙고 질문하였다.[606]

"저는 출가한 이래로 『열반경』을 본 지가 10여 년이 되었습니다만, 아직 그 대의(大意)를 밝히지 못하고 있습니다. 스님께서 가르침을 내려 주시기 바랍니다."

육조가 말했다.

"그대는 어느 곳을 밝히지 못했느냐?"

지통이 말했다.

" '모든 행위는 무상(無常)하니, 이것이 생멸법(生滅法)이로다. 생멸이 사라지고 나면, 적멸(寂滅)이 즐거움이 된다네.'[607]라는 이 구절에 의문이 있습니다."

대사가 말했다.

"그대는 무엇이 의문이냐?"

지통이 말했다.

"모든 중생에게는 전부 두 몸이 있으니, 색신(色身)과 법신(法身)이라 하는 것입니다. 색신은 무상(無常)하여 생멸이 있지만 법신은 항상(恒常)하여 앎도 없고 느낌도 없는데, 경(經)에서 '생멸이 사라지고 나면 적멸(寂滅)이 즐거움이 된다.'고 하니 어떤 몸이 적멸하는 몸이며, 어떤 몸이 즐거움을 받는 몸입니까? 만약 색신이라면 색신이 멸할 때에는 사대(四大)[608]가 흩어

---

605 『육조단경』에는 지통(智通)이 아니라 지도(志道)라고 되어 있다.

606 청익(請益) : 가르침을 받고서 모르는 부분에 대하여 거듭 질문하는 것. =입실청익(入室請益).

607 석가모니가 전생에 설산에서 수행할 때, 석제환인(釋提桓因; 제석천)이 나찰(羅刹)로 변하여 들려준 게송(偈頌). 북량(北涼)의 담무참(曇無讖)이 번역한 『대반열반경(大般涅槃經)』 제14권 「성행품(聖行品)」 제7-4에 나온다.

608 사대(四大) : 색신을 구성하는 요소인 지(地), 수(水), 화(火), 풍(風).

져 모두가 고통이니 즐거움이라고 말할 수가 없고, 만약 법신이 적멸한다면 곧 풀, 나무, 기와, 돌과 같으니 누가 즐거움을 받겠습니까?

또 법성(法性)은 생멸의 본체(本體)요 오온(五蘊)은 생멸의 작용(作用)이니, 하나의 본체에 다섯의 작용이어서 생멸이 늘 있되, 생(生)은 본체로부터 작용이 일어나는 것이요 멸(滅)은 작용을 거두어 본체로 돌아가는 것입니다.

만약 거듭 생(生)함을 인정한다면, 중생의 무리는 끊어지지도 않고 사라지지도 않을 것입니다. 만약 거듭 생함을 인정하지 않는다면, 영원히 적멸로 돌아가 무정물(無情物)과 같아질 것인데, 이와 같다면 모든 법(法)들이 열반(涅槃)에 구속되어서 도리어 생(生)할 수 없을 것이니, 무슨 즐거움이 있겠습니까?"

廣州志通禪師(凡一), 南海人也. 初參六祖, 問云: "學人自出家, 覽『涅槃經』僅十餘載, 未明大意. 願和尙垂誨." 祖云: "汝何處未了?" 云: "'諸行無常, 是生滅法. 生滅滅已, 寂滅爲樂.' 於此疑惑." 祖云: "汝作麽生疑?" 云: "一切衆生, 皆有二身, 謂色身法身也. 色身無常, 有生有滅, 法身有常, 無知無覺, 經云: '生滅滅已, 寂滅爲樂.'者, 未審何身寂滅? 何身受樂? 若色身者, 色身滅時, 四大分散, 全然是苦, 苦不可言樂, 若法身寂滅, 卽同草木瓦石, 誰當受樂? 又法性是生滅之體, 五蘊是生滅之用, 一體五用, 生滅是常, 生則從體起用, 滅則攝用皈體. 若聽更生, 則有情之類, 不斷不滅. 若不聽更生, 則永皈寂滅, 同於無情之物, 如是則一切諸法, 被涅槃之所禁伏, 尙不得生, 何樂之有?"

육조가 말했다.

"그대는 불제자이면서도 어찌하여 외도(外道)의 단상사견(斷常邪見)[609]을

---

609 단상사견(斷常邪見) : 끊어짐과 항상됨을 분별하여 세운 견해.

익혀서 최상승법(最上乘法)⁶¹⁰을 논하려 하느냐? 너의 견해(見解)에 의하면, 색신 밖에 따로 법신이 있으며 생멸을 떠나 적멸을 찾는 것이다. 또 열반이 늘 즐겁다는 말을 미루어 그 즐거움을 받는 몸이 있다고 말한다면, 이 것은 곧 생사에 집착하여 생사를 아까워하면서 세간의 즐거움을 탐하는 것이다.

그대는 이제 알아야 한다. 부처님께서는, 모든 어리석은 사람이 오온의 화합(和合)을 보고는 자신의 모습으로 여기고 모든 법을 분별하여 바깥 삼라만상의 모습으로 여겨 생(生)을 좋아하고 사(死)를 싫어하며 순간순간 흘러가며, 꿈과 같고 환상과 같은 허망한 가짜를 알지 못하고 헛되이 윤회(輪回)를 받으며, 늘 즐거운 열반을 도리어 괴로운 모습으로 여겨 종일토록 치달려 구하기만 할 뿐이기 때문에, 부처님께서 이를 불쌍히 여기시고는 이에 열반의 참된 즐거움을 보여 주신 것이다.

찰나에도 생기는 모습이 없고 찰나에도 사라지는 모습이 없어서 다시 없앨 만한 생멸(生滅)이 없으니, 이것이 곧 적멸(寂滅)이 눈앞에 드러나는 것이다. 적멸이 눈앞에 드러날 때에도 눈앞에 드러난다는 헤아림이 없으니, 늘 즐겁다고 하는 것이다.

이 즐거움은 받는 사람도 없고 받지 않는 사람도 없다. 어찌 하나의 본체니 다섯의 작용이니 하는 이름이 있을 수 있으며, 어찌 또 열반이 모든 법을 구속하여 영원히 생하지 못하게 한다고 말할 수 있겠느냐? 이것은 곧 부처님을 비방하고 법(法)에 상처를 입히는 짓이다. 나의 게송을 들어라."

祖云: "汝是釋子, 何習外道斷常邪見, 而議最上乘法? 據汝所解, 色身外別有法身, 離生滅求於寂滅. 又推涅槃常樂, 言有身受者, 斯乃報吝生死, 耽着世樂. 汝今

---

610 최상승법(最上乘法) : 조사선(祖師禪)을 가리킨다.

當知. 佛爲一切迷人, 認五蘊和合, 爲自體相分, 別一切法, 爲外塵相, 好生惡死,
念念遷流, 不知夢幻虛假, 枉受輪迴, 以常樂涅槃, 翻爲苦相, 終日馳求, 佛憫此故,
乃示涅槃眞樂. 刹那無有生相, 刹那無有滅相, 更無生滅可滅, 是則寂滅現前. 當現
前時, 亦無現前之量, 乃謂常樂. 此樂無有受者, 無不受者. 豈有一體五用之名? 何
況更言涅槃禁伏諸法令永不生? 斯乃謗佛毀法. 聽吾偈."

"위없는 대열반(大涅槃)은
두루 밝고 늘 고요히 비추거늘
어리석은 범부(凡夫)는 죽음이라 하고
외도(外道)는 끊어졌다고 고집하고
소승(小乘)을 추구하는 사람들은 모두
조작이 없다고 여긴다.
이들은 모두 생각으로 헤아린 것에 속하니
육십이견(六十二見)[611]의 뿌리이다.
헛되이 거짓 이름을 세워 놓고는
어찌하여 진실한 뜻이라 여기는가?
오직 헤아림을 벗어난 사람[612]이어야
취하고 버림 없음에 통달하고
오온(五蘊)의 법과

---

611 육십이견(六十二見) : 외도의 온갖 주장을 분류하여 62종으로 한 것. ①본겁본견(本劫本見)·말겁말
견(末劫末見)에 대한 여러 가지 말을 62종으로 나눔. 본겁(本劫)은 과거시, 본견은 과거에서 상견
(常見)을 일으킨 것. 말겁(末劫)은 미래, 말견은 미래세에서 단견(斷見)을 일으킨 것. 본겁본견의 설
을 18로, 말겁말견의 설은 44종으로 하여 62견. ②과거·현재·미래의 3세(世)에 각각 5온(蘊)이
있어, 공하여 15가 되고, 낱낱이 4구(句)의 이견(異見)이 있어 합하여 60견(見)이 되고, 근본인 단
(斷)·상(常) 2견을 더한 것. ③5온·3세의 곱하는 것은 ②와 같고, 4구(句)의 방식을 달리하여 이
4구로써 3세의 5온에 일관하여 62견으로 함.
612 과량인(過量人) : 범성(凡聖)·미오(迷悟) 등 일체의 범주를 뛰어넘는 것을 '과량(過量)'이라 하니, 세
간적인 규격(規格)을 초월한 사람 또는 걸출한 사람을 '과량인'이라 한다. 몰량대인(沒量大人)과 같
은 의미이다.

오온 속에 있는 나[我]와

밖으로 드러나는 여러 가지 색깔의 모습과

하나하나의 소리의 모습이

한결같이 꿈이나 환상과 같음을 알아서

범부니 성인이니 하는 견해를 일으키지 않고

열반이라는 견해도 만들지 않으며

항상하다느니 무상(無常)하다느니 하는 양쪽과

과거·현재·미래라는 시간이 끊어져서

늘 온갖 경계에 응하여 육근(六根)이 작용하면서도

작용한다는 생각을 일으키지 않으며

모든 법들을 분별하면서도

분별한다는 생각을 일으키지 않는다.

겁화(劫火)[613]가 바다 밑바닥까지 태우고

바람이 휘몰아쳐 산이 서로 부딪치더라도

참되고 변함 없는 것은 적멸의 즐거움이니

열반의 모습이 이와 같다.

내가 이제 억지로 말하여

그대가 삿된 견해를 버리도록 만드니

그대가 말을 따라서 이해하지 않는다면

조금은 알아차릴 수 있을 것이다.”

지도가 게송을 듣고서 크게 깨닫고는, 뛸 듯이 기뻐하며 절을 하고 물

---

613 겁화(劫火) : 우주의 파괴 시기의 종말에 일어나는 화재를 말한다. 산스크리트 kalpagni를 번역한
말이다. 불교에서 세상은 성(成)·주(住)·괴(壞)·공(空)을 되풀이하는데, 괴의 마지막이 되면 큰
불과 큰 바람, 큰 물이 일어난다고 하였다. 큰 불을 겁화, 큰 바람을 겁풍(劫風), 큰 물은 겁수(劫
水)라고 한다. 『마하지관(摩訶止觀)』에는 “겁화가 일어날 때 보살이 침을 한번 뱉으면 불이 당장 꺼
진다.”라고 하였다.

러갔다.

曰:"無上大涅槃, 圓明常寂照, 凡愚謂之死, 外道執爲斷, 諸求二乘人, 目以爲無作. 盡屬情所計, 六十二見本. 妄立虛假名, 何爲眞實義? 唯有過量人, 通達無取捨, 以知五蘊法, 及以蘊中我, 外見衆色像, 一一音聲相, 平等如夢幻, 不起聖凡見, 不作涅槃解, 二邊三際斷, 常應諸根用, 而不起用想, 分別一切法, 不起分別想. 劫火燒海底, 風鼓山相擊, 眞常寂滅樂, 涅槃相如是. 吾今强言說, 令汝捨邪見, 汝勿隨言解, 許汝知少分."師聞偈踊躍, 作禮而退.

13. 서경 광택혜충 국사

(1) 일승의 요의

서경(西京)[614] 광택사(光宅寺)의 혜충(惠忠)[615] 국사는 월주(越州) 제기현(諸暨

---

614 서경(西京) : 한(漢)나라에서 당(唐)나라에 이르기까지 약 1,000여 년 동안 단속적이었으나 국도(國都)로 번영한 역사적 도시. 장안(長安)이라는 이름으로도 불린다.

615 남양혜충(南陽慧忠) : ?-775. 당대(唐代) 스님. 남양(南陽)은 머물렀던 지명. 속성은 염(冉)씨. 절강성(浙江省) 소흥부(紹興府) 제기현(諸暨縣) 출신. 어려서 육조혜능(六祖慧能)에게 수학하고, 그의 법을 이었다. 혜능의 입멸 후 호남성(湖南城) 오령(五嶺), 광동성(廣東省) 나부(羅浮), 절강성(浙江省) 사명(四明), 절강성 천목(天目) 등을 돌아다닌 후, 하남성(河南省) 남양의 백애산(白崖山) 당자곡(黨子谷)으로 들어가, 40여 년간 산문을 나오지 않았다고 한다. 당(唐) 상원(上元) 2년(761) 숙종(肅宗)이 그의 명성을 듣고 중사(中使) 손조진(孫朝進)을 보내 수도로 모시게 하고, 스승의 예를 올렸다고 한다. 처음에는 천복사(千福寺)의 서선원(西禪院)에 머물렀다가, 대종(代宗)이 초청하여 광택사(光宅寺)에 머물렀다. 두 황제가 극진히 환대했지만, 담백한 본성 그대로 늘 천진자연했다고 한다. 항상 남악혜사(南嶽慧思)를 경모하여, 황제께 청하여 호북성(湖北省) 균주(筠州) 무당산(武當山)에 태일연창사(太一延昌寺)를 세웠으며, 또 자신이 머물렀던 당자곡에 향엄장수사(香嚴長壽寺)를 세우게 하고, 두 절에 각각 대장경 한 질씩을 소장하도록 하였다. 혜충은 청원행사, 남악회양, 하택신회, 영각현각과 더불어 혜능 문하의 5대 제자로서, 혜능의 선을 북방(北方)에서 널리 펼쳤지만, 마조도일이 남방(南方)에서 펼친 선에 대해서는 비판적인 입장도 보였다. 혜충의 선은 신심일여(身心一如), 즉심즉불(卽心卽佛)을 특징으로 하며, 무정물(無情物)의 설법(說法)을 일컫기도 하였다. 남방의 선승들이 경전을 중시하지 않고 종지(宗旨)에 따라서 설법(說法)하는 것을 비판하고, 경전과 교학을 중시하여 사설(師說)에 의거하기를 강조하였다. 숙종(宗)과의 10문 10답이 『편년통론(編年通論)』 17권에 실려 있다. 대력(大曆) 10년 12월 9일 입적하여, 당자곡의 향엄사(香嚴寺)에 유골이 모셔졌

縣)의 염(冉)씨 아들이다. 처음 육조(六祖)를 찾아뵙고서 마음의 근본을 문
득 깨달았다. 시중(示衆)⁶¹⁶하여 말했다.

"선종(禪宗)에서 배우는 자는 마땅히 부처님의 말씀을 좇아야 한다. 일
승(一乘)⁶¹⁷의 요의(了義)⁶¹⁸는 자기 마음의 근원에 들어맞고, 불료의(不了義)⁶¹⁹
는 서로 전혀 허락하지 않는 것이 마치 사자 몸 속의 벌레와 같다. 무릇
사람의 스승이 된 자가 만약 명예와 이익에 관계하여 따로 이단(異端)⁶²⁰을
연다면, 자기와 남에게 무슨 이익이 되겠는가? 마치 세간의 뛰어난 장인
(匠人)은 도끼에 손을 상하지 않고, 코끼리가 짊어지는 것은 당나귀가 감
당할 수 없는 것과 같다."

西京光宅惠忠國師(凡二十五), 越州諸暨冉氏子. 初參六祖, 而頓悟心宗也. 示衆
云: "禪宗學者, 應遵佛語. 一乘了義, 契自心源, 不了義者, 互不相許, 如師子身中
蟲. 夫爲人師, 若涉名利, 別開異端, 則自他何益? 如世大匠, 斤斧不傷其手, 香象

다. 대종(代宗)이 대증국사(大證國師)라고 시호(諡號)하였다.

616 시중(示衆) : 여러 사람들에게 드러내 보이다. 대중에게 법을 알려 주다. 주지(住持) 혹은 종사(宗
師)가 대중에게 법을 말하는 대중설법(大衆說法)을 가리킨다. 법당에 올라 법을 말했다는 상당설
법(上堂說法)과 같은 말. 수시(垂示), 교시(敎示)라고도 함.

617 일승(一乘) : 일불승(一佛乘)과 같음. 승(乘)은 타는 것, 곧 수레나 배(船)를 말하며 중생을 깨달음으
로 실어 나르는 불교의 가르침 즉 교법(敎法)을 가리킴. 교법에는 소승·대승·3승·5승의 구별
이 있지만, 일체 중생이 모두 성불한다는 입장에서는 그 구제하는 교법이 하나뿐이고, 또 절대
진실한 것이라고 주장하는 것이 일승(一乘)이다. 『법화경』에서 말하는 일불승(一佛乘).

618 요의(了義) : ↔불료의(不了義). 요(了)는 '끝까지', '밝게'라는 뜻. 불법의 이치를 모두 밝혀 말한 것.
요(了)·불료(不了)의 해석에 대하여는 그 경에 말한 이치가 진실하냐 아니냐에 대하여, 또 교리
를 표시한 말이 완비하냐 아니냐에 대하여 판단함. 의(義)는 의리(義理) 즉 도리(道理).

619 불료의(不了義) : 요(了)는 '끝까지'라는 뜻. 불법의 이치를 다 말한 것이 요의(了義)이고, 끝까지 다
말하지 못하고 모자라는 것이 불료의(不了義). 요(了)·불료(不了)의 해석에 대하여는 그 경에 말한
이치가 진실하냐 아니냐에 대하여, 또 교리를 표시한 말이 완비하냐 아니냐에 대하여 판단한다.
의(義)는 의리(義理) 즉 도리(道理). 대승(大乘)에서 보면 궁극적 진리를 분명하게 말한 요의경(了義
經)은 대승경전이고, 소승의 경전은 다 불료의경(不了義經)이다. 또 대승경전과 소승경전 각각에
서도 그 가운데 요의와 불료의를 나눈다.

620 이단(異端) : 본래 유가(儒家)에서 공자나 맹자 같은 성현(聖賢)의 도(道)가 아닌 다른 학설이나 학파
를 일컫던 말. 뒤에 정통(正統)을 자처하는 사람이나 조직에 의해 자기와 다른 관점이나 학설, 교
의(敎義)를 가리키는 말로 쓰였다. 여기에서는 불교의 정통 가르침이 아닌 제 나름의 교설(敎說)을
세우는 것을 말함. 외도(外道)와 같은 말.

所負, 非驢所堪."

(2) 사람이 스스로 시끄럽다

시중(示衆)하여 말했다.

"겨우살이[621]는 소나무를 감고 기어올라[622]
곧장 겨울 소나무[623]의 꼭대기까지 이르고,
흰 구름은 맑고 깨끗한
허공 속에 나타나고 사라지네.
삼라만상은 본래 한가한데
사람이 스스로 시끄럽구나."

示衆云: "靑蘿蠆緣, 直上寒松之頂, 白雲淡泞, 出沒太虛之中. 萬法本閑, 而人自
鬧."

황룡혜남(黃龍慧南)이 이것을 거론하고서 말했다.
"시끄러운 것이 무엇인가? 쯧쯧!"

설두(雪竇)가 말했다.
"국사는 기둥 속으로 달려 들어갔다. 보느냐? 보느냐?"
잠시 묵묵히 있다가 말했다.

---

621 청라(靑蘿) : 소나무의 겨우살이. 송라(松蘿).
622 인연(蠆緣) : ①끊어지지 않고 죽 이어져 있음. ②무엇을 잡거나 감고 기어오름. 달라붙다. ③권
     력에 빌붙어 자신의 이익을 꾀함. 아첨하다. ④따라가다.
623 한송(寒松) : 추운 겨울에도 시들지 않는 소나무. 굳은 지조를 비유함.

"얼굴을 내밀면 바로 죽는다."

黃龍南擧了云: "鬧箇甚麼? 咄!"
雪竇云: "國師走入露柱裏去也. 見麼? 見麼?" 良久云: "出頭便死."

(3) 남쪽의 선지식

국사가 한 스님에게 물었다.
"어느 곳에서 오느냐?"
스님이 말했다.
"남쪽 지방에서 옵니다."
국사가 물었다.
"남쪽 지방에는 어떤 선지식이 있느냐?"
스님이 말했다.
"선지식들이 매우 많습니다."
국사가 물었다.
"따르는 무리들에게 무엇을 보여 주느냐?"
스님이 말했다.
"그곳의 선지식들은 곧장 사람에게 보입니다. '이 마음이 곧 부처이다. 부처는 깨달음이라는 뜻이다. 그대들은 지금 보고, 듣고, 느끼고, 아는 자성을 모두 갖추고 있다. 이 자성은 눈썹도 잘 찡그릴 수 있고 눈동자도 잘 움직일 수 있다. 오고, 가고, 움직이고, 멈춤이 몸속에 두루하고, 머리를 치면 머리가 알고, 다리를 치면 다리가 안다. 그러므로 일러 정변지(正遍知)[624]라고 한다. 이것 밖에 다시 다른 부처는 없다. 이 몸은 생기고 사라짐

---

624 정변지(正遍知) : 여래의 10가지 이름 가운데 하나. 범어 samyaksambuddha의 번역. 삼야삼불단

이 있으나 마음의 자성은 애초부터 생기거나 사라진 적이 없었다. 생기고 사라지는 것은 마치 용이 모습을 바꾸는[625] 것과 같고, 뱀이 허물을 벗는 것과 같고, 사람이 옛집에서 나오는 것과 같다. 몸은 무상(無常)하지만, 그 자성은 항상(恒常)하다.' 남쪽 지방에서 하는 말은 대략 이와 같습니다."

국사가 말했다.

"만약 그렇다면, 저 선니외도(先尼外道)[626]와 다르지 않다. 그들은 말한다. '나의 이 몸과 이 자성은 통증을 알 수 있다. 몸이 부서질 때에 정신(精神)은 밖으로 나가니, 마치 집에 불이 나면 집주인은 밖으로 나가므로 집은 무상하지만 집주인은 항상한 것과 같다.' 이와 같은 것을 살펴본다면 삿됨과 바름이 판단되지 않는데, 누가 옳겠는가? 내가 예전에 남쪽 지방을 여행하면서 이러한 부류를 많이 보았는데, 요즈음은 더욱 성행하여 모으면 사오백 명이나 된다."

은하수[627]를 바라보면서 말했다.

"이러한 남쪽 지방의 종지(宗旨)는 저 『육조단경(六祖壇經)』을 고치고 바꾸어 천박한 말을 뒤섞어 넣고 성스러운 뜻은 삭제하여 뒷사람들을 혼란하게 만들었으니,[628] 어떻게 가르침의 말씀이 되겠는가? 괴롭구나, 우리 선종이 죽었구나. 만약 보고, 듣고, 느끼고, 아는 것이 불성(佛性)이라면, 유마힐은 이렇게 말하지 말았어야 했다. '법은 보고, 듣고, 느끼고, 아는 것

(三耶三佛檀)이라고 음역(音譯)하고, 정변지(正遍知)·정진도(正眞道)·등정각(等正覺)·정등각(正等覺)·등각(等覺)·정각(正覺)이라고 번역. 부처님은 일체지(一切智)를 갖추어 우주 간의 모든 물심 현상에 대하여 모르는 것이 없다는 뜻.

625 환골(換骨) : ①도교(道教)에서 금단(金丹)이나 선주(仙酒)를 먹고 범골(凡骨)을 선골(仙骨)로 변화시키는 것. ②불교에서 도(道)를 깨달아 결과가 나타나는 일. ③=환골탈태(換骨奪胎).

626 선니(先尼) : Sainika, 혹은 Seuika의 음역(音譯). 산니(霰尼), 서니(西尼), 선니와(先尼訛)라고도 음역함. 번역은 유군(有軍) 혹은 승군(勝軍). 범지(梵志) 외도(外道)의 이름.

627 운한(雲漢) : 은하(銀河). 청명한 날 밤에 공중에 흰 구름같이 남북으로 길게 보이는 별의 무리. 천하(天河), 천한(天漢), 하한(河漢), 은한(銀漢).

628 혹란(惑亂) : 혼란하게 만들다. 현혹(眩惑)시키다. 정신을 빼앗아 하여야 할 바를 잊어버리도록 만들다.

을 벗어났다. 만약 보고, 듣고, 느끼고, 아는 것을 행한다면, 이것은 보고, 듣고, 느끼고, 아는 것이지 법을 구하는 것이 아니다.*629"

師問僧: "何方而來?" 云: "南方來." 師云: "南方有何知識?" 云: "知識頗多." 師云: "如何示徒?" 云: "彼方知識, 直下示人. 卽心是佛. 佛是覺義. 汝今悉具見聞覺知之性. 此性善能揚眉瞬目. 去來動靜, 遍於身中, 捉頭頭知, 捉脚脚知. 故名正遍知. 離此之外, 更無別佛. 此身卽有生滅, 心性無始以來, 未曾生滅. 生滅者, 如龍換骨, 如蛇脫皮, 如人出故宅. 身是無常, 其性常也. 南方所說, 大約如此."

師云: "若然者, 與彼先尼外道, 無有差別. 彼云: '我此身此性, 能知痛痒. 身壞之時, 神則出去, 如舍被燒, 舍主出去, 舍卽無常, 舍主卽常矣.' 審如此者, 邪正莫辨, 孰爲是乎? 吾比游方, 多見此色, 近尤盛矣, 聚却三五百衆." 目視雲漢云: "是南方宗旨, 把他『壇經』改換, 添糅鄙談, 削除聖意, 惑亂後徒, 豈成言教? 苦哉, 吾宗喪矣. 若以見聞覺知, 是佛性者, 淨名不應云: '法離見聞覺知. 若行見聞覺知, 是則見聞覺知, 非求法也.'"

(4) 법화의 요의

그 스님이 다시 물었다.

"'법화(法華)의 요의(了義)는 부처님의 지견(知見)을 열었다.' 이것은 또 어떻습니까?"

국사가 말했다.

"그가 말하는 '부처님의 지견을 열었다.'는 것은 아직 보살과 이승(二乘)도 말하지 않은 것인데, 어찌 중생의 어리석은 뒤집어짐을 지나 곧장 부

---

629 『유마힐소설경(維摩詰所說經)』 「불사의품(不思議品)」 제6에 나오는 구절. 맨 앞 구절은 다음과 같이 좀 다르다. "법은 볼 수도 들을 수도 느낄 수도 알 수도 없다."(法不可見聞覺知)

처님의 지견과 같아지겠느냐?"

僧又問: "法華了義, 開佛知見. 此復若爲?" 師云: "他云開佛知見, 尙不言菩薩二乘, 豈經衆生癡倒, 便同佛之知見耶?"

(5) 부처님의 마음

그 스님이 다시 물었다.
"어떤 것이 부처님의 마음입니까?"
국사가 말했다.
"담장 · 벽 · 기와 · 자갈이다."
스님이 말했다.
"경전의 내용과는 크게 어긋납니다. 『열반경』에서 말했습니다. '담장이나 벽 같은 무정물(無情物)을 벗어났기 때문에 일러 불성(佛性)이라고 한다.' 그런데 지금 부처님의 마음이라고 했는데, 마음과 자성(自性)은 다릅니까, 다르지 않습니까?"
국사가 말했다.
"어리석으면 다르고, 깨달으면 다르지 않다."
스님이 말했다.
"경전에서 말하기를 '불성은 항상(恒常)하고, 마음은 무상(無常)하다.'라고 했는데, 지금 다르지 않다고 하시니 왜 그렇습니까?"
국사가 말했다.
"그대는 단지 말에만 의거하고 진실[630]에는 의거하지 않는구나. 비유하

---

630 의(義) : ①사물. 대상. 물건. 자체. 실체. 사실. 진실. ②의미. 뜻. ③이유. 내력. ④도리. 이치. ⑤목적. 목표. ⑥교의(教義). ⑦비밀. 숨겨진 뜻. ⑧교설(教說). 가르침.

면 추운 겨울에 물이 얼어 얼음이 되고 봄에 따뜻해지면 얼음이 녹아 물이 되는 것과 같다. 중생이 어리석을 때에는 자성이 얼어 마음이 되고 깨달을 때에는 마음이 녹아 자성이 된다. 만약 무정물에 불성이 없다고 고집한다면, 경전에서는 '삼계(三界)가 오로지 마음이다.'라는 말을 하지 말았어야 했을 것이다. 분명히[631] 그대가 스스로 어긋난 것이지, 내가 어긋난 것이 아니다."

스님이 물었다.

"무정물에 마음과 자성이 있다면, 법을 말할 줄도 압니까?"

국사가 말했다.

"뚜렷이 늘 말하고 있어서 끊어짐이 없다."

스님이 물었다.

"저는 무엇 때문에 듣지 못합니까?"

국사가 말했다.

"그대가 스스로 듣지 않는 것이다."

스님이 물었다.

"어떤 사람이 듣습니까?"

국사가 말했다.

"모든 부처님들이 듣는다."

스님이 물었다.

"중생은 들을 가능성이 없습니까?"

국사가 말했다.

"나는 중생들에게 말하지, 온갖 부처님에게 말하지는 않는다."

스님이 말했다.

---

631 완(宛) : ①아직도. 여전히. ②분명히. =완연(宛然).

"저는 어리석고 어두워서[632] 무정물이 법을 말하는 것을 듣지 못합니다만, 스님께서는 응당 들으시겠지요?"

국사가 말했다.

"나도 듣지 못한다."

스님이 말했다.

"스님께서 듣지 못하시는데, 어떻게 무정물이 법을 말할 줄 아는지를 아십니까?"

국사가 말했다.

"내가 듣지 못하기에 망정이지,[633] 내가 만약 듣는다면 그대는 나의 말을 듣지 못할 것이다."

스님이 물었다.

"중생은 들을 수 있습니까?"

국사가 말했다.

"중생이 만약 듣는다면 중생이 아니지."

스님이 물었다.

"무정물이 법을 말한다는 것은 어떤 경전에 근거가 있습니까?"

국사가 말했다.

"『화엄경』에서 '국토가 말하고 중생이 말하고 과거·현재·미래의 모든 것이 말한다.'[634]라고 한 것을 보지 못했는가? 중생은 유정이다."

스님이 말했다.

"국사께서는 다만 무정물에 불성이 있다고만 말씀하시는데, 유정은 또

---

632 농고(聾瞽) : 귀가 멀고 눈이 멀다. 어리석고 어둡다.

633 뇌(賴) : 다행히.

634 『대방광불화엄경』 제49권 「보현행품(普賢行品)」 제36에 다음의 게송이 나온다. "부처가 말하고 중생이 말하고, 국토가 말하고, 과거·현재·미래가 이와 같이 말한다."(佛說衆生說, 及以國土說, 三世如是說.)

어떻습니까?"

국사가 말했다.

"무정물에도 불성이 있는데, 하물며 유정에 불성이 없겠느냐?"

僧又問: "阿那箇是佛心?" 師云: "墻壁瓦礫是." 云: "與經文大相違也. 涅槃云: '離墻壁無情之物, 故名佛性.' 今云是佛心, 未審心之與性, 爲別不別?" 師云: "迷則別, 悟則不別." 云: "經云: '佛性是常, 心是無常.' 今云不別, 何也?" 師云: "汝但依語, 而不依義. 譬如寒月, 水結爲冰, 及至暖時, 冰釋爲水. 衆生迷時, 結性成心, 悟時釋心成性. 若執無情無佛性者, 經不應言: '三界惟心.' 宛是汝自違, 吾不違也." 問: "無情旣有心性, 還解說法否?" 師云: "他熾然常說, 無有間歇." 云: "某甲爲甚麼不聞?" 師云: "汝自不聞." 云: "誰人得聞?" 師云: "諸聖得聞." 云: "衆生應無分耶?" 師云: "我爲衆生說, 不爲諸聖說." 云: "某甲聾瞽, 不聞無情說法, 師應合聞?" 師云: "我亦不聞." 云: "師旣不聞, 爭知無情解說法?" 師云: "賴我不聞. 我若得聞, 汝卽不聞我所說法." 云: "衆生得聞否?" 師云: "衆生若聞, 卽非衆生." 云: "無情說法, 有何典據?" 師云: "不見華嚴云: '刹說衆生說, 三世一切說.'? 衆生是有情乎." 云: "師但說無情有佛性, 有情復若爲?" 師云: "無情尙爾, 況有情耶?"

스님이 말했다.

"만약 그렇다면, 앞서 언급한 남방 선지식의 말인 '보고, 듣고, 느끼고, 아는 것이 곧 불성이다.'라는 말을 외도의 말과 같다고 판정해서는 안 될 것입니다."

국사가 말했다.

"그에게 불성이 없다고 말한 것이 아니다. 외도에게 어찌 불성이 없겠느냐? 단지 견해 때문에 잘못되어서 하나인 법 속에서 둘이라는 견해를 내었기 때문에 잘못인 것이다."

스님이 말했다.

"만약 둘 모두에게 불성이 있다면, 유정(有情)을 죽이면 업을 지어 과보를 받지만, 무정(無情)에게 해를 입히고서 과보가 있다는 말은 듣지 못했습니다."

국사가 말했다.

"유정은 정보(正報)[635]이니 '나'와 '나의 것'을 헤아려서 마음에 한(恨)이 맺히면 죄보(罪報)가 있을 것이지만, 무정은 의보(依報)[636]이니 한을 맺는 마음이 없다. 이 까닭에 과보가 있다고 말하지 않는 것이다."

스님이 말했다.

"경전의 말씀 속에서는 유정이 부처가 된다는 말만 보았지, 무정이 부처가 될 것이라는 수기(授記)[637]를 받았다는 말은 보지 못했습니다. 현겁(賢劫)[638]의 천불(千佛) 가운데 누가 무정입니까?"

국사가 말했다.

"비유하면 황태자가 아직 제위에 오르지 않았을 때에는 오직 자기 몸 하나뿐이지만, 제위에 오른 뒤에는 국토가 모두 왕에게 속하는 것과 같

---

635 정보(正報) : ↔의보(依報). 과거에 지은 업인(業因)으로 받게 되는 과보(果報). 부처님이나 중생들의 몸.

636 의보(依報) : ↔정보(正報). 우리들의 심신(心身)에 따라 존재하는 국토·가옥·의복·식물 등.

637 수기(授記) : 부처님이 불법에 귀의한 중생에게 어느 시기, 어느 국토에서 어떤 이름의 부처로 태어날 것이며, 그 수명은 얼마나 될 것이라는 것 등을 낱낱이 제시하면서, 미래세의 언젠가는 반드시 부처가 될 것이라고 알려 주는 것. 화가라(和伽羅), 화가라나(和伽羅那), 기별(記別), 수기설(授記說).

638 현겁(賢劫) : bhadra-kalpa. 발타겁(跋陀劫)·파타겁(波陀劫)이라 음역. 현시분(賢時分)·선시분(善時分)이라 번역. 삼겁의 하나. 세계는 인수(人壽) 8만 4천 세 때부터 백 년을 지낼 때마다 1세씩 줄어들어 인수 10세에 이르고, 여기서 다시 백 년마다 1세씩 늘어나서 인수 8만 4천 세에 이르며, 이렇게 1증(增) 1감(減)하는 것을 20회 되풀이하는 동안, 곧 20증감(增減)하는 동안에 세계가 성립되고[成], 다음 20증감하는 동안에 머물러[住] 있고, 다음 20증감하는 동안에 무너지고[壞], 다음 20증감하는 동안은 텅 비어[空] 있음. 이렇게 세계는 성(成)·주(住)·괴(壞)·공(空)을 되풀이하니, 이 성·주·괴·공의 4기(期)를 대겁(大劫)이라 함. 과거의 대겁을 장엄겁(莊嚴劫), 현재의 대겁을 현겁(賢劫), 미래의 대겁을 성수겁(星宿劫). 현겁의 주겁(住劫) 때에는 구류손불(拘留孫佛)·구나함모니불(拘那含牟尼佛)·가섭불(迦葉佛)·석가모니불(釋迦牟尼佛) 등의 1천 부처님이 출현하여 세상 중생을 구제하는데, 이렇게 많은 부처님이 출현하는 시기이므로 현겁이라 이름.

다. 어찌 국토를 떠나 따로 제위를 받겠느냐? 지금 유정이 성불할 것이라는 수기를 받아서 부처가 될 때에는 온 우주의 국토가 모두 비로자나 부처님의 몸인데, 어찌 다시 무정이 수기를 받을 수가 있겠느냐?"

스님이 말했다.

"모든 중생이 전부 부처님의 몸 위에 거주한다면, 곧 오줌과 똥을 누어서 부처님의 몸을 더럽히고 부처님의 몸에 구멍을 뚫고 부처님의 몸을 발로 밟는데, 어찌 죄가 없겠습니까?"

국사가 말했다.

"중생 전체가 부처인데, 무엇을 욕심내어 죄가 되겠느냐?"

"若然者, 前舉南方知識云: '見聞覺知是佛性.' 應不當判同外道." 師云: "不道他無佛性. 外道豈無佛性耶? 但緣見錯, 於一法中, 而生二見, 故非也." 云: "若俱有佛性, 且殺有情, 卽結業互酬, 害無情, 不聞有報." 師云: "有情是正報, 計我我所, 而懷結恨, 卽有罪報, 無情是依報, 無結恨心. 是以不言有報." 云: "敎中但見有情作佛, 不見無情受記. 且賢劫千佛, 孰是無情耶?" 師云: "如皇太子, 未受位時, 唯一身耳, 受位之後, 國土盡屬於王. 寧有國土別受位耶? 今但有情受記, 作佛之時, 十方國土, 悉是遮邪佛身, 那得更有無情受記耶?" 云: "一切衆生, 盡居佛身之上, 便利汚穢佛身, 穿鑿踐踏佛身, 豈無罪耶?" 師云: "衆生全體是佛, 欲誰爲罪?"

스님이 물었다.

"경에서 말하기를 '부처님의 몸에는 장애가 없다.'라고 하였는데, 지금 유위(有爲)의 장애되는 물건을 가지고 부처님의 몸으로 삼으시니, 어찌 부처님의 뜻과 어긋나지 않겠습니까?"

국사가 말했다.

"『대품경(大品經)』에서 '유위를 벗어나 무위를 말할 수는 없다.'라고 하였다. 그대는 색(色)이 곧 공(空)임을 믿느냐?"

스님이 말했다.

"부처님의 진실한 말씀을 어찌 믿지 않을 수 있겠습니까?"

국사가 말했다.

"색이 이미 공인데, 어찌 장애가 있겠느냐?"

스님이 말했다.

"중생과 부처님의 자성(自性)이 이미 동일하다면, 단지 한 분의 부처님이 수행하기만 해도 모든 중생이 반응할 때에는 해탈할 것입니다. 지금 이미 그렇지 않다면 동일하다는 뜻이 어디에 있겠습니까?"

국사가 말했다.

"그대는 화엄육상(華嚴六相)[639]의 뜻을 어찌 보지 않았는가? 그 뜻에서 말하기를 '같은 가운데 다름이 있고, 다름 가운데 같음이 있다.'라고 하였다. 성상(成相)·괴상(壞相)·총상(總相)·별상(別相)의 부류와 사례가 모두 그렇다. 고타미[640]와 부처님이 비록 동일한 자성이지만, 제각각 스스로 수행하고 스스로 깨닫는 것에 아무 지장이 없는 것이다. 그가 밥을 먹으니 내가 배부르다는 말을 듣지도 못했느냐?"

---

639 화엄육상(華嚴六相) : 화엄종에서 만유의 모든 법에 낱낱이 6종의 모양이 있음을 말함. ①총상(總相). 만유의 모든 법을 한 체(體)로 잡아 관찰하는 평등적 부문. 마치 가옥의 전체를 보아 한 집이라고 함과 같은 따위. ②별상(別相). 부분적으로 관찰하는 차별적 부문. 마치 가옥을 조성한 기둥·기와·돌 등을 낱낱이 떼어서 보는 것과 같은 것. ③동상(同相). 낱낱 차별이 동일한 목적에 향하여, 서로서로 협력 조화하는 통일적 부문. 마치 기둥·들보 등의 부분이 협력 조화하여 한 집을 이룸과 같은 것. ④이상(異相). 낱낱이 제각기 본위(本位)를 지켜 피차의 고유한 상태를 잃지 않고, 서로 다른 점이 있는 것. 마치 기둥은 수(竪)로, 들보는 횡(橫)으로 제각기 본분을 지키어 서로 다름과 같은 것. ⑤성상(成相). 낱낱이 서로 의지하여 동일체(同一體)의 관계를 이룬 것. 마치 기둥과 들보가 서로 의지하여 한 집을 이룸과 같은 것. ⑥괴상(壞相). 낱낱이 어떤 일체(一體)인 관계를 가졌으나 오히려 각자의 본위(本位)를 잃지 않는 것. 마치 기둥과 들보가 서로 의지하여 한 집을 이루면서도 각자의 모양을 지켜 그 본분을 잃지 아니함과 같은 것.

640 중주(衆主) : 석가모니를 키운 석가모니의 이모인 마하파사파제(摩訶波闍波提, Mahāprajāpati)를 가리킴. 마하파사파제는 대애도(大愛道)라 번역하는데, 마하파사파제의 별호인 교담미(憍曇彌, Gautami)는 중주(衆主)라 번역한다. 마하파사파제는 석가모니의 문하에서 출가한 첫 번째 비구니이다.

云: "經云: '佛身無罣礙.' 今以有爲質礙之物, 而作佛身, 豈不乖於聖旨?" 師云: "『大品經』云: '不可離有爲, 說無爲.' 汝信色是空否?" 云: "佛之誠言, 那敢不信?" 師云: "色旣是空, 寧有罣礙?" 云: "衆生佛性旣同, 只用一佛修行, 一切衆生, 應時解脫. 今旣不爾, 同義安在?" 師云: "汝豈不見華嚴六相義? 云: '同中有異, 異中有同.' 成壞總別, 類例皆然. 衆主與佛, 雖同一性, 不妨各各自修自得. 未見他食我飽?"

스님이 말했다.

"어떤 선지식이 학인에게 말하기를 '다만 자성을 스스로 알기만 하면, 목숨이 다할 때에 육신[641]은 한쪽으로 벗어던지고 마음[642]은 아득히 가는데, 이를 일러 해탈이라고 한다.' 이 말은 어떻습니까?"

국사가 말했다.

"앞에서 이미 말했듯이, 여전히 이승(二乘)과 외도의 범주이다. 이승은 삶과 죽음을 싫어하고 열반을 좋아하며, 외도 역시 '나에게 큰 근심이 있는 것은 나에게 몸이 있기 때문이다.'라 하고는 곧 적멸[643]로 나아간다. 수다원의 사람은 8만 겁을, 나머지 사다함·아나함·아라한 3과(果)의 사람은 6만 겁·4만 겁·2만 겁을, 벽지불은 1만 겁을 멸진정(滅盡定)[644] 속에 머물러 있고, 외도도 역시 8만 겁을 비비상(非非想)[645] 속에 머물러 있다. 이

---

641 각루자(殼漏子) : 또는 가루자(可漏子), 각루자([聲-耳+卵]陋子). 4대(大)가 화합한 색신(色身). 각(殼)은 껍질, 누(漏)는 새어나오는 오물, 자(子)는 어조사. 육신(肉身)은 그 속에 온갖 오물을 담고 다니는 가죽 부대라는 뜻.

642 영대지성(靈臺智性) : 마음을 가리키는 말. 영대(靈臺)는 혼령이라는 말이고, 지성(智性)은 마음의 본성을 가리키는 말.

643 명제(冥諦) : 적멸(寂滅)인 진실. 열반(涅槃)을 가리킴. 명(冥)은 어둡고 깊다는 뜻이고, 제(諦)는 진리라는 뜻.

644 무정(無定) : 멸진정(滅盡定). 소승 14불상응법의 하나, 또는 2무심정(無心定)의 하나. 마음에서 모든 분별된 모습을 다 없애고 고요하기를 바라며 닦는 선정. 불환과(不還果)와 아라한과의 성자가 닦는 유루정(有漏定)으로, 육식(六識)과 인집(人執)을 일으키는 말나(末那)만을 없애는 것.

645 비비상(非非想) : 무색계(無色界) 제4천(天)인 비상비비상천(非想非非想天). 무색계(無色界)는 욕계(欲界)의 각종 욕망을 모두 벗어나고, 또 색계(色界)의 육체를 벗어난 순 정신적 세계. 욕망을 벗어난 수행자가 색신(色身)에 얽매어 자유를 얻지 못함을 싫어하여 들어가는 세계. 이 세계에는 온갖 욕망과 형색(形色)은 없고 수(受)·상(想)·행(行)·식(識)의 4온(蘊)만 있다. 여기에 공무변처(空無邊處)

승은 정해진 겁(劫)이 다하면 오히려 마음을 돌려 도(道)를 향하게 되지만, 외도는 도리어 윤회(輪廻)하게 된다."

云: "有幾知識, 示學人云: '但自識性了, 無常到時, 抛卻殼漏子一邊着, 靈臺智性, 逈然而去, 名爲解脫.' 此復若爲?" 師云: "前已說了, 猶是二乘外道之量. 二乘厭離生死, 欣樂涅槃, 外道亦云: '吾有大患, 爲吾有身.' 乃趣乎冥諦. 須陀洹人, 八萬劫, 餘三果人, 六四二萬劫, 辟支佛一萬劫, 住無定中, 外道亦八萬劫, 住非非想中. 二乘劫滿, 猶能回心向道, 外道還卽輪廻."

(6) 불성의 종류

스님이 말했다.
"불성(佛性)은 한 종류입니까, 다른 종류도 있습니까?"
국사가 말했다.
"한 종류도 얻을 수 없다."
스님이 말했다.
"왜 그렇습니까?"
국사가 말했다.
"어떤 이에게는 전부가 생기지도 사라지지도 않으며, 어떤 이에게는 반은 생기고 사라지고 반은 생기지도 사라지지도 않기 때문이다."
스님이 말했다.
"어떻게 이렇게 해석합니까?"
국사가 말했다.

· 식무변처(識無邊處) · 무소유처(無所有處) · 비상비비상처(非想非非想處)의 사천(四天)이 있다. 이승(二乘)의 수행을 한 자가 들어가는 세계.

"나의 여기에서는 불성이 전부 생기지도 않고 사라지지도 않는다. 남쪽 지방의 불성은 반은 생기고 사라지며, 반은 생기지도 않고 사라지지도 않는다."

스님이 말했다.

"어떻게 그렇게 구별합니까?"

국사가 말했다.

"여기에서는 몸과 마음이 하나여서 몸 밖에 나머지가 없기 때문에 전부 생기지도 않고 사라지지도 않는다. 그대들 남쪽 지방에서는 몸은 무상(無常)하고 마음은 항상(恒常)하니 절반은 생기고 사라지며 절반은 생기지도 않고 사라지지도 않는 것이다."

스님이 말했다.

"스님의 색신(色身)이 어떻게 곧장 법신(法身)과 같아서 생기지도 않고 사라지지도 않을 수 있겠습니까?"

국사가 말했다.

"그대는 어찌하여 삿된 길에 들어갔는가?"

스님이 말했다.

"제가 언제[646] 삿된 길에 들어갔습니까?"

국사가 말했다.

"그대는 보지도 못했는가? 『금강경』에서 말했다. '색깔로 보고 소리로 구하면 모두 삿된 길을 가는 것이다.' 그대가 지금 보는 것이 그런 것이 아닌가?"

스님이 말했다.

"저는 일찍이 대소승의 경을 읽었는데, 그 도(道)가 생기지도 않고 사라

---

646 조만(早晩) : 언제. 어느 때. 어느 날(의문사).

지지도 않는 중도(中道)의 정성(正性)[647]이 있는 곳임을 보았고, 또 이것[648]은 사라지고 저것은 생기는 등 몸에는 대사(代謝)[649]가 있으나 마음은 사라지지 않는 무늬라는 말씀이 있음을 보았습니다. 제가 어떻게 이 모든 것을 다 없애고 외도의 단상이견(斷常二見)과 같을 수 있겠습니까?"

국사가 말했다.

"그대는 세간을 벗어난 위없고 바르고 참된 도를 배우느냐, 세간의 생기고 사라지는 단상이견을 배우느냐? 그대는 보지도 못했는가? 조공(肇公)[650]이 말했다. '참됨을 말하면 속됨과 어긋나고, 속됨을 따르면 참됨과 어긋난다. 참됨과 어긋나는 까닭에 본성을 잃고 헤매면서 되돌아가지 못하고, 속됨과 어긋나기 때문에 맑고 맛이 없음을 말한다. 중근기의 사람은 가진 듯하기도 하고 잃은 듯하기도 하지만, 하근기의 사람은 손뼉을 치면서도 돌아보지 않는다.'[651] 그대는 지금 하근기를 배우면서 대도(大道)를 비웃으려 하는가?"

云: "佛性, 爲一種爲別?" 師云: "不得一種." 云: "何也?" 師云: "或有全不生滅, 或半生滅, 半不生滅." 云: "孰爲此解?" 師云: "我此間, 佛性全不生滅. 南方佛性, 半生半滅, 半不生滅." 云: "如何區別?" 師云: "此則身心一如, 身外無餘, 所以全不生滅. 汝南方, 身是無常, 神性是常, 所以半生半滅, 半不生滅." 云: "和尙色身, 豈得便同法身, 不生不滅耶?" 師云: "汝何得入於邪道?" 云: "學人早晩入邪道?" 師云: "汝不見? 『金剛經』云: '色見聲求, 皆行邪道.' 今汝所見, 不其然乎?" 云: "某甲曾讀

---

647 정성(正性) : 바로 그 성질. 그 자체.

648 음(陰) : 색깔과 소리 등 유위법(有爲法)을 가리킴.

649 대사(代謝) : 새로운 것과 낡은 것이 교대하다.

650 승조(僧肇) : 384-414. 구마라집(鳩摩羅什)의 제자. 『유마경주(維摩經注)』, 『조론(肇論)』 등의 저술이 있다.

651 승조(僧肇)가 지은 『조론(肇論)』 가운데 「물불천론(物不遷論)」 제1에 나오는 구절. 다만 세 번째 문장의 앞 구절이 원문에서는 "중근기의 사람은 가지고 있는지 아닌지가 불분명하다."(緣使中人未分於存)라고 되어 있으나, 뜻은 동일하다.

大小乘教, 亦見其道, 不生不滅, 中道正性之處, 亦見有說, 此陰滅彼陰生, 身有代謝, 而神識不滅之文. 那得盡撥同外道斷常二見?" 師云: "汝學出世無上正眞之道? 爲學世間生滅斷常二見耶? 汝不見? 肇公云: '譚眞則逆俗, 順俗則違眞. 違眞故迷性而莫返, 逆俗故言淡而無味. 中流之人如存若亡, 下士撫掌而不顧.' 汝今欲學下士, 笑於大道乎?"

(7) 이름과 바탕

스님이 말했다.

"스님도 말씀하시길 '이 마음이 곧 부처다.'라고 하시고, 남쪽 지방의 선지식들도 말하기를 '이 마음이 곧 부처다.'라고 하는데, 어떻게 다릅니까? 스님께서는 자기는 옳고 남은 그르다고 여기지 말아야 합니다."

국사가 말했다.

"어떤 경우에는 이름은 다르나 바탕은 같고 어떤 경우에는 이름은 같으나 바탕이 다른데, 이 때문에 근본을 잃고 헤매는 것이다. 예컨대 보리(菩提)와 열반(涅槃), 진여(眞如)와 불성(佛性)은 이름은 다르나 바탕은 같고, 진심(眞心)과 망심(妄心), 불지(佛智)와 세지(世智)는 이름은 같으나 바탕이 다르다. 이 까닭에 남쪽 지방에서는 망심(妄心)을 착각하여 진심(眞心)이라 하니 도둑을 자식으로 여기는 것이고, 세지(世智)를 취함을 일러 불지(佛智)라 하니 마치 고기의 눈알과 밝은 구슬을 혼동하는 것과 같다. 그러니 덩달아 찬성하지[652] 말고, 일은 모름지기 잘 가려낼[653] 줄 알아야 하는 것이다."

스님이 말했다.

"어떻게 해야 이러한 허물에서 벗어날 수 있을까요?"

---

652 뇌동(雷同): 부화뇌동(附和雷同)하다. 덩달아 찬성하다.
653 견별(甄別): (우열, 진위, 능력을) 심사하여 가리다. 선별하다.

국사가 말했다.

"그대는 다만 오음(五陰)·12입(入)·18계(界)를 돌이켜서 자세히 관찰하기만 하면 된다. 하나하나를 추궁(推窮)해 보면 털끝이라도 얻을 것이 있느냐?"

스님이 말했다.

"그것들을 자세히 관찰하니 얻을 수 있는 한 물건도 볼 수 없습니다."

국사가 말했다.

"그대는 몸과 마음의 모습을 부수었느냐?"

스님이 말했다.

"몸과 마음의 자성은 모습을 벗어났는데, 부술 수 있는 무엇이 있겠습니까?"

국사가 말했다.

"몸과 마음의 밖에 또 어떤 물건이 있느냐?"

스님이 말했다.

"몸과 마음에는 바깥이 없는데, 어찌 또 물건이 있겠습니까?"

국사가 말했다.

"그대는 세간의 모습을 부수었느냐?"

스님이 말했다.

"세간의 모습이라면 곧 모습이 없는데, 어찌 또 부술 필요가 있겠습니까?"

국사가 말했다.

"그렇다면 스님은 허물에서 벗어난 것이다."

云: "師亦言: '卽心是佛.' 南方知識亦言: '卽心是佛.' 那有異同? 師不應自是而非他." 師云: "或名異體同, 或名同體異, 因茲濫矣. 只如菩提涅槃, 眞如佛性, 名異體同, 眞心妄心, 佛智世智, 名同體異. 緣南方錯將妄心, 言是眞心, 認賊爲子, 有取世智, 稱爲佛智, 猶如魚目而亂明珠. 不可雷同, 事須甄別." 云: "若爲離得此過?" 師云: "汝但子細返觀陰入界處. 一一推窮, 有纖毫可得否?" 云: "子細觀之, 不見有一物可得." 師云: "汝壞身心相耶?" 云: "身心性離, 有何可壞?" 師云: "身心外還更有物否?" 云: "身心無外, 寧更有物耶?" 師云: "汝壞世間相耶?" 云: "世間相卽無相, 那用更壞?" 師云: "若然者, 師離過矣."

(8) 마조의 진면목

혜충 국사가 남전(南泉)[654]에게 물었다.

"어디에서 오느냐?"

남전이 말했다.

"강서(江西)에서 옵니다."

국사가 말했다.

"마조(馬祖)[655] 선사의 진면목(眞面目)을 가져왔느냐?"

남전이 말했다.

"다만 이것입니다."

국사가 말했다.

"보이지 않는 뒤쪽의 것은?"[656]

남전은 그만두었다.

師問南泉: "甚處來?" 云: "江西." 師云: "還將得馬師眞來否?" 泉云: "只這是." 師

---

654 남전보원(南泉普願; 748-834). 마조도일(馬祖道一)의 법제자.

655 마조도일(馬祖道一; 709-788). 육조혜능의 제자인 남악회양의 제자.

656 니(聻) : 의문어조사 니(呢)의 전신(前身). 당오대(唐五代)에 많이 사용되었다. 일부러 가리켜서 묻는 경우에 주로 사용한다.

云: "背後底聻?" 泉休去.

장경릉(長慶稜)이 말했다.
"알지 못하는 것과 꼭 같습니다."

보복전(保福展)이 말했다.
"하마터면657 스님이 계신 여기에 도달하지 못할 뻔하였습니다."

長慶稜云: "大似不知."
保福展云: "洎不到和尙此間."

(9) 단하의 방문

단하(丹霞)가 국사를 방문하였는데, 마침 국사는 잠을 자고 있었다. 단하는 시자인 탐원(眈源)에게 물었다.
"국사가 계시느냐?"
탐원이 말했다.
"계십니다. 그러나 손님을 만나보시지는 못합니다."
단하가 말했다.
"매우 심원(深遠)하구나."658
탐원이 말했다.
"상좌가 보지 못할 뿐만 아니라, 부처의 눈으로 보아도 보지 못합니다."
단하가 말했다.

---

657 계(洎) : 거의. 하마터면.(기호(幾乎)와 같음)
658 있지만 보지는 못한다는 뜻만 가지고 법계의 실상을 가리키는 말이라고 해석하여 희롱하여 하는 말.

"과연 용은 용을 낳고 봉황은 봉황을 낳는구나."

국사가 잠에서 깨어나자 탐원이 앞선 이야기를 했다. 국사는 탐원을 20대 때려서 내쫓았다. 단하는 이 이야기를 듣고서 말했다.

"남양국사(南陽國師)라는 말이 빈말은 아니구나."

丹霞訪師, 值師睡次. 霞問侍者耽源云: "國師在否?" 源云: "在. 只是不見客." 霞云: "太深遠生." 源云: "莫道上座, 佛眼也覷不見." 霞云: "龍生龍子, 鳳生鳳兒." 師睡起, 源擧前話. 師打二十棒趁出. 霞聞乃云: "不謬爲南陽國師也."

(10) 소용없다

단하가 어느 날 다시 찾아왔는데, 좌구(坐具)[659]를 펼치자마자 국사가 말했다.

"소용없다. 소용없다."

단하는 뒤로 세 걸음 물러났는데, 국사가 말했다.

"그렇다. 그렇다."

단하가 앞으로 세 걸음 나아가자 국사가 말했다.

"아니다. 아니다."

단하가 선상(禪床)[660]을 한 바퀴 돌고서 밖으로 나가자 국사가 말했다.

"부처님이 돌아가시고 오래되니 사람들이 대다수 게을러졌다. 30년[661]

---

659 좌구(坐具) : =좌구(座具). 절을 하거나 앉을 때 쓰는 도구, 즉 돗자리나 방석 등을 말한다. 비구가 소지하는 6물(物) 중의 하나. 베를 가지고 사각형 모양으로 만든 자리 깔개.

660 선상(禪床) : ①승당(僧堂) 안에서 좌선을 할 때 앉는 의자(椅子). ②법당(法堂)에서 상당설법(上堂說法)할 때에 앉는 의자.

661 삼십년(三十年) : 오랜 세월을 가리킴. 어떤 일에 익숙해질 만큼의 오랜 세월. 수행자가 수행을 어느 정도 완성하기에 필요한 만큼의 충분한 시간. 삼십년적과부(三十年的寡婦; 30년을 과부로 지낸 홀로 살기에 능숙한 사람), 삼십년풍수륜유전(三十年風水輪流轉; 세월이 지나면 풍수도 바뀌고 운명도 바뀐다), 삼십년원보(三十年遠報; 오랜 세월의 보응(報應)이라도 30년은 넘지 않는다) 등의 말들이 있다.

뒤에는 이런 스님도 만나기 어려울 것이다."

丹霞又一日來, 纔展坐具, 師云: "不用. 不用." 霞退後三步, 師云: "如是. 如是."
霞進前三步, 師云: "不是. 不是." 霞繞禪床一匝而出, 師云: "去聖時遙, 人多懈怠.
三十年後, 討箇師僧也難得."

대위철(大潙哲)이 말했다.

"단하는 지극한 보물을 품고 있다가 지혜로운 자를 만나 더욱더 빛을
발했다고 할 만하다. 국사의 홍문(鴻門)[662]이 크게 열렸으니 오르는 자는
모름지기 그런 사람이어야 한다. 지금 단하를 위하여 주인 노릇 하려는
자가 있느냐? 앞으로 나와서 나와 만나 보자. 있느냐?"

잠시 말없이 있다가 말했다.

"용문(龍門)[663]을 찾은 손님이 아니라면, 이마 찍기를[664] 절대로 하지 말
아야[665] 한다."[666]

大潙哲云: "丹霞可謂懷藏至寶, 遇智者乃增輝. 國師鴻門大啓, 陟者須是其人.
如今還有爲丹霞作主者麼? 出來與大潙相見. 有麼?" 良久云: "不是龍門客, 切忌遭
點額."

(11) 지장의 방문

---

662 홍문(鴻門) : 지위가 높고 귀한 가문. 혜충 국사의 안목을 가리킨다.
663 용문(龍門) : 중국 황하 상류의 급한 여울목. 잉어가 이곳을 뛰어오르면 용이 된다는 전설이 있
     다. '용문을 오르다'라는 말인 등용문(登龍門)은, 사람이 과거에 급제하거나 출세하거나 영화를 얻
     음을 비유하는 말.
664 점액(點額) : 이마를 찍다. 용문(龍門)을 오른 물고기는 용이 되지만, 오르지 못한 물고기는 이마만
     다치고 되돌아간다는 말. 과거에 낙방한다는 말로도 쓰인다.
665 절기(切忌) : 극력 피하다. 극력 삼가다. 절대 -해서는 안 된다.
666 깨달음을 점검받으러 온 것이 아니라면, 애초에 쓸데없이 도전하지는 마라.

서당지장(西堂智藏)[667] 선사가 마조(馬祖)의 편지를 가지고 도착하니, 국사가 물었다.

"그대의 스승은 어떤 법을 말씀하시느냐?"

지장이 서쪽에서 동쪽으로 걸어가 섰다. 국사가 말했다.

"이것뿐이냐? 또 달리 있느냐?"

지장은 동쪽에서 서쪽으로 걸어가서 섰다. 국사가 말했다.

"이것이 마조 대사의 것이라면, 그대의 것은 어떤 것이냐?"

지장이 말했다.

"벌써[668] 스님께 다 보여[669] 드렸습니다."

西堂藏禪師, 爲馬祖馳書至, 師問: "汝師說甚麼法?" 藏從西過東立. 師云: "只這箇? 更別有?" 藏從東過西立. 師云: "這箇是馬大師底, 仁者作麼生?" 藏云: "早箇呈似和尙了也."

보복전(保福展)이 말했다.

"서당이 마조 대사를 적지 않게 파묻었구나."[670]

保福展云: "西堂埋沒馬大師不少."

(12) 마곡의 방문

---

667 서당지장(西堂智藏) : 735-814. 당대(唐代) 선승. 서당(西堂)은 머물렀던 곳의 지명. 속성은 요(寥)씨. 마조도일(馬祖道一)의 문하에서 공부하여 마조의 법을 이었다. 건주(虔州)의 서당(西堂)에 머물면서 마조의 종풍(宗風)을 널리 선양하였다. 시호는 대각선사(大覺禪師).

668 조개(早箇) : =조개(早个). 조(早)와 같음. 개(箇)는 뜻 없는 어조사.

669 정사(呈似) : 말해 주다. 드러내 보이다.

670 매몰(埋沒) : ①묻다. 묻히다. ②드러나지 않게 하다. 재능을 발휘하지 못하게 하다. ③매장(埋葬)하다. ④흔적도 없어지다. 흔적을 없애다.

마곡(麻谷)[671]이 찾아와 석장(錫杖)을 한번 굴리고서 우뚝 서 있자, 국사가 말했다.

"그대가 이미 이와 같은데, 무엇 하러 나를 만나러 왔는가?"

마곡이 다시 석장을 한 번 굴리자, 국사가 꾸짖었다.

"여우귀신[672]아, 나가거라."

麻谷到來, 振錫一下, 卓然而立, 師云: "汝旣如是, 何用見吾?" 谷又振錫一下, 師叱云: "野狐精. 出去."

설두(雪竇)가 말했다.

"하마터면[673] 이곳에 이르지 못할 뻔했구나."

雪竇云: "洎不到此."

(13) 시자를 부르다

국사가 하루는 시자를 부르자 시자가 "예!" 하고 대답하였다. 이와 같이 세 번을 부르고 세 번 "예!" 하고 대답하자, 국사가 말했다.

"내가 너를 저버린 줄 알았는데,[674] 네가 나를 저버린 줄을 누가 알겠느

---

671 마곡보철(麻谷寶徹) : ?-?. 당대(唐代) 선승(禪僧). 남악(南嶽)의 문하(門下). 마곡(麻谷)은 머물렀던 산 이름. 출가하여 마조도일의 문하에서 공부하여 마조의 법을 이었다. 산서성(山西省) 포주(蒲州) 마곡산(麻谷山)에 머물면서 선풍(禪風)을 고취하였다.

672 야호정(野狐精) : ≒야호정매(野狐精魅). 야호(野狐)는 여우, 정매(精魅)는 도깨비, 귀신이라는 말. 여우귀신. 여우가 둔갑하여 사람을 호리는 귀신. 아직 깨닫지도 못하고서 제멋대로의 헛된 말로써 사람을 속이는 엉터리 선승(禪僧), 또는 바른 깨달음이 아닌 삿된 신통(神通)을 얻어서 사람을 속이는 엉터리 선승을 가리킨다.

673 계(洎) : 거의. 하마터면. (기호(幾乎)와 같음)

674 장위(將謂) : -라고 여겼는데(결국 그렇지 않다는 뜻을 내포함). -라고 잘못 알다. ≒장위(將爲).

냐?"

　師一日喚侍者, 者應諾, 如是三喚, 侍者三應. 師云: "將謂吾辜負汝, 誰知汝辜負吾?"

　조주(趙州)[675]가 이에 대하여 "마치 사람이 어둠 속에서 글자를 쓰는 것과 같아서, 글자가 되지는 않지만 무늬는 이미 빛나고 있다."라고 말했는데, 설두(雪竇)는 곧장 "악!" 하고 일할(一喝)하였다.

　투자(投子)[676]가 이에 대하여 "사람을 몰아붙여서 어쩌자는 건가?"라고 말했는데, 설두는 "진흙탕에 발이 빠져 있는 사람[677]이구나."라고 말했다.

　현사(玄沙)[678]가 이에 대하여 "도리어 시자가 알았다."라고 말했는데, 설두는 "죄인이 꾀만 늘었구나.[679]"라고 말했다.

　운문(雲門)[680]이 이에 대하여 "어떤 것이 국사가 시자를 저버린 것인가? 만약 안다고 해도 역시 대책이 없다."[681]라고 했는데, 설두는 "원래 알지 못했다."라고 말했다.

675　조주종심(趙州從諗) : 778-897. 남전보원(南泉普願)의 제자.

676　투자대동(投子大同) : 819-914. 당대(唐代) 선승. 취미무학(翠微無學)의 제자.

677　타근한(梁根漢) : 진흙에 발이 빠져서 잘 나아가지 못하고 머뭇거리는 사람. =타근한(墮根漢).

678　현사사비(玄沙師備) : 835-908. 설봉의존(雪峰義存)의 제자.

679　정수장지(停囚長智) : ①감옥에 오랫동안 갇혀 있어서 차차로 나쁜 지혜가 발달하다. ②우물쭈물하며 방심하다.

680　운문문언(雲門文偃) : 864-949. 설봉의존의 제자.

681　무단(無端) : ①무심코. 무심결에. ②뜻밖에. 의외로. ③대책 없이. 대책 없는 일을 가리킴. ④무리하게. ⑤이유 없이. 까닭 없이. 실없이. ⑥끝이 없다.

운문이 다시 "어떤 것이 시자가 국사를 저버린 것인가? 뼈를 깎고 몸을 부수어도[682] 다 갚지 못할 것이다."라고 했는데, 설두는 "대책 없다. 대책 없어."라고 말했다.

법안(法眼)[683]이 이에 대하여 "우선 갔다가 다음에 오너라."라고 했는데, 설두는 "저를 속일 수는 없습니다."라고 말했다.

홍화(興化)[684]가 이에 대하여 "한 사람의 봉사가 여러 봉사를 이끌고 가는구나."라고 했는데, 설두는 "분명히 눈이 멀었구나. 누가 나에게 묻는다면 곧장 때리고서 사람들의 점검[685]을 요구하겠다."라고 말하고는 게송을 지었다.

"스승과 제자가 만나는 것은 그 뜻이 가볍지 않아
하릴없이[686] 곧장[687] 망상의 수풀 속[688]으로 간다네.
너를 저버렸는지 나를 저버렸는지 사람들아 묻지 마오.
모든 이들이 마음껏 다투도록[689] 내버려 두노라."[690]

취암진(翠嵒眞)[691]이 게송을 말했다.

---

682 분골쇄신(粉骨碎身) : 뼈를 빻고 몸을 부순다는 뜻으로, 자기 몸을 돌보지 않고 지극한 정성으로 있는 힘을 다한다는 말.

683 법안문익(法眼文益) : 885-958. 나한계침(羅漢桂琛)의 제자.

684 홍화존장(興化存獎) : 830-888. 임제의현(臨濟義玄)의 제자.

685 검책(檢責) : 점검하여 밝히다.

686 무사(無事) : ①=무수(無須), 불필(不必). 반드시 -할 필요는 없다. 꼭 -할 필요는 없다. ②일 없음. 조작 없음. 할 일이 없다. =무위(無爲).

687 상장(相將) : =즉장(卽將). ①곧. 머지않아. 불원간. ②바로. 즉각.

688 초리(草裏) : 풀숲 속. 풀숲은 번뇌망상을 가리킴. 본래면목을 잃고 분별망상에 떨어짐.

689 경두쟁(競頭爭) : 마음껏 다투다. 마구 다투다. 경두(競頭)와 쟁(爭)은 같은 뜻.

690 임종(任從) : ①제멋대로 하게 하다. 자유에 맡기다. ②-일지라도. -하더라도. -하여도.

691 취암가진(翠嵒可眞) : ?-1064. 임제종(臨濟宗) 석상초원(石霜楚圓; 986-1040)의 제자.

"시자는 어찌하여 불러도 돌아보지 않았는가?

국사는 공연히 땅에다 풍파를 일으키는구나.

그때 만약 내가 그를 만났더라면

아홉 번 구운 단약(丹藥)[692]이 쓸모없는 재가 되었을 것이다."

趙州云: "如人暗中書字, 字雖不成, 文彩已彰." 雪竇便喝.

投子云: "抑逼人作麼?" 雪竇云: "梁根漢."

玄沙云: "卻是侍者會." 雪竇云: "停囚長智."

雲門云: "作麼生是國師辜負侍者處? 若會得, 也是無端." 雪竇云: "元來不會."

雲門云: "作麼生是侍者辜負國師處? 粉骨碎身未足酬." 雪竇云: "無端. 無端."

法眼云: "且去別時來." 雪竇云: "謾我不得."

興化云: "一盲引衆盲." 雪竇云: "端的瞎. 有人問雪竇, 便打, 也要諸方檢責." 雪竇頌云: "師資會遇意非輕, 無事相將草裏行. 負汝負吾人莫問. 任從天下競頭爭."

翠岩眞頌云: "侍者何曾喚不回? 國師乾地起風雷. 當時若也相逢着, 九轉還丹化作灰."

(14) 타심통을 부수다

대이삼장(大耳三藏)이란 분이 타심통(他心通)을 얻었다고 하자 숙종(肅宗)이 혜충 국사에게 그를 시험해 보라고 하였다. 삼장은 국사를 보자마자 곧 절을 올리고서 오른쪽에 서 있었다. 국사가 물었다.

"그대는 타심통을 얻었는가?"

삼장이 말했다.

---

692 구전환단(九轉還丹) : =구전단(九轉丹), 구전금단(九轉金丹), 구전단사(九轉丹砂). 도교(道教)에서 말하는 최상의 단약(丹藥). 단사(丹砂)를 아홉 번 정련(精鍊)한 단약으로서, 이것을 3일만 먹으면 신선(神仙)이 된다고 한다. 일전금단(一轉金丹)은 3년을 먹어야 신선이 된다고 한다.

"그렇습니다."

국사가 물었다.

"그대는 말해 보라. 내가 지금 어디에 있는가?"

삼장이 말했다.

"스님은 한 나라의 국사이면서, 어찌하여 서천(西川)으로 가서 경도(競渡)[693]를 구경하고 계십니까?"

국사가 잠시 말없이 있다가 다시 물었다.

"그대는 말해 보라. 내가 지금은 어디에 있는가?"

삼장이 말했다.

"스님은 한 나라의 국사이면서, 어찌하여 천진교(天津橋) 위로 가서 원숭이[694]의 재롱을 구경하고 계십니까?"

국사가 잠시 말없이 있다가 다시 물었다.

"그대는 말해 보라. 내가 지금은 어디에 있는가?"

삼장이 어쩔 줄 모르고 있자,[695] 국사가 꾸짖었다.

"이 여우귀신아, 타심통은 어디에 있느냐?"

삼장은 말이 없었다.

有大耳三藏, 得他心通, 肅宗請師, 試驗之. 三藏纔見師, 便作禮立于右. 師問: "汝得他心通那?" 藏云: "不敢." 師問: "汝道. 老僧卽今在甚麼處?" 藏云: "和尙是一國之師, 何得去西川看競渡?" 師良久復問: "汝道. 老僧卽今在甚麼處?" 藏云: "和尙是一國之師, 何得去天津橋上, 看弄胡猻?" 師良久復問: "汝道. 老僧卽今在甚麼

---

693 경도(競渡) : 단오(端午)에 행하는 용선(龍船) 경기. 전국시대 초(楚)나라 굴원(屈原)을 기리기 위해 시작되었다는 설과 춘추시대 월왕(越王) 구천(句踐)이 오자서(伍子胥)를 기리기 위해 시작하였다는 설이 있다.

694 호손(胡猻) : =호손자(猢猻子). 원숭이.

695 망조(罔措) : 손을 댈 곳이 없다. 손쓸 수가 없다. 어쩔 수 없다. 어쩔 줄 모른다.

處?"藏罔措, 師叱云: "這野狐精, 他心通在甚麼處?" 藏無對.

현사(玄沙)가 말했다.

"그대는 말해 보라. 앞의 두 번에서 삼장은 국사를 보았느냐?"

앙산(仰山)이 말했다.

"앞의 두 번은 경계에 관계하였지만, 세 번째에는 국사가 자수용삼매 (自受用三昧)[696]에 들어갔기 때문에 볼 수가 없었다."

어떤 스님이 조주(趙州)에게 물었다.

"대이삼장이 세 번째는 국사를 보지 못했는데, 국사는 어디에 있었습니 까?"

조주가 말했다.

"삼장의 콧구멍 속에 있었지."

그 스님이 뒤에 현사(玄沙)에게 물었다.

"콧구멍 속에 있는데, 어찌하여 보지 못했습니까?"

현사가 말했다.

"너무 가까웠기 때문이지."

백운단(白雲端)이 말했다.

"국사가 만약 삼장의 콧구멍 속에 있었다면, 무엇 때문에 보기 어려웠 겠는가? 이것은 국사가 삼장의 눈동자 속에 있었음을 전혀 모르고 한 말 이다."

---

696 자수용삼매(自受用三昧) : 불조(佛祖)가 전하는 심안(心眼)을 말하며 만법(萬法)은 자수용(自受用)이어 서 밖에서 온 것은 하나도 없다.

玄沙云:"汝道. 前兩度, 曾見麼?"

仰山云:"前兩度是涉境, 後入自受用三昧, 所以不見也."

僧問趙州:"大耳三藏, 第三度不見國師. 未審國師在甚麼處?"州云:"在三藏鼻孔裏."僧後問玄沙:"旣在鼻孔裏, 爲甚麼不見?"沙云:"只爲太近."

白雲端云:"國師若在三藏鼻吼裏, 有甚難見? 殊不知, 國師在三藏眼睛裏."

(15) 금강경 강의

국사가 자린(紫璘) 공봉(供奉)[697]에게 물었다.
"스님은 어떤 일을 해 왔습니까?"
공봉이 말했다.
"『청룡소(靑龍疏)』를 강의하였습니다."
국사가 물었다.
"그것은 『금강경』이 아닙니까?"
공봉이 말했다.
"맞습니다."
국사가 말했다.
"『금강경』 최초의 두 글자는 무엇입니까?"
공봉이 말했다.
"이와 같이."
국사가 말했다.
"뭐라구요?"[698]

---

697 공봉(供奉) : 승직(僧職)으로 황제의 고문을 담당하는 승려. 황제로부터 자색(紫色) 가사(袈裟)를 하
     사받는다.
698 시심마(是甚麼) : (이미 이름은 알고 있으면서 그 내용을 물을 때) 무엇인가? 어떤 것인가? 무엇이냐? 어떻
     느냐? 도대체 뭐냐? =시십마(是什麼), 시십마(是什摩).

師問紫璘供奉: "大德所蘊何業?" 云: "講『青龍疏』." 師云: "是『金剛經』否?" 云: "是." 師云: "經文最初兩字, 喚作甚麼字?" 云: "如是." 師云: "是甚麼?"

명초(明招)가 대신 말했다.
"옛날의 영산(靈山)[699]을 오늘 직접 보는구나."

明招代云: "昔日靈山, 今日親見."

(16) 부처의 뜻

국사가 공봉에게 물었다.
"부처는 어떤 뜻입니까?"
공봉이 말했다.
"깨달음이라는 뜻입니다."
국사가 물었다.
"부처가 어리석은 적이 있었습니까?"
공봉이 말했다.
"어리석은 적은 없었습니다."
국사가 말했다.
"그런데 왜 깨닫겠습니까?"
공봉은 말이 없었다.

---

699 영산회상염화미소(靈山會上拈花微笑)를 가리킨다. 석존 당시 왕사성 부근의 영취산(靈鷲山)에서의 법회(法會). 『법화경』을 설법(說法)한 곳이며, 선종(禪宗)에서는 석가모니가 제1조 마하가섭에게 염화미소(拈花微笑)를 통하여 법을 전해 준 곳이다. 석존이 영취산상(靈鷲山上)의 중회(衆會)에서 꽃을 들어 보여 주었을 때, 가섭존자(迦葉尊者)만이 그 의미를 이해하여 파안미소(破顔微笑)하였다. 그때에 부처님의 정법안장열반묘심(正法眼藏涅槃妙心)의 부법(付法)이 행해졌다고 하는데, 불법상승(佛法相承)의 기원으로 전해진다.

師問供奉: "佛是甚麼義?" 云: "是覺義." 師云: "佛曾迷否?" 云: "不曾迷." 師云: "用覺作麼?" 奉無對.

(17) 세우면 부순다

공봉이 말했다.

"선사께서 뜻을 세우시면 제가 부수고, 제가 뜻을 세우면 선사께서 부수시기 바랍니다. 먼저 선사께서 뜻을 세우시기 바랍니다."

국사가 말했다.

"뜻을 세웠습니다."

공봉이 말했다.

"무슨 뜻입니까?"

국사가 말했다.

"역시나 보지 못하는군요."

공봉이 말이 없자, 국사가 말했다.

"당신이 감당할 수 있는 일이 아닙니다."

供奉云: "請禪師立義, 某甲破, 某甲立義, 禪師破. 先請禪師立義." 師云: "立義了也." 云: "是甚麼義?" 師云: "果然不見." 供奉無對, 師云: "非公境界."

(18) 동자와 공봉

국사가 공봉에게 물었다.

"어디에서 옵니까?"

공봉이 말했다.

"성의 남쪽에서 옵니다."

국사가 물었다.

"성의 남쪽에 있는 풀은 어떤 색깔이던가요?"

공봉이 말했다.

"누른 색깔이었습니다."

국사가 다시 동자(童子)에게 풀 색깔을 묻자 동자가 말했다.

"누른 색깔이었습니다."

국사가 말했다.

"이 동자도 임금님 앞에서[700] 자색 가사를 하사받고 황제에게 현묘한 불법(佛法)을 말하겠군요."

師問供奉: "甚麼處來?" 云: "城南來." 師云: "城南草作何色?" 云: "作黃色." 師卻問童子, 童子亦云: "作黃色." 師云: "只這童子, 亦可簾前賜紫, 對御談玄."

(19) 경전의 주석

공봉이 『사억경(思憶經)』을 주석(註釋)하려고 하자 국사가 물었다.

"무릇 경전을 주석하려면 부처님의 뜻을 알아야 비로소 말할 수 있습니다. 만약 부처님의 뜻을 알지 못한다면, 어떻게 주석할 수 있겠습니까?"

국사는 시자를 시켜 물을 한 사발 가득 가져오게 하여, 물속에 쌀 일곱 낱알을 던져 넣고 그릇 위에 젓가락 하나를 얹어 놓고서 물었다.

"이것은 어떤 뜻입니까?"

공봉의 대답이 없자, 국사가 말했다.

---

700 염전(簾前): 황태후(皇太后)를 가리는 발과 장막인 염유(簾帷)의 앞이라는 뜻으로서 곧 황태후의 앞을 가리킨다. 혹은 황제(皇帝)의 앞을 가리킨다.

"노승의 뜻도 오히려 알지 못하는데, 부처님의 뜻을 어떻게 알겠으며, 또 경전을 어떻게 주석할 수 있겠습니까?"

供奉欲註『思憶經』, 師問: "大凡註經, 須會佛意始得云. 若不會佛意, 爭解註得?" 師令侍者, 盛一盆水來, 着七粒米於水中, 上橫一隻箸, 乃問: "這箇是甚麼義?" 奉無對, 師云: "老僧意尙不會, 豈況佛意? 又爭能註得經?"

(20) 유식론 강의

국사가 좌주(座主)[701]에게 물었다.

"어떤 경(經)을 강설(講說)합니까?"

좌주가 말했다.

"『유식론(唯識論)』입니다."

국사가 말했다.

"삼계(三界)[702]는 오직 마음이고 만법(萬法)[703]은 오직 식(識)이라고 하는데,[704] 어떻게 이해합니까?"

좌주가 대답하지 못하자, 국사가 주렴을 가리키며 말했다.

---

701 좌주(座主): 선가(禪家)에서 교학(敎學)을 강의하는 강사(講師)를 일컫는 말.

702 삼계(三界): 아직 해탈하지 못한 중생(衆生)의 정신세계를 셋으로 분류한 것. 욕계(欲界)·색계(色界)·무색계(無色界). 욕계는 욕망에 사로잡힌 중생이 거주하는 세계로, 천(天)·인간(人間)·축생(畜生)·아귀(餓鬼)·지옥(地獄)·아수라(阿修羅) 등의 육도(六道)가 포함된다. 색계는 욕망은 초월하였지만 육체[色]에 사로잡힌 수행자의 세계이다. 무색계는 욕망도 육체도 초월하고 순수한 의식(意識)만 있는 수행자의 세계이다. 무색계에는 물질인 색(色)은 없고, 수(受)·상(想)·행(行)·식(識)의 4온(蘊)만 있는데, 여기에는 공무변처(空無邊處)·식무변처(識無邊處)·무소유처(無所有處)·비상비비상처(非想非非想處)의 넷이 있다.

703 만법(萬法): =제법(諸法). 색(色)과 심(心)에 걸쳐 차별되는 모든 법. 삼라만상(森羅萬象)과 같음.

704 삼계유심만법유식(三界唯心萬法唯識): 현장(玄奘)이 번역한 세친(世親)의 『유식이십론(唯識二十論)』 1권의 첫머리에 "삼계는 오직 식이다."(三界唯識) "삼계는 오직 마음이다."(三界唯心.)라는 구절이 나온다. 그러나 인도 찬술의 경론(經論)에는 '삼계유심만법유식(三界唯心萬法唯識)'이라는 구절이 등장하지 않는다. 이 구절은 중국에서 찬술된 장수자선(長水子璿)의 『금강경찬요간정기(金剛經纂要刊定記)』 제1권 등에 비로소 나온다.

"이것은 어떤 법입니까?"

좌주가 말했다.

"색법입니다."

국사가 말했다.

"대사는 임금님 앞에서 자색 가사를 하사받고 임금님에게 현묘한 불법을 말씀하시면서, 오계(五戒)[705]도 지키지 않습니까?"[706]

좌주가 물었다.

"선종(禪宗)의 문하(門下)에서는 어떤 일을 전하고 지킵니까?"

국사가 말했다.

"좌주는 어떤 일을 전하고 지킵니까?"

좌주가 말했다.

"세 가지 경전과 다섯 가지 논서(論書)입니다."

국사가 말했다.

"모두가 사자새끼로군요."

좌주가 인사를 하고 나가려 하자, 국사가 좌주를 불렀다.

"좌주!"

좌주가 "예!" 하고 대답하자, 국사가 말했다.

"뭡니까?"

좌주는 말이 없었다.

師問座主: "講甚麼經?" 云: "『唯識論』." 師云: "三界惟心, 萬法唯識, 作麼生會?"

主無對, 師指簾云: "這箇是甚麼法?" 云: "色法." 師云: "大師簾前賜紫, 對御談玄,

---

705 오계(五戒): 수행자가 지켜야 할 다섯 가지 계율로, 살생하지 말 것[不殺生戒], 남의 것을 훔치지 말 것[不偸盜戒], 음란한 짓을 저지르지 말 것[不邪淫戒], 함부로 말하지 말 것[不妄語戒], 술을 마시지 말 것[不飮酒戒] 등이 그것이다.

706 색(色)을 지수화풍(地水火風)이 아니라 여색(女色)으로 해석하여, 여색을 앞에 두고 있으니 오계를 지키지 않는다고 비꼬았다.

五戒也不持?" 座主問: "宗門中, 傳持何事?" 師云: "座主傳持何事?" 云: "三經五論." 師云: "總是師子兒." 主作禮出去, 師召云: "座主!" 主應諾, 師云: "是甚麼?" 主無對.

불감근(佛鑑勤)[707]이 말했다.

"옳기는 옳으나, 다만 사자새끼에게 아직 발톱과 어금니가 없구나. 만약 발톱과 어금니가 있었다면, 어느 곳에서 또 국사가 살아 있었겠느냐?"

佛鑑勳云: "是則是, 師子兒只是爪牙未備. 爪牙若備, 何處更有國師也?"

(21) 저울눈을 잘못 읽지 마라

백법(百法) 좌주가 물었다.

"선종(禪宗)에서는 결국 무엇을 진실이라 여깁니까?"

국사가 말없이 있자 좌주가 다시 물었다. 국사가 말했다.

"스님은 경론(經論)을 강설할 뿐만 아니라, 더불어 불법에 대한 안목도 가지고 있군요."

좌주가 인사를 하고 나가려고 하자, 국사가 불렀다.

"스님!"

좌주가 머리를 돌리자 국사가 말했다.

"저울눈[708]을 잘못 읽지 마시오."

百法座主問: "禪宗畢竟, 將何爲眞實?" 師良久, 主再問. 師云: "大德不唯講經

---

707 불감혜근(佛鑑慧勳) : 1059-1117. 오조법연(五祖法演)의 제자.
708 정반성(定盤星) : 반성(盤星)은 저울 눈금, 정반성(定盤星)은 눈금을 정하는 기점이 되는 첫 번째 눈금이다. 표준이나 기준점 혹은 일정한 주장을 나타낸다.

論, 兼有佛法眼目."主作禮出去, 師召云: "大德!"主回首, 師云: "莫錯認定盤星."

(22) 숙종 황제의 질문

숙종(肅宗)[709] 황제가 물었다.

"어떤 것이 십신조어(十身調御)[710]입니까?"

국사가 말했다.

"시주(施主)께서 비로자나불(毘盧遮那佛)[711]의 머리 위를 밟고 걷습니다."

황제가 말했다.

"그 뜻은 어떤 것입니까?"

국사가 말했다.

"자기의 청정법신(淸淨法身)을 인정하지 마십시오."

肅宗皇帝問: "如何是十身調御?" 師云: "檀越踏毗盧頂上行." 帝云: "此意如何?" 師云: "莫認自己淸淨法身."

(23) 무봉탑

---

709 숙종(肅宗): 당(唐)나라 제7대 황제. 이름은 이형(李亨). 756년부터 762년까지 재위(在位).

710 십신조어(十身調御): 여래십호(如來十號) 가운데 하나인 조어장부(調御丈夫). 십신(十身)은 십호(十號). 석가모니의 본래 성은 고타마(Gotama), 이름은 싯다르타(Siddhrtha)였다. 하지만 불교 문헌에서는 다음과 같은 특별한 호칭 열 가지로써 다양하게 표현하고 있다. ①여래(如來); 완전한 인격을 갖춘 사람. ②아라한(阿羅漢); 존경받을 만한 사람. ③정변지(正遍知) 또는 정등각(正等覺); 바른 깨달음을 얻은 사람. ④명행족(明行足); 밝은 지혜와 실천을 구현한 사람. ⑤선서(善逝); 윤회의 생사도에 빠지지 않고 피안의 언덕으로 잘 간 사람. ⑥세간해(世間解); 세간의 일을 모두 알고 있는 사람. ⑦무상사(無上士); 더없이 높은 최상의 사람. ⑧조어장부(調御丈夫); 거친 자를 모두 제어하는 사람. ⑨천인사(天人師); 천신과 인간들의 스승. ⑩세존(世尊); 세상에서 가장 존귀한 사람.

711 비로자나불(毘盧遮那佛): 청정법신(淸淨法身), 즉 법신불(法身佛). 범어로는 바이로차나(Vairocana)이며 비로자나불이라고 음역하고, 최고현광안장(最高顯廣眼藏) · 변조왕여래(遍照王如來) · 광명변조(光明遍照) · 변일체처(遍一切處) · 대일변조(大日遍照) 등으로 의역한다.

숙종이 국사에게 물었다.

"돌아가신 뒤에 무엇을 바라십니까?"

국사가 말했다.

"노승에게 무봉탑(無縫塔)⁷¹²을 만들어 주십시오."

황제가 말했다.

"탑의 모양을 말씀해 주십시오."

국사가 잠시 말없이 있다가 말했다.

"아시겠습니까?"

황제가 말했다.

"모르겠습니다."

국사가 말했다.

"제가 법을 전한 제자인 탐원(耽源)⁷¹³이 이 일을 잘 압니다. 그를 불러 물어 보십시오."

뒷날 대종(代宗)⁷¹⁴이 탐원에게 이 일을 묻자, 탐원은 게송으로 답하였다.

"상(湘)⁷¹⁵의 남쪽 담(譚)⁷¹⁶의 북쪽에⁷¹⁷

황금으로 가득찬 한 나라가 있도다.

그림자 없는 나무 아래에 모여 함께 배를 타고

---

712 무봉탑(無縫塔) : 꿰매어 붙인 것이 없는 탑. 조각조각 만들어 붙이지 않은 탑. 분별되지 않고 모습 없는 불이법(不二法)인 본래심(本來心)을 가리킨다.

713 탐원응진(耽源應眞) : 탐원진응(耽源眞應)이라고도 함. 남양혜충(南陽慧忠; ?-775)의 시자(侍者)로 있었으며, 원상(圓相)의 참뜻을 탐구하여 법을 이었다. 길주(吉州, 江西省) 탐원산(耽源山)에 주석하였다. 『조당집』권4·『경덕전등록』권13·『오등회원』권2 등에 나온다.

714 대종(代宗) : 당(唐)나라 제8대 황제. 이름은 이예(李豫). 762년-779년 재위.

715 상(湘) : 상강(湘江). 광서성(廣西省) 홍안현(興安縣)에서 발원하여 호남성(湖南省) 동정호(洞庭湖)로 흘러드는 강.

716 담(譚) : 옛 나라 이름. 산동성(山東省) 제남시(濟南市) 동쪽 용산진(龍山鎭) 부근에 있었다. 기원전 684년 제(齊)나라 환공에게 멸망되었다.

717 상(湘)은 남쪽에 있고 담(譚)은 북쪽에 있으므로, 상의 남쪽과 담의 북쪽이라는 지역은 없다.

유리(琉璃) 궁전 위에는 선지식(善知識)이 없다네."

肅宗問師: "百年後, 所需何物?" 師云: "與老僧, 作箇無縫塔." 帝云: "就師請塔樣." 師良久云: "會麼?" 帝云: "不會." 師云: "吾有付法弟子耽源, 卻諳此事. 請詔問之." 後代宗問耽源, 源以偈答云: "湘之南譚之北, 中有黃金充一國. 無影樹下合同船, 琉璃殿上無知識."

설두(雪竇)가 말했다.

"숙종이 알지 못한 것은 우선 놓아두고, 탐원은 알았는가? '스님께서 탑의 모양을 그려 주십시오.'라는 말을 이겨낼 수만 있으면 된다. 인도와 중국을 통틀어 모든 조사들이 이 하나의 질문을 만난다면, 남쪽을 북쪽으로 만드는 것을 면하지 못할 것이다. 여기에 동의하지 않는 자가 있으면 앞으로 나오너라. 내가 그대에게 묻겠다. 어떤 것이 무봉탑이냐?"

오조연(五祖演)[718]이 말했다.

"쓸데없는 말이다."

雪竇云: "肅宗不會且置, 耽源還會麼? 只消箇請師塔樣. 盡西天此土, 諸位祖師, 遭此一問, 不免將南作北. 有傍不肯底, 出來. 我要問汝. 那箇是無縫塔?"

五祖演云: "閑言語."

---

718 오조법연(五祖法演): ?-1104. 기주(蘄州) 오조법연(五祖法演) 선사. 남악(南嶽) 문하 13세손에 해당한다. 송대(宋代) 선승. 임제종(臨濟宗) 양기파(楊岐派)의 3대 법손. 면주(綿州)의 등(鄧)씨 아들로 출생. 35세에 출가하여 유식론(唯識論), 백법론(百法論) 등의 교학을 배우다가 회의를 느끼고, 선(禪)을 찾았다. 혜림종본(慧林宗本)을 찾아 가르침을 받고, 다시 부산법원(浮山法遠)을 찾았고, 뒤에 백운수단(白雲守端; 1025-1072)을 스승으로 섬기며 공부하여 크게 깨달았다. 처음에는 사면산에 있다가 만년에 오조산(五祖山)에 머물렀기 때문에 오조법연이라 한다. 문하에 극근(克勤)・혜근(慧勤)・청원(淸遠) 등이 있다.

(24) 여법한 한마디

숙종이 국사와 함께 궁전 앞에 이르자, 국사가 석사자(石師子)를 가리키며 말했다.

"폐하께서 한마디 여법한 말씀을 해 주십시오."

숙종이 말했다.

"짐은 말할 수 없으니, 국사께서 말씀해 주십시오."

국사가 말했다.

"저의 허물입니다."

뒤에 탐원이 국사에게 물었다.

"황제께서 아셨습니까?"

국사가 말했다.

"황제는 우선 놓아두고, 너는 어떻게 이해하느냐?"

肅宗同師到宮前, 師指石師子云: "請陛下, 下取一轉語." 宗云: "朕下不得, 請師下." 師云: "山僧罪過." 後耽源問師: "皇帝還會麼?" 師云: "皇帝且置, 子作麼生會?"

현사(玄沙)가 말했다.

"그렇게 대단한[719] 국사가 시자에게 감파(勘破)[720]당했구나."

玄沙云: "大小國師, 被侍者勘破."

(25) 수행은 어떻게

---

719 대소(大小): =대소대(大小大). 이렇게 큰. 이렇게 대단한.

720 감파(勘破): 그 내막을 뚜렷하게 알아차림. 분명하게 파악함. 점검(點檢), 간파(看破). 파(破)는 요(了), 득(得), 재(在)와 마찬가지로 동사의 뒤에서 동작의 완성이나 발생 장소를 나타내는 어조사.

우군용(虞軍容)이 물었다.

"국사께서는 백애산(白崖山)에서 어떻게 수행(修行)하셨습니까?"

국사는 동자를 불러서 손으로 동자의 정수리를 쓰다듬으며 말했다.

"맑고 고요하면[721] 맑고 고요하다고 바로 말하고, 또렷하면[722] 또렷하다고 바로 말하고, 뒷날 남에게 속지 마라."

虞軍容問: "師住白崖山, 如何修行?" 師喚童子來, 以手摩其頂云: "惺惺直言惺惺, 歷歷直言歷歷, 向後莫受人謾."

보복전(保福展)이 말했다.

"국사가 이 하나의 질문을 받자 곧장 당황하여 어쩔 줄 모르는구나."[723]

保福展云: "國師着一問, 直得脚忙手亂."

서경 광택혜충 국사 법사

西京光宅慧忠國師法嗣

---

721 성성(惺惺): ①총명하다. ②맑고 고요하다. ③깨어 있다.

722 역력(歷歷): 뚜렷하다. 분명하다. 눈에 선하다.

723 각망수란(脚忙手亂): 당황하여 어찌할 줄 모르다.

1. 길주 탐원응진 선사

(1) 지극한 일

길주(吉州)의 탐원응진(眈源應眞)[724] 선사가 혜충 국사에게 물었다.

"스님께서 돌아가신 뒤에 누가 지극한 일을 물으면 어떻게 해야 합니까?"

국사가 말했다.

"본래 만족스러운데,[725] 몸을 지킬 부적(符籍)을 찾아야 한다면, 어찌하나?"

吉州眈源應眞禪師(凡四), 師問國師: "百年後, 有人問極則事, 如何?" 國師云: "幸自可憐生, 須要箇護身符子, 作甚麼?"

(2) 소는 어디에?

탐원이 늑담(泐潭)[726]에 있을 때에 백장(百丈)이 수레를 밀고 있는 것을 보고서 물었다.

"수레는 여기에 있는데, 소는 어디에 있습니까?"

백장이 이에 이마에 손을 얹자,[727] 탐원은 눈을 비비고 바라보았다.[728]

---

724 탐원응진(眈源應眞) : 탐원진응(眈源眞應)이라고도 함. 남양혜충(南陽慧忠; ?-775)의 시자(侍者)로 있었으며, 원상(圓相)의 참뜻을 탐구하여 법을 이었다. 길주(吉州, 江西省) 탐원산(眈源山)에 주석하였다. 『조당집』 권4 · 『경덕전등록』 권13 · 『오등회원』 권2 등에 나온다.

725 행자가련생(幸自可憐生) : 행자가령생(幸自可怜生)이라고도 쓴다. 본래 만족스럽다. 행자(幸自)는 '본래, 원래'라는 뜻이고, 가련생(可憐生)은 '만족스러운, 사랑스러운, 안타까운, 민망한'이라는 뜻이다.

726 늑담(泐潭) : 강서성(江西省) 고안현(高安縣) 동산(洞山)에 있는 연못. 당대(唐代) 조동종(曹洞宗)의 동산양개(洞山良价)와 제자 조산본적(曹山本寂)이 여기에 머물렀다.

727 작액(斫額) : 이마에 손을 얹다. 이마에 손을 얹고 높거나 먼 곳을 바라보는 동작.

728 식목(拭目) : 눈을 비비고 바라보다. 간절히 바라거나 주시하는 동작.

師在溈潭, 見百丈推車, 師問: "車在這裏, 牛在甚麼處?" 丈乃斫額, 師乃拭目.

(3) 십이면관음

마곡(麻谷)이 물었다.

"십이면관음(十二面觀音)이 어찌 성인(聖人)이 아니겠습니까?"

탐원이 말했다.

"성인입니다."

마곡이 탐원을 손바닥으로 한 번 때리자, 탐원이 말했다.

"그대가 이런 경계에 이르지 못했다고 알고 있었는데."

麻谷問: "十二面觀音, 豈不是聖?" 師云: "是." 谷打師一摑, 師云: "知汝不到這境界."

(4) 어디에서 보는가?

탐원이 혜충 국사의 시자였을 때에 국사가 어느 날 법당(法堂)에 앉아 있는데, 탐원이 들어왔다. 국사가 한쪽 발을 의자 밑으로 내려뜨리자, 탐원은 곧장 밖으로 나갔다가 잠시 뒤에 되돌아왔다. 국사가 말했다.

"아까는 무슨 뜻으로 그렇게 했느냐?"

탐원이 말했다.

"누구에게 말씀하십니까?"

국사가 말했다.

"지금 너에게 물었다."

탐원이 말했다.

"어디에서 저를 보십니까?"

국사는 그만두었다.

師爲國師侍者, 國師一日法堂坐次, 師入來. 國師垂下一足, 師便出去, 須臾卻來. 國師云:"適來意作麼生?"師云:"向阿誰說?"國師云:"卽今問汝."師云:"甚麼處見某甲?"國師休去.

연등회요(聯燈會要) 제4권

육조혜능 선사 법사

六祖惠能禪師法嗣

14. 담주 남악회양 선사

(1) 어떤 물건인가?

담주(潭州) 남악회양(南嶽懷讓)[729] 선사는 금주(金州) 두(杜)씨의 아들이다. 어려서 율장(律藏)[730]을 익혔는데, 어느 날 스스로 한탄하며 말했다.

"무릇 출가한 사람이라면 무위법(無爲法)[731]을 행하여 부처님의 은혜에 보답해야 하는데, 이런 계율로써 몸을 구속하여서 도(道)에 무슨 도움이 되겠는가?"

---

729 남악회양(南嶽懷讓) : 677-744. 당대(唐代) 선승. 남악(南嶽)은 머문 산 이름. 속성은 두(杜)씨. 산동성(山東省) 금주(金州) 출신. 15세에 호북성 형주(荊州) 옥천사(玉泉寺)의 홍경(弘景) 율사(律師)를 찾아가 출가하여 율장을 공부함. 그 뒤에 숭산(嵩山)의 숭악혜안(嵩嶽慧安)을 만나 그의 권유에 의하여 조계(曹溪)의 육조혜능을 찾아가 5년간 그 문하에서 공부하고 육조의 법을 이었다. 당(唐) 선천(先天) 2년(713)에 남악(南嶽)의 반야사(般若寺)에 머물렀고, 개원(開元) 연간(713-741)에 마조도일(馬祖道一)을 가르쳐 법을 전하였다. 청원행사(靑原行思)와 더불어 혜능의 2대 제자이다. 그의 문하에서 임제종(臨濟宗)과 위앙종(潙仰宗)이 출현하여 중국 선종의 주류를 이룸. 시호는 대혜선사(大慧禪師).

730 비니장(毘尼藏) : 율장(律藏). 비니(毘尼)는 vinaya의 음역으로서 비나야(毘奈耶)라고도 쓰며, 제복(制伏)・조복(調伏)・선치(善治)・멸(滅)・율(律)이라 번역. 부처님이 제자들을 위하여 마련한 계율을 가리킨다.

731 무위법(無爲法) : 무위(無爲)는 asaṃskṛta의 번역으로서, 무언가 행해야 할 것이 없다는 의미. 위(爲)는 위작(爲作)・조작(造作)의 뜻. 곧 분별로 위작・조작을 하지 않고 본래 있는 그대로의 진실을 말함. 열반(涅槃)・법성(法性)・실상(實相) 등은 무위의 다른 이름이다.

이윽고 탄연(坦然)⁷³² 선사와 함께 숭산(嵩山)의 안국사(安國師)⁷³³를 찾아뵙고 다시 조계(曹溪)로 가서 육조(六祖)를 찾아뵈었다. 육조가 물었다.

"어디에서 오느냐?"

회양이 말했다.

"숭산에서 옵니다."

육조가 물었다.

"어떤 물건이 이렇게 왔느냐?"

회양이 말했다.

"한 물건이라고 말하면⁷³⁴ 맞지 않습니다."

육조가 물었다.

"수행과 깨달음에 의지하는 것이냐?"

회양이 말했다.

"수행과 깨달음이라면 없지는 않으나, 오염이라면 있을 수 없습니다."

육조가 말했다.

"바로 이 오염되지 않는 것이 곧 모든 부처님이 기억하시고 지키시는⁷³⁵ 것이다. 그대가 이미 이러하고, 나 역시 이러하다. 인도의 반야다라(般若多

---

732 탄연(坦然) : 『조당집(祖堂集)』에는 탄연(坦然)이 남악회양(南嶽懷讓)의 법을 이은 제자로 되어 있고, 『경덕전등록(景德傳燈錄)』에는 탄연이 숭악혜안(嵩嶽慧安) 국사(國師)의 법을 이은 제자로 되어 있고, 『오등회원(五燈會元)』에는 탄연이 남악회양의 동학(同學)으로서 함께 숭악혜안에게 법을 물은 것으로 되어 있다.

733 숭산혜안(崇山惠安) : =숭악혜안(嵩嶽慧安). 642-709. 당대(唐代) 선승. 속성은 위(衛)씨, 형주(荊州) 지강(枝江) 출신. 오조홍인(五祖弘忍)을 만나서 심요(心要)를 얻고, 숭악산(嵩嶽山)에 들어가 머물렀다. 당(唐) 중종(中宗)에게 자의(紫衣)를 하사받고, 입적 후 노안선사(老安禪師)라는 시호를 받았다.

734 설사(說似) : 말해 주다. 거사(擧似)와 같은 뜻. 여기서 사(似)는 동사의 접미사로서 '-주다[給]'의 뜻을 부가해 주는 어조사.

735 호념(護念) : 명심하여 지키는 것. 모든 불·보살·하늘·귀신들이 선행을 닦는 중생이나 수행자에 대하여 온갖 마장을 제거하여 보호하며, 깊이 기억하여 버리지 않는 것. 가피(加被), 가지(加持)와 비슷함.

羅)⁷³⁶가 예언하기를, 그대는 뒷날 한 마리 망아지를 낳을 것인데⁷³⁷ 천하의 사람들을 밟아 죽일 것이라고 하였다. 그러나 경솔하게 말한다면 그대의 마음에 근심이 생길 것이다."

회양은 뒤에 남악(南嶽)⁷³⁸의 반야대(般若臺)에 머물렀는데, 그때 도일(道一)⁷³⁹은 전법사(傳法寺)에 머물면서 매일 좌선(坐禪)만 하였다. 회양이 도일을 찾아가서 물었다.

"스님은 무엇을 바라고 좌선하는 거요?"

도일이 말했다.

"부처가 되기를 바랍니다."

회양은 어느 날 벽돌을 가져다가 도일이 좌선하는 암자 앞에서 바위에 갈았다. 도일이 이상하게 여기고서 물었다.

"뭐 하십니까?"

회양이 말했다.

"갈아서 거울을 만들려 하네."

도일이 말했다.

"벽돌을 간다고 어찌 거울이 될 수 있겠습니까?"

회양이 말했다.

"벽돌을 갈아서 거울이 되지 않는다면, 좌선하여 어떻게 부처가 될 수 있겠는가?"

---

736 반야다라(般若多羅) : 동인도 출신의 비구 이름. 인도 선종의 제26대 조사인 불여밀다(不如蜜多)로부터 선법(禪法)을 전수받았고, 선종의 제27대 조사가 되었다. 제28대 조사인 보리달마에게 선법을 전수한 것으로 알려져 있다. 『경덕전등록』 권2에 전기가 실려 있다.

737 회양의 법제자인 마조도일(馬祖道一)의 출현을 말함.

738 남악(南嶽) : 중국 호남성(湖南省)에 있는 형산(衡山). 남쪽에 있으므로 남악이라 한다. 천태종(天台宗)의 2조 혜사(慧思)를 비롯하여 선종(禪宗)의 남악회양(南嶽懷讓)·마조도일(馬祖道一) 등이 있으면서 선풍을 떨치게 되자 남악의 이름이 드러났다. 선종에서 이 계통을 남악하(南嶽下)라 하고, 청원하(靑原下)와 맞서서 선종의 2대 분파가 되었다.

739 마조도일(馬祖道一) : 709-788. 당대(唐代) 선승. 남악회양(南嶽懷讓)의 법제자. 속성(俗姓)이 마(馬)씨.

도일이 물었다.

"그럼 어떻게 해야 되겠습니까?"

회양이 말했다.

"소가 끄는 수레의 경우와 같다. 수레가 가지 않는다면, 수레를 때려야 하겠는가, 소를 때려야 하겠는가?"[740]

도일이 말이 없자 회양이 다시 물었다.

"그대는 좌선을 배우느냐, 좌불(坐佛)을 배우느냐? 만약 좌선을 배운다면, 선(禪)은 앉거나 눕는 것이 아니다. 만약 좌불을 배운다면, 부처에게는 정해진 모습이 없다. 모습에 머묾이 없는 곳에서 취하거나 버려서는 안된다. 그대가 만약 앉아 있는 부처라면, 부처를 죽이는 것이다. 만약 앉는 모습에 집착한다면, 도리에 통달한 것이 아니다."

도일은 그 말을 듣고서 곧장 깨달았는데, 마치 제호(醍醐)[741]를 마신 것과 같았다. 절을 올리고서 물었다.

"어떻게 마음을 써야 모습 없는 삼매(三昧)[742]에 알맞겠습니까?"

회양이 말했다.

"그대가 심지법문(心地法門)[743]을 배우는 것은 마치 씨앗을 심는 것과 같고, 내가 법의 요체를 말하는 것은 하늘에서 비가 내리는 것과 같다. 그대는 인연이 되었기 때문에 도(道)를 볼 것이다."

도일이 물었다.

---

740 마명보살(馬鳴菩薩)이 짓고 구마라집(鳩摩羅什)이 번역한 『대장엄론경(大莊嚴論經)』 제2권에 "예컨대 소가 끄는 수레가 있는데, 수레가 가지 않으면 소를 때려야지 수레를 때려서는 안 된다. 몸은 수레와 같고 마음은 소와 같다."라는 말이 있다.

741 제호(醍醐) : 다섯 가지 맛[유(乳)·낙(酪)·생소(生酥)·숙소(宿酥)·제호(醍醐)]의 하나. 우유를 정제한 유제품으로 맛이 최고라고 일컬어진다.

742 무상삼매(無相三昧) : 모습으로 분별되는 차별세계를 떠난 삼매. 불교의 최종 목적인 해탈 혹은 열반을 나타내는 말 가운데 하나.

743 심지법문(心地法門) : 마음을 심(心), 심법(心法), 심지(心地), 심지법(心地法)이라 하니, 심지법문(心地法門)은 마음에 대한 가르침이다. 마음을 심지(心地)라 하는 것은, 마음은 땅과 같아서 모든 것이 마음에 의지하여 생긴다는 뜻으로 한 말이다.

"도는 색깔이나 모습이 아닌데, 어떻게 볼 수 있습니까?"

회양이 말했다.

"마음의 눈으로 도를 볼 수 있다. 모습 없는 삼매도 그렇다."

도일이 물었다.

"이루어지기도 하고 부서지기도 합니까?"

회양이 말했다.

"만약 도가 이루어진다거나 부서진다고 본다면, 맞지 않다. 나의 게송을 들어라."

"마음땅에는 온갖 씨앗이 들어 있는데
비가 내리면 모두가 싹튼다네.
삼매의 꽃에는 모습이 없으니
어떻게 부서지고 어떻게 이루어지겠는가?"

潭州南嶽懷讓禪師(凡四), 金州杜氏子. 少詣毗尼藏, 一日自嘆云: "夫出家者, 爲無爲法, 以報佛恩, 以此拘身, 於道何益?" 遂同坦然禪師, 謁嵩山安國師, 復往曹谿, 參六祖. 祖問: "甚處來?" 師云: "嵩山來." 祖云: "甚麼物恁麼來?" 師云: "說似一物卽不中." 祖云: "還假修證否?" 師云: "修證卽不無, 汚染卽不得." 祖云: "卽此不汚染, 是諸佛之護念. 汝旣如是, 吾亦如是. 西天般若多羅讖, 汝向後出一馬駒, 踏殺天下人去在. 病在汝心, 不須速說." 師後居南嶽般若臺, 時道一住傳法寺, 日唯坐禪. 師往問曰: "大德, 坐禪圖箇甚麼?" 云: "圖作佛." 師一日, 將塼於道一庵前磨. 一怪而問曰: "作甚麼?" 師云: "磨作鏡." 一云: "磨塼豈得成鏡?" 師云: "磨塼旣不成鏡, 坐禪豈得成佛?" 一云: "如何卽是?" 師云: "如牛駕車. 車若不行, 打車卽是? 打牛卽是?" 一無對, 師又問: "汝學坐禪? 爲學坐佛? 若學坐禪, 禪非坐臥. 若學坐佛, 佛非定相. 於無住相, 不應取舍. 汝若坐佛, 卽是殺佛. 若執坐相, 非達其理." 道一於言下開悟, 如飮醍醐. 作禮請問: "如何用心, 卽合無相三昧?" 師云: "汝學心地法門, 如下種子, 我說法要, 譬彼天澤. 汝緣合故, 當見其道." 一云: "道非色相, 云何能見?" 師云: "心地法眼, 能見乎道. 無相三昧, 亦復然矣." 一云: "有成壞否?" 師云: "若以成壞而見道者, 非也. 聽吾偈." 云: "心地含諸種, 遇澤悉皆萌. 三昧花無相, 何壞復何成?"

(2) 6인의 제자

회양에게는 6명의 제자가 있었는데, 회양은 각자를 인가(印可)하면서 말했다.

"그대들 6인은 나의 몸을 함께 증명(證明)하여 각자 한 부분을 얻었다. 한 사람은 나의 눈썹을 얻어서 위의(威儀)[744]에 능하고,[745] 한 사람은 나의 눈을 얻어서 돌이켜 봄에 능하고,[746] 한 사람은 나의 귀를 얻어서 도리를 잘 듣고,[747] 한 사람은 나의 코를 얻어서 냄새를 잘 알고,[748] 한 사람은 나의 혀를 얻어서 말을 잘하고,[749] 한 사람은 나의 마음을 얻어서 옛날과 지금에 통달하였다."[750]

다시 말했다.

"모든 법은 전부 마음에서 생기니, 마음에서 생기지 않으면 법은 머물 곳이 없다. 만약 마음에 통달한다면 하는 일에 막힘이 없을 것이다. 상근

---

744 위의(威儀) : 위엄 있는 용모. 곧 손을 들고 발을 내딛는 것이 모두 규칙에 맞고 방정하여 숭배할 생각을 내게 하는 태도.

745 (원주) 상호(常浩)이다.

746 (원주) 지달(智達)이다.

747 (원주) 탄연(坦然)이다.

748 (원주) 신조(神照)이다.

749 (원주) 엄준(嚴峻)이다.

750 (원주) 도일(道一)이다.

기(上根器)를 만나지 않으면 함부로 말하지 말아야 한다."

師有弟子六人, 師各印可云: "汝等六人, 同證吾身, 各契一體. 一人得吾眉善威
儀(常浩), 一人得吾眼善顧眄(智達), 一人得吾耳善聽理(坦然), 一人得吾鼻善知氣(神
照), 一人得吾舌善談說(嚴峻), 一人得吾心善古今(道一)." 又云: "一切諸法, 皆從心生,
心無所生, 法無所住. 若達心地, 所作無礙. 非遇上根, 宜愼辭哉."

(3) 거울의 밝음은 어디로?

어떤 스님이 물었다.
"예를 들면[751] 거울이 모습을 비출 때에 모습이 나타난 뒤에는 거울의
밝음은 어디로 갑니까?"[752]
회양이 말했다.
"스님이 어렸을 때의 모습은 어디에 있습니까?"
그 스님이 말했다.
"그런데[753] 거울에 모습이 나타난 뒤에는 무엇 때문에 거울이 비추지 않
습니까?"[754]
회양이 말했다.
"비록 비추지 않는다고 하더라도, 한 점도 속일 수는 없습니다."

僧問: "如鏡鑄像, 像成後, 未審光向甚麼處去?" 師云: "如大德爲童子時, 相貌何

---

751 여(如) : ①예를 들면. ②가령. 만약.
752 거울이 모습을 비출 때에 거울의 밝음은 비추는 모습에 있다. 비춤에는 전후가 없으니, 거울의
   밝음이 있으면 모습이 나타나 있다. 그러므로 회양의 대답은 적절하지 않다.
753 지여(只如) : =지우(至于), 약부(若夫), 지여(祗如). ①-에 대하여는. -과 같은 것은. ②예컨대. ③그런
   데.
754 거울에 모습이 나타난 뒤에는 거울의 텅 빈 밝음은 어디로 갑니까?

在?" 云: "只如像成後, 爲甚麼不鑑照?" 師云: "雖然不鑑照, 瞞他一點也不得."

(4) 마조의 된장

마조(馬祖) 대사가 강서(江西)에서 법석(法席)을 열어 사람들을 교화하자[755] 회양이 말했다.

"도일이 강서에 있는데, 전혀 소식을 전해 오지 않는구나."

한 스님을 강서로 보내면서 그에게 부탁하였다.

"그대는 마조에게 가서 그가 법상(法床)[756]에 오를 때를 기다려서 앞으로 나가 다만 '어떻습니까?'라고만 물어보고, 그가 하는 말을 기억해 오너라."

그 스님은 시키는 대로 가서 물었다.

"어떻습니까?"

도일이 말했다.

"형편 닿는 대로 살아온[757] 오랜 세월[758] 단 된장[759]이 부족한 적이 없었다."

그 스님이 돌아와 그대로 말하니 회양은 수긍하였다.

---

755 천화(闡化) : 법석(法席)을 열어 널리 교화하다.

756 법상(法床) : 법당(法堂)에서 올라가 설법(說法)하는 평상(平床).

757 호란(胡亂) : ①어지럽다. ②실없이. ③아쉬운 대로 참고 견디다. 그럭저럭 살아가다. ④마음대로 하다. 형편 닿는 대로 하다. 좋을 대로 하다. ⑤자유로이. 함부로. 제멋대로. 마구. 아무렇게나. ⑥소홀하다. 데면데면하다.

758 삼십년(三十年) : 오랜 세월을 가리킴. 어떤 일에 익숙해질 만큼의 오랜 세월. 수행자가 수행을 어느 정도 완성하기에 필요한 만큼의 충분한 시간. 삼십년적과부(三十年的寡婦; 30년을 과부로 지낸 홀로 살기에 능숙한 사람), 삼십년풍수륜유전(三十年風水輪流轉; 세월이 지나면 풍수도 바뀌고 운명도 바뀐다), 삼십년원보(三十年遠報; 오랜 세월의 보응(報應)이라도 30년은 넘지 않는다) 등의 말들이 있다.

759 염장(鹽醬) : 면장(面醬)이라고도 하는데, 밀가루로 만든 단맛이 나는 단 된장. 단 된장은 중국요리에서 중요한 조미료이다.

馬大師闡化江西! 師云: "道一在江西, 總不寄箇消息來." 遣一僧去, 囑之云: "汝去待他上堂次, 但出問云: '作麼生?' 看伊道甚麼, 記將來." 其僧依教, 出問云: "作麼生?" 一云: "自從胡亂後, 三十年不曾少鹽醬." 僧回擧似師, 師然之.

묘희(妙喜)[760]가 송(頌)하였다.

"보는 것이 분명하고 아는 것이 확실하더라도
끄집어내어 말하면 오히려 스스로 길을 떠날 것이다.[761]
털끝만큼도 어긋나지 않는다고 하더라도[762]
역시 떡을 쥐고서 손가락을 빠는 사람이다."[763]

妙喜頌云: "見得分明識得親, 擧來猶自涉途程. 直饒不犯毫芒者, 也是拈[食+追]舐指人."

---

760 묘희(妙喜): 대혜종고(大慧宗杲; 1089-1163)의 호(號).
761 섭도정(涉途程): 출발하다. 길을 떠나다. =섭도(涉道). 무엇을 찾아서 길을 떠나다. 자신에게 있는 것을 보지 못하고 따로 무엇을 구하게 될 것이다.
762 직요(直饒): 비록 -라고 하여도. 설사 -라고 하여도.
763 손가락으로 떡을 집어먹는데, 떡을 먹지 않고 손가락을 빤다. 손가락으로 달을 가리키는데, 달은 보지 않고 손가락을 본다.

제9장

남악회양 선사 법사

南嶽懷讓禪師法嗣

남악 계열 육조 문하 제2세[764]

南嶽下第二世

1. 강서 마조도일 선사

(1) 자기 마음이 부처

강서(江西) 마조도일(馬祖道一)[765] 선사는 한주(漢州) 시방(什邡)의 마(馬)씨 아들이다. 시중(示衆)하여 말했다.

---

764 여기서 몇 세라는 것은 육조혜능의 문하 몇 대인지를 나타낸다. 마조도일은 육조혜능-남악회양-마조도일이니 혜능 문하 제2대 후손이다.

765 마조도일(馬祖道一) : 709-788. 당대(唐代) 선승. 남악회양(南嶽懷讓)의 법제자. 신라승 무상(無相)에게서도 공부하였다. 성은 마(馬)씨. 한주(漢州; 사천성(四川省)) 시방(什邡) 사람. 용모가 기이하여 소처럼 걷고 호랑이처럼 노려보며 혀가 길고 발에 두 개의 바퀴 무늬가 있었다 함. 어려서 여러 학문을 공부하였고, 근처 나한사(羅漢寺)의 자주처적(資州處寂)에게 출가하였다. 뒤에 남악(南嶽)에서 육조(六祖)의 제자 회양(懷讓)의 깨우침에 의하여 이른바 남악마전(南嶽磨磚)을 통하여 심인(心印)을 얻었다. 천보(天寶) 원년(742) 건양(建陽; 안휘성(安徽省)) 불적암(佛蹟巖)에서 개법(開法)한 후 대력(大曆) 4년(769)에는 종릉(鐘陵; 강서성(江西省)) 개원사(開元寺)에 머물며 종풍(宗風)을 드날렸다. 만년에 늑담(泐潭; 강서성(江西省) 정안현(靖安縣)) 석문산(石門山) 보봉사(寶峰寺)에 머물다가 정원(貞元) 4년 2월 입적하였다. 세수 80세. 문인 권덕여(權德輿)가 '탑명병서(塔銘幷序)'를 짓고 석문산에 탑(塔)을 세웠다. 시호는 대적선사(大寂禪師; 헌종), 조인(祖印; 송(宋) 휘종)이라 했다. 그의 가풍은 '평상심시도(平常心是道)', '즉심시불(卽心是佛)'을 표방하는 대기대용(大機大用)이었다. 당시 사람들이 강서마조(江西馬祖)와 호남석두(湖南石頭)를 선계(禪界)의 쌍벽이라 함. 문하에 백장회해(百丈懷海), 서당지장(西堂智藏), 남전보원(南泉普願), 염관제안(塩官齊安), 대매법상(大梅法常) 등의 뛰어난 종장(宗匠)들이 많다. 설법과 문답을 모은 『마조록(馬祖錄)』이 남아 있음.

"그대들은 각자 자기 마음이 부처임을 믿어라. 달마(達磨) 대사가 남인 도에서 중국으로 와서 상승(上乘)인 일심(一心)의 법을 전하여 그대들이 깨 닫도록 하였다. 그리고 다시 『능가경(楞伽經)』을 가지고 중생의 마음을 밝 힌 것은 그대들이 망상(妄想) 속에서 이 한 마음의 법이 각자에게 있음을 스스로 믿지 않을까 봐 걱정하였기 때문이다. 『능가경』은 부처님이 말씀 하신 마음을 근본으로 삼고 문(門) 없음을 법문(法門)으로 삼고 있다.[766]

무릇 법을 구하는 자는 마땅히 구함이 없어야 하니, 마음 밖에 다른 부 처가 없고 부처 밖에 다른 마음이 없다. 좋은 것을 취하지도 말고 나쁜 것 을 버리지도 말고, 깨끗함과 더러움의 양쪽에 모두 의지하지[767] 말아야 한 다. 법의 자성(自性)[768]이 텅 비었음을 통달하면 찰나에도[769] 얻을 것은 없 으니 자성은 없기 때문이다.

삼계(三界)[770]가 오직 마음이고 삼라만상(森羅萬象)은 마음이라는 한 법이 나타낸 것이다. 무릇 색(色)[771]을 보는 것은 전부 마음[772]을 보는 것이니, 마 음은 홀로 마음인 것이 아니라 색 때문에 마음으로 나타나 있다.[773] 그대

---

766 법(法)으로 통하는 문(門)에는 문이 없다. 도(道)로 가는 길에는 길이 없다. 마음이 근본이고 법문 에는 문이 없다는 것이 바로 돈오돈수(頓悟頓修)의 조사선(祖師禪)이다.

767 의호(依怙) : 의지하다. 의존하다. 기대다.

768 자성(自性) : ①그 자체로서 독립적으로 존재하는 고유한 본성. ②불이중도(不二中道)인 법성(法性). 각각의 개별적인 사물은 제각각 다른 존재와는 독립적으로 존재하는 고유한 본성을 가진다는 견해를 가진 사람에게는 자성(自性)이란 본래 없다고 가르치고, 모든 사물은 자성이 없이 모두가 텅 빈 허공과 같다는 견해를 가진 사람에게는 진실한 자성(自性)은 항구불변하니 진실한 자성을 찾으라고 가르친다. 자성에 관하여 있느니 없느니 하는 분별을 떠날 때, 비로소 참된 자성에 도 달한 것이다. 아니, 참된 자성에 도달하여야 비로소 자성에 관한 허망한 분별이 소멸한다.

769 염념(念念) : ①생각이 꼬리를 물다. 모든 생각. ②순간. 찰나. 지극히 짧은 시간.

770 삼계(三界) : 아직 해탈하지 못한 중생(衆生)의 정신세계를 셋으로 분류한 것. 욕계(欲界)·색계(色 界)·무색계(無色界). 욕계는 욕망에 사로잡힌 중생이 거주하는 세계, 색계는 욕망은 초월하였지 만 육체[色]에 사로잡힌 수행자의 세계, 무색계는 욕망도 육체도 초월하고 순수한 의식(意識)만 있는 수행자의 세계이다. 무색계에는 물질인 색(色)은 없고, 수(受)·상(想)·행(行)·식(識)의 4온 (蘊)만 있는데, 여기에는 공무변처(空無邊處)·식무변처(識無邊處)·무소유처(無所有處)·비상비비상 처(非想非非想處)의 넷이 있다.

771 색(色) : 물질. 지(地)·수(水)·화(火)·풍(風)의 4요소로 이루어진다고 여겼다.

772 마음은 공(空)이다.

773 색(色)이 곧 공(空)이고, 공이 곧 색이다.

들이 다만 언제나[774] 말을 하여 사실을 마주하고 이치를 마주함에 전혀 막힘이 없다면, 깨달음[775]의 결과도 역시 그와 같다. 마음에서 생긴 것을 일러 색(色)이라 하니, 색이 공(空)임을 알기 때문에 생기는 것은 생기지 않는 것이다. 만약 이 뜻을 밝혔다면, 언제나 옷을 입고 밥을 먹으며 부처의 씨앗[776]을 기르면서 마음대로 시간을 보낼 것이니 또 무슨 일이 있겠는가?

그대들은 나의 가르침을 받고, 내 게송을 들어라."

"마음은 언제나 말을 하고
깨달음도 역시 그럴 뿐이다.[777]
사실과 이치에 모두 막힘이 없으면
생기는 것은 곧 생기지 않는 것이다."

江西馬祖道一禪師(凡十一), 漢州什邡馬氏子也. 示衆云: "汝等諸人, 各信自心是佛. 達磨大師, 從南天竺國, 來至中華, 傳上乘一心之法, 令汝開悟. 又引『楞伽』以印衆生心地, 恐汝顚倒, 不自信此一心之法, 各各有之故.『楞伽經』, 以佛語心爲宗, 無門爲法門. 夫求法者, 應無所求, 心外無別佛, 佛外無別心. 不取善, 不捨惡, 淨穢兩邊, 俱不依怙. 達法性空, 念念不可得, 無自性故. 三界惟心, 森羅及萬象, 一法之所印. 凡所見色, 皆是見心, 心不自心, 因色故有. 汝但隨時言說, 卽事卽理, 都無滯礙, 菩提道果, 亦復如是. 於心所生, 卽名爲色, 知色空故, 生卽不生. 若了此意, 乃可隨時, 着衣喫飯, 長養聖胎, 任運過時, 更有何事? 汝投吾敎, 聽吾偈." 曰: "心地隨時說, 菩提亦只寧. 事理俱無礙, 當生卽不生."

---

774 수시(隨時): ①언제나. 때를 가리지 않고. ②제때에. 그때그때. 즉각 즉각.

775 보리도(菩提道): ①깨달음. 도(道)는 보리(菩提)의 번역어. ②깨달음에 이르는 길.

776 성태(聖胎): 십주(十住)·십행(十行)·십회향(十廻向)의 삼현위(三賢位)를 성태라 함. 성인(聖人)이 될 인(因)을 말하는 것으로 자신이 가지고 있는 종자로써 인(因)을 삼고, 좋은 벗으로써 연(緣)을 삼아서 바른 법을 듣고 수습(修習)하여 본성을 길러 초지(初地)에 이르는 것.

777 지녕(只寧): 그러할 뿐이다. 그와 같을 뿐이다.

(2) 도는 어떻게 닦나?

한 스님이 물었다.
"어떤 것이 도(道)를 닦는 것입니까?"
마조가 말했다.
"도는 닦는 것에 속하지 않는다. 만약 닦아서 얻는다고 한다면 닦아서 이루어지는 것은 다시 부서지니 곧 성문(聲聞)과 같을 것이고, 만약 닦지 않는다고 한다면 곧 범부(凡夫)와 같을 것이다."

僧問: "如何是修道?" 師云: "道不屬修. 若言修得, 修成還壞, 卽同聲聞, 若言不修, 卽同凡夫."

(3) 어떻게 도에 통하나?

한 스님이 물었다.
"어떤 견해를 지어야 도에 통달할 수 있습니까?"
마조가 말했다.
"자성이 본래 다 갖추어져 있으니 단지 좋거나 나쁜 일에 막히지 않기만 하면 도를 닦는 사람이라고 부른다. 좋음을 취하고 나쁨을 버리며 공(空)을 관(觀)하고 선정(禪定)에 들어간다면, 조작에 속한다. 또 밖으로 찾아다닌다면,[778] 더욱더 멀어질 것이다. 다만 삼계의 헤아리는 마음[779]을 남김없이 없애더라도,[780] 한순간의 헛된 마음이 곧 삼계에서 살고 죽는 근본이

---

778 치구(馳求) : 찾아서 다니다. 찾아서 헤매다.
779 심량(心量) : ①유심(唯心)과 같음. ②중생이 마음에 미혹을 일으켜 갖가지 외계의 대상을 생각하는 것. ③마음의 영역.
780 무색계(無色界)의 비상비비상처정(非想非非想處定) 혹은 멸진정(滅盡定)을 가리킨다.

다. 단지 한 생각이 없기만 하면, 살고 죽는 근본을 제거하고 부처님[781]의 최고 값진 보물을 얻을 것이다.

무한한 세월 동안 범부는 헛된 생각으로 아첨하고[782] 삿되고 거짓되고 자기가 잘났다고[783] 자랑하는[784] 것이 합해져 한 몸이 되어 있다. 그러므로 경전에서 말했다. '다만 여러 법이 합하여 이 몸이 되니, 일어날 때에는 단지 법이 일어나고 사라질 때에는 단지 법이 사라진다. 이 법이 일어날 때에는 내가 일어난다고 말하지 말고 사라질 때에는 내가 사라진다고 말하지 마라.'[785]

앞생각과 뒷생각이 생각생각 서로 대응하지 않아서 생각생각이 고요히 사라짐을 일러 해인삼매(海印三昧)[786]라 한다. 모든 법을 포섭하니, 마치 수백 수천의 다른 강물이 함께 큰 바다로 돌아가면 모두를 일러 바닷물이라고 하는 것과 같다. 하나의 맛에 머물면 여러 맛을 포섭하고 큰 바다에 머물면 모든 강물이 섞이는 것이니, 마치 사람이 큰 바다에서 목욕하면 모든 물을 사용하는 것과 같다.

---

781 법왕(法王) : 부처님. 부처님은 법에 있어서 자재하고 법을 자유로이 지배하며 부려서 삼계(三界)의 위대한 스승이 되기 때문에 법왕이라 한다.

782 첨곡(諂曲) : 자기의 뜻을 굽혀서 남에게 아첨함. =첨굴(諂屈).

783 아만(我慢) : ātmamāna. 나를 믿으며 스스로 높은 체하는 교만.

784 공고(貢高) : 자랑. 우쭐댐. 잘난 척함.

785 『유마힐소설경(維摩詰所說經)』「문수사리문질품(文殊師利問疾品)」제5에 나오는 구절. 정확한 구절은 다음과 같다 : 단지 여러 법이 합하여 이 몸을 이루니, 일어나는 것은 단지 이 법이 일어나고 사라지는 것은 단지 이 법이 사라진다. 또 이 법은 각각 서로 알지 못하니 일어날 때에 내가 일어난다고 말하지 말고 사라질 때에 내가 사라진다고 말하지 마라.(但以衆法, 合成此身, 起唯法起, 滅唯法滅. 又此法者, 各不相知, 起時不言我起, 滅時不言我滅.)

786 해인삼매(海印三昧) : Sāgaramudrā-samādhi. 해인정(海印定)이라고도 함. 부처님이 『화엄경』을 설하려 할 때에 들어간 선정(禪定)의 이름. 바다에 풍랑이 쉬면, 삼라만상이 모두 바닷물에 비치는 것같이, 번뇌가 끊어진 부처님의 안정된 마음 가운데에는 과거 · 현재 · 미래의 모든 법이 밝게 나타나므로 해인정(海印定)이라 한다.

그 까닭에 성문(聲聞)[787]은 깨달았다가 미혹(迷惑)[788]하게 되고, 범부는 미혹했다가 깨닫는다. 성문은 깨달은 마음에는 본래 지위(地位)나 인과(因果)나 계급(階級)이 없음을 알지 못하고 마음으로 헤아려 수행이 원인이 되어 깨달음이라는 결과를 얻는다고 헛되이 생각하여 텅 빈 선정(禪定)에 머물러 8만 겁이나 2만 겁을 지내니, 비록 이미 깨달았다고 하더라도 깨달음이 이미 도리어 미혹함이다. 모든 보살은 이러한 것을 지옥의 고통과 같이 보니, 텅 빈 공(空)에 빠지고 고요함에 머물러서 불성(佛性)을 보지 못하기 때문이다.

만약 상근기 중생이 선지식의 가리킴을 홀연 만난다면, 말을 듣고서 곧장 깨달아 다시는 계급과 지위를 거치지 않고 본성을 문득 볼 것이다. 그러므로 경전에서 말했다. '범부에게는 되돌아오는 마음이 있으나, 성문에게는 그런 마음이 없다.'[789] 미혹함에 대응하여 깨달음을 말하니, 본래 미혹함이 없다면 깨달음도 있을 수 없다.

모든 중생은 영원한 세월 동안 법성삼매(法性三昧)[790]에서 벗어나지 않으니, 늘 법성삼매 속에서 옷 입고 밥 먹고 말하고 응대한다.[791] 육근(六根)을 운용하여 모든 행위 동작을 하는 것이 전부 법성인데, 근원으로 돌아갈 줄 모르고 이름을 따라 모습을 정하니 어리석은 분별심이 헛되이 일어나

---

787 성문(聲聞) : śrāvaka. 원래의 뜻은 석가모니의 음성을 들은 불제자를 말함. 대승불교에 상대하여 말할 때에는 성문은 곧 소승불교를 가리킨다. 그 의미는 부처님의 가르침에 의지하여 사성제(四聖諦)의 이치를 이해하고, 차례차례 수행의 단계를 거쳐 아라한이 되기를 바라는 수행자이다. 불이법문(不二法門)에 서서 수행의 단계를 말하지 않는 대승의 보살에 대하여, 출세와 속세, 깨달음과 어리석음을 분별하여 하나를 버리고 하나를 취하는 점차적인 수행의 단계를 거치는 소승불교를 대표하는 것이 바로 성문이다. 그러므로 성문은 분별하여 취하고 버리는 길을 따르는 무리이다.

788 미혹(迷惑) : 헤매는 것. 진실에 어두운 것. 진실에 어두워서 마음이 어찌할 바를 모르고 망설이는 것. 어리석음.

789 『유마힐소설경(維摩詰所說經)』「불도품(佛道品)」 제8에 나오는 다음 구절이다. "범부는 불법으로 되돌아가지만 성문은 되돌아가지 못한다."(凡夫於佛法有返復而聲聞無也.)

790 법성삼매(法性三昧) : 법성(法性)에 안정(安定)되어 흐트러짐이 없는 것. 여법(如法)함. 법성은 곧 불이중도(不二中道)인 진여실상(眞如實相).

791 지대(祗對) : =지대(只對). 응대하다. (공경하게) 응대하다. 응답하다.

여러 가지 업(業)을 짓는다. 만약 한순간 돌이켜 비출 수 있다면, 전체가 부처님 마음이다.

그대들은 각자 자기 마음에 통달하고 나의 말은 기억하지 마라. 비록 갠지스강의 모래알만큼 많은 도리(道理)를 말하더라도 이 마음은 불어나지 않고 전혀 말할 수 없더라도 이 마음은 줄어들지 않는다. 말할 수 있는 것도 그대의 마음이고 말할 수 없는 것도 그대의 마음이다.

나아가 몸을 나누어 곳곳에 나타나[792] 18가지 모습으로 드러나더라도 나에게 불 꺼진 재[793]를 되돌려 주는 것보다 못하다. 장맛비가 불 꺼진 재를 지나가 불씨가 살아날 힘이 없는 것은 성문이 헛되이 수행하여 깨닫겠다는 것을 비유한 것이고, 장맛비가 아직 불 꺼진 재를 지나가지 않아서 불씨가 살아날 힘이 남아 있는 것은 보살의 공부가 순수하게 무르익어 온갖 나쁜 것에 물들지 않는 것을 비유한다.

만약 여래(如來)의 방편인 삼장(三藏)[794]을 말한다면, 무한한 세월 동안 말해도 다 말하지 못할 것이니 마치 쇠사슬이 끊어짐이 없는 것과 같다. 만약 부처의 마음을 깨닫는다면, 남은 일은 전혀 없다. 그만 물러가라."[795]

僧云: "作何見解, 卽得達道?" 師云: "自性本來具足, 但於善惡事中不滯, 喚作修道人. 取善捨惡, 觀空入定, 卽屬造作. 更若向外馳求, 轉疏轉遠. 但盡三界心量, 一念妄心, 卽是三界生死根本. 但無一念, 卽除生死根本, 卽得法王無上珍寶. 無量劫來, 凡夫妄想, 諂曲邪僞, 我慢貢高, 合爲一體. 故經云: '但以衆法, 合爲此身,

---

792 분신(分身) : 불·보살이 중생을 교화하기 위하여 그 몸을 나누어 곳곳에 여러 가지 모습으로 나타나는 것. 또 변화하여 나타난 몸. 화신(化身)과 같다.

793 사회(死灰) : 사그라진 재. 불기 없는 재.

794 삼장(三藏) : 범어 Tripiṭaka. 팔리어 Tipiṭaka. 불교 전적(典籍)의 총칭. ①경장(經藏). 부처님이 말씀하신 법문을 모은 부류(部類)의 전적. ②율장(律藏). 부처님이 제정하신 일상생활에 지켜야 할 규칙을 말한 전적. ③논장(論藏). 경에 말한 의리를 밝혀 논술한 전적.

795 진중(珍重) : ①소중하게 여기다. ②헤어질 때의 인사말. "안녕히 (계셔요, 가셔요)!" 진중(珍重)의 본래 뜻은 큰일을 위하여 자신을 소중히 여기라는 것.

起時唯法起, 滅時唯法滅. 此法起時, 不言我起, 滅時不言我滅.'前念後念, 念念不相待, 念念寂滅, 喚作海印三昧. 攝一切法, 如百千異流, 同歸大海, 都名海水. 住於一味, 卽攝眾味, 住於大海, 卽混諸流, 如人在大海中浴, 則用一切水. 所以聲聞悟迷, 凡夫迷悟. 聲聞不知, 聖心本無地位因果階級, 心量妄想, 修因證果, 住於空定, 八萬劫二萬劫, 雖卽已悟, 悟已還迷. 諸菩薩, 觀如地獄苦, 沉空滯寂, 不見佛性. 若是上根眾生, 忽爾遇善知識指示, 言下悟去, 更不歷於階級地位, 頓悟本性. 故經云:'凡夫有返復心, 而聲聞無也.'對迷說悟, 本旣無迷, 悟亦不立. 一切眾生, 從無量劫來, 不出法性三昧, 長在法性三昧中, 着衣喫飯, 言談祇對. 六根運用, 一切施爲, 盡是法性, 不解返源, 隨名定相, 迷情妄起, 造種種業. 若能一念返照, 全體聖心. 汝等諸人, 各達自心, 莫記吾語. 縱饒說得河沙道理, 其心亦不增, 總說不得, 其心亦不減. 說得亦是汝心, 說不得亦是汝心. 乃至分身放光, 現十八變, 不如還我死灰來. 淋過死灰無力, 喻聲聞妄修因證果, 未淋死灰有力, 喻菩薩道業純熟, 諸惡不染. 若說如來權教三藏, 河沙劫說不盡, 猶如鉤鎖, 亦不斷絶. 若悟聖心, 總無餘事. 珍重."

(4) 사구를 벗어나

한 스님이 물었다.

"사구(四句)를 벗어나고 백비(百非)[796]을 끊고서 조사께서 서쪽에서 오신

---

796 사구백비(四句百非): 사구분별(四句分別)과 백비(百非)를 말하는 것으로, 분별의 모든 양식을 가리킨다. 사구분별이란, ①「A이다」②「非A이다」③「A이고 또 非A이다」④「A도 아니고 非A도 아니다」의 4가지이다. 백비(百非)는 일(一)·이(異)·유(有)·무(無)의 각각에 사구분별을 적용하여 16가지가 되고, 이것을 과거·현재·미래의 3세(世)에 적용하여 48가지가 되며, 여기에 이기(已起)와 미기(未起)를 적용하여 96가지가 되는데, 여기에 애초의 일(一)·이(異)·유(有)·무(無)를 더하여 100가지 논리적 표현으로 만든 것이다. 그러나 "진제(眞諦)는 사구백비(四句百非)를 넘어선다."(『대승현론(大乘玄論)』권일(卷一))라고 하여, 진리는 어떤 문장으로도 표현할 수 없음을 말하고 있어서, 사구백비를 말하는 의의가 바로 여기에 있음을 알 수 있다. 사구와 백비를 떠난다는 것은 존재의 본질을 언어로 설명함에 아무리 철저히 하여도 온전히 설명할 수는 없다는 것을 말한다.

뜻[797]을 저에게 가르쳐 주십시오."

마조가 말했다.

"나는 오늘 피로하여 그대에게 말할 수 없구나. 지장(智藏)[798]에게 물어 보아라."

그 스님이 지장에게 물으니 지장이 말했다.

"그대는 어찌하여 마조 스님께 묻지 않느냐?"

그 스님이 말했다.

"스님께서 상좌에게 물어보라 하셨습니다."

지장이 말했다.

"나는 오늘 머리가 아파서 그대에게 말해 줄 수 없다. 회해(懷海)[799] 사형 (師兄)에게 물어보아라."

그 스님이 회해에게 묻자 회해가 말했다.

"나는 그렇게 되면 도리어 알 수 없구나."

그 스님이 마조에게 돌아가 겪은 이야기를 하자 마조가 말했다.

"지장의 머리는 희고, 회해의 머리는 검구나."[800]

僧問: "離四句絶百非, 請師直指某甲西來意." 師云: "我今日勞倦, 不能爲汝說

---

797 조사서래의(祖師西來意) : 인도 28대 조사(祖師)이자 중국 1대 조사인 보리달마(菩提達磨)가 서토 (西土; 인도)에서 온 본래 뜻이라는 말. 선종의 초조 달마가 전한 불법의 취지(趣旨)라는 뜻. 곧 불 법의 근본의(根本義), 선의 진면목(眞面目)을 말한다. 조의(祖意)·조사의(祖師意)·서래의(西來意) 라고도 한다.

798 서당지장(西堂智藏) : 735-814.

799 백장회해(百丈懷海) : 749-814.

800 『회해집(淮海集)』에 나오는 후백후흑(侯伯侯黑)의 고사를 염두에 둔 말이다. 중국 민(閩) 땅에 후백 (侯伯)이란 사람이 남을 잘 속이므로 이웃들이 두려워하여 사귀는 이가 없었다. 하루는 후백이 후흑(侯黑)이라는 여자를 우물가에서 만났는데, 무엇인가를 잃어버린 듯하였다. 후백이 이상하 게 여겨 묻자 후흑이 말했다. "내가 귀고리를 우물 속에 빠뜨렸는데, 그 값이 백금(百金)어치입니 다. 만일 찾아 주는 이가 있으면, 그 반값을 쳐 줄 것입니다. 당신이 찾아 주시겠습니까?" 이에 후백은 귀고리를 찾으면 못 찾았다고 속이고 주지 않으리라 생각하고는 옷을 벗고서 우물 안으 로 들어갔다. 그러나 후백이 우물 바닥에 이르자 후흑은 후백이 벗어 놓은 옷을 가지고 달아나 버렸다. 뛰는 도둑 위에 나는 도둑이 있다는 말.

得. 問取智藏去." 僧問智藏, 藏云: "汝何不問和尙?" 云: "和尙教來問上座." 藏云:
"我今日頭痛, 不能爲汝說得, 問取海兄去." 僧問海, 海云: "我到這裏, 卻不會." 僧
擧似師, 師云: "藏頭白, 海頭黑."

대위철(大潙哲)이 말했다.

"저 스님이 그렇게[801] 묻고 마조 대사는 그렇게 대답했다. 사구를 벗어
나고 백비를 끊는 것을 지장과 회해는 전혀 알지 못했다. 알겠느냐? 망아
지가 천하의 사람들을 밟아 죽일 거라는 말[802]을 듣지도 못했느냐?"

大潙哲云: "這僧恁麼問, 馬師恁麼答. 離四句絶百非, 智藏海兄都不知. 會麼? 不
見道馬駒踏殺天下人?"

(5) 네 획을 긋다

어떤 스님이 찾아와 네 획을 그었는데, 위의 한 획은 길고 아래 세 획은
짧았다. 그가 말했다.

"한 획이 길고 세 획이 짧다고 말해서는 안 됩니다. 사구를 떠나고 백비
를 끊고서 말씀해 주십시오."

마조가 한 획을 긋고서 말했다.

"한 획이 길고 세 획이 짧다고 말할 수 없다. 그대에게 대답했다."

有僧來作四劃, 上一劃長, 下三劃短. 云: "不得道一劃長, 三劃短. 離四句絶百

---

801 임마(恁麼): =임(恁), 임적(恁的), 임지(恁地). 그와 같은. 그렇게. 이러한. 이와 같은. =여차(如此).
802 『사가어록(四家語錄)』 「마조어록(馬祖語錄)」에 다음 이야기가 있다 : 애초에 육조혜능(六祖慧能)이 남
악회양에게 말하기를, "인도의 반야다라가 예언하기를 그대의 발밑에서 한 마리 말이 나와 천하
의 사람들을 밟아 죽일 것이라고 하였다."라고 하였는데, 아마 마조도일(馬祖道一)을 두고 한 말
이었을 것이다. (初六祖, 謂讓和尙云: "西天般若多羅讖, 汝足下出一馬駒, 蹋殺天下人." 蓋謂師也.)

非, 請師答話." 師劃一劃云:"不得道一劃長, 三劃短. 答汝了也."

(6) 석두의 길은 미끄럽다

등은봉(鄧隱峯)이 작별 인사를 하자 마조가 물었다.

"어디로 가느냐?"

등은봉이 말했다.

"남악(南嶽)의 석두(石頭)가 있는 곳으로 갑니다."

마조가 말했다.

"석두로 가는 길은 미끄럽다."

등은봉이 말했다.

"간목(竿木)[803]에 몸을 의지하여, 놀이마당을 만나면 한바탕 놀아 보겠습니다."

등은봉은 석두에 도착하자 승상(繩床)[804]을 한 바퀴 돌고는 석장(錫杖)[805]으로 땅을 한 번 쿵 짚으며 물었다.

"이것은 무슨 종지(宗旨)[806]입니까?"

석두가 말했다.

"아이고! 아이고!"[807]

---

803 간목(竿木) : 고대 곡예사들이 올라가 곡예를 부릴 때에 사용하던 긴 장대.

804 승상(繩床) : 줄이나 목면을 친 보잘것없는 의자. 호상(胡床)이라고도 함. 선자(禪者)가 여기에 앉아 좌선하거나, 종사가 여기에 앉아 설법(說法)함. 선상(禪床)과 같음.

805 석장(錫杖) : khakkhara. 극기라(隙棄羅)라 음역. 성장(聲杖)·지장(智杖)이라 번역. 스님이 짚는 지팡이. 지팡이의 상부(上部)는 주석(錫), 중부는 나무, 하부는 뿔·아(牙)를 사용. 지팡이 머리는 탑 모양으로 만들고, 큰 고리를 끼웠고, 그 고리에 작은 고리 여러 개를 달아 길을 갈 때에 땅에 굴려 소리를 내서 짐승·벌레 따위를 일깨우는 것. 또 남의 집에 가서 밥을 빌 때 자기가 온 것을 그 집 사람에게 알리기 위하여 흔드는 것. 우리나라에서는 육환장(六環杖)이라 함.

806 종지(宗旨) : 한 종파(宗派)의 근본 취지. 여기서는 선종(禪宗)의 근본 취지. 곧, 도(道), 법(法), 본래 면목, 마음, 선(禪), 부처, 조사가 서쪽에서 온 뜻 등의 말이 가리키는 것.

807 창천창천(蒼天蒼天) : 아이고! 아이고! (곡(哭)하는 소리)

등은봉은 할 말이 없었다. 돌아와 마조에게 그 사실을 말하니, 마조가 말했다.

"다시 가서 그가 '아이고! 아이고!' 하거든, 너는 곧 '허! 허!'라고 하여라."

등은봉이 다시 가서 앞과 같이 물으니, 석두가 이에 "허! 허!" 하고 소리를 냈다. 등은봉은 다시 할 말이 없어졌다. 돌아와 마조에게 그대로 말하자, 마조가 말했다.

"석두로 가는 길은 미끄럽다고 너에게 말하지 않았느냐?"

鄧隱峰辭, 師問: "甚處去?" 云: "南嶽石頭處去." 師云: "石頭路滑." 峰云: "竿木隨身, 逢場作戱." 峰到石頭, 繞繩床一匝, 振錫一下云: "是何宗旨?" 頭云: "蒼天! 蒼天!" 峰無語. 回擧似師, 師云: "汝更去, 見伊道蒼天蒼天, 汝便噓兩聲." 峰又去, 依前問, 頭遂噓兩聲. 峰又無語. 回擧似師, 師云: "我向汝道, 石頭路滑."

(7) 탐원의 동그라미

마조에게 탐원(眈源)[808]이라는 제자[809]가 있었는데, 행각(行脚)[810]하고 돌아와서 마조 앞에다 한 개 동그라미를 그리고는 그 속에 들어가 섰다. 마조가 말했다.

"그대는 부처가 되려 하느냐?"

탐원이 말했다.

---

808 탐원응진(眈源應眞): 혹은 탐원진응(眈源眞應). 생몰 연대 알 수 없음. 당대(唐代)의 선승. 탐원(眈源)은 머물렀던 산 이름. 남양혜충(南陽慧忠; ?-775)의 법을 이었는데, 강서성(江西省) 길안현(吉安縣) 길주(吉州) 탐원산(眈源山)에 머물렀다. 처음에는 마조의 문하에 있었으나, 행각(行脚) 끝에 장안(長安)에 들어와 남양혜충(南陽慧忠)의 시자(侍者)가 되었고, 마침내 혜충의 법을 받고는 혜충으로부터 후사(後事)를 부탁받았다. 뒤에 다시 마조에게 돌아왔을 때 이 문답이 이루어졌다.

809 소사(小師): 제자. 자신을 겸손하게 일컫는 말.

810 행각(行脚): 선종의 스님이 공부하기 위하여 여러 지방의 안목(眼目) 있는 고승(高僧)을 찾아 여행하는 것. 선승의 행각에는 일정한 규범이 있으며, 선의 중요한 기연들이 행각 중에 성립된다.

"저는 눈을 비빌[811] 줄 모릅니다."

마조가 말했다.

"내가 너보다 못하구나."

師有小師耽源, 行脚歸, 於師前, 作一圓相, 於中立地. 師云: "汝莫欲作佛麼?"
云: "某甲不會捏目." 師云: "吾不如汝."

설두(雪竇)가 말했다.

"그렇다면 사나운 호랑이가 개고기를 먹지 않는 것인데, 돌아오는 말이 후하지 않은 것을 어찌하리오?[812] 여러분은 탐원을 알고자 하는가? 다만 몸을 숨기고 그림자를 드러내는 놈일 뿐이다."

보령용(保寧勇)이 마조를 대신하여 말했다.

"얼굴을 마주 보고 나를 속이지 마라."

雪竇云: "然則猛虎不食伏肉, 爭奈來言不豊? 諸人要識耽源麼? 只是箇藏身露影漢."
保寧勇代馬祖云: "對面謾我不少."

(8) 동그라미의 안과 밖

마조는 어떤 스님이 오는 것을 보고 땅에다 한 개 동그라미를 그리고서 말했다.

---

811 날목(捏目) : 날목생화(捏目生花)의 준말. 날목생화(捏目生花)란 눈을 비벼서 헛꽃이 눈에 보이게 하는 것. 눈을 눌러서 비비면 순간 허공 속에 꽃잎 모양의 허상(虛像)이 나타났다 사라지는데, 이것을 헛꽃[공화(空華)]이라고 한다. 그러므로 날목생화(捏目生花)란 실제로 없는 것을 헛되이 조작하여 만든다는 말이다.

812 쟁내(爭奈) : -를 어찌하리오? -는 어떻게 하랴? =무내(無奈), 쟁내(爭耐), 쟁내(爭乃), 쟁나(爭那).

"안으로 들어가도 때리고 들어가지 않아도 때린다."

그 스님이 들어가자마자 마조는 곧 때렸다. 스님이 말했다.

"스님은 저를 때려서는 안 됩니다."[813]

마조는 주장자에 기대어 쉬었다.

師見僧來, 劃一圓相云: "入也打, 不入也打." 僧纔入, 師便打. 僧云: "和尙打某甲不得." 師靠卻拄杖休去.

설두가 말했다.

"둘 모두 밝히지 못했다. '스님은 저를 때려서는 안 됩니다.'라고 하자 주장자에 기대어 쉬다니, 머뭇거리며[814] 행하지[815] 않으면 몽둥이로 곧장 등짝을 후려갈겨야[816] 하는 것이다."

雪竇云: "二俱不了. 和尙打某甲不得, 靠卻拄杖, 擬議不來, 劈脊便棒."

(9) 달구경

마조가 달구경을 할 때에 남전(南泉)[817]과 백장(百丈)[818]과 서당(西堂)[819]이 모시고 함께 달구경을 하는데, 마조가 물었다.

"바로 이러한 때에는 어떠냐?"

---

813 부득(不得) : ①-하지 못하다. ②-해서는 안 된다.
814 의의(擬議) : 머뭇거리다. 망설이다.
815 내(來) : -을 하다. 구체적인 동작이나 행위를 나타내는 동사 대신에 사용함.
816 벽척(劈脊) : 등짝을 후려갈기다.
817 남전보원(南泉普願).
818 백장회해(百丈懷海).
819 서당지장(西堂智藏).

서당이 말했다.

"공양(供養)[820]하기에 딱 좋습니다."[821]

백장이 말했다.

"수행(修行)하기에 딱 좋습니다."

남전은 소매를 떨치고 가 버렸다. 마조가 말했다.

"경(經)은 장(藏)에 들어가고,[822] 선(禪)은 해(海)로 돌아가는데,[823] 오직 보원만이 홀로 사물 밖으로 벗어났구나."

師翫月次, 南泉百丈西堂侍立, 師問: "正恁麼時如何?" 堂云: "正好供養." 丈云: "正好修行." 泉拂袖而去. 師云: "經歸藏, 禪歸海, 唯有普願, 獨超物外."

취암진(翠嵓眞)이 말했다.

"신정(神鼎)[824] 숙조(叔祖)[825]께서 말씀하시길 '단지 노파심이 간절하기 때문이다.'라고 하셨는데, 나는 그렇지 않다. 만 리 깊이로 낚시를 드리우고, 천 리에 오추마(烏騅馬)[826]를 달리고, 천망(天網)[827]을 펼쳐 드리워 용솟음

---

820 공양(供養) : 공시(供施), 공급(供給)이라고도 한다. 음식물이나 의복 등 수도생활에 필요한 물품을 수도승(修道僧)에게 공급하는 일. 또는 일반적으로 절에서 식사하는 일.

821 정호(正好) : ①(시간, 위치, 수량, 정도가) 꼭 알맞다. 딱 좋다. ②(부사) 마침. 때마침. 공교롭게도.

822 경(經)이 장(藏)에 들어간다는 말은 경전은 대장경 속에 들어간다는 말인데, 여기에서 장(藏)은 서당지장(西堂智藏)을 가리키니 일종의 중의법(重義法)을 사용하여 재미있게 말하고 있다.

823 선(禪)이 해(海)로 돌아간다는 말은, 모든 강물이 바다로 돌아가 하나가 되듯이 선(禪)도 모든 것이 돌아가 하나가 되는 귀결점이라는 뜻인데, 여기에서 해(海)는 백장회해(百丈懷海)를 가리키니 역시 일종의 중의법(重義法)이다.

824 신정홍인(神鼎洪諲) : ?-901. 위산영우(潙山靈祐)의 제자. 절강성(浙江省) 오흥(吳興) 사람. 속성은 오(吳)씨. 19세에 개원사(開元寺) 무상대사(無上大師)에게 머리를 깎고, 22세에 숭산(嵩山; 河南省 登封縣)으로 가서 구족계를 받았다. 법제대사(法濟大師)라는 호를 받았다. 경산(徑山)의 3세가 되므로 경산홍인(徑山洪諲)이라고도 부른다. 광화(光化) 4년 9월 28일 입적했다.

825 숙조(叔祖) : 스승의 스승 즉 할아버지 스승의 형제(兄弟).

826 오추마(烏騅馬) : 검은 털에 흰 털이 섞인 말로서, 옛날 중국의 항우(項羽)가 탔다는 준마(駿馬)인데, 하루에 천 리를 달렸다고 한다. 천리마(千里馬) 가운데 하나.

827 천망(天網) : 악한 자를 벌주고, 선한 자에게 복을 주는 하늘의 그물.

치는 파도를 거두어들일 커다란 기린(麒麟)[828]이 있느냐? 있다면 용솟음치는 파도처럼 다가와 만나 보자. 없다면 우선 바위 밑으로 돌아가 달이 밝기를 기다려라."

翠巖眞云: "神鼎叔祖云: '只爲老婆心切.' 翠巖卽不然. 垂萬里鉤, 駐千里烏騅, 布幔天網, 收衝浪巨鱗, 有麼? 有則衝浪來相見. 如無, 且歸巖下待月明."

(10) 마음도 부처도 아니다

한 스님이 물었다.
"스님은 무엇 때문에 이 마음이 곧 부처라고 말씀하십니까?"
마조가 말했다.
"어린아이가 우는 것[829]을 그치게 하기 위해서이다."[830]
그 스님이 물었다.
"울음을 그친 뒤[831]에는 어떻습니까?"

---

828 기린(麒麟): 『시경(詩經)』과 『춘추(春秋)』 등 고대 중국의 전설에 나오는 신령스러운 짐승으로 기(騏)는 수컷, 인(麟)은 암컷을 말한다.

829 어린아이가 우는 것 : 미혹 속에서 의지할 것을 찾아 헤매는 사람. 법을 구하는 사람. 믿음을 갖지 못한 중생. 『대반열반경(大般涅槃經)』제21권 '영아행품(嬰兒行品)'에 "영아행(嬰兒行)이란 어린아이가 큰 소리로 보채며 우는 것을 이른다. 이때 부모는 서둘러 버드나무의 노란 잎을 따가지고 와 우는 아이에게 주면서 '울지 마라. 내가 금을 줄게.'라고 달랜다. 아무것도 모르는 아이는 그것이 진짜 금인 줄 알고 곧 울음을 그친다. 그러나 이 노란 잎은 진짜 금이 아니다."라는 이야기가 나온다.

830 남전보원은 다음과 같이 말하고 있다. "강서(江西)의 마조 스님께서는 마음이 곧 부처라고 하셨는데 이는 일시적으로 물음에 대답한 말에 불과하다. 밖을 향해 구하는 병을 멈추기 위한 약이며, 맨 주먹 속에 쥔 단풍잎으로 아기의 울음을 멈추게 하려는 말일 뿐이다. 그러므로 말하기를 마음도 아니요, 부처도 아니요, 물건도 아니라 하였더니 아직껏 많은 사람들은 마음이라 부르고, 부처라 하고, 지혜라 하고, 도라 하고, 보고 듣고 느끼고 아는것 모두가 부처라 한다. 만일 이렇게 안다면 연야달다(演若達多)가 머리를 가지고 있으면서도 머리를 찾는 꼴이다."(『조당집』제16권 남전) 마음이 곧 부처라는 말은 마음 밖에서 부처를 찾아 헤매는 사람들의 병을 치유하기 위한 방편의 말일 뿐이다. 마음이 곧 부처라는 말을 말로서만 이해하면 그렇지만, 마음이 곧 부처라는 말을 말로서만 이해하지 않을 수 있다면, 역시 마음이 곧 부처이다.

831 울음을 그친 뒤 : 가르침을 따르게 된 뒤. 믿음을 갖게 된 뒤.

마조가 말했다.

"마음도 아니고 부처도 아니다."

그 스님이 물었다.

"이 두 종류가 아닌 사람이 오면 어떻게 가르쳐 줍니까?"

마조가 말했다.

"그에게는 어떤 물건도 아니라고 말해 준다."

僧問:"和尙爲甚麽說卽心是佛?"師云:"爲止兒啼."云:"兒啼止時如何?"師云:"非心非佛."云:"除此二種人來時, 如何指示?"師云:"向伊道不是物."

(11) 방거사의 질문

방거사(龐居士)[832]가 물었다.

"예컨대 물에는 근육도 뼈도 없는데, 능히 만 섬을 싣는 배를 이겨 낼 수 있습니다. 이 도리(道理)가 어떻습니까?"

마조가 말했다.

"여기에는 물도 없고 배도 없는데, 무슨 근육과 뼈를 말하는가?"

龐居士問:"如水無筋骨, 能勝萬斛舟, 此理如何?"師云:"我這裏無水亦無舟, 說甚麽筋骨?"

---

832 방거사(龐居士): 방온(龐蘊; ?-808). 당대(唐代)의 거사(居士). 마조도일의 문하에서 공부하였다. 자(字)는 도현(道玄). 호남성(湖南省) 형양(衡陽) 출신. 정원(貞元) 초(785년)에 석두회천을 찾아가 약간의 깨달음을 얻은 다음 마조도일에게 법을 물어서 확실하게 통달하여 자리가 잡혔다. 마조 문하에서 2년 동안 공부하였다. 일생을 거사로 마쳤지만, 견처(見處)가 분명하여 중국의 유마거사(維摩居士)라 불렸다. 양주(楊州) 자사(刺史) 우적(于迪)이 편찬한 『방거사어록(龐居士語錄)』 3권이 있다.

강서 마조도일 선사 법사

江西馬祖道一禪師法嗣

남악 계열 육조 문하 제3세

南嶽下第三世

1. 지주 남전보원

(1) 마음도 없는데

지주(池州) 남전보원(南泉普願)[833] 선사는 정주(鄭州) 왕(王)씨 아들이다. 시중(示衆)하여 말했다.

"연등불(然燈佛)[834]이 말씀하셨다. 만약 마음이 생각하여 온갖 법을 나타

---

[833] 남전보원(南泉普願) : 748-834. 마조도일(馬祖道一)의 법제자. 속성이 왕(王)씨여서 흔히 '왕노사(王老師)'라고도 한다. 정주(鄭州, 하남성) 신정인(新鄭人). 지덕(至德) 2년(757) 부모에게 원하여 밀현(密縣, 하남성) 대외산(大隗山)의 대혜(大慧)에게 수업을 받았다. 대력(大曆) 12년(777) 30세 때에 숭악(嵩嶽, 하남성) 회선사(會善寺)의 호율사(暠律師)에게 구족계를 받았다. 처음에는 성상(性相)의 학을 닦고, 뒤이어 삼론(三論) 등을 배웠지만 현기(玄機)는 경론(經論)의 밖에 있다는 뜻을 깨닫고, 뒤이어 마조도일을 찾아가 가르침을 받고 그의 법을 이었다. 정원(貞元) 11년(795) 지양(池陽, 안휘성) 남전산(南泉山)에 머물렀고, 선원(禪院)을 짓고, 사립(蓑笠; 도롱이와 삿갓)을 씌운 소를 기르고 산에 들어가서 나무를 자르고 밭을 경작하면서도 선도(禪道)를 고취하고 스스로 왕노사(王老師)라 칭하면서 30년 동안 산을 내려오는 일이 없었다. 태화(太和; 827-835) 초에 지양의 전 태수인 육긍(陸亘)이 남전을 찾아뵙고 스승의 예를 취하였다. 조주종심(趙州從諗), 장사경잠(長沙景岑), 자호이종(子湖利蹤) 등 많은 제자를 교화하였다. 태화 8년 10월 21일 병이 들어 동년 12월 25일 시적(示寂)하였다. 세수 87세이고 법랍(法臘)은 58년이었다. 태화 9년 전신(全身)을 탑에 넣었다.

[834] 연등불(然燈佛) : 산스크리트로는 Dīpaṅkara-buddha이고, 정광불(錠光佛)·정광불(定光佛)·보광불(普光佛)·등광불(燈光佛) 등으로도 번역한다. 과거불(過去佛)의 하나였는데, 석존(釋尊)이 보살로서 최초로 성불(成佛)의 수기(授記)를 받았던 것은 바로 이 연등불 때였다고 한다. 그때, 석존은 바라

낸다면, 헛된 가짜로서 전혀 진실하지 않다. 무슨 까닭인가? 마음도 오히려 있지 않은데, 어떻게 온갖 법을 나타내겠는가? 마치 사람의 모습과 그 그림자를 허공과 나누는 것과 같고, 사람이 소리를 붙잡아 상자 속에 넣어 두는 것과 같고, 그물을 입으로 불어서 입김이 그 속에 가득하기를 바라는 것과 같다. 그러므로 옛 스님은 말하기를, '마음도 아니고 부처도 아니고 물건도 아니다.'[835]라고 하였으니, 여러분의 평소의 삶[836]이 우선 말씀에 따르도록 하라.

십지보살(十地菩薩)[837]은 수능엄삼매(首楞嚴三昧)[838]에 머물러 모든 부처님의 비밀스러운 법장(法藏)[839]을 얻었으니, 저절로 모든 선정해탈(禪定解脫)과 신통묘용(神通妙用)을 얻어서 모든 세계에 이르러 색신(色身)을 두루 드러내어서, 때로는 평등하고 바른 깨달음을 이루어 큰 법의 바퀴를 굴리고는 반열반에 들어가는 모습을 나타내기도 하고, 무한한 세계를 하나의 털구멍 속에 들어가게 하기도 하고, 한마디 말씀을 하였는데 무한한 세월이 지나도 그 뜻에 다함이 없기도 하고, 헤아릴 수 없이 많은 중생을 교화(教化)하여 무생법인(無生法忍)을 얻도록 하기도 하지만, 여전히 그렇게 일컬어[840] 아는 어리석음이 있고 지극히 미세하게 아는 어리석음이 있다면 도

문 청년인 선혜(善慧)로서 연등불에게 연꽃을 받들어 올리고 진흙길에 자신의 머리칼을 펼쳐 깔아 연등불이 지나가게 하였다. 그 행위로 인해 연등불로부터 장차 석가모니불이 될 것이라는 수기를 받게 되었다고 한다.

835 마조도일(馬祖道一)의 말.

836 행리(行履) : 행(行)은 궁행(躬行)을, 리(履)는 실천을 의미한다. 행주좌와(行住坐臥)·어묵동정(語黙動靜)·끽다끽반(喫茶喫飯) 등으로 기거동작(起居動作)하는 일체의 행위를 가리키거나, 행위가 남긴 실적(實績)이나 자취를 가리킨다. 행적(行蹟). 삶. 생활. =행리(行李).

837 십지보살(十地菩薩) : 『화엄경』「십지품(十地品)」에 설해져 있는 보살수행의 52위 가운데서 제41위에서 제50위까지의 사이에 있는 보살. 보살로서 최고의 경지에 도달한 자.

838 수능엄삼매(首楞嚴三昧) : '수능엄정(首楞嚴定)'이라고도 한다. 전륜왕의 장수가 병력의 많고 적음을 알고 강적을 정복하는 것과 같이, 모든 삼매의 행상(行相)의 많고 적음과 깊고 얕음을 알고 번뇌의 마구니를 격파할 수 있는 부처나 보살의 용맹 견고한 삼매나 선정을 가리킨다.

839 법장(法藏) : 진여법성(眞如法性)인 여래장(如來藏). 진여법성은 오직 부처님만이 아시므로 불법이라 하고, 일체 공덕을 지녔으므로 장(藏)이라 한다.

840 환작(喚作) : -라 여기다. -라 부르다. =환주(喚做).

(道)와는 완전히 어긋나니 매우 어렵고도 어렵다."

池州南泉普願禪師(凡十四), 鄭州王氏子也. 示衆云:"然燈佛道了也. 若心所思, 出生諸法, 虛假皆不實. 何故? 心尙無有, 云何出生諸法? 猶如形影, 分別虛空, 如人取聲, 安置篋中, 亦如吹網, 欲令氣滿. 故老宿云:'不是心, 不是佛, 不是物.' 且敎汝兄弟行履, 據說. 十地菩薩, 住首楞嚴三昧, 得諸佛祕密法藏, 自然得一切禪定解脫, 神通妙用, 至一切世界, 普現色身, 或示現成等正覺, 轉大法輪, 入般涅槃, 使無量, 入一毛孔, 演一句, 經無量劫, 其義不盡, 敎化無量億千衆生, 得無生法忍, 尙喚作所知愚, 極微細所知愚, 與道全乖, 大難大難."

(2) 중생의 교화

남전이 시중(示衆)하여 말했다.

"변함없이 한결같다고 말하면 벌써 바뀌었다. 지금의 스님[841]이라면 중생[842]으로 살면서 중생을 교화해야[843] 한다."

귀종(歸宗)이 말했다.

"비록 축생(畜生)으로 살더라도, 축생이 될 과보를 받지는 않습니다."

남전이 말했다.

"제멋대로인 놈[844]이 또 이와 같구나."

---

841 사승(師僧) : 스님. 스승이 될 만한 승려라는 뜻. 사장(師匠), 화상(和尙)과 같은 말.

842 이류(異類) : 중생(衆生). 부처의 입장에서 그 종류가 다른 중생(衆生)을 가리키는 말.

843 이류중행(異類中行) : 중생을 이롭게 하리라는 발원을 한 보살이 성불한 후에 열반의 본성(本城)에 안주하지 않고 생사의 미혹한 세계, 육도윤회 속으로 몸을 던져 일체의 유정(有情)을 제도하는 것을 의미한다. 즉, 중생인 이류(異類)들 가운데에 몸을 던져서 이타행(利他行)을 하는 것.

844 맹팔랑한(孟八郎漢) : 도리에 따르지 않고 난폭하게 행하는 사람. 졸폭한(卒暴漢). 이 유래에 세 가지 설이 있음. ①진나라 시대의 용사의 이름으로, 도리에 의하지 않고 일을 한 난폭자. ②망팔랑(忘八郎)의 뜻으로 인의예지(仁義禮智)·효제충신(孝悌忠信)의 8가지를 잃은 남자. ③강량맹렬(强梁猛烈)한 놈. 이상 세 가지 설 모두 도리에 따르지 않는 난폭자라는 뜻.

示衆云: "喚作如如, 早是變了也. 今時師僧, 須向異類中行." 歸宗云: "雖行畜生行, 不得畜生報." 師云: "孟八郎漢, 又恁麼去."

덕산밀(德山密)이 말했다.
"남전은 중독(中毒)되었구나."

낭야각(瑯瑘覺)이 말했다.
"물을 만나면 물을 마시고 풀을 만나면 풀을 뜯어 먹는데, 어떻게 축생(畜生) 속을 사는지 알겠는가?"

德山密云: "南泉中毒了也."
瑯瑘覺云: "遇水喫水, 遇草喫草, 焉知畜生行?"

(3) 십팔계 속의 살림

남전이 시중하여 말했다.
"여러 스님들이여, 나는 십팔계(十八界) 속에서 곧장 살림을 꾸릴[845] 줄 안다. 지금 살림을 꾸릴 줄 아는 이가 있느냐? 앞으로 나오너라. 그대와 더불어 따져 보겠다."[846]
잠시 말없이 있다가 대중을 돌아보면서 말했다.
"역시 참된 대장부[847]여야 하는 것이다. 그만 쉬어라."[848]

---

845 작활계(作活計) : 활계(活計)는 생계(生計) 즉 살아갈 수단. 살림을 살다. 살림을 꾸리다. 살아가다.
846 상량(商量) : 시장에서 물건을 사고팔 때에 저울로 달아 그 값을 따져 헤아리는 것을 말한다. 따지다. 상의하다. 의논하다. 상담하다. 이해하다. 값을 홍정하다. 값을 따지다. 값을 매기다. 헤아리다.
847 시개인(是箇人) : =시개한(是箇漢). 한 사람의 참된 대장부. 한 사람의 참된 선자(禪者).
848 진중(珍重) : ①소중하게 여기다. ②헤어질 때의 인사말. "안녕히 (계셔요, 가셔요)!" 진중(珍重)의 본

示衆云: "諸和尙子, 王老師, 十八上, 便解作活計. 如今莫有解作活計底麼? 出來, 共汝商量." 良久, 顧視大衆云: "也須是箇人始得. 珍重."

(4) 문수와 보현을 때리다

남전이 시중하여 말했다.

"문수(文殊)와 보현(普賢)[849]을 어젯밤 삼경(三更)에 각각 30대씩 때려서 선원(禪院)에서 내쫓았다."

조주(趙州)가 대중 앞으로 나와서 말했다.

"스님께서 누구를 때리셨다고요?"

남전이 말했다.

"나의 허물이 어디에 있느냐?"

조주가 곧 절을 올렸다.

示衆云: "文殊普賢, 昨夜三更, 相打每人與三十棒, 趁出院了也." 趙州出衆云: "和尙棒, 教誰喫?" 師云: "王老師過在甚麼處?" 州便作禮.

운문(雲門)이 대신 말했다.

"스님의 자비(慈悲)를 깊이 깨달았습니다. 저는 스님의 의발(衣鉢) 아래에 귀의하여 안락을 얻었습니다."

다시 대신 말했다.

"대중을 위하여 해로움을 제거하셨습니다."

래 뜻은 큰일을 위하여 자신을 소중히 여기라는 것.

849 문수(文殊)와 보현(普賢) : 문수보살과 보현보살. 문수보살과 보현보살은 석가모니불을 보완(補完)하는 보살. 석가모니의 왼쪽에 위치하는 문수보살은 지혜를 맡고, 오른쪽에 위치하는 보현보살은 실천을 맡고 있다.

雲門代云: "深領和尙慈悲. 某甲歸衣鉢下, 得箇安樂." 又代云: "爲衆除害."

(5) 몸을 팔다

남전이 시중하여 말했다.

"내가 몸을 팔려고 하는데, 살 사람이 있느냐?"

그때 어떤 스님이 대중의 앞으로 나와서 말했다.

"제가 사겠습니다."

남전이 말했다.

"값이 비싸지도 않고 싸지도 않다. 너는 어떻게 사겠느냐?"

그 스님은 대답이 없었다.

示衆云: "王老師賣身去也. 還有人買麼?" 時有僧, 出衆云: "某甲買." 師云: "不作貴, 不作賤. 汝作麼生買?" 僧無對.

조주가 말했다.

"내년에 스님에게 무명 적삼 한 벌을 지어 드리겠습니다."

와룡구(臥龍球)가 말했다.

"스님은 저를 따르십시오."

설두가 말했다.

"비록 솜씨 좋은 작가(作家)들이 다투어 사려고 했지만, 오히려[850] 기회

---

850 요차(要且) : 도리어. 각(却). 오히려.

를 얻을[851] 줄 몰랐구나. 말해 보라. 남전이 긍정했겠느냐? 나는 그 값을 지불하여 남전이 나아갈 길도 없고 물러날 길도 없도록 만들고자 한다."

잠시 말없이 있다가 말했다.

"다른 곳을 스님에게 용납할 수는 없습니다."

趙州云: "來年與和尙, 作領布衫."

臥龍球云: "和尙屬某甲."

雪竇云: "雖然作家競買, 要且不解輪機. 且道. 南泉還肯麽? 雪竇也擬酬箇價直, 敎南泉, 進且無路, 退亦無門." 良久云: "別處容和尙不得."

(6) 남전의 물소

남전이 시중하여 말했다.

"나는 어려서부터 물소[852] 한 마리를 키우고 있는데, 계곡의 동쪽에서 풀을 먹이려 하면 국왕의 수초를 먹지 않을 수 없고 계곡의 서쪽에서 풀을 먹이려 해도 국왕의 수초를 먹지 않을 수 없으니,[853] 힘이 미치는 만큼[854] 조금씩 먹이되 전혀 볼 수 없도록 하는 편이 더 낫다."[855]

---

851 윤기(輪機): 기회를 얻다.

852 수고우(水牯牛): 본래는 물소의 일종으로 암컷 또는 거세된 소를 가리키는 말이지만, 선사들은 중생의 마음이나 본래면목을 가리키는 말로 사용하였다. 다만 물을 마시고 풀을 뜯을 줄만 알 뿐이고 지혜가 없이 어리석다는 면에서는 중생의 마음을 가리키고, 다만 물을 마시고 풀을 뜯을 줄만 알 뿐이고 잡다한 망상이 없다는 면에서는 본래의 마음을 가리킨다.

853 동쪽과 서쪽의 양쪽은 모두 분별에 속하니 곧 세속의 국왕에 속한다.

854 수분(隨分): ①본분에 알맞게 하다. 자기도 할 수 있는 만큼 한 몫을 담당하다. ②힘 자라는 대로. 힘이 미치는 만큼.

855 분별에서 벗어나 불이중도인 진여자성을 깨달아 불이중도에서 벗어나지 않으려 하지만, 분별을 하지 않고 살아갈 수는 없으므로 불이중도에서 벗어나지 않을 만큼 분별을 하며 살아갈 수밖에 없다. 그러나 분별을 조금씩 할 수밖에 없더라도 그 분별을 보아서는 안 되고, 언제나 불이중도의 자성을 보아야 한다.

示衆云: "王老師, 自小, 養一頭水牯牛, 擬向溪東牧, 不免食他國王水草, 擬向溪西牧, 不免食他國王水草, 不如隨分納些些, 總不見得."

운문(雲門)이 말했다.

"말해 보라. 소 안에서 먹이느냐, 소 밖에서 먹이느냐? 비록 그대가 먹이는 곳을 분명히 말할 수 있다고 하더라도, 나는 다시 그대에게 소를 찾으라고 물을 것이다."

대위철(大潙哲)이 말했다.

"운문은 소를 끌어당길 줄만 알았지, 그 콧구멍을 뚫을 줄은 몰랐구나."

雲門云: "且道. 牛內納? 牛外納? 直饒伊說得, 納處分明, 我更問汝, 覓牛在."
大潙哲云: "雲門只會索牛, 不會穿他鼻孔."

(7) 마음이 아니다

남전이 시중하여 말했다.

"강서(江西)의 마대사(馬大師)는 마음이 곧 부처라고 말했는데, 나는 그렇지 않다. 마음도 아니고, 부처도 아니고, 물건도 아니다. 이렇게 말하는데 허물이 있느냐?"

그때 조주가 앞으로 나와서 절을 올리니 남전은 곧 자리에서 내려왔다.

示衆云: "江西馬大師, 說卽心卽佛, 王老師不恁麼. 不是心, 不是佛, 不是物. 恁麼道, 還有過也無?" 時趙州出作禮, 師便下座.

묘희(妙喜)가 노래하였다.

"마음속에 있는 말을 다 털어놓아서[856] 그대에게 말했는데
무슨 까닭에 여전히 망설이고[857] 있는지 모르겠군.
지금 형편에 알맞게[858] 힘껏 범죄의 증거를 찾아서[859]
세간의 일없는 사람에게 주어라."

妙喜頌云: "倒腹傾腸說向君, 不知何故尙沉吟. 如今便好猛提取, 付與世間無事人."

뒤에 어떤 스님이 조주에게 물었다.
"상좌는 절을 하였는데, 어떤 뜻입니까?"
조주가 말했다.
"그대는 큰스님에게 물어보라."
스님이 남전에게 물으니, 남전이 말했다.
"그가 내 뜻을 알아차렸다."

後有僧, 問趙州: "上座禮拜了去, 意作麽生?" 州云: "汝去問取和尙." 僧問師, 師
云: "他卻領得老僧意."

(8) 사물 밖의 도

남전이 시중하여 말했다.

---

856 도복경장(倒腹傾腸) : =경장도복(傾腸倒腹). 마음속에 있는 말을 다 털어놓다.
857 침음(沈吟) : 망설이다. 주저하다.
858 변호(便好) : 꼭 알맞다. 마침 형편에 알맞다. 마침 좋다.
859 제취(提取) : 범죄의 증거를 찾다.

"도는 사물 밖에 있지 않으니, 사물을 벗어났다면 도가 아니다."

조주가 앞으로 나와서 물었다.

"어떤 것이 사물 밖의 도입니까?"

남전이 주장자를 가지고 곧장 때리니 조주가 주장자를 받아 쥐고서 말했다.

"스님은 저를 때리지 마십시오. 뒷날 사람을 잘못 때릴 것입니다."

남전이 주장자를 내던지고서 말했다.

"용과 뱀을 구별하기는 쉬우나, 납자(衲子)[860]를 속이기는 어렵구나."

示衆云: "道非物外, 物外非道." 趙州出問: "如何是物外道?" 師便打, 州捉住云: "和尙莫打某甲. 已後錯打人去在." 師擲下棒云: "龍蛇易辨, 衲子難瞞."

(9) 세계가 없을 때

남전이 노조(魯祖),[861] 귀종(歸宗),[862] 삼산(杉山)[863]과 함께 차를 마실 때에 노조가 찻잔을 들고서 말했다.

"세계가 아직 이루어지지 않았을 때에 곧장 이것이 있었다."

남전이 말했다.

"지금 이것만 알 뿐, 세계를 알지는 못하는구나."

귀종이 말했다.

---

860 납자(衲子) : 납(衲)은 누더기 옷이라는 뜻으로서 선승(禪僧)을 가리키는 말. 도를 닦는 이가 옷을 검박하게 입는 데서 온 말이다. 승려들이 입는 가사(袈裟)는 본래 세상 사람들이 쓰다 버린 천 조각을 주워서 깨끗이 빨아 기워서 만든 것이므로 분소의(糞掃衣) 또는 백납(百衲)이라 하였다. 그래서 참선하는 이를 납자(衲子)라 하고, 각처를 행각(行脚)하는 스님을 운수납자(雲水衲子)라 한다.

861 노조(魯祖) : 지주(池州)의 노조산(魯祖山) 보운(寶雲).

862 귀종(歸宗) : 귀종지상(歸宗智常) : 당대(唐代) 선승. 남악(南嶽) 문하. 여산(廬山) 귀종사(歸宗寺)에 머물렀다. 마조도일(馬祖道一; 709-788)에게 법을 받았다. 시호는 지진선사(至眞禪師).

863 삼산(杉山) : 지주(池州)의 삼산지견(杉山智堅).

"그렇다."

남전이 말했다.

"사형(師兄)도 이와 같이 봅니까?"

귀종이 찻잔을 들고서 말했다.

"세계가 아직 이루어지지 않았을 때에 말할 수 있는가?"

남전이 손바닥으로 때리려는 자세를 취하자, 귀종이 얼굴을 내밀어 맞으려는 자세를 취했다.

師同魯祖歸宗杉山, 喫茶次, 祖提起盞子云:"世界未成時, 便有這箇." 師云:"今時只識這箇, 且不識世界." 宗云:"是." 師云:"師兄莫同此見麼?"宗提起盞子云: "向世界未成時, 道得麼?"師作掌勢, 宗以面作受掌勢.

(10) 말하면 가겠다

남전이 귀종(歸宗), 마곡(麻谷)[864]과 더불어 혜충(慧忠) 국사를 찾아뵈러[865] 갔는데, 도중에 남전이 땅에다가 하나의 동그라미를 그리고서 말했다.

"말할 수 있으면 가고, 말하지 못하면 가지 않는다."

귀종은 동그라미 속에 들어가 앉았고, 마곡은 여인의 절을 하였다. 남전이 말했다.

"그렇다면 가지 않겠다."

귀종이 말했다.

"이 무슨 심보인가?"

이에 되돌아갔다.

---

864 마곡(麻谷) : 마곡보철(麻谷寶徹).
865 예근(禮覲) : 예의를 갖추어 만나 뵙다.

師同歸宗麻谷, 去禮觀忠國師, 路次, 師於地上, 畫一圓相云:"道得卽去, 道不得卽不去."宗於圓相中坐, 谷作女人拜. 師云:"恁麼則不去也."宗云:"是甚麼心行?"於是卻回.

취암지(翠嵓芝)가 말했다.
"당시에 만약 내가 보았다면, 각자에게 한 대씩 때려서 천하가 태평하기를 꾀했을 것이다."

불인원(佛印元)이 말했다.
"귀종과 마곡은 기개와 도량[866]이 왕과 같지만 남전의 올가미 속에 들어갔다. 당시 그가 동그라미를 그리는 것을 보고서 소매를 떨치고 곧장 갔었다면, 비록 남전에게 신통이 있었다고 하더라도 역시 3천 리나 어긋났을 것이다."

翠巖芝云:"當時若見, 各與一棒, 貴圖天下太平."
佛印元云:"歸宗麻谷, 氣宇如王, 落在南泉圈裏. 當時見他畫圓相, 拂袖便行, 直饒南泉有神通, 也較三千里."

(11) 남전의 주장자

남전이 노조, 삼산, 귀종과 더불어 마조를 작별하고 각자 암자에 머물려고 길을 떠났는데, 중도에 헤어질 때에 남전이 주장자를 땅에 꽂으면서 말했다.
"말해도 이것에 가로막힐 것이고, 말하지 못해도 이것에 가로막힐 것이다."

---

866 기우(氣宇) : 기개(氣概)와 도량(度量).

귀종이 주장자를 끌어당겨 곧장 때리면서 말했다.

"역시 이것일 뿐인데, 왕노사는 무슨 막히니 막히지 않느니라는 말을 하는가?"

노조가 말했다.

"다만 이 한마디가 천하에 크게 전파될 것이다."

귀종이 말했다.

"전파되지 않는 것도 있는가?"

노조가 말했다.

"있다."

귀종이 말했다.

"어떤 것이 전파되지 않는 것인가?"

노조는 손바닥으로 때리는 시늉을 하였다.

師與魯祖杉山歸宗, 辭馬祖, 各謀住庵, 中路分袂次, 師插下拄杖云: "道得也被這箇礙, 道不得也被這箇礙." 宗拽拄杖, 便打云: "也只是這箇, 王老師, 說甚麼礙不礙?" 魯祖云: "只此一句, 大播天下." 宗云: "還有不播底麼?" 祖云: "有." 宗云: "作麼生是不播底?" 祖作掌勢.

(12) 본분의 일

남전이 삼산(杉山)과 불을 쬘[867] 때에 남전이 말했다.

---

867 향화(向火) : 불을 쬐다.

"이런저런 쓸데없는 말을 하지[868] 말고[869] 본분의 일[870]을 곧장 말하라."

삼산이 부젓가락을 화로에 꽂아 넣자 남전이 말했다.

"비록 그렇기는 하나, 여전히 나와는 약간[871]의 차이가 있다."

다시 조주에게 물으니, 조주는 동그라미 하나를 그리고서 그 동그라미 속에 점 하나를 찍었다. 남전이 말했다.

"비록 그렇기는 하나, 여전히 나와는 약간의 차이가 있다."

師與杉山向火次, 師云: "不用指東劃西, 本分事, 直下道將來." 杉以火箸, 插向爐內, 師云: "直饒如是, 猶較王老師一線道." 又問趙州, 州劃一圓相, 於相中, 着一點. 師云: "直饒恁麼, 猶較王老師一線道."

(13) 손인가, 발인가?

남전이 신산(神山)에게 물었다.

"어디에서 오는가?"

신산이 말했다.

"체로 밀가루를 치고[872] 오는 길이네."

남전이 말했다.

"손으로 쳤는가, 발로 쳤는가?"

신산이 대답하지 않자 남전이 말했다.

---

868 지동획서(指東畫西) : 동쪽을 가리키며 서쪽에 선을 그리다. 함께 일을 논의할 때 주제를 회피하여 그 언저리에 대해서만 이러쿵저러쿵 호도(糊塗)하는 일. 무관한 이야기만 하고 본 주제에 관해서는 언급하지 않는 것. =지동설서(指東說西).

869 불용(不用) : ①-할 필요 없다. ②-하지 마라. ③듣지 않다. 따르지 않다.

870 본분사(本分事) : 본분의 일. 본분은 본래 타고난 본성을 가리키는데, 본성의 실상(實相)은 곧 불이중도(不二中道)의 진여(眞如)이다.

871 일선도(一線道) : 한 오라기 실. 지극히 짧은 거리를 나타내는 말.

872 타라(打羅) : 체로 가루를 치다.

"네가 나에게 물어라."

신산이 앞과 같이 묻자 남전이 말했다.

"분명하게 기억했다가[873] 눈 밝은 사람에게 그대로 말해 주어라."[874]

師問神山: "甚麼處來?" 山云: "打羅來." 師云: "手打? 脚打?" 山無對, 師云: "汝問我." 山理前問, 師云: "分明記取, 擧似明眼人."

(14) 남전의 세 제자

남전이 수유(茱萸)에게 편지를 부치면서 말했다.

"이치는 사실의 변화를 따라서 드넓지만 바깥이 아니고, 사실은 이치의 융합을 얻어서 고요하고 텅 비었지만 안이 아니다."

어떤 스님이 수유에게 물었다.

"어떤 것이 드넓지만 바깥이 아닌 것입니까?"

수유가 말했다.

"하나를 물었는데 백 가지를 대답해도 괜찮다."

그 스님이 다시 물었다.

"어떤 것이 고요하고 텅 비었지만 안이 아닌 것입니까?"

수유가 말했다.

"소리와 색깔을 보고서 대답하는 것은 좋은 솜씨가 아니다."

그 스님이 다시 조주에게 이 일을 묻자 조주는 밥을 먹는 시늉을 하였고, 그 스님이 뒤의 말을 하자 조주는 입을 닦는 시늉을 하였다. 그 스님이 다시 장사경잠(長沙景岑)에게 이 이야기를 묻자 경잠은 눈을 크게 뜨고

---

873 기취(記取): 명심하다. 확실히 기억하다. 기억해 두고 참고로 삼다.

874 거사(擧似): 있었던 일을 그대로 이야기해 주다. 사(似)는 동사의 접미사로서 '-주다[與]'의 뜻을 부가해 주는 어조사. =설사(說似), 거향(擧向), 거념(擧拈).

바라보았고, 그 스님이 뒤의 이야기를 하자 경잠은 눈을 감았다. 그 스님이 이 이야기를 남전에게 그대로 말하자, 남전이 말했다.

"이 세 사람은 틀림없이 나의 제자로구나."

師寄書與茱萸云: "理隨事變, 寬廓非外, 事得理融, 寂寥非內." 僧問茱萸: "如何是寬廓非外?" 茱萸云: "問一答百也無妨." 云: "如何是寂寥非內?" 萸云: "睹對聲色, 不是好手." 又問趙州, 州作喫飯勢, 僧進後語, 州作拭口勢. 又問長沙岑, 岑瞪目視之, 僧進後語, 岑閉目示之. 僧擧似師, 師云: "此三人, 不謬爲吾弟子."

(15) 말해야 문을 연다

남전이 하루는 방장(方丈)의 문을 닫고서 재를 문밖에 둘러 뿌리고는 말했다.

"말할 수 있는 사람이 있으면 문을 열 것이다."

대중이 제각각 응답하였으나[875] 모두 들어맞지 못했다. 조주가 말했다.

"아이고! 아이고!"

남전이 곧 문을 열었다.

師一日閉卻方丈門, 將灰圍卻門外云: "有人道得, 卽開門." 衆祇對, 多不契. 趙州云: "蒼天! 蒼天!" 師便開門.

(16) 어디로 가는가?

조주가 물었다.

---

875 지대(秪對) : =지대(只對). 응대하다. (공경하게) 응대하다. 응답하다.

"스님께서는 돌아가신 뒤에[876] 어디로 가십니까?"

남전이 말했다.

"산 아래에서[877] 한 마리 물소가 될 것이다."

조주가 말했다.

"스님의 가르침에 감사드립니다."

남전이 말했다.

"어젯밤 삼경에 달이 창문을 비추었다."

趙州問: "和尙百年後, 向甚麼處去?" 師云: "山下作一頭水牯牛去." 州云: "謝師指示." 師云: "昨夜三更月到窓."

(17) 마조의 기일

남전이 마조의 기일에 재를 지내면서 대중에게 물었다.

"말해 보라. 마조 대사께서 오셨느냐?"

대중에서 대답이 없자, 동산(洞山)이 말했다.

"만약[878] 도반(道伴)이 있다면 올 것입니다."

남전이 말했다.

"이 사람은 비록 후배이지만, 갈고닦을[879] 줄 잘 아는구나."

동산이 말했다.

"스님께서는 양가의 자녀를 노비로 삼지[880] 마십시오."

---

876 백년후(百年後) : 사후(死後). 죽은 뒤. 백년(百年)은 사람의 일생.

877 산하(山下) : 절 아래 동네. 세속.

878 대(待) : ①(조동사)막-하려고 하다. ②(조동사)-할 수 있다. ③(접속사)만약. 만일. ④(동사)기다리다.

879 조탁(雕琢) : ①(옥석을) 조각하다. ②(문구를) 지나치게 수식하다. ③(인간이나 기술을) 연마하다. 갈고 닦다. 훈련시키다.

880 압량위천(壓良爲賤) : 양가(良家)의 자녀를 약탈하거나 사들여 노비(奴婢)로 삼다. 멀쩡한 살을 긁어

師爲馬大師, 作忌齋, 問僧云: "且道. 馬大師, 還來麼?" 衆無對, 洞山云: "待有伴卽來." 師云: "此子雖後生, 甚堪雕琢." 洞山云: "和尙, 且莫壓良爲賤."

(18) 남전으로 가는 길

남전이 풀을 베고 있을 때에 어떤 스님이 물었다.

"남전으로 가는 길은 어디로 가야 합니까?"

남전은 낫을 들어 세우고는 말했다.

"나는 이 낫을 30문(文)[881] 주고 샀습니다."

그 스님이 말했다.

"저는 그것을 물은 것이 아닙니다. 남전으로 가는 길은 어디로 가야 합니까?"

남전이 말했다.

"나는 이것을 가장 영리하게[882] 쓸 수 있습니다."

師刈茆茨, 有僧問: "南泉路, 向甚麽處去?" 師豎起鎌云: "我這鎌子, 是三十文買." 僧云: "我不問這箇, 南泉路, 向甚麽處去?" 師云: "我用得最快."

(19) 연자방아

남전이 유나(維那)[883]에게 물었다.

부스럼을 만들다. 공연히 분별을 일으켜 망상에 떨어지다.

881 문(文): 동전(銅錢)을 세는 기본 단위.

882 쾌(快): ①좋다. ②영리하다. 날카롭다. ③뛰어나다. ④재빠르다. ⑤편안하다. ⑥즐겁다.

883 유나(維那): 선원(禪院)의 기강(紀綱)을 바로잡는 직책. 범어 Karmadāna의 음역(音譯)이다. 의역(意譯)으로는 열중(悅衆)이라고 한다.

"오늘 보청(普請)[884]은 무엇을 하느냐?"

유나가 말했다.

"연자방아를 돌리십시오."

남전이 말했다.

"연자방아라면 그대가 마음대로 돌리겠지만, 방아의 가운데 있는 축(軸)은 돌릴 수 없을 것이다."

유나는 대답이 없었다.

師問維那: "今日普請, 作甚麼?" 那云: "拽磨." 師云: "磨卽從汝拽, 不得動着中心樹子." 維那無語.

(20) 이 공과 저 공

남전이 공을 집어 들고서 한 스님에게 물었다.

"저것이 이것과 어찌 같겠느냐?"

그 스님이 말했다.

"같지 않습니다."

남전이 말했다.

"어디에서 저것을 보았기에 곧장 같지 않다고 말하느냐?"

그 스님이 말했다.

"저에게 본 곳을 물으신다면, 스님께서 손에 들고 있는 물건을 내려놓으시길 바랍니다."

남전이 말했다.

---

884 보청(普請) : 공덕을 널리 청해 바란다는 뜻. 선림(禪林)에서 승중(僧衆)을 모이게 하여 노역에 종사(作務)시키는 것. 선원(禪院)의 수행자가 모여 노역에 종사하는 것. 대중 울력.

"그대가 하나의 눈[885]을 갖추었다고 인정한다."

師拈毬子, 問僧:"邪箇何似這箇?"云:"不似." 師云:"甚麽處見那箇, 便道不似?"
云:"若問某見處, 請和尙, 放下手中物." 師云:"許汝具隻眼."

(21) 고양이를 베다

동당(東堂)과 서당(西堂)이 고양이 한 마리를 두고 다투자 남전은 고양이
를 들어 올리고 말했다.
"여러분이 말할 수 있으면 고양이의 목을 베지 않을 것이고, 말하지 못
하면 고양이의 목을 베겠다."
대중이 말이 없자, 남전은 고양이의 목을 베었다.

師因兩堂爭貓兒, 師遂提起貓兒云:"大衆, 道得卽不斬, 道不得卽斬." 衆無語,
師遂斬之.

설두(雪竇)가 노래했다.

"동당과 서당은 모두 엉터리 선객들이어서[886]
전쟁[887]을 일으켜 놓고는 아무 대책이 없었구나. [888]

---

885 일척안(一隻眼) : 한 개의 눈. 두 개의 상반된 뜻이 있다. ①온전한 두 눈이 아닌 치우친 한 개의
    눈. 애꾸눈. 이(理)에 치우치거나 사(事)에 치우쳐서 이사(理事)에 무애(無碍)하지 못한 눈. ②둘로
    보는 육안(肉眼)이 아닌 둘 아닌 불법(佛法)을 보는 유일한 눈. 법을 보는 바른 안목(眼目) 또는 그
    것을 갖춘 사람을 뜻한다. 정문안(頂門眼), 정안(正眼), 활안(活眼), 명안(明眼) 등과 같은 말.
886 두선화(杜禪和) : 두찬(杜撰) 선승(禪僧). 제멋대로인 엉터리 선객.
887 연진(煙塵) : 연기와 먼지. 봉화 연기와 전쟁의 먼지. 곧 전란을 가리킴.
888 불내하(不奈何) : 어찌할 수 없다. 아무런 방도가 없다.

다행히 남전이 명령을 수행할 수 있어서
한 칼에 두 동강 내어 제멋대로 치우치도록 내버려 두었다네."

雪竇頌云: "兩堂俱是杜禪和, 撥動煙塵不奈何. 賴得南泉能擧令, 一刀兩段任偏頗."

잠시 뒤 조주가 밖에서 돌아오자 남전은 앞의 일을 조주에게 말했는데,
조주는 신발을 벗어 머리 위에 이고서 나가 버렸다. 남전이 말했다.
"그대가 있었다면, 고양이의 목숨을 구했을 텐데."

少頃, 趙州從外來, 師擧似州, 州脫履, 安頭上, 出去. 師云: "子若在, 卽救得貓兒."

취암지(翠嵓芝)가 말했다.
"그렇게 대단한 조주라면 다만 스스로 구할 수 있었을 것이다."

설두가 노래했다.

"공안(公案)[889]이 이루어지자 조주에게 물었는데

---

889 공안(公案) : ①공무(公務)에 관한 문안(文案). 관청에서 결재(決裁)되는 안건(案件). 공문서(公文書).
②쟁송(爭訟) 중인 안건. 쟁점이 되고 있는 안건. ③공무를 처리할 때에 사용하던 큰 책상. ④선
문(禪門)에서는 부처와 조사가 열어 보인 불법(佛法)의 도리를 가리키는 말을 뜻한다. 공안은 당대
(唐代) 선승들의 문답에서 비롯되었는데, 송대(宋代)에 이르자 앞시대 선승들의 어록(語錄)에 기록
된 문답들이 선공부에서 참구(參究)하는 자료로 활용되면서 많은 공안들이 만들어졌다. 공안은
화두(話頭), 고칙(古則)이라고도 한다. 1700공안이라는 말은 『경덕전등록』에 대화가 수록된 선승
의 숫자가 1701명이었던 것에서 유래하였다. 최초의 공안집(公案集)은 운문종(雲門宗)의 설두중현
(雪竇重顯; 980-1052)이 화두 100칙(則)을 모아 만든 『설두송고(雪竇頌古)』이며, 여기에 원오극근(圜悟
克勤; 1063-1135)이 다시 수시(垂示), 착어(著語), 평창(評唱) 등을 붙여서 『벽암록(碧巖錄)』을 만들었다.
무문혜개(無門慧開; 1183-1260)는 고칙공안 48칙을 모아 평창(評唱)과 송(頌)을 붙여 『무문관(無門觀)』
을 저술하였다. 『벽암록』과 『무문관』은 임제종(臨濟宗)의 공안집들이다. 한편, 굉지정각(宏智正覺;
1091-1157)이 화두 100칙에 송(頌)한 것에 만송행수(萬松行秀; 1165-1246)가 평창을 붙여 간행한 『종
용록(從容錄)』은 조동종(曹洞宗)의 종풍을 거양한 공안집이다.

조주는 장안성(長安城)[890] 속에서 제멋대로 한가히 노니는구나.
신발을 머리에 이니 아는 사람이 없었는데
고향[891]으로 되돌아와서는 곧장 쉬더라."

翠巖芝云: "大小趙州, 只可自救."

雪竇頌云: "公案圓來問趙州, 長安城裏任閑游. 草鞋頭戴無人會, 歸到家山卽便休."

(22) 영리한 스님

남전이 암자(庵子)에 머물 때에 어떤 스님 한 사람이 찾아왔다. 남전이 말했다.

"나는 산 위에서 일을 할 테니 식사 때가 되면 스님이 밥을 해 먹고서 한 그릇 가져다 주게."

그 스님은 식사 때가 되자 밥을 해 먹고는 주방 가구를 모두 때려 부수고서 평상(平床)에 가서 누웠다. 남전은 기다려도 오지 않자 드디어 암자로 돌아와 그 스님이 평상에 편안히 누워 있는 것을 보고서 자기도 그 곁에 누웠다. 그 스님은 곧장 일어나 가 버렸는데, 남전이 말했다.

"이토록 영리(靈利)하다니."

남전이 뒷날 선원의 주지가 된 뒤에 말했다.

"내가 전에 암자에 머물 때에 어떤 영리한 스님이 있었는데, 지금까지 나타나지 않는구나."

師住庵時, 有一僧來. 師云: "某甲上山作務, 齋時, 上座做飯, 喫了, 卻送一分

---

890 장안(長安)은 당(唐)나라의 수도이다.
891 가산(家山) : 고향.

來."其僧齋時做飯, 喫了, 將家具, 一時打破, 就床而臥. 師伺不來, 遂歸見僧偃臥, 師亦去身邊臥. 僧便起去, 師云: "得恁麼靈利." 師住後云: "我往前住庵時, 有箇靈利道者, 直至如今不見."

취암지가 말했다.

"두 사람은 곧장 마을에 이르지도 않았고 뒤에 여관에 이르지도 않았다."

翠巖芝云: "兩箇漢, 卽不到村, 後不到店."

(23) 스님을 깨우치다

남전이 농원(農園)으로 들어가 한 스님을 보고는 기와 조각을 던져서 그를 때렸다. 그 스님이 머리를 돌리자 남전은 한쪽 발로 발돋움을 했는데, 그 스님은 말이 없었다. 남전이 절로 돌아오자 그 스님이 따라와서 물었다.[892]

"스님께서는 아까 기와 조각을 던져 저를 때리셨는데, 저를 경계하여 깨우친 것이지요?"

남전이 말했다.

"한쪽 발로 발돋움한 것은 또 어떠하냐?"

그 스님은 대답이 없었다.

師入園, 見一僧, 抛瓦礫打之. 僧回首, 師蹺一足, 僧無語. 師歸, 僧隨後請益云: "和尙適來抛瓦礫打某甲, 豈不是警覺某甲?" 師云: "蹺一足, 又作麼生?" 僧無對.

---

892 청익(請益): 가르침을 받고서 모르는 부분에 대하여 거듭 질문하는 것. =입실청익(入室請益).

(24) 밤에 분 바람

남전이 어떤 스님에게 물었다.

"밤사이 바람이 많이 불었지?"[893]

그 스님이 말했다.

"밤사이 바람이 많이 불었습니다."

남전이 말했다.

"문 앞의 소나무 한 그루를 바람이 불어 부러뜨렸지?"

그 스님이 말했다.

"문 앞의 소나무 한 그루를 바람이 불어 부러뜨렸습니다."

남전이 다시 어떤 스님에게 물었다.

"밤사이 바람이 많이 불었지?"

그 스님이 말했다.

"무슨 바람이오?"

남전이 말했다.

"문 앞의 소나무 한 그루를 바람이 불어 부러뜨렸지?"

그 스님이 말했다.

"무슨 소나무요?"

남전이 말했다.

"한 사람은 얻었고, 한 사람은 잃었다."

師問僧: "夜來好風?" 云: "夜來好風." 師云: "吹折門前一株松?" 僧云: "吹折門前一株松." 又問一僧云; "夜來好風?" 云: "是甚麼風?" 師云: "吹折門前一株松?" 云: "是甚麼松?" 師云: "一得一失."

---

893 호풍(好風) : 대단한 바람. 바람이 많이 불다. 바람이 세게 불다.

취암진이 말했다.

"대중 가운데 어떤 이가 따져서 말하기를 '앞의 스님은 사실에 근거하여 대답하였기에 얻었다고 하였고, 뒤의 스님은 사실에 맞추지 않고 무슨 바람이냐고 물었기 때문에 잃었다고 하였다.'라고 하는데, 다만 일하는 사람과 글 읽는 사람이 뒤섞여 하나[894]이고 진흙과 옥(玉)이 한곳에 뒤섞여 있음만 알았을 뿐, 도(道)의 근원과 이치의 깊고 얕음을 알지는 못했다. 알고자 하느냐? 길에서 검객을 만나면 모름지기 검(劍)을 보여 주어야 하고, 시인(詩人)이 아니라면 시(詩)를 바치지 마라."

翠巖眞云: "衆中商量, 有云: '前頭據實祇對, 所以云得. 後頭不合云是甚麼風, 所以言失.' 只知車書混同, 泥玉一所, 不知道之根源, 理之深淺. 要會麼? 路逢劍客須呈劍, 不是詩人不獻詩."

(25) 안목 있는 암주

한 암주(庵主)가 있었는데, 사람들이 그에게 말했다.

"남전이 요즈음 주지가 되어 대중을 지도하는데,[895] 어찌하여 찾아가 절하지 않습니까?"

암주가 말했다.

"남전뿐만 아니라 천 분의 부처님이 세상에 나타나셔도 나는 찾아가지

---

894 거서혼동(車書混同) : 일하는 사람과 글 읽는 사람이 뒤섞여 하나가 되어 있다. 당(唐) 곽자의(郭子儀)가 지은 광운무(廣運舞)라는 다음의 시에서 유래한 말. "혁혁한 황조(皇朝)에서/ 밝게 빛남은 화합이 있으니,/ 문(文)의 덕(德)이 있고/ 무(武)의 공(功)이 있으며,/ 강과 바다가 고요하고/ 수레와 글이 혼연히 하나 되었으며,/ 경건하고 공손하고 효성스럽게 향음하고/ 화목하고 그윽한 바람이 있도다. (於赫皇祖, 昭明有融, 惟文之德, 惟武之功, 河海靜謐, 車書混同, 虔恭孝饗, 穆穆玄風.)

895 출세(出世) : ①세속을 버리고 불도 수행에 들어감. ②출세에 나가서 세상 사람들을 교화하는 것. 불보살이 사바세계에 출현함과 같은 것. ③선종에서는 지혜와 덕행을 갖추고, 수행을 마친 뒤에 다른 이의 추대를 따라 다른 절로 가서 대중을 지도하는 주지(主持)가 되는 것을 말함. 뒤에는 달라져서 수좌(首座)가 서당(西堂)으로 가거나, 나라에서 황의(黃衣)나 자의(紫衣)를 주는 것도 출세라 함.

않습니다."

남전이 그 이야기를 전해 듣고서 조주를 시켜 그 암주를 찾아가 따져 보라고 하였다. 조주는 그 암주를 보자마자 곧 절을 올렸지만 그 암주는 돌아보지도 않았다. 조주가 다시 서쪽에서 동쪽으로 걸어갔다가 동쪽에서 서쪽으로 걸어가서 서 있었지만, 그 암주는 역시 돌아보지도 않았다. 조주는 "도적이 크게 패했습니다."[896]라고 말하고는 주렴을 아래로 내리고 곧 되돌아갔다. 돌아와 남전에게 그대로 이야기하니 남전이 말했다.

"내가 전부터 그 사람이 안목이 있을 거라고 생각하고 있었다."[897]

有一庵主, 人謂之曰:"南泉近日出世, 何不去禮拜?"主云:"非但南泉, 直饒千佛出興, 亦不去." 師聞, 令趙州往勘之. 州纔見庵主, 便作禮, 主不顧, 州從西過東, 從東過西而立, 主亦不顧. 州云:"草賊大敗." 拽下簾子便行. 擧似師, 師云:"我從來疑着這漢."

설두가 말했다.

"대단한 남전과 조주가 판때기 짊어진 한 놈[898]에게 속내를 들켰군."[899]

雪竇云:"大小南泉趙州, 被箇擔板漢勘."

---

896 초적대패(草賊大敗) : 도둑질하러 들어왔다가, 들켜서 도둑질을 실패하다. 수작을 걸었다가, 속내가 탄로나 실패하다.

897 의착(疑着) : 의심해 왔다. 의심하고 있었다. 추측하고 있었다. -이 아닌가 하고 생각하고 있었다. 착(着)은 동사 뒤에 붙어서 지속을 나타내는 조사.

898 담판한(擔板漢) : '널판때기를 짊어진 사람'이라는 뜻인데, 널판때기를 어깨에 짊어지면 앞만 보고 뒤를 돌아보지 못하기 때문에, 하나만 알고 둘은 모르는 자를 일컫는다. 완고한 사람. 자기 생각만 하는 사람. 외골수.

899 감파(勘破) : 그 내막을 뚜렷하게 알아차림. 분명하게 파악함. 점검(點檢), 간파(看破). 파(破)는 요(了), 득(得), 재(在)와 마찬가지로 동사의 뒤에서 동작의 완성이나 발생 장소를 나타내는 어조사.

(26) 토지신의 예고

　남전이 하루는 농장(農莊)으로 내려갔는데, 농장주가 기다리고 있다가 맞이하여 모셨다. 남전이 말했다.

　"내가 평소 출입할 때에 사람들이 알게 한 적이 없는데, 어떻게 알고서 이렇게 맞이하는가?"

　농장주가 말했다.

　"어젯밤에 토지신이 알려 주었습니다."

　남전이 말했다.

　"나의 수행(修行)에 힘이 없어서 토지신에게 들켰구나."

　옆에 있던 시자가 물었다.

　"대선지식이 무엇 때문에 토지신에게 들킵니까?"

　남전이 말했다.

　"토지신 앞에다 다시 밥 한 그릇을 놓아라."

　師一日下莊, 莊主預備迎奉. 師云: "老僧居常出入, 不曾與人知, 何得預辦如此?" 主云: "昨夜土地神報." 師云: "王老師修行無力, 被鬼神覰見." 侍者便問: "大善知識, 爲甚麼被鬼神覰見?" 師云: "土地前更下一分飯着."

　달관영(達觀穎)이 말했다.

　"남전은 시자의 질문을 받자 귀신굴 속에서 살림을 꾸릴[900] 수밖에 없었네."

　達觀穎云: "南泉被這僧一問, 不免向鬼窟裡作活計."

900　작활계(作活計) : 활계(活計)는 생계(生計) 즉 살아갈 수단. 살림을 살다. 살림을 꾸리다. 살아가다.

(27) 언제 이렇게 되었나

남전이 달구경 할 때에 어떤 스님이 물었다.

"언제 이것과 같이 되었습니까?"

남전이 말했다.

"나는 20년 전에 벌써 이와 같았다."

스님이 물었다.

"지금은 어떻습니까?"

남전은 곧장 방장으로 돌아갔다.

師翫月次, 僧云:"幾時得似這箇?"師云:"王老師, 二十年前, 也曾恁麼來."云:"卽今又作麼生?"師便歸方丈.

(28) 속인 같구나

어떤 스님이 인사[901]를 끝내고 차수(叉手)[902]를 하고 서 있자 남전이 말했다.

"매우 속인(俗人) 같구나."

그 스님이 합장(合掌)을 하자 남전이 말했다.

"매우 스님 같구나."

그 스님은 말이 없었다.

---

901 문신(問訊) : ①청혼하다. ②간청하다. 간절히 부탁하다. ③묻다. 가르침을 청하다. ④알아보다. ⑤안부를 묻다. 위로하다. ⑥합장하고서 안부를 묻는 인사.

902 차수(叉手) : 차수당흉(叉手當胸)과 같음. 차수당흉(叉手當胸)은 왼손의 엄지를 구부리고 다른 네 손가락으로 주먹을 만들어 가슴에 붙이고, 오른손으로 감싼 모습. 합장(合掌)에 뒤따르는 예법. 선원(禪院)에서는 이런 모습이 예의에 맞고, 그냥 양손을 내려뜨리고 있는 것은 무례한 모습이다. 이것은 세속 선비의 공손한 예법이기도 하다.

有僧問訊罷, 叉手而立, 師云: "太俗生." 僧合掌, 師云: "太僧生." 僧無語.

(29) 사조를 만나기 전

어떤 스님이 물었다.

"우두(牛頭)가 아직 사조(四祖)를 만나기 전에 무엇 때문에 온갖 새들이 꽃을 물어 와 바쳤습니까?"[903]

남전이 말했다.

"그가 걸음걸음에 부처님의 계단을 밟았기 때문이다."

스님이 다시 물었다.

"만난 뒤에는 무엇 때문에 꽃을 물어 와 바치지 않았습니까?"

남전이 말했다.

"비록 꽃을 물어 오지 않았지만, 내가 보기에는 그나마 조금 낫다."[904]

僧問: "牛頭未見四祖時, 爲甚麽, 百鳥銜花獻?" 師云: "爲渠步步踏佛階梯." 云: "見後, 爲甚麽, 不銜花獻?" 師云: "直饒不來, 猶較王老師一線道."

(30) 밥을 먹었으면

어떤 스님이 물었다.

"이 마음이 곧 부처라고 해도 안 되고, 마음도 아니고 부처도 아니라고

---

903 『경덕전등록』 제4권 '제일세법융선사(第一世法融禪師)'에 이런 이야기가 있다 : 이윽고 모산(茅山)에 숨어 들어가 스님에게 의지하여 머리를 깎았다. 뒤에 우두산(牛頭山)으로 들어가 절 북쪽의 바위 아래에 있는 석실(石室)에 홀로 살았는데, 온갖 새들이 꽃을 물어 오는 기이한 일이 있었다.(遂隱茅山投師落髮. 後入牛頭山, 幽棲寺北巖之石室, 有百鳥銜華之異.)

904 유교일선도(猶較一線道) : 우선 조금 되었을(좋을, 가까울) 뿐이다. 우선은 되었지만 아직 조금 부족하다. 우선 조금 되었다. 그나마 괜찮다.(불만족한 긍정) =유교사자(猶較些子). 일선도(一線道)는 한 오라기 실이라는 뜻으로서 지극히 짧은 거리를 나타내는 말.

해도 안 됩니다. 스님의 뜻은 어떻습니까?"

남전이 말했다.

"그대가 다만 이 마음이 곧 부처이면 그만인데, 또 무슨 되니 안 되니 하고 말하느냐? 예컨대[905] 그대가 밥을 먹었으면 동쪽 회랑 아래에서든 서쪽 회랑 아래에서든 그대가 밥을 먹었는지 아닌지를 남에게 물을 필요가 전혀 없는 것과 같다."

僧問: "卽心是佛又不得, 非心非佛又不得. 師意如何?" 師云: "汝但卽心是佛便了, 更說甚麼, 得與不得? 只如汝喫了飯, 東廊上西廊下, 不可總問人得與不得."

(31) 공겁의 부처님

남전이 양흠(良欽)에게 물었다.
"공겁(空劫)에도 부처님이 있습니까?"
양흠이 말했다.
"있습니다."
남전이 물었다.
"누구입니까?"
양흠이 말했다.
"양흠입니다."
남전이 물었다.
"어떤 국토에 머뭅니까?"
양흠은 대답이 없었다.

---

905 지여(只如) : =지우(至于), 약부(若夫), 지여(秪如). ①-에 대하여는. -과 같은 것은. ②예컨대. ③그런데.

師問良欽: "空劫中, 還有佛否?" 云: "有." 師云: "是阿誰?" 云: "良欽." 師云: "居何國土?" 欽無對.

(32) 본래면목

남전이 어떤 스님에게 물었다.
"좋다고 생각하지도 말고, 나쁘다고 생각하지도 마라. 전혀 생각하지 않을 때에 그대의 본래면목(本來面目)을 나에게 가져오너라."
스님이 말했다.
"드러낼 수 있는 용모와 행동거지가 없습니다."

師問僧: "不思善, 不思惡. 總不思時, 還我本來面目來." 僧云: "無容止可露."

동산(洞山)이 말했다.
"남에게 보여 준 적이 있었느냐?"

洞山云: "還曾將示人麼?"

(33) 불이 없어서

어떤 스님이 남전에게 물었다.
"방장실에 머물면서 사람들을 어떻게 가르칩니까?"
남전이 말했다.
"어젯밤 삼경(三更)에는 소를 잃어버린 줄 알았었는데, 오늘 아침에 일어나 보니 불을 잃어버렸더라."[906]

僧問師: "居丈室, 將何指南?" 師云: "昨夜三更失卻牛, 天明起來失卻火."

(34) 미륵하생경

남전이 좌주(座主)에게 물었다.

"어떤 경(經)을 강설합니까?"

좌주가 말했다.

"『미륵하생경(彌勒下生經)』[907]입니다."

남전이 물었다.

"미륵은 언제 하생(下生)합니까?"

좌주가 말했다.

"천궁(天宮)에서 모습을 드러내고 있으니 아직 오시지 않았습니다."

남전이 말했다.

"하늘 위에도 미륵은 없고, 땅 밑에도 미륵은 없습니다."

師問座主: "講甚麼經?" 云: "『彌勒下生經』." 師云: "彌勒幾時下生?" 云: "見在天宮未來." 師云: "天上無彌勒, 地下無彌勒."

동산(洞山)이 운거(雲居)에게 이 이야기를 가지고 질문하니 운거가 말했다.

---

906 소는 본래면목을 가리키고, 불은 깨달음을 가리킨다.
907 미륵하생경(彌勒下生經) : 서진의 태안 2년(308)에 축법호(竺法護)가 번역한 경전. 미륵(彌勒; Maitreya)은 인도 바라내국의 바라문 집에 태어나 석존의 교화를 받고, 미래에 성불하리라는 수기를 받아 도솔천(兜率天)에 올라가 지금 그 하늘에서 천인들을 교화하고 있는데, 석가세존(釋迦世尊)이 입멸 후 56억 7천만 년을 지나 다시 이 사바세계에 하생(下生)하여 화림원(華林園) 안의 용화수(龍華樹) 아래서 깨달음을 이룬 뒤에 3회의 설법으로써 석존의 교화에서 빠진 모든 중생을 제도한다고 하는 내용.

"하늘 위에도 미륵이 없고 땅 밑에도 미륵이 없는데, 누구에게 이름을 지어 줍니까?"[908]

동산이 질문을 받자 승상(繩床)이 흔들렸다.[909] 이에 말했다.

"내가 운암(雲巖) 노인에게 질문하니 화로(火爐)가 흔들렸는데, 오늘 그대에게 질문을 받으니 온몸에 땀이 흐르는구나."

洞山擧問雲居, 居云: "天上無彌勒, 地下無彌勒, 未審誰與安名?" 洞山被問, 直得繩床震動. 乃云: "吾在雲巖問老人, 直得火爐震動, 今日被子問, 直得通身汗流."

(35) 어디로 가느냐?

어떤 좌주가 작별 인사를 하자 남전이 물었다.

"어디로 가느냐?"

좌주가 말했다.

"산을 내려갑니다."

남전이 말했다.

"절대로 나를 욕하지 말아라."

좌주가 말했다.

"어찌 감히 욕하겠습니까?"

남전이 재채기를 하고서 물었다.

"얼마나 되는가?"[910]

좌주는 대답이 없었다.

---

908 안명(安名) : 이름을 지어 주다. 불교에서 계(戒)를 받은 사람에게 처음 법명(法名)을 지어 주는 일.

909 직득(直得) : -하여 -되다. -한 탓으로 -하다. -하기 때문에 -하게 되다. (주로 부정적 결과에 도달함을 나타냄) -한 결과를 낳다. -하게 되다.

910 다소(多少) : (의문사) 얼마?

有座主辭, 師問: "甚麼處去?" 云: "山下去." 師云: "第一不得謗王老師." 云: "爭敢?" 師嚬嗟云: "是多少?" 主無對.

(36) 백척간두진일보

어떤 스님이 물었다.
"백 척(百尺) 높이 장대 꼭대기에서 어떻게 앞으로 한 걸음 내딛습니까?"
남전이 말했다.
"다시 한 걸음 더 내디뎌라."
다시 염관(鹽官)[911]에게 물으니, 염관이 말했다.
"백 척 높이 장대 꼭대기에서 애써 나아가 무엇 하려 하느냐?"
그 스님이 긍정하지 않고 소매를 떨치고 나가자 염관은 곧장 그를 때렸다.

僧問: "百尺竿頭, 如何進步?" 師云: "更進一步." 復問鹽官, 官云: "百尺竿頭, 用進作麼?" 僧不肯, 拂袖而出, 官便打.

승천종(承天宗)이 말했다.
"만약 남전을 찾아뵙는다면 한 걸음 더 나아가야 하고, 만약 염관을 찾아뵙는다면 한 걸음 물러서야 한다. 눈 밝은 이라면 알 것이다."

承天宗云: "若參南泉, 須進一步, 若參鹽官, 須退一步. 明眼底辨取."

(37) 승조의 말

---

911 염관(鹽官) : 염관제안(鹽官齊安; ?-842). 마조도일(馬祖道一)의 법을 이어받음.

육긍대부(陸亘大夫)[912]가 남전에게 물었다.

"조법사(肇法師)는 매우 기이하게도 '하늘과 땅은 나와 같은 뿌리이고 만물은 나와 한 몸이다.'[913]라고 말할 줄 알았습니다."

남전이 정원에 있는 꽃을 가리키며 말했다.

"대부, 그때 사람들은[914] 이 한 송이 꽃을 마치 꿈과 같다고 보았습니다."

陸亘大夫問師: "肇法師也甚奇怪, 解道: '天地與我同根, 萬物與我一體.'" 師指庭前花云: "大夫, 時人見此一株花, 如夢相似."

(38) 주사위 던지기 놀이

남전이 육긍대부와 함께 사람들이 주사위 던지기 놀이[915]를 하는 것을 구경하는 중에 대부가 주사위를 집어 들고 말했다.

"이런지 이렇지 않은지를 내던져 나오는 눈금에 내맡기기만 할[916] 뿐일 때에는 어떻습니까?"[917]

남전이 주사위를 집어서 곧장 내던지며 말했다.

"더러운 냄새 나는[918] 18면 주사위입니다."

---

912 육긍대부(陸亘大夫) : 남전보원(南泉普願; 748-834) 문하의 거사(居士). 자는 경산(景山). 소주(蘇州; 江蘇省) 오군(吳郡) 출신. 어사대부(御使大夫)로서 선종(禪宗)에 입문함. 훌륭한 선근(善根)이어서 여러 선승과 교류함.

913 승조(僧肇)가 지은 『조론(肇論)』 「구절십연자(九折十演者)」 가운데 '묘존제칠(妙存第七)'에 나오는 구절.

914 시인(時人) : 그 당시의 사람. 당대의 사람.

915 쌍륙(雙陸) : =쌍륙(雙六). 주사위 놀이. 두 사람 또는 두 편이 15개씩의 말을 가지고 2개의 주사위를 굴려 사위대로 판 위에 말을 써서 먼저 나가서 궁(宮)에 이르면 이기는 놀이. 악삭(握塑)・십이기(十二棊)・육채(六釆)라고도 한다. 쌍륙을 노는 데는 판・말・주사위가 필요하다.

916 신채(信彩) : 주사위를 던졌을 때 나오는 숫자에 내맡긴다는 뜻으로, 사량분별을 그치고 무위(無爲)에 내맡기는 것을 비유한 말이다.

917 여하(如何) : ①어찌 짐작하랴? 어찌 추측하랴? ②어찌. 어떻게. ③어찌하랴? 어떻게 하랴? ④어떤 것. 무엇.

918 취골두(臭骨頭) : ①몹쓸 놈. 망나니. ②육신(肉身). 더러운 뼛조각. 더러운 냄새 나는 육체.

師與大夫, 見人雙陸, 大夫拈起骰子問: "恁麼不恁麼, 但信彩時如何?" 師拈起骰子, 便擲云: "臭骨頭一十八."

(39) 육긍대부의 선 돌

육긍대부가 물었다.

"저의 집 안에는 우뚝 선 돌[919]이 있는데, 어떤 때에는 앉기도 하고 어떤 때에는 눕기도 합니다. 지금 쪼아서 부처를 만들려고 하는데, 되겠습니까?"

남전이 말했다.

"됩니다."

대부가 물었다.

"안 되겠습니까?"[920]

남전이 말했다.

"안 됩니다."

大夫問: "弟子家中, 有片石, 或時坐, 或時臥. 如今擬鐫作佛, 得麼?" 師云: "得."
大夫云: "莫不得麼?" 師云: "不得."

(40) 대비보살의 손과 눈

대부가 남전에게 물었다.

"대비보살(大悲菩薩)[921]은 그렇게 많은 손과 눈을 가지고 무엇을 합니

---

919 편석(片石) : ①홀로 우뚝 선 바위나 돌. ②돌비석.
920 막(莫)-마(麼) : -인가? -가 아닌가? =막(莫)-마(摩), 막(莫)-부(否), 막(莫)-무(無).
921 대비보살(大悲菩薩) : 천수천안관세음보살(千手千眼觀世音菩薩)을 말함. 대자대비(大慈大悲)한 관세음보살(觀世音菩薩)에게는 천 개의 손과 천 개의 눈이 있다고 한다.

까?"[922]

남전이 말했다.

"국가(國家)에서는 대부를 가지고 무엇을 합니까?"

大夫問師: "大悲菩薩, 用許多手眼, 作甚麼?" 師云: "如國家用大夫, 作甚麼?"

(41) 불법을 알다

대부가 남전에게 말했다.

"저도 불법(佛法)을 조금 압니다."

남전이 말했다.

"대부께서는 하루 종일 어떻습니까?"

대부가 말했다.

"털끝만큼도 걸리지 않습니다."

남전이 말했다.

"여전히 초보자[923]로군요."

다시 말했다.

"보지도 못했습니까? 도(道) 있는 임금은 지혜 있는 신하를 용납하지 않는다는 말을."[924]

大夫謂師云: "弟子亦薄會佛法." 師云: "大夫十二時中, 作麼生?" 夫云: "寸絲不挂." 師云: "猶是階下漢." 復云: "不見道? 有道君王, 不納有智之臣."

---

922 작심마(作甚麼) : 무엇을 하겠는가? 무엇을 하느냐?(쓸모 없는 것 아니냐는 부정적 의미를 표시)
923 계하한(階下漢) : 초학자(初學者). 초보자.
924 도를 깨달은 사람은 도를 모른다.

(42) 무엇으로 다스리나?

대부가 선성(宣城)[925]의 다스리는 곳으로 돌아갈 때에 남전이 대부에게 물었다.
"대부께서 그곳으로 가시면 백성을 어떻게 다스릴 것입니까?"
대부가 말했다.
"지혜를 가지고 백성을 다스리겠습니다."
남전이 말했다.
"그렇다면 그곳에 있는 백성[926]들은 모두 괴로움[927]에 빠지겠군요."[928]
대부는 대답이 없었다.

大夫歸宣城治所, 師問: "大夫去彼, 將何治民?" 夫云: "以智慧治民." 師云: "恁麼
則彼地生靈, 盡遭塗炭去也." 夫無對.

2. 홍주 백장회해 선사

(1) 마조의 호떡

홍주(洪州) 백장회해(百丈懷海)[929] 선사는 복주(福州) 장락(長樂) 사람이다.

---

925 선성(宣城) : 진대(晉代)에 안휘성(安徽省)에 두었던 군(郡). 뒤에 선주(宣州)라 하였다.
926 생령(生靈) : ①백성. ②생명. ③인류. ④생명이 있는 것.
927 도탄(塗炭) : ①질척거리는 수렁과 이글거리는 숯불 속. ②매우 심한 괴로움이나 곤란함. ③매우
      더러운 곳. ④짓밟히다. 침해를 당하다.
928 다스리려 하면 다스려지지 않는다. 백성이 임금을 몰라야 백성이 편하다.
929 백장회해(百丈懷海) : 749-814. 복주(福州; 福建省) 장락(長樂) 사람이다. 성은 왕(王)씨이며, 대지(大智)·
      각조(覺照)·홍종묘행(弘宗妙行) 등의 시호가 있으며, 일반적으로는 '백장 선사'로 불린다. 20세에
      서산혜조(西山慧照)에게 출가하였고, 남악(南岳)의 법조(法朝) 율사에게서 구족계를 받았다. 여강(廬
      江; 安徽省)에서 대장경을 열람하였고, 마조도일에게 참학하여 인가를 받았다. 그 후 회해에게 귀
      의한 사방의 승려와 속인들이 상의하여 홍주(洪州; 江西省) 봉신현(奉新縣)의 대웅산(大雄山)에 사찰

마조 대사를 찾아가서 시자가 되었다. 시주[930]가 재(齋)에 쓸 음식을 보내
올 때마다 회해가 그릇의 뚜껑을 열자마자 마조 대사는 곧 호떡 하나를
집어 들어 대중에게 보이며 말했다.

"무엇이냐?"

매일 이와 같이 하였는데, 3년이 지나서야 회해는 비로소 깨달음이 있
었다.

洪州百丈懷海禪師(凡十六), 福州長樂人也. 師參馬大師, 爲侍者. 檀越每送齋飯
來, 師纔揭用盤蓋, 馬大師拈起一片胡餅, 示衆云: "是甚麼?" 每日如此, 師經三年,
方有省.

(2) 어디로 갔느냐?

회해가 마조 대사를 모시고 산을 구경하던 때에 문득 물오리[931]가 날아
가는 것을 보고서 마조가 물었다.

"무엇이냐?"

회해가 말했다.

"물오리입니다."

마조가 물었다.

"어디로 갔느냐?"

을 건립하였다. 백장산(百丈山) 대지수성선사(大智壽聖禪寺)에서 회해는 개조가 되었고, 여기에서
선풍을 크게 고취시켰다. 그의 저서 『백장청규(百丈淸規)』는 서문만 전하고 있지만, 그가 선림의
청규를 개창하였음은 중국 선종사상사에서 엄연한 일이다. 그로부터 선은 중국의 풍토와 생활
에 알맞은 것이 되었다. 위산영우(潙山靈祐), 황벽희운(黃檗希運) 등 수많은 제자들을 배출하였다.
당(唐) 원화(元和) 9년에 입적하였으니, 세수 66세였다.

930 단월(檀越) : dāna-pati의 음사. 시주(施主)라 번역. 보시하는 사람. =단월가(檀越家).

931 야압(野鴨) : 물오리. =수압(水鴨).

회해가 말했다.

"날아갔습니다."

마조가 회해의 코를 잡아 비틀자 회해는 아픔에 소리 질렀다.

"아야야! 아야야!"

마조가 말했다.

"날아갔다고 다시 말해 보아라."

회해는 여기에서 깨달았는데, 등에서 식은땀이 솟았다.[932] 시자료(侍者寮)[933]로 돌아와서는 "아이고! 아이고!" 하고 대성통곡을 하였는데, 동료가 물었다.

"너는 부모가 생각나느냐?"

회해가 말했다.

---

932 『조당집(祖堂集)』제15권 '오설화상(五洩和尙)'에 기록된 다음 이야기에 의하면 이 이야기는 마조(馬祖)의 제자인 백장유정(百丈惟政) 선사(禪師)의 일화이다 : 어느 날 마조 대사가 대중을 이끌고 외출하여 서쪽 담장 아래를 지나갈 때에 문득 물오리가 날아갔다. 마조 대사가 주위 사람들에게 물었다. "무엇이냐?" 정상좌(政上座)가 말했다. "물오리입니다." 마조가 말했다. "어디로 갔느냐?" 정상좌가 답했다. "날아갔습니다." 마조가 정상좌의 귀를 잡아당기자 정상좌는 아파서 소리를 질렀다. 마조가 말했다. "여전히 여기에 있는데, 어찌 날아갔단 말이냐?" 정상좌는 문득 크게 깨달았다. 이 일 때문에 오설 화상은 기분이 좋지 않아서 곧 마조에게 말했다. "저는 과거 보러 가는 것을 포기하고 스님을 의지하여 출가하였는데, 오늘도 이러한 소식이 전혀 없습니다. 아까 정상좌에게 이런 일이 일어났으니, 이 기회에 스님께서 자비를 베풀어 저에게도 가르쳐 주십시오." 마조가 말했다. "출가하는 일에서는 내가 그대의 스승이지만, 깨닫는 일에서는 그대의 스승은 다른 사람이다. 그대가 내 곁에 아무리 있어도 깨달음을 얻지는 못할 것이다." 오설 화상이 말했다. "그렇다면 저의 스승이 될 만한 분을 가르쳐 주십시오." 마조가 말했다. "여기에서 700리 떨어진 곳에 남악석두(南岳石頭)라고 불리는 한 선사(禪師)가 있다. 그대가 그곳으로 간다면 반드시 얻는 것이 있을 것이다." 오설 화상은 곧 마조와 작별하고 길을 떠났다.(有一日大師領大衆出, 西墻下遊行次, 忽然野鴨子飛過去. 大師問身邊: "什摩物?" 政上座云: "野鴨子." 大師云: "什摩處去?" 對云: "飛過去." 大師把政上座耳拽, 上座作忍痛聲. 大師: "猶在這裏, 何曾飛過?" 政上座豁然大悟. 因此師無好氣, 便向大師說: "某甲抛却這个業次, 投大師出家, 今日並無个動情. 適來政上座有如是次第, 乞大師慈悲指示." 大師云: "若是出家, 師則老僧, 若是發明, 師則別人. 是你驢年在我這裏也不得." 師云: "若与政則乞和尙指示个宗師." 大師云: "此去七百里, 有一禪師呼爲南岳石頭. 汝若到彼中, 必有來由." 師便辭.)『조당집』에서 백장회해가 마조에게 법을 얻은 이야기는 "스님이 된 이후에는 상승(上乘)을 흠모하여 곧장 마조의 회상을 찾아갔는데, 마조는 백장을 한 번 보고서 입실(入室)하게 하였다. 백장은 현묘한 종지에 남몰래 계합하고서 다시는 다른 곳으로 가지 않았다."(自後爲僧, 志慕上乘, 直造大寂法會, 大寂一見延之入室. 師密契玄關, 更無他往.)라고 짧게 언급되어 있을 뿐이다. 『연등회요』, 『사가어록』, 『오등회원』은 모두 『천성광등록』의 기록과 동일하게 마조가 백장회해(百丈懷海)의 코를 잡아당겨서 백장이 깨달은 일화라고 기록하고 있다. 『경덕전등록』에는 백장회해가 깨달은 일화가 실려 있지 않다.

933 시자료(侍者寮) : 선원(禪院)에서 방장(方丈)의 시자(侍者)가 거처하는 집.

"아니다."

"남에게 욕을 먹었느냐?"

"아니다."

"그럼 무엇 때문에 통곡을 하느냐?"

회해가 말했다.

"내 코를 마조 대사께서 잡아 비틀었는데, 아팠지만 깨닫지 못했다."

동료가 물었다.

"무엇 때문에 깨닫지 못했느냐?"

회해가 말했다.

"네가 마조 스님에게 물어보아라."

동료는 마조에게 가서 물었다.

"회해 시자는 무엇 때문에 깨닫지 못하고 방안에서 통곡하고 있습니까? 스님께서 저에게 설명해 주십시오."

마조가 말했다.

"회해가 알고 있으니, 너는 그에게 물어보아라."

동료가 시자료로 돌아와 말했다.

"스님의 말씀은, 네가 알고 있으니 너에게 물어보라고 하시더라."

회해는 이에 깔깔대며 크게 웃었다. 동료가 물었다.

"아까는 울더니 지금은 왜 또 웃느냐?"

회해가 말했다.

"아까는 울었지만, 지금은 웃는다."

동료는 어리둥절하였다.

師侍馬大師, 游山次, 忽見野鴨飛過, 祖問: "是甚麼?" 師云: "野鴨子." 祖云: "甚麼處去也?" 師云: "飛過去也." 祖搊師鼻頭, 師負痛, 失聲云: "阿耶耶, 阿耶耶." 祖云: "又道飛過去也." 師於此契悟, 浹背汗流. 卻歸侍者寮, 哀哀大哭, 同事問: "汝憶父母耶?" 師云: "無." 云: "被人罵耶?" 師云: "無." 云: "汝哭作甚麼?" 師云: "我鼻孔, 被大師搊得, 痛不可徹." 同事云: "有甚因緣不相契?" 師云: "汝問取和尙去." 同事問馬大師: "海侍者, 有何因緣不契, 在寮中哭告? 和尙爲某甲說." 大師云: "是伊會也. 汝自問取他." 同事歸寮云: "和尙道, 汝會也, 敎我自問汝." 師乃呵呵大笑. 同事云: "適來哭, 如今爲甚卻笑?" 師云: "適來哭, 如今笑." 同事罔然.

묘희(妙喜)가 노래했다.

"어떤 때에는 웃고 어떤 때에는 울고
슬픔과 즐거움이 번갈아 찾아와 은근히 재촉하네.
이 도리를 어떻게 남에게 설명하겠는가?
거문고 줄이 끊으지면 반드시 난교(鸞膠)[934]로 붙여야 한다네."

妙喜頌云: "有時笑兮有時哭, 悲喜交參暗催促. 此理如何說向人? 斷絃須是鸞膠續."

(3) 방석을 말다

마조 대사가 다음 날 법당에 오르자 대중이 모였는데, 회해가 곧장 앞으로 나아가 방석을 말아 버렸다. 마조는 이에 법좌에서 내려와 방장으로 돌아갔다. 회해가 마조를 찾아가자 마조가 물었다.
"내가 아까 법당에 올랐을 때에, 설법을 하기도 전에 너는 왜 방석을 말았느냐?"

---

934 난교(鸞膠) : ①전설 속의 동물인 난새의 부리와 기린(麒麟)의 뿔을 달여서 만들었다고 하는 아교. 끊어진 거문고의 줄을 붙일 수 있다고 한다. ②후처(後妻).

회해가 말했다.

"저는 어제 스님에게 코를 비틀려서 아팠습니다."

마조가 물었다.

"너는 어제 어디에다 마음을 두고 있었느냐?"

회해가 말했다.

"코가 오늘은 아프지 않습니다."

마조가 말했다.

"너는 오늘의 일을 깊이 밝혔구나."

회해는 절을 올리고 물러났다.

馬大師次日陞堂, 衆纔集, 師出卷却席, 祖便下座, 歸方丈. 却問師: "我適來上堂, 未曾說話, 汝爲甚麼卷却席?" 師云: "某甲昨日, 被和尙搊得鼻頭痛." 祖云: "汝昨日向甚麼處留心?" 師云: "鼻頭今日, 又不痛也." 祖云: "汝深得今日事." 師作禮而退.

설두가 말했다.

"만약 당시에 앞으로 나와 방석 마는 모습을 내가 보았더라면, 그의 등짝을 후려갈기고 발로 한 번 밟았을 것이다. 앉아 있는 자나 넘어진 자가 모두 일어나지 못하게 하여 뒷사람들이 다른 삶을 살면서 번갈아 괴롭히지[935] 않도록 하려 하니,[936] 이 어찌 뛰어난[937] 사내가 아니겠느냐?"

백운단(白雲端)이 마조의 말을 내뱉고서 말했다.

---

935 둔치(鈍置) : ①(심신을) 괴롭히다. 놀리다. ②속이다. 조롱하다. 농락하다.
936 차요(且要) : 우선 -하고자 하다. 먼저 -를 요구하다.
937 영령(英靈) : ①죽은 사람의 혼령. ②재능이 뛰어난 사람.

"내가 괴로운 것은 오히려 괜찮으나, 그대가 괴로운 것은 너무 심하구나."

황룡심(黃龍心)이 말했다.

"마조가 상당(上堂)하자 백장이 방석을 말았다. 뒷사람들은 전해 온 가풍을 좋게 여기지 않아서 모두들 말하기를 흔적을 남기지 않았다고 하지만, '도화랑938 물결에서는 돛을 펼치기 딱 좋고, 7리 물가에는 또 낚시를 드리울 만하다.'라는 말을 전혀 모르는 것이다."

양걸차공(楊傑次公)939이 노래했다.

"물오리가 날아가니 코끝이 찢어졌는데
방석을 말고서 다시 찾아와 못난 모습을 드러내는구나.
비록 대웅봉(大雄峯)940에 홀로 앉아 있더라도
또한 하늘가의 두 번째 달이로다."

雪竇云: "當時若見出來卷却席, 劈脊與他一踏. 令坐者倒者, 皆起不得, 且要後人, 別有生涯, 免見遞相鈍置, 豈不是箇英靈漢?"

---

938 도화랑(桃花浪): ①복숭아꽃이 필 무렵 빗물에 빙하가 녹은 물까지 합하여 황하(黃河)의 강물이 불어나 일어나는 파도. =도화수(桃花水), 도화신(桃花汛). ②춘위(春闈). 봄에 시행하는 회시(會試). 황하의 중류 하진(河津)에 도화랑이 불어날 때면 강과 바다의 물고기가 용문(龍門) 아래로 모이는데, 용문을 뛰어 오르면 용이 된다는 전설에서 유래하였다.

939 양걸(楊傑): 자(字)는 차공(次公) 혹은 무위인(無爲人). 호는 무위거사(無爲居士). 어려서 과거에 급제하여 관직이 상서주객낭중(尙書主客郎中)에 이르렀다. 불법(佛法)을 숭상하여 여러 노숙(老宿)들을 찾아다니다가, 만년에 천의의회(天衣義懷; 993-1064) 선사(禪師)를 만나 방거사(龐居士)의 기어(機語)들을 참구(參究)하였다. 뒤에 태산(泰山)에서 제사를 모시는데, 어느날 아침 닭 소리에 해를 쳐다보는데 마치 쟁반이 솟아오르는 것과 같음을 보고는 홀연 크게 깨달았다. 마조, 백장, 황벽, 임제 등 4선사의 어록을 모은 『사가어록(四家語錄)』에 서문을 썼다.

940 대웅봉(大雄峯): 백장회해(百丈懷海)는 대웅산(大雄山)에 머물렀는데, 이 산에 솟아 있는 바위가 매우 높아 백장(百丈)이나 된다고 하여 백장산(百丈山)이라고도 불렀다.

白雲端出馬祖語云: "我鈍置猶可, 汝鈍置太殺."

黃龍心云: "馬祖陞堂, 百丈卷席. 後人不善來風, 盡道不留睊跡, 殊不知: '桃花浪裏, 正好張帆, 七里灘頭, 更堪垂釣.'"

楊傑次公頌云: "野鴨飛鼻頭裂, 卷簟更來呈醜拙. 直饒獨坐大雄峰, 也是天邊第二月."

(4) 마조의 일할(一喝)

회해가 다시 마조를 찾아가 모시고 서 있을 때에 마조가 승상(繩床) 모서리에 걸려 있는 불자(拂子)를 돌아보자 회해가 물었다.

"이것에서 작용합니까, 이것을 떠나서 작용합니까?"

마조가 말했다.

"너는 뒷날 입을 열면 무엇을 가지고 사람들을 이롭게 하려 하느냐?"

회해는 불자를 집어서 세웠는데, 마조가 말했다.

"이것에서 작용하느냐, 이것을 떠나서 작용하느냐?"

회해가 불자를 있던 자리에 다시 걸어 놓자 마조는 "악!" 하고 크게 고함을 질렀는데, 회해는 이후 3일 동안 내리 귀가 먹먹하였다.

師再參馬大師, 侍立次, 大師目顧繩床角拂子, 師云: "卽此用? 離此用?" 祖云: "汝向後開兩片皮, 將何爲人?" 師取拂子, 豎起, 祖云: "卽此用? 離此用?" 師挂拂子舊處, 祖震威一喝, 師直得三日耳聾.

분주(汾州)가 말했다.

"깨닫고 나서 곧장 쉬었을 텐데, 왜 3일 동안 귀가 먹었다고 말하는가?"

석문총(石門聰)이 말했다.

"만약 3일 동안 귀가 먹지 않았다면, 어떻게 깨달았겠는가?"

분주가 그 말을 듣고서 말했다.

"내가 그렇게 말한 것을 석문과 비교하면 보름 동안 걷는 거리[941]만큼 차이가 난다."

설두가 말했다.

"기괴하구나, 여러 선덕(禪德)들이여. 지금은 그 종파(宗派)를 벌려 놓은 이는 많으나 그 근원을 밝힌 자는 적어서, 모두들 말하길 백장이 고함 소리를 듣고서 크게 깨달았다고 한다. 정말인가?[942] 하지만 조(刁) 자와 도(刀) 자 같고, 어(魚) 자와 노(魯) 자와 비슷하다.[943] 만약 눈 밝은 사람이라면, 그를 전혀 속일 수 없을 것이다. 예컨대 마조 대사가 '그대는 뒷날 입을 열어 어떻게 사람들을 가르칠 것인가?' 하고 물었을 때에 백장은 불자(拂子)를 세웠는데, 그것은 우연히 들어맞은[944] 것인가? 줄탁동시(啐啄同時)[945]인가? 여러분은 3일 동안 귀가 먹은 것을 알고자 하는가? 잘 불린 순금(純金)이어야 색이 변하지 않을 것이다."

동림총(東林摠)이 말했다.

---

941 정(程) : 거리의 단위. 역참(驛站) 등 머물러 쉬는 곳을 기준으로 하여 정한 노정(路程)의 길이. 보통 일일정(一日程)이라 할 때는 걸어서 하루 정도 걸리는 거리를 말함.

942 단적(端的) : 과연. 정말로. 분명히. 확실히. 도대체.

943 참차(參差) : 마치 -인 듯하다. 유사하다. 비슷하다.

944 여충어목(如蟲禦木) : 벌레가 나무를 갉아 먹었는데, 그 갉아 먹은 흔적이 우연히 글자가 된 것과 같다. 우연히 일이 되다. 여충어목우이성문(如蟲禦木偶而成文)을 줄인 말.

945 줄탁동시(啐啄同時) : 어미 닭이 품고 있는 달걀에서 병아리가 나올 때에는, 먼저 나올 때가 다 된 병아리가 안에서 알껍데기를 쪼면[줄(啐)], 밖에서 어미 닭이 동시에 알껍데기를 쪼아서[탁(啄)] 쉽게 병아리가 껍질을 깨고 나올 수 있도록 한다는 것으로, 시절인연이 도래한 제자가 스승의 도움으로 깨어나는 것을 비유하는 말이다.

"말을 마주하면 시비(是非)를 일으키지[946] 않을 수 없고, 화로를 마주하면 불길을 피하지 못한다. 불법(佛法)이 어찌 인정(人情)[947]을 따를[948] 수 있겠는가? 나는 오늘 여룡(驪龍)[949]의 굴속에서 구슬을 빼앗으려고 한다. 백장(百丈)에게는 저 3일 동안의 귀먹음이 있었는데, 분주(汾州)[950]와 석문(石門)[951]이 어찌 두 눈이 모두 눈먼 사람을 면하겠는가? 이 세 사람이 깨달은 적이 있는가?

잠시 묵묵히 있다가 말했다.

"조상(祖上)[952]을 밝히지 못하면 재앙이 자손에게 미칠 것이다."

분양소(汾陽昭)가 노래하였다.

"매일 일없이 스님 앞에서 모시고 있는데
스님이 승상(繩床) 모서리에 걸린 것을 가리켰다네.
집어 들었다가 놓아서 다시 이전의 자리에 되돌려 놓았는데
분명한 한 번의 고함 소리가 지금까지 전하네."

---

946 절설(截舌) : 쌍방을 부추겨서 시비(是非)를 일으키다.

947 인정(人情) : 사람의 상정(常情). 인지상정(人之常情). 여기에서는 중생의 분별심(分別心)을 가리킴.

948 곡순(曲順) : 뜻을 굽히고 따르다. =곡순(曲徇), 곡수(曲遂).

949 여룡(驪龍) : 여룡은 깊은 바닷속에 살고 있는 사나운 용인데, 그 턱 밑에는 귀중한 구슬이 있다고 한다. 이 구슬은 여룡이 잠든 틈에 찾아서 캐낸다고 한다. 원래 출전은 『장자(莊子)』「잡편(雜篇)」〈열어구(列禦寇)〉에 나오는 다음의 구절이다 : "대저 천금의 가치가 있는 구슬은 반드시 아홉 겹 깊은 연못에 있는 여룡(驪龍)의 턱 아래에 있다. 그대가 그 구슬을 얻으려면, 반드시 그 용이 잠든 틈을 타야 한다. 여룡의 잠을 깨운다면, 그대가 어찌 살아날 수 있겠는가?"(夫千金之珠, 必在九重之淵而驪龍頷下. 子能得珠者, 必遭其睡也. 使驪龍而寤, 子尙奚微之有哉?)

950 분주(汾州) : 분주(汾州)는 분양(汾陽)과 같음. 분주무업(汾州無業; 760-821)이나 분양선소(汾陽善昭; 947-1024)를 가리킴.

951 석문(石門) : 호북성(湖北省) 양주(襄州)에 있는 석문산(石門山). 석문자조(石門慈照; 965-1032)를 가리킴.

952 조내(祖嬭) : ①조묘(祖廟)와 부묘(父廟)를 아울러 이르는 말. ②돌아가신 할아버지와 아버지. ③조상(祖上). ④근원. 시작.

汾州云: "悟去便休, 說甚麼三日耳聾?"

石門聰云: "若不三日耳聾, 何得悟去?"

汾州聞云: "我恁麼道, 較他石門半月程."

雪竇云: "奇怪諸禪德. 如今列其派者多, 究其源者少, 總道百丈於喝下大悟. 還端的也無? 然刁刀相似, 魚魯參差. 若是明眼漢, 瞞他一點不得. 只如馬大師道, '汝他後開兩片皮, 將何爲人?' 百丈豎起拂子, 爲復是如蟲禦木? 爲復是啐啄同時? 諸人要會三日耳聾麼? 大冶精金, 應無變色."

東林總云: "當言不避截舌, 當爐不避火迸. 佛法豈可曲順人情? 東林今日, 向驪龍窟裏爭珠去也. 百丈不無他三日耳聾, 汾州石門, 爭免二俱瞎漢? 這三箇, 還曾悟去也無?" 良久云: "祖嬭不了, 殃及兒孫."

汾陽昭頌云: "每因無事侍師前, 師指繩床角上懸. 舉放卻歸舊位立, 分明一喝至今傳."

(5) 입을 다물고 말하라

백장(百丈)이 시중하여 말했다.

"목구멍과 입술을 닫고서 얼른 말해라."

위산(潙山)이 앞으로 나와서 말했다.

"저는 말할 수 없습니다. 스님께서 말씀하십시오."

백장이 말했다.

"그대에게 말하는 것을 사양치는 않으나, 이후 나의 후손을 잃을까 두렵다."

오봉(五峯)이 말했다.

"스님께서도 다무셔야 합니다."

백장이 말했다.

"사람 없는 곳에서 이마에 손을 얹고[953] 멀리 그대를 바라보겠다."

운암(雲巖)이 말했다.

"스님께서는 할 수 있습니까?"

백장이 말했다.

"나의 후손을 잃어버렸구나."

示衆云:"倂卻咽喉脣吻, 速道將來." 潙山出衆云:"某甲道不得. 請和尙道." 師云:"不辭與汝道, 恐已後喪我兒孫." 五峰云:"和尙也須倂卻." 師云:"無人處, 斫額望汝." 雲巖云:"和尙有也未?" 師云:"喪我兒孫."

(6) 무엇이냐?

백장이 하루는 법당에 올라 대중이 모이자마자 주장자를 집어 들어 일시에 해산시키고는 흩어지는 대중을 다시 불렀다. 대중이 머리를 돌리자 백장이 말했다.

"무엇이냐?"

師一日上堂, 衆纔集, 師拈拄杖一時打散, 復召大衆. 衆回首, 師云:"是甚麽?"

(7) 여우 노인

백장이 법회를 할 때에 한 사람의 노인이 대중을 따라 법문을 듣고는 대중이 흩어지면 함께 돌아가곤 하였다. 그런데 하루는 그 노인이 물러가지 않고 있자 백장이 물었다.

---

953 작액(斫額) : 이마에 손을 얹다. 이마에 손을 얹고 높거나 먼 곳을 바라보는 동작.

"앞에 서 있는 분은 어떤 사람입니까?"

노인이 말했다.

"저는 사람이 아닙니다. 과거 가섭불(迦葉佛) 시대에 여기에서 주지(住持)를 하였는데, 어떤 학인이 '크게 수행한 사람도 인과(因果)에 떨어집니까?'하고 물었습니다. 저는 '인과에 떨어지지 않는다.'라고 답했는데, 그 까닭에 5백 생 동안 여우의 몸을 받았습니다. 이제 스님께서 한마디 깨달을 수 있는 말씀[954]을 해 주시기 바랍니다."

그러면서 노인이 "크게 수행한 사람도 인과(因果)에 떨어집니까?"라고 묻자, 백장이 말했다.

"인과에 어둡지 않다."

노인은 그 말을 듣자마자 크게 깨닫고서 절을 하고는 말했다.

"저는 이미 여우의 몸을 벗었습니다. 절 뒤에 시신이 있으니 죽은 스님의 형식을 갖추어 장례를 치러 주십시오."

백장은 유나(維那)에게 일러 백추(白槌)를 하여 "식사 뒤에 죽은 스님의 장례를 치른다."라고 알리게 하였다. 대중은 모두 괴이하게 여기고서 말했다.

"죽은 사람이 없는데, 무슨 장례를 치른다는 것이지?"

밥을 먹고 나자 백장은 대중을 이끌고 산 뒤쪽 바위 아래에 이르러 주장자로 죽은 여우 한 마리를 끄집어내어 승가(僧家)의 예법에 따라 화장(火葬)을 하였다. 백장은 저녁에 법당에 올라 앞선 이야기를 하였는데, 황벽(黃檗)이 대중의 앞으로 나와서 물었다.

"옛 사람은 한마디를 잘못 말하여 5백 생 동안이나 여우의 몸에 떨어졌습니다. 만약 한마디 한마디에 잘못이 없다면, 응당 무엇이 되어야 합니

---

954 일전어(一轉語) : 그때그때의 상황에 알맞은 말을 자유자재하게 사용하여 선지(禪旨)를 가리키는 것. 심기(心機)를 바꾸어서[一轉] 깨닫게 하는 힘이 있는 말이라는 뜻.

까?"

백장이 말했다.

"가까이 오너라. 그대에게 말해 주겠다."

황벽은 가까이 다가가서 백장을 손바닥으로 한 차례 때렸다. 백장이
손뼉을 치고 웃으며 말했다.

"오랑캐의 수염은 붉다고 알았는데, 역시 붉은 수염의 오랑캐가 있구
나."

師參次, 有一老人, 隨衆聽法, 衆人退, 老人亦退. 忽一日不退, 師問:"面前立者
何人?"老人云:"某甲非人也. 過去迦葉佛時, 曾住此山, 因學人問:'大修行人, 還
落因果也無?'某甲對云:'不落因果.'五百生墮野狐身. 今請和尙代一轉語."遂理
前問, 師云:"不昧因果."老人言下大悟, 作禮云:"某甲已脫野狐身, 住在山後, 乞
依亡僧事例."師令維那白槌云:"食罷送亡僧."衆皆怪訝云:"又無人遷化, 何得送
亡僧?"食罷, 師領衆, 至山後巖下, 以拄杖, 挑出一死狐, 依法火葬. 師至晚上堂,
擧前因緣, 黃檗出衆問云:"古人錯對一轉語, 五百生墮狐身. 轉轉不錯, 合作箇甚
麼?"師云:"近前來. 與汝道."檗近前, 與師一掌. 師拍手笑云:"將謂胡鬚赤, 更有
赤鬚胡."

사마두타(司馬頭陀)가 이 이야기를 들어 위산(潙山)에게 질문하자 위산은
문짝을 세 번 흔들었는데, 사마두타가 말했다.

"매우 허술하구나."[955]

위산이 말했다.

"불법(佛法)은 그런 도리가 아니라네."

---

955 태추생(太麤生) : 매우 엉성하다. 매우 조잡하다. 매우 경솔하다. 매우 촌스럽다. 매우 거칠다.

위산이 이 이야기를 들어 앙산(仰山)에게 묻자 앙산이 말했다.

"황벽은 늘 이러한 기지(機智)를 씁니다."

위산이 물었다.

"타고난 것이냐, 남에게 배운 것이냐?"

앙산이 말했다.

"스승에게서 얻은 것이기도 하고, 타고난 본성에 통한 것이기도 합니다."

위산이 말했다.

"그렇다. 그렇다."

진정문(眞淨文)이 노래하였다.

"떨어지지 않는다고 했다가 백장을 만나니 어둡지 않다고 밝히니
그가 이로 말미암아 여우의 몸에서 벗어나길 바란 것이라네.
만나니 다들 말하기를 벼슬을 그만두었다고 하는데
숲속에서[956] 한 사람을 어찌 만난 적이 없겠는가?"

대위철(大潙哲)이 노래하였다.

"크게 불리는 거대한 화로에서
부처도 삶고 조사도 삶는다네.
본받을[957] 거푸집이 사라지면
아는 사람도 어쩔 줄 모른다네."[958]

---

956 임하(林下) : ①숲 아래. 조용하고 그윽한 곳. ②물러나 숨어 살 수 있는 산림이나 시골. ③고상하
  고 우아함. ④출가(出家)한 사람이 사는 곳.

957 규모(規模) : 모방하다. 본뜨다. 본받다.

958 망조(罔措) : 손을 댈 곳이 없다. 손쓸 수가 없다. 어쩔 수 없다. 어쩔 줄 모른다.

司馬頭陀, 舉問潙山, 山撼門扇三下, 陀云: "太麤生." 潙云: "佛法不是這箇道理."

潙山舉問仰山, 仰云: "黃蘗常用此機." 潙云: "天生得? 從人得?" 仰云: "亦是稟受師承, 亦是自性宗通." 潙云: "如是. 如是."

眞淨文頌云: "不落藏逢不昧分, 要伊從此脫狐身. 相逢盡道休官去, 林下何曾見一人?"

大潙哲頌云: "大冶洪爐, 烹佛烹祖. 規模鎔盡, 識者罔措."

(8) 대승의 깨달음

물었다.

"어떤 것이 대승(大乘)에서 도(道)에 들어가 문득 깨닫는 법입니까?"

백장이 답했다.

"그대는 먼저 모든 인연을 버리고 온갖 일을 쉬어라.

좋은 것이든 좋지 않은 것이든 세간이든 출세간이든 온갖 것들을 전부 기억하지도 말고, 생각하지도[959] 마라.

몸과 마음을 내버리고 자재(自在)하게 되어서 마음이 나무나 돌과 같으면, 분별할 것이 없고 마음으로 행하는 것이 없다.

마음이 허공과 같으면 지혜의 태양이 저절로 나타나니, 마치 구름이 열리고 해가 나타나는 것과 같다.

僧問: "如何是大乘頓悟法門?" 師云: "汝等先歇諸緣, 休息萬事. 善與不善, 世出世間, 一切諸法, 莫記憶, 莫緣念. 放捨身心, 令其自在, 心如木石, 無所辨別, 心無所行. 心地若空, 慧日自現, 如雲開日出相似.

---

959 연념(緣念) : 대상을 생각하는 것. 생각하는 것. 대상을 인식하는 것.

모든 얽매임[960]을 모두 쉬어서 탐냄·성냄·좋아함·집착함·더러움·깨끗함 등의 분별심[961]이 사라지고, 오욕(五欲)[962]과 팔풍(八風)[963]을 만나도 보고, 듣고, 느끼고, 아는 것에 묶이지 않고, 온갖 경계에 정신을 빼앗기지[964] 않는 신통묘용(神通妙用)[965]이 저절로 갖추어지니, 곧 해탈한 사람이다.

온갖 경계를 만나 마음에 고요함과 시끄러움이 없고, 마음이 모이지도 않고 흩어지지도 않고 모든 소리와 색깔을 뚫고 벗어나 장애[966]가 없으면, 일러 도인(道人)이라 한다.

모든 선함·악함·더러움·깨끗함처럼 유위(有爲)[967]인 세간(世間)의 복과 지혜에 얽매이지 않기만 하면 일러 부처의 지혜라고 한다.

옳음·그름·아름다움·추함·바른 도리·그른 도리 등 모든 지견(知見)[968]이 다 사라져 전혀 얽매이지 않고 마음이 자재(自在)하면, 일러서 처음 발심(發心)한 보살이 곧장 부처님의 지위에 오르는 것이라고 한다.

---

960 반연(攀緣) : ①(물건을) 타고 기어오르다. 붙잡고 기어오르다. ②얽매이다. 집착하다. 관계하다. 매달리다.

961 정(情) : 식정(識情). 정식(情識). 분별의식. 분별심.

962 오욕(五欲) : 색욕(色欲)·성욕(聲欲)·향욕(香欲)·미욕(味欲)·촉욕(觸欲) 등 다섯 가지 욕망을 가리키거나, 재욕(財欲)·색욕(色欲)·음식욕(飮食欲)·명예욕(名譽欲)·수면욕(睡眠欲) 등의 다섯을 가리킨다.

963 팔풍(八風) : 수행자의 마음을 흔들리게 하는 8가지 장애. 이(利)·쇠(衰)·훼(毁)·예(譽)·칭(稱)·기(譏)·고(苦)·낙(樂)을 합쳐 8풍이라 한다. 이(利)는 뜻에 맞는 것, 쇠(衰)는 뜻에 거스르는 것, 훼(毁)는 뒤에서 비방하는 것, 예(譽)는 뒤에서 칭찬하는 것, 칭(稱)은 면전에서 칭찬하는 것, 기(譏)는 면전에서 비방하는 것, 고(苦)는 신심(身心)을 괴롭히는 것, 낙(樂)은 신심(身心)을 즐겁게 하는 것.

964 혹(惑) : 현혹(眩惑)시키다. 정신을 빼앗기다. 갈팡질팡하다.

965 신통묘용(神通妙用) : 신령스럽게 통하고 묘하게 작용한다. 걸림 없이 자재한 깨달음의 경지를 표현한 말.

966 체애(滯礙) : 장애(障碍). 막힘. 걸림. 질애(窒碍).

967 유위(有爲) : 위(爲)는 위작(爲作)·조작(造作)의 뜻. 분별하여 행하고 조작하는 모든 일을 가리킨다. 이렇게 분별하여 행하고 조작하는 모든 일들은 반드시 생(生)·주(住)·이(異)·멸(滅)의 변화를 따르는 허망(虛妄)한 일이다.

968 지견(知見) : 지식(知識)으로써 아는 것.

俱歇一切攀緣, 貪嗔愛取, 垢淨情盡, 對五欲八風, 不被見聞覺知所縛, 不被諸境所惑, 自然具足神通妙用, 是解脫人. 對一切境, 心無靜亂, 不攝不散, 透一切聲色, 無有滯礙, 名爲道人. 但不被一切善惡垢淨, 有爲世間, 福智拘繫, 卽名爲佛慧. 是非好惡, 是理非理, 諸知見總盡, 不被繫縛, 處心自在, 名初發心菩薩, 便登佛地.

모든[969] 법은 본래 스스로 말하지 않으니, 공(空)도 스스로 말하지 않고 색(色)도 스스로 말하지 않는다.

옳고 그름과 더러움과 깨끗함에도 사람을 얽어매는 마음이 없다. 다만 사람이 스스로 허망하게 헤아려서 여러[970] 종류의 이해를 만들고 여러 종류의 지견을 만들 뿐이다.

만약 더럽고 깨끗한 마음이 사라져서 얽매임에도 머물지 않고 풀고 벗어남에도 머물지 않고 온갖 유위(有爲)니 무위(無爲)니 하는 이해가 없는 평등한 마음[971]이 삶과 죽음을 대하여 있으면, 그 마음은 자재하여 결코 헛된 환상·번뇌[972]·오온·십팔계·삶과 죽음 등 여러 경계와 뒤섞이지 않고, 전혀[973] 의지함이 없고 어디에도 얽매이지 않고 가고 머묾에 장애가 없어서, 삶과 죽음을 오가는 것이 마치 문을 여닫는 것과 같을 것이다.

一切諸法, 本不自言, 空不自言, 色亦不言. 是非垢淨, 亦無心繫縛人. 但人自虛

---

969 『사가어록(四家語錄)』 제3권 「백장광록(百丈廣錄)」에는 이 구절의 앞에 다음의 구절이 부가되어 있다 : 물었다. "하나의 경계를 대하여 어떻게 마음이 나무나 돌과 같을 수 있습니까?" 백장이 말했다. (問: "對一境, 如何得心如木石去?" 師云.)

970 약간(若干) : ①얼마 되지 않음. 얼마간. 얼마쯤. 얼마 안 되는. ②여러. 여러 가지. 다양한.

971 심량(心量) : ①유심(唯心)과 같음. ②중생이 마음에 미혹을 일으켜 갖가지 외계의 대상을 생각하는 것. ③마음의 영역.

972 진로(塵勞) : 번뇌의 다른 이름. 두 가지 뜻이 있다. ①진(塵)은 육진(六塵), 노(勞)는 노권(勞倦). 객관세계인 6진의 경계를 따라 마음의 번뇌가 일어나 피곤하게 되므로 번뇌를 진로라 함. ②진은 오심(汚心), 노는 근고(勤苦). 번뇌는 마음을 어지럽게 하여 우리로 하여금 괴롭고 애쓰게 하므로 진로라 함. 이것은 종밀(宗密)이 지은 『원각경소초』 제1권에 풀이되어 있다.

973 형연(迥然) : 매우. 심하게.

妄計着, 作若干種解, 起若干種知見. 若垢淨心盡, 不住繫縛, 不住解脫, 無一切有
爲無爲解, 平等心量, 處於生死, 其心自在, 畢竟不與虛幻塵勞, 蘊界生死, 諸入和
合, 逈然無寄, 一切不拘, 去留無礙, 往來生死, 如門開相似.

만약[974] 여러 가지 괴로움과 즐거움을 만나서 자기의 뜻과 사정에 들어
맞지[975] 않더라도 싫어하여 물러나는 마음이 없고, 명성(名聲)[976]과 의식주
(衣食住)를 고려하지 않고 온갖 공덕과 이익을 탐내지 않는다면, 세간의 일
에 얽매여 있지 않을 것이다.

　마음이 비록 괴로움과 즐거움을 직접 받더라도 가슴속에 품고 있지 않
고, 소박한 음식으로 목숨을 연명하고 누더기를 기워서 추위와 더위를 견
디면서도 우뚝 서서[977] 어리석은 듯하고 귀가 먹은 듯하다면, 조금 가까운
면이 있다.

　삶과 죽음 속에서 널리 지식을 배우고 복을 구하고 지혜를 구한다면,
마침내 이익은 없고 지식과 이해의 경계 위에서 떠돌다가 삶과 죽음의 바
닷속으로 돌아갈 것이다.

　부처는 구함이 없는 사람이니 구하면 어긋나고, 도리(道理)는 구함 없는
도리이니 구하면 잃는다.

　그러나 만약 구함 없음에 집착한다면, 다시 구함 있음과 같아질 것이다.

　이 법은 진실하지도 않고 허망하지도 않다.

　만약 일생 동안 마음이 나무나 돌과 같아서 오온·십팔계·오욕(五欲)·
팔풍(八風)에 휩쓸리지 않을 수 있다면, 삶과 죽음의 원인이 끊어져서 가

---

974 『사가어록』 제3권 「백장광록」에는 이 구절 앞에 다음의 구절이 부가되어 있다 : 무릇 도를 배우
　　는 사람이(夫學道人)

975 칭(稱) : 부합하다. 들어맞다. 칭의(稱意), 칭정(稱情) 등으로 사용함.

976 명문(名聞) : 명성(名聲). 이름이 널리 알려짐.

977 올이(兀爾) : ①고요히 멈춘 모습. ②아둔한 모습. 어두운 모습. 혼미한 모습. ③우뚝 서서 움직이
　　지 않는 모습.

고 머묾에 자유로울 것이고 모든 유위(有爲)의 인과(因果)에 얽매이지 않을 것이다.

뒷날 다시 얽매임 없는 몸과 같아져서 중생들을 이롭게 하고, 얽매임 없는 마음으로써 모든 마음에 응하고 얽매임 없는 지혜로써 모든 결박을 푼다면, 분명히 병에 응하여 약을 쓸 수 있을 것이다.”[978]

若遇種種苦樂, 不稱意事, 心無退屈, 不念名聞衣食, 不貪一切功德利益, 不爲世法之所滯. 心雖親受苦樂, 不干于懷, 麤食接命, 補衣禦寒暑, 兀兀如愚如聾相似, 稍有相親分. 於生死中, 廣學知解, 求福求智, 於理無益, 卻被解境風飄, 卻歸生死海裏. 佛是無求人, 求之卽乖, 理是無求理, 求之卽失. 若取於無求, 復同於有求. 此法無實無虛. 若能一生, 心如木石相似, 不爲陰界五欲八風之所漂溺, 卽生死因斷, 去住自由, 不爲一切有爲因果所縛. 他時還與無縛身同利物, 以無縛心, 應一切心, 以無縛慧, 解一切縛, 亦能應病與藥.”

물었다.

“지금 계(戒)를 받아 몸과 입이 깨끗하고 온갖 선(善)을 갖추었다면, 해탈할 수 있습니까?”

백장이 답했다.

“조금은 해탈하겠으나, 마음의 해탈은 얻지 못하고 모든 해탈도 얻지 못한다.”

물었다.

“어떤 것이 마음의 해탈입니까?”

백장이 답했다.

“부처를 구하지도 않고, 지식을 구하지도 않고, 더럽거나 깨끗하다는

---

978 이 내용은 『경덕전등록』과 『사가어록』 제3권 「백장광록(百丈廣錄)」에도 동일하게 나온다.

분별의식이 사라지고, 다시 구함이 없는 것을 옳다고 지키지도 않고, 의식이 사라진 곳에 머물지도 않고, 지옥의 구속을 두려워하지도 않고, 천당의 즐거움을 좋아하지도 않고, 어떤 것에도 얽매이지 않는다면, 비로소 해탈하여 장애가 없다고 일컬으니, 그렇다면 몸과 마음과 모든 것을 전부 일러 해탈이라고 한다.

그러나 그대는 '선한 행위를 할[979] 이유가 조금은 있으므로 그렇게 하면 된다[980]고 생각한다.'[981]라고 말하지 마라. 갠지스강의 모래알만큼 많은 무루(無漏)의 계정혜(戒定慧)가 있다고 하더라도, 털끝만큼도 관계가 없다.

힘써 맹렬히 노력하여 빨리 공부하고,[982] 귀가 먹고 눈이 어둡고 머리가 하얗게 세고 피부가 쭈글쭈글해질 때까지 기다리지 마라. 늙음의 괴로움이 몸에 닥치면 눈에는 눈물이 흐르고 마음속은 허둥대며[983] 갈 곳이 없을 것이니, 이러한 때에 이르면 손발도 말을 듣지 않을 것이다.

설사 복과 지혜가 있고 보고 들은 것이 많다고 하더라도 전혀 구제받지 못할 것이니, 마음의 눈이 아직 열리지 않아서 오직 온갖 경계를 생각으로 분별할[984] 뿐 자기 마음을 되돌아볼[985] 줄 모르고 또 불도(佛道)를 보지도 못하기 때문이다.

일생 동안 가지고 있었던 악업(惡業)이 모두 앞에 나타나면 즐거워하기도 하고 두려워하기도 하지만, 육도(六道)의 오온(五蘊)이 위엄 있고 아름다

---

979 계선(戒善) : 악행을 하지 말고 선행을 하면 천상에 태어난다는 시계천(施戒天)의 가르침. 일반적으로는 선한 원인에는 선한 결과가 따르고 악한 원인에는 악한 결과가 따른다는 가르침을 말한다.

980 변료(便了) : -하면 된다. -뿐이다.

981 장위(將爲) : -라고 여기다. -라고 알다. -라고 인정하다.

982 조여(早與) : 이르게 하라. 빨리 하라. 앞서라. 여(與)는 뜻 없는 접미사.

983 장황(惝恍) : 당황하다. 허둥대다. =장황(張皇), 장광(惝狂), 장광(獐狂).

984 연념(緣念) : 대상을 생각하는 것. 생각하는 것. 대상을 인식하는 것.

985 반조(返照) : ①눈길을 돌려 내면을 비추어 본다는 반시내조(返視內照)의 준말. 자기 마음을 되돌아보다. 자기의 본성을 되돌아보다. ②해 질 녘에 되비치는 석양을 가리킴.

운 주택·선박·수레 등을 모두 나타낸다.

그 밝은 빛이 뚜렷이 나타나는[986] 것은 자기의 마음이 탐내고 좋아하도록 내버려두기 때문에 보이는 것들이 모두 변하여 아름다운 경계가 되고, 보이는 것을 따라 거듭 머물며 새로 태어나니 자유로울 까닭이 조금도 없고 용이 될지 가축이 될지 양민이 될지 천민이 될지는 전혀 정해지지 않는다."[987]

僧云: "如今受戒身口淸淨, 已具諸善, 得解脫否?" 答: "少分解脫, 未得心解脫, 未得一切解脫." 云: "如何是心解脫?" 答: "不求佛, 不求知解, 垢淨情盡, 亦不守此無求爲是, 亦不住盡處, 亦不畏地獄縛, 不受天堂樂, 一切法不拘, 始名爲解脫無礙, 卽身心及一切, 皆名解脫. 汝莫言有少分戒善, 將謂便了. 有恒沙無漏戒定慧門, 都未涉一毫在. 努力猛作早與, 莫待耳聾眼暗, 頭白面皺. 老苦及身, 眼中流淚, 心裏憛惶, 未有去處, 到恁麼時, 整理手脚不得也. 縱有福智多聞, 都不相救, 爲心眼未開, 唯緣念諸境, 不知返照, 復不見佛道. 一生所有惡業, 悉現在前, 或欣或怖, 六道五蘊, 盡見嚴好舍宅, 舟舫車轝. 光明顯赫, 爲縱自心貪愛, 所見悉變爲好境, 隨見重處受生, 都無自由分, 龍畜良賤, 亦總未定."

물었다.

"어떻게 자유를 얻습니까?"

백장이 답했다.

"지금 오욕(五欲)[988]·팔풍(八風)[989]을 대하여 마음에 취하거나 버림이 없

---

986 죽음에 이르러 육도로 윤회하는 장면을 묘사한 것이다.

987 이 내용은『경덕전등록』과『사가어록』제3권「백장광록(百丈廣錄)」에도 동일하게 나온다.

988 오욕(五欲): 색욕(色欲)·성욕(聲欲)·향욕(香欲)·미욕(味欲)·촉욕(觸欲) 등 다섯 가지 욕망을 가리키거나, 재욕(財欲)·색욕(色欲)·음식욕(飮食欲)·명예욕(名譽欲)·수면욕(睡眠欲) 등의 다섯을 가리킨다.

989 팔풍(八風): 수행자의 마음을 흔들리게 하는 8가지 장애. 이(利)·쇠(衰)·훼(毁)·예(譽)·칭(稱)·

고 더러움과 깨끗함을 모두 잊는다면, 해와 달이 허공에 있어서 까닭 없이 비추는 것과 같고, 마음은 나무나 돌과 같을 것이고, 또 코끼리처럼 네 가지 번뇌[990]를 끊고 건너서 다시는 가로막는 장애가 없을 것이니, 이런 사람은 천당에도 지옥에도 구속되지 않는다."[991]

問: "如何得自由?" 答: "如今對五欲八風, 情無取捨, 垢淨俱忘, 如日月在空, 不緣而照, 心如木石, 亦如香象截流而過, 更無滯礙, 此人天堂地獄, 所不能攝也."

(9) 자기에게 돌아와야

경전을 읽고 가르침의 말씀을 살펴볼 때에 그 가르침의 말씀들이 모두 순종하여 변화해[992] 자기에게로 돌아와야 한다.

만약 가르침의 말씀이라면[993] 모두 지금 깨달음의 자성(自性)을 밝힐 뿐이다.

자기가 있니 없니 하는 온갖 분별된 경계에 부림을 전혀 당하지 않으면, 곧 도사(導師)[994]이다.

기(譏)·고(苦)·낙(樂)을 합쳐 8풍이라 한다. 이(利)는 뜻에 맞는 것, 쇠(衰)는 뜻에 거스르는 것, 훼(毁)는 뒤에서 비방하는 것, 예(譽)는 뒤에서 칭찬하는 것, 칭(稱)은 면전에서 칭찬하는 것, 기(譏)는 비방하는 것, 고(苦)는 신심(身心)을 괴롭히는 것, 낙(樂)은 신심(身心)을 즐겁게 하는 것.

990 유(流): =사류(四流), 사폭류(四暴流). 폭류는 홍수가 나무·가옥 따위를 떠내려 보내는 것처럼, 선(善)을 떠내려 보낸다는 뜻에서 번뇌를 가리킨다. ①욕폭류(欲暴流). 욕계에서 일으키는 번뇌. 중생은 이것 때문에 생사계에 바퀴 돌듯 함. ②유폭류(有暴流). 색계·무색계의 번뇌. ③견폭류(見暴流). 3계의 견혹(見惑) 중에 4제(諦)마다 각각 그 아래서 일어나는 신견(身見)·변견(邊見) 등의 그릇된 견해. ④무명폭류(無明暴流). 3계의 4제와 수도(修道)에 일어나는 우치(愚癡)의 번뇌. 모두 15가지가 있음.

991 이 내용은 『경덕전등록』과 『사가어록』 제3권 「백장광록(百丈廣錄)」에도 동일하게 나온다.

992 완전(宛轉): ①정처 없이 빈둥거리며 움직이는 모습. 유유히 노니는 모습. ②빙빙 돌다. 구불구불 이어지다. 빙글빙글 감돌다. ③우여곡절이 많다. ④변통하거나 알선하다. ⑤순종하여 변화하다.

993 단시(但是): -하기만 하면. 만약 -라면. 만약 -한다면.

994 도사(導師): ①인도하는 스승. 부처님과 보살의 경칭. ②법회의 중심이 되어 법회를 이끄는 승려.

있거나 없는 온갖 분별되는 경계를 모두 확실히 알[995] 수 있는 것은 곧 금강(金剛)[996]이니, 그렇다면 자유롭게 독립(獨立)할 자격이 있다.

만약 이와 같을 수 없다면, 설령[997] 십이부경(十二部經)[998]을 외울 수 있다고 하더라도 다만 한 사람 중상만(增上慢)[999]이 될 뿐이니, 도리어 부처님을 비방하는 것이고 수행(修行)이 아니다.[1000]

師云: "讀經看敎, 語言皆須宛轉, 歸就自己. 但是一切言敎, 只明如今覺性. 自己俱不被一切有無諸法境轉, 是導師. 能照破一切有無境法, 是金剛, 即有自由獨立分. 若不能恁麼得, 縱令誦得十二韋陀經, 只成增上慢, 卻是謗佛, 不是修行.

경전을 읽고 가르침의 말씀을 살펴볼 때에 만약 세간을 본보기로 삼는다면, 이것은 좋은 일이다.

만약 도리에 밝은 사람의 주변을 헤아린다면, 이것은 비좁고 답답한 사람이다.

---

995 조파(照破): 확실히 살펴서 알다. 분명히 알다. 파(破)는 완료를 나타내는 조사.

996 금강(金剛): vajra. 금강석(金剛石)은 굳고 예리한 두 가지 덕을 가지고 있으므로, 불멸의 진여(眞如)를 가리키는 비유로 씀.

997 종연(縱然): 설사 -하더라도. 설령 -일지라도.

998 십이위타경(十二圍陀經): 위타(圍陀)는 veda의 음역. 베다는 인도 바라문교 사상의 근본 성전이며 가장 오래된 경전을 가리키는 말이지만, 여기의 십이위타경(十二圍陀經)은 불교의 십이부경(十二部經)을 가리킨다. 십이부경은 석가모니의 가르침을 그 성질과 형식에 따라 구분하여 12부로 분류하여 놓은 불교 경전으로서 십이분경(十二分經)·십이분교(十二分敎)라고도 한다.

999 증상만(增上慢): 깨달음을 얻지 못하고서도 얻었다고 생각하여 잘난 체하는 거만함. 분별하고 이해하여 개념으로 불법을 아는 사람을 가리킴.

1000 『천성광등록』 「백장어록」에는 이 뒤에 다음의 문구가 붙어 있다: 다만 모든 소리와 색깔을 벗어나고 또 벗어남에도 머물지 않고 또 머물지 않는다는 생각에도 머물지 않으면, 이것이 수행이다. (但離一切聲色, 亦不住於離, 亦不住於知解, 是修行.)

십지(十地)[1001]의 지위에 있는 사람도 번뇌를 벗어나지 못하고[1002] 생사의 강으로 흘러들어 간다.[1003]

지식으로 이해하거나 말의 뜻을 추구해서는 안 된다.[1004]

이해하여 아는 것은 탐냄에 속하니, 탐냄은 변하여 병이 된다.

그런데 이제 다만 있니 없니 하는 모든 것들에서 벗어나[1005] 삼구(三句)[1006] 밖으로 빠져나간다면, 저절로 부처와 차별이 없을 것이다.

이미 자기가 부처라면, 부처가 말할 줄 모를까 봐 어찌 염려하겠는가?

다만 부처가 되지 못하고 있니 없니 하는 온갖 분별에 얽매여 자유를 얻지 못할까 두려울 뿐이다.

讀經看教, 若准世間, 是好善事. 若向明理人邊數, 此是壅塞人. 十地之人, 脫不去流, 入生死河. 但不用求覓知解語義句. 知解屬貪, 貪變成病. 只如今但離一切有無諸法, 透過三句外, 自然與佛無差. 既自是佛, 何慮佛不解語? 只恐不是佛, 被有無諸法轉, 不得自由.

1001 십지(十地) : 『화엄경』 「십지품(十地品)」에 설해져 있는 보살수행의 52위 가운데서 제41위에서 제50위까지를 가리키는데, 보살로서는 최고의 경지이다. 이 10위는 불지(佛智)를 생성하고 능히 주지(住持)하여 움직이지 아니하며 온갖 중생을 짊어지고 교화를 이롭게 하는 것이 마치 대지가 만물을 싣고 이를 기름지게 하는 것과 같으므로 지(地)라 이른다.

1002 탈불거(脫不去) : =탈불료(脫不了). 벗어날 수 없다. 모면할 수 없다. 빠져나갈 수 없다. 거(去)는 형용사나 동사 뒤에 쓰여 요(了)나 착(着)과 같은 기능을 하는 조사.

1003 『천성광등록』 「백장어록」에는 이 뒤에 다음 내용이 있다 : 만약 삼승(三乘)의 가르침이라면 모두 탐냄 · 성냄 · 어리석음 등의 병을 치료하는 약이니, 예컨대 지금 순간순간 탐냄 · 성냄 · 어리석음 등의 병이 있다면 먼저 그 병을 치료해야 한다.(但是三乘教, 皆治貪瞋等病, 秖如今念念, 若有貪瞋等病, 先須治之.)

1004 불용(不用) : ①할 필요 없다. ②하지 마라.

1005 『천성광등록』 「백장어록」에는 이 뒤에 다음 구절이 있다 : 벗어난 것에서도 벗어나(亦離於離)

1006 삼구(三句) : 앞에서 백장이 언급한 삼구(三句)는 초선(初善) · 중선(中善) · 후선(後善)인데, 초선(初善)에서는 긍정하거나 부정하는 하나의 입장을 지키고, 중선(中善)에서는 초선의 입장을 버리며, 후선(後善)에서는 초선의 입장을 버렸다는 생각[知解]마저 버리는 것이다.

이 까닭에 도리(道理)가 아직 성립하기 이전에 먼저 복덕과 지혜[1007]가 있다면 그 복덕과 지혜를 올라타고서 비천한 것 같기도 하고 고귀한 것 같기도 하겠지만, 먼저 도리를 세우고 뒤에 복덕과 지혜가 있는 것만 못하다.[1008]

그때에는 흙을 집어 황금으로 만들며, 바닷물을 바꾸어 치즈[1009]로 만들고, 수미산을 부수어 먼지로 만들며, 하나의 뜻에서 헤아릴 수 없이 많은 뜻을 이루고 헤아릴 수 없이 많은 뜻에서 하나의 뜻을 이룰 것이다.[1010]

是以理未立, 先被福智載去, 如賤使貴, 不知於理先立, 後有福智. 臨時作得主, 捉土爲金, 變海水爲酥酪, 破須彌爲微塵, 於一義, 作無量義, 於無量義, 作一義.

(10) 바라는 한 사람

운암(雲巖)이 물었다.

"스님께서는 매일 바쁘게 지내시며[1011] 누구를 위하십니까?"

1007 복지(福智) : 복혜(福慧)라고도 함. 복덕과 지혜. 공덕(功德)과 지혜.

1008 복덕과 지혜는 좋고 나쁨이 차별되니, 불이법의 깨달음 없이 복덕과 지혜만 있다면 귀함과 천함이라는 분별에 얽매인다. 깨달아서 불이법문에 들어간 사람은 복덕과 지혜 역시 불이법문에서 사용하는 방편의 차별에 불과하니 복덕과 지혜에 얽매이지 않고 복덕과 지혜를 사용할 수 있다. 이 문장은 『천성광등록』「백장어록」의 다음 문장(是以理未立, 先有福智, 被福智載, 如賤如貴, 不如先立理, 後有福智.)이 보다 뜻이 잘 통하므로 이에 따라 번역하였다.

1009 소락(酥酪) : 치즈. 우유의 단백질을 효소와 유산균으로 굳혀서 숙성시켜 만든 음식.

1010 『천성광등록』「백장어록」에서는 이 문장이 다음과 같이 되어 있다 : 만약 복덕과 지혜를 바란다면 때가 되면 얻을 수 있으니, 그때에는 황금을 집어 흙으로 만들고 흙을 집어 황금으로 만들며, 바닷물을 바꾸어 치즈로 만들고, 수미산을 부수어 먼지로 만들며, 동서남북의 바닷물을 끌어모아 한 개 털구멍 속에 집어넣고, 하나의 뜻에서 헤아릴 수 없이 많은 뜻을 이루고 헤아릴 수 없이 많은 뜻에서 하나의 뜻을 이룬다. 또한 발을 헛디뎌 전륜왕(轉輪王)이 되어 사천하(四天下)의 사람들로 하여금 매일 십선(十善)을 행하도록 한다고도 하는데, 이러한 복덕과 지혜는 헤아릴 수조차 없다. 자기가 거울처럼 깨어 있음을 일러 왕(王)이라 하고, 생각을 따라 있느니 없느니 하는 온갖 것들에 집착하면 일러 전륜왕이라고 한다.(若要福智, 臨時作得, 撮金成土, 撮土爲金, 變海水爲酥酪, 碎須彌爲微塵, 攝四大海水入一毛孔, 於一義作無量義, 於無量義作一義. 亦云失脚作轉輪王, 令四天下人一日行十善. 此福智猶不能筭. 自己鑑覺名王, 緣念着有無諸法, 名轉輪王.)

1011 구구(區區) : ①작다. 사소하다. 보잘것없다. 시시하다. ②분주하고 고생하는 모습. 바삐 지내며

백장이 말했다.

"바라는 한 사람이 있다네."

운암이 말했다.

"왜 그가 스스로 하도록 하지 않습니까?"

백장이 말했다.

"그에게는 살림살이[1012]가 없기 때문이다."

雲巖問: "和尙每日區區, 爲阿誰?" 師云: "有一人要." 巖云: "何不敎伊自作?" 師云: "渠無家活."

(11) 지장의 질문

지장(智藏)이 백장에게 물었다.

"노형은 향후에 무엇을 할 겁니까?"

백장이 손으로 주먹을 쥐었다 펴서 손의 양쪽을 보여 주자 지장이 말했다.

"또 무엇을 할 것입니까?"

백장은 손가락으로 허공을 세 번 가리켰다.

智藏問師: "老兄向後作麼生?" 師以手卷舒兩邊示之, 藏云: "更作麼生?" 師以指點空三下.

(12) 서당에 전하는 소식

고생하는 모습.

1012 가활(家活) : 가산(家産). 살림살이.

백장이 대중에게 말했다.

"서당(西堂)에게 가서 소식을 전할 한 사람이 필요하다. 누가 가겠느냐?"

오봉(五峯)이 앞으로 나와서 말했다.

"제가 가겠습니다."

백장이 말했다.

"너는 어떻게 소식을 전할 것이냐?"

오봉이 말했다.

"서당을 만나면 말하겠습니다."

백장이 말했다.

"무슨 말을 할 것이냐?"

오봉이 말했다.

"돌아와서 스님께 말씀드리겠습니다."[1013]

師謂衆曰："我要一人去, 傳語西堂. 阿誰去得?" 五峰出云："某甲去得." 師云："汝作麼生傳語?" 峰云："待見西堂卽道." 師云："道甚麼?" 峰云："卻來說似和尙."

(13) 관세음의 깨달음

백장이 보청(普請)[1014]에서 호미로 밭을 맬 때에 어떤 스님이 북소리를 듣고서 호미를 내던지고 "하! 하!" 하고 크게 웃으며 곧장 절로 돌아갔다. 이 모습을 보고서 백장이 말했다.

"훌륭하다! 훌륭하다! 이것이 바로 관세음보살이 깨달음으로 들어가

1013 설사(說似) : 말해 주다. 거사(擧似)와 같은 뜻. 여기서 사(似)는 동사의 접미사로서 '-주다[給]'의 뜻을 부가해 주는 어조사.

1014 보청(普請) : 공덕을 널리 청해 바란다는 뜻. 선림(禪林)에서 승중(僧衆)을 모이게 하여 노역에 종사(作務)시키는 것. 선원(禪院)의 수행자가 모여 노역에 종사하는 것. 대중 울력.

는[1015] 문이다."

이윽고 그 스님을 불러 물었다.

"그대는 아까[1016] 무슨 도리를 보았는가?"

그 스님이 말했다.

"아까 배가 고팠는데, 북소리를 듣고 밥을 먹으러 갔습니다."

백장은 이에 크게 웃었다.

師因普請鋤地, 有一僧, 聞鼓鳴, 抛下鋤頭, 呵呵大笑便歸. 師云: "俊哉. 俊哉.
此是觀音入理之門." 遂喚其僧問: "汝適來見箇甚麼道理?" 云: "適來肚裏飢, 聞鼓
聲喫飯去." 師乃大笑.

(14) 부모의 죽음

한 스님이 울면서 법당(法堂)으로 올라오니 백장이 말했다.

"뭐 하느냐?"

그 스님이 말했다.

"아버지와 어머니가 모두 돌아가셨습니다. 스님께서 좋은 날을 골라
주십시오."

백장이 말했다.

"내일 너와 함께 한꺼번에 파묻어 버리겠다."

有一僧, 哭上法堂, 師云: "作甚麼?" 云: "父母俱喪. 請師選日." 師云: "明日與汝
一時埋卻."

1015 입리(入理) : 도리(道理) 즉 도(道)에 들어가다. 깨닫다.
1016 적래(適來) : 방금. 조금 전에.

(15) 옥을 품고서

어떤 스님이 물었다.

"옥(玉)을 품고서[1017] 스님께 찾아왔습니다. 스님께서 한 번 결단[1018]해 주십시오."

백장이 말했다.

"어젯밤에 남산(南山)에서 범이 호랑이[1019]를 물었다."

그 스님이 말했다.

"속이지 않고 진실하게 말하는데, 무엇 때문에 방편(方便)을 베풀지 않습니까?"

백장이 말했다.

"귀를 막고서 방울을 훔치려는 자로다."

그 스님이 말했다.

"속이 밝은 거울을 만나지 못하면, 도리어 시골집[1020]의 땔나무와 같을 것입니다."[1021]

백장이 곧장 때리자, 스님이 곡을 했다.

"아이고! 아이고!"

백장이 말했다.

"이렇게 수다스럽구나."[1022]

1017 포박(抱璞) : 옥을 품고 있다. 재능을 지니고도 때를 만나지 못하다. 춘추시대 초(楚)나라의 변화 (卞和)가 가공하지 않은 옥(玉)을 여왕(厲王)과 무왕(武王)에게 바쳤는데, 그 가치를 알아보지 못한 왕들이 변화의 발을 자르는 형벌을 준 일에서 비롯된 말.

1018 일결(一決) : ①한 번 결심하다. 한 번 결단하다. ②한 번 겨루다. ③둑이 터지다.

1019 대충(大蟲) : '충(蟲)'은 짐승[獸]을 뜻하고, 대충(大蟲)은 호랑이를 가리킨다.

1020 야사(野舍) : ①주대(周代)에 천자(天子)가 궁 밖에 나갔을 때에 머무는 곳. ②시골집.

1021 자신의 텅 빈 진여자성을 깨닫지 못하면, 잠시 불타고 덧없이 사라지는 장작과 같을 것이다.

1022 다구(多口) : 수다스럽다. 쓸데없이 말을 많이 하다.

그 스님이 말했다.

"지음(知音)[1023]을 만나기는 좀처럼 어렵구나."[1024]

그러고는 곧장 소매를 뿌리치고 나가 버렸다. 백장이 말했다.

"내가 오늘 절반[1025]은 잃었구나."[1026]

(불감(佛鑑)이 말했다. "비록 한번 영화(榮華)를 얻었으나, 한쪽 발꿈치를 베었구나.")[1027]

저녁이 되자 시자(侍者)가 물었다.

"그 스님이 긍정하지 않자 스님께서는 곧장 쉬셨습니다."

백장이 곧장 때리자 시자가 곡을 하였다.

"아이고! 아이고!"

백장이 말했다.

"지음(知音)을 만나기는 좀처럼 어렵구나."

시자가 이에 절을 하자, 백장이 말했다.

"너를 그 승려와 같은 죄로 다스린다."[1028]

僧問: "抱璞投師, 請師一決." 師云: "昨夜南山虎咬大蟲." 云: "不謬眞詮, 爲甚麼
不垂方便?" 師云: "掩耳偸鈴漢." 云: "不得中郎鑑, 還同野舍薪." 師便打, 僧云: "蒼
天! 蒼天!" 師云: "得與麼多口." 云: "罕遇知音." 拂袖便出. 師云: "百丈今日輸卻一
半."(佛鑑云: "雖得一場榮, 刖卻一雙足.) 至晚, 侍者問: "和尙被這僧不肯了便休." 師便打,
者云: "蒼天! 蒼天!" 師云: "罕遇知音." 者作禮, 師云: "一狀領過."

1023 지음(知音) : 소리를 알아듣는다는 뜻으로 자기의 속마음을 알아주는 친구를 이르는 말. 지기지
　　 우(知己之友)와 같은 뜻으로 쓰인다.

1024 한(罕) : 좀처럼 - 아니다. 드물게 -하다.

1025 일반(一半) : 절반.

1026 수(輸) : (게임에서) 지다. 패하다. 잃다. ↔영(贏).

1027 월(刖) : 발꿈치를 베이는 형벌.

1028 일장영과(一狀領過) : 한 장의 결재 서류로써 여러 사람을 같은 죄로 처리하는 것. 영과(領過)는
　　 죄를 인정하는 것.

불감(佛鑑)이 말했다.

"백장 노인이 대웅봉(大雄峯)[1029]에 홀로 앉아 기침을 하여 바람을 일으키는데, 천하에 누가 볼 수 있는가? 시자에게 들키자[1030] 곧장 양손으로 시자에게 맡겼다.[1031] 비록 이와 같으나, 양아들이 바야흐로 아버지의 사랑을 아는구나."

佛鑑云: "百丈老人, 獨坐大雄峰, 咳唾生風, 寰宇之中, 誰敢覰着? 被侍者捏着脚跟, 直得兩手分付. 雖然如此, 養子方知父慈."

(16) 부처님의 원수

어떤 스님이 물었다.

"경전에 의지하여 뜻을 아는 것은 과거 · 현재 · 미래의 모든 부처님의 원수이고, 경전의 한 글자라도 벗어나면 마귀의 말과 같습니다."

백장이 말했다.

"활용[1032]을 고수하면 과거 · 현재 · 미래의 모든 부처님의 원수이고, 이것 밖에서 따로 구하면 마귀의 말과 같다."

그 스님이 물었다.

"어떤 것이 홀로 우뚝한[1033] 일입니까?"

백장이 말했다.

1029 대웅(大雄) : 백장(百丈)을 가리킨다. 백장회해(百丈懷海)는 대웅산(大雄山)에 머물렀는데, 이 산에 솟아 있는 바위가 매우 높아 백장(百丈)이나 된다고 하여 백장산(百丈山)이라고도 불렀다. 한편으로 대웅(大雄)은 석가모니불(釋迦牟尼佛)을 가리키기도 한다.

1030 날착각근(捏着脚跟) : ①발꿈치를 붙잡다. ②내막을 파악하다.

1031 분부(分付) : ①맡기다. 당부하다. ②주다. 공급하다.

1032 동용(動用) : ①사용하다. ②일상생활에서 사용하는 기구(器具).

1033 기특(奇特) : ①기이하고 특별하다. ②매우 흡족하다. ③범어 āścarya. 홀로 우뚝한 것.

"대웅봉(大雄峯)에 홀로 앉아 있는 것이다."

스님이 절을 하자 백장은 곧장 때렸다.

僧問: "依經解義, 三世佛冤, 離經一字, 如同魔說." 師云: "固守動用, 三世佛冤, 此外別求, 則同魔說." 僧問: "如何是奇特事? 師云: "獨坐大雄峰." 僧作禮, 師便打.

설두가 노래하였다.

"조사(祖師)의 땅을 분주하게 오고가는[1034] 천마(天馬)
교화(敎化)의 문에서 펼침과 오무림이 같은 길이 아니라네.
번갯불과 부싯돌 불꽃은 임기응변을 하는[1035] 것인데
가소롭게도[1036] 사람이 와서 호랑이 수염을 쓰다듬는구나."

雪竇頌云: "祖域交馳天馬駒, 化門舒卷不同途. 電光石火存機變, 堪笑人來捋虎鬚."

3. 여산 귀종지상 선사

(1) 시중설법

여산(廬山) 귀종지상(歸宗智常)[1037] 선사가 시중(示衆)하여 말했다.

1034 교치(交馳) : 서로 분주하게 끊임없이 왕래하다.

1035 기변(機變) : 임기응변(臨機應變)하다. 즉시즉시 모든 상황에 잘 대처하다. 간교한 속임수를 쓰다.

1036 감소(堪笑) : 우습다. 가소롭다.

1037 귀종지상(歸宗智常) : 당대(唐代) 선승. 남악(南嶽) 문하. 여산(廬山) 귀종사(歸宗寺)에 머물렀다. 마조도일(馬祖道一; 709-788)에게 법을 받았다. 시호는 지진선사(至眞禪師).

"예로부터 덕 높은 스님은 지해(知解)[1038]가 없는 것이 아니었고, 저 위풍당당한 선비는 평범한 무리들과는 같지가 않았다. 요즈음 사람들은 스스로 이루고 스스로 일어설 줄 모르고, 헛되이 세월을 보내고 있다. 여러분은 마음을 잘못 쓰지 마라. 그대들을 대신할 사람도 없고 그대들이 마음 쓸 곳도 없으니, 남에게서 찾지 마라. 예전에는 다만 남에게 의지하여 이해하였으니 말하는 것이 모두 막혔던 것이다. 지혜가 빛을 발하지 못하는 이유는 단지 눈앞에 사물이 있기 때문이다."

盧山歸宗智常禪師(凡十一), 示衆云: "從上古德, 不是無知解, 他高上之士, 不同常流. 今時不能自成自立, 虛度時光. 諸子莫錯用心. 無人替汝, 亦無汝用心處, 莫就佗覓. 從前只是依他作解, 發言皆滯. 光不透脫, 只爲目前有物."

(2) 선을 말하다

시중하여 말했다.

"나는 지금 선(禪)을 말하고자 하니, 여러분은 모두 가까이 오너라."

대중이 앞으로 다가오자 귀종이 말했다.

"그대들은 관세음(觀世音)[1039]이 가는 소리를 듣고서 여러 곳에서 잘 반응

1038 여기에서 지해(知解)는 깨달음에서 나온 지혜(智慧)를 가리킨다.

1039 관세음(觀世音): Avalokiteśvara. 아박로지저습벌라(阿縛盧枳低濕伐邏)라 음역. 관자재(觀自在)·광세음(光世音)·관세자재(觀世自在)·관세음자재(觀世音自在)라 번역. 줄여서 관음(觀音). 대자대비(大慈大悲)를 근본 서원(誓願)으로 하는 보살. 미타삼존(彌陀三尊)의 하나로 아미타불의 왼쪽 보처(補處). 관세음이란 세간의 음성을 관하는 이라는 뜻. 관자재라 함은 지혜로 관조(觀照)하므로 자재한 묘과(妙果)를 얻은 이라는 뜻. 또 중생에게 온갖 두려움이 없는 무외심(無畏心)을 베푼다는 뜻으로 시무외자(施無畏者)라 하고, 자비를 위주하는 뜻으로 대비성자(大悲聖者)라 하며, 세상을 구제하므로 구세대사(救世大士)라고도 한다. 이 보살이 세상을 교화함에는 중생의 근기에 맞추어 여러 가지 형체로 나타난다. 이를 보문시현(普門示現)이라 하며, 33신(身)이 있다고 한다. 왼손에 든 연꽃은 중생이 본래 갖춘 불성(佛性)을 표시하고, 그 꽃이 핀 것은 불성이 드러나서 성불한 뜻이고, 그 봉오리는 불성이 번뇌에 물들지 않고 장차 필 것을 나타낸다. 그 종류로는 6관음(성·천수·마두·십일면·준제·여의륜)이 보통, 그중 성관음(聖觀音)이 본신이고, 다른 것은 보문시현의 변화신. 그 정토(淨土) 또는 있는 곳을 보타락가(補陀落迦, Potalaka)라고 하나, 원래 『화엄경』

하는구나."

어떤 스님이 물었다.

"어떤 것이 관세음이 가는 소리입니까?"

귀종이 손가락을 튕기고서 말했다.

"들리느냐?"

스님이 말했다.

"들립니다."

귀종이 말했다.

"이 한 무리의 사나이들이 여기에 와서 무엇을 찾는가?"

이어서 몽둥이를 휘둘러 대중을 내쫓고는[1040] 크게 웃으며 방장으로 돌아갔다.

示衆云: "吾今欲說禪, 諸子總近前." 大衆進前, 師云: "汝聽觀音行, 善應諸方所." 僧問: "如何是觀音行?" 師彈指云: "還聞麼?" 僧云: "聞." 師云: "這一隊漢, 來這裏覓甚麼?" 以棒趁下, 大笑歸方丈.

(3) 냄비를 발로 차다

귀종이 남전(南泉)과 작별하며 차를 끓일 때에 남전이 물었다.

"예전에 사형(師兄)과 언구(言句)를 따져 보고서[1041] 서로를 이미 알고 있습니다. 이후에 어떤 사람이 묻는다면 결국 어떻게 해야 할까요?"

에 남인도 마뢰구타국의 보타락가라 한 것이 처음이고, 중국에서는 절강성의 주산도(舟山島)를 보타락가라 하였다.

1040 진하(趁下) : 쫓아내다.

1041 상량(商量) : ①시장에서 물건을 사고팔 때에 저울로 달아 그 값을 따져 헤아리는 것을 말한다. 값을 흥정하다. 값을 따지다. 값을 매기다. ②헤아리다. 따지다. ③상의하다. 의논하다. 상담하다. ④이해하다.

귀종이 말했다.

"이 한 뙈기 땅은 암자를 지을 만하군요."

남전이 말했다.

"암자 짓는 것은 우선 놓아두고, 결국 어떻게 해야 할까요?"

귀종이 차 끓이는 냄비를 발로 차서 엎어 버리니 남전이 말했다.

"사형은 차를 다 마셨지만, 나는 아직 안 마셨소."

귀종이 말했다.

"이렇게 말을 해서야 물 한 방울도 소화시키기 어렵소."

이에 남전은 그만두었다.

師與南泉相別, 煎茶次, 泉問: "從前與師兄, 商量言句, 彼此已知. 向後有人問, 畢竟作麽生?" 師云: "這一片田地, 好卓庵." 泉云: "卓庵且致, 畢竟事作麽生?" 師踢翻茶銚, 泉云: "師兄喫茶了, 某甲未喫茶." 師云: "作此語話, 滴水也難消." 泉休去.

(4) 활을 쏘다

운암(雲巖)이 와서 인사를 올리니 귀종은 그를 보고서 곧장 활을 쏘는 시늉을 하였다. 운암은 한동안 말없이 있다가 칼을 빼는 시늉을 하였는데, 귀종이 말했다.

"너무 느리다."

雲巖來參, 師見便作彎弓勢. 嵒良久, 作拔劍勢, 師云: "大遲生."

(5) 뱀을 낫으로 자르다

귀종이 풀을 깎고 있을 때에 어떤 좌주(座主)가 찾아왔는데, 그때 뱀 한 마리가 지나가는 것을 보고서 귀종이 낫으로 뱀을 잘라 버리자 좌주가 말했다.

"오랫동안 귀종의 명성을 들었는데, 원래 단지 거친 사문(沙門)이었구나."

귀종이 좌주를 돌아보고서 물었다.

"그대가 거친가, 내가 거친가?"

좌주가 물었다.

"어떤 것이 거친 것입니까?"

귀종은 낫을 세웠다. 좌주가 물었다.

"어떤 것이 부드러운 것입니까?"

귀종은 낫으로 뱀을 자르는 시늉을 하였다. 좌주가 말했다.

"그렇다면 그에 따라 그렇게 하세요."

귀종이 말했다.

"그에 따라 그렇게 하는 것은 우선 놓아두고, 그대는 어디에서 내가 뱀을 자르는 것을 보았는가?"

좌주는 대답이 없었다.

師鏟草次, 有座主來參, 偶一條蛇過, 師以鋤斷之, 主云: "久響歸宗, 元來只是箇麤行沙門." 師顧座主云: "汝麤? 我麤?" 主問: "如何是麤?" 師豎起鋤頭. 云: "如何是細?" 師作斷蛇勢. 云: "與麼則依而行之." 師云: "依而行之且置, 汝甚麼處見我斬蛇?" 主無對.

설봉(雪峰)이 덕산(德山)에게 물었다.

"옛 사람이 뱀을 벤 뜻이 무엇입니까?"

덕산이 곧장 때리니 설봉은 바로 도망갔다. 덕산이 불렀다.

"스님!"[1042]

설봉이 머리를 돌리자 덕산이 말했다.

"언젠가 깨달으면 나의 철저한 노파심(老婆心)[1043]을 비로소 알 것이다."

설두(雪竇)가 말했다.

"귀종은 단지 처음 조심할 줄만 알 뿐, 끝까지 잘 보호할 줄은 모른다. 덕산은 명령을 수행할[1044] 줄 모르니, 뱀을 벤 일을 아직 밝히지 못했구나."

이어서 말했다.

"대중은 보아라. 나는 오늘 뱀을 서너 너덧 마리나 베었다."

그리고는 주장자를 집어 들고 때려서 대중을 흩어지게 했다.

雪峰問德山: "古人斬蛇, 意旨如何?" 山便打, 峰便走. 山召云: "布衲子!" 峰回首, 山云: "他時悟去, 方知老漢徹底老婆心."

雪竇云: "歸宗只會愼初, 不能護末. 德山頗能據令, 未明斬蛇." 乃云: "大衆看, 雪竇今日斬三五條." 拈拄杖, 打散大衆.

(6) 나물을 캐다가

귀종이 보청(普請)에서 나물을 캐고 있을 때에 귀종은 하나의 동그라미를 그리고서 나물 한 뿌리를 가지고 그 주위를 둘렀다. 대중이 모두 한마디씩 하였지만, 귀종의 뜻에 들어맞지 못했다. 귀종이 이윽고 그 나물을

1042 포납자(布衲子) : 포납은 목화나 마(麻)의 조잡한 가사(袈裟)로 포납의(布衲衣)와 동일하게 쓰이고, 변하여 보통 이것을 입는 스님을 이른다.

1043 노파심(老婆心) : 할머니가 손자를 생각하듯이, 지나칠 정도로 남의 일을 걱정하는 마음.

1044 파(頗) : ①불가(不可). 파(叵)와 통용. ②대략. 확실치 않은 추측을 표시. 약(約), 가(可)에 해당. ③-란 말인가? -하겠느냐? 추측하여 반문하는 뜻의 의문부사 가(可)에 해당.

집어던지고 주장자를 집어서 대중을 때려 내쫓고는 말했다.

"이 한 무리의 사내들 속에 지혜 있는 자가 한 사람도 없구나."

師普請取茱次, 師劃一圓相, 圍卻一株茱. 衆皆下語, 不契師意. 師遂拔卻茱, 拈拄杖打趁云: "這一隊漢, 無一箇有智慧."

(7) 현묘한 뜻

어떤 스님이 물었다.

"어떤 것이 현묘한 뜻입니까?"

귀종이 말했다.

"이해할 수 있는 사람이 없다."

그 스님이 물었다.

"향하면 어떻습니까?"

귀종이 말했다.

"향하면 어긋난다."

그 스님이 물었다.

"향하지 않으면 어떻습니까?"

귀종이 말했다.

"누가 현묘한 뜻을 구하느냐?"

그 스님이 말이 없자 귀종이 말했다.

"이제 그대가 마음 쓸 곳이 없을 것이다."

그 스님이 말했다.

"학인이 깨달아 들어가도록 하는 방편이 어찌 없겠습니까?"

귀종이 말했다.

"관세음(觀世音)의 묘한 지혜의 힘은 세간의 고통을 구할 수 있다."

그 스님이 물었다.

"어떤 것이 관세음의 묘한 지혜의 힘입니까?"

귀종이 솥뚜껑을 세 번 두드리고는 말했다.

"들리느냐?"

그 스님이 말했다.

"들립니다."

귀종이 말했다.

"나에게는 왜 들리지 않을까?"

그 스님이 말이 없자, 귀종은 몽둥이를 집어서 그 스님을 쫓아내었다.

僧問: "如何是玄旨?" 師云: "無人能會." 云: "向者如何?" 師云: "有向卽乖." 云: "不向者如何?" 師云: "誰求玄旨?" 僧無語, 師云: "去無汝用心處." 云: "豈無方便令學人得入?" 師云: "觀音妙智力, 能救世間苦." 云: "如何是觀音妙智力?" 師敲鼎蓋三下云: "還聞麼?" 云: "聞." 師云: "我何不聞?" 僧無諸, 師拈棒趁下.

(8) 일미선(一味禪)

제자인 대우(大愚)가 작별 인사를 드리자 귀종이 물었다.

"어디로 가느냐?"

대우가 말했다.

"여러 곳으로 오미선(五味禪)을 배우러 갑니다."

귀종이 말했다.

"여러 곳에는 오미선이 있지만, 나의 여기에는 일미선(一味禪)이 있는데 왜 배우지 않느냐?"

대우가 물었다.

"어떤 것이 스님의 일미선입니까?"

귀종이 갑자기[1045] 때리자 대우는 즉시 크게 깨달았다. 그리하여 말했다.

"아![1046] 알겠습니다. 알겠습니다."

귀종이 재촉하여 말했다.

"말해라. 말해라."

대우가 머뭇거리며 입을 열려고 하자, 귀종이 다시 때려서 즉시 내쫓았다.

師因小師大愚辭, 師問: "甚處去?" 云: "諸方學五味禪去." 師云: "諸方有五味禪, 我這裏有一味禪, 爲甚不學?" 云: "如何是和尙一味禪?" 師劈口便打, 愚當下大悟. 乃云: "嗄! 我會也. 我會也." 師急索云: "道. 道." 愚擬開口, 師又打, 即時趁出.

설두가 말했다.

"강한 자가 약한 자를 능가하는데 무슨 어려움이 있겠는가? 나의 여기에는 일미선(一味禪)이 있는데 왜 배우지 않느냐?"

雪竇云: "以强凌弱, 有甚麼難? 我這裏, 有一味禪, 爲甚不學? 但向道收, 待伊拈起, 有般無眼漢, 只管喫. 咄! 咄! 雪竇門下誰敢?"

(9) 군자인가 소인인가

귀종이 벽에 진흙을 바를 때에 백사인(白舍人)[1047]이 왔는데, 귀종이 물었다.

1045 벽구(劈口) : ①갑자기. 급작스레. ②갑자기 입을 열다.

1046 사(嗄) : 의문이나 깨달음을 나타내는 감탄사. =아(啊).

1047 백사인(白舍人) : 백거이(白居易; 772-846)를 가리킨다. 백거이는 중국 당(唐)나라 시인(詩人). 자는 낙천(樂天), 호는 향산거사(香山居士), 시호는 문(文). 하남성(河南省) 신정현(新鄭縣) 사람. 한림학사

"군자(君子) 선비입니까, 소인(小人) 선비입니까?"

백사인이 말했다.

"군자 선비입니다."

귀종이 진흙 그릇을 한 번 두드리자 백사인은 곧장 진흙을 건네주었다. 귀종은 진흙을 받아서 벽에 바르면서 한동안 말이 없다가 물었다.

"시원스럽고 재빠른 백시랑(白侍郎) 아닙니까?"[1048]

백사인이 말했다.

"그렇습니다."[1049]

귀종이 말했다.

"진흙을 건네줄 처지에 있을 뿐이로군요."

師泥壁次, 白舍人來, 師問: "君子儒? 小人儒?"云: "君子儒." 師打泥盤一下, 白便過泥. 師接泥便用, 良久問: "莫是俊快底白侍郎麼?"白云: "不敢." 師云: "只有過泥分."

(10) 수미산을 겨자씨에

이발(李渤)[1050] 자사(刺史)가 물었다.

"경전에서 말하는 '수미산에 겨자씨를 넣는다.'는 것은 제가 의심하지 않습니다만, '겨자씨에 수미산을 넣는다.'는 말은 헛소리가 아닙니까?"

귀종이 말했다.

(翰林學士)·좌습유(左拾遺)·낭중(郎中)·중서사인(中書舍人)·항주자사(杭州刺史)·소주자사(蘇州刺史)·비서감(秘書監)·형부시랑(刑部侍郎)·하남윤(河南尹)·태자빈객분사(太子賓客分司)·태자소부분사(太子少傅分司)·형부상서(刑部尙書) 등 많은 벼슬을 하였다. 그러나 백거이는 문학 창작을 삶의 보람으로 여겼다. 그는 대략 3,840편에 달하는 많은 작품을 창작했다.

1048 막시(莫是) - 마(麼) : -가 아닌가? -인가?

1049 불감(不敢) : (상대방의 초대나 칭찬이나 인정에 대하여 겸손하게 긍정하는 말) 송구스럽게도 (그렇습니다).

1050 이발(李渤) : 강주(江州)의 자사(刺史). 독서를 좋아해 만 권의 책을 읽었다고 하여 이만권(李萬卷)이라는 별명으로 불렸다.

"사람들이 말하기를 당신은 책을 만(萬) 권이나 읽었다고 하던데 맞습니까?"

이발이 말했다.

"맞습니다."

귀종이 말했다.

"정수리에서 발꿈치까지[1051] 야자(椰子)나무[1052]만 한 크기인데, 만 권의 책은 어디에 두었습니까?"

이발은 머리를 숙이고서[1053] 말이 없었다.

李渤刺史問: "敎中道, 須彌納芥子, 渤卽不疑, 芥子納須彌, 莫是妄談否?" 師云: "人傳使君讀萬卷書, 是否?" 云: "然." 師云: "摩頂至踵, 如椰子大, 萬卷書向甚麼處着?" 李俛首而已.

(11) 팔만대장경

이발(李渤)이 물었다.

"팔만대장경은 어떤 일을 밝힌 것입니까?"

귀종이 주먹을 세워 보여 주고는 말했다.

"알겠습니까?"

이발이 말했다.

"모르겠습니다."

귀종이 말했다.

1051 마정지종(摩頂至踵) : =마정방종(摩頂放踵). 마정방종(摩頂放踵)은 머리끝부터 발끝까지 갈아서 벗겨지다. 고생을 사양하지 않고 남을 위하여 자신을 희생함을 가리킴. 여기에서는 머리끝에서 발끝까지 모두 합친 크기라는 뜻.

1052 야자(椰子) : 야자나무. 야자신(椰子身)은 야자나무만 한 몸이라는 뜻으로 신체가 왜소함을 이름.

1053 부수(俛首) : 머리를 숙이다. 공손함, 부끄러움, 깊은 생각, 죄를 자복(自服)하는 모양 등을 나타냄.

"학식이 풍부하고 큰일을 하는 사람[1054]이 주먹도 알지 못합니까?"

이발이 말했다.

"저는 진짜 알지 못합니다."

귀종이 말했다.

"사람을 만나면 길을 가다가도[1055] 즐길[1056] 것이고, 사람을 만나지 못하면 세제(世諦)[1057]를 퍼뜨릴 것입니다."

李問: "一大藏教, 明甚麼邊事?" 師舉拳示之云: "會麼?" 云: "不會." 師云: "飽學措大, 拳頭也不識?" 云: "某甲實不會." 師云: "遇人卽途中受用, 不遇人卽世諦流布."

4. 명주 대매법상 선사

(1) 마음이 부처다

명주(明州)의 대매법상(大梅法常)[1058] 선사는 양양(襄陽)의 정(鄭)씨 아들이

1054 조대(措大) : 조대가(措大家)라고도 하는데, '큰일을 처리할 수 있는 사람'이라는 뜻이다. 이 말의 유래를 보면, 한무제(漢武帝)가 반고(班固)에게 명하여 한나라의 역사를 쓰게 했는데, 반고는 이 저작을 완성하지 못하고 죽었고, 그 뒤 반고의 딸인 조수(曹守)의 처(妻)가 문장에 능하고 배운 것이 많다는 사실을 알고 무제(武帝)가 그 딸에게 명하여 아버지의 작업을 완성하도록 하고는 그 딸을 일러 '큰일을 할 만한 사람' 즉 조대가(措大家)라 하였다. 그 뒤로 문장에 능하고 배운 것이 많은 사대부(士大夫)를 조대 혹은 조대가라 일컬었다. 조대가에 이처럼 긍정적인 뜻이 있지만, 한편으로는 '생각만 크고 실제 행동은 따르지 못하는 사람' 혹은 '글만 읽고 세상 경험이 없는 서생(書生)'을 조롱하거나 스스로 겸손의 뜻으로 사용하기도 한다.

1055 도중(途中) : =도중(道中). ①길을 가는 중간. ②길 위. 노상(路上).

1056 수용(受用) : ①누리다. 향유하다. 법을 얻어서 그 법을 누리고 향유한다는 말. ②이익을 얻다. ③운용하다. 사용하다.

1057 세제(世諦) : 속제(俗諦)라고도 함. 세(世)는 세속이라는 뜻이고, 제(諦)는 진실한 도리라는 뜻. 세속 사람들이 아는 도리, 곧 세간 일반에서 인정하는 진리. 반대는 진제(眞諦) 혹은 승의제(勝義諦)라고 한다.

1058 대매법상(大梅法常) : 752-839. 당대(唐代) 선승(禪僧). 마조도일의 법을 이은 제자. 대매산에 머물렀다. 속성은 정(鄭)씨. 호북성(湖北省) 양양(襄陽) 출신. 마조도일의 지도로 깨달음을 얻고서 절

다. 법상이 마조에게 물었다.

"어떤 것이 부처입니까?"

마조가 말했다.

"이 마음이 부처다."

법상은 그 말을 듣자마자 크게 깨달았다. 뒤에 매자진(梅子眞)[1059]에 오래
숨어 있다가 드디어 살 곳을 정했다.[1060]

明州大梅法常禪師(凡十三), 襄陽鄭氏子. 問馬大師: "如何是佛?" 馬大師云: "卽心
是佛." 師於言下大悟. 後於梅子眞舊隱, 而卜居焉.

(2) 산에 머물다

염관(鹽官)[1061] 문하의 한 스님이 주장자로 쓸 나무를 찾아서 산을 헤매다
가 법상이 머무는 암자에 당도하여 물었다.

"스님은 이 산에 얼마나 오래 머물렀습니까?"

법상이 말했다.

"사방의 산이 푸르렀다 누렇게 되었다 하는 것을 보았을 뿐입니다."

그 스님이 다시 물었다.

"산을 내려가려면 어디로 가야 합니까?"

법상이 말했다.

강성(浙江省) 여요(余姚)의 남쪽에 있는 대매산(大梅山)에서 30년 동안 혼자 은거하였다. 염관제안
(塩官齊安) 문하의 스님에게 발견되어 세상에 알려지는 바람에 많은 사람들이 찾아오자 드디어
절을 지어 호성사(護聖寺)라 칭하고 학도들을 지도하였다. 법제자에 항주천룡(杭州天龍), 신라가
지(新羅迦智), 신라충언(新羅忠彦) 등이 있음. 『명주대매산상선사어록(明州大梅山常禪師語錄)』 1권이
남아 있음.

1059 매자진(梅子眞): 대매산(大梅山)을 가리킨다.

1060 복거(卜居): 살 만한 곳을 가려서 정하다.

1061 염관제안(鹽官齊安).

"개울을 따라 내려가시오."

그 스님이 돌아와서 염관에게 이 이야기를 하니 염관이 말했다.

"내가 강서(江西)¹⁰⁶²에 있을 때에 한 스님을 만난 적이 있는데, 그 뒤로 소식을 알지 못했다. 혹시 그 사람이 아닐까?"

그리하여 그 스님을 보내어 법상을 초대하였는데, 법상은 가지 않고 게 송을 보냈다.

"낡아서 쓸모없는¹⁰⁶³ 고목나무가 겨울 숲에 있으니

몇 번이나 봄을 만나도 마음이 변하지 않는구나.

나무꾼이 찾아와도 오히려 돌아보지 않는데

친구¹⁰⁶⁴가 어찌 지나치게¹⁰⁶⁵ 따지고 캐는가?"¹⁰⁶⁶

鹽官有一僧, 採拄杖迷路, 到師庵, 乃問: "和尙住此山多少時?" 師云: "只見四山 靑又黃." 云: "出山路, 向甚麽處去?" 師云: "隨流去." 僧回擧似鹽官, 官云: "我在江 西時, 曾見此一僧, 自後不知消息. 莫是他否?" 遣僧招之, 師答以偈云: "摧殘枯木 倚寒林, 幾度逢春不變心. 樵客遇之猶不顧, 郢人那得苦追尋?"

(3) 매실이 익었구나

1062 강서(江西) : 마조도일이 머물던 곳.

1063 최잔(摧殘) : ①심한 손상을 주다. 학대하다. 박해하다. ②모욕을 주다. 굴욕을 주다. ③손상. 학 대. ④훼손되다. 낡아서 못 쓰게 되다.

1064 영인(郢人) : ①영(郢) 땅 사람. 초(楚)나라 사람. 영(郢)은 지금의 호북성(湖北省) 강릉현(江陵縣)인 데, 춘추전국시대에는 초(楚)나라 도성(都城)이었다. ②노래를 잘하는 사람. 유행가를 잘 부르는 사람. 영곡(郢曲)은 초나라 사람들의 노래로서 유행가를 가리킨다. ③자기의 재능을 알아주는 친구를 비유하는 말. 『장자(莊子)』「서무귀(徐無鬼)」에 나오는 이야기. 초(楚)나라 영(郢) 땅 사람이 자기 코끝에 백토(白土)를 파리 날개처럼 얇게 바르고는 친구인 장인(匠人) 석(石)에게 떼어 달라 고 하니, 석이 자귀를 휘둘러 백토만 떼어 내고 코는 다치지 않았으며, 그 사람도 친구의 실력 을 믿고서 불안해하지 않고 태연히 있었다는 고사에서 유래함.

1065 고(苦) : ①(부사) 꾸준히. 끈기있게. ②극력. ③지나치게.

1066 추심(追尋) : ①추적하다. ②따지다. ③캐다.

마조 대사가 한 스님을 법상에게 보내어 묻게 하였다.

"스님은 마대사를 만나 무엇을 얻었기에 곧장 이 산에 머물고 계십니까?"

법상이 말했다.

"마대사가 나에게 말하기를 '이 마음이 곧 부처이다.'라고 하였는데, 나는 곧장 여기에 와서 머물고 있습니다."

그 스님이 말했다.

"마대사의 요즈음 불법(佛法)은 다릅니다."

법상이 물었다.

"어떻게 다릅니까?"

그 스님이 말했다.

"마음도 아니고 부처도 아니라고 말씀하십니다."

법상이 말했다.

"이 노인네가 사람을 현혹시키는[1067] 것이 끝날 날이 없구나. 그가 마음도 아니고 부처도 아니라고 말하든 말든 나의 여기에서는 다만 이 마음이 곧 부처일 뿐입니다."

그 스님이 돌아와서 마조에게 그대로 말하자, 마조가 말했다.

"매실이 익었구나."

馬大師, 遣僧問師云:"和尙見馬大師, 得箇甚麼, 便住此山?"師云:"馬大師向我道, 卽心是佛, 我便向這裏住."僧云:"馬大師, 近日佛法又別也."師云:"作麼生別?"僧云:"又道非心非佛."師云:"這老漢, 惑亂人, 未有了日. 任他非心非佛, 我這裏只管卽心卽佛."僧回擧似馬大師, 大師云:"梅子熟也."

1067 혹란(惑亂) : 혼란하게 만들다. 현혹(眩惑)시키다. 정신을 빼앗아 하여야 할 바를 잊어버리도록 만들다.

(4) 방거사의 방문

　방거사(龐居士)가 그 소식을 듣고서 법상의 진실이 어떤지를 시험해 보고자 하여 일부러 법상의 암자로 찾아가 법상에게 캐물었는데, 법상을 만나자마자 곧장 말했다.
　"오랫동안 큰 매실의 명성을 들었는데, 매실이 익었습니까?"
　법상이 말했다.
　"당신은 어디에다 입을 댑니까?"[1068]
　방거사가 말했다.
　"산산조각으로 부서지는군요."[1069]
　법상이 손을 뻗으면서 말했다.
　"씨는 나에게 돌려주시오."
　방거사는 말이 없었다.

　龐居士聞之, 欲驗師眞實, 特往勘之, 纔見便問: "久響大梅, 未審梅子熟也未?" 師云: "汝向甚麼處下口?" 士云: "百雜碎." 師伸手云: "還我核子來." 士無語.

(5) 근본만 밝혀라

　대매 선사가 법좌에 올라 대중에게 말했다.
　"그대들은 각자 마음을 돌려 근본에 통달하고 말단을 뒤쫓지는 마라. 근본을 얻기만 하면 말단은 저절로 따라온다. 근본을 알고자 한다면, 자기 마음을 밝히기만 하면 된다. 이 마음이 원래 모든 세간법과 출세간법

1068　하구(下口) : ①입을 열다. 말을 하다. =개구(開口). ②입을 대다. 입을 대어 먹다. ③반찬. 부식(副食). 술안주. ④입가심. ⑤강물이 바다로 흘러들어 가는 어귀.
1069　백잡쇄(百雜碎) : 산산조각 나다. 산산조각으로 부서지다. 가루로 만들다.

의 근본이기 때문이다. 마음이 생기면 온갖 법이 생기고, 마음이 사라지면 온갖 법도 사라진다. 마음이 좋거나 나쁜 어떤 일에도 전혀[1070] 기대지 않고 생기면, 만법은 본래 스스로 여여하다."

示衆云: "汝等各自回心達本, 莫逐其末. 但得其本, 其末自至. 若欲識本, 唯了自心. 此心, 元是一切世間, 出世間法, 根本故. 心生則種種法生, 心滅則種種法滅. 心且不附一切善惡而生, 萬法本自如如."

(6) 마조에서 온 스님

어떤 스님이 마대사가 있는 곳에서 와서 대매를 보자마자 곧장 대매를 한 바퀴 돌고 좌구(坐具)를 들고서 말했다.

"바로 이런 때에는 주인과 손님을 모두 세우지 않습니다."

대매가 물었다.

"세우지 않는 자는 누구입니까?"

그 스님이 다시 대매를 한 바퀴 돌자, 대매가 말했다.

"내가 지금 당신을 위하여 이 일을 떠맡고 있으니 끝내 헛되지 않다."

그 스님이 절을 하자 대매가 말했다.

"후우![1071] 도리어 주인의 예절이 부족하네."

그 스님이 말했다.

"저뿐만 아니라 모든 부처도 그렇습니다."

대매가 말했다.

"후우! 도리어 손님의 예절이 부족하네."

1070 차불(且不) : 오랫동안 -하지 않다. 좀처럼 -하지 않다. 전혀 -하지 않다.
1071 후우(吽吽) : ①성난 소가 콧김을 내뿜는 소리. ②소가 우는 소리. ③성이 나서 숨을 거칠게 내쉬는 소리.

그 스님은 귀를 막고서 나갔다. 대매가 유나(維那)를 불러 말했다.

"아주 좋아!¹⁰⁷² 저 스님에게 자리를 마련해 주어라.¹⁰⁷³ 마대사가 있는 곳에서 왔다."

有僧, 從馬大師處來, 纔相見, 便遶師行一匝, 提起坐具云："正恁麽時, 賓主俱不立." 師云："不立者是誰?" 僧又遶師一匝. 師云："我今爲汝, 保任此事, 終不虛也." 僧作禮, 師云："咋咋! 猶欠主人禮在." 僧云："非但某甲, 諸佛亦然." 師云："咋咋! 猶欠客禮在." 僧掩耳而出. 師喚維那云："好好! 安排着這僧. 從馬大師處來."

(7) 누가 여법한가?

정산(定山)과 협산(夾山)이 함께 길을 가다가 이야기를 나누던 중에 정산이 말했다.

"삶과 죽음 속에는 부처가 없으니, 그렇다면 삶과 죽음도 없다."

협산이 말했다.

"삶과 죽음 속에는 부처가 있으니, 그렇다면 삶과 죽음 속에서 헤매지 않는다."

이렇게 시비가 끝나지 않자 두 사람은 대매가 있는 곳에 올라와 누가 더 나은지 판정하기를 바랐다. 서로 인사가 끝나자마자 협산은 지금까지의 이야기를 하고서 물었다.

"어느 쪽이 더 여법함에 가까운지 모르겠습니다."

대매가 말했다.

1072 호호(好好) : ①노력하다. 힘쓰다. ②진지하다. 성실하다. ③정말로. 모조리. ④기뻐하는 모양. ⑤아주 좋음. 매우 좋음. ⑥인간성이 좋은 사람을 좋아함. ⑦아무 일 없음. 무사함.
1073 안배(按排) : =안배(安排). ①배치하다. 배분하다. ②마련하다. 준비하다. ③처리하다. 꾸리다. ④일부러 적당히 배분하다.

"한 사람은 가깝고 한 사람은 멉니다."

협산이 다시 물었다.

"어느 쪽이 가깝습니까?"

대매가 말했다.

"우선 갔다가 내일 오시오."

협산이 다음 날 다시 묻자 대매가 말했다.

"가까운 자는 묻지 않고, 묻는 자는 가깝지 않습니다."

협산이 주지(住持)가 되어 절을 맡은 뒤에 말했다.

"내가 당시 대매에서 하나의 눈[1074]을 잃어버렸다."

定山與夾山同行, 言話次, 定山云: "生死中無佛, 卽無生死." 夾山云: "生死中有佛, 卽不迷生死." 是非不已, 二人上山, 求決親疏. 纔人事罷, 夾山擧前話, 問云: "不知那箇較親?" 師云: "一親一疏." 山復問: "那箇親?" 師云: "且去明日來." 夾山明日又問, 師云: "親者不問, 問者不親." 夾山住後云: "我當時在大梅, 失卻一隻眼."

설두가 말했다.

"협산은 그 당시 하나의 눈을 바꿀 수 있음을 결국 알지 못했다. 대매 노인이 그 당시 협산의 말을 듣고서 방망이를 휘둘러 일시에 쫓아내었다면, 두 사람의 갈등을 끊었을 뿐만 아니라 천하의 뛰어난 종장(宗匠)이 되었을 것이다."

雪竇云: "夾山畢竟不知當時換得一隻眼. 大梅老漢, 當時聞擧, 以棒一時趁出,

1074 일척안(一隻眼) : 한 개의 눈. 두 개의 상반된 뜻이 있다. ①온전한 두 눈이 아닌 치우친 한 개의 눈. 애꾸눈. 이(理)에 치우치거나 사(事)에 치우쳐서 이사(理事)에 무애(無礙)하지 못한 눈. ②둘로 보는 육안(肉眼)이 아닌, 둘 아닌 불법(佛法)을 보는 유일한 눈. 법을 보는 바른 안목(眼目) 또는 그것을 갖춘 사람을 뜻한다. 정문안(頂門眼), 정안(正眼), 활안(活眼), 명안(明眼) 등과 같은 말.

非唯劃斷兩人葛藤, 亦乃爲天下宗匠."

(8) 신라에서 온 스님

신라(新羅)의 스님이 찾아오자 대매가 물었다.
"어느 곳 사람입니까?"
그 스님이 말했다.
"온 곳을 말씀드리고[1075] 싶지만, 스님이 괴이하게 여겨 꾸짖을까[1076] 두렵습니다."
대매가 말했다.
"온 곳이 없을 수는 없을 것이오."
그 스님이 말했다.
"신라에서 왔습니다."
대매가 말했다.
"어찌하여 당신을 괴이하게 여기겠습니까?"
그 스님이 절을 올리자 대매가 말했다.
"옳든 옳지 않든, 알든 알지 못하든 단지 신라 사람일 뿐입니다."

新羅僧來, 師問:"甚處人?"云:"欲通來處, 恐招和尙怪責."師云:"不可無來處也."云:"新羅."師云:"又爭怪得汝?"僧作禮, 師云:"是與不是, 知與不知, 也只是新羅國裏人."

(9) 대매의 주인

1075 통(通) : 알리다. 말해 주다.
1076 괴책(怪責) : 꾸짖음. 책망함.

요설소(饒舌昭)[1077]라는 별명을 가진 어떤 스님이 절을 올리고 물었다.

"어떤 것이 대매의 주인(主人)입니까?"

대매가 승상(繩床)[1078]을 두드려서 보여 주자 요설소가 말했다.

"그렇다면 소리와 색깔이 한결같군요."

대매가 말했다.

"한결같다면, 한결같은 것은 무엇입니까?"

요설소가 말했다.

"제가 오늘 비로소 마음이 활짝 열렸습니다."[1079]

대매가 말했다.

"그렇게 오랜[1080] 세월 동안 어디에 갔었습니까?"

요설소가 말했다.

"오늘은 스님의 위광(威光)[1081]을 온전히 받아들이는군요."

대매가 말했다.

"그만둡시다."

有僧, 號饒舌昭, 作禮問: "如何是大梅主?" 師敲繩床示之, 昭云: "恁麼則聲色一如去也." 師云: "一如? 又一如箇甚麼?" 昭云: "某甲今日, 方始豁然." 師云: "如許多時, 甚麼處去?" 昭云: "今日全承和尙威光." 師云: "下去得也."

(10) 흔적이 사라져야 한다

1077 요설소(饒舌昭) : 요설(饒舌)은 쓸데없는 말을 많이 하는 시끄러운 사람을 가리키고, 소(昭)는 밝다는 뜻이니, 요설소라는 별명은 쓸데없는 말을 잘 하는 사람이라는 뜻.

1078 승상(繩床) : 줄이나 목면을 친 보잘것없는 의자. 호상(胡牀)이라고도 함. 선자(禪者)가 여기에 앉아 좌선하거나, 종사가 여기에 앉아 설법(說法)함. 선상(禪床)과 같음.

1079 활연(豁然) : (마음이) 활짝(탁) 트이는 모양. 확(환히) 뚫리는 모양. 깨달음을 얻는 모습을 형용하는 말.

1080 여허다(如許多) : 이렇게 많은. 이만큼. 꽤 많은. 상당한 숫자의.

1081 위광(威光) : 위력(威力). 위신력(威神力). 위세(威勢).

어떤 스님이 물었다.

"스님께서 처음 마대사를 찾아가셨을 때에 어떤 말씀을 듣고서 깨달았습니까?"

대매가 잠시 쳐다보다가 말했다.

"알겠습니까?"

그 스님이 말했다.

"모르겠습니다."

대매가 말했다.

"반드시 그것에 들어맞아야 합니다."

그 스님이 물었다.

"어떻게 해야 그것에 들어맞을 수 있습니까?"

대매가 말했다.

"반드시 혼적이 사라져야[1082] 비로소 그것에 들어맞을 수 있습니다."

그 스님이 물었다.

"이미 혼적이 사라졌는데, 어떻게 다시 들어맞을 수 있습니까?"

대매가 말했다.

"지금 여기에[1083] 다 갖추어져 있어서 따로 마음을 쓸 필요가 없으니,[1084] 이것이 혼적이 사라진 것입니다. 심의식(心意識)[1085]에는 '나'라고 할 것[1086] 이 없으니, 이것이 그것에 들어맞는 것입니다."

그 스님이 물었다.

1082 분별망상의 혼적이 사라져야.

1083 당처(當處) : ①그 자리에서. 현장에서. ②그때. 즉시. 즉각. 바로.

1084 불가(不假) : ①-에 의지하지 않는다. ②-할 필요가 없다.

1085 심의식(心意識) : 심(心)은 범어 질다(質多)의 번역, 모여서 발생한다는[集起] 뜻. 의(意)는 범어 말나(末那)의 번역, 헤아려 생각한다는[思量] 뜻. 식(識)은 범어 비야남(毘若南)의 번역, 분별하여 알아차린다는[了別] 뜻. 분별심(分別心)을 말함.

1086 '나'라고 하는 것은 '나'라는 분별로서 망상(妄想)이다.

"그것에 들어맞은 뒤에는 어떻습니까?"

대매가 말했다.

"본래면목[1087]에 의지하지 않습니다."[1088]

그 스님이 말했다.

"그렇다면 의식(意識)이 모두 참되고, 다른 물건은 없겠군요."

대매가 말했다.

"의식이 만약 참되다면 저절로 다른 물건이 없을 것인데, 또 무엇을 물으려고 합니까?"

그 스님이 절을 올리자 대매가 말했다.

"비록 안팎이 생겨나지 않는다고 하더라도,[1089] 알아차리고 행동하는 일[1090]이 없지는 않습니다. 그러므로 말하기를 '내가 없다.', '조작이 없다.', '받는 자가 없지만 선업(善業)과 악업(惡業)을 잊지는 않는다.'라고 합니다. 그까닭에 모든 부처님은 동일한 마음이고 의식(意識) 역시 동일하며, 가고, 머물고, 앉고, 눕는 일상생활에서 본래 앞뒤가 없습니다. 다만 사물 사물에 마음이 없기만 하면, 이를 일러 반야바라밀이라고 합니다."

僧問: "和尚初到馬大師處, 從甚麼言句中得入?" 師顧視少頃云: "會麼?" 云: "不會." 師云: "須是合他始得." 云: "如何得合他去?" 師云: "須是蹤跡絶去, 方可合他." 云: "旣是蹤跡絶去, 何須更合?" 師云: "當處具足, 不假用心, 是蹤跡絶處. 心意識無我, 是合他處." 云: "合他後如何?" 師云: "不假本來面目." 云: "恁麼則意識全眞, 無外物去也." 師云: "意識若眞, 自無外物, 更欲問誰?" 僧作禮, 師乃云: "雖內外無

1087 본래면목(本來面目) : 본래 타고난 얼굴. 본래 타고난 모습. 본래 타고난 본성. 진여실상(眞如實相)을 가리킴.

1088 본래면목이 따로 있지 않다.

1089 안팎의 분별이 없는 불이중도(不二中道)를 성취했다고 하더라도.

1090 조용(照用) : 마음으로 비추어 보고 행동하다. 살펴보고 행동하다. 조(照)는 알아차리는 것이고, 용(用)은 행동하는 것이다.

生, 而照用不歇. 所以道, 無我, 無造作, 無受者, 善惡之業亦不忘. 所以千聖共同心, 意識亦同, 行住坐臥, 本無前後. 但物物無心去, 是名般若波羅蜜多."

(11) 조사가 온 뜻

어떤 스님이 물었다.
"어떤 것이 조사께서 서쪽에서 오신 뜻입니까?"
대매가 말했다.
"서쪽에서 오신 것에는 뜻이 없습니다."

僧問: "如何是祖師西來意?" 師云: "西來無意."

염관(鹽官)이 말했다.
"관은 하나인데, 죽은 놈은 둘이구나."

현사(玄沙)가 말했다.
"염관은 능력 있는 선지식이로군."

설두(雪竇)가 말했다.
"죽은 놈이 셋이로구나."

鹽官云: "一箇棺木, 兩箇死漢."
玄沙云: "鹽官是作家."
雪竇云: "三箇也有."

(12) 불법의 큰 뜻

어떤 스님이 물었다.

"어떤 것이 불법(佛法)의 큰 뜻입니까?"

대매가 말했다.

"부들꽃, 버들개지, 대바늘, 삼실이다."

僧問: "如何是佛法大意?" 師云: "蒲花, 柳絮, 竹針, 麻線."

(13) 바로 이것이다

대매가 죽음이 가까웠을 때에 대중에게 말했다.

"오는 것을 막지 말고, 가는 것을 쫓아가지 마라."

태연하게[1091] 있는데 다람쥐 우는 소리를 듣고서 말했다.

"바로 이것이지 다른 것이 아니다. 스스로 잘 보호하고 지녀라. 나는 이제 간다."

師臨示寂時, 示衆云: "來莫可抑, 去莫可追." 從容間, 聞鼯鼠聲, 師云: "卽此物, 非他物. 善自護持. 吾當逝矣."

설두가 말했다.

"이 작자는 살아 있을 때에는 아둔하더니[1092] 죽은 뒤에는 어리석구

1091 종용(從容): (태도가) 여유가 있다. 태연하다. 넉넉하다. 침착하다.
1092 망로(莽鹵): ①수월하게. 간단하게. 가볍게. 함부로. 간단하다. 수월하다. ②소홀하다. 등한하다. 흐리터분하다. 아둔하다. 건성으로 하다. 거칠다. =망로(莽魯), 망로(莽路), 망로(漭鹵).

나.[1093] 이것이고 다른 것이 아니라니, 이것이 어떤 것이냐? 당부한[1094] 곳이 있느냐? 어떤 부류의 작자는 발[1095]을 끊을 줄도 모르면서 갈 길을 재촉하는 것이 너무 빠르다고만 말할 뿐이로구나."

雪竇云: "這漢, 生前莽鹵, 死後顢頇. 卽此物非他物, 是何物? 還有分付處也無? 有般漢, 不能截斷腳跟, 只管道, 貪程太速."

5. 항주 염관제안 선사

(1) 허공의 북을 치다

항주(杭州)의 염관제안(鹽官齋安)[1096] 국사(國師)는 해문군(海門郡)의 이(李)씨 아들이다. 법당에 올라서 대중에게 말했다.
"허공은 북이고 수미산은 북채이다. 어떤 사람이 이 북을 치겠느냐?"
대중이 말이 없자 남전(南泉)이 말했다.
"저는 그런 부서진 북은 치지 않습니다."

杭州鹽官齋安國師(凡二), 海門郡, 李氏子也. 示衆云: "虛空爲鼓, 須彌爲槌. 甚麼人打得?" 衆無對, 南泉云: "王老師, 不打這破鼓."

1093 만안(顢頇): ①얼굴이 크다. ②사리에 어둡다. 어리석다.
1094 분부(分付): ①맡기다. 당부하다. ②주다. 공급하다.
1095 각근(脚跟): 발꿈치. 발. 자기가 서 있는 자리, 즉 자기의 본래면목(本來面目). 각근하(脚跟下)와 같음.
1096 염관제안(鹽官齋安): ?-842. 당대(唐代) 스님. 남악(南嶽) 문하. 염관은 주석 지명. 속성은 이(李)씨. 해문군(海門郡) 출신. 향리의 운종(雲琮)에게로 출가하여, 남악지엄(南嶽智嚴)에게 구족계를 받고, 강서성 남강의 마조도일(馬祖道一)에게 참구하여 그의 법을 이어받음. 절강성 월주 숙산 법락사(法樂寺), 항주 염관 진국 해창원(海昌院)에 머묾. 회창(會昌) 2년 12월 22일 입적. 선종(宣宗)이 오공(悟空) 대사·서심지탑(棲心之塔)이라 시호하고, 추도의 시를 지음.

법안(法眼)이 말했다.

"왕노사(王老師)는 치지 않는구나."

설두(雪竇)가 말했다.

"치는 자는 매우 많으나 듣는 자는 극히 적다. 말해 보라. 누가 칠 줄 아는
자인가? 염관을 욕하지 마라. 남전은 말하기를 '저는 그런 부서진 북은 치지
않습니다.'라고 하였고, 법안은 말하기를 '왕노사는 치지 않는구나.'라고
하였다. 둘이 이미 어찌하지 못하는데[1097] 하나가 다시 욕을 먹는구나."[1098]

다시 물었다.

"왕노사는 북을 치지도 않고서 도리어 여러 곳의 선객들을 긍정했느냐?"

스스로 대신 답했다.

"천년 묵은 밭은 8백 명의 주인이 거쳐 갔다."[1099]

法眼云: "王老師不打."

雪竇云: "打者甚多, 聽者極少. 且道. 誰是解打者? 莫謗鹽官好. 南泉道: '王老
師, 不打這破鼓.' 法眼道: '王老師不打.' 兩箇旣不奈何, 一箇更是[忄+麻][忄+羅]."

又云: "王老師不打, 還肯得諸方也無?" 自代云: "千年田八百主."

(2) 무소 뼈 부채

염관이 하루는 시자를 불러 무소 뼈 부채를 가져오라고 하자, 시자가

1097 불내하(不奈何) : 어찌할 수 없다. 아무런 방도가 없다.

1098 마라([忄+麻][忄+羅]) : 부끄러움, 치욕, 창피, 불명예 등을 당하는 모양.

1099 천년전팔백주(千年田八百主) : 천년이나 오래된 밭에는 팔백의 주인이 거쳐 간다. 밭이 오래되니
거쳐 간 주인이 많다. 재산이나 부(富)를 오랫동안 소유하는 것은 어렵다. 영고성쇠(榮枯盛衰)가
심하다. 세월이 오래 흐르면 변화가 많다. 천년방옥환백주(千年房屋換百主)와 같은 뜻.

말했다.

"부서졌습니다."

염관이 말했다.

"부채가 부서졌으면, 무소를 나에게 가져오너라."

師一日, 喚侍者, 將犀牛扇子來, 者云:"破也." 師云:"扇子旣破, 還我犀牛兒來."

투자(投子)가 말했다.

"무소를 가져오는 것은 사양하지 않습니다만, 뿔이 온전하지 않을까 걱정입니다."

이에 대해 설두가 말했다.

"나는 온전하지 않은 뿔을 원한다."

석상(石霜)이 대신 말했다.

"스님께 돌려드린다면 없습니다."

이에 대해 설두가 말했다.

"무소는 여전히 있습니다."

보복(保福)이 대신 말했다.

"스님의 연세가 높으시니 다른 사람에게 부탁하는 게 좋겠습니다."

이에 대하여 설두가 말했다.

"아깝게도 애는 쓰지만 효과가 없구나."

자복(資福)이 대신 동그라미를 그리고 그 속에 우자(牛字)를 썼다.

이에 대하여 설두가 말했다.

"아까는 왜 가져오지 않았느냐?"

이윽고 염(拈)[1100]하여 말했다.

"만약 맑은 바람이 다시 불고 뿔이 다시 돋기를 바란다면, 여러 선객(禪客)들에게 한마디 맞는 말[1101]을 해 달라고 부탁하여라."

投子云: "不辭將出, 恐頭角不全." 雪竇云: "我要不全底頭角."

石霜代云: "若還和尙, 卽無也." 雪竇云: "犀牛兒猶在."

保福代云: "和尙年尊, 別請人好." 雪竇云: "可惜勞而無功."

資福代, 作圓相, 於中書牛字. 雪竇云: "適來何不將出?" 遂拈云: "若要清風再復, 頭角重生, 請諸禪客, 下一轉語."

다시 물었다.

"부채가 이미 부서졌다면, 무소를 나에게 가져오너라."

그때 어떤 스님이 앞으로 나와 말했다.

"대중이 법당에 모였습니다."

염관이 "악!" 하고 고함을 지르고서 말했다.

"고래 낚는 것을 그만두니, 새우가 낚였구나."

乃問: "扇子旣破, 還我犀牛兒來?" 時有僧出云: "大衆參堂去." 師喝云: "抛鉤釣鯤鯨, 釣得箇蝦蟆."

운거순(雲居舜)이 말했다.

"시자가 당시에 만약 '부채가 부서졌다면 무소를 가져오너라.'라는 말

1100 염(拈): 옛사람의 말이나 행위에 대해 자신의 견해를 피력하는 것.

1101 일전어(一轉語): 그때그때의 상황에 알맞은 말을 자유자재하게 사용하여 선지(禪旨)를 가리키는 것. 심기(心機)를 바꾸어서[一轉] 깨닫게 하는 힘이 있는 말이라는 뜻.

을 듣고서 곧장 그에게 말하기를 '이미 쓰레기[1102] 더미에 던져 놓았습니다.'[1103]라고 하였더라면, 끝났을 것이다."

雲居舜云:"侍者當時, 若見道:'扇子旣破, 還我犀牛兒來.'便向他道:'已颺在樴[木+(天/非)]堆頭.'了也."

6. 경조부 장경회휘 선사

(1) 지극한 도리

경조부(京兆府) 장경회휘(章敬懷暉)[1104] 선사는 천주(泉州) 동안(同安)의 사(謝)씨 아들이다. 법당에 올라 대중에게 말했다.

"지극한 도리에는 언어가 없는데 요즘 사람들은 알지를 못하고 다른 일을 억지로 익혀서 효과[1105]로 삼으니, 자성(自性)이 원래 경계(境界)가 아니라 미묘한 대해탈문(大解脫門)임을 알지 못하는 것이다. 있는 감각(鑑覺)[1106]은

1102 합잡(搕[打-丁+(天/非)]) : 쓰레기. 온갖 잡다한 물건. 더러운 똥덩이. =합잡(樴[木+(天/非)]).

1103 양(颺) : ①내던지다. 던져 넣다. ②달려 들어가다. ③방치하다. 내버려 두다. ④도망가다.

1104 장경회휘(章敬懷暉) : 754-815. 당대(唐代) 선승(禪僧). 장경(章敬)은 머물렀던 절 이름. 속성은 사(謝)씨. 복건성(福建省) 천주(泉州) 동안(同安) 출신. 마조도일(馬祖道一) 문하에 공부하여 깨달은 뒤에 제주(齊州) 운암산(雲巖山) 장경사(章敬寺) 비로사나원(毘盧舍那院)에 머물렀다.

1105 공능(功能) : ①기능(技能). ②효능(效能). 효과(效果). ③재능(才能). 재능 있는 사람.

1106 감각(鑑覺) : ①거울 같은 깨달음. 거울처럼 비추다. 영지(靈知)와 같음. 백장회해(百丈懷海)는 감각(鑑覺)을 깨달은 사람의 마음상태 혹은 깨달은 사람의 의식(意識)을 가리키는 말로 사용한다. 원만한 거울이 삼라만상을 왜곡 없이 비추듯이, 좋아하거나 싫어하는 의도가 개입되지 않은 본래의 마음은 만법을 있는 그대로 비춘다는 뜻. 대원경지(大圓鏡智)나 해인삼매(海印三昧)와 같은 뜻. 당송대(唐宋代)에 사용된 사례를 보면 다음과 같다. "자성(自性)은 원래 경계가 아니고 미묘한 대해탈문이며, 가지고 있는 감각(鑑覺; 거울 같은 깨달음)은 더럽혀지지도 않고 가로막히지도 않는다."(自性元非塵境, 是簡微妙大解脫門, 所有鑑覺不染不礙.)(『경덕전등록』 제7권 '경조부장경회휘선사(京兆府章敬寺懷暉禪師)') "놓아서 비우고 내키는 대로 가고 머물면서 고요히 그 원류(源流)를 감각(鑑覺; 거울처럼 깨달으면)하면, 말과 침묵에서 현미(玄微)함을 잃지 않고 움직임과 고요함에서 법계를 벗어나지 않을 것이다."(放曠任其去住, 靜鑒覺其源流, 語黙不失玄微, 動靜未離法界.)(『경덕전등록』 제30

더럽혀지지도 않고 가로막히지도 않으니 이와 같은 밝음은 사라진 적이 없고 무한한 예전[1107]부터 오늘에 이르기까지 전혀 바뀌지 않았다. 마치 태양이 가까운 곳이나 먼 곳이나 모두 비추고 비록 온갖 색깔에 이르더라도 어떤 색깔과도 뒤섞이지 않는 것과 같다. 신령스러운 촛불이 묘하게 밝은 것은 단련(鍛煉)에 의한 것이 아님을 깨닫지 못했기 때문에 사물의 모습을 취하는 것이니, 단지 눈을 비벼서 헛되이 허공꽃을 만드는 것처럼 다만 스스로 피로할 뿐 오랜 세월을 헛되이 보내는 것이다. 만약 돌이켜 비출 수 있다면 두 번째 사람은 없으니, 행동거지에서 실상(實相)을 어그러뜨리지 않을 것이다."

京兆府章敬懷惲禪師(凡六), 泉州同安謝氏子也, 示衆云: "至理亡言, 時人不悉, 強習他事, 以爲功能, 不知自性, 元非塵境, 是箇微妙大解脫門. 所有鑑覺, 不染不礙, 如是光明, 未曾休廢, 曩劫至今, 固無變易. 猶如日輪, 遠近斯照, 雖及衆色, 不與一切和合. 靈燭妙明, 非假鍛煉, 爲不了故, 取於物像, 但如捏目, 妄起空花, 徒自疲勞, 枉經塵劫. 若能返照, 無第二人, 擧措施爲, 不虧實相."

권 '오대산진국대사정관답황태자문심요(五臺山鎭國大師澄觀答皇太子問心要)') "이름과 구절은 스스로 이름과 구절이 아니라, 도리어 그대 눈앞에서 밝고 신령스럽게 감각(鑑覺; 거울처럼 비추어)하여 듣고 알고 비추고 밝히는 것이 모든 이름과 구절을 만드는 것이다."(且名句不自名句, 還是爾目前昭昭靈靈鑒覺聞知照燭底, 安一切名句.)(『진주임제혜조선사어록』(鎭州臨濟慧照禪師語錄)) "허공의 본체를 말하자면 역시 양쪽이 없고 또 차별되는 헛된 모습이 아니다. 그러나 다만 어두울 뿐 영감(靈鑑; 신령스레 깨어 있는 거울)이 없다. 지금 이 실성(實性)은 스스로 영통(靈通)하고 각료(覺了)하여 어둡지 않다. 그러므로 같지 않다고 하고, 그 까닭에 조사가 말했다. '텅 비고 고요한 본체의 위에 스스로 근본 지혜가 있어서 온갖 것들을 알 수 있다. 안다[지(知)]는 한 글자는 온갖 묘함의 문이다.' 대체로 그 뜻을 말하면, '모든 더러움과 깨끗함에 두루 통하는 법 속에는 진실한 본체가 있어서 또렷이 감각(鑑覺; 거울처럼 밝게 깨어 있으니)하니, 그것을 일러 마음이라고 한다.'"(謂虛空體亦無二邊, 亦非差別虛相. 然但昏鈍, 而無靈鑒. 今此實性, 自在靈通, 覺了不昧. 故云不同等, 故祖師云: "空寂體上, 自有本智, 能知. 知之一字, 衆妙之門." 大抵意云: "於一切染淨融通法中, 有眞實之體, 了然鑒覺, 目之爲心.")(『기신론소필삭기(起信論疏筆削記)』제6권) ②분별의식(分別意識). "마음으로써 감각(鑑覺)할 수 있음을 일러 안다[지(知)]고 한다."(以心能鑒覺, 但名爲知.)(『수능엄의소주경(首楞嚴義疏注經)』제1권 2) "삶과 죽음에서 헤매는 속에서 본래의 지혜가 아직 드러나진 않았지만, 의식(意識)으로 분별하니 감각(鑑覺)이 있는 듯하다."(生死迷中, 本智未顯. 意識分別, 似有鑒覺.)(『금강경찬요간정기(金剛經纂要刊定記)』제7권) "평소 배우는 사람을 보면, 많은 이들이 눈앞의 감각(鑑覺)을 인식하여 지견(知見)을 구하고 이해를 찾으면서 쉴 때가 없다."(尋常見學者, 多認目前鑑覺, 求知見覺解會, 無有歇時.)(『대혜보각선사보설(大慧普覺禪師普說)』제13권)

1107 낭겁(曩劫) : 무한한 옛날.

(2) 옳음과 옳지 않음

마곡(麻谷)[1108]이 찾아와서 장경(章敬)을 세 바퀴 돌고는 석장(錫杖)[1109]을 한 번 굴리고서 우뚝 서 있자, 장경이 말했다.

"옳다. 옳다."

마곡이 남전(南泉)을 찾아가서 역시 그렇게 했는데 남전은 말했다.

"옳지 않다. 옳지 않다."

마곡이 말했다.

"장경은 옳다고 했는데, 스님은 왜 옳지 않다고 하십니까?"

남전이 말했다.

"장경은 옳지만 그대는 옳지 않다. 이것은 사람의 위세[1110]로 다루는[1111] 것이니 마침내 망가질 것이다."[1112]

麻谷來, 繞師三匝, 振錫一下, 卓然而立, 師云: "是. 是." 谷到南泉, 亦如是, 泉云: "不是. 不是." 谷云: "章敬道是, 和尙因甚, 道不是?" 泉云: "章敬卽是, 是汝不是. 此是風力所轉, 終成敗壞."

1108 마곡보철(麻谷寶徹).

1109 석장(錫杖) : khakkhara. 극기라(隙棄羅)라 음역. 성장(聲杖)·지장(智杖)이라 번역. 스님이 짚는 지 팡이. 지팡이의 상부(上部)는 주석(錫), 중부는 나무, 하부는 뿔·아(牙)를 사용. 지팡이 머리는 탑 모양으로 만들고, 큰 고리를 끼웠고, 그 고리에 작은 고리 여러 개를 달아 길을 갈 때에 땅에 굴 려 소리를 내서 짐승·벌레 따위를 일깨우는 것. 또 남의 집에 가서 밥을 빌 때 자기가 온 것을 그 집 사람에게 알리기 위하여 흔드는 것. 우리나라에서는 육환장(六環杖)이라 함.

1110 풍력(風力) : ①바람의 힘. 바람의 세기. 바람의 빠르기. ②풍채(風采)와 골력(骨力). ③남을 감화 시키는 힘. ④사람의 위력(威力). 사람의 위세(威勢). 권세(權勢). ⑤기개와 박력. ⑥문장의 풍격(風 格)과 필력(筆力).

1111 전(轉) : ①더욱더. 한층 더. ②다루다. 조종하다. 부리다. ③거쳐 가다. 옮겨 가다. ④돌다. 회전 하다. ⑤맴돌다. 선회하다. ⑥들르다. 둘러보다. 오락가락하다. ⑦알다. 깨닫다. 터득하다. ⑧ 달라지다. 바뀌다. 돌리다. 바꾸다. ⑨전달하다. ⑩돌아가다.

1112 칼자루를 쥔 사람의 위세가 다하면, 결과가 달라질 것이다.

대위철(大潙哲)이 말했다.

"장경이 옳다고 말한 것은 마곡이 판 함정에 떨어진 것이고, 남전이 옳지 않다고 말한 것도 역시 마곡이 판 함정에 떨어진 것이다. 나라면 그렇지 않으니, 만약 어떤 사람이 석장을 쥐고서 승상(繩床)[1113]을 세 바퀴 돌고 석장으로 땅을 한 번 굴리고서 우뚝 서 있다면, 나는 다만 그에게 '그대가 이곳에 아직 이르기 전에 그대를 이미 30대 때렸다.'라고 말하리라."

大潙哲云: "章敬道是, 落在麻谷彀中, 南泉道不是, 亦落在麻谷彀中. 大僞卽不然, 忽有人, 持錫繞繩床三匝, 振錫一下, 卓然而立, 但向他道: '未到這裏, 與汝三十棒了也.'"

(3) 나의 허물이다

백장(百丈)이 한 스님을 장경에게 보내며 부탁했다.

"너는 그곳에 가서 장경이 법당에 오르기를 기다렸다가 곧장 앞으로 나아가 좌구(坐具)[1114]를 펼치고 절을 하고서 그의 신발 한 짝을 집어 소매로 그 위의 먼지를 털고서 거꾸로 뒤엎어 놓아라."

그 스님이 장경을 찾아가 백장이 시킨 대로 하니 장경이 말했다.

"나의 허물이다."

百丈和尙遣一僧來, 囑之云: "汝去, 待伊上堂, 卽出展坐具禮拜了, 將伊一隻鞋, 以袖拂卻上塵, 倒覆向下." 其僧一依指敎, 師云: "老僧罪過."

1113 승상(繩床) : 줄이나 목면을 친 보잘것없는 의자. 호상(胡床)이라고도 함. 선자(禪者)가 여기에 앉아 좌선하거나, 종사가 여기에 앉아 설법(說法)함. 선상(禪床)과 같음.
1114 좌구(坐具) : =좌구(座具). 절을 하거나 앉을 때 쓰는 도구, 즉 돗자리나 방석 등을 말한다. 비구가 소지하는 6물(物) 중의 하나. 베를 가지고 사각형 모양으로 만든 자리 깔개.

(4) 제자의 귀환

장경의 제자[1115]가 여러 곳을 돌아다니다가 돌아오자 장경이 물었다.

"너는 여기를 얼마나 오래 떠나 있었느냐?"

제자가 말했다.

"스님을 떠난 이래 8년 가까이 되었습니다."

장경이 말했다.

"어떤 일을 알았느냐?"

제자가 땅 위에 하나의 동그라미를 그리자 장경이 물었다.

"이것뿐이냐? 또 있느냐?"

제자는 동그라미를 망가뜨리고서 곧장 절을 하였는데, 장경이 말했다.

"옳지 않다. 옳지 않다."

師有小師, 游方歸, 師問："汝離吾此間, 多少時耶?"云："自離和尙, 將及八載." 師云："辨得箇甚麼事?"小師於地上, 劃一圓相, 師云："只這箇? 更有在?"小師劃破圓相, 便作禮, 師云："不是. 不是."

(5) 본래의 불성

어떤 스님이 물었다.

"사대(四大)와 오온(五蘊)으로 된 몸 안에서 어떤 것이 본래의 불성(佛性)입니까?"

장경이 스님을 부르자 스님이 "예!" 하고 대답했는데, 장경이 잠시 말없이 있다가 말했다.

1115 소사(小師) : ①제자. ②스님이 자신을 겸손하게 일컫는 말.

"그대에게는 불성이 없구나."

僧問: "四大五蘊身中, 那箇是本來佛性?" 師召僧, 僧應諾, 師良久云: "汝無佛性."

(6) 어느 곳으로 돌아가나?

어떤 스님이 물었다.
"마음과 법을 모두 잊는다면, 어느 곳으로 돌아가라고 가리킵니까?"
장경이 말했다.
"영인(郢人)[1116]의 코에는 흙이 없는데 공연히 도끼를 휘두르는구나."[1117]

僧問: "心法雙忘, 指歸何處?" 師云: "郢人無汗, 徒勞運斤."

7. 유주 반산보적 선사

(1) 정육점에서의 깨달음

유주(幽州)의 반산보적(盤山寶積)[1118] 선사는 마조 대사의 회하(會下)에 있었는데, 하루는 발우(鉢盂)를 들고 거리에 나왔다가 문득 한 손님이 고기를

1116 영인(郢人) : 영(郢) 땅 사람. 초(楚)나라 사람. 영(郢)은 지금의 호북성(湖北省) 강릉현(江陵縣)인데, 춘추전국시대에는 초(楚)나라 도성(都城)이었다.

1117 운근(運斤) : ①도끼를 휘두르다. ②솜씨가 매우 뛰어남을 비유하는 말. 『장자』 '서무귀(徐無鬼)' 편에 초(楚)나라 영(郢) 지방 사람이 코끝에 흰 흙을 바르고 장석(匠石)이라는 솜씨가 뛰어난 사람에게 그 흙을 깎아 내도록 하였는데, 장석이 흙만 깎아 내고 코는 다치게 하지 않았다는 고사에서 유래함.

1118 반산보적(盤山寶積) : 당대(唐代) 선승(禪僧). 남악(南嶽) 문하. 반산(盤山)의 머물렀던 산 이름. 마조도일(馬祖道一; 709-788)에게서 법을 받음. 하북성(河北省) 유주(幽州) 반산(盤山)에서 종풍을 선양함.

사면서 정육점 주인에게 말하는 것을 보았다.

"좋은 것으로 한 근 잘라 주세요."

정육점 주인이 칼을 내려놓고 차수(叉手)[1119]하면서 말했다.

"장사(長史),[1120] 어느 것이 좋지 않은 것입니까?"

반산은 이 말을 듣고서 느낀 바가 있었다.

幽州盤山寶積禪師(凡十), 在馬大師會下, 一日出街持鉢, 忽見一客人買肉, 謂屠者曰: "精底割一斤來." 屠者放下刀, 叉手云: "長史, 那箇不是精底?" 師於此有省.

(2) 상여를 보고 깨달음

그 후 어느 날 사람들이 상여를 매고 가는 것을 보았는데, 앞소리꾼[1121]이 요령을 흔들면서 말했다.

"붉은 해는 반드시 서쪽으로 지는데, 혼령은 어디로 가는지 모르겠구나."

뒤따르던 상주가 곡을 하였다.

"아이고! 아이고!"

반산은 그 소리를 듣고서 즉시 크게 깨쳤다. 가벼운 걸음으로 돌아오니 마조가 그 깨달음을 인가해 주었다.

後一日, 見人舁喪, 歌郎振鈴云: "紅輪決定沉西去, 未委魂靈往那方." 幕下孝子哭云: "哀! 哀!" 師卽大悟. 踊躍而歸, 馬祖印其所證.

1119 차수(叉手): 왼손의 엄지를 구부리고 다른 네 손가락으로 주먹을 만들어 가슴에 붙이고, 오른손으로 감싼 모습. 선비의 공손한 예법.

1120 장사(長史): 벼슬 이름. 한대(漢代)의 상국(相國) 또는 삼공(三公)의 아래 벼슬. 후대에는 주(州) 자사(刺史)의 관부(副官).

1121 가랑(歌郎): 초상(初喪)을 치를 때에 만가(輓歌)를 부르는 사람. 앞소리꾼.

(3) 시중설법

법당에 올라 대중에게 말했다.

"마음에 일이 없으면 아무것도 생기지 않는다. 의식(意識)에서 현묘함이 끊어지면 번뇌가 어떻게 일어나랴? 도(道)에는 본래 바탕이 없지만 도로 말미암아 이름을 세우고, 도에는 본래 이름이 없지만 이름으로 말미암아 호칭(呼稱)을 얻는다. 만약 이 마음이 곧 부처라고 한다면 지금 현묘함에 아직 들어가지 못한 것이고, 마음도 아니고 부처도 아니라고 한다면 여전히 지극한 법칙의 흔적을 가리키는[1122] 것이다. 위쪽의 한 길[1123]은 천 분의 부처님도 전하지 못하는데, 배우는 자가 피로한[1124] 까닭은 마치 원숭이가 그림자를 잡으려는 것과 같기 때문이다."

示衆云: "心若無事, 萬法不生. 意絶玄微, 纖塵何立? 道本無體, 因道而立名, 道本無名, 因名而得號. 若言卽心卽佛, 今時未入玄微, 若言非心非佛, 猶是指蹤極則. 向上一路, 千聖不傳, 學者勞形, 如猿捉影."

낭야각(瑯琊覺)이 말했다.
"위[1125]의 강찬(講讚)[1126]은 끝없이 좋은 인연(因緣)이다."

瑯琊覺云: "上來講讚, 無限良因."

1122 지종(指蹤): ①사냥개에게 짐승이 있는 곳을 가리켜 주어 잡게 하다. ②계획을 세워 지휘하다.
1123 향상일로(向上一路): =향상일규(向上一竅), 향상사(向上事). 궁극의 깨달음을 가리키는 말.
1124 노형(勞形): (시끄러운 일로 인해) 육신(肉身)이 피로해지다.
1125 상래(上來): ①이상(以上). ②상면(上面). ③시작(하다). 처음 (-하다).
1126 강찬(講讚): 경문(經文)의 의미를 강의하고, 그 뜻을 명확히 밝히는 것.

(4) 흔적 없는 하늘

법당에 올라 대중에게 말했다.

"무릇 큰 도에는 속이 없는데, 다시 누가 앞서고 누가 뒤떨어지겠는가? 가없이 넓은 하늘에는 흔적이 없는데, 헤아려 보아야 무슨 쓸모가 있겠는가? 허공이 이미 이와 같은데, 도를 다시 어떻게 설명하겠는가?"

示衆云: "夫大道無中, 復誰先後? 長空絶跡, 何用稱量? 空旣如斯, 道復何說?"

(5) 마음 달이 홀로

법당에 올라 대중에게 말했다.

"마음 달이 홀로 원만하여 그 빛이 삼라만상을 삼킨다. 빛이 경계를 비추지 않으면 경계도 있지 않다. 빛과 경계를 모두 잊으면 또 무슨 물건인가? 선객(禪客)이여, 비유하면 칼을 허공에 휘둘러 던져서[1127] 칼이 허공에 닿는지 닿지 않는지 따지지 않는 것과 같다. 이 까닭은 곧 허공[1128]에는 흔적이 없어서 칼날이 상하지 않기 때문이다. 만약 이와 같을 수 있다면, 마음마음에 앎이 없을 것이니 전체 마음이 곧 부처이고 전체 부처가 곧 마음이며, 사람과 부처가 서로 다르지 않을 것이니 비로소 도(道)를 이룬 것이다."

示衆云: "夫心月孤圓, 光呑萬象. 光非照境, 境亦非存. 光境俱忘, 復是何物? 禪客, 譬如擲劍揮空, 莫論及之不及. 斯乃空輪絶跡, 劍刃無虧. 若能如是, 心心無知,

---

1127 척검휘공(擲劍揮空) : 칼을 던져 공중에 휘두르다. 칼을 공중에 던지는 놀이인 척도검(擲刀劍).

1128 공륜(空輪) : 불교의 우주관에서 오륜(五輪) 가운데 하나. 허공(虛空)을 가리킴. 불교의 우주관에선 맨 아래 공륜(空輪)이 있고, 그 위에 풍륜(風輪)이 있고, 그 위에 수륜(水輪)이 있고, 그 위에 지륜(地輪)인 금륜(金輪)이 있고, 그 위에 구산팔해(九山八海)가 있다고 함.

全心即佛, 全佛即人, 人佛無異, 始爲道矣."

(6) 도를 배우는 것

법당에 올라 대중에게 말했다.

"선객(禪客)들이여, 이 속에서[1129] 도를 배우는 것은, 마치 땅이 산을 떠받치고 있으면서도 산이 홀로 빼어남[1130]을 알지 못하는 것과 같고, 마치 돌이 옥(玉)을 품고 있으면서도 옥에 흠이 없음을 알지 못하는 것과 같다. 만약 이와 같을 수 있다면, 참된 출가자(出家者)이다.

그러므로 부처님[1131]께서 말씀하셨다. '법은 본래 서로 가로막지 않고, 과거·현재·미래[1132] 역시 그렇다. 함이 없고 일이 없는 사람은 오히려 황금사슬에 묶여 있는 어려움[1133]이 있다.'[1134]

그러므로 신령스러운 근원(根源)은 홀로 빛나고, 길이 끊어져 생기지 않고, 큰 지혜는 이름이 아니고, 참된 허공에는 종적이 없다. 진여(眞如)·범부(凡夫)·성인(聖人)이 모두 꿈속의 말이고, 부처와 중생이 전부 방편으로 덧붙인 말[1135]이다. 반드시[1136] 스스로 보아야 하니, 대신해 줄 사람은 없다."

示衆云: "禪客, 可中學道, 似地擎山, 不知山之孤峻, 如石含玉, 不知玉之無瑕. 若能如是, 是眞出家. 故導師云: '法本不相礙, 三際亦復然. 無爲無事人, 猶是金鎖

1129 가중(可中) : ①그 속. 이 속. =기중(其中), 차중(此中). ②만일. 만약. =약(若).

1130 고준(孤峻) : 고고하고 엄정하다. 홀로 빼어나고 엄숙하다.

1131 도사(導師) : ①인도하는 스승. 부처님과 보살의 경칭. ②법회의 중심이 되어 법회를 이끄는 승려.

1132 삼제(三際) : 삼세(三世), 곧 과거, 현재, 미래를 가리킨다.

1133 금쇄난(金鎖難) : 황금사슬에 묶여 있는 어려움. 금쇄현관(金鎖玄關)과 같음. 금쇄현관(金鎖玄關)은 황금사슬로 채워져 있는 관문이라는 뜻으로서 깨달음에 속박되어 있음을 가리킴.

1134 어느 경전에 나오는 말인지 알 수 없다.

1135 증어(增語) : ①명칭. 별명. 동의어. 비유어. ②(번역자가) 덧붙인 말.

1136 직수(直須) : 반드시. 마땅히 (-해야 한다).

難.' 所以靈源獨耀, 道絶無生, 大智非名, 眞空無跡. 眞如凡聖, 皆是夢言, 佛及衆生, 並爲增語. 直須自看, 無人替代."

(7) 남은 일이 없다

법당에 올라 대중에게 말했다.

"삼계(三界)에는 법이 없는데, 어느 곳에서 마음을 구하느냐? 사대(四大)는 본래 공(空)인데, 부처는 무엇에 의지하여 머무는가? 북극성[1137]은 움직이지 않고, 고요히 말이 없다. 얼굴을 마주 보고 서로 나타내면, 다시 남은 일은 없을 것이다."

示衆云: "三界無法, 何處求心? 四大本空, 佛依何住? 璿機不動, 寂爾亡言. 覿面相呈, 更無餘事."

(8) 초상화를 그리다

반산이 임종에 이르렀을 때에 대중에게 말했다.

"나의 초상화를 그릴[1138] 수 있는 사람이 있느냐?"

대중이 모두 그림을 그렸는데, 반산의 뜻에 들어맞지 못했다. 보화(普化)[1139]가 앞으로 나와서 말했다.

1137 선기(璿璣): =선기(璇璣). ①북두칠성의 앞쪽 네 개의 별. ②북두칠성을 이르는 말. ③북극성을 이르는 말. ④권력이나 제왕의 지위를 이르는 말. ⑤천체를 관측하는 의기(儀器)의 회전하는 부분, 혹은 그 의기를 가리킴. ⑥경혈(經穴)의 하나.

1138 막(邈): 그리다. 그림.

1139 보화(普化): 마조에서 삼세(三世)에 해당하며, 유주(幽州) 반산보적(盤山寶積)의 제자이다. 기이한 행적으로 유명하였으며, 보화종(普化宗, 虛無僧)의 개조가 되었다. 임제의현(臨濟義玄)을 도와 진주(鎭州)에서 교화를 하였으나, 상세한 전기는 알 수 없다. 『조당집』 권17, 『송고승전』 권20, 『경덕전등록』 권10 등에 보이는 이야기는 대부분 『임제록』에 실린 것을 전재(轉載)한 것이다.

"제가 그릴 수 있습니다."

반산이 말했다.

"나와 같게 한번 그려 보시오."

이에 보화가 공중제비를 한 번 넘고서[1140] 밖으로 나가니 반산이 말했다.

"이놈[1141]은 뒷날 어디선가 미친 짓을[1142] 하겠군."[1143]

師臨示寂時, 謂衆云:"還有人邈得吾眞麼?"衆皆寫呈, 不契師意, 普化出云:"某甲邈得."師云:"試呈似老僧看."化打筋斗而出, 師云:"這厮兒, 向後甚處, 掣風顚去."

보복전(保福展)이 말했다.

"보화의 미친 짓이 적지 않지만, 반산의 못난 짓[1144]은 더욱 많구나."

保福展云:"普化掣顚不少, 盤山醜拙尤多."

1140 타근두(打筋斗) : ①공중제비를 넘다. ②곤두박질하다.

1141 시아(厮兒) : ①상놈. 남을 경멸하여 부르는 호칭. ②아이. 놈. 애. 어린 남자아이를 부르는 호칭.

1142 체풍전(掣風顚) : =체풍체전(掣風掣顚). (행동이 정상이 아님을 나타내는 말) 정신이 나가다. 실성하다. 미친 짓을 하다. 정상이 아니다. =철풍전(徹風顚), 철전철광(徹顚徹狂).

1143 임제의현(臨濟義玄)의 회상에서 보화가 한 행동을 예언한 말. 『임제록(臨濟錄)』에 다음과 같은 이야기가 전한다 : 보화(普化)가 하루는 저잣거리에서 사람들에게 다가가 승복(僧服)을 시주하라고 말하고 있었다. 사람들이 모두 그에게 옷감을 주었으나, 보화는 하나도 받지 않았다. 이때, 임제는 원주(院主)에게 관(棺)을 한 벌 사오라고 시켰다. 보화가 돌아오자 임제가 말했다. "내가 그대에게 줄 옷을 만들어 놓았다." 보화는 이에 스스로 관을 메고 나가 거리를 돌아다니며 외쳤다. "임제가 나에게 옷을 만들어 주었다. 나는 동문(東門)으로 가서 죽을 것이다." 저자에 있던 사람들이 다투어서 그를 따라가 살펴보자, 보화가 말했다. "내 오늘은 죽지 않을 것이다. 내일 남문으로 가서 죽을 것이다." 이렇게 사흘 동안 되풀이하자, 이제 사람들이 믿지 않았다. 나흘째가 되자 그를 따라가서 보려는 사람이 아무도 없었다. 보화는 혼자 성 밖으로 나가 스스로 관 속에 들어가서는, 길 가는 사람에게 못을 박아 달라고 하였다. 즉시 이 소식이 알려지자 사람들이 다투어 달려왔다. 관을 열어 보니 몸은 떠나 버리고, 공중에서 요령 소리만 은은하게 울릴 뿐이었다.

1144 추졸(醜拙) : 못나고 볼품없음.

8. 무주 오설산 영묵 선사

무주(婺州) 오설산(五洩山) 영묵(靈黙)[1145] 선사는 비릉(毗陵) 선(宣)씨의 아들이다. 영묵이 석두(石頭)[1146]에게 물었다.

"한마디에 들어맞으면 머물 것이고, 한마디에 들어맞지 않으면 갈 것입니다."

석두가 가만히 앉아 있자[1147] 영묵은 소매를 떨치고서 곧장 나가려 했는데, 석두가 영묵을 불렀다.

"스님!"[1148]

영묵이 머리를 돌리자 석두가 말했다.

"태어나서 죽을 때까지 다만 이것일 뿐이니, 머리를 굴려 봐야[1149] 무슨 소용이 있겠나?"[1150]

영묵이 문득 들어맞아 깨달았는데, 이윽고 주장자를 꺾어 버리고 머물렀다.[1151]

婺州五洩山靈黙禪師(凡一), 毗陵宣氏子. 師問石頭: "一言相契卽住, 一言不契卽去." 頭據坐, 師拂袖便行, 頭召云: "闍梨!" 師回首, 頭云: "從生至老, 只是這箇, 回頭轉腦作甚麼?" 師忽然契悟, 遂拗折拄杖. (洞山落髮師也.)

1145 오설영묵(五洩靈黙) : 747-818. 당대(唐代) 선승. 오설산(五洩山)에 머묾. 속성은 선(宣)씨. 비릉(毗陵) 출신. 마조도일(馬祖道一)의 법을 이음. 동산양개(洞山良价)가 무주(婺州) 오설산으로 와서 영묵과 함께 9년간 머물렀음.

1146 석두희천(石頭希遷).

1147 거좌(據座) : =거좌(據坐). ①의자에 앉다. 의자에 앉아 있다. ②가만히 앉아 있다. 그대로 앉아 있다.

1148 사리(闍梨) : 아사리(阿闍梨)의 준말로 '스승'의 뜻이지만, 보통 스님을 지칭하는 말로도 쓰인다.

1149 회두전뇌(回頭轉腦) : 머리를 돌리고 생각을 바꾸다. 머리를 굴리다. 이리저리 생각하다.

1150 작심마(作甚麼) : ①무엇을 하겠는가? ②무엇을 하느냐? =작심마(作什麼).

1151 (원주) 동산양개(洞山良价)의 머리를 깎아 준 스님이다.

동산(洞山)이 말했다.

"당시에 오설(五洩) 선사가 아니었다면, 들어맞아 깨닫기[1152]가 매우 어려웠을 것이다. 비록 그러하지만, 오히려 길을 떠나고[1153] 있다."

취암지(翠嵓芝)가 말했다.

"석두는 가만히 앉아 있고 오설은 머리를 돌렸는데, 석두가 그를 부른 것은 도리어 일이 많아진 것이다."

설봉열(雪峰悅)이 말했다.

"대단한 석두는 앉아서도 안정되지[1154] 못했고 붙잡고도 꼼짝 못 하게 하지[1155] 못했다. 이와 같은 부류의 판때기를 짊어진 사람[1156]은 내버려 두고[1157] 곧장 쉬어야 하는데, 다시 부르자 머리를 돌려서 그에게 한 번 조롱을 당하고는[1158] '나는 여기에서 깨달은 곳이 있다.'라고 하였으니, 나귀해[1159]에 꿈에서나 보겠는가?"

1152 승당(承當) : ①맡다. 담당하다. 받들어 지키다. ②수긍하고 인정하다. 불조(佛祖)에게서 전해져 온 정법(正法)을 받아 지킨다는 뜻으로서, 종지(宗旨)를 깨달아 체득하는 것을 가리키는 말.

1153 섭도(涉途) : 출발하다. 떠나다. =섭도(涉道).

1154 좌정(坐定) : ①자리를 잡고 앉다. ②손쉽게 결정하다. ③쉽게 평정하다. ④안정시키다. 가라앉히다. ⑤틀림없이. 꼭.

1155 파주(把住) : ①단단히 붙잡아 꼼짝 못하게 함. ②지키다. 주둔하여 지키다.

1156 담판한(擔板漢) : '널판때기를 짊어진 사람'이라는 뜻인데, 널판때기를 어깨에 짊어지면 앞만 보고 뒤를 돌아보지 못하기 때문에, 하나만 알고 둘은 모르는 자를 일컫는다. 완고한 사람. 자기 생각만 하는 사람. 외골수. 이 말의 최초 출처는 다음 대화이다. 목주(睦州)의 진존숙(陳尊宿)은 평소 납승(衲僧)이 찾아오는 것을 보면 곧 문을 닫기도 하고, 혹은 강승(講僧)이 찾아오는 것을 보면 "좌주(座主)!" 하고 불렀는데, 그 스님이 "예!" 하고 답하면 진존숙은 이렇게 말했다. "널판때기를 짊어진 사람이로군."(師尋常或見衲僧來即閉門, 或見講僧乃召云: "座主." 其僧應諾, 師云: "擔板漢.") (『경덕전등록』 제12권 '진존숙(陳尊宿)')

1157 방거(放去) : ①버리다. ②풀어 주어 떠나게 하다.

1158 차호(搽糊) : =차호(茶糊), 차호(搽胡). 놀리다. 희롱하다. 조롱하다. 우롱하다. 괴롭히다. 들볶다.

1159 여년(驢年) : 나귀해. 12지(支)로써 년(年)을 나타내는데, 12지(支)를 나타내는 동물 가운데 나귀가 없으니 나귀해 역시 없다. 나귀해는 영원히 오지 않는 시간이나 상황을 나타내는 말.

洞山云: "當時不是五洩先師, 也大難承當. 雖然如是, 猶涉途在."

翠巖芝云: "石頭據坐, 五洩回首, 石頭召他, 卻成多事."

雲峰悅云: "大小石頭, 坐不定, 把不住. 似這般擔板漢, 放去便休, 又喚回, 被伊搽糊一上, 道: '我向這裏, 有箇悟處.' 驢年夢見麼?"

9. 포주 마곡보철 선사

(1) 단하와 함께

포주(蒲州)의 마곡보철(麻谷寶徹)[1160] 선사는 단하(丹霞)[1161]와 함께 산으로 강으로 유람하면서 풍경을 즐길[1162] 때에 물속의 물고기를 보고 손으로 단하에게 가리키자, 단하가 말했다.

"자연스럽다.[1163] 자연스럽다."

마곡은 그만두었다. 다음 날 마곡이 다시 단하에게 물었다.

"어제는 무슨 뜻이었습니까?"

단하가 드러누워 버리자 마곡이 말했다.

"아이고! 아이고!"[1164]

1160 마곡보철(麻谷寶徹) : ?-?. 당대(唐代) 선승(禪僧). 남악(南嶽)의 문하(門下). 마곡(麻谷)은 머물렀던 산 이름. 출가하여 마조도일의 문하에서 공부하여 마조의 법을 이었다. 산서성(山西省) 포주(蒲州) 마곡산(麻谷山)에 머물면서 선풍(禪風)을 고취하였다.

1161 단하천연(丹霞天然).

1162 유산(游山) : 산과 강의 풍경을 유람하면서 즐기다. =유산완경(游山玩景).

1163 천연(天然) : ①저절로 부여된 것. 타고난 것. ②타고난 성품. 본성. ③자연 그대로의 것. ④꾸미지 않은 사물의 본색. ⑤시문(詩文)이나 서화(書畵) 등의 자연스러운 풍치와 정취.

1164 창천창천(蒼天蒼天) : 아이고! 아이고! (본래 "하늘이여! 하늘이여!"라는 뜻으로서 하늘을 향하여 탄식하거나 개탄하면서 내는 소리. 곡(哭)하는 소리. 원대(元代) 이후에는 '천나(天那)', '천가(天呵)'라고 바뀐다.)

蒲州麻谷寶徹禪師(凡七), 師與丹霞游山, 見水中魚, 以手指示丹霞, 霞云: "天然. 天然." 師休去. 至來日, 又問丹霞: "昨日意作麼生?" 霞放身作臥勢, 師云: "蒼天! 蒼天!"

(2) 임제에게 묻다

마곡이 임제(臨濟)[1165]에게 물었다.

"대비천수안(大悲千手眼)[1166]은 어느 것이 바른 눈입니까?"

임제가 말했다.

"대비천수안은 어떤 것이 바른 눈입니까? 얼른 말하시오. 얼른 말하시오."

마곡이 임제를 승상[1167]에서 끌어내리고 자기가 도리어 승상에 앉자, 임제가 일어나서 말했다.

"안녕하세요?"[1168]

마곡이 머뭇거리고[1169] 있자 임제는 곧장 "악!" 하고 고함을 지르고는 마곡을 의자에서 끌어내리고 대신 앉았는데, 마곡은 밖으로 나갔다.

師問臨濟: "大悲千手眼, 那箇是正眼?" 濟云: "大悲千手眼, 作麼生是正眼? 速道. 速道." 師拽濟下繩床, 卻坐, 濟起云: "不審?" 師擬議, 濟便喝, 拽下繩床, 卻坐, 師出去.

1165 임제의현(臨濟義玄).

1166 대비천수안(大悲千手眼): 천수관음(千手觀音)을 말함. 대자대비(大慈大悲)한 관세음보살(觀世音菩薩)에게 있는 천 개의 손과 천 개의 눈.

1167 승상(繩床): ①와상(臥床). 침대. 줄을 쳐서 만든 것이므로, 이렇게 부름. 원래 인도의 행자(行者)는 이와 같은 의자, 혹은 침대 위에 앉아 있었음. 그것이 오늘날에 이름. ②환자의 침대. ③줄이나 목면을 친 보잘것없는 의자. 호상(胡床)이라고도 함. 선자(禪者)가 여기에 앉아 좌선하거나, 종사가 여기에 앉아 설법(說法)함. 선상(禪床)과 같음.

1168 불심(不審): ①자세하지 않음. 상세하지 않음. ②확실히 알지 못함. ③신중하지 못함. ④정확하지 않음. 확실하지 않음. ⑤안녕하십니까?(스님이 서로 만날 때에 나누는 인사말)

1169 의의(擬議): 머뭇거리다. 망설이다.

달관영(達觀穎)이 말했다.

"여러분, 두 분의 존숙(尊宿)이 이와 같습니다. 말해 보시오. 어떻게 해야 합니까?[1170] 요즈음 사람들은 모두 말하기를 '비춤과 작용이 동시이다.'라고 하는데, 어떤 그릇을 비추는가? 모든 사람들은 다만 자기의 말을 타고 가서 도적을 붙잡아 자기의 칼을 쥐고서 도적을 죽일 줄만 알 뿐이지만, 이 두 사람은 곧장 도적의 말을 타고서 도적을 붙잡아 도적의 칼을 빼앗아 도적을 죽일 줄 안다. 비록 그와 같지만, 임제는 이익[1171]을 얻었는가, 이익을 잃었는가?"

達觀穎云:"諸禪德, 二尊宿如此. 且道. 怎生? 今時人總道:'照用同時.' 照甚麼碗? 一切人, 只解自騎馬去捉賊, 自持刀去殺賊, 此二人, 便能騎賊馬捉賊, 奪賊鏘殺賊. 雖然如是, 臨濟雖是[1172]得便宜, 卻是落便宜?"

(3) 노파에게 당하다

마곡이 남전(南泉) 등 두세 사람과 함께 경산(徑山)을 찾아가다가 길에서 한 노파를 만나서 물었다.

"경산으로 가는 길은 어디로 갑니까?"

노파가 말했다.

"곧장[1173] 쭉 가세요."

마곡이 물었다.

"앞에 있는 물이 깊은 것 같은데, 건널 수 있을까요?"

1170 즘생(怎生): 어떤? 어떻게? 어떻게 하면? =작마생(作麼生).

1171 편의(便宜): 이익. 좋은 것.

1172 여기에서 수시(雖是)는 수시(須是)라고 해야 문법적으로 맞을 것이다.

1173 맥(驀): 바로 앞을 향하여.(동작의 방향을 표시)

노파가 말했다.

"정강이를 넘지 않습니다."

마곡이 다시 물었다.

"위쪽 강변의 벼는 이렇게[1174] 좋은데, 아래쪽 강변의 벼는 이렇게 허약하군요."

노파가 말했다.

"전부 방게가 갉아 먹어 버렸어요."

마곡이 말했다.

"벼 냄새가 좋군요."

노파가 말했다.

"냄새도 없어요."

마곡이 다시 물었다.

"할머니는 어디에 사세요?"

노파가 말했다.

"바로 이곳!"

세 사람이 주막에 이르자 노파가 차 한 항아리를 끓여서 잔 3개에 담아 와서 말했다.

"스님들에게 신통(神通)이 있다면 차를 드십시오."

세 사람이 서로를 돌아보고 있는 사이에 노파가 말했다.

"늙은이를 보면서 신통을 스스로 마음껏 부리는군요."[1175]

그러고는 잔을 집어서 차를 쏟아 버리고 곧장 나갔다.

師與南泉二三人, 去謁徑山, 路逢一婆子, 乃問: "徑山路, 向甚麼處去?" 婆云:

1174 여마(與麼) : 여마(與麼), 여마(與摩), 임마(恁麼)라고도 쓴다. 문어(文語)의 여시(如是), 여차(如此)와
　　　같은 뜻이다.
1175 영(逞) : 마음대로 하다. 마음껏 뽐내다.

"驀直去." 師云: "前頭水深, 還過得麼?" 云: "不濕脚." 又問: "上岸稻, 得與麼好, 下岸稻, 得與麼怯." 云: "總被螃蟹喫了也." 師云: "禾好香." 婆云: "沒氣息." 又問: "婆住在甚處?" 云: "只在這裏." 三人至店, 婆煎茶一瓶, 攜盞三隻, 乃云: "和尙有神通者, 卽喫茶." 三人相顧間, 婆云: "看老朽, 自逞神通去也." 拈盞傾茶便行.

(4) 피운 화상의 방문

마곡이 천막 안에 앉아 수건으로 머리를 덮고 있는데, 피운(披雲) 화상이 찾아와 보고서 곧장 "아이고! 아이고!" 하며 곡을 하고는 잠시 말없이 있다가 밖으로 나가, 법당(法堂)에서 승상을 한 바퀴 돌고는 다시 들어와 천막을 열고 마곡이 수건을 벗고 앉아 있음을 보고는 피운 화상이 말했다.

"죽음 속에서 삶을 얻는 이는 만 명 가운데 하나도 없습니다."

마곡이 의자에서 내려와 방석을 집어 들려고 하자, 피운이 마곡을 붙잡고 말했다.

"앞에서 죽었다가 뒤에 살아나면, 당신은 좋아하는가요?"

마곡이 말했다.

"좋아한다면 매우 좋아하는데, 스님[1176]이 무엇을 할 수 있겠어요?"

피운 화상은 마곡을 한쪽으로 밀어붙이면서 말했다.

"앞말과 뒷말이 들어맞지 않음을 알겠군요."

師坐帳內, 以手巾蓋卻頭, 披雲和尙來見, 便作哭聲, 良久出去, 法堂上, 繞繩床一匝, 卻入來, 撥開帳, 見師去卻手巾而坐, 披雲云: "死中得活, 萬中無一." 師下床, 作抽坐具勢, 雲把住云: "前死後活, 汝還甘麼?" 師云: "甘卽甚甘, 阿師堪作甚麼?" 雲推師向一邊云: "知道前言不副後語."

1176 아사(阿師): 아(阿)는 어조사, 화상(和尙)·사(師)라는 말과 같음.

(5) 부채질

　마곡이 부채질을 하고 있을 때에 어떤 스님이 물었다.
　"바람의 성질은 늘 움직이면서 통하지 않는 곳이 없는데, 스님은 무엇 때문에 도리어 부채질을 하십니까?"
　마곡이 말했다.
　"그대는 바람의 성질이 늘 움직이는 줄만 알고 통하지 않는 곳이 없음은 알지 못하는구나."
　그 스님이 물었다.
　"어떤 것이 통하지 않는 곳이 없는 도리입니까?"
　마곡이 다시 부채질을 하자 그 스님은 절을 올렸다. 마곡이 말했다.
　"쓸데없는 스님 일만 명을 얻더라도 무슨 이익이 있겠는가?"

　師使扇次, 僧問: "風性常動, 無處不周, 和尙爲甚麼, 卻使扇?" 師云: "汝只知風性常動, 且不知無處不周." 云: "作麼生是無處不周底道理?" 師卻搖扇, 僧作禮. 師云: "無用處師僧, 着得一萬箇, 有甚麼益?"

(6) 어디에서 오느냐?

　마곡이 어떤 스님에게 물었다.
　"어디에서 오느냐?"
　그 스님이 말했다.
　"잘 모르겠습니다."[1177]

1177　불심(不審): ①자세하지 않음. 상세하지 않음. ②확실히 알지 못함. ③신중하지 못함. ④정확하지 않음. 확실하지 않음.

마곡이 다시 물었으나, 그 스님은 가만히 있었다.[1178] 마곡이 승상(繩床)에서 내려와 그 스님을 붙들어 세우고[1179] 말했다.

"이 스님은 질문을 하면 곧 불법(佛法)을 만들어 응대하는구나."[1180]

그 스님이 말했다.

"정말 안목(眼目)이 없는 것 같군요."

마곡은 손을 풀고서 말했다.

"그대의 명령을 어기고[1181] 그대가 숨을 쉬게 하겠다."[1182]

그 스님이 절을 올리니 마곡이 다시 붙들어 세웠는데, 그 스님은 팔꿈치를 끌어당겨서 곧장 가 버렸다. 마곡이 말했다.

"삼 년 된 대나무를 만 년 된 소나무와 비교하려 하지 마라."

師問僧: "甚處來?" 僧云: "不審." 師再問, 僧珍重. 師下繩床搊住云: "這箇師僧, 問着便作佛法祇對." 云: "大似無眼." 師放手云: "放汝命, 通汝氣." 僧作禮, 師復搊住, 僧掣肘便行. 師云: "休將三歲竹, 擬比萬年松."

(7) 독한 습기

마곡이 어떤 스님에게 물었다.

"어디에서 옵니까?"

그 스님이 말했다.

"장주(漳州)에서 옵니다."

1178 진중(珍重) : ①소중하게 여기다. ②헤어질 때의 인사말. "안녕히 (계세요, 가세요)!" 진중(珍重)의 본래 뜻은 큰일을 위하여 자신을 소중히 여기라는 것. ③정중(鄭重)하다. 신중(愼重)하다.

1179 추주(搊住) : 붙들어 세우다.

1180 지대(祇對) : =지대(只對). 응대하다. (공경하게) 응대하다. 응답하다.

1181 방명(放命) : =방명(方命). 명령에 거역하다. 명령을 어기다.

1182 통기(通氣) : ①숨을 쉬게 하다. ②연락을 취하다. 의사소통을 하다.

마곡이 말했다.

"그곳에서 생기는 독한 습기[1183]는 요즈음 어떻던가요?"

그 스님이 말했다.

"매우 심합니다."

마곡이 물었다.

"스님은 어떻게 무사(無事)합니까?"

그 스님이 말했다.

"저는 겨울을 그곳에서 지냈습니다."

마곡이 말했다.

"그럼 어느 곳에 독한 습기가 심하던가요?"

師問僧: "甚處來?" 云: "漳州." 師云: "彼中瘴氣, 近日如何?" 云: "極盛." 師云: "闍梨因甚卻無事?" 云: "某甲是冬月過." 師云: "何處得盛?"

석공(石鞏)이 말했다.

"말은 옳지만, 이치는 옳지 않다."

石鞏云: "語卽是, 理卽未是."

1183 장기(瘴氣) : 열대 우림의 지열과 습기에 의하여 발생하는 독(毒)한 습기. 중국의 남서쪽 습지대에서 흔히 발생한다.

연등회요(聯燈會要) 제5권

제10장
강서 마조도일 선사 법사
江西馬祖道一禪師法嗣

남악 계열 육조 문하 제6세
南嶽下第六世

10. 분양 대달무업 국사

(1) 못 깨달은 마음이 부처

　분양(汾陽)의 대달무업(大達無業)[1184] 국사는 상주(商州) 상락(上洛)의 두(杜)씨 아들이다. 처음 마조 대사를 찾아가 물었다.

　"삼승(三乘)의 교리는 대강 공부하였습니다. 선종(禪宗)에서는 이 마음이 곧 부처라 한다고 일찍이 들었습니다만, 아직 깨닫지 못하고 있습니다. 스님께서 자비를 베풀어 가르쳐 주시기 바랍니다."

　마조가 말했다.

　"다만 그대가 깨닫지 못하는 마음이 곧 부처일 뿐, 다시 다른 물건은 없

1184 분주무업(汾州無業; 760-821) : 당대(唐代) 선승. 분주(汾州)는 머물렀던 곳의 지명. 속성은 두(杜)씨. 섬서성(陝西省) 상주(商州) 상락(上洛) 출신. 9살에 개원사(開元寺)의 지본(志本)에게 가서 배우고, 12세에 삭발하고, 20세에 호북성(湖北省) 양주의 유(幽) 율사에게 계를 받았다. 『사분율(四分律)』에 뛰어나고 『대반열반경(大般涅槃經)』을 강의하였는데, 뒤에 홍주(洪州)의 마조도일을 찾아가 선을 배우고 깨달아 마조의 법을 이었다. 여러 성지(聖地)를 순례하고 오대산(五臺山)에서는 대장경(大藏經)을 열람한 뒤에 산서성(山西省) 분주(汾州)의 개원사(開元寺)에 들어가 머물렀다. 시호는 대달선사(大達禪師)이다.

다네. 헤매면 중생이고 깨달으면 부처라네. 마치 주먹을 펴면 손바닥이고 손바닥을 쥐면 주먹인 것과 같지."

무업은 말을 듣자마자 그 뜻을 알아차렸다.

汾陽大達無業國師(凡五), 商州上洛杜氏子. 初參馬大師問: "三乘敎理, 粗亦硏窮. 嘗聞禪宗, 卽心是佛, 實未明了. 乞和尙慈悲指示." 大師云: "只汝不了底心是, 更無別物. 迷卽衆生, 悟卽是佛. 如拳作掌, 如掌作拳." 師言下領旨.

(2) 조사가 온 뜻

무업이 마조에게 물었다.

"어떤 것이 조사께서 서쪽에서 오신 뜻입니까?"

마조가 말했다.

"스님은 참 시끄럽군. 우선 갔다가 나중에 다시 오게."

무업이 막 나가려고 하는데 마조가 불렀다.

"스님!"

무업이 머리를 돌리자 마조가 말했다.

"무엇이냐?"

무업은 마음이 활짝 열리며[1185] 크게 깨달았다. 곧 절을 올리니 마조가 말했다.

"이 둔한 사람아. 절은 뭐 하러 하나?"

師問馬祖: "如何是祖師西來意?" 祖云: "大德正鬧在. 且去別時來." 師纔出, 祖召云: "大德!" 師回首, 祖云: "是甚麼?" 師豁然大悟. 便作禮, 祖云: "這鈍漢. 禮拜

1185 활연(豁然) : (마음이) 활짝 (탁) 트이는 모양. 확(환히) 뚫리는 모양. 깨달음을 얻는 모습을 형용하는 말.

作麼?"

(3) 망상하지 마라

무업이 주지로 부임한 뒤에 배우는 사람이 가르침을 청하면[1186] 흔히 "망상(妄想)하지 마라."라고 말하곤 하였다. 원주(院主)가 물었다.

"스님께서는 평소에 대답하시길 다만 '망상하지 마라.'라고만 하시는데, 이번[1187]에는 쉬었습니까?"

무업이 원주를 부르자 원주가 "예!" 하고 대답하였는데,[1188] 무업이 말했다.

"이번에는 쉬었느냐?"

이후로 가르침을 청하는 질문이 있을 때마다 "망상하지 마라."라는 말과 함께 "이번에는 쉬었느냐?"라는 말도 함께 하였다.

師住後, 學者扣問, 多答云: "莫妄想." 院主問: "和尙平日答對, 只云: '莫妄想.' 這回休得也?" 師召院主, 主應喏, 師云: "這回休得也?" 自後凡有扣問, 俱云: "這回休得也?"

(4) 병에 따른 처방

어떤 스님이 물었다.

"십이분교(十二分敎)가 이 땅으로 흘러들어 와 깨달음을 얻은 자가 한둘이 아닌데, 어찌하여 조사(祖師)가 동쪽으로 와 교화함에 현종(玄宗)[1189]을 따

1186 구문(扣問) : 묻다. 질문하다. 가르침을 청하다.
1187 저회(這回) : 이번. 금번. =저회가(這回家).
1188 응낙(應喏) : "예!"라고 공손하게 대답하다. =응낙(應諾).
1189 현종(玄宗) : 선종(禪宗)의 다른 이름. 현묘(玄妙)한 도를 문자를 세우지 않고 마음에서 마음으로

로 주창(主唱)하여 사람의 마음을 곧장 가리키고 자성을 보아 부처가 된다고[1190] 합니까? 어찌 세존(世尊)의 설법에 부족함이 있겠습니까?

예컨대[1191] 윗대의 여러 덕 높은 고승(高僧)들은 모두 구류(九流)[1192]를 배워 꿰뚫었고 삼장(三藏)에 밝게 통달하였으니, 도생(道生), 승조(僧肇), 도융(道融), 승예(僧叡)[1193] 등의 뛰어남이 모두 그 속에서 나왔는데, 어찌하여 불법(佛法)의 가까운 곳과 먼 곳을 알지 못할 수 있겠습니까? 저는 어리석어서 알지 못하겠으니 스님께서 가르쳐 주십시오."

僧問: "十二分敎, 流于此土, 得道果者, 非止一二, 云何祖師東化, 別唱玄宗, 直指人心, 見性成佛, 豈得世尊說法, 有所未盡, 只如上代諸德高僧, 並學貫九流, 洞明三藏, 生肇融叡盡其神異間生, 豈得不知佛法遠近? 某甲庸昧, 願師指示."

무업이 말했다.

"어떤 부처님도 세상에 나타나신 적이 없었고, 또한 사람에게 줄 하나의 법도 없다. 다만 병을 따라 처방을 내린 것일 뿐이니, 이리하여 십이분교가 있는 것이다. 마치 맛이 쓴 조롱박을 꿀에 절인 과일로 바꾸듯이, 그

전한다고 하여 일컫기도 함.

1190 직지인심(直指人心)과 견성성불(見性成佛): 조사선의 특징을 잘 나타내는 문구. 조사선의 특징을 간단히 요약하면, 문자(文字)를 수단으로 삼지 않고[불립문자(不立文字)], 가르침의 말씀 밖에서 따로 진리를 전하니[교외별전(敎外別傳)], 마음을 가지고 마음을 직접 전하는 것이라[이심전심(以心傳心)], 마음을 바로 가리켜서[직지인심(直指人心)], 마음의 본성을 보아 깨닫게 한다[견성성불(見性成佛)]는 것이다. 조사선 이전까지의 불교는 문자언어를 달을 가리키는 손가락으로 삼아 문자언어인 경전을 방편(方便)으로 하여 불교의 진리를 전하였는데, 조사선은 애초에 방편을 세우지 아니하고 이 자리에서 바로 즉각 진리인 마음을 가리켜 깨닫게 만드는 것이다. 경전을 통한 방편의 불교가 둘러 가는 먼 길이라면, 조사선은 질러가는 지름길이다.

1191 지여(只如): =지우(至于), 약부(若夫), 지여(祇如). ①-에 대하여는. -과 같은 것은. ②예컨대. ③그런데.

1192 구류(九流): 불교를 제외한 중국의 여러 학파. 유가(儒家), 도가(道家), 음양가(陰陽家), 법가(法家), 명가(名家), 묵가(墨家), 종횡가(縱橫家), 잡가(雜家), 농가(農家) 등.

1193 구마라집(鳩摩羅什) 문하에서 가장 뛰어나다고 평가되는 4명의 제자. 관중사성(關中四聖) 혹은 십문사철(什門四哲)이라 불린다.

대의 업(業)의 뿌리를 씻어내는 일에도 진실한 일은 전혀 없다. 신령스레 통하여 불가사의하게 변화[神通變化][1194]함과 헤아릴 수 없는 온갖 삼매(三昧)의 문이 저 하늘의 마군(魔軍)과 외도를 교화하는 방편이고, 복덕(福德)과 지혜[1195]의 두 장엄(莊嚴)이 있음에 집착하는 견해나 없음에 머무는 견해를 부수기 위한 방편이다.

師云: "諸佛不曾出世, 亦無一法與人. 但隨病施方, 遂有十二分教. 如將蜜果, 換苦葫蘆, 淘汝業根, 俱無實事. 神通變化, 及百千三昧門, 化彼天魔外道, 福智二嚴, 爲破執有滯空之見.

만약 도(道)와 조사가 서쪽에서 온 뜻을 알지 못한다면, 무슨 도생(道生), 승조(僧肇), 도융(道融), 승예(僧叡)를 논하겠는가? 지금 천하에 선(禪)을 알고 도를 아는 사람이 강바닥의 모래알만큼 많고 깨달음을 말하고 마음을 말하는 사람이 백천만억 명이 되지만, 티끌먼지처럼 작은 번뇌[1196]라도 없애지 못하면 윤회(輪廻)를 벗어나지 못할 것이고 실낱같은 작은 생각이라도 잊지 못하면 반드시 전부 업장(業障) 속으로 떨어질 것이다.

이와 같은 무리들은 오히려 업과 과보를 스스로 알 수 없으면서도 스스로를 이롭게 하고 남을 이롭게 한다고 헛되이 말하고, 스스로를 저 이전의 덕 높은 스님들과 견줄 만한 뛰어난 부류라고 여기면서 다만 말하기를 눈에 보이는 것이 모두 불사(佛事) 아님이 없고 손발을 움직이는 것이 모두 도장(道場)이라고 한다. 원래 그 익힌 바가 오계(五戒)와 십선(十善)을 지키는 일개 범부만도 못하면서 그 내뱉는 말을 보면 이승(二乘)과 십지보살

1194 신통변화(神通變化): 신령스럽게 통하여 불가사의하게 변화하는 것. 분별을 벗어난 법의 작용을 가리킨다.
1195 복지(福智): 복혜(福慧)라고도 함. 복덕과 지혜. 공덕(功德)과 지혜. 보살이 지닌 두 가지 살림살이.
1196 섬진(纖塵): 실낱처럼 조그마한 티끌(먼지). 작은 번뇌를 가리킴.

을 욕하니, 제호(醍醐)의 뛰어난 맛은 세간(世間)에서 보배로 여기지만 이러한 사람을 만나면 도리어 독약이 되는 것이다.

남산(南山)[1197]은 오히려 스스로 용납하지 않고 대승의 말을 배우는 부류라고 일컫는데, 말[1198] 속에서 승리를 다투고 나타내지 못하는 일을 시끄럽게 따지면서 저 이전의 덕 높은 스님과 견줄 만하다고 여기니 참으로 안타깝다.[1199]

若不會道及祖師來意, 論甚麼生肇融叡? 如今天下, 解禪解道, 如河沙數, 說佛說心, 有百千萬億, 纖塵不去, 未免輪廻, 絲念不忘, 盡須沉墜. 如斯之類, 尙不能自識業果, 妄言自利利他, 自謂上流並他先德, 但言, 觸目無非佛事, 擧足皆是道場. 原其所習, 不如一箇五戒十善凡夫, 觀其發言, 嫌他二乘十地菩薩, 且醍醐上味爲世所珍, 遇斯等人, 翻成毒藥. 南山尙自不許, 呼爲大乘學語之流, 爭鋒唇舌之間, 鼓論不形之事, 並他先德, 誠實苦哉!

예컨대 한가하게 숨어 사는 덕 높은 선비도 오히려 산속에 숨어서 깨끗하게 생활하며[1200] 이익과 권세를 버릴 줄 알고 또한 나라를 편안하게 하고 백성을 다스리는 꾀가 있지만 임금이 불러도 나아가지 않는데, 하물며 우리 선종(禪宗)의 선객들은 어떻겠는가?

우리 선종의 길 또한 남달랐으니 저 예전의 덕 높은 도인(道人)을 보면, 도를 얻은 이후에는 초가집[1201]이나 바위굴 속에서 다리 부러진 솥을 걸어

1197 남산(南山): 당(唐)나라 남산율사(南山律師) 도선(道宣; 596-667)이 개종(開宗)한 사분율종(四分律宗)의 한 파인 남산종(南山宗), 혹은 도선(道宣)을 가리킨다.

1198 순설(唇舌): ①입술과 혀. 입술과 혀를 놀려서 하는 말. ②훼방하거나 도발하는 말. =순설(脣舌).

1199 고재(苦哉): ①괴롭다. ②안타깝다.

1200 침석수류(枕石漱流): 산의 돌을 베고 누워 자고 흐르는 시냇물로 양치질을 하다. 산림에 숨어 살며 깨끗하게 생활함을 이르는 말.

1201 묘자(茆茨): =모자(茅茨), 모옥(茅屋). 띠로 지붕을 이은 집.

놓고 밥을 지어 먹으며 20년이고 30년이고 명성이나 이익을 생각하지도 않고 재물을 생각하지도 않고 인간 세상을 완전히 잊고서 산속에 숨어 살면서 임금이 불러도 나오지 않고 제후가 청해도 나오지 않았는데, 어찌 명성을 탐내고 이익을 좋아하여 세속에 빠져 있는 우리들과 같겠느냐? 마치 장사가 안되는 사람[1202]이 바라거나 구하는 것이 별로 없고 큰 결과에 대한 기대도 잊은 것과 같다.

只如野逸高士, 尙解枕石漱流, 棄其利祿, 亦有安國理民之謀, 徵而不赴, 況我禪宗? 途路且別, 看佗古德道人, 得意之後, 茆茨石室, 向折脚鐺子裏, 煮飯喫, 三十二十年, 名利不干懷, 財寶不爲念, 大忘人世, 隱跡嚴叢, 君王命之不來, 諸侯請而不赴, 豈同我輩, 貪名愛利, 汨沒世途? 如短販人, 有少希求, 而忘大果.

십지(十地)의 여러 성자(聖者)들이라도 불도(佛道)의 이치에 통하지 못한다면 한 사람 천박한 범부[1203]와 어찌 같지 않을 수 있겠는가? 참으로 이런 이치는 없다. 그가 법을 말하는 것이 구름처럼 웅장하고 비처럼 세차게 내리더라도 도리어 부처님께서는 '자성을 보는 것은 그물코[1204] 사이처럼 차이가 있다.'라고 꾸짖을 것이다. 단지 부처의 마음[1205]을 감정(感情)에 두고 원인과 결과에 이해를 두기 때문에 부처의 감정[1206]을 뛰어넘지 못하고 온갖 흔적을 넘어서지 못한다.

1202 단판인(短販人) : 장사가 안되는 사람. 판매가 부족한 사람.

1203 박지범부(博地凡夫) : =박지범부(薄地凡夫). 박지저하범부(薄地底下凡夫, 博地底下凡夫)라고도 쓴다. 가장 열등한 범부. 박지(博地)는 하등(下等)이라는 뜻. 박지(薄地)라고도 쓴다. 범부(凡夫)를 삼류(三類; 내범(內凡), 외범(外凡), 박지(薄地))로 나눈 것 가운데 하나. 가장 하등한 범부.

1204 나곡(羅縠) : 그물처럼 올이 성글면서 얇은 비단.

1205 성량(聖量) : 성인(聖人)의 도량(度量). 깨달은 부처의 마음. 도량(度量)은 본래 길이를 재는 자와 양을 재는 되를 가리키는 말로서, 마음을 쓰는 크기나 능력을 가리키는 말이다.

1206 성정(聖情) : 중생의 분별의식인 범정(凡情)의 상대어로서 깨달은 부처의 의식(意識)과 감정(感情). 깨달은 이에게는 마음의 흔적이 없어야 하는데 깨달은 마음의 감정이 있다면 역시 벗어나야 할 경계이다.

이전의 슬기롭고 덕 높은 스님과 널리 배운 뛰어난 사람들이 옛날과 오늘날에 두루 통달하고 부처님의 가르침[1207]에 밝았다. 대개 설명과 문장을 배워 알기 때문에 물과 우유를 구분하기가[1208] 어렵고 지극한 도리에 밝지 못한 것이다. 생각을 고요히 하여 선정(禪定)에 들어[1209] 참됨을 구한다면, 아아,[1210] 사람의 몸을 받을 자가 손톱 위의 흙과 같고 사람의 몸을 잃을 자가 대지의 흙과 같을 것이니 참으로 슬프지[1211] 않겠는가?

十地諸聖, 豈不通佛理, 可不如一箇博地凡夫? 實無此理. 他說法如雲如雨, 猶被佛呵云: '見性如隔羅縠.' 只爲情存聖量, 解在果因, 未能逾越聖情, 過諸影跡. 先賢古德, 碩學高人, 博達古今, 洞明教網. 蓋爲識學詮文, 水乳辨難, 不明至理. 念靜求眞, 嗟乎得人身者, 如爪甲上土, 失人身者, 如大地土, 良可傷哉!

설사 도리를 깨달은 자가 있더라도 한 번 알고 한 번 이해할 뿐, 깨달음 속의 법칙을 알지는 못한다. 도(道)의 문에 들어가면 곧장 세간의 이익을 영원히 벗어나 산으로 계곡으로 놀러 다니면서 부귀영화를 누리는 자들을 깔보겠지만, 마음의 번뇌가 다하지 못한 탓으로[1212] 깨달음이 밝지 못하여 늙도록 도를 성취하지 못하고 헛되이 세월만 보낸다면 총명함으로는 업보(業報)를 대적하지 못할 것이고 메마른 지혜로는 생사윤회를 벗어

1207 교망(敎網): =대교망(大敎網). 교법(敎法)과 같음. 부처님의 가르침이 삶과 죽음의 바다에 빠진 중생을 건져 내는 것이 그물로 물고기를 건져 내는 것과 같다는 뜻에서 비유한 말.

1208 수유(水乳): 물과 우유. 섞여 있어서 구분하기 어려운 것을 비유함. 『정법염처경(正法念處經)』에 말하길 "비유하면 물과 우유를 한 그릇에 같이 넣어 놓으면 거위왕이 그것을 먹음에 단지 우유만 먹고 물은 마시지 않는 것과 같다."라고 하였다.

1209 염정(念靜): 염(念)은 정념(正念), 즉 올바른 견해를 가지고 삿된 생각이 없는 것으로서 지혜와 같음. 정(靜)은 정려(靜慮), 즉 고요함과 함께 지혜가 있어 능히 자세하게 생각한다는 뜻으로서 선정(禪定)과 같은 뜻. 염정(念定)과 같음.

1210 차호(嗟乎): =차호(嗟嘑). 아아! 탄식하며 감탄하는 소리.

1211 가상(可傷): 슬프게도. 애처롭게도.

1212 치사(致使): -한 탓으로 -하게 되다. (부정적 결과)

나지 못할 것이다. 비록 재능이 마명(馬鳴)¹²¹³과 같고 지혜가 용수(龍樹)¹²¹⁴와 같더라도 단지 한두 생애 동안 사람의 몸을 잃지 않을 뿐일 것이다.

철저히 생각하고¹²¹⁵ 고요함에 머물며 들으면 곧장 이해함이 저 도생(道生)¹²¹⁶과 같다고 하더라도, 어떻게 부러워할 만하겠는가? 도(道)와는 완전히 어긋나 있는데. 형제들과 더불어 참됨을 논하고 헛됨을 논하지 않는다면, 다만 이렇게 입으로 음식을 먹고 몸에는 옷을 입는 것이 모두 보살과 부처를 속이는 것이다. 구하여 얻어 온 것은 저 마음의 지혜로운 눈으로 보면 마치 고름 섞인 피를 마시는 것과 같으니 반드시 대가를 치러야 할 것이다.

設有悟理之者, 有一知一解, 不知是悟中之則. 入理之門, 便爲永出世利, 巡山

1213 마명(馬鳴) : 고대 인도의 불교학자. 범명(梵名) 아슈바고샤(Aśvaghoṣa). 쿠샨 왕조 제3대 카니시카제(帝)와 같은 시대의 사람으로 북인도의 바라문 가문 출신이다. 초기 대승불교 학자로, 불교를 소재로 한 산스크리트의 미문체 문학을 창작하여 인도 문학사상 불후의 업적을 남겼다. 『불소행찬(佛所行讚) Buddhacarita』과 『손타리난타시(孫陀利難陀詩)』는 그의 풍부한 시재를 가장 잘 나타낸 걸작이다. 『불소행찬』은 붓다의 생애와 교의를 격조 높게 읊은 불타 서사시이며, 『손타리난타시』는 아난다(阿難陀)가 아름다운 아내 순다리에 대한 애집(愛執)을 버리고 성자의 경계에 들어 대승불교적인 사도가 되기까지의 경위를 유려한 시로 표현한 작품이다. 또 『대장엄논경(大莊嚴論經)』은 경건한 전설을 집록(集錄)하여 이를 운문 및 산문으로 옮겨 놓은 것이다. 그 밖에 『대승기신론(大乘起信論)』, 『금강침론(金剛針論)』, 『건추범찬(建椎梵讚)』도 그의 저작으로 전하여지나 확실하지는 않다.

1214 용수(龍樹) : 인도의 불교학자. 원이름 Nāgārjuna(Nāga: 용, arjuna: 나무 이름). 남인도 출신. 북인도로 가서 당시 인도의 사상(思想)을 공부하고, 불교 특히 신흥 대승불교(大乘佛教) 사상을 연구, 그 기초를 확립하였다. 때문에 제21의 서가(書家), 8종(八宗)의 조사(祖師)라고 일컫는다. 『중론(中論)』에서 전개한 공(空)사상은 그 이후의 모든 불교사상에 많은 영향을 끼쳤다. 즉, 실체(實體; 자성(自性))를 세워 분별하는 것을 철저히 비판하고, 일체의 것이 다른 것과의 의존·상대(相對)·상관(相關)·상의(相依)의 관계인 연기(緣起) 위에서만 비로소 성립된다고 주장하였다. 그 상관관계는 긍정적·부정적·모순적 상태 등 여러 형태로 나타나지만, 어느 것에서도 독립적으로 존재할 수 없고 공(空)의 상태에 이를 수 없다. 반면에 구극(究極)의 절대적 입장[진제(眞諦)·제일의제(第一義諦)]은 우리의 일상적 진리[속제(俗諦)·세속제(世俗諦)]로만 성립할 수 있으며, 이를 초월해서는 논의의 대상이나 표현의 대상이 될 수 없다. 공의 입장에서 본다면 어느 한쪽에도 치우침이 없는 중도(中道)에 있기 때문에, 후세에 그의 학파를 가리켜 중관파(中觀派)라고 불렸다. 주요 저서에 『중론』(4권) 외에 『회쟁론(廻諍論)』·『광파론(廣破論)』·『십주비바사론(十住毘婆沙論)』·『공칠십론(空七十論)』 등이 있으며, 『대지도론(大智度論)』(100권)·『십이문론(十二門論)』 등은 그의 저작인지 의문점이 있다.

1215 근사(根思) : 철저히 생각하다. =근구(根究).

1216 생공(生公) : 진말(晉末)의 고승 축도생(竺道生)을 일컬음.

傍澗, 輕忽上流, 致使心漏不盡, 理地不明, 到老無成, 虛延歲月, 且聰明不能敵業, 乾慧未免苦輪. 假使才並馬鳴, 智齊龍樹, 只是一生兩生, 不失人身. 根思宿靜, 聞之卽解, 如彼生公, 何足爲羨? 與道全乖. 共兄弟, 論實不論虛, 只這口食身衣, 盡是欺賢罔聖, 求得將來, 他心慧眼觀之, 如喫膿血一般, 總須償他始得.

누구[1217]에게 깨달음[1218]이 있어서 저절로 신도들의 보시(布施)[1219]를 불러오는가? 보시를 받지 못하는 자는 반야(般若)를 배우는 보살로서 스스로를 속이지 말아야 하니, 얼음 위를 걷는 것처럼 조심하고 칼날 위를 걷는 것처럼 주의해야 한다. 죽음이 다가왔을 때에 털끝만큼이라도 중생과 부처의 마음이 남아 있고 번뇌망상을 잊지 못했다면, 생각을 따라 후생(後生)을 받을 것이니 오온(五蘊)의 무겁고 가벼움을 평가하여 당나귀나 말의 배속에 잉태되거나 지옥[1220]의 끓는 기름 솥[1221] 안에 들어가 한 번 삶길 것이니, 이때에는 생전의 생각이나 기억이나 견해나 지혜를 일시에 잃어버리고 이전처럼 다시 땅강아지나 개미가 되고 모조리[1222] 또다시 모기나 등에가 될 것이다. 비록 좋은 원인이 있더라도 이러한 악한 결과를 맞이한다면, 무엇을 꾀할 수 있겠느냐?

阿那箇有道果, 自然招得他信施來? 不受者, 學般若菩薩, 不得自謾, 如冰凌上行, 似劍刃上走. 臨終之時一毫凡聖情量不盡, 纖塵思念未忘, 隨念受生, 輕重五陰, 向驢胎馬腹裏託質, 泥犁鑊湯裏, 煮煠一遍了, 從前記持憶想, 見解智慧, 一時失卻, 依前再爲螻蟻, 從頭又作蚊虻. 雖是善因, 而遭惡果, 且圖甚麼?

1217 아나개(阿那箇) : ①어느. ②어떤. ③어디. ④누구.

1218 도과(道果) : 불도(佛道)의 결과(結果). 깨달음, 해탈, 열반을 가리킴.

1219 신시(信施) : 재가 신자가 불법승(佛法僧) 삼보에게 보시하는 물건.

1220 이리(泥犁) : Niráya의 음역. 지옥(地獄). 이려(泥黎), 이리(泥梨)라고도 음역함.

1221 확탕(鑊湯) : =확탕로(鑊湯爐). 기름이나 구리를 넣어 펄펄 끓이는, 지옥에 있다는 큰 가마솥.

1222 종두(從頭) : 하나하나. 모조리. 빠짐없이.

형제들이여, 단지 탐욕이 습성(習性)을 이루기 때문에 이십오유(二十五有)[1223]가 발밑에서 얽어매어 도(道)를 이룰[1224] 기약이 없는 것이다. 조사(祖師)[1225]께서는 이 땅의 중생들에게 대승(大乘)의 근성(根性)이 있음을 보시고서 오직 마음도장 하나를 전하시어 어리석은 중생들에게 가리켜 보이셨다. 마음도장을 얻는다면, 중생이든 부처든 어리석든 지혜롭든 따질 것이 없다.[1226] 많은 허망함보다는 적은 진실함이 더 낫다.[1227]

대장부라면 지금 곧장[1228] 쉬어 버려야 한다. 온갖 일들을 문득 쉬고 삶과 죽음의 흐름을 뛰어넘어 일상의 격식에서 멀리 벗어나 신령스러운 빛이 홀로 빛나 온갖 사물[1229]에 구속되지 않고 우뚝하고[1230] 당당하게 삼계(三界)를 홀로 걸어가야 한다. 어찌하여 꼭 육 척 몸뚱이에 황금[1231]빛 가사를 입고 목에는 빛나는 보배 염주를 걸고서 번지르르한 말을 쏟아 내어야[1232] 하겠는가? 겉모습으로 나를 본다면 삿된 도를 행한다고 하지 않았는가?

1223 이십오유(二十五有) : 유(有)는 존재(存在)라는 뜻. 중생이 삶과 죽음으로 돌고 도는 존재를 25종으로 나눈 것. ①4악취(지옥·아귀·축생·아수라). ②4주(동불바제·남염부주·서구야니·복울단월). ③6욕천(사왕천·도리천·야마천·도솔천·화락천·타화자재천). ④7색계(초선천·범왕천·제2선천·제3선천·제4선천·무상천·5나함천). ⑤4무색계(공무변처천·식무변처천·무소유처천·비상비비상처천). 이를 줄여서 3계(界)와 6도(道)라 함.

1224 성변(成辨) : 이루다. 완수하다. 완성하다. 성취하다. 현장(玄奘)이 사용한 역어(譯語).

1225 보리달마(菩提達磨)를 가리킴.

1226 불간(不揀) : -에 관계없이. -을 막론하고. =불관(不管).

1227 불여(不如) : ①-만 같지 못하다. -에 미치지 못하다. -보다 더 좋은 것이 없다. =불약(不若), 불면(不免). ②부합하지 않음. 그대로 되지 않음.

1228 직하(直下) : 바로. 즉시.

1229 물루(物累) : 인간을 얽어매는 세상의 온갖 사물들. 『장자(莊子)』「천도(天道)」에 나오는 말.

1230 외외(巍巍) : 높고 큰 모양.

1231 자마금(紫摩金) : 자마황금(紫摩黃金) 또는 자금(紫金). 자색이 나는 황금. 염부(閻浮)나무 아래를 흐르는 강물 속에서 나는 사금(砂金). 곧 염부단금(閻浮檀金).

1232 광장설상(廣長舌相) : 또는 대설상(大舌相). 부처님이나 전륜성왕과 같은 위인이 갖춘 서른두 가지의 상서로운 신체적 특징인 32상(相)의 하나. 혀가 넓고 길면서도 엷고 유연하여, 길게 펴면 얼굴을 덮고 머리털 부근까지 이르는 모습. 이는 허망하지 아니한 말을 한다는 모습이다.

兄弟, 只爲貪欲成性, 二十五有, 向脚跟下繫着, 無成辦之期. 祖師観此土衆生, 有大乘根性, 唯傳心印, 指示迷情. 得之者, 即不揀凡之與聖, 愚之與智. 且多虛, 不如少實. 大丈夫兒, 如今直下便休歇去. 頓息萬機, 越生死流, 迥出常格, 靈光獨耀, 物累不拘, 巍巍堂堂, 三界獨步. 何必身長丈六, 紫磨金輝, 項佩圓光, 廣長舌相? 以色見我, 是行邪道.

설사 아름답게 꾸미는[1233] 권속(眷屬)이 있더라도 자기의 만족[1234]을 구하지 않으면, 산과 강과 대지가 눈길[1235]을 가로막지는 않아서 대총지(大總持)[1236]를 얻을 것이다. 한 번 듣고서 천 가지를 깨닫는다면 한 입[1237] 바른 도(道)를 전혀 희망하지 않게 되겠지만, 여러분은 아마도 이와 같지 못할 것이다.

조사께서 이 땅에 오셔서 늘 손해만 본 것도 아니고 늘 이익만 본 것도 아니다. 이익을 본 것은 천백 사람 가운데 겨우 한 사람이나 반 사람[1238]을 건져 내어[1239] 겨우 법기(法器)가 되었을 뿐이다. 손해를 본 것은 앞에서 이미 밝힌 것처럼 그로 말미암아 삼승(三乘)의 가르침에 의지하여 수행하여

1233 장엄(莊嚴) : ①건립하다. 배열하다. 배치하다. ②꾸미다. 장식하다. 좋고 아름다운 것으로 국토를 꾸미고, 훌륭한 공덕을 쌓아 몸을 장식하고, 향과 꽃들을 부처님께 올려 장식하는 일.

1234 자득(自得) : 스스로 만족하다.

1235 안광(眼光) : ①눈길. 시선. ②안목(眼目). 식견(識見). ③눈. 눈동자. ④시력(視力).

1236 대총지(大總持) : 다라니(陀羅尼, dhāraṇī)를 번역한 말. 능지(能持)·능차(能遮)라고도 번역. 헤아릴 수 없고 끝없는 뜻을 지니고 있어, 모든 악한 법을 버리고 한량없이 좋은 법을 가지는 것. 깨달아서 얻는 반야(般若)의 지혜를 가리킨다.

1237 일찬(一餐) : 일시에 삼키는 음식물의 양. 한입.

1238 일개반개(一箇半箇) : 한 사람 반 사람. 많은 사람 속에서 골라낸 능력 있는 한두 사람을 가리킴. 능력 있는 사람은 드물다는 뜻을 품고 있다. 진(秦)의 임금인 부견(付堅)이 진(晉)을 정벌하여 도안(道安)과 습착치(習鑿齒)를 얻고 돌아와서는 "나는 10만의 병력을 가지고 양양(襄陽)을 정벌하여 한 개와 반 개를 얻었다."라고 말한 데에서 비롯되었다. 반 개라는 말은 습착치가 한쪽 다리가 없는 사람이었기 때문에 한 말이다.

1239 노록(撈摝) : =노록(撈漉). 물속에서 무엇을 건져 내려 애쓴다는 뜻. 세속에서 중생을 제도하려 애쓴다는 말.

도리어 사과(四果)[1240]와 삼현(三賢)[1241]을 얻게 되어[1242] 수행할[1243] 틈이 있게 된 것이다. 그러므로 이전의 덕 높은 스님은 '깨달으면 업장(業障)이 본래 공(空)이지만, 깨닫지 못하면 오래된 빚을 갚아야만 할 것이다.'[1244]라고 말했던 것이다."

設有眷屬莊嚴, 不求自得, 山河大地, 不礙眼光, 得大總持. 一聞千悟, 都不希求一餐之直, 汝等諸人, 儻不如是. 祖師來至此土, 非常有損有益. 有益者, 百千人中, 撈摝一箇半箇, 堪爲法器. 有損者, 如前已明, 從他依三乘敎法修行, 不妨卻得四果三賢, 有進修之分. 所以先德云: '了卽業障本來空, 未了應須還宿債.'"

(5) 마지막 법문

무업이 시적(示寂)할 때가 되어 법상에 올라 대중에게 말했다.

"그대들의 보고, 듣고, 느끼고, 아는 자성(自性)은 큰 허공과 수명이 같아서 생겨나지도 않고 사라지지도 않고, 모든 경계(境界)는 본래 텅 비고 고요하여 얻을 수 있는 하나의 법도 없다. 어리석어서 헤매는 사람은 이러한 진실을 깨닫지 못하고 경계에 홀려서 끝없이 흘러 다닌다. 그대들은 모두 마음의 자성이 본래 있어서 만들어진 것이 아니니 마치 다이아몬드

1240 사과(四果) : 소승(小乘)이 얻는 깨달음인 증과(證果)의 4계위(階位). 과(果)는 무루지(無漏智)가 생기는 지위. 수다원과(須陀洹果)·사다함과(斯陀含果)·아나함과(阿那含果)·아라한과(阿羅漢果).

1241 삼현(三賢) : 소승·대승에 따라 구별이 있다. ①대승은 보살 수행의 지위인 10주·10행·10회향 위(位)에 있는 보살을 말함. ②소승은 5정심위(停心位)·별상념주위(別相念住位)·총상념주위(總相念住位)를 말함. 이들은 성위(聖位)에 들어가기 위한 방편위(方便位).

1242 불방(不妨) : ①지장이 없다. 방해가 없다.(그렇게 할 수 있음을 나타냄) ②뜻밖에. 의외로. 알지 못하고. =불방(不放). ③비할 바 없다. 아주 뛰어나다. 보통이 아니다. ④아마도. 어쩌면. 대개는. ⑤물론. 응당. 당연히.(긍정을 표시함) ⑥~는 무방(無妨)하다. ~는 괜찮다. ~라고 해도 괜찮다. ⑦마음대로 ~하다.

1243 진수(進修) : 연수하다. 수행하다.

1244 영가현각(永嘉玄覺)의 〈증도가(證道歌)〉에 나오는 구절.

처럼 부서질 수 없고 삼라만상은 마치 그림자나 메아리 같아서 진실한 것이 아님을 알아야 한다. 그러므로 경전에서 말했다. '오직 이 하나의 일만 진실하고, 나머지 두 번째는 진실이 아니다.'[1245] 만약 모든 것이 전부 텅비었음을 깨달아 분별의식[1246]에 해당하는 한 물건도 없다면, 곧 모든 부처님이 마음을 쓰는 곳이다. 그대들은 부지런히 수행하라."

말을 마치고서 적멸(寂滅)에 들었다.

師臨示寂時, 示衆云: "汝等見聞覺知之性, 與太虛同壽, 不生不滅, 一切境界, 本自空寂, 無一法可得. 迷者不了, 卽爲境惑, 流轉無窮. 汝等諸人, 當知心性本自有之, 非因造作, 猶如金剛, 不可破壞, 一切諸法, 如影如響, 無有實者. 故經云: '唯此一事實, 餘二則非眞.' 若了一切俱空, 無一物可當情, 便是諸佛用心處. 汝等勤而行之." 言訖而寂.

11. 건주 서당지장 선사

(1) 몸속의 벌레

건주(虔州)의 서당지장(西堂智藏)[1247] 선사는 건주 요(廖)씨의 아들이다. 서당이 울력할 때에 말했다.

1245 『묘법연화경(妙法蓮華經)』 「방편품(方便品)」 제2에 나오는 게송의 구절.

1246 정(情): 식정(識情). 정식(情識). 분별의식. 분별심.

1247 서당지장(西堂智藏): 735-814. 당대(唐代) 선승. 서당(西堂)은 머물렀던 곳의 지명. 속성은 요(廖)씨. 마조도일(馬祖道一)의 문하에서 공부하여 마조의 법을 이었다. 건주(虔州)의 서당(西堂)에 머물면서 마조의 종풍(宗風)을 널리 선양하였다. 시호는 대각선사(大覺禪師). 신라 말에 명적도의(明寂道義)와 체공혜철(體空惠哲)이 그의 문하에서 공부하여 그의 법을 받아 왔다.

"원인과 결과가 분명한 것을 어떻게 하겠는가? 어떻게 하겠는가?"[1248]

그때 어떤 스님이 앞으로 나와서 손으로 땅을 짚으니 서당이 말했다.

"무엇 하느냐?"

그 스님이 말했다.

"구해 주세요. 구해 주세요."

서당이 "여러분!" 하고 대중을 부르고서 말했다.

"이 스님은 그나마 괜찮구나."[1249]

그 스님이 소매를 떨치고 곧장 나가자 서당이 말했다.

"사자의 몸속에 있는 벌레가 사자의 몸을 뜯어 먹는구나."

虔州西堂智藏禪師(凡五), 本郡廖氏子. 師因普請次云: "因果歷然, 爭奈何? 爭奈何?" 時有僧出, 以手托地, 師云: "作甚麼?" 云: "相救. 相救." 師召云: "大衆, 這箇師僧, 猶較些子." 僧拂袖便出, 師云: "師子身中虫, 自食師子肉."

(2) 질문도 답도 없는

어떤 스님이 물었다.

"질문이 있고 답이 있는 것은 우선 놓아두고, 질문도 없고 답도 없을 때에는 어떻습니까?"

서당이 말했다.

"설마[1250] 뒤죽박죽하겠는가?"[1251]

1248 쟁내(爭乃) -하(何) : -를 어찌하리오? -인 것을 어떻게 하겠는가? =쟁내(爭奈), =쟁내(爭奈) -하(何).
1249 유교사자(猶較些子) : 우선은 되었지만 아직 조금 부족하다. 우선 조금 되었다. 그나마 괜찮다. (불만족한 긍정)
1250 파(怕) : 설마 -하겠는가? 설마 -란 말인가?(그럴 리 없다는 뜻의 반어법)
1251 나(那) : =마(麼). 의문어기사(疑問語氣詞). 반문하는 어구 속에 사용됨.

백장(百丈)이 말했다.

"이전부터 노형(老兄)을 의심했다."

그 스님이 백장에게 물었다.

"스님께서 말씀해 주십시오."

백장이 말했다.

"일합상(一合相)[1252]은 얻을 수 없다."

뒷날 어떤 스님이 장경(長慶)에게 그 일을 물었는데, 장경이 말했다.

"서로 만나면 모두들 말하길 벼슬을 그만두었다고 하지만, 숲속에서 한 사람이라도 본 적이 있었던가?"

僧問: "有問有答, 卽且置, 無問無答時如何?" 師云: "怕爛卻那?" 百丈云: "從來疑着老兄." 僧問丈云: "請和尙道." 丈云: "一合相不可得." 後有僧問長慶, 慶云: "相逢盡道休官去, 林下何曾見一人?"

(3) 당나귀 울음소리

서당이 길을 가다가 천자(天子)의 사자(使者)[1253]를 만났다. 사자가 식사를 하라고 서당을 붙잡았는데, 우연히 당나귀 우는 소리를 들었다. 사자가 서당을 불렀는데, 서당이 머리를 들자 사자는 당나귀를 가리켰다. 이에 서당이 도리어 사자를 가리키자 사자는 대응이 없었다.

師在路次, 逢天使. 使留師齋, 偶見驢鳴. 使召師, 師擧頭, 使指驢. 師卻指使, 使無對.

1252 일합상(一合相) : 하나로 합해진 모습. 한덩어리. 분리할 수 없는 하나의 전체. 연기하여 나타나는 세계를 가리킴. 세계는 온갖 인연들이 모여서 합해져 하나가 된 것이라고 하여 세계를 일러 일합상(一合相)이라고 함.

1253 천사(天使) : 천자(天子)의 사자(使者). 칙사(勅使).

보복전(保福展)이 말했다.

"서당은 식사 때문에 경찬(慶讚)[1254]했구나."

법안(法眼)은 별도로 다만 당나귀 울음소리를 낼 뿐이었다.

保福展云: "西堂因齋慶讚."

法眼, 別但作驢鳴.

(4) 천당과 지옥

어떤 관원(官員)이 물었다.

"천당과 지옥이 있습니까?"

서당이 말했다.

"있습니다."

그 관원이 물었다.

"불법승(佛法僧) 삼보(三寶)가 있습니까?"

서당이 말했다.

"있습니다."

다시 그 관원이 여러 가지 질문을 하였는데, 서당은 모두 "있다."라고 답했다. 그 관원이 말했다.

"스님은 잘못 아닙니까?"

서당이 말했다.

"당신은 어떤 사람을 만나고 왔습니까?"

1254 경찬(慶讚) : 불상·경전을 조성하거나, 절·탑 등의 건축을 완성하였을 때에 행하는 법사(法事). 그 성공을 경축하고 찬탄하는 것.

관원이 말했다.

"저는 경산(徑山) 스님을 만나고 왔습니다."

서당이 말했다.

"경산 스님은 당신에게 무슨 말을 하던가요?"

관원이 말했다.

"묻는 질문마다 '없다.'라고 답했습니다."

서당이 물었다.

"당신에게는 처자(妻子)가 있습니까?"

관원이 말했다.

"있습니다."

서당이 물었다.

"경산 스님에게도 처자가 있습니까?"

관원이 말했다.

"경산 스님은 옛 부처님과 같은데, 스님께서는 그분을 욕하지 마십시오."

서당이 말했다.

"경산 스님이 '없다.'라고 말하면 되었습니다."[1255]

有俗官問: "有天堂地獄否?" 師云: "有." 云: "有佛法僧寶否?" 師云: "有." 更有多問, 皆答云: "有." 官人云: "和尚莫錯否?" 師云: "汝曾見甚麼人來?" 云: "某甲曾參徑山和尚來." 師云: "徑山尚汝道甚麼?" 云: "凡有所問, 皆答云無." 師云: "汝有妻子否?" 云: "有." 師云: "徑山和尚有否?" 云: "徑山古佛, 和尚莫謗他好." 師云: "徑山和尚, 道無即得."

1255 있으니까 "있다."라고 하는 것이고, 없으니까 "없다."라고 하는 것이다.

(5) 이고의 질문

이고(李翶)[1256]가 어떤 스님에게 물었다.

"마조(馬祖) 대사는 어떤 말씀을 하십니까?"

그 스님이 말했다.

"어떤 때에는 마음이 곧 부처라고 하시고, 어떤 때에는 마음도 아니고 부처도 아니라고 하십니다."

이고가 말했다.

"모두가 말의 한계를 넘어섰군요."

이고가 다시 서당에게 그렇게 묻자 서당은 이고를 불렀는데, 이고가 "예!"라고 대답하자 서당이 말했다.

"북과 호각[1257]이 울리는구나."

李翶問僧:"馬大師有何言句?"僧云:"或說卽心卽佛, 或說非心非佛." 翶云:"總過言邊着." 翶卻問師, 師召李翶, 李應諾, 師云:"鼓角動也."

12. 월주 대주혜해 선사

(1) 자기의 보물창고

1256 이고(李翶) : 774-836. 자는 습지(習之). 유교가 불교·도교의 강력한 도전을 받을 당시에 유교의 재건에 힘썼다. 그는 많은 불교사상들을 유교에 통합시켰으며 유교의 윤리적 사고를 정당화하기 위한 형이상학적 체계를 발전시켰다. 특히 인간의 천성(天性)은 선(善)하고 정(情)은 악(惡)하므로 정사(正思)로써 악한 정을 소멸시키고 본성을 회복[復性]하면 성인(聖人)이 될 수 있다는 성선정악설(性善情惡說)과 멸정복성설(滅情復性說)을 주장하여 성리학의 선구가 되었다. 저서에는 『복성서(復性書)』 3편과 『이문공집(李文公集)』이 있다.

1257 고각(鼓角) : ①전고(戰鼓)와 호각(號角). 군중(軍中)에서 시각을 알리거나 호령을 할 때에 사용한다. ②북과 호각 소리.

월주(越州)의 대주혜해(大珠慧海)[1258] 선사는 건주(建州)의 주(朱)씨 아들이다. 처음 마조를 찾아갔을 때에 마조가 물었다.

"어디에서 오느냐?"

혜해가 말했다.

"월주의 대운사(大雲寺)에서 옵니다."

마조가 물었다.

"무엇을 구하러 왔느냐?"

혜해가 말했다.

"불법(佛法)을 구합니다."

마조가 말했다.

"나의 여기에는 한 물건도 없는데, 무슨 불법을 구하는가? 자기의 보물창고는 돌아보지 않고 집을 버리고서 이리저리 다녀서 어쩌려고 하느냐?"

혜해가 물었다.

"어떤 것이 저의 보물창고입니까?"

마조가 말했다.

"지금 나에게 묻는 것이 그대의 보물창고이다. 그것에는 모든 것이 다 갖추어져 있는데 사용[1259]이 자유롭고 전혀 모자람이 없으니, 밖에서 구할 필요가 없다."

혜해는 그 말을 듣고서 크게 깨달았는데, 자기의 본래 마음은 다른 것으로 말미암아 깨닫는 것이 아님을 알고서 크게 기뻐하며 절을 올리고 감

1258 대주혜해(大珠慧海) : 당대(唐代) 선승. 속성은 주(朱)씨. 산서성(山西省) 건주(建州) 출신. 절강성(浙江省) 월주(越州) 대운사(大雲寺)의 도지(道智) 화상에게 출가하였다. 마조도일을 찾아서 깨달음을 얻고, 그의 법을 이었다. 저술로 『돈오입도요문(頓悟入道要門)』 1권을 포함한 『대주선사어록(大珠禪師語錄)』 2권이 있다.

1259 수용(受用) : ①누리다. 향유하다. 법을 얻어서 그 법을 누리고 향유한다는 말. ②이익을 얻다. ③운용하다. 사용하다.

사를 드렸다.

越州大珠慧海禪師(凡六), 建州朱氏子. 初謁馬祖, 祖問: “甚處來?” 師云: “越州大
雲來.” 祖云: “來求何事?” 師云: “求佛法.” 祖云: “我這裏, 一物也無, 求甚麼佛法?
自家寶藏不顧, 抛家散走作麼?” 師云: “阿那箇是某甲寶藏?” 祖云: “只今問我者是
汝寶藏. 一切具足, 受用自在, 更無欠少, 不假外求.” 師於言下大悟, 識自本心, 不
由他覺, 踊躍作禮而謝.

(2) 본래 일없는 사람

대주(大珠)가 법당에 올라 대중에게 말했다.

“여러분은 본래[1260] 훌륭한[1261] 일없는 사람인데, 한사코[1262] 조작하여 스
스로 죄인의 칼을 쓰고[1263] 지옥에 떨어지려 하니 왜 그러느냐? 매일 아침
부터 밤까지 바쁘게 뛰어다니며[1264] ‘나는 선(禪)에 참여하고 도(道)를 배우
며 불법을 이해한다.’라고 하니, 이와 같아서는 더욱더 상관없게[1265] 될 것
이다. 단지 소리와 색깔을 좇아간다면 어떻게 쉴 날이 있겠느냐? 나[1266]는
마조 스님이 ‘그대의 보물창고에는 모든 것이 다 갖추어져 있는데 사용이
자유롭고 전혀 모자람이 없으니, 밖에서 구할 필요가 없다.’라고 하는 말

1260 행자(幸自) : 본시(本是). 원래(原來). 본래(本來). =행시(幸是).
1261 호개(好箇) : 대단한. 훌륭한. (감탄을 나타내는 형용사. 개(箇)는 접미사.)
1262 고사(苦死) : ①거듭. 여러 번. ②꼭. 한사코. 한결같이. ③죽도록 고생하다.
1263 담가(擔枷) : 스스로 칼(죄인의 목에 씌우는 형구)을 쓰다.
1264 분파(奔波) : 바쁘게 뛰어다니다.
1265 몰교섭(沒交涉) : 아무 상관이 없다. =물교섭(勿交涉).
1266 빈도(貧道) : ①핍도(乏道)라고도 하니, 범어의 사문(沙門)을 번역한 말. 사문은 올바른 도를 닦아
서 생사의 빈핍(貧乏)을 끊었으므로 이렇게 일컬음. ②도를 닦은 것이 아직 모자란다는 뜻. 스님
들이 자기를 겸손하게 말할 적에 사용하는 칭호.

을 들었는데, 나는 그로부터 즉시[1267] 쉬어 버렸다.

示衆云: "諸人幸自好箇無事人, 苦死造作, 要擔枷落獄作麼? 每日至夜奔波道: '我參禪學道, 解會佛法.' 如此轉沒交涉. 也只是逐聲色走, 有甚歇時? 貧道聞江西和尙道: '汝自家寶藏, 一切具足, 使用自在, 不假外求.' 我從此, 一時休去.

　자기의 보물을 몸에 지니고[1268] 사용하니 쾌활하다고 할 만하다. 취해야 할 하나의 법도 없고 버려야 할 하나의 법도 없으며, 생기고 사라지는 모습인 하나의 법도 보지 못하고 오고 가는 모습인 하나의 법도 보지 못하고 온 우주에 티끌 하나도 용납하지 않으니, 어찌 자기의 보물창고가 아니랴?[1269] 단지 스스로 신중하게[1270] 관찰하라. 자기 마음에서 한 몸인 삼보(三寶)[1271]는 늘 저절로 앞에 드러나 의심할[1272] 수 없으니 찾지도 말고 구하지도 마라.

　마음의 본성[1273]이 본래 깨끗하기 때문에 『화엄경』에서는 '어떤 법도 생겨나지 않고 어떤 법도 사라지지 않는다.'[1274]라고 했다. 만약 이와 같이 알 수 있다면 모든 부처님이 늘 앞에 나타나 있을 것이다. 또 『유마경』에서

1267　일시(一時) : ①즉시. 당장. 곧. ②갑자기. 별안간.

1268　수신(隨身) : 몸에 지니다. 몸에 휴대하다.

1269　불시(不是) : ①=기불시(豈不是)? 어찌 -가 아니랴? ②=부대(不對). 틀렸다. 잘못되었다. ③-가 아니다.

1270　자세(仔細) : ①자세(子細). 상세하다. ②진실을 알다. ③삼가다. 조심하다. 신중하다. ④또렷하다. 분명하다.

1271　삼보(三寶) : 불보(佛寶)·법보(法寶)·승보(僧寶). ①불보는 부처님의 깨달음. ②법보는 깨달은 부처님의 가르침인 말씀. ③승보는 부처님의 가르침대로 수행하는 이. 보(寶)는 귀중하다는 뜻.

1272　의려(疑慮) : 의심하여 염려함. =의포(疑抱).

1273　심성(心性) : 마음의 본성. 마음의 참된 모습. 자성(自性), 본성(本性)과 같은 말.

1274　『대방광불화엄경(大方廣佛華嚴經)』「수미정상게찬품(須彌頂上偈讚品)」제14에 나오는 일체혜보살(一切慧菩薩)의 게송에 "모든 법은 생겨남이 없고, 모든 법은 사라짐이 없다."(一切法無生, 一切法無滅.)라는 구절이 있다.

말했다. '몸의 참모습을 보면 부처를 보는 것 역시 그와 같다.'[1275] 만약 소리와 색깔과 행동과 생각을 따라가지 않고 모습을 좇아서 이해하지 않는다면, 저절로 일이 없을 것이다. 오래 서 있지 말고 그만 쉬어라."

自己家財, 隨身受用, 可謂快活. 無一法可取, 無一法可捨, 不見一法生滅相, 不見一法去來相, 遍十方界, 無一微塵許, 不是自家寶藏? 但自子細觀察, 自心一體三寶, 常自現前, 無可疑慮, 莫尋思, 莫求覓. 心性本來淸淨故, 華嚴經云: '一切法不生, 一切法不滅.' 若能如是解, 諸佛常現前, 又淨名云: '觀身實相, 觀佛亦然.' 若不隨聲色動念, 不逐相貌生解, 自然無事去. 莫久立, 珍重."

대중이 흩어지지 않자 대주가 말했다.

"여러분은 무슨 까닭에 가지 않고 여기에 있느냐? 나는 이미 다 보여 주었는데 왜 쉬지 않느냐? 의심할 만한 무슨 일이 있느냐? 마음을 잘못 써서 기운을 헛되이 낭비하지 마라. 만약 의문이 있으면, 여러분이 마음대로[1276] 물어도 좋다."

그때 어떤 스님이 앞으로 나와서 물었다.

"어떤 것이 불(佛)입니까? 어떤 것이 법(法)입니까? 어떤 것이 승(僧)입니까? 어떤 것이 한 몸인 삼보(三寶)입니까?"

대주가 말했다.

"마음이 곧 부처이니, 부처를 가지고 부처를 구하지 마라. 마음이 곧 법이니, 법을 가지고 법을 구하지 마라. 부처와 법에 둘이 없어서 화합하는 것이 승(僧)이니, 그렇다면 한 몸인 삼보이다. 마음과 부처와 중생, 이 셋

1275 『유마힐소설경(維摩詰所說經)』 「견아촉불품(見阿閦佛品)」 제12에 나오는 구절.
1276 자의(恣意): 제멋대로. 방자하게.

에는 차별이 없다. 행동과 말과 생각의 삼업(三業)[1277]이 깨끗한 것을 일러 부처가 세상에 나타난다고 하고, 삼업이 깨끗하지 못한 것을 일러 부처가 사라진다고 한다. 비유하면 마치 분노할 때에는 기쁨이 없고 기쁠 때에는 분노가 없는 것과 같다.

오직 하나의 마음일 뿐, 진실로 둘은 없다. 본래의 지혜로서 법이 그렇다면 무루(無漏)[1278]가 앞에 나타날 것이다. 마치 뱀이 용이 되어도 그 비늘은 변하지 않는 것과 같이 중생이 마음을 돌려서 부처가 되어도 그 얼굴은 바뀌지 않는다. 자성은 본래 깨끗하니 닦아서 깨끗하게 되는 것이 아니다. 깨달음도 있고 닦음도 있다면, 증상만(增上慢)[1279]과 같다. 참된 공(空)에는 막힘이 없어서 응용함에 끝이 없고 시작도 없고 마침도 없다.

날카로운 근기(根機)가 문득 깨달아 응용함에 비교할 것이 없으면[1280] 곧 위없는 바르고 평등한 깨달음이다. 마음에 모습이 없으면 곧 미묘(微妙)함이고, 색신(色身)에 모습이 없으면 곧 실상(實相)이다. 법신(法身)은 자성과 모습의 바탕이 공(空)이니 곧 허공(虛空)인 무변신(無邊身)이고, 만행(萬行)으로 장식되어 있으니 곧 공덕법신(功德法身)이다.

이 법신은 온갖 변화의 근본인데, 경우에 따라 이름을 세운다. 지혜를 씀에 다함이 없음을 일러 무진장(無盡藏)이라 하고, 만법을 만들어 낼 수 있기 때문에 일러 본법장(本法藏)이라 하고, 모든 지혜를 다 갖추고 있음을 일러 지혜장(智慧藏)이라 하고, 만법이 여여(如如)함으로 돌아감을 일러 여

1277 삼업(三業) : 신업(身業)·구업(口業)·의업(意業). 곧 신체의 동작·언어·의지(意志)의 작용에 의한 업(業).

1278 무루(無漏) : ↔유루(有漏). 누(漏)는 객관 대상에 대하여 끊임없이 6근에서 허물을 누출(漏出)한다는 뜻으로 번뇌의 다른 이름. 즉, 마음이 눈·귀·코·혀·몸·의식을 통하여 대상을 따라 흘러 나간다는 뜻이니, 마음이 제자리를 잊고 대상을 따라 흘러가며 헤맨다는 것. 소승에서는 번뇌를 증가시키지 않음을 말하고, 대승에서는 번뇌와 함께 있지 아니함을 말한다. =무루지(無漏智).

1279 증상만(增上慢) : 깨달음을 얻지 못하고서 얻었다고 생각하여 잘난 체하는 거만함. 분별하고 이해하여 개념으로 불법을 아는 사람을 가리킴.

1280 무등등(無等等) : 동일한 것이 없음. 비교할 것이 없음. 최상의.

래장(如來藏)이라 한다. 경(經)에서 말했다. '여래(如來)란 곧 온갖 법이 여여하다는 뜻이다.' 또 말했다. '세간의 모든 생기고 사라지는 법 가운데 여여함으로 돌아가지 않는 법은 하나도 없다.'"

大衆久而不散, 師云: "諸人何故在此不去? 貧道己對面相呈, 還肯休麼? 有何事可疑? 莫錯用心, 枉費氣力. 若有疑情, 一任諸人, 恣意早問." 時有僧出問: "如何是佛? 如何是法? 如何是僧? 如何是一體三寶?" 師云: "心是佛, 不用將佛求佛. 心是法, 不用將法求法. 佛法無二, 和合爲僧, 卽是一體三寶. 心佛與衆生, 是三無差別. 身口意淸淨, 名爲佛出世, 三業不淸淨, 名爲佛滅度. 喩如瞋時無喜, 喜時無瞋. 唯是一心, 實無二體, 本智法爾, 無漏現前. 如蛇化龍, 不改其鱗, 衆生回心作佛, 不改其面. 性本淸淨, 不待修成. 有證有修, 卽同增上慢者. 眞空無滯, 應用無窮, 無始無終. 利根頓悟, 用無等等, 卽是阿耨菩提. 心無形相, 卽是微妙, 色身無相, 卽是實相. 法身性相體空, 卽是虛空無邊身, 萬行莊嚴, 卽是功德法身. 此法身者, 卽是萬化之本, 隨處立名. 智用無盡, 名無盡藏, 能生萬法, 名本法藏, 具一切智, 名智慧藏, 萬法歸如, 名如來藏. 經云: '如來者, 卽諸法如義.' 又云: '世間一切生滅法, 無有一法不歸如也.'"

(3) 유마경 해설

『유마경(維摩經)』을 강의하는 좌주(座主)가 물었다.

"경에서 말하기를 '저 외도(外道)인 육사(六師)가 너의 스승이고 그로 말미암아 출가하여 너의 스승이 떨어진 곳에 너 역시 따라서 떨어지며, 너에게 보시하는 것을 일러 복전(福田)이라 하지 않으며, 너에게 공양하면 삼악도(三惡道)에 떨어지며, 부처를 비방하고 법을 훼손하며, 승가(僧家)의 대중[1281] 속에 들어가지 않으며, 끝내 열반을 얻지 못한다면, 그대가 이와 같다면 밥을 먹을 수 있다.'[1282]라고 하였는데, 지금 선사(禪師)께서 밝게 해설해 주시기 바랍니다."

대주가 말했다.

"육근(六根)을 좇아서 헤매는 것을 일러 육사(六師)라 하고, 마음 밖에서 부처를 구하는 것을 일러 외도(外道)라 하고, 보시할 물건이 있음을 일러 복전이라 하지 않고, 마음을 내어 공양을 받는 것을 일러 삼악도에 떨어진다고 한다. 그대가 만약 부처를 비방할 수 있다면 부처에 집착하지 않고 구하는 것이며, 법을 훼손할 수 있다면 법에 집착하지 않고 구하는 것이며, 승가의 대중 속에 들어가지 않는다면 승가에 집착하지 않고 구하는 것이며, 끝내 열반을 얻을 수 없다면 지혜의 작용이 앞에 나타난 것이다. 만약 이와 같이 이해한다면, 곧 법의 즐거움과 선의 기쁨이라는 음식을 먹는 것이다."

維摩座主問: "經云: '彼外道六師等, 是汝之師, 因其出家, 汝師所墮, 汝亦隨墮,

1281 중수(衆數) : 대중(大衆). 승가(僧家). 사람 사이. 사람의 부류.

1282 『유마힐소설경(維摩詰所說經)』「제자품(弟子品)」 제3에 나오는 구절. 원래의 문장은 다음과 같다 : "만약 수보리여, 부처님을 만나지 못하고 불법을 듣지 못하여 저 외도(外道)인 육사(六師) —푸라나 카쉬야파(Purana Kasyapa) · 막칼리 고샬라(Makkhali Gosala) · 아지타 케샤캄발린(Ajita Kesakambalin) · 파쿠다 캇차야나(Pakudha Kaccayana) · 니르그란타 갸티푸트라(Nirgrantha Jatiputra) · 산자야 벨랏티풋타(Sanjaya Belathiputta)— 가 곧 그대의 스승이어서, 그들로 말미암아 출가하여 그들 스승이 떨어진 곳에 그대도 따라서 떨어진다면 음식을 먹을 수 있습니다. 만약 수보리여, 온갖 삿된 견해에 들어가 피안에 이르지 못하며, 여덟 가지 어려움에 머물러 어려움이 없을 수 없으며, 번뇌와 같고 깨끗한 법에서 벗어나며, 그대가 무쟁삼매(無諍三昧)를 얻으면 모든 중생도 역시 무쟁삼매를 얻으며, 그대에게 보시하는 것을 복전(福田)이라 부르지 않으며, 그대에게 공양하면 삼악도(三惡道)에 떨어지며, 여러 마귀와 힘을 합하여 온갖 번뇌를 만들고 그대와 여러 마귀와 온갖 번뇌가 같아서 차이가 없으며, 모든 중생에 대하여 원망(怨望)하는 마음이 있으며, 온갖 부처를 비방하고 법을 훼손하며, 승가(僧家)의 대중 속에 들어가지 않으며, 끝내 열반을 얻지 못한다면, 그대가 이와 같다면 밥을 먹을 수 있습니다."(若須菩提, 不見佛不聞法, 彼外道六師, 富蘭那迦葉, 末伽梨拘賒梨子, 刪闍夜毘羅胝子, 阿耆多翅舍欽婆羅, 迦羅鳩馱迦旃延, 尼犍陀若提子等, 是汝之師, 因其出家, 彼師所墮, 汝亦隨墮, 乃可取食. 若須菩提, 入諸邪見, 不到彼岸, 住於八難, 不得無難, 同於煩惱, 離淸淨法, 汝得無諍三昧, 一切衆生亦得是定, 其施汝者, 不名福田, 供養汝者, 墮三惡道, 爲與衆魔共一手作諸勞侶, 汝與衆魔及諸塵勞等無有異, 於一切衆生而有怨心, 謗諸佛毁於法不入衆數 終不得滅度, 汝若如是, 乃可取食.)

其施汝者, 不名福田, 供養汝者, 墮三惡道, 謗於佛, 毀於法, 不入衆數, 終不得滅度, 汝若如是, 乃可取食.' 今請禪師, 明爲解說." 師云: "迷循六根, 號爲六師, 心外求佛, 名爲外道, 有物可施, 不名福田, 生心受供, 墮三惡道. 汝若能謗於佛者, 是不着佛求, 毀於法者, 是不着法求, 不入衆數者, 是不着僧求, 終不得滅度者, 是智用現前. 若有如是解者, 便得法喜禪悅之食."

(4) 반야경 해설

어떤 좌주(座主)가 물었다.

"『반야경(般若經)』에 이르기를 '아홉 가지 부류의 중생[1283]을 멸도(滅度)시켜 모두 무여열반(無餘涅槃)에 들어가게 한다.'라고 하였고, 또 이르기를 '사실은 멸도한 중생이 없다.'[1284]라고 하였습니다. 경전의 이 두 문장은 어떻게 뜻이 통하는 것입니까? 사람들은 모두들 말하기를 '사실은 중생을 멸도시켰으나 중생이라는 생각을 하지는 않는다.'라고 합니다만, 저는 늘 의문이 가시질 않습니다. 스님께서 설명해 주십시오."

대주가 말했다.

"아홉 가지 부류의 중생은 하나의 몸이 모두 갖추고 있어서 함께 만들어지고 함께 이루어진다. 이 까닭에 무명(無明)은 난생이 되고, 번뇌에 둘러싸임은 태생이 되고, 물을 좋아하여 젖어 듦은 습생이 되고, 문득 번뇌를 일으킴은 화생이 된다. 깨달으면 부처이고, 어리석게 헤매면 중생이라 한다. 보살은 다만 순간순간의 마음을 중생으로 여기니, 만약 순간순간의 마음의 실체가 모두 공(空)임을 밝히면 일러 중생을 제도한다고 한

1283 구류중생(九類衆生) : 삼계(三界)의 중생이 생(生)을 받는 방식에 따라 아홉 가지로 나눈 것. 태생(胎生), 난생(卵生), 습생(濕生), 화생(化生), 유색(有色), 무색(無色), 유상(有想), 무상(無想), 비유상비무상(非有想非無想) 등 아홉 가지.
1284 두 문장 모두 『금강반야바라밀경』에 나오는 구절.

다. 지혜로운 자는 자기의 근본 자리[1285] 위에서 모습을 이루지 않으니, 모습을 이루지 않으면 이미 공(空)이고, 그렇다면 진실로 중생이 없음을 아는 것이니 곧 열반을 얻는 것이다."

有座主問: "般若經云: '度九類衆生, 皆入無餘涅槃.' 又云: '實無衆生, 得滅度者.' 此兩段經文, 如何通會前後? 人說皆云: '實度衆生, 而不取衆生相.' 常疑未決. 請師爲說." 師云: "九類衆生, 一身具足, 隨造隨成. 是故無明爲卵生, 煩惱包裹爲胎生, 愛水浸潤爲濕生, 忽起煩惱爲化生. 悟卽是佛, 迷號衆生. 菩薩只以念念心爲衆生, 若了念念心體俱空, 名爲度衆生也. 智者於自本際上, 度於未形, 未形旣空, 卽知實無衆生, 得滅度者."

(5) 연못의 달 그림자

어떤 법사(法師)가 물었다.
"질문 하나 하려 하는데, 스님께서 답하시겠습니까?"
대주가 말했다.
"차가운 연못 위의 달 그림자를 내키는 대로 붙잡아 더듬어 보시오."
법사가 물었다.
"어떤 것이 부처입니까?"
대주가 말했다.
"맑은 말로써[1286] 응대하는 것이 부처가 아니면 무엇이겠소?"

1285 본제(本際): 근본 자리. 마지막 자리. 진여(眞如), 열반(涅槃), 실상(實相), 깨달음과 같은 뜻.

1286 청담(淸談): 청의(淸議)라고도 한다. 중국의 위(魏)·진(晉)·육조(六朝) 시대에 유행한 철학적 담론(談論). 후한(後漢) 때 당고(黨錮)의 화(禍)로 많은 고절(高節)의 선비가 횡사한 이래 귀족적 지식인들은 난세에 생명을 부지하고자 세속(世俗)에서 도피, 예절의 속박을 버리고 정치적 비판, 인물 평론을 중심으로 한 청의(淸議)를 일삼았다. 위(魏)나라에 들어와 정치적 언론탄압(言論彈壓)과 유학(儒學)의 쇠퇴를 계기로 노장(老莊)의 공리(空理)에 바탕한 철학적 담의(談議)로 발전하였다. 청언(淸言)이라고도 하였다.

법사가 물었다.

"스님께서는 어떤 법을 말씀하셔서 어떤 사람을 제도하려 하십니까?"

대주가 말했다.

"나는 사람을 제도할 하나의 법도 가진 적이 없습니다."

법사가 말했다.

"선(禪)을 하는 스님들은 전부[1287] 이와 같군요."

대주가 도리어 물었다.

"스님께서는 어떤 법을 말하여 사람을 제도합니까?"

법사가 말했다.

"『금강경』을 강설(講說)합니다."

대주가 물었다.

"몇 번이나 강설하였습니까?"

법사가 말했다.

"20여 번 강설했습니다."

대주가 물었다.

"이 경은 누구의 말입니까?"

법사가 목소리를 높여 말했다.

"선사께서는 저를 놀리십니까? 부처님의 말씀임을 어찌 모르신단 말입니까?"

대주가 말했다.

" '여래에게 말할 것이 있다고 한다면 부처를 비방하는 것이니, 이 사람은 내가 말한 뜻을 알지 못하기 때문이다.'[1288]라고 하였고, 만약 부처님의 말씀이 아니라고 한다면 다시 경전을 비방하는 것이 됩니다. 스님은 말

1287 혼(渾) : ①하나가 되다. 혼합되다. ②섞이다. ③온통. 전부. 전혀. ④왕성하다.
1288 『금강경』에 나오는 구절.

쏨해 보세요."

법사의 대답이 없자 대주가 말했다.

" '만약 색깔로써 나를 보거나 음성으로써 나를 구한다면, 이 사람은 삿된 도를 행하는 것이니 여래를 볼 수 없다.'[1289]라고 했습니다. 스님은 말해 보세요. 어떤 것이 여래입니까?"

법사가 말했다.

"저는 여기에 이르면 도리어 헤매게 됩니다."

대주가 말했다.

"애초에 깨닫지 못했는데, 도리어 헤매게 된다니 무슨 말씀인가요?"

법사가 말했다.

"선사께서 말씀해 주십시오."

대주가 말했다.

"당신은 20여 번이나 경을 강설했으면서도 도리어 여래를 알지 못하는군요."

법사가 절을 올리고 말했다.

"부디 가르침을 열어 주십시오."

대주가 말했다.

" '여래란 곧 모든 법의 그대로의 뜻[1290]이다.'[1291]라고 했는데, 어찌 잊어버릴 수 있습니까?"

법사가 말했다.

"맞습니다. 맞습니다."

대주가 말했다.

1289 『금강경』에 나오는 구절.

1290 여의(如義) : =여법(如法). 법과 같음. 법에 알맞음. 의(義)는 도리(道理)인 법(法)을 가리킴.

1291 『금강경』에 나오는 구절.

"맞다고 하면 맞지 않습니다."

법사가 말했다.

"경전의 문장이 분명한데, 어찌 맞지 않습니까?"

대주가 말했다.

"스님은 그대로[1292]입니까?"

법사가 말했다.

"그대로입니다."

대주가 말했다.

"나무와 돌은 그대로입니까?"

법사가 말했다.

"그대로입니다."

대주가 말했다.

"스님의 그대로와 나무와 돌의 그대로는 같습니까?"

법사가 말했다.

"둘이 없습니다."

대주가 말했다.

"그렇다면 스님은 나무나 돌과 무엇이 다릅니까?"

법사는 대답하지 못하고 탄식하면서 말했다.

"이 스님은 응대하기가 어렵구나."

有法師問:"擬伸一問, 師還答否?"師云:"寒潭月影, 任意撮摩."問:"如何是佛?"

師云:"淸談對面, 非佛而誰?"云:"師說何法, 擬度何人?"師云:"我未嘗有一法度

人.”云:“禪師家, 渾如此.”師卻問:“大德說何法度人?”云:“講『金剛經』.”師云:“講得幾座?”云:“二十餘座.”師云:“此經是誰說?”僧抗聲云:“禪師相弄? 豈不知是佛說耶?”師云:“‘若言如來有所說, 卽爲謗佛, 是人不解我所說義.’若言不是佛說, 又成謗經. 請大德說看.”僧無對, 師云:“若以色見我, 以音聲求我, 是人行邪道, 不能見如來. 大德, 且道. 阿那箇是如來?”云:“某甲到此, 卻迷去.”師云:“從來未悟, 說甚麼卻迷?”云:“請禪師說.”師云:“汝講二十餘座, 卻不識如來.”僧作禮云:“願垂開示.”師云:“如來者, 卽諸法如義, 何得忘卻?”僧云:“是! 是!”師云:“是亦未是在.”云:“經文分明, 那得未是?”師云:“大德如否?”云:“如.”師云:“木石如否?”云:“如.”師云:“大德如, 同木石如否?”云:“無二.”師云:“大德與木石何別?”僧無對, 乃嘆云:“此上人者, 難爲酬對.”

(6) 삼매경 해설

대주가 좌주에게 물었다.
“어떤 경을 강설합니까?”
좌주가 말했다.
“『삼매경(三昧經)』입니다.”
대주가 주장자를 집어 들고 말했다.
“이것은 삼매입니까, 삼매가 아닙니까?”
좌주가 대답하지 않자 대주가 말했다.
“내가 주지(住持)로서 하는 일이 많아 당신을 때릴 수가 없군요.”

師問座主:“講甚麼經?”云:“『三昧經』.”師提起拄杖云:“這箇是三昧? 不是三昧?”主無對, 師云:“老僧住持事繁, 不能打得汝.”

13. 신주 아호대의 선사

(1) 어떤 것이 선인가?

신주(信州)의 아호대의(鵝湖大義)[1293] 선사는 구주(衢州) 강산(江山)의 서(徐)씨 아들이다. 당(唐) 헌종(憲宗)[1294]이 조칙(詔勅)을 내려 궁으로 들어와 불법을 논의하게 하였다. 어떤 법사(法師)가 물었다.

"욕계(欲界)[1295]에는 선(禪)이 없고, 선(禪)은 색계(色界)[1296]에 있습니다. 이 땅에서는 무엇에 의지하여 선(禪)이라는 이름을 세웁니까?"

아호가 말했다.

"법사께서는 다만 욕계에 선이 없음만 알고, 선계(禪界)에 욕(欲)이 없음은 알지 못하는군요."

그 법사가 다시 물었다.

"어떤 것이 선(禪)입니까?"

아호가 손가락으로 허공에 점을 찍자 그 법사는 응답이 없었다. 헌종이 말했다.

1293 아호대의(鵝湖大義) : 746-818. 당대(唐代) 선승. 속성은 서(徐)씨. 남악(南嶽) 문하. 절강성 구주 수강(須江) 출신. 20세에 구족계를 받고, 강서성(江西省) 홍주(洪州)의 마조도일(馬祖道一)에게서 공부하여 그의 법을 이었다. 강서성 신주(信州) 아호산(鵝湖山)에 머물렀다. 효문제(孝文帝)의 부름에 응하여 설법하였고, 덕종(德宗)과 순종(順宗)에게도 설법하였다. 시호는 혜각대사(慧覺大師). 위처후(韋處厚)가 비명을 지었다.

1294 헌종(憲宗) : 당(唐) 11대 임금인 이순(李純). 서기 805년부터 820년까지 제위함.

1295 욕계(欲界) : 3계(界)의 하나. 지옥 · 아귀(餓鬼) · 축생(畜生) · 아수라 · 인간 · 6욕천의 총칭. 이런 세계는 식욕 · 수면욕(睡眠欲) · 음욕이 있으므로 욕계라 함.

1296 색계(色界) : 3계의 하나. 욕계(欲界)의 위에 있으며, 욕계와 같은 음욕 · 식욕(食欲) 등의 탐욕은 여의었으나, 아직 무색계와 같이 완전히 물질을 여의어, 순 정신적인 것은 되지 못한 중간의 물적(物的)인 세계. 선정(禪定)의 얕고 · 깊고 · 거칠고 · 묘함에 의하여 크게 나누어 4선(禪)으로 하고, 다시 세분하여 18천(天)으로 나눔. 범중천(梵衆天) · 범보천(梵輔天) · 대범천(大梵天)은 초선천(初禪天)이고, 소광천(少光天) · 무량광천(無量光天) · 광음천(光音天)은 이선천(二禪天)이고, 소정천(少淨天) · 무량정천(無量淨天) · 변정천(遍淨天)은 삼선천(三禪天)이고, 무운천(無雲天) · 복생천(福生天) · 광과천(廣果天) · 무상천(無想天) · 무번천(無煩天) · 무열천(無熱天) · 선견천(善見天) · 선현천(善現天) · 색구경천(色究竟天)은 사선천(四禪天)임.

"법사는 무한한 경론(經論)을 강설하면서도 다만 이 하나의 점은 어찌하지 못하는구려."[1297]

信州鵝湖大義禪師(凡三), 衢州江山徐氏子. 唐憲宗詔入內論義. 有法師問: "欲界無禪, 禪居色界. 此土憑何而立名禪?" 師云: "法師只知欲界無禪, 不知禪界無欲." 云: "如何是禪?" 師以手點空, 法師無對. 憲宗云: "法師講無限經論, 只這一點便不奈何."

(2) 무엇이 도인가?

아호가 여러 덕 높은 스님들에게 물었다.
"가고, 머물고, 앉고, 눕는 일상생활에서 무엇을 도(道)로 삼습니까?"
어떤 이가 답했다.
"아는 것이 도입니다."
아호가 말했다.
" '지혜로써 알 수도 없고 의식으로 알 수도 없다.'[1298]고 했는데, 어찌하여 아는 것이 도이겠습니까?"
어떤 이가 말했다.
"분별 없는 것이 도입니다."
아호가 말했다.
" '온갖 법의 모습을 잘 분별하면서도 첫 번째 뜻에서 움직이지 않는다.'[1299]라고 했는데, 어떻게 분별 없는 것이 도이겠습니까?"

1297 불내하(不奈何) : 어찌할 수 없다. 아무런 방도가 없다.
1298 『유마힐소설경(維摩詰所說經)』「견아촉불품(見阿閦佛品)」 제12에 나오는 구절.
1299 『유마힐소설경』「불국품(佛國品)」 제1에 나오는 구절.

어떤 이가 말했다.

"사선(四禪)과 팔정(八定)이 도입니다."

아호가 말했다.

"'불신(佛身)은 무위(無爲)하여 어떤 숫자에도 떨어지지 않는다.'[1300]고 했는데, 어떻게 사선팔정이 도일 수 있겠습니까?"

이에 대중이 모두 입을 열지 못했다.

師問諸碩德: "行住坐臥, 以何爲道?" 有對云: "知者是." 師云: "不可以智知, 不可以識識, 何謂知者是?" 有云: "無分別者是." 師云: "善能分別諸法相, 於第一義而不動, 安得無分別者是?" 有云: "四禪八定是." 師云: "佛身無爲, 不墮諸數, 安得四禪八定是?" 於是擧衆杜口.

묘희(妙喜)가 말했다.

"서로 욕하는 것이 많은 것은 그대가 남의 말꼬리를 잡아 말하기[1301] 때문이고, 서로 침을 뱉는 것이 많은 것은 그대가 침을 튀겼기 때문이다."

妙喜云: "相罵饒汝接觜, 相唾饒汝潑水."

(3) 무엇이 부처인가?

순종(順宗)[1302]이 물었다.

"무엇이 부처입니까?"

1300 『유마힐소설경』「제자품(弟子品)」제3에 나오는 구절.
1301 접자(接觜): =접취(接嘴). 남의 말을 이어 말하다. 남의 말꼬리를 잡아 말하다.
1302 순종(順宗): 당(唐) 제10대 임금인 이송(李誦). 서기 805년 1년만 제위했음.

아호가 말했다.

"폐하의 질문을 벗어나지 않습니다."

황제는 말없이 들어맞았다.

順宗問: "何者是佛?" 師云: "不離陛下所問." 帝默契.

14. 지주 삼산지견 선사

(1) 호랑이를 만나다

지주(池州) 삼산지견(杉山智堅) 선사가 귀종(歸宗), 남전(南泉)과 함께 길을 가다가 호랑이를 만났는데, 각자 변두리로 지나치고 나자 남전이 귀종에게 물었다.

"아까 호랑이를 보았는데, 무엇과 같았는가?"

귀종이 말했다.

"마치 고양이 같았다."

남전이 다시 삼산에게 물으니 삼산이 말했다.

"마치 강아지 같았다."

삼산이 도리어 남전에게 물으니 남전이 말했다.

"호랑이 같았다."

池州杉山智堅禪師(凡四), 與歸宗南泉, 路次逢虎, 各從邊過了, 泉問歸宗: "適來見虎, 似箇甚麼?" 宗云: "似箇貓兒." 復問師, 師云: "似箇狗子." 師卻問南泉, 泉云: "似箇大蟲."

(2) 고사리를 캐다가

삼산이 보청에서 고사리를 캐고 있는데, 남전이 고사리 한 줄기를 집어
들고 말했다.
"이것은 아주 좋은 공양이로군."
삼산이 말했다.
"이것뿐만 아니라 백 가지 맛의 진수성찬이라 하더라도, 역시 돌아보지
않을 것이네."
남전이 말했다.
"비록 그렇지만, 하나하나 맛을 보아야 한다네."

師普請擇蕨次, 南泉拈起一莖蕨云: "這箇大好供養." 師云: "非但這箇, 百味珍
羞, 他亦不顧." 泉云: "雖然如是, 箇箇須是嘗過始得."

(3) 식사할 때에

삼산이 식사할 때에 남전이 생반(生飯)[1303]을 거두면서 말했다.
"살았느냐?"
삼산이 말했다.
"삶이 없다."
남전이 말했다.
"삶이 없음도 여전히 말단이다."
남전이 몇 걸음 가는데, 삼산이 불렀다.

1303 생반(生飯): 삼반(三飯)·산반(散飯)·삼파(三把)라고도 씀. 또는 생식(生食)·중생식(衆生食)이라고
도 말함. 중생의 밥을 의미. 아귀·귀자모신(鬼子母神)을 봉양하기 위해 식전에 구분해 나눈 적
은 양의 밥을 말함.

"장로(長老)!"

남전이 말했다.

"왜?"

삼산이 말했다.

"말단이라고 말하지 마라."

師齋次, 南泉收生飯云: "生聾?" 師云: "無生." 泉云: "無生猶是末." 泉行數步, 師召云: "長老." 泉云: "作甚麼?" 師云: "莫道是末好."

(4) 본래의 몸

어떤 스님이 물었다.

"어떤 것이 본래의 몸입니까?"

삼산이 말했다.

"온 세상에 닮은 것이 없다."

僧問: "如何是本來身?" 師云: "擧世無相似."

15. 풍주 명계도행 선사

풍주(澧州) 명계도행(茗溪道行) 선사가 법당에 올라 대중에게 말했다.

"나에게 큰 병이 있는데, 세간에서 치료할 수 있는 것이 아니다."

뒷날 어떤 스님이 조산(曹山)에게 물었다.

"듣기로 옛 사람은 '나에게 큰 병이 있는데, 세간에서 치료할 수 있는 것이 아니다.'라고 했다는데, 무슨 병을 말하는 겁니까?"

조산이 말했다.

"의사가 **빽빽이 둘러싸도**[1304] 치료할 수 없는 병이다."

"모든 중생에게 그 병이 있습니까?"

조산이 말했다.

"사람 사람에게 모두 있다."

"스님에게도 있습니까?"

조산이 말했다.

"바로 찾는 곳에서는 얻을 수 없다."

"모든 중생은 무엇 때문에 병으로 여기지 않습니까?"

조산이 말했다.

"중생이 병으로 여긴다면 중생이 아니다."

"모든 부처에게도 이 병이 있습니까?"

조산이 말했다.

"있다."

"부처에게도 있다면, 무엇 때문에 병으로 여기지 않습니까?"

조산이 말했다.

"그가 **깨어 있기**[1305] 때문이다."

澧州茗溪道行禪師(凡一), 示衆云: "吾有大病, 非世所醫." 後僧問曹山: "承古有言: '吾有大病, 非世所醫.' 未審喚作甚麼病?" 曹云: "攢簇不得底病." 云: "一切衆生, 還有也無?" 曹云: "人人盡有." 云: "和尙還有也無?" 曹云: "正覓起處不得." 云: "一切衆生, 爲甚麼不病?" 曹云: "衆生若病, 卽非衆生." 云: "未審諸佛還有此病也

1304 찬족(攢簇): 모여서 무리를 이루다. 빽빽이 둘러싸다.
1305 성성(惺惺): ①총명하다. ②맑고 고요하다. ③깨어 있다.

無?" 曹云: "有." 云: "旣有爲甚麼不病?" 曹云: "爲伊惺惺."

16. 무주 석공혜장 선사

(1) 하나의 화살

　　무주(撫州) 석공혜장(石鞏慧藏)[1306] 선사는 본래 사냥꾼이었는데, 사슴을 뒤쫓다가 마조의 암자 앞을 지나면서 마조에게 물었다.

"사슴을 보았습니까?"

마조가 말했다.

"당신은 어떤 사람입니까?"

"활로 사냥을 하는 사람입니다."

마조가 물었다.

"당신은 화살 한 발로 몇 마리를 쏩니까?"

"화살 하나로 한 마리를 쏩니다."

마조가 말했다.

"당신은 활을 잘 쏠 줄 모르는군요."

"스님은 활을 잘 쏘십니까?"

마조가 말했다.

"잘 쏩니다."

"화살 하나로 몇 마리나 쏩니까?"

1306 석공혜장(石鞏慧藏) : ?-?. 당대(唐代) 선승(禪僧). 석공(石鞏)은 머물렀던 산 이름. 원래 사냥을 업으로 했는데, 어느 날 사슴을 쫓다가 마조도일을 만나 설법을 듣고는 활을 버리고 머리를 깎고 출가하였다. 마조 문하에서 공부하여 그의 법을 이었다. 강서성(江西省) 무주(撫州) 석공산(石鞏山)에 머물면서 종풍(宗風)을 선양하였다.

마조가 말했다.

"화살 하나로 한 떼를 쏩니다."

"그들도 우리처럼 생명이 있는데, 왜 한 떼나 쏩니까?"

마조가 말했다.

"그런 줄 안다면, 왜 스스로를 쏘지 않습니까?"

"저에게 스스로를 쏘라고 하시면, 전혀[1307] 손댈 곳이 없습니다."

마조가 말했다.

"이 사람아, 무한한 세월의 무명번뇌(無明煩惱)를 오늘 문득 쉬어 버리게."

석공은 활과 화살을 내던지고 마조를 의지하여 출가하였다.

撫州石鞏慧藏禪師(凡四), 本爲獵人, 趁鹿從馬祖庵前過, 乃問: "還見我鹿麼?"祖云: "汝是何人?"云: "射獵人." 祖云: "汝一箭射幾箇?"云: "一箭射一箇." 祖云: "汝不善射." 云: "和尙善射否?" 祖云: "善射." 云: "一箭射幾箇?" 祖云: "一箭射一群." 云: "彼此生命, 何用射他一群?" 祖云: "旣知如是, 何不自射?" 云: "若敎某甲自射, 直是無下手處." 祖云: "這漢, 曠劫無明煩惱, 今日頓歇." 師擲下弓箭, 投祖出家.

법등(法燈)이 말했다.

"말해 보라. 어떤 것이 한 발의 화살로 한 떼를 잡는 도리인가? 설사[1308] 삼천대천세계의 생명이라 하더라도 한 발의 화살도 필요치 않다."[1309]

法燈云: "且道. 作麼生是一箭射一群底道理? 直是三千大千世界生命, 也不消一箭."

1307 직시(直是) : ①그야말로. 전혀. 정말. 실로. ②솔직하게. 숨김없이. 명백히.
1308 직시(直是) : 설령(설사) -하더라도. (뒤에 야(也)가 따라옴.)
1309 불소(不消) : 필요치 않다. -할 필요가 없다.

(2) 사람을 살리는 화살

석공은 그 후 찾아오는 스님이 있으면 활에 화살을 메겨서 보여 주었다. 하루는 삼평(三平)이 찾아왔는데, 석공이 활에 화살을 메겨서 말했다.

"화살을 보아라."

삼평은 가슴을 풀어헤치고 말했다.

"이것은 사람을 죽이는 화살입니다. 사람을 살리는 화살은 어떤 것입니까?"

석공이 활시위를 세 번 튕기자 삼평은 곧장 절을 하였다. 석공이 말했다.

"30년 동안 하나의 활에 두 발의 화살을 메겼는데, 단지 반 개의 성인(聖人)을 쏘았을 뿐이구나."

이윽고 활을 꺾어 버렸다. 삼평이 뒷날 대전(大顚)[1310]을 찾아가서 앞선 이야기를 하니 대전이 말했다.

"이미 사람을 살리는 화살이라면, 왜 활시위에서 판별해야 하였을까?"

삼평이 말이 없자 대전이 말했다.

"30년 뒤에는 사람들이 이 이야기를 거론하기를 바라기도 어려울 것이다."

師自後, 凡有僧來, 以弓架箭, 示之. 一日三平來, 師喚云: "看箭." 平撥開胸云: "此是殺人箭. 活人箭又作麼生?" 師扣弓弦三下, 平便作禮. 師云: "三十年, 架一張弓兩隻箭, 只射得半箇聖人." 遂拗折弓箭. 平後謁大顚, 擧前話, 顚云: "旣是活人箭, 爲甚麼向弓絃上辨?" 平無語, 顚云: "三十年後, 要人擧此話也難得."

1310 대전보통(大顚寶通) : 732-824. 당대(唐代) 선승. 청원(靑原) 문하. 석두희천(石頭希遷)의 법을 이어받아 광동성(廣東省) 조주(潮州)의 영산(靈山)에 머물렀다. 〈논불골표(論佛骨表)〉(819)를 써서 헌종(憲宗)에게 올리고 조주(潮州)에 유배된 배불론자(排佛論者)인 한유(韓愈)와 교류하였다.

(3) 소를 키우다

석공이 부엌에서 일을 하고 있는데 마조가 물었다.

"무엇을 하느냐?"

석공이 말했다.

"소를 키웁니다."

마조가 물었다.

"어떻게 키우느냐?"

석공이 말했다.

"한 번이라도 풀밭으로 들어가면 곧장 코를 붙잡고 끌어냅니다."

마조가 말했다.

"그대는 참으로 소를 키우는구나."

師在廚下作務, 祖問: "作甚麽?" 云: "牧牛." 祖云: "作麽生牧?" 云: "一回入草去, 驀鼻拽將來." 祖云: "子眞牧牛也."

(4) 허공을 붙잡다

석공이 서당(西堂)에게 물었다.

"당신은 허공을 붙잡을 줄 압니까?"

서당이 말했다.

"붙잡을 줄 압니다."

석공이 물었다.

"당신은 어떻게 붙잡습니까?"

서당이 손으로 허공을 붙잡는 시늉을 하자 석공이 말했다.

"당신은 붙잡을 줄 모르는군요."

서당이 말했다.

"사형은 어떻게 붙잡습니까?"

석공이 서당의 코를 붙잡아 당기자 서당이 신음 소리를 내면서 말했다.

"사람의 코를 잡아당겨 마치[1311] 떼어 내려는 것 같군요."

석공이 말했다.

"마땅히[1312] 이렇게 붙잡아야 합니다."

師問西堂: "汝解捉虛空麼?" 堂云: "解捉." 師云: "汝作麼生捉?" 堂以手撮虛空, 師云: "汝不解捉." 堂云: "師兄作麼生?" 師把西堂鼻頭便拽, 堂作痛聲云: "大殺拽人鼻孔, 直欲脫去." 師云: "直須恁麼捉始得."

17. 원주 남원도명 선사

(1) 한마디 말

원주(袁州)의 남원도명(南源道明) 선사가 법당에 올라 대중에게 말했다.

"영리한 사람은 한마디만 하면 되고, 영리한 말은 한 번만 때리면 된다. 일이 있으면 왜 얼굴을 내밀고 나서지[1313] 않느냐? 일이 없으면 각자 물러가 쉬어라."[1314]

1311 대살(大殺) : =태살(太殺). 매우. 충분히. 꼭. 분명히.

1312 직수(直須) - 시득(始得) : 마땅히 -해야 한다.

1313 출두래(出頭來) : 얼굴을 내밀다. 나서다.

1314 진중(珍重) : 헤어질 때의 인사말. "안녕히 (계셔요, 가셔요)!" 진중(珍重)의 본래 뜻은 큰일을 위하여 자신을 소중히 여기라는 것.

어떤 스님이 물었다.

"어떤 것이 한마디입니까?"

남원이 혀를 내밀어 보이고 말했다.

"만약[1315] 나에게 광장설상(廣長舌相)[1316]이 있다면, 그대에게 말해 줄 것이다."

袁州南源道明禪師(凡二), 示衆云: "快人一言, 快馬一鞭. 有事何不出頭來, 無事各自珍重." 僧問: "如何是一言?" 師吐舌云: "待我有廣長舌相, 卽向汝道."

(2) 서로 만나 보다

동산(洞山)[1317]이 와서 법당에 오르자마자 남원이 곧장 말했다.

"이미 서로 만나 보았습니다."

동산은 바로 법당에서 내려갔다. 다음 날 다시 올라와서 물었다.

"어제는 스님의 자비(慈悲)를 입었습니다만, 어느 곳이 서로 만나 본 곳인지 모르겠습니다."

남원이 말했다.

"마음 마음이 끊어짐 없이 자성의 바다로 흘러들어 갑니다."

동산이 말했다.

"하마터면[1318] 눈감아 줄[1319] 뻔하였구나."

1315 대(待) : ①(접속사)만약. 만일. ②(동사)기다리다.
1316 광장설상(廣長舌相) : 또는 대설상(大舌相). 부처님이나 전륜성왕과 같은 위인이 갖춘 서른두 가지의 상서로운 신체적 특징인 32상(相)의 하나. 혀가 넓고 길면서도 엷고 유연하여, 길게 펴면 얼굴을 덮고 머리털 부근에까지 이르는 모습. 이는 허망하지 아니한 말을 한다는 모습이다.
1317 동산(洞山) : 동산양개(洞山良价).
1318 계합(洎合) : 거의 -하다. 하마터면 -할 뻔하다.
1319 방과(放過) : ①여유가 있다. 여유를 두다. ②눈감아 주다. 봐주다. 용서해 주다. 놓아주다.

동산이 이윽고 작별하고 떠나자 남원이 말했다.

"불법(佛法)을 많이 배워서 널리 이롭게 하십시오."

동산이 말했다.

"불법을 많이 배우는 것은 묻지 않겠습니다만, 어떤 것이 널리 이롭게 하는 것인가요?"

남원이 말했다.

"한 물건에서도 어긋남이 없는 것입니다."

洞山來, 纔上法堂, 師便云: "已相見了也." 洞便下去. 明日卻上問: "昨日已蒙和尙慈悲, 不知甚處是相見處?" 師云: "心心無間斷, 流入於性海." 洞云: "泊合放過." 遂辭去, 師云: "多學佛法, 廣作利益." 山云: "多學佛法卽不問, 如何廣作利益?" 師云: "一物莫違."

18. 정주 중읍홍은 선사

(1) 마조에게 얻은 삼매

정주(鼎州) 중읍홍은(中邑洪恩) 선사는 앙산(仰山)¹³²⁰이 사계(謝戒)¹³²¹하러 찾

1320 앙산혜적(仰山慧寂) : 807-883. 광동성(廣東省) 소주(韶州)의 회화현(懷化縣) 사람으로 속성은 섭씨(葉氏)이다. 15세에 출가에 뜻을 두었으나 부모의 반대에 부딪혔다. 17세에 손가락 둘을 잘라서 정법(正法)을 구할 것을 맹세하고는 남화사(南華寺)의 통(通) 선사를 찾아가 사미(沙彌)가 되었다. 수계(受戒)한 후에는 율장(律藏)을 배웠고, 후에 암두(巖頭)와 석실(石室)에게 참학하였다. 또 탐원응진(耽源應眞)에게서 원상(圓相)의 의리를 배웠고, 나아가 위산을 섬긴 지 15년 만에 그 법을 이었다. 왕망산(王莽山)에 주석하였고, 후에는 강서성(江西省)의 앙산(仰山)에 머물면서 선풍을 고취하였다. 중화(中和) 3년―일설에는 정명(貞明) 2년(916) 또는 대순(大順) 2년(891)이라고도 한다―에 입적하였다. 시호는 지통(智通) 대사이다. 위앙종은 스승인 위산과 앙산의 머리글자를 따서 종명(宗名)으로 삼은 것이다.

1321 사계(謝戒) : 사미(沙彌)가 득도수계(得度受戒)한 뒤에 계사(戒師)에게 가서 절을 올려 감사를 표하는 것. 계(戒)를 받았다고 인사하는 것. 『백장청규(百丈淸規)』 제5권에 이런 말이 있다. "사미계를

아오자 중읍(中邑)이 승상(繩床)에서 손으로 입을 두드리며 소리 내었다.

"어버버버!"

앙산이 서쪽에서 동쪽으로 걸어가니, 중읍이 다시 손으로 입을 두드리며 소리 내었다.

"어버버버!"

앙산은 동쪽에서 서쪽으로 걸어갔다가 다시 중간에 가서 섰다. 그런 뒤에 사계(謝戒)하였는데, 중읍이 말했다.

"어디에서 이런 삼매(三昧)를 얻었는가?"

앙산이 말했다.

"조계(曹溪)[1322]가 흔적[1323] 벗어났음을 배웠습니다."

중읍이 말했다.

"그대는 말해 보라. 조계는 이 삼매를 사용하여 누구를 접화(接化)하였는가?"

앙산이 말했다.

"일숙각(一宿覺)[1324]입니다."

앙산이 도리어 물었다.

"스님은 어디에서 이 삼매를 얻었습니까?"

받은 뒤에 사미는 일일이 요사(寮舍)로 찾아가 감사의 인사를 올리고 난 뒤에, 사미가 머무는 요사에 있으면서 비구계를 받기를 기다린다. 감사의 인사와 답례는 다음과 같이 한다. '저희들이 계품에 오르게 되어 외람되게도 스님들의 무리에 섞이게 되었습니다. 우러러 스님들의 보호를 받게 되었으니 특별히 이를 감사히 여겨 절을 올립니다.' '전생에 부처님의 수기를 받아 승계(僧戒)를 원만히 이룬 것이니 견고하게 지키며 힘써 부처님의 가르침을 잘 보호하십시오.'"

1322 조계(曹溪) : 조계는 곧 육조혜능(六祖慧能)을 가리킨다. 원래는 중국 광동성(廣東省) 소주부의 동남쪽 30리 쌍봉산(雙峰山) 아래에 있는 땅 이름. 667년 조숙량(曹叔良)으로부터 이 땅을 희사(喜捨)받아 보림사(寶林寺)를 짓고 선풍(禪風)을 크게 떨쳤다. 입적한 뒤에 전신(全身)을 이곳에 묻었으므로 육조의 별호가 되었다. 육조혜능을 조계고불(曹溪古佛) 혹은 조계고조(曹溪高祖)라고 존칭한다.

1323 인자(印子) : ①흔적. 자취. ②증거. 표식.

1324 일숙각(一宿覺) : 영가현각(永嘉玄覺; 665-713). 무주현책(婺州玄策)과 함께 조계의 육조혜능을 찾아가 문답하여 인가를 받았고, 그날 혜능의 권고로 하룻밤 묵었는데, 이 때문에 일숙각(一宿覺)이라는 별명을 얻었다.

중읍이 말했다.

"나는 마조 대사에게서 이 삼매를 얻었다."

鼎州中邑洪恩禪師(凡二), 仰山來謝戒, 師於繩床上, 以手拍口云: "和! 和!" 山從西過東, 師又以手拍口云: "和! 和!" 山從東過西, 卻於中間而立. 然後謝戒, 師云: "甚麼處得此三昧來?" 山云: "曹溪脫印子學來." 師云: "汝道. 曹溪用此三昧接誰?" 山云: "一宿覺." 山卻問: "和尚甚處得此三昧?" 師云: "我於馬大師處, 得此三昧."

(2) 견성하는 법

앙산이 물었다.

"어떻게 해야 견성(見性)할 수 있습니까?"

중읍이 말했다.

"비유하면 하나의 방에 여섯 개의 창문이 있는데 안에 한 마리의 원숭이가 있는 것과 같다. 밖에 있는 원숭이가 동쪽에서 '원숭아!' 하고 부르면 안의 원숭이가 응답하는데, 이렇게 여섯 개의 창문에서 모두 부르고 모두 응답하는 것과 같다."

앙산은 절을 올리고 말했다.

"아까 스님의 비유를 듣고서 이해하지 못하는 것이 없습니다만, 다시 하나의 의문이 있습니다. 예컨대[1325] 안의 원숭이가 잠이 들었는데 밖의 원숭이가 만나고자 할 때에는 어떻습니까?"

중읍이 승상(繩床)에서 내려와 앙산의 손을 붙잡고 춤을 추면서 말했다.

"원숭아! 나와 너가 서로 만나는구나."

1325 지여(只如): =지우(至于), 약부(若夫), 지여(祗如). ①-에 대하여는. -과 같은 것은. ②예컨대. ③그런데.

仰山問: "如何得見性去?" 師云: "譬如一室有六窓, 內有一獼猴. 外有獼猴, 從東邊, 喚狌狌, 獼猴卽應, 如是, 六窓俱喚俱應." 山作禮云: "適來蒙和尙譬喩, 無不了知, 更有一事. 只如內獼猴瞌睡, 外獼猴欲相見時, 如何?" 師下繩床, 捉山手, 作舞云: "狌狌! 我與汝相見了也."

숭수조(崇壽稠)가 말했다.

"어떤 사람이 이 도리를 반드시 얻을까? 만약 반드시 얻지 못한다면, 단지 망상하는[1326] 솜씨[1327]일 뿐이다. 불성(佛性)의 진실이 어디에 있는가?"

영암안(靈巖安)이 말했다.

"나에게 한 마리 원숭이가 있는데, 육근(六根)이 끊어져 한 생각도 일어나지 않고, 앞으로도 끌고 갈 수 없고 뒤로도 밀어낼 수 없다. 그런데 무엇이라 불러야 할까? 만약 불렀는데 대답할 수 있다면 그대가 애꾸눈[1328]을 갖추었다고 인정할 것이고, 만약 불렀는데 대답할 수 없다고 해도 역시 그대가 애꾸눈을 갖추었다고 인정할 것이다."

崇壽稠云: "有人定得此道理麽? 若定不得, 只是箇弄精魂手脚. 佛性義在甚麽處?"

靈巖安云: "靈巖有箇獼猴, 六根杜絶, 一念不生, 拽不向前, 推不向後. 且作麽生喚? 若喚得應, 許汝具隻眼, 若喚不應, 也許汝具隻眼."

1326 농정혼(弄精魂) : 허망한 짓을 하여 쓸데없이 정신을 피로하게 하다. 망상(妄想)하다. =농정신(弄精神).

1327 수각(手脚) : ①손발. 수족. ②동작. 거동. 솜씨.

1328 척안(隻眼) : ①외눈. 애꾸눈. ②독특한 견해. 남다른 견해. 독자적 견해.

19. 낙경 불광여만 선사

낙경(洛京) 불광여만(佛光如滿) 선사에게 당(唐) 순종(順宗)이 물었다.

"부처님은 어디에서 왔습니까? 돌아가실 때에는 어디로 갑니까? 늘 세간에 머문다고 하였으니, 부처님은 지금 어디에 있습니까?"

불광(佛光)이 말했다.

"부처님은 무위(無爲)에서 와서 무위로 돌아갑니다. 법신(法身)은 허공과 같은데, 마음 없는 곳에 늘 머물러 있습니다. 생각 있음은 생각 없음으로 돌아가고, 머묾 있음은 머묾 없음으로 돌아갑니다. 오신 것은 중생을 위하여 오셨고, 가신 것은 중생을 위하여 가셨습니다. 깨끗한 진여(眞如)의 바다에는 맑은[1329] 바탕이 늘 머물고 있습니다. 지혜로운 자는 잘 생각하고, 다시 의심을 내지는 말아야 합니다."

순종이 다시 물었다.

"부처님은 왕궁에서 태어나셨고, 쌍림수에서 돌아가셨습니다. 49년 세간에 머물면서 말한 법이 없다고 말씀하셨습니다. 산과 강과 대지와 하늘과 땅과 해와 달이 때가 되면 모두 사라지는데, 생겨나고 사라지지 않는다고 누가 말합니까? 의문이 이와 같으니, 지혜로운 자가 잘 분별해 주십시오."

불광이 말했다.

"부처님의 본바탕은 원래 무위(無爲)인데, 어리석은 생각으로 헛되이 분별하는 것입니다. 법신(法身)은 허공과 같아서 생겨나거나 사라진 적이 없습니다. 인연이 있으면 부처님이 세간에 나타나시고, 인연이 없으면 부처님은 사라집니다. 곳곳에서 중생을 교화하시지만, 마치 물속의 달과

1329 담연(湛然) : ①맑고 깨끗한 모양. ②편안한 모양. ③욕심이 없고 마음이 깨끗함. ④조용함. ⑤정신이 맑고 깨끗한 모양.

같습니다. 늘 있는 것도 아니고 딱 끊어져 없어지는 것도 아니고, 생겨나는 것도 아니고 사라지는 것도 아닙니다. 생겨나도 생겨난 적이 없고, 사라져도 사라진 적이 없습니다. 마음 없는 곳을 밝게 보면, 저절로 말할 법이 없습니다."

洛京佛光如滿禪師(凡一), 唐順宗問: "佛從何方來? 滅向何方去? 旣言常住世, 佛今在何處?" 師云: "佛從無爲來, 滅向無爲去. 法身等虛空, 常在無心處. 有念歸無念, 有住歸無住. 來爲衆生來, 去爲衆生去. 淸淨眞如海, 湛然體常住. 智者善思惟, 更莫生疑慮." 帝又問: "佛向王宮生, 滅向雙林滅. 住世四十九, 又言無法說. 山河及大地, 天地及日月, 時至皆歸盡, 誰言不生滅? 疑情猶若斯, 智者善分別." 師云: "佛體本無爲, 迷情妄分別. 法身等虛空, 未曾有生滅. 有緣佛出世, 無緣佛入滅. 處處化衆生, 猶如水中月. 非常亦非斷, 非生亦非滅. 生亦未嘗生, 滅亦未嘗滅. 了見無心處, 自然無法說."

20. 담주 삼각산 총인 선사

(1) 이 일을 논하다

담주(潭州) 삼각산(三角山) 총인(總印) 선사가 법당에서 대중에게 말했다.
"만약 이 일을 논한다면, 눈을 깜박여도[1330] 벌써 어긋났다."[1331]
마곡(麻谷)이 앞으로 나와서 말했다.
"눈을 깜박이는 것은 묻지 않겠습니다만, 어떤 것이 이 일입니까?"

1330 잡상미모(眨上眉毛) : ①눈을 깜박이다. 눈을 깜짝이다. ②눈을 부릅뜨다.
1331 차과(蹉過) : ①과오. 허물. 잘못. 실패. ②(기회를) 놓치다. 스치고 지나가다. 실패하다.

총인이 말했다.

"어긋났다."

마곡이 곧장 승상(繩床)을 뒤집어 엎으니,[1332] 총인은 바로 마곡을 때렸다.

潭州三角山總印禪師(凡二), 示衆云: "若論此事, 眨上眉毛, 早是蹉過了也." 麻谷出
衆云: "眨上眉毛, 卽不問, 如何是此事?" 師云: "蹉過了也." 谷便掀倒繩床, 師便打.

설두(雪竇)가 말했다.

"두 사람은 머리만 있고 꼬리는 없구나. 눈을 아직 깜박이지도 않았는
데, 이 일의 어긋남을 왜 말하는가?"

뒤이어[1333] 어떤 스님이 물었다.

"눈을 왜 깜박이지 않았습니까?"

설두가 곧장 때렸다.

雪竇云: "兩箇漢, 有頭無尾. 眉毛未曾眨上, 說甚麽此事蹉過?" 尋有僧問: "眉毛
爲甚麽不眨上?" 竇便打.

(2) 설법하는 법

총인이 법당에서 대중에게 말했다.

"설법(說法)이란 모름지기 실행함에 응(應)하고 때에 응하여 알맞아야 한
다."

그때 어떤 스님이 물었다.

1332 흔도(掀倒) : 뒤집히다. 뒤집어엎다. =흔번(掀飜).
1333 심(尋) : 뒤이어. 잠시 후.

"네 번은 누렇고 네 번은 붉은 때에는 어떻습니까?"

총인이 말했다.

"3개월 된 지팡이 머리[1334]가 도발하는구나."[1335]

그 스님이 말했다.

"무엇 때문에 배 속 가득 기운을 쌓습니까?"

총인이 말했다.

"한 줄기 노끈인 것을 어떻게 하겠는가?"[1336]

그 스님이 말했다.

"어떻게 해야 기백(氣魄)을 드러낼[1337] 수 있겠습니까?"

총인이 말했다.

"가죽에 구멍이 날 때까지 줄곧 기다려라."[1338]

示衆云: "凡說法, 須用應時應節." 時有僧問: "四黃四赤時如何?" 師云: "三月杖頭挑." 云: "爲甚麼滿肚貯氣?" 師云: "爭奈一條繩何?" 云: "如何得出氣去?" 師云: "直待皮穿."

21. 이궐 복우자재 선사

(1) 편지를 전하다

1334　장두(杖頭) : ①지팡이의 머리 부분. ②장두전(杖頭錢)의 준말. ③약간의 돈.

1335　도(挑) : ①도발하다. 충동질하다. ②희롱하다. 유혹하다. ③드러내다. 나타내다. ④파다. 파 내다. 발굴하다. ⑤찌르다. 후비다. ⑥취하다. ⑦휘두르다. ⑧높이 들다. 쳐들다.

1336　쟁내(爭乃) -하(何) : -를 어찌하리오? -인 것을 어떻게 하겠는가? =쟁내(爭奈), =쟁내(爭奈) -하(何).

1337　출기(出氣) : ①화풀이를 하다. 분노를 발설시키다. ②숨 쉬다. ③탄식하다. ④기백(氣魄)을 드러내다. ⑤할 말을 하다.

1338　직대(直待) : ①줄곧 기다리다. ②다만 -하려고만 하다.

이궐(伊闕)의 복우자재(伏牛自在) 선사는 오흥(吳興)의 이(李)씨 아들이다. 마조의 심부름으로 혜충(慧忠) 국사에게 편지를 전하러 가니, 국사가 물었다.

"마대사는 어떤 것을 대중에게 보여 주시느냐?"

복우가 말했다.

"'이 마음이 곧 부처다.'라고 하십니다."

국사가 말했다.

"이 무슨 말이냐?"

다시 물었다.

"또 무슨 말씀을 하시느냐?"

복우가 말했다.

"'마음도 없고 부처도 없다.'라 하기도 하고, '마음도 아니고 부처도 아니다.'라 하기도 합니다."

국사가 말했다.

"오히려 조금 괜찮구나."

복우가 도리어 물었다.

"스님께서는 여기에서 무엇을 대중에게 보여 주십니까?"

국사가 말했다.

"삼점(三點)[1339]은 흐르는 물과 같은데, 굽은 것[1340]은 벼 베는 낫과 같다."

伊闕伏牛自在禪師(凡二), 吳興李氏子. 爲馬祖馳書, 上忠國師, 國師問: "馬大師如何示徒?" 云: "卽心是佛." 國師云: "是甚麽語話?" 又問: "更有甚麽言句?" 云: "非心非佛. 或云: '不是心, 不是佛.'" 國師云: "猶較些子." 師卻問: "未審和尚此間, 如何示徒?" 國師云: "三點如流水, 曲似刈禾鎌."

1339 삼점(三點) : ①법신(法身)·반야(般若)·해탈(解脫)의 삼덕(三德)이 하나도 아니고 둘도 아니라는 것을 실담문자(悉曇文字) Ö(i)의 3점에 비유한 것. ②밀교에서 이(理)·지(智)·사(事)의 3가지.
1340 곡(曲) : 실담문자 Ö(i)의 모습이 동그라미 셋을 그려 놓은 것 같음을 이르는 말.

설두(雪竇)가 "오히려 조금 괜찮구나."라는 곳에서 문득 "악!" 하고 고함을 지르고는 다시 "곡(曲)은 벼 베는 낫과 같다."라는 곳에서 말했다.

"이 무슨 말인가? 역시 한번 몰아붙여야[1341] 하는[1342] 것이다. 보고서도 취하지 않으면 천년 동안 잊기 어려울 것이다."

雪竇向猶較些子處, 便喝, 又向曲似刈禾鎌處云: "是甚麼語話? 也好與一捵. 見之不取, 千載難忘."

(2) 말쑥한 한마디

복우가 법당에 올라 대중에게 말했다.

"이 마음이 곧 부처라는 말은 병도 없는데 약을 구하는 것이고, 마음도 없고 부처도 없다는 말은 약으로 병을 치료하는 것이다."

어떤 스님이 물었다.

"어떤 것이 말쑥하고 깨끗한[1343] 한마디입니까?"

복우가 말했다.

"복우산(伏牛山) 아래에서 예로부터 지금까지[1344] 전한다."

示衆云: "卽心卽佛, 是無病求藥, 非心非佛, 是藥病相治." 僧問: "如何是脫洒一句?" 師云: "伏牛山下古今傳."

1341 찰(捵) : 몰아세우다. 몰아붙이다. 내몰다.
1342 호여(好與) : 마땅히 -해 주다.
1343 탈쇄(脫洒) : 탈쇄(脫灑)라고도 씀. 산뜻하고 속됨이 없다. 말쑥하고 깨끗하다. 소탈하다.
1344 고금(古今) : 옛날과 지금. 옛날부터 지금에 이르기까지.

22. 호남 동사여회 선사

(1) 각주구검

호남(湖南) 동사여회(東寺如會)[1345] 선사는 시흥(始興)의 곡강(曲江) 사람이다.
법당에 올라 대중에게 말했다.

"마음은 부처가 아니고, 지혜는 도(道)가 아니다. 칼이 사라진 지 오래인
데, 그대는 이제야 비로소 뱃전에 표시를 하는구나."[1346]

湖南東寺如會禪師(凡四), 始興曲江人也. 示衆云: "心不是佛, 智不是道. 劍去久
矣, 爾方刻舟."

(2) 진해명주

동사(東寺)가 앙산(仰山)에게 물었다.
"어디 사람이냐?"
앙산이 말했다.
"광남(廣南) 사람입니다."
동사가 말했다.
"내가 듣기로 광남에는 진해명주(鎭海明珠)[1347]가 있다고 하던데, 사실인가?"

1345 동사여회(東寺如會) : 744-823. 소주(韶州; 현 광동성) 사람. 어려서 출가하여 마조도일(馬祖道一)의
     제자가 되었다. 담주(潭州; 현 호남성) 동사(東寺)에 주석했다. 시호(諡號)는 불명대사(佛明大師). 위산
     영우(潙山靈祐)는 마조의 제자인 백장회해(百丈懷海)의 제자이므로, 동사여회(東寺如會)는 위산영
     우에게 사숙(師叔; 스승의 형제)이 된다.
1346 각주구검(刻舟求劍) : 『여씨춘추(呂氏春秋)』에 나오는 말. 중국 초(楚)나라 사람이 배를 타고 강을
     건너다가 칼을 물속에 빠뜨렸다. 그러자 그는 곧 칼을 빠뜨린 뱃전에 표시를 해 두었다. 얼마
     후 배가 언덕에 닿자 표시해 둔 배 밑에 가서 칼을 찾더라는 고사.
1347 진해명주(鎭海明珠) : 바다를 진압(鎭壓)하는 밝은 구슬.

앙산이 말했다.

"그렇습니다."

동사가 말했다.

"이 구슬은 어떻느냐?"

앙산이 말했다.

"흰 달은 숨고 검은 달이 나타납니다."

동사가 말했다.

"가져올 수 있느냐?"

앙산이 말했다.

"가져왔습니다."

동사가 말했다.

"어찌하여 나에게 보여 주지[1348] 않는가?"

앙산이 말했다.

"제가 앞서 위산(潙山)에 도착하여 이 구슬을 찾게 되었는데,[1349] 그리하여[1350] 대답할 말이 없고 말할 도리가 없었습니다."

동사가 말했다.

"참된 사자새끼는 잘 울부짖을 줄 아는구나. 비유하면 마치 초명충(蟭螟虫)[1351]이 모기의 속눈썹 위에 집을 짓고 십자로에서 '땅은 드넓고 사람은 드물어서 서로 만나는 사람이 적구나.'라고 외치는 것과 같구나."

1348 정사(呈似) : ①말해 주다. ②드러내 보이다.

1349 피(被) : -당하다. -에게 -당하다. 피동형 문장에서 동작, 작용을 행하는 주동자가 누구인지를 표시함. 또는 동사 앞에 쓰여서 피동을 나타냄.

1350 직득(直得) : -하여 -되다. -한 탓으로 -하다. -하기 때문에 -하게 되다. (주로 부정적 결과에 도달함을 나타냄) -한 결과를 낳다. -하게 되다.

1351 초명충(蟭螟虫) : =초명(蟭螟), 초명(焦螟). 매우 작은 것을 가리키는 말. 초명은 모기의 속눈썹에 집을 짓고 사는 작은 벌레라고 한다. 『열자(列子)』「탕문(湯問)」 제5에 다음 내용이 있다. "강포(江浦) 사이에 어떤 벌레가 사는데, 그 이름은 초명(焦螟)이라 하고 무리를 이루어 날아 모기의 속눈썹에 모이는데 속눈썹을 방해하지는 않는다. 속눈썹에서 살며 오가지만 모기는 느끼지 못한다."(江浦之間生慶蟲, 其名曰焦螟, 羣飛而集於蚊睫, 弗相觸也. 樓宿去來, 蚊弗覺也.)

師問仰山: "甚處人?" 山云: "廣南人." 師云: "我聞廣南有鎭海明珠, 是否?" 云:
"是." 師云: "此珠如何?" 云: "白月卽隱, 黑月卽現." 云: "將得來否?" 云: "將得來."
師云: "何不呈似老僧?" 云: "某甲昨到溈山, 被索此珠, 直得無言可對, 無理可伸."
師云: "眞師子兒, 善能哮吼. 譬如蝍蟟蟲, 向蚊子眼睫上作窠, 於十字街頭, 大叫
云: '土曠人稀, 相逢者少.'"

(3) 이미 만났다

앙산이 찾아오자 동사가 말했다.

"이미 만나 봤으니 올라올 필요 없다."

앙산이 말했다.

"이렇게 만나 보면 부당(不當)하지 않습니까?"

동사는 곧장 방장으로 돌아가 문을 닫아 버렸다. 앙산이 위산(溈山)에게
이 이야기를 하자, 위산이 말했다.

"너는 어떤 생각[1352]이냐?"

앙산이 말했다.

"만약 그렇지 않았다면, 어떻게 그를 알 수 있겠습니까?"

仰山來, 師云: "已相見了也, 不用上來." 山云: "恁麼相見, 莫不當麼?" 師便歸方
丈, 閉卻門. 仰山擧似溈山, 溈云: "子是甚麼心行?" 仰山云: "若不恁麼, 爭識得伊."

승천종(承天宗)이 말했다.

"앙산이 동사를 알아보고서 억지로 도리(道理)를 말한 것은 옳지 않다.

1352 심행(心行) : ①마음의 활동. 마음의 상태. 마음의 작용. 마음의 형편. 심사(心思). 생각. ②심의
(心意)의 작용. ③정토교계(淨土敎系)에서 말하는 안심(安心) · 기행(起行). ④마음에 나타나는 것.
⑤바람. 원망(願望). 성향(性向). ⑥보살행(菩薩行). ⑦분별(分別). 망상(妄想).

설사 위산이 직접 갔더라도 동사를 만나 보지는 못했을 것이다."

承天宗云: "仰山識得東寺, 强說道理卽不可. 設使潙山親去, 也未得與東寺相
見."

(4) 참새의 불성

동사가 최상국(崔相國)과 함께 불전(佛殿)으로 들어가 참새가 불상 머리 위에 똥을 싸는 것을 보았는데, 최상국이 동사에게 물었다.
"모든 중생에게 전부 불성(佛性)이 있다는 말은 사실입니까?"
동사가 말했다.
"그렇습니다."
최상국이 말했다.
"모든 중생에게 불성이 있다면, 무엇 때문에 부처님 머리 위에다가 똥을 쌉니까?"
동사가 말했다.
"참새는 절대로 새매의 머리 위에다가는 똥을 싸지 않거든요."

師同崔相國入佛殿, 見雀兒於佛頭上抛糞, 乃問: "一切衆生, 皆有佛性, 是否?"
師云: "是." 崔云: "旣有, 爲甚麽, 卻向佛頭上抛糞?" 師云: "他終不去鷂子頭上抛."

23. 지주 노조보운 선사

(1) 돌아앉다

지주(池州)의 노조보운(魯祖寶雲) 선사는 평소 스님이 찾아오는 것을 보면 곧장 벽을 향해 돌아앉았다. 남전(南泉)이 그 소문을 듣고서 말했다.

　　"나는 평소 스님들에게 '부처님이 세상에 나오기 이전에 알아차려라.'라고 말하여 오히려 한 사람이나 반 사람도 얻지 못하는데, 그가 그렇게 한다면 나귀해에나 되려나?"

池州魯祖寶雲禪師(凡四), 尋常纔見僧來, 便面壁. 南泉聞乃云: "我尋常, 向師僧道: '向佛未出世時會取.' 尙不得一箇半箇, 他恁麼, 驢年去."

　　나산한(羅山閑)이 말했다.

　　"내가 당시에 만약 보았다면, 등짝에다가 뜸을 다섯 방 떴을 것이다. 무슨 까닭인가? 그가 놓을 줄만 알고 거두어들일 줄은 알지 못했기 때문이다."

　　현사(玄沙)가 말했다.

　　"내가 당시에 보았다면, 역시 뜸 다섯 방을 떴을 것이다."

　　취암지(翠嵓芝)가 말했다.

　　"어찌 수고로이 그렇게 하는가? 만약 찾아오는 스님이 있다면, 때가 좋은지를 어떻게 알겠는가?"

　　다시 말했다.

　　"나라면 그렇지 않다. 엄마 배 속에 아직 잉태되기 전에는 알 수 없으니, 알았다면 그대의 허리를 때려 굽힐[1353] 것이다."

1353　절요(折腰) : ①굽은 허리. 허리를 굽힘. ②허리를 굽혀 절함. ③몸을 굽혀 남을 섬김. ④춤추는 모양. ⑤허리를 옷감으로 감싸다.

묘희(妙喜)가 말했다.

"노조(魯祖)는 얻지 못했고, 남전(南泉)은 벽(壁)을 엿볼[1354] 뻔하였다."[1355]

羅山閑云: "陳老師, 當時若見, 背上與五火抄. 何故? 爲伊會放, 不會收."

玄沙云: "我當時若見, 也與五火抄."

翠嚴芝云: "何勞如此? 若有僧來見, 甚麼知時好?" 又云: "我卽不然. 未具胞胎時不得會, 會得打折汝腰."

妙喜云: "魯祖不得, 南泉洎乎覷破壁."

(2) 다만 그렇다

동산(洞山)이 찾아와 절을 올리고 모시고 서 있다가 잠시 뒤에 나갔다가 다시 들어오자 노조가 말했다.

"다만 그렇다. 다만 그렇다. 그러므로 이와 같다."

동산이 말했다.

"긍정하지 않는 사람이 많이 있습니다."[1356]

노조가 말했다.

"어찌하여 그대의 입에 의지하여 판단하는가?"

동산은 이에 몇 개월 동안 노조를 시봉(侍奉)하였다.

洞山來作禮侍立, 少頃而出, 卻再入來, 師云: "只恁麼. 只恁麼. 所以如此." 洞云: "大有人不肯." 師云: "作麼取汝口辨?" 洞山乃侍奉數月.

1354 처파(覷破) : 확실히 엿보다. 엿보아 정체를 파악하다. 파(破)는 동사의 뒤에서 동작의 완성이나 발생한 장소를 표시함. 요(了), 득(得), 재(在)와 같은 용법.
1355 계호(洎乎) : 거의 ~하다. 하마터면 ~할 뻔하다.
1356 대유(大有) : ①많이 있다. ②수확이 좋다.

(3) 쌍림수는 무엇?

어떤 스님이 물었다.

"어떤 것이 쌍림수(雙林樹)¹³⁵⁷입니까?"

노조가 말했다.

"모습 있는 몸속에 있는 모습 없는 몸이다."

다시 물었다.

"어떤 것이 모습 없는 몸입니까?"

노조가 말했다.

"황금으로 된 향로(香爐) 아래에 쇠로 된 곤륜산(崑崙山)¹³⁵⁸이 있다."

僧問: "如何是雙林樹?" 師云: "有相身中無相身." 云: "如何是無相身?" 師云: "金香爐下鐵崑崙."

(4) 말하지 않고 말함

어떤 스님이 물었다.

"어떤 것이 말하지 않고 말하는 것입니까?"

노조가 말했다.

"그대의 입은 어디에 있느냐?"

그 스님이 말했다.

1357 쌍림(雙林): 사라쌍수(沙羅雙樹). 석존이 그 아래에서 입적(入寂)에 든 나무. 석존의 입적 시 시들어 하얗게 되었다고 전해진다. 여기에서는 생사(生死)하는 육신(肉身) 속에 있는 생사를 벗어난 법신(法身)을 묻고 있다.

1358 곤륜(崑崙): 곤륜산(崑崙山). 곤륜산은 황하강의 발원지라고 알려진 전설 속의 산. 곤륜산은 땅의 중심으로 여겨지고, 신 중의 으뜸인 황제(黃帝)와 여신 중의 으뜸인 서왕모(西王母)가 사는 곳이라고 알려져 있다.

"저에게는 입이 없습니다."

노조가 말했다.

"평소 무엇으로 밥을 먹느냐?"

그 스님은 대답이 없었다.

僧問: "如何是不言言?" 師云: "汝口在甚麼處?" 云: "某甲無口." 師云: "尋常將甚
麼喫飯?" 僧無對.

동산(洞山)이 말했다.

"그는 배고프지 않은데, 무슨 밥을 먹겠습니까?"

설두(雪竇)가 말했다.

"등짝을 후려갈기기에 좋은 몽둥이로다. 저 녀석은 입을 열면 다물지
를 못하고, 입을 다물면 열지를 못하는구나."

洞山云: "他又不飢, 喫甚麼飯?"

雪竇云: "好劈脊棒. 這漢開口了合不得, 合口了開不得."

24. 정주 백암명철 선사

(1) 어디에서 오는가?

정주(定州) 백암명철(柏巖明哲) 선사를 동산(洞山)과 밀사백(密師伯)이 방문
하자 백암 선사가 물었다.

"두 상좌는 어디에서 옵니까?"

동산이 말했다.

"호남(湖南)에서 옵니다."

백암이 물었다.

"그곳 관찰사(觀察使)는 성(姓)이 무엇입니까?"

동산이 말했다.

"성을 알지 못합니다."

백암이 물었다.

"이름은 무엇입니까?"

동산이 말했다.

"이름을 알지 못합니다."

백암이 물었다.

"이사(理事)가 있습니까?"

동산이 말했다.

"당연히[1359] 넓은 막사(幕舍)가 있습니다."

백암이 물었다.

"나가고 들어옴이 있습니까?"

동산이 말했다.

"나가지도 들어오지도 않습니다."

백암이 물었다.

"왜 나가지도 들어오지도 않습니까?"

동산은 소매를 떨치고 나가 버렸다. 백암은 다음 날 아침법회에서 두 상좌를 불렀다. 두 사람이 곧 앞으로 나오자 백암이 말했다.

1359 자유(自有) : 저절로 -이 있다. 자연히 -이 있다. 응당 -이 있다.

"어제 내가 상좌에게 한번 돌려서 말했는데,[1360] 뜻에 들어맞지 않아서 밤새 편안하지 못했습니다. 이제 상좌에게 달리 돌려서 말해 주기를 청합니다. 만약 나의 뜻에 들어맞으면 곧 식사를 제공하고 함께 하안거(夏安居)를 지내도록 하겠습니다."

동산이 말했다.

"스님께서는 질문하십시오."

백암이 말했다.

"나가지도 들어오지도 않습니다."

동산이 말했다.

"너무 존귀(尊貴)하십니다."

백암은 이에 식사를 제공하고 함께 하안거를 지냈다.

定州柏巖明哲禪師(凡二), 洞山與密師伯到, 師問: "二上座, 甚處來?" 洞云: "湖南來." 師云: "觀察使姓甚麼?" 洞云: "不得姓." 師云: "名甚麼?" 云: "不得名." 師云: "還理事也無?" 云: "自有廊幕在." 師云: "還出入也無?" 洞云: "不出入." 師云: "豈不出入?" 洞拂袖而出. 師次日侵晨入堂, 召二上座. 二人便出, 師云: "昨日老僧, 對上座一轉語, 不稱意, 一夜不安. 今請上座, 別轉語. 若愜老僧意, 便開粥相伴過夏." 洞云: "請和尙問." 師云: "不出入." 洞云: "太尊貴生." 師乃開粥同過夏.

(2) 사람을 놀리지 마라

백암은 약산(藥山)이 경전 읽는 것을 보고 말했다.

"노스님께서는 사람을 놀리지 마십시오."

1360 일전어(一轉語) : 그때그때의 상황에 알맞은 말을 자유자재하게 사용하여 선지(禪旨)를 가리키는 것. 심기(心機)를 바꾸어서[一轉] 깨닫게 하는 힘이 있는 말이라는 뜻.

약산이 경전을 내려놓고 물었다.

"해가 어디에 있습니까?"

백암이 말했다.

"정오(正午)입니다."

약산이 말했다.

"여전히 문채(文彩)¹³⁶¹가 있군요."

백암이 말했다.

"저는 없는 것도 없습니다."

약산이 말했다.

"노형(老兄)은 총명함을 좋아하는군요."

백암이 말했다.

"저는 다만 이러한데, 스님은 어떻습니까?"

약산이 말했다.

"절뚝절뚝¹³⁶² 매우 절박하게¹³⁶³ 걸으며 온갖 더럽고 못난 모습을 다 보이면서 이렇게 시간을 보냅니다."

師見藥山看經, 師云: "老和尙莫猱人好." 山置經問云: "日頭早晚?" 師云: "正午也." 山云: "猶有文彩在." 師云: "某甲無亦無." 山云: "老兄好聰明." 師云: "某甲只恁麼, 和尙作麼生?" 山云: "跛跛挈挈, 百醜千拙, 且恁麼過時."

1361 문채(文彩): =문채(文采). ①악곡(樂曲)의 가락이 잘 어울림. ②곱고 아름답게 뒤섞인 색채. ③시문(詩文)의 수사(修辭)가 곱고 아름다움. 문장이 화려함. ④문장을 이르는 말. ⑤문학의 재능. ⑥화려한 직물이나 의복. =문채(文綵).
1362 파파(跛跛): 절룩거리는 모습. 절뚝거리며 걷는 모습.
1363 설설(挈挈): 매우 절박한 모습.

25. 경조부 흥선유관 선사

(1) 도는 어디에?

경조부(京兆府) 흥선유관(興善惟寬)[1364] 선사는 구주(衢州) 신안(信安)의 축(祝)씨 아들이다. 어떤 스님이 물었다.

"도(道)는 어디에 있습니까?"

홍선이 말했다.

"단지 눈앞에 있습니다."

"저는 왜 보지 못합니까?"

홍선이 말했다.

"당신에게는 '나'가 있기 때문에 보지 못합니다."

"저에게 '나'가 있기 때문에 보지 못한다면, 스님께서는 보십니까?"

홍선이 말했다.

"당신이 있고 내가 있다면 더욱더 보지 못합니다."

"당신도 없고 나도 없다면 볼 수 있습니까?"

홍선이 말했다.

"당신도 없고 나도 없는데, 누가 보기를 구하겠습니까?"

京兆府興善惟寬禪師(凡二), 衢州信安祝氏子. 僧問: "道在何處?" 師云: "只在目前." 云: "我何不見?" 師云: "汝有我故, 所以不見." 云: "我有我故, 所以不見, 未審

1364 홍선유관(興善惟寬) : 755-817. 당대(唐代) 선승(禪僧). 남악(南嶽) 문하. 홍선사(興善寺)에 머물렀다. 속성은 축(祝)씨. 절강성 구주 신안(信安) 출신. 13세에 출가하여 승숭(僧崇)에게 구족계를 받음. 승여(僧如)에게 율(律)을 배우고 지관(止觀)을 닦음. 마조도일을 찾아가 그 가르침으로 깨달았음. 정원(貞元) 6년(790) 복건성 민월(閩越)에 머물고, 뒷날 절강성 회계(會稽)에서 등원도량(藤原道場)을 열고, 또 강서성 파양(鄱陽)에서 회향도량(回向道場)을 열고, 다시 소림사(少林寺)·위국사(衛國寺)·천궁사(天宮寺)·장안 대안국사(大安國寺)·홍선사(興善寺) 등에 머물렀다. 원화(元和) 12년 12월 입적. 세수 63세, 법랍 39세이었다. 시호는 대철선사(大徹禪師).

和尚, 還見也無?"師云: "有汝有我, 展轉不見." 云: "無汝無我, 還見也無?"師云:
"無汝無我, 阿誰求見?"

(2) 개의 불성

어떤 스님이 물었다.
"개에게도 불성(佛性)이 있습니까?"
홍선이 말했다.
"있습니다."
"스님에게도 불성이 있습니까?"
홍선이 말했다.
"없습니다."
"모든 중생에게 전부 불성이 있는데, 스님에게는 왜 없습니까?"
홍선이 말했다.
"나는 모든 중생이 아닙니다."
"이미 중생이 아니라면, 부처입니까?"
홍선이 말했다.
"부처도 아닙니다."
"결국 무엇입니까?"
홍선이 말했다.
"어떤 무엇이 아닙니다."
"볼 수 있거나 생각할 수 있습니까?"
홍선이 말했다.
"생각하면 미치지 못하고, 말하면 얻지 못합니다. 그러므로 불가사의
(不可思議)라고 합니다."

僧問: "狗子還有佛性也無?" 師云: "有." 云: "和尚還有也無?" 師云: "無." 云: "一切衆生皆有佛性, 和尚爲甚麼卻無?" 師云: "我非一切衆生." 云: "旣非衆生, 莫是佛否?" 師云: "不是佛." 云: "究竟是何物?" 師云: "亦不是物." 云: "可見可思否?" 師云: "思之不及, 議之不得. 故云不可思議."

26. 홍주 백장유정 선사

(1) 불법의 대의

홍주(洪州) 백장유정(百丈惟政) 선사가 하루는 대중에게 말했다.

"그대들이 나를 위하여 밭을 일구면, 나는 그대들에게 불법(佛法)의 대의(大義)를 말하겠다."

승려들이 밭을 일구고 나서 말했다.

"스님께서는 불법의 대의를 말씀해 주십시오."

백장은 양손을 펼쳐 보였다.

洪州百丈惟政禪師(凡二), 一日謂衆云: "汝等爲我開田, 我爲汝說大義." 僧開田了云: "請和尚說大義." 師展開兩手.

백운단(白雲端)이 말했다.

"백장은 대의(大義)를 말하다가 여기에서 그쳤다. 당시에 마조(馬祖)를 다시 찾아뵌 것은[1365] 어디로 갔는가? 만약 또 있다고 말한다면, 뱀의 다리를

1365 이 이야기는 백장회해에 관한 이야기이다. 아마도 백장유정을 백장회해와 혼동한 듯하다. 백장회해가 마조의 지도로 깨달은 이야기는 다음과 같다 : 회해가 마조 대사를 모시고 산을 구경하던 때에 문득 물오리가 날아가는 것을 보고서 마조가 물었다. "무엇이냐?" 회해가 말했다.

그리는 것을 벗어나지 못할 것이다. 그러면 백장 노인이 서 있는 곳을 어떻게 알 수 있을까? 손님이 찾아오는데 차(茶)와 점심이 없다면, 매운 국이라도 준비하여 예의(禮儀)를 갖추어라."(『백장대지어록(百丈大智語錄)』의 염(拈)[1366]으로 지었다고 하는 것은 오류이다.)

白雲端云: "百丈說大義, 止於此. 當時再參馬祖底, 向甚麼處去也? 若言更有, 未免爲蛇畫足. 且作麼生得知百丈老人立地處? 客來無茶點, 苛湯備禮儀."(作大智語拈, 誤也)

(2) 선지식이 말한 법

백장이 남전(南泉)에게 물었다.

"물오리입니다." 마조가 물었다. "어디로 갔느냐?" 회해가 말했다. "날아갔습니다." 마조가 회해의 코를 잡아 비틀자 회해는 아픔에 소리 질렀다. "아야야! 아야야!" 마조가 말했다. "날아갔다고 다시 말해 봐." 회해는 여기에서 깨달았는데, 등에서 식은땀이 솟았다. 시자료(侍者寮)로 돌아와서는 "아이고! 아이고!" 하고 대성통곡을 하였는데, 동료가 물었다. "너는 부모가 생각나느냐?" 회해가 말했다. "아니다." "남에게 욕을 먹었느냐?" "아니다." "그럼 무엇 때문에 통곡을 하느냐?" 회해가 말했다. "내 코를 마조 대사께서 잡아 비틀었는데, 아팠지만 깨닫지 못했다." 동료가 물었다. "무엇 때문에 깨닫지 못했느냐?" 회해가 말했다. "네가 마조 스님에게 물어보아라." 동료는 마조에게 가서 물었다. "회해 시자는 무엇 때문에 깨닫지 못하고 방안에서 통곡하고 있습니까? 스님께서 저에게 설명해 주십시오." 마조가 말했다. "회해가 알고 있으니, 너는 그에게 물어보아라." 동료가 시자료로 돌아와 말했다. "스님의 말씀은, 네가 알고 있으니 너에게 물어보라고 하시더라." 회해는 이에 깔깔대며 크게 웃었다. 동료가 물었다. "아까는 울더니 지금은 왜 또 웃느냐?" 회해가 말했다. "아까는 울었지만, 지금은 웃는다." 동료는 어리둥절하였다. 마조 대사가 다음 날 법당에 오르자 대중이 모였는데, 회해가 곧장 앞으로 나아가 방석을 말아 버렸다. 마조는 이에 법좌에서 내려와 방장으로 돌아갔다. 회해가 마조를 찾아가자 마조가 물었다. "내가 아까 법당에 올랐을 때에, 설법을 하기도 전에 너는 왜 방석을 말았느냐?" 회해가 말했다. "저는 어제 스님에게 코를 비틀려서 아팠습니다." 마조가 물었다. "너는 어제 어디에다 마음을 두고 있었느냐?" 회해가 말했다. "코가 오늘은 아프지 않습니다." 마조가 말했다. "너는 오늘의 일을 깊이 밝혔구나." 회해는 절을 올리고 물러났다. 회해가 다시 마조를 찾아가 모시고 서 있을 때에 마조 승상(繩床) 모서리에 걸려 있는 불자(拂子)를 돌아보자 회해가 물었다. "이것에서 작용합니까, 이것을 떠나서 작용합니까?" 마조가 말했다. "너는 뒷날 입을 열어서 무엇을 가지고 사람들을 이롭게 하려 하느냐?" 회해는 불자를 집어서 세웠는데, 마조가 말했다. "이것에서 작용하느냐, 이것을 떠나서 작용하느냐?" 회해가 불자를 있던 자리에 다시 걸어 놓자 마조는 "악!" 하고 크게 고함을 질렀는데, 회해는 이후 3일 동안 내리 귀가 먹먹하였다.

1366 염(拈) : 옛사람의 말이나 행위에 대해 자신의 견해를 피력하는 것.

"예로부터 선지식이 사람을 위하지 않고 말한 법이 있었느냐?"

남전이 말했다.

"있었습니다."

백장이 말했다.

"어떤 것이 사람을 위하지 않고 말한 법이냐?"

남전이 말했다.

"마음도 아니고, 부처도 아니고, 물건도 아닙니다."

백장이 말했다.

"그렇다면 다 말했군."

남전이 말했다.

"저는 단지 이와 같은데, 스님은 또 어떻습니까?"

백장이 말했다.

"나는 선지식이 아닌데, 말했는지 말하지 않았는지 어떻게 알겠는가?"

남전이 말했다.

"저는 이해할 수 없습니다."

백장이 말했다.

"나는 충분히[1367] 그대에게 말했다."

師問南泉: "從上知識, 還有不爲人說底法麼?" 泉云: "有." 師云: "作麼生是不爲
人說底法?" 泉云: "不是心, 不是佛, 不是物." 師云: "恁麼則說了也." 泉云: "某甲只
恁麼, 和尙又作麼生?" 師云: "我又不是善知識, 爭知有說不說?" 泉云: "某甲不會."
師云: "我太煞爲汝說了也."

대위철(大潙哲)이 말했다.

1367 태살(太煞) : =태살(太殺), 대살(大殺). 매우. 충분히. 꼭.

"백장은 앞을 바라볼 줄만 알고, 뒤를 돌아볼 줄은 모르는구나. 그가 '저는 이해하지 못하겠습니다.'라고 말하는 것을 보고서 다만 '나도 이해하지 못한다.'라고 말하기만 하였다면, 남전의 스승이 되었을 뿐만 아니라 천하 사람들의 스승도 되었을[1368] 텐데."

大潙哲云: "百丈只知瞻前, 不知顧後. 待他道: '某甲不會.' 但云: '我更不會.' 非唯與南泉, 爲師爲匠, 亦乃與天下人, 爲師爲匠."

27. 홍주 늑담법회 선사

홍주(洪州)의 늑담법회(泐潭法會) 선사가 마조(馬祖) 대사에게 물었다.
"어떤 것이 조사가 서쪽에서 오신 뜻입니까?"
마조가 말했다.
"목소리를 낮추어라."
마조는 다시 법회를 불러서 가까이 오라고 하였다. 법회가 가까이 다가가자 마조는 법회를 손바닥으로 한 번 때리고서 말했다.
"엿듣는 사람이 있어서 말할 수 없다.[1369] 우선 갔다가 내일 오너라."
법회가 다음 날 마조를 찾아가 다시 묻자 마조가 말했다.
"내가 법당에 올라가 설법할 때에 그대가 앞으로 나오면 증명(證明)해 주겠다."
법회는 여기에서 깨달은 바가 있었다.

1368 여(與) - 위(爲) ~ : -에게 ~하여 주다. -에게 ~가 되어 주다.
1369 육이부동모(六耳不同謀) : 육이불통모(六耳不通謀)라고도 하는데, 중요한 일을 말할 때에 당사자들(=사이(四耳))끼리만 비밀리에 말하고 제삼자(=육이(六耳))에게는 말해 주지 않는다는 뜻이다. 엿듣는 사람이 있어서 함께 의논할 수 없다는 뜻이기도 하다.

洪州泐潭法會禪師(凡一), 師問馬大師:"如何是祖師西來意?"大師云:"低聲." 復召師, 近前來. 師近前, 大師打一掌云:"六耳不同謀. 且去明日來." 師明日再問, 大師云:"待老漢上堂時出來, 與汝證明." 師於此有省.

28. 홍주 늑담상흥 선사

(1) 방거사와 식사함

홍주(洪州)의 늑담상흥(泐潭常興) 선사가 방거사(龐居士)와 함께 식사할 때에 방거사가 음식에 손을 대자 상흥은 손을 움츠리며 말했다.

"의도적으로[1370] 보시를 받으면 유마힐[1371]이 벌써 꾸짖습니다. 이 한 번의 기회를 떠난다면 거사께서는 좋아하시겠습니까?"

방거사가 말했다.

"당시에 수보리[1372]가 어찌 뛰어난 솜씨를 지닌 선지식[1373]이 아니었겠습니까?"[1374]

1370 생심(生心) : ①딴마음을 먹다. 못된 일을 꾸미다. ②고의로. 의식적으로. 의도적으로.

1371 정명(淨名) : 유마(維摩, Vimalakīrti)의 번역어. 유마힐(維摩詰)・비마라힐(毘摩羅詰) 등이라고 음역하고, 정명(淨名)・무구칭(無垢稱)이라 번역. 인도 비야리국 장자로서, 속가에 있으면서 보살행업을 닦은 이. 그 깨달음이 높아서 불자제도 미칠 수 없었다. 『유마경(維摩經)』의 주인공.

1372 선현(善現) : 수보리(須菩提)를 뜻으로 번역한 것.

1373 작가(作家) : 고수(高手). 뛰어난 솜씨를 가진 사람. 노련하다. 정통하다. 작자(作者)라고도 한다. 선종(禪宗)에서는 진실한 뜻을 체득하고 수행자를 대함에 있어 노련하게 방편을 사용하는 선(禪)의 종장(宗匠)을 일컫는다.

1374 『유마경』성문품(聲聞品)에 나오는 수보리의 문병에 관한 이야기를 염두에 둔 말이다. 앞 부분의 내용은 다음과 같다 : 그때 세존께서 수보리에게 말씀하셨다. "그대가 유마힐을 찾아가 문병하여라." 그때 수보리가 말씀드렸다. "세존이시여, 저는 그를 문병갈 수 없습니다. 무슨 까닭인가 하면, 기억하건대 제가 과거 한때에 광엄성(廣嚴城)에 들어가 걸식(乞食)하며 다닐 때에 그의 집에 들어갔습니다. 그때 유마힐이 저에게 절을 하고는 저의 발우를 받아 맛있는 음식을 가득 담고서 저에게 말했습니다. '수보리 존자여, 만약 음식에서의 평등한 본성으로써 모든 법의 평등한 본성으로 들어갈 수 있고, 모든 법의 평등한 본성으로써 모든 부처의 평등한 본성에 들어갈 수 있다면, 그렇다면 음식을 먹을 만합니다. 수보리 존자여, 만약 탐욕・분노・어리석음을 끊

상홍이 말했다.

"무슨 말씀입니까?"[1375]

방거사가 말했다.

"음식이 입가에 이르면 남에게 빼앗깁니다."

상홍이 곧장 음식을 내려놓자 방거사가 말했다.

"한마디 말도 소화시키지 못하는군요."

거사가 물었다.

"마조 대사께서 착실히[1376] 사람을 위하는 곳을 스님에게 맡기셨습니까?"[1377]

상홍이 말했다.

"저는 마조 대사를 만난 적도 없는데, 그가 착실한 곳을 어떻게 알겠습니까?"

방거사가 말했다.

"다만 이런 견해라면, 역시 따질 것이 없군요."

상홍이 말했다.

"거사께서도 한마디[1378] 말씀을 얻지 못하셨군요."

방거사가 말했다.

지도 않고 갖추고 있지도 않을 수 있다면, 유신견(有身見)을 부수지 않고 하나로 통일된 길에 들어갈 수 있다면, 무명(無明)과 모든 유애(有愛)를 없애지 않고 밝은 지혜와 해탈을 일으킬 수 있다면, 무간지옥(無間地獄)의 평등한 법성(法性)으로써 해탈(解脫)의 평등한 법성에 들어가 벗어남도 없고 얽매임도 없을 수 있다면, 사제(四諦)를 보는 것도 아니고 보지 않는 것도 아니고 불과(佛果)를 얻는 것도 아니라면, 중생도 아니고 중생의 법을 떠나지도 않는다면, 성인(聖人)도 아니고 성인이 아닌 것도 아니라면, 비록 모든 법을 성취하나 모든 법이라는 개념을 떠난다면, 음식을 먹을 만합니다.'"

1375 간심마사(干甚麼事) : 무슨 일을 하는가?

1376 착실(著實) : 확실히. 참으로. 단단히.

1377 분부(分付) : ①맡기다. 당부하다. ②주다. 공급하다.

1378 일향(一向) : ①한 조각. =일편(一片). ②단순히. 줄곧. 오로지. =일미(一味). ③한순간. =일향(一餉), 일향자(一向子).

"한마디 말씀에 스님께서 도리어[1379] 근본을 잃었는데, 만약 두 마디 세 마디를 한다면 스님께서 입을 열겠습니까?"

상홍이 말했다.

"전혀[1380] 입을 열 수 없어야 진실하다고 할 만합니다."

방거사는 손뼉을 치고 물러갔다.

洪州溈潭常興禪師(凡二), 師因行食, 與龐居士, 士接食, 師縮手云:"生心受施, 淨名早訶. 去此一機, 居士還甘否?"士云:"當時善現, 豈不作家?"師云:"干他甚麽事?"士云:"食到口邊, 被人奪卻."師便下食, 士云:"不消一句子."居士問:"馬大師着實爲人處, 還分付師麽?"師云:"我尙不見他, 作麽生知他着實處?"士云:"只此見解, 也無討處."師云:"居士也不得一向言說."士云:"一向言說, 師又失宗. 若作兩向三向, 師還開得口麽?"師云:"直是開口不得, 可謂實也."士撫掌而去.

(2) 누구입니까?

남전(南泉)이 찾아왔을 때에 상홍이 벽을 바라보고 앉아 있었는데, 남전이 상홍의 등을 한 번 두드리자 상홍이 말했다.

"누구입니까?"

남전이 말했다.

"보원(普願)입니다."

상홍이 말했다.

"무슨 일입니까?"

남전이 말했다.

1379 우(又) : 도리어. 오히려. =각(卻).

1380 직시(直是) : ①그야말로. 전혀. 정말. 실로. ②차라리. 아예. ③솔직하게. 숨김없이. 명백히. ④설령(설사) -하더라도.(뒤에 야(也)가 따라옴.) ⑤다만. 오직. ⑥그러나. 그런데.

"역시 일상(日常)¹³⁸¹이군요."

상흥이 말했다.

"당신은 왜 쓸데없는 일¹³⁸²을 합니까?"

南泉來, 見師面壁而坐, 泉撫師背一下, 師云:"阿誰?"泉云:"普願."師云:"如
何?"泉云:"也尋常."師云:"汝何多事?"

묘희(妙喜)가 말했다.

"역시 시험해 보아야 한다."

妙喜云:"也要驗過."

29. 담주 화림선각 선사

(1) 관세음을 염불하다

담주(潭州)의 화림선각(華林善覺) 선사는 늘 석장(錫杖)을 지니고 있었는데,
밤에 숲속으로 들어가 석장을 한 번 구르고는 관세음(觀世音)을 한결같이
부르곤 했다. 협산(夾山)이 물었다.

"스님께서 관세음을 염불(念佛)하신다고 멀리서 들었는데, 맞습니까?"

선각이 말했다.

"그렇습니다."

1381 심상(尋常) : ①평상(平常). 일상(日常). ②보통이다. 평범하다. ③항상. 언제나.
1382 다사(多事) : ①쓸데없는 일을 하다. ②해서는 안 될 일을 하다. ③일이 많다.

협산이 말했다.

"올라탄 것이 도리어 머리일 때에는 어떻게 합니까?"

선각이 말했다.

"머리를 내밀면 당신 마음대로 타겠지만, 머리를 내밀지 않으면 무엇을 탑니까?"

협산은 대답이 없었다.

潭州華林善覺禪師(凡三), 常持錫, 夜出林麓, 一振錫, 一稱觀音號. 夾山問: "遠聞和尙念觀音, 是否?" 師云: "然." 山云: "騎却頭時如何?" 師云: "出頭從汝騎, 不出頭騎箇甚麼?" 山無對.

(2) 느리구나

어떤 스님이 찾아와 좌구(坐具)를 펼치려고 하는데, 선각이 말했다.

"느릿느릿하구나."[1383]

그 스님이 말했다.

"스님은 무엇을 보십니까?"

선각이 말했다.

"안타깝게도[1384] 종루(鐘樓)를 때려부수는구나."[1385]

그 스님은 이로 말미암아 깨달았다.

有僧來, 方展坐具, 師云: "緩緩." 云: "和尙見箇甚麼?" 師云: "可惜許, 磕破鐘

1383 완완(緩緩) : 느릿느릿. 천천히.
1384 가석허(可惜許) : =가석(可惜). 섭섭하다. 안타깝다. 아깝다. 아깝게도. 허(許)는 뜻 없는 어조사.
1385 자다가 봉창을 두드리는구나.

樓." 其僧從此悟入.

(3) 시자가 있는가?

배휴(裴休) 상국(相國)이 선각에게 물었다.

"시자(侍者)가 있습니까?"

선각이 말했다.

"한둘 있는데, 손님을 접대할 수는 없습니다."

배휴가 물었다.

"어디에 있습니까?"

선각이 불렀다.

"대공(大空)아! 소공(小空)아!"

갑자기 두 마리의 호랑이가 암자 뒤에서 나타났는데, 배휴가 놀라서 두려워하자 선각이 두 호랑이에게 말했다.

"손님이 있으니, 지금은 가거라."

호랑이가 울부짖으며 사라지자 배휴가 물었다.

"어떤 업을 지었기에 이와 같이 감응(感應)합니까?"

선각이 잠시 말없이 있다가 물었다.

"알겠습니까?"

배휴가 말했다.

"모르겠습니다."

선각이 말했다.

"저는 늘 관세음을 염불합니다."

裴休相國問師: "還有侍者否?" 師云: "有一兩箇, 卽是不可見客." 裴云: "在甚處?"師喚云: "大空! 小空!"俄二虎從庵後而出, 裴驚悸, 師語二虎云: "有客且去."
虎咆哮而去, 裴問: "作何行業, 感得如斯?"師良久云: "會麼?"裴云: "不會."師云:
"山僧常念觀音."

30. 원주 양기견숙 선사

(1) 부처란

　　원주(袁州)의 양기견숙(楊歧甄叔) 선사가 법당에 올라 말했다.

　　"여러 신령스러움의 하나의 근원을 거짓으로 일러 부처라 하는데, 몸이
없어지고 모습이 사라져도 없어지지 않으며 쇠가 녹아 흐르고 나무가 쪼
개져 흩어져도 늘 그대로 있다. 자성(自性)의 바다에는 바람이 없으나 반
짝이는 물결이 저절로 일어나고, 신령스러운 근원은 조짐이 끊어졌으나
삼라만상을 고루 비춘다. 이 도리를 체험한 자는 말하지 않고도 무한한
우주를 두루 다닐 것이고, 사용하지 않고도 공덕(功德)이 더욱더 신묘하게
변화할[1386] 것인데, 무엇 때문에 깨달음을 등지고 도리어 세속의 번뇌에
합하여 오온(五蘊)과 십팔계(十八界) 속에서 헛되이 스스로 사로잡혀 있겠
느냐?"

　　袁州楊歧甄叔禪師(凡二), 示衆云: "群靈一源, 假名爲佛, 體竭形消而不滅, 金流
朴散而常存. 性海無風, 金波自湧, 靈源絶兆, 萬象齊照. 體斯理者, 不言而遍歷河
沙, 不用而功益玄化, 如何背覺返合塵勞, 於陰界中, 妄自囚執?"

1386　현화(玄化) : ①성덕(聖德)에 의한 교화(敎化). ②신묘(神妙)한 변화(變化).

(2) 조사가 온 뜻

선월(禪月)이 물었다.

"어떤 것이 조사께서 서쪽에서 오신 뜻입니까?"

견숙이 몇 개의 구슬을 집어 들었는데, 선월이 어쩔 줄 모르고 있자[1387] 견숙이 말했다.

"알겠는가?"

선월이 말했다.

"모르겠습니다."

견숙이 말했다.

"나는 석두를 찾아뵙고 왔다."

선월이 말했다.

"스님은 석두를 만나 뵙고 어떤 뜻을 얻었습니까?"

견숙은 앞에 있는 사슴을 가리키고는 말했다.

"알겠는가?"

선월이 말했다.

"모르겠습니다."

견숙이 말했다.

"그것[1388]이 자유를 얻었구나."

禪月問: "如何是祖師西來意?" 師提起數珠, 月罔措, 師云: "會麼?" 云: "不會." 師云: "某甲參見石頭來." 月云: "和尙見石頭, 得何意旨?" 師指底前鹿云: "會麼?" 云: "不會." 師云: "渠儂得自由."

1387 망조(罔措) : 손을 댈 곳이 없다. 손쓸 수가 없다. 어쩔 수 없다. 어쩔 줄 모른다.

1388 거농(渠儂) : 그. 그 사람. 그이. 여기에서는 선월의 본래면목을 가리킨다.

31. 남악 서원담장 선사

남악(南嶽)의 서원담장(西園曇藏) 선사가 스스로 목욕물을 데울 때에 어떤 스님이 물었다.

"스님은 사미(沙彌)나 행자(行者)[1389]를 시키지 않고 왜 스스로 불을 땝니까?"

담장(曇藏)이 손뼉을 세 번 쳤다. 뒤에 어떤 스님이 이 이야기를 조산(曹山)에게 하자, 조산이 말했다.

"한 부류는[1390] 손뼉 치는 이들인데, 그중에서도 특히[1391] 서원(西園) 선사가 괴상하구나. 구지(俱胝)의 일지두선(一指頭禪)[1392]은 대개 알맞게 받들어야[1393] 할 곳에서 알맞지[1394] 못하다."

그 스님이 물었다.

"서원(西園) 선사의 손뼉이 어찌 노비(奴婢) 쪽의 일이 아니겠습니까?"

조산이 말했다.

"맞다."

그 스님이 물었다.

"향상(向上)에도 일이 있습니까?"

조산이 말했다.

1389 동행(童行) : 행자(行者). 출가를 희망하여 절에 들어왔으나 아직 득도(得度)하지 않은 사람.

1390 일등(一等) : ①일종의. 한 부류의. ②같은 모습의. 같이. 함께. ③무엇보다 먼저. 첫째로.

1391 취중(就中) : 그중에서도 특히.

1392 일지두선(一指頭禪) : 금화구지(金華俱胝)가 질문을 받을 때마다 언제나 엄지손가락을 세워 보인 것에 유래하는 선이다. 구지는 중국의 당(唐)나라 때 남악문하의 선사로, 늘 구지준제관음주를 외웠다고 해서 구지라 한다. 구지 스님이 항주천룡(杭州天龍)에게 참학할 때 천룡이 손가락 하나를 세워서 보여 주자 깨달았다고 한다. 이 때문에 천룡일지두선(天龍一指頭禪)이라고도 한다.

1393 승당(承當) : 맡다. 담당하다. 받들어 지키다. 알맞게 받들다. 수긍하고 인정하다. 불조(佛祖)에게서 전해져 온 정법(正法)을 받아 지킨다는 뜻으로서, 종지(宗旨)를 깨달아 체득하는 것을 가리키는 말.

1394 체당(諦當) : ①합당함을 살피다. 적합함을 살피다. ②합당함. 적당함. 정확함.

"있다."

그 스님이 물었다.

"어떤 것이 향상의 일입니까?"

조산이 꾸짖으며 말했다.

"이 노비(奴婢)야."

南嶽西園曇藏禪師(凡一), 因自燒浴次, 僧問: "和尚不使沙彌童行, 何得自燒?" 師撫掌三下. 後僧舉似曹山, 山云: "一等是箇拍手撫掌, 就中西園奇怪. 俱胝一指頭禪, 蓋謂承當處不諦當." 僧云: "西園撫掌, 豈不是奴兒婢子邊事?" 山云: "是." 僧云: "向上還有事也無?" 山云: "有." 僧云: "如何是向上事?" 山叱云: "這奴兒婢子."

32. 영주 대양이 선사

영주(郢州) 대양이(大陽伊) 선사가 석림(石林)에게 이르렀을 때에 석림이 말했다.

"요즘 어떤 부류의 선사는 사람들에게 가르치기를 눈앞의 일을 밝히라고 하여 사람을 위하는 일을 하는데, 무늬가 아직 드러나지 않았을 때를 아는 것인가?"

대양이가 말했다.

"여기에 하나의 질문을 던지려 한다면, 가능한지 아닌지 알 수 없군요."

석림이 말했다.

"그대에게 이미 대답했으니, 가능한지를 말하지 마라."

대양이가 물었다.

"눈앞을 알 수 있을까요?"

석림이 말했다.

"눈앞을 어떻게 알겠는가?"

대양이가 말했다.

"만나는 사람이 점검함을 면하지 못할 겁니다."

석림이 말했다.

"누구?"

대양이가 말했다.

"저요."

석림이 곧 "악!" 하고 고함을 지르자, 대양이는 몇 걸음 물러섰다. 석림이 말했다.

"그대는 앞을 볼 줄만 알고, 뒤를 돌아볼 줄은 모르는구나."

대양이가 말했다.

"눈 위에 또 서리를 더하는군요."

석림이 말했다.

"그대나 나나 이익[1395]이 없다."

郓州大陽伊禪師(凡一), 因到石林, 林云:"近日有一般禪師, 指教人, 了取目前事, 作箇爲人, 還會文彩未彰時也無?" 師云:"擬向這裏置一問, 不知可否." 林云:"答汝已了, 莫道可否." 師云:"還識得目前也無?" 師云:"是目前作麼生識?" 師云:"不免遭人撿點." 林云:"誰?" 師云:"某甲." 林便喝, 師退步而立. 林云:"汝只解瞻前, 且不解顧後." 師云:"雪上更加霜." 林云:"彼此無便宜."

1395 편의(便宜) : 이익. 좋은 것.

33. 강서 북란양 선사

강서(江西)의 북란양(北蘭讓) 선사에게 호당량(胡唐亮) 장로가 물었다.

"소문에 들기로 사형(師兄)께서 선사(先師)의 진영(眞影)을 그렸다고 하던데, 잠시 뵙고 절을 올려도 될까요?"

북란양이 옷을 걷고 가슴을 내보이자, 양장로가 곧 절을 올렸다. 북란양이 말했다.

"절하지 마시오. 절하지 마시오."

양장로가 말했다.

"사형은 착각하지 마세요. 저는 사형에게 절을 하는 것이 아닙니다."

북란양이 말했다.

"그대는 선사의 진영에 절을 하는가?"

양장로가 말했다.

"무엇 때문에 저에게 절하지 말라고 하십니까?"

북란양이 말했다.

"어찌 착각한 적이 있었겠는가?"

江西北蘭讓禪師(凡一), 師因胡唐亮長老問: "承聞師兄, 畫得先師眞, 暫借瞻禮?" 師撥胸示之, 亮便作禮. 師云: "莫禮. 莫禮." 亮云: "師兄莫錯. 某甲不禮師兄." 師云: "汝禮先師眞那?" 云: "因甚教某甲莫禮?" 師云: "何曾錯?"

34. 당주 자옥산 도통 선사

(1) 불법의 도리

당주(唐州) 자옥산(紫玉山) 도통(道通) 선사는 여강(廬江)의 하(何)씨 아들이다. 우적(于頔) 상공(相公)이 도통 선사에게 물었다.

"불법(佛法)의 지극한 도리를 스님께서 한 말씀 해 주십시오."

도통이 말했다.

"상공께서 묻고자 하시면, 모름지기 그 견해[1396]를 버리셔야 합니다."

우적이 말했다.

"가르침을 청할 뿐입니다."

도통이 말했다.

"그럼 물어보세요."

우적이 물었다.

"어떤 것이 부처입니까?"

도통이 우적을 불렀다.

"우적 상공!"

우적이 "예!" 하고 대답하자, 도통이 말했다.

"다시는 따로 구하지 마십시오."

약산(藥山)이 이 이야기를 듣고서 말했다.

"아이고,[1397] 애석하구나. 우씨 집안의 사나이가 자옥산(紫玉山) 속에 생매장되었구나."

우적이 그 소식을 듣고서 몸소 약산을 찾아갔다. 약산이 우적을 보고 물었다.

"듣기로 상공께서는 자옥산 속에서 불사(佛事)를 크게 하셨다고 하던데, 맞습니까?"

우적이 말했다.

1396 정리(情理) : 사리(事理). 도리(道理). 마음 씀씀이.
1397 희(噫) : 아아! 아이고!(비통이나 탄식을 나타냄)

"그렇습니다만, 스님께서는 '애석하게도 우씨 집안의 사나이가 자옥산(紫玉山) 속에 생매장되었구나.'라고 말씀하셨다고 듣고서, 오늘 이렇게 일부러 찾아왔습니다. 스님께서는 일러 주시기 바랍니다."

약산이 말했다.

"의문이 있으면 물어보십시오."

우적이 물었다.

"어떤 것이 부처입니까?"

약산이 우적을 부르자 우적이 "예!" 하고 대답했는데, 약산이 말했다.

"무엇입니까?"

우적은 여기에서 느낀 바가 있었다.

唐州紫玉山道通禪師(凡二), 廬江何氏子. 因于頓相公問: "佛法至理, 乞師一言." 師云: "相公若問, 須去其情理." 于云: "便請." 師云: "但問將來." 于云: "如何是佛?" 師召云: "于頓!" 于應諾, 師云: "更莫別求." 藥山聞乃云: "噫! 可惜. 于家箇漢, 生埋向紫玉山中." 公聞, 卽躬往藥山. 山見乃問: "聞相公在紫玉山中, 大作佛事, 是否?" 公云: "不敢, 某甲聞和尙道: '可惜于家箇漢, 生埋向紫玉山中.' 今日特來. 乞師指示." 山云: "有疑但問." 公云: "如何是佛?" 山召于頓, 于應諾, 山云: "是甚麼?" 于於此有省.

초경(招慶)과 나산(羅山)이 이야기를 하다가 초경이 말했다.

"무엇보다도 첫째[1398]는 도(道)인데, 약산이 매우 기특(奇特)하지만 하늘의 구름과 땅의 진흙처럼 사이가 멀다."[1399]

나산이 말했다.

1398 일등(一等) : ①일종의. 한 부류의. ②같은 모습의. 같이. 함께. ③무엇보다 먼저. 첫째로.

1399 운니유격(雲泥有隔) : 하늘의 구름과 땅의 진흙. 서로 멀리 떨어져서 차이가 매우 심함. 현격한 차이.

"역시 대강대강해서는[1400] 안 되지. 당시에 다행히[1401] 우적이었기에 망정이지, 만약[1402] 수풀 속의 보금자리[1403]에서 한 마리 꼬리에 불붙은 호랑이[1404]를 꾀어내었다면,[1405] 어디에 약산이 있었겠는가?"

초경이 말했다.

"어째서?"[1406]

나산이 말했다.

"우적이 바로 단련된 순금임을 아는가?"

招慶共羅山擧次, 慶云: "一等是道, 藥山甚是奇特, 雲泥有隔." 羅云: "也不得草草. 當時賴是于頔, 可中草窠裏, 撥着箇焦尾大蟲, 何處有藥山也?" 慶云: "作麼生?" 羅云: "還知于頔是鍛了精金麼?"

(2) 귀신의 나라

우적이 어느날 물었다.

"검은 바람이 배를 불어서 나찰이 사는 귀신의 나라로 표류해 가도록 한다는 것이 어떤 것입니까?"

도통이 말했다.

1400 초초(草草) : 허둥지둥. 대강대강. 함부로. (고생하는 모습. 시끄러운 모습. 불안정한 모습.)
1401 뇌(賴) : 다행히.
1402 가중(可中) : ①그 속. 이 속. =기중(其中), 차중(此中). ②만일. 만약. =약(若).
1403 초과리(草窠裏) : 풀숲 속의 보금자리. 번뇌망상 속에 머묾을 가리킴. 풀숲은 선문(禪門)에서 번뇌 망상을 지칭하는 말. =초리(草裏).
1404 초미대충(焦尾大蟲) : 꼬리에 불이 붙은 호랑이. 미친 듯이 날뛰는 호랑이.
1405 발착(撥着) : 불러일으키다. 꾀어내다.
1406 작마생(作麼生) : ①어째서? 왜? ②어떻게? ③어떠하냐? ④무엇 하러? =작마(作麼), 즉마(則麼), 자심마(子甚麼), 자마(子麼).

"우적 이 어리석은 중생아!¹⁴⁰⁷ 이런 일을 물어서 무엇 하려느냐?"

우적의 얼굴빛이 변하자,¹⁴⁰⁸ 도통이 그것을 가리키며 말했다.

"이것이 바로 검은 바람이 배를 불어서 나찰 귀신의 나라로 표류시키는 것입니다."

우적은 절을 올리고 고마워하였다.

于公一日問: "如何是黑風吹其船舫, 漂墮羅刹鬼國?" 師云: "于頓客作漢! 問恁麼事作麼?" 于失色, 師指云: "這箇便是黑風漂墮羅刹鬼國." 于作禮而謝.

35. 자주 마두봉 신장 선사

자주(磁州) 마두봉(馬頭峰) 신장(神藏) 선사가 시중(示衆)하여 말했다.

"알면서도 알지 못하니, 알지 못하여 알지 못한다고 말하는 것은 아니다."

磁州馬頭峰神藏禪師(凡一), 示衆云: "知而無知, 不是無知而說無知."

남전(南泉)이 말했다.

"스님의 말에 이와 같이 의거한다면, 비로소 절반¹⁴⁰⁹을 얻을 것이다."

1407 객작한(客作漢) : =객작천인(客作賤人). 『법화경』 「신해품(信解品)」에 나오는 "그때 가난한 아들은 비록 이 만남을 기뻐하였으나 여전히 스스로는 임시로 고용된 비천한 사람이라고 여겼다."(爾時窮子, 雖欣此遇, 猶故自謂客作賤人.)는 구절에서 온 말. 본래 주인이지만 스스로 자기가 주인인 줄 모르고, 자기는 손님인데 주인에게 고용되어 있다고 착각하는 사람을 가리킴. 곧 본래 부처인데 스스로 부처인 줄 모르고 중생 노릇 하는 범부를 가리킨다. 어리석은 중생이라는 뜻.
1408 실색(失色) : 얼굴 빛이 변하다. 새파랗게 질리다.
1409 일반(一半) : 절반.

황벽(黃檗)이 말했다.

"남전이 신장의 말을 비판한 것이 아니라, 그 말을 원만하게 만들려 하였다."

南泉云: "恁麼依師道, 始得一半."
黃蘗云: "不是南泉剝他話, 要圓前話."

36. 오대 등은봉 선사

(1) 도에 들어맞음

오대(五臺)의 등은봉(鄧隱峰) 선사는 소무(邵武)의 등(鄧)씨 아들이다. 어릴 때에는 지혜롭지 못한 것 같았는데, 부모가 그의 출가를 허락하였다. 처음 마조(馬祖)를 찾아갔다가 다시 석두(石頭)에게 왕래하였는데, 석두에게 두 번을 찾아갔으나 얻은 것이 없었다. 뒤에 석두에게 물었다.

"어떻게 해야 도(道)에 들어맞을 수 있습니까?"

석두가 말했다.

"나도 도에 들어맞지 못했다."

등은봉이 말했다.

"결국 어떻게 해야 합니까?"

석두가 말했다.

"너는 이것 때문에[1410] 얼마의[1411] 시간을 보냈느냐?"[1412]

등은봉은 대답하지 못했다. 뒤에 마음을 확인한 것은 마조에게서였다.

五臺鄧隱峰禪師(凡八), 邵武鄧氏子. 幼若不慧, 父母聽其出家, 初參馬祖, 復來
往石頭, 兩次不捷. 後問石頭云: "如何得合道去?" 頭云: "我亦不合道." 師云: "畢竟
如何?" 頭云: "汝被這箇得多少時耶?" 師無對. 後印心馬大師焉.

(2) 풀을 깎다

등은봉이 석두의 회상(會上)에 있을 때의 일이다. 석두가 풀을 깎을 때
에 등은봉은 석두의 왼쪽에 서 있었는데, 석두는 낫을 등은봉 앞으로 던
져 풀 한 포기를 벴다. 등은봉이 말했다.

"스님은 단지 이것을 벨 수 있을 뿐이지, 저것을 벨 수는 없군요."

석두가 낫을 집어 들자 등은봉이 낫을 빼앗아 풀을 베는 척했다. 석두
가 말했다.

"너는 단지 저것을 벨 수 있을 뿐이지, 이것을 벨 줄은 모르는구나."

이에 등은봉은 그만두었다.

師在石頭會中. 石頭鏟草次, 師在左側而立, 頭飛鏟向師面前, 鏟一株草. 師云:
"和尙只鏟得這箇, 不會鏟得那箇." 頭提起鏟子, 師奪鏟子, 作鏟草勢. 頭云: "子只
鏟得那箇, 且不會鏟得這箇." 師休去.

1410 피(被) : -로 말미암아. - 때문에.
1411 다소(多少) : ①(의문사) 얼마? ②(감탄사) 얼마나! ③(부정수량) 얼마간. 얼마쯤. 조금.
1412 득(得) : 시간을 나타내는 말 앞에서 이미 시간이 지났음을 표시.

(3) 수레를 밀다

등은봉이 마조의 회상에 있을 때였다. 하루는 수레를 밀고 가는데, 마조가 길에 두 다리를 뻗고 앉아 있었다. 등은봉이 말했다.

"스님, 발을 치워 주십시오."

마조가 말했다.

"이미 뻗었으니 오므릴 수 없다."

등은봉이 말했다.

"저도 이미 나아가니 물러날 수 없습니다."

곧장 수레를 밀어서 마조의 발을 치고 지나갔다. 마조는 법당으로 돌아가 도끼를 집어 들고 말했다.

"아까 내 발을 친 놈은 앞으로 나오너라."

등은봉이 곧 앞으로 나가 마조의 앞에 목을 늘어뜨리니 마조는 도끼를 내려놓았다.

師在馬祖會中. 一日推車次, 馬大師展脚路坐. 師云: "請師收足." 祖云: "已展不縮." 師云: "已進不退." 乃推車輾損大師足. 祖歸法堂, 執斧子云: "適來輾損老僧足底出來." 師便出, 祖前引頸, 祖乃置斧.

(4) 물을 쏟다

등은봉이 남전(南泉)에게 이르자, 남전은 물병[1413]을 가리키며 등은봉에게 물었다.

"물병은 경계이고, 병 속에는 물이 있다. 경계를 움직이지 말고, 나에게

1413 정병(淨瓶) : 출가사문의 용구(用具)로 손 등을 씻을 물을 담아 두는 병.

물을 가져오너라."

등은봉은 물병을 집어서 남전 앞에서 곧장 물을 쏟아 버렸는데, 남전은 그만두었다.

師到南泉, 泉指淨甁, 問師: "淨甁是境, 甁中有水. 不得動着境, 與老僧將水來." 師拈淨甁, 向南泉面前便瀉, 泉休去.

귀종성(歸宗誠)이 말했다.

"등은봉은 이상하게도 오히려[1414] 물을 마구 쏟아 버렸구나."

歸宗誠云: "鄧隱峰奇怪, 要且亂瀉."

(5) 넘어진 척하다

등은봉이 위산(潙山)에게 도착하니 위산이 이 소식을 듣고서 곧 위의(威儀)를 갖추고 법당에서 내려와 등은봉을 맞았다. 등은봉은 위산이 내려오는 것을 보고서 곧장 넘어지는 척하니, 위산은 즉시 방장(方丈)으로 돌아갔다. 등은봉은 곧 떠났는데, 잠시 뒤 위산이 시자(侍者)에게 물었다.

"사숙(師叔)이 계시느냐?"

시자가 말했다.

"이미 가셨습니다."

위산이 말했다.

"무슨 말씀이 있었느냐?"

시자가 말했다.

1414 요차(要且): 도리어. 오히려. =각(却).

"아무 말씀도 없었습니다."

위산이 말했다.

"아무 말씀이 없었다고 말하지 마라. 그 목소리는 우레와 같다."

師到潙山, 山聞, 卽具威儀, 下堂見師. 師見來, 便作倒勢, 山便歸方丈. 師便發去, 少頃, 山問侍者: "師叔在否?"者云: "已去了也." 山云: "有甚言語?"云: "無言語." 山云: "莫道無語. 其聲如雷."

(6) 백추를 치다

등은봉이 양주(襄州)의 위의당(威儀堂)[1415]을 부수고 단지 속옷만 입고서 백추(白槌)[1416] 곁에 서서 망치를 집어 들면서 말했다.

"말하면 치지 않겠다."

대중이 말이 없자, 등은봉은 곧장 한 번 쳤다.

師在襄州破威儀堂, 只着襯衣, 於砧槌邊立, 拈起槌云: "道得卽不打." 衆默然, 師便打一下.

1415 위의당(威儀堂) : 도감(都監)이 기거하는 방이다. 도감은 직세(直歲)라고도 하는데 사찰의 보수나 건축, 사찰 소유의 산림과 토지에 관련되는 업무를 관장하는 소임을 말한다.

1416 침추(砧槌) : =백추(白槌). 백퇴(白椎) 라고도 함. 백(白)은 알린다는 뜻이고, 추(槌)는 두들겨 소리를 내는 나무판. 선원(禪院)에서 행사가 있을 때에 두들겨 대중에게 알리는 것. 『조정사원(祖庭事苑)』에 다음과 같은 설명이 있다 : 세존(世尊)의 율의(律儀)에 의하면, 설법(說法)을 하고자 할 때에는 반드시 먼저 대중에게 알리는 말을 하여 대중을 경건하고 엄숙하게 만드는 법을 행하였다. 오늘날 선종(禪宗)에서는 법을 아는 존숙(尊宿)에게 그 소임(所任)을 맡겨서, 장로(長老)가 법좌에 앉자마자 말하기를 "법회에 모인 여러 스님네들이여, 마땅히 제일의제(第一義諦)를 보아야 합니다."라고 한다. 장로가 대중들의 역량을 살펴서 행하는 법회(法會)에서의 문답(問答)이 끝나면, 소임을 맡은 존숙은 다시 알려서 말하기를 "법왕(法王)의 법을 잘 보십시오. 법왕의 법은 이렇습니다."라고 말한다. 이것이 대체로 앞선 분들의 참된 규범(規範)이니, 모두 부처님의 뜻을 잃지 않고 있다.(世尊律儀, 欲辨佛事, 必先秉白, 爲穆衆之法也. 今門白椎, 命知法尊宿以當其任, 長老才據座已, 而秉白云: "法筵龍象衆, 當觀第一義." 長老觀機, 法會酬唱旣終, 復秉白曰: "諦觀法王法, 法王法如是." 此蓋先德之眞規, 皆不失佛意.)

법안(法眼)이 말했다.

"등은봉은 괴상하구나. 매우 괴상하게도 도리어¹⁴¹⁷ 때릴 필요가 없었다."

다시 말했다.

"그때 한 무리의 대중에게는 예상 밖의¹⁴¹⁸ 일이었다."

취암지(翠嵒芝)가 말했다.

"이 말에는 간파(看破)¹⁴¹⁹할 것이 있으니, 말해 보라. 누구를 간파하느냐?"

法眼云: "鄧隱峰奇怪. 也甚奇怪, 要且打不着." 又云: "其時一衆, 出自偶然."

翠巖芝云: "此語有勘破處, 且道. 勘破阿誰?"

(7) 죽은 스님

등은봉은 일찍이 한 스님을 불태워 죽였는데, 하루는 그 스님이 모습을 나타내어 말했다.

"내 목숨을 돌려주시오."

등은봉이 말했다.

"너는 죽지 않았느냐?"

그가 말했다.

"죽었어요."

1417 요차(要且): 도리어. 오히려. =각(却).
1418 출자우연(出自偶然): 우연히. 예상 밖으로.
1419 감파(勘破): 그 내막을 뚜렷하게 알아차림. 분명하게 파악함. 점검(點檢), 간파(看破). 파(破)는 요(了), 득(得), 재(在)와 마찬가지로 동사의 뒤에서 동작의 완성이나 발생 장소를 나타내는 어조사.

등은봉이 말했다.

"네가 이미 죽었는데, 생명을 구하는 자는 누구인가?"

즉시[1420] 그가 보이지 않았다.

師曾燒殺一僧, 一日現身云: "還我命來." 師云: "汝還死也未?" 云: "已死." 師云:
"汝旣已死, 索命者誰?" 當下不見.

(8) 거꾸로 서서 죽다

등은봉이 시적(示寂)[1421]할 때가 되어 대중에게 물었다.

"여러 스님들의 천화(遷化)[1422]를 나는 일찍이 보았지만, 교화문(教化門)을
세우는 자가 있느냐?"

대중이 말했다.

"있습니다."

등은봉이 물었다.

"거꾸로 서는 자도 있느냐?"

대중이 말했다.

"그런 것은 없었습니다."

등은봉이 거꾸로 서서 생을 마쳤는데, 우뚝 솟아 거꾸로 서 있었지만
그 옷은 몸에서 흘러내리지 않았고 그렇게 선 채로 움직이지 않았다. 등
은봉에게는 비구니가 된 여동생이 있었는데, 그 모습을 보고서 꾸짖으며
말했다.

1420 당하(當下) : 즉각. 바로. 그 자리에서.

1421 시적(示寂) : 적(寂)은 적멸(寂滅)의 뜻. 스님이 죽는 것을 부처의 입멸(入滅)에 견주어 하는 말.

1422 천화(遷化) : 천이화멸(遷移化滅). 이 사바 세계의 중생들을 교화할 인연이 끝나서 다른 국토의 중
생들을 교화하러 가는 일, 곧 승려의 죽음을 가리키는 말. 귀적(歸寂) · 입적(入寂)과 같음.

"노형(老兄)은 살아 있을 때에는 법률(法律)을 따르지 않더니, 죽어서는 또 사람을 현혹(眩惑)시키고 있군요."

그가 손으로 등은봉의 시신을 밀자 거꾸로 서 있던 등은봉의 시신이 꽝하고 넘어졌다. 이윽고 화장(火葬)¹⁴²³하여 사리(舍利)¹⁴²⁴를 거두어 탑(塔)¹⁴²⁵을 세웠다.

師將須寂, 問衆云: "諸方遷化, 吾嘗見之, 還有立化者也無?" 衆云: "有之." 師云: "還有倒立者否?" 衆云: "未嘗有之." 師之倒立而終, 亭亭然, 其衣順體, 舁之不動. 師有妹爲尼, 見之咄云: "老兄在日, 不循法律, 死亦熒惑於人." 以手推之, 債然而踣. 遂就闍維, 收舍利建塔.

37. 담주용산 화상

(1) 어디서 오느냐?

담주(潭州)의 용산(龍山) 화상이 어떤 스님에게 물었다.
"어디에서 오느냐?"

1423 사유(闍維) : 팔리어 jhāpita의 음역. 화장(火葬). 다비(茶毗)와 같음. 죽은 이를 화장하는 것.

1424 사리(舍利) : 범어(梵語) śarīra의 음역(音譯). 신체(身體) 혹은 유골(遺骨)이라는 뜻. 신역(新驛)에서는 설리라(設利羅)·실리라(室利羅)라 하고, 신골(身骨)·유신(遺身)·영골(靈骨)이라 번역. 이에 전신사리(全身舍利)·쇄신사리(碎身舍利)·생신사리(生身舍利)·법신사리(法身舍利)의 구별이 있다. 전신사리는 다보불과 같이 전신이 그대로 사리인 것. 쇄신사리는 석가불의 사리와 같이 몸에서 나온 낱알로 된 것. 생신사리는 여래가 멸도(滅度)한 뒤에 전신사리나, 쇄신사리를 남겨 두어 인(人)과 천(天)이 공양케 하는 것. 법신사리는 대승·소승의 일체 경전.

1425 탑(塔) : 산스크리트 stūpa의 음역인 솔탑파(率塔婆)의 약자(略字)이다. 고현처(高顯處)·공덕취(功德聚)·방분(方墳)·원총(圓塚)·분릉(墳陵) 등으로 의역(意譯)되기도 하며, 불도(佛圖)·부도(浮圖)·부도(浮屠) 등으로 일컬어지기도 한다. 불사리(佛舍利)를 안치하기 위해 벽돌 등으로 높이 쌓은 건조물을 의미한다.

그 스님이 말했다.

"노숙(老宿)이 계신 곳에서 옵니다."

용산이 물었다.

"무슨 말씀을 하시더냐?"

그 스님이 말했다.

"말한다면 천 마디 만 마디이고, 말하지 않으면 한마디도 없습니다."

용산이 말했다.

"그렇다면 파리가 알을 낳았구나."

그 스님이 절을 하자 용산이 곧 때렸다.

潭州龍山和尙(凡二), 問僧: "甚處來?" 云: "老宿處來." 師云: "有何言句?" 云: "說
卽千句萬句, 不說卽一字也無." 師云: "恁麽則蠅子放卵也." 僧作禮, 師便打.

(2) 어디로 왔느냐?

동산(洞山)과 밀사백(密師伯)이 찾아오자 용산이 물었다.

"이 산에는 길이 없는데, 스님들은 어디로 왔습니까?"

동산이 말했다.

"길 없음은 우선 놓아두고, 스님은 어디로 들어왔습니까?"

용산이 말했다.

"나는 일찍이 운수(雲水)였던 적이 없습니다."

동산이 말했다.

"스님은 이 산에 머문 지 얼마나 되었습니까?"

용산이 말했다.

"세월에 상관하지 않습니다."

동산이 말했다.

"스님이 먼저 있었습니까, 이 산이 먼저 있었습니까?"

용산이 말했다.

"모릅니다."

동산이 말했다.

"무엇 때문에 모릅니까?"

용산이 말했다.

"나는 사람이나 하늘[1426]에서 오지 않았습니다."

동산이 말했다.

"스님은 무엇을 얻었기에 곧장 이 산에 머물렀습니까?"

용산이 말했다.

"나는 두 마리 진흙소가 싸우면서 바다로 들어가 지금까지 소식이 없음을 보고서 곧 이 산에 머물렀습니다."

이리하여 게송을 말했다.

"세 칸 띠집에 예로부터 머무니

한 줄기 신령스러운 빛이 온갖 경계에서 한가롭다.

옳고 그름을 붙잡고서 나를 판단하지 말지니

덧없는 인생을 파고들지 않는다네."

洞山與密師伯到來, 師問: "此山無路, 闍梨向甚麼處來?" 洞山云: "無路且置, 和尙從何而入?" 師云: "我不曾雲水." 洞山云: "和尙住此山, 多少時?" 師云: "春秋不涉." 洞山云: "和尙先住, 此山先住?" 師云: "不知." 洞山云: "爲甚麼不知?" 師云: "我不從人天來." 洞云: "和尙得箇甚麼, 便住此山?" 師云: "我見兩箇泥牛鬪入海,

---

1426 인천(人天) : 인간세계와 하늘세계에 사는 사람과 신령 등 여러 중생들.

直至如今無消息, 便住此山." 因作偈云: "三間茅屋從來住, 一道神光萬境閑. 莫把是非來辨我, 浮生穿鑿不相干."

38. 담주수계 화상

담주(潭州)의 수계(秀溪) 화상에게 곡산(谷山)이 물었다.

"소리와 색깔은 순결하고 진실합니다. 어떤 것이 도(道)입니까?"

수계 화상이 말했다.

"터무니없는 말을 하여[1427] 어찌하려 합니까?"

곡산이 서쪽에서 동쪽으로 걸어가 서 있자 수계가 말했다.

"만약 그와 같지 않다면, 재난이 생길 것입니다."

곡산이 동쪽에서 서쪽으로 걸어가 서 있자 수계는 승상(繩床)에서 내려와 막 두세 걸음 뗐는데 곡산이 수계를 붙들어 세우고[1428] 말했다.

"소리와 색깔은 순결하고 진실합니다. 또 어떻습니까?"

수계가 손바닥으로 곡산을 한 번 때리자 곡산이 말했다.

"30년 뒤에 한 번 차(茶)를 내려 주시길 바랄까요?"[1429]

수계가 말했다.

"곡산 노인에게 바라서 어찌하겠습니까?"

곡산이 "하! 하!" 하고 큰 소리로 웃었다.

潭州秀溪和尙(凡一), 因谷山問: "聲色純眞. 如何是道?" 師云: "亂道作麼?" 山從

1427 난도(亂道) : 터무니없는 말을 하다.

1428 파주(把住) : 단단히 붙잡아 꼼짝 못 하게 함.

1429 요(要) : ①-해야 한다. ②바라다. ③도리어. ④만약. ⑤초청하다. 초대하다. ⑥계약하다.

西過東立, 師云: "若不恁麼, 即禍生." 山從東過西立, 師下繩床, 繞行三兩步, 山把住云: "聲色純眞. 又作麼生?" 師與一掌, 山云: "三十年後, 要一箇下茶也無?" 師云: "要谷山老漢, 作甚麼?" 山呵呵大笑.

39. 진주금우 화상

(1) 밥 먹을 때

진주(鎭州)의 금우(金牛) 화상은 밥을 먹을 때에는 늘 밥통을 메고 승당(僧堂) 앞에 이르러 춤을 추면서 말했다.
"보살아, 밥 먹어라."
그러고는 손뼉을 치면서 깔깔 웃었다.

鎭州金牛和尙(凡二), 師凡喫飯時, 舁飯桶, 到堂前, 作舞云: "菩薩子, 喫飯來." 乃撫掌呵呵大笑.

장경릉(長慶稜)이 말했다.
"재(齋)[1430]로 말미암아 경찬(慶讚)[1431]하는 것과 꼭 같구나."
설두(雪竇)가 말했다.

1430 재(齋) : ①uposadha, posadha. 오포사타(烏脯沙陀)라 음역. 본래는 삼가다는 뜻. 일정한 날에 계율을 지키는 것을 의미하였다. 포살(布薩). ②인도 일반의 제사(祭祀)를 뜻함. ③죄를 회개하여 새롭게 되는 것. 신구의(身口意) 3업(業)을 깨끗하게 하여 악업을 짓지 않는 것. ④정오의 식사. 식사 때. 아침의 죽에 대하여 점심의 밥. 시(時), 시식(時食), 재식(齋食)이라고도 함. 정오를 지나지 않은 때의 식사. ⑤법회 때 스님네나 속인들에게 음식을 대접하는 것을 의미하는 말. 특히 우리나라에서는 부처님께 공양하는 것을 재라 하고, 후세에는 성대하게 불공하는 것을 재라고 하였으며, 죽은 이를 위하여 천도하는 법회까지 재라고 부르게 되었다.

1431 경찬(慶讚) : 불상·경전을 조성하거나, 절·탑 등의 건축을 완성하였을 때에 행하는 법사(法事). 그 성공을 경축하고 찬탄하는 것.

"금우는 선의(善意)¹⁴³²가 아니다."

설두가 노래했다.

"흰 구름 그림자 속에서 깔깔 웃으며
양손으로 붙잡고 와 그들에게 준다네.
만약 금모사자(金毛師子)의 새끼가 아니었다면
3천 리 밖에서 난해(難解)¹⁴³³함을 보았을 것이다."

長慶稜云: "大似因齋慶贊."

雪竇云: "金牛不是好心."

雪竇頌云: "白雲影裏笑呵呵, 兩手持來付與他. 若是金毛師子子, 三千里外見[言+看]訛."

(2) 여우귀신

뒷날 어떤 스님이 대광(大光)에게 물었다.
"장경이 '재로 말미암아 경찬하는 것과 꼭 같구나.'라고 말했는데, 그 뜻이 어떻습니까?"
대광이 춤을 추자 그 스님은 절을 했는데, 대광이 말했다.
"무엇을 보았기에 곧장 절을 하는가?"

1432 호심(好心) : ①호의(好意). 선의(善意). ②충성스러운 마음.

1433 효와([言+看]訛) : ①글이 까다로워 이해하기 어려움. 글이 난잡하여 오해하기 쉬움. 일부러 어렵게 보이도록 비틀어 말함. ②난잡하게 뒤섞임. 뒤흔들어 어지럽힘. 뒤섞여 잘못됨. =오아(鼇牙), 와아(訛牙), 효와(殽訛), 요와(譊訛), 오와(鼇訛). ③고칙공안(古則公案)의 성격을 말함. 고칙공안은 수수께끼 같은 문제를 내어 듣는 이가 자신의 본성(本性)을 놓치고 말에 끌려가 헤매도록 유도하기 때문에 이렇게 말함.

그 스님이 춤을 추자 대광이 말했다.

"여우귀신[1434]이로다."

後有僧問大光: "長慶道: '因齋慶贊.' 意旨如何?" 光作舞, 僧禮拜, 光云: "見箇甚麼, 便禮拜?" 僧作舞, 光云: "野狐精."

설두가 노래했다.

"앞의 화살은 도리어 가벼웠으나 뒤 화살이 깊이 박혔으니
누런 낙엽이 황금과 같다고 누가 말하는가?
조계(曹溪)의 물결은 비슷한 것 같으나
한계가 없는 보통 사람[1435]이 사람들 사이에 숨어 있다."[1436]

雪竇頌云: "前箭猶輕後箭深, 誰云黃葉似黃金? 曹溪波浪如相似, 無限平人被陸沈."

1434 야호정(野狐精) : =야호정매(野狐精魅). 야호(野狐)는 여우, 정매(精魅)는 도깨비, 귀신이라는 말. 여우귀신. 여우가 둔갑하여 사람을 호리는 귀신. 아직 깨닫지도 못하고서 제멋대로의 헛된 말로써 사람을 속이는 엉터리 선승(禪僧), 또는 바른 깨달음이 아닌 삿된 신통(神通)을 얻어서 사람을 속이는 엉터리 선승을 가리킨다. =야호정(野狐精).

1435 평인(平人) : 보통 사람.

1436 육침(陸沈) : 은거(隱居)하다. 숨다. 『장자(莊子)』 「잡편(雜篇)」 '칙양(則陽)'에 다음 이야기가 나온다 : 공자가 초나라로 가다가 의구(蟻丘)의 주막에서 쉬었는데, 그 이웃에 있는 부부와 첩들이 지붕 위로 올라가 있었다. 자로가 물었다. "옹기종기 모여 있는 사람들은 무엇 하는 자들입니까?" 공자가 말했다. "그들은 성인(聖人)의 하인들이다. 성인은 스스로 백성들 속에 파묻히고 밭두둑에 숨어 있다. 그 명성은 사라졌지만 그 뜻은 다함이 없고, 그 입은 비록 말을 하지만 그 마음은 아직 말한 적이 없다. 바야흐로 세상을 떠나 세상과 함께하는 것을 마음으로 달갑게 여기지 않는다. 이것이 곧 땅에서 숨는 것[육침(陸沈)]이다."(孔子之楚, 舍於蟻丘之漿, 其隣有夫妻臣妾登極者. 子路曰: "是稯稯何爲者邪?" 仲尼曰: "是聖人僕也. 是自埋於民, 自藏於畔. 其聲銷, 其志無窮, 其口雖言, 其心未嘗言. 方且與世違而心不屑與之俱. 是陸沈者也.") 곽상(郭象)은 『장자주(莊子注)』에서 육침(陸沈)을 "사람들 속에 숨는 것을 물 없는 땅에서 가라앉는다고 표현한 것이다."라고 하였다.

40. 소주유원 화상

(1) 서쪽에서 온 뜻

소주(韶州)의 유원(乳源) 화상이 시중(示衆)하여 말했다.

"서쪽에서 온 뜻은 말하여 밝히기가 역시 쉽지 않다."

그때 어떤 스님이 앞으로 나왔는데, 유원이 그의 등짝을 후려갈기고 곧장 때리면서 말했다.

"지금이 어떤 때라고 나서느냐?"[1437]

그러고는 곧장 방장(方丈)으로 돌아갔다.

韶州乳源和尚(凡二), 示衆云: "西來的意, 也不易擧唱." 時有僧出, 師劈脊便打云: "如今是甚麼時節, 出頭來?" 便歸方丈.

승천종(承天宗)이 말했다.

"종승(宗乘)[1438]을 붙들어 세우기도 쉽지 않으니, 이 두 사람은 붙들고 일어나지를 못했구나. 그 스님이 앞으로 나서지 않았더라면 몽둥이 맞은 유원이 스스로 보았어야 했을 것이다."

서선수(西禪需)가 말했다.

"이 노인네가 비록 그렇게 목숨을 아끼지 않고 진흙탕에 들어가고 물에

들어갔지만,[1439] 천하 사람들의 눈을 멀게 한 것을 어찌하랴?"

承天宗云: "宗乘也不易扶豎, 這兩箇漢, 扶不起. 我道, 這僧若不出頭, 棒須是乳源自喫."

西禪需云: "這老漢, 雖然不惜身命, 入泥入水, 其奈瞎卻天下人眼?"

(2) 사미가 경을 외다

앙산(仰山)이 사미(沙彌)였을 때에 경(經)을 외우고 있는데, 유원 화상이 혀를 차면서 말했다.

"이 사미가 경을 외우는 것이 마치 곡(哭)하는 것 같구나."

앙산이 말했다.

"스님께서는 어떻게 외우십니까?"

유원이 그를 돌아보자 앙산이 말했다.

"이와 같다면 곡하는 것과 무엇이 다릅니까?"

仰山作沙彌時念經, 師咄云: "這沙彌念經, 恰似哭." 山云: "和尙作麼生?" 師顧視之, 山云: "若如此, 何異於哭?"

1439 입니입수(入泥入水) : =타니대수(拖泥帶水). 진흙을 묻히고 물에 젖는다는 뜻인 타니대수(拖泥帶水)
는 선가(禪家)에서 가르침을 펼 때, 방편(方便)의 언어(言語)를 만들어 가르침을 펼침을 가리키는
말이다. 진흙에 들어가고 물에 들어간다는 뜻인 입니입수(入泥入水)라 하기도 하고, 진흙과 섞이
고 물과 섞인다는 뜻인 화니화수(和泥和水)라 하기도 한다. 도는 본래 분별할 수 없고 말할 수 없
는데, 방편으로 어쩔 수 없이 말을 사용할 수밖에 없다는 것. 물에 빠진 사람을 건지려면 자기
도 물에 들어가야 하고, 진흙탕에 빠진 사람을 구하려면 자기도 진흙을 묻힐 수밖에 없다. 그
러므로 타니대수는 중생을 구제하려는 자비를 가리키는 말이기는 하지만, 또한 언어문자의 방
편을 사용하기 때문에 자기가 맞을 몽둥이를 짊어지고 나서는 일이라고도 하는 것이다. 타니
섭수(拖泥涉水)라고도 한다.

41. 낙경흑간 화상

낙경(洛京)의 흑간(黑澗) 화상에게 어떤 스님이 물었다.

"어떤 것이 밀실(密室)입니까?"

흑간 화상이 말했다.

"귀를 자르고[1440] 거리에 누워 있다."

그가 물었다.

"어떤 것이 밀실 속의 사람입니까?"

흑간이 말했다.

"양손으로 번갈아 가슴을 친다."

洛京黑澗和尚(凡一), 僧問: "如何是密室?" 師云: "截耳臥街." 云: "如何是密室中人?" 師云: "換手槌胸."

42. 경조흥평 화상

(1) 절하지 마라

동산(洞山)이 찾아와 절을 올리자 경조(京兆)의 흥평(興平) 화상이 말했다.

"늙은이[1441]에게 절하지 말게."

동산이 말했다.

"늙은이 아닌 것에 절했습니다."

1440 절이(截耳) : 귀를 자르다. 부인이 죽을 때까지 한 남편만 섬기면서 재가(再嫁)하지 않겠다는 결연한 의지를 나타낼 때에 행한 것.

1441 노후(老朽) : ①낡다. ②늙어 쓸모없게 되다. ③늙다리. 늙은이(겸칭). =우로(愚老).

홍평이 말했다.

"늙은이가 아니라면 절을 받지 말아야 한다네."

동산이 말했다.

"그렇더라도 멈추지 못합니다."

京兆興平和尙(凡三), 洞山來作禮, 師云: "莫禮老朽." 山云: "禮非老朽." 師云: "非老朽, 不受禮." 山云: "他亦不止."

(2) 옛 부처의 마음

동산(洞山)이 물었다.

"어떤 것이 옛 부처의 마음입니까?"

홍평이 말했다.

"바로 그대의 마음이다."

동산이 말했다.

"도리어 제가 의심하던 것입니다."

홍평이 말했다.

"그렇다면, 나무인형에게 물어보게."

동산이 말했다.

"저에게 한마디 말씀이 있는데, 모든 성인(聖人)의 입을 빌리지 않습니다."

홍평이 말했다.

"말해 보게."

동산이 말했다.

"제가 아닙니다."

洞山問: "如何是古佛心?" 師云: "卽汝心是." 山云: "猶是某甲疑處." 師云: "若恁麼, 卽問取木人去." 洞云: "某甲有一句子, 不借諸聖口." 師云: "試道看." 山云: "不是某甲."

(3) 어디로 가느냐?

동산(洞山)이 작별 인사를 하자 홍평이 물었다.

"어디로 가는가?"

동산이 말했다.

"물길을 따라 흘러가니[1442] 멈출 곳이 정해지지 않았습니다."

홍평이 말했다.

"법신(法身)이 물길을 따라 흘러가는가, 보신(報身)이 물길을 따라 흘러가는가?"

동산이 말했다.

"절대로 그렇게 이해하면 안 됩니다."

홍평이 이에 손뼉을 쳤다.

洞山辭, 師問: "甚麼處去?" 山云: "沿流無定止." 師云: "法身沿流? 報身沿流?" 山云: "總不作此解." 師乃撫掌.

보복전(保福展)이 말했다.

"동산(洞山)은 아마도[1443] 한 집안인 듯하다."

다시 사람들을 부르고는 말했다.

1442 연류(沿流): ①물길을 따라 내려가다. ②답습하여 세상에 널리 퍼뜨리다.

1443 별시(別是): ①(대개 문장의 서두에 놓여) 혹은. 어쩌면. 아마도. 형편에 따라서. ②특별히. 각별히. ③모두. 아닌 것이 없음. ④체험하지 못했던 세계에 처음 접한 때의 감격을 나타내는 말.

"몇 사람이나 찾아내었을까?"

保福展云: "洞山別是一家."   復召云: "覓得幾人?"

43. 온주불서 화상

(1) 앞 부처 뒤 부처

온주(溫州)의 불서(佛嶼) 화상은 한 스님이 오는 것을 보고는 주장자로 땅을 두드리며[1444] 말했다.
"앞 부처도 이렇고 뒤 부처도 이렇다."
그 스님이 물었다.
"바로 이러할 때에는 어떻게 해야 합니까?"
불서 화상이 동그라미를 그려서 보여 주자 그 스님은 여인의 절을 하였는데, 불서가 곧장 때렸다.

溫州佛嶼和尙(凡二), 師見僧來, 以拄杖卓地云: "前佛也恁麽, 後佛也恁麽." 僧云: "正恁麽時, 作麽生?" 師作圓相示之, 僧作女人拜, 師便打.

(2) 중생

어떤 스님이 물었다.

1444 탁지(卓地) : ①땅 위에 곧게 서다. ②땅을 두드리다. 땅을 치다.

"어떤 것이 중생[1445]입니까?"

불서 화상이 주발을 두드리며 말했다.

"고양아, 고양아, 밥 먹어라."

僧問: "如何是異類, 師敲碗云: "花奴, 花奴, 喫飯來."

44. 재봉 화상

(1) 세속 사람

방거사(龐居士)가 찾아오자 재봉(齋峰) 화상이 말했다.

"세속 사람이 자주 절에 들어와 무엇을 찾습니까?"

거사가 좌우를 돌아보면서 말했다.

"누가 이렇게 말하나?"

재봉 화상이 곧 "악!" 하고 고함을 지르자, 거사가 말했다.

"여기 있었군요."

재봉이 말했다.

"불상(佛像)[1446]이 말하는 것 아닙니까?"

거사가 말했다.

"등 뒤에 있는 것?"[1447]

1445 이류(異類) : 중생(衆生). 부처의 입장에서 그 종류가 다른 중생(衆生)을 가리키는 말.

1446 당양(當陽) : ①당장(當場). 당하(當下). 즉시(卽時). ②불상을 가리킴, 당양불(當陽佛; 불상이 남쪽을 향하고 앉아 있기 때문). ③햇볕을 대하고 있다.

1447 니(孃) : 의문어조사 니(呢)의 전신(前身). 당오대(唐五代)에 많이 사용되었다. 일부러 가리켜서 묻는 경우에 주로 사용한다.

재봉이 머리를 돌리고 말했다.

"보시오. 보시오."

거사가 말했다.

"도둑질을 실패했습니다."[1448]

재봉은 그만두었다.

齋峰和尙(凡三), 龐居士來, 師云: "俗人頻頻入僧寺, 討箇甚麽?" 士顧視左右云: "誰恁麼道?" 師便喝, 士云: "在這裏." 師云: "莫是當陽道麽?" 士云: "背後底聻?" 師回首云: "看. 看." 士云: "草賊大敗." 師休去.

(2) 산봉우리까지

방거사가 물었다.

"여기서 산봉우리까지는 몇 리나 됩니까?"

재봉이 말했다.

"어디를 갔다 왔습니까?"

거사가 말했다.

"지극히[1449] 가파르고 단단하여 물어볼 수가 없군요."

재봉이 말했다.

"얼마입니까?"

거사가 말했다.

"하나, 둘, 셋."

1448 초적대패(草賊大敗) : 초적(草賊)은 도둑. 도둑질하러 들어왔다가, 들켜서 도둑질에 실패한다. 수 작을 걸었다가, 속내가 탄로나 실패하다. 낚시를 드리웠으나, 물고기가 알아차리는 바람에 실 패하다. 종사가 학인을 시험해 보려 하나, 학인은 속지 않는다는 말. 여기서는 재봉이 방거사 를 시험해 보려 했으나 방거사가 속지 않았다는 말.

1449 가살(可殺) : 지극히. 매우. 전혀.

재봉이 말했다.

"넷, 다섯, 여섯."

거사가 말했다.

"왜 일곱은 말하지 않습니까?"

재봉이 말했다.

"일곱을 말하기만 하면 곧 여덟이 있습니다."

거사가 말했다.

"알았구나. 알았구나."

재봉이 말했다.

"마음대로 더하세요."

거사가 곧 "악!" 하고 고함을 지르자, 재봉도 역시 "악!" 하고 고함을 질렀다.

居士問:"此去峰頂有幾里?"師云:"甚麼處去來?"士云:"可殺峻硬, 不敢問着."
師云:"是多少?"士云:"一二三."師云:"四五六."士云:"何不道七?"師云:"纔道七,
便有八."士云:"得也. 得也."師云:"一任添取."士便喝, 師亦喝.

(3) 앞서다

재봉 화상과 방거사가 나란히 걸어가다가 거사가 한 발짝 앞으로 나아가며 말했다.

"제가 가까스로[1450] 스님의 한 발자국과 같게 되었습니다."

재봉이 말했다.

1450 강(强) : ①일부러. 고의로. ②매우. 심하게. ③-남짓하다.(수량의 뒤에서) ④간신히. 가까스로. 무리하게. 억지로. ⑤까닭 없이. 이유 없이. 실없이.

"거사를 등지고 있지도 않고 마주 보고 있지도[1451] 않은데, 앞섬을 다투어야 하겠습니까?"

거사가 말했다.

"쓴 가운데 더욱 쓴 것이 이 한 구절이 아닐까요?"

재봉이 말했다.

"아마도[1452] 공(公)께서 달게 여기지 않는 것이겠지요."

거사가 말했다.

"제가 달게 여기지 않는다면, 재봉 화상께서 무엇을 할 수 있겠습니까?"

재봉이 말했다.

"몽둥이가 손안에 있다면, 때려도 싫지 않을 것입니다."

거사가 곧장 재봉을 손바닥으로 한 번 때리며[1453] 말했다.

"썩 좋지는 않군요."

재봉이 몽둥이를 집어 들려고 하자 거사가 붙잡으며 말했다.

"이 도둑이 오늘은 한바탕 실패하였구나."

재봉이 웃으며 말했다.

"내가 서툰 겁니까? 거사께서 뛰어난 겁니까?"

거사가 손뼉을 치면서 말했다.

"평소의 일이군요.[1454] 평소의 일이군요."

師與居士並行, 士前行一步云: "我强如師一步." 師云: "無背向老翁, 要爭先在?"

1451 배향(背向) : 뒤쪽과 앞쪽. 등지거나 마주 봄. 반대와 지지.

1452 파(怕) : ①두려워하고 무서워하다. ②설마 -하겠는가? 설마 -란 말인가?(그럴 리 없다는 뜻의 반어법) ③만약. =약(若). ④(추측이나 우려를 나타냄) 아마. 아마도. 어쩌면.

1453 괵(摑) : 손바닥으로 때리다.

1454 평교(平交) : ①대등한 사람끼리의 교제. 나이가 비슷한 사람끼리의 사귐. ②평소의 사귐.

士云: "苦中苦, 未是此一句." 師云: "怕公不甘." 士云: "我若不甘, 齊峰堪作甚麼?" 師云: "若有棒在手, 打也不解倦." 士便打師一摑云: "不多好." 師方拈棒, 士把住云: "這賊今日一場敗闕." 師笑云: "是我拙? 是公巧?" 士撫掌云: "平交. 平交."

45. 고사 화상

　단하(丹霞)가 고사(古寺) 화상을 찾아갔는데, 다음 날 아침에 행자(行者)가 죽을 쑤어서 고사에게만 한 사발을 주고 또 자기가 한 사발을 먹으면서 단하는 못 본 체하였다. 단하가 이윽고 스스로 부엌에 가서 죽을 한 사발 떠서 먹으니, 행자가 말했다.

　"오경(五更) 새벽에 일어나니 또 밤도둑[1455]이 있었구나."

　단하가 고사에게 물었다.

　"어찌하여 저 행자를 가르치고 훈계하지 않아서 이렇게나 무례(無禮)하게 되었습니까?"

　고사가 말했다.

　"깨끗한 땅 위에서 남의 집 남녀를 더럽히지[1456] 마시오."[1457]

　단하가 말했다.

　"하마터면[1458] 묻지 않고 지나칠 뻔했군."

　古寺和尙(凡一), 丹霞來, 次日侵晨, 粥熟, 行者只盛一碗與師, 又盛一碗自喫, 不

1455 야행인(夜行人) : (옛날 소설 속에 나오는) 낮에는 산속에 숨어 있다가 밤중에 돌아다니는 협객(俠客) 혹은 도적(盜賊).

1456 점오(點汚) : 오점을 남기다. 더럽히다.

1457 불요(不要) : ①-할 필요 없다. =불수(不須), 불필(不必). ②-하지 말라. 그만두라.

1458 계(泊) : 거의. 하마터면. (기호(幾乎)와 같음)

顧丹霞. 霞遂自去盛粥喫, 行者云: "五更侵早起, 更有夜行人." 霞問師: "如何不教訓這行者, 得與麼無禮?" 師云: "淨地上, 不要點汙人家男女." 霞云: "洎不問過."

46. 오구 화상

현(玄)과 소(紹) 두 상좌(上座)[1459]가 오구(烏臼) 화상을 찾아뵈었는데, 오구가 물었다.

"두 선백(禪伯)[1460]께서는 어디에서 출발했습니까?"

두 상좌가 말했다.

"강서(江西)입니다."

오구가 방망이를 집어서 곧장 때리니 현 상좌가 말했다.

"스님에게 이런 기요(機要)[1461]가 있다고 오래전에 들었습니다."

오구가 말했다.

"그대가 이미 알아차리지 못했으니, 두 번째 사람이 가까이 오시오."

소 상좌가 망설이자[1462] 오구는 역시 때리며 말했다.

"같은 구덩이에 다른 땅은 없구나. 선방(禪房)으로 가시오."[1463]

烏臼和尚(凡一), 有玄紹二上座, 來參, 師問: "二禪伯, 發足甚處?" 云: "江西." 師拈棒便打, 玄云: "久響和尚有此機要." 師云: "汝旣不會, 第二箇近前來." 紹擬議, 師亦打云: "同坑無異土. 參堂去."

1459 상좌(上座): 수좌(首座). 초기 선문(禪門)의 2인칭 존칭.
1460 선백(禪伯): 선장(禪匠), 종장(宗匠). 백(伯)은 우두머리, 일가(一家)를 이룬 사람을 가리키니, 선승(禪僧)들이 서로를 존중하여 부르는 말.
1461 기요(機要): 기밀(機密). 요점. 본래의 면목을 드러내는 능력.
1462 의의(擬議): 머뭇거리다. 망설이다.
1463 참당(參堂): 승당(僧堂; 선방)에 참여하여 함께 공부하다.

설두가 말했다.

"종사(宗師)의 안목은 모름지기 이와 같아야 하니, 마치 금시조(金翅鳥)[1464]가 바다를 가르고 날아올라 곧장 용(龍)을 삼키는 것과 같다. 어떤 종류의 사내는 안목이 동쪽과 서쪽도 아직 구분하지 못하고 주장자가 거꾸로 되었는지도 알지 못하고서, 다만[1465] 비춤과 작용이 동시라든가 사람과 경계를 모두 빼앗는다는 등의 말만 한다."

대위철(大潙哲)이 말했다.

"오구는 거령신(巨靈神)[1466]이 화산(華山)을 굳세게 찢는 위력과 꼭 같고, 창룡(蒼龍)[1467]이 몸을 펼쳐 여의주(如意珠)를 붙잡는 기세와 꼭 같아서, 곧장 천지가 새파랗게 질리게[1468] 만들었다."

이어서 주장자를 집어서 말했다.

"여러분은 오구를 알겠는가? 만약 안다면, 막야검(鏌鋣劍)을 가로 어루만지며 우주에 홀로 버틸 것이다. 만약 아직 알지 못한다면, 몽둥이 꼭대기에 눈이 있어서 밝기가 태양 같을 것이다."

주장자로 아래를 한 번 쳤다.

1464 금시조(金翅鳥) : garuḍa. 가루라(迦樓羅)·가류라(加留羅)·계로다(揭嚕荼)라 고도 번역. 인도 신화의 가공의 대조(大鳥). 이상화된 신령스러운 새. 사천하(四天下)의 대수(大樹)에 내려와 용(龍)을 잡아먹고 양 날개를 펴면 336만 리나 된다고 한다. 그 날개는 금색이다. 대승경전에서는 천룡팔부중(天龍八部衆)의 하나이고, 밀교에서는 범천(梵天)·대자재천(大自在天)이 중생을 구하기 위해 이 새의 모습을 빌려 나타난다고 한다. 또는 문수(文殊)의 화신이라고도 함.

1465 지관(只管) : ①단지. 오로지. 다만. ②다만 -만 돌보다. ③거듭거듭. ④아무튼. 어찌되었던. ⑤공연히. ⑥-한 채. ⑦얼마든지. 마음대로. 주저 없이.

1466 거령신(巨靈神) : 원기(元氣)와 함께 태어난 강물의 신. 분수(汾水)의 하류에서 태어났는데, 화산(華山)에서 자신의 능력을 한 번 과시하였다. 즉, 황하를 가로막고 있는 화산을 손으로 두 조각을 내서 황하가 곧바로 화산을 지나갈 수 있게 하였다. 지금도 화산에는 거령이 산을 갈랐던 손과 발자국이 완연히 남아 있다고 한다. (『수경주(水經注)』 하수(河水).)

1467 창룡(蒼龍) : 『회남자(淮南子)』〈천문훈(天文訓)〉에 나오는 동방(東方)을 상징하는 짐승 이름. 청룡(青龍).

1468 실색(失色) : 얼굴 빛이 변하다. 새파랗게 질리다.

묘희(妙喜)가 노래하였다.

"맹렬히 타는 불꽃은 모기가 앉는 것을 용납하지 않고
큰 바다가 어찌 죽은 시체를 머물게 할 수 있겠는가?
설사 세 개의 머리와 여섯 개의 팔이 있다고 하여도[1469]
항복의 깃발을 세우지 않을 수 없음을 알겠구나."[1470]

雪竇云: "宗師眼目, 須是恁麼, 如金翅擘海, 直取龍吞. 有般漢, 眼目未辨東西,
拄杖不知顚倒, 只管說, 照用同時, 人境俱奪.

大潙哲云: "烏臼大似巨靈逞擘大華之威, 蒼龍展拏珠之勢, 直得乾坤失色." 乃
拈拄杖云: "諸人還識烏臼麼? 若也識去, 橫按鏌鋣, 寰中獨據. 若也未識, 棒頭有眼
明如日." 卓拄杖一下.

妙喜頌云: "烈焰不容蚊蚋泊, 大海那能宿死屍? 任是三頭幷六臂, 望風無不豎降旗."

47. 석구 화상

마조(馬祖)가 석구(石臼) 화상에게 물었다.
"어디서 왔습니까?"
석구가 말했다.
"오구(烏臼)에서 왔습니다."
마조가 물었다.
"오구 화상은 무슨 말씀을 하십니까?"

1469 임시(任是) : 비록 -라 하여도. 설사 -라 하여도.
1470 망풍(望風) : ①몰래 동정을 살피다. ②소문을 듣다. ③명망을 듣고 흠모하다. ④망을 보다.

석구가 말했다.

"몇 사람이나 여기에서 어쩔 줄 몰랐을까?"[1471]

마조가 말했다.

"어쩔 줄 모르는 것은 우선 놓아두고, 여전한[1472] 한마디는 어떻습니까?"

석구가 앞으로 세 걸음 다가오자 마조가 말했다.

"내가 오구 화상을 일곱 대 때릴 일이 있어서 그대에게 부탁하겠는데, 그대는 기꺼이 해 주겠는가?"

석구가 말했다.

"스님이 먼저 맞으시면, 제가 그 뒤에 기꺼이 시킨 대로 하겠습니다."

石臼和尙(凡一), 馬祖問師: "甚處來?" 師云: "烏臼來." 祖云: "有何言句?" 師云: "幾人於此茫然?" 祖云: "茫然卽且置, 悄然一句作麽生?" 師近前三步, 祖云: "我有七棒, 寄打烏臼, 你還甘麽?" 師云: "和尙先喫, 某甲後甘."

48. 송산 화상

1

2

(1) 보는가?

송산(松山) 화상이 방거사와 함께 앉아 있을 때에 송산이 자를 집어 들고 말했다.

"거사께서는 보십니까?"

방거사가 말했다.

1471 망연(茫然): 어쩔 줄 모르다. 멍청하다. 막연하다.
1472 초연(悄然): ①고요한 모습. ②이전과 다름없는 모습. ③여전하구나.

"봅니다."

송산이 말했다.

"무엇을 보십니까?"

방거사가 말했다.

"송산을 봅니다."

송산이 말했다.

"말하면 안 됩니다."[1473]

방거사가 말했다.

"어째서 말하면 안 됩니까?"

송산이 자를 내던지자 방거사가 말했다.

"시작만 하고 끝을 맺지 못하니[1474] 사람들이 싫어할 것입니다."

송산이 말했다.

"이 늙은이[1475]가 아니라면 도리어 미치지 못했다고 말했을 것입니다."

방거사가 말했다.

"어디에 미치지 못했다는 말입니까?"

송산이 말했다.

"시작만 하고 끝을 맺지 못하는 곳에."

방거사가 말했다.

"강함 속에서 약함을 얻는 일이라면 가능하나, 약함 속에서 강함을 얻는 일은 있을 수 없습니다."

송산이 방거사를 꽉 붙잡고서 말했다.

1473 부득(不得) : ①-하지 못하다. ②-해서는 안 된다. 착(着)은 구말(句末)에 붙어서 요구나 명령을 나타내는 어조사(語助辭).

1474 유두무미(有頭無尾) : =유시무종(有始無終). 시작은 있고 끝이 없다. 처음은 왕성하나 끝이 부진하다. 시작만 하고 끝을 맺지 못하다.

1475 노자(老子) : ①아버지의 속칭. ②노부(老夫). 노인이 자기를 낮추어 일컫는 말. ③이 몸.(장난삼아 자신을 높여 거만하게 부르는 말) ④늙은이를 두루 이르는 말.

"이 늙은이는 그중에서도 특히[1476] 말 없는 곳입니다."

松山和尙(凡三), 與龐居士坐次, 師拈起尺子云: "居士還見麼?" 士云: "見." 師云: "見箇甚麼?" 云: "松山." 師云: "不得道着." 云: "爭得不道?" 師抛下尺子, 士云: "有頭無尾得人憎." 師云: "不是這老子, 還道不及." 云: "不及甚麼處?" 師云: "有頭無尾處." 云: "强中得弱卽得, 弱中得强卽無." 師把住云: "這老漢, 就中無話處."

(2) 자기의 몫

송산 화상이 방거사와 함께 차를 마실 때에 방거사가 자루[1477]를 집어 올리며 말했다.
"사람마다 모두 자기 몫이 있는데, 무엇 때문에 말하지 못할까요?"
송산이 말했다.
"단지 사람마다 모두 자기 몫이 있기 때문에 말하지 못하는 것이지요."
방거사가 말했다.
"형님[1478]은 무엇 때문에 말할 수 있습니까?"
송산이 말했다.
"말이 없을 수가 없지요."
방거사가 말했다.
"확실합니다. 확실합니다."
송산이 곧 차를 마시자 방거사가 말했다.
"형님은 차를 마시면서 손님에게는 어찌 읍[1479]을 하지 않습니까?"

1476 취중(就中) : 그중에서도 특히.
1477 탁자(橐子) : 주머니. 자루. 부대.
1478 아형(阿兄) : ①형. ②숙부. 송산(松山)을 친근하게 부르는 것.
1479 읍(揖) : 읍(揖). 공수(拱手; 오른손을 주먹 쥐고 왼손을 그 위에 감싸 쥠)한 손을 얼굴 앞으로 들고 허리를

송산이 말했다.

"누구세요?"

방거사가 말했다.

"방공(龐公)입니다."

송산이 말했다.

"어찌 거듭 읍을 해야 합니까?"

뒷날 단하(丹霞)가 그 이야기를 듣고서 말했다.

"만약 송산이 아니었다면, 아마도 그 늙은이의 작난(作亂)에 단숨에[1480]

당했을 것이다."

방거사가 그 말을 듣고서 사람을 시켜 단하에게 말을 전하였다.

"아직 자루를 들지 않았을 때의 일은 왜 알아차리지 못하는가?"

師與居士喫茶次, 士拈起囊子云: "人人盡有分, 因甚麼道不得?" 師云: "只爲人人有分, 所以道不得." 云: "阿兄爲甚麼道得?" 師云: "不可無言去也." 士云: "酌然酌然." 師便喫茶, 士云: "阿兄喫茶, 何不揖客?" 師云: "誰?" 士云: "龐公." 師云: "何須再揖?" 後丹霞聞舉, 乃云: "若不是松山, 洎被箇老翁作亂一上." 士聞, 令人傳語丹霞云: "何不會取未舉囊時事."

(3) 손안의 것

송산이 어느날 지팡이를 짚고 길을 갈 때에 방거사가 보고서 곧 물었다.

"손안에 있는 것은 무엇입니까?"

송산이 말했다.

공손히 앞으로 구부렸다가 펴면서 손을 내리는 인사.

1480 일상(一上) : ①한 차례. 한 번. ②단숨에. 단번에.

"나이가 드니 이것 없이는 한 발짝도 걸을 수 없습니다."

방거사가 말했다.

"비록 나이가 들더라도 굳센 힘이 여전히 있습니다."

송산이 방거사를 한 차례 때리자 방거사가 말했다.

"손안의 지팡이를 놓아 버리시면, 다시 물어볼 것이 있습니다."

송산이 지팡이를 내던지자 방거사가 말했다.

"이 늙은이의 앞말이 뒷말과 맞지 않구나."

송산이 곧장 "악!" 하고 고함을 지르자, 방거사가 말했다.

"아이고![1481] 원통하다."[1482]

師一日扶杖行次, 士見便問: "手中是甚麼?"師云: "年邁, 闕伊一步不得."士云: "雖然年邁, 壯力猶存."師打士一棒, 士云: "放卻手中杖子, 別有箇問訊來."師抛下杖子, 士云: "這老漢, 前言不副後語."師便喝, 士云: "蒼天中更添冤苦."

49. 본계 화상

1

2

3

(1) 시자를 때린 뜻

본계(本谿) 화상에게 방거사가 물었다.

"단하(丹霞)가 시자를 때린 것은 그 뜻이 어떻습니까?"

본계가 말했다.

1481 창천(蒼天) : ①맑고 푸른 하늘. ②봄을 이르는 말. ③아이고!(곡소리. 본래 "하늘이여!"라는 뜻으로 탄식을 나타냄)
1482 원고(冤苦) : 억울한 죄로 겪는 고통. 억울하게 고통을 당하게 하다.

"훌륭하신 노인[1483]께서 오히려 남의 장단점을 보시는군요."

방거사가 말했다.

"저는 스님과 동참(同參)[1484]이니 한번 물어볼[1485] 수 있습니다."

본계가 말했다.

"만약 그렇다면, 하나하나 빠짐없이[1486] 말씀하세요. 당신과 따져 보겠소.[1487]"

방거사가 말했다.

"훌륭한 노인은 남의 옳고 그름을 말할 수 없습니다."

본계가 말했다.

"생각해 보니 공(公)은 연로(年老)하시군요."

방거사가 말했다.

"죄송합니다. 죄송합니다."[1488]

本谿和尚(凡三), 居士問: "丹霞打侍者, 意作麼生?" 師云: "大老翁, 猶見人長短在." 云: "我與師同參, 方敢借問." 師云: "若恁麼, 從頭擧來. 共汝商量." 士云: "大老翁, 不可說人是非." 師云: "念公年老." 公云: "罪過. 罪過."

(2) 달마의 첫 말

1483 노옹(老翁) : ①늙은 남자를 높여 이르는 말. ②권세가 있는 사람에 대한 칭호.

1484 동참(同參) : 같은 스승 밑에서 공부하는 도반. =동도(同道).

1485 차문(借問) : 시험 삼아 묻다. 한번 물어보다. 말씀 좀 여쭙겠습니다.

1486 종두(從頭) : 하나하나. 모조리. 빠짐없이.

1487 상량(商量) : ①시장에서 물건을 사고팔 때에 저울로 달아 그 값을 따져 헤아리는 것을 말한다. 값을 흥정하다. 값을 따지다. 값을 매기다. ②헤아리다. 따지다. ③상의하다. 의논하다. 상담하다. ④이해하다.

1488 죄과(罪過) : ①과실. 죄가 될 만한 허물. ②처벌함. 책망함. ③부끄럽고 죄송스럽다는 뜻으로 말하는 겸사(謙辭). ④매우 고마움.

본계 화상이 방거사에게 물었다.

"달마(達磨)가 서쪽에서 와 첫 번째로 말한 한마디는 어떻게 말합니까?"

방거사가 말했다.

"누가 기억할까요?"

본계가 말했다.

"기억할 자성이 없다고 말할 수 있을까요?"

방거사가 말했다.

"옛날의 일을 이러쿵저러쿵할[1489] 수는 없습니다."

본계가 말했다.

"지금의 일은 어떻습니까?"

방거사가 말했다.

"한마디도 할 수 없습니다."[1490]

본계가 말했다.

"지혜 있는 사람이 앞서 말했지만, 그것에 얼마간[1491] 광채(光彩)를 더하십시오."

방거사가 말했다.

"스님은 남을 깔볼 만큼 눈이 높군요."[1492]

본계가 말했다.

"모름지기 이래야만 비로소[1493] 짐작하는 말을 끊게 되는군요."

방거사가 말했다.

"눈 속에는 한 물건도 붙일 수 없습니다."

1489 동도서설(東道西說) : 이런저런 잡다한 말을 두서없이 지껄이다. =동어서화(東語西話).

1490 불조(不措) : =불능(不能).

1491 다소(多少) : ①(의문사) 얼마? ②(감탄사) 얼마나! ③(부정수량) 얼마간. 얼마쯤. 조금.

1492 안대(眼大) : 눈이 높아 남을 깔보다.

1493 수시(須是) - 시득(始得) : 반드시 -해야만 한다. -해야 비로소 일이 된 것이다.

본계가 말했다.

"햇빛이 바야흐로 왕성하니 눈을 들어 바라보기 어렵군요."

방거사가 말했다.

"해골[1494]을 꿰뚫고 지나갑니다."

본계가 손가락을 튕기며 말했다.

"누가 그[1495]를 판별할 수 있으랴?"

방거사가 말했다.

"이 사람에게 어떤 기이하고 특별함이 있습니까?"

본계는 곧 방장으로 되돌아갔다.

師問居士: "達磨西來, 第一句作麼生道?" 士云: "誰記得?" 師云: "可謂無記性?" 士云: "舊日事, 不可東道西說." 師云: "卽今事作麼生?" 士云: "一辭不措." 師云: "有智人前說, 添他多少光彩." 士云: "阿師眼能大." 師云: "須是恁麼始得, 爲絶眹之說." 士云: "眼裏着一物不得." 師云: "日正盛, 難爲擧目." 士云: "穿過髑髏去在." 師彈指云: "誰辨得伊?" 士云: "這漢有甚麼奇特?" 師便歸方丈.

(3) 방거사의 동그라미

본계 화상이 앉아 있을 때에 방거사가 찾아왔는데, 본계가 돌아보자마자 방거사는 주장자를 가지고 하나의 동그라미를 그렸다. 본계가 가까이 다가가 동그라미를 발로 밟자 방거사가 말했다.

"이와 같습니까, 이와 같지 않습니까?"

본계도 하나의 동그라미를 그리자 방거사 역시 가까이 다가가 동그라

1494 촉루(髑髏) : ①해골(骸骨). ②시신(屍身). 깨달음이 없는 사람의 육신을 가리킴.
1495 이(伊) : ①(송대(宋代)) 그대(이인칭 대명사). =이(你). ②(송대(宋代)) 나(일인칭 대명사). ③(당대(唐代)) 그(삼인칭 대명사).

미를 밟았다. 본계가 말했다.

"이와 같습니까, 이와 같지 않습니까?"

방거사가 주장자를 내던지고 서 있으니, 본계가 말했다.

"올 때에는 주장자가 있더니, 갈 때에는 없군요."

방거사가 말했다.

"원래[1496] 온전히 이루어져 있는데, 무엇 하러 애써 눈으로 보겠습니까?"

본계가 손뼉을 치면서 말했다.

"이상하게도 얻은 것이 전혀 없구나."

방거사가 주장자를 집어 들고 곧장 나가자, 본계가 말했다.

"길을 잘 살펴 가시오."

師坐次, 居士來, 師纔顧視, 士以拄杖, 劃一圓相. 師近前踏卻, 士云: "與麼? 不與麼?"師亦劃一圓相, 士亦近前踏卻. 師云: "與麼不與麼?"士拋下杖而立, 師云: "來時有杖, 去時無."士云: "幸自圓成, 何勞目視?"師撫掌云: "奇哉, 一無所得."士拈棒便行, 師云: "看路. 看路."

50. 석림 화상

1   3

(1) 물어볼 것

석림(石林) 화상이 방거사에게 물었다.

"물어볼 것이 있는데, 아낌없이 말씀해 주세요."

방거사가 말했다.

1496 행자(幸自) : 본시(本是). 원래(原來). 본래(本來). =행시(幸是).

"말씀하세요."

석림이 말했다.

"원래 말씀을 아끼지 않는군요."

방거사가 말했다.

"이러한 질문은 모르는 사이에 그런 이익¹⁴⁹⁷으로 돌아가는군요."

석림이 귀를 막자 방거사가 말했다.

"작가(作家)¹⁴⁹⁸로다. 작가로다."

石林和尚(凡三), 問居士云: "有箇借問, 莫惜言句." 士云: "請擧來." 師云: "元來惜言句在." 士云: "這箇問訊, 不覺落他便宜." 師乃掩耳, 士云: "作家. 作家."

(2) 불자를 세우다

석림 화상은 방거사가 오는 것을 보자 불자(拂子)를 세우며 말했다.

"단하(丹霞)의 기틀에 떨어지지 말고, 한번 말해 보시오."

방거사가 불자를 빼앗고 주먹을 세우자 석림이 말했다.

"이것이 바로 단하의 기틀입니다."

방거사가 말했다.

"저에게¹⁴⁹⁹ 떨어지지 말고 보세요."

석림이 말했다.

"단하는 벙어리이고, 방공(龐公)은 귀머거리군요."

1497 편의(便宜) : 이익. 좋은 것.

1498 작가(作家) : 고수(高手). 뛰어난 솜씨를 가진 사람. 노련하다. 정통하다. 작자(作者)라고도 한다. 선종(禪宗)에서는 진실한 뜻을 체득하고 수행자를 대함에 있어 노련하게 방편을 사용하는 선(禪)의 종장(宗匠)을 일컫는다.

1499 여(與) : ①=이(以). ②=사(使), 교(教). ③=피(被). ⑤=위(爲). ⑥-에게 -을 주다. ⑦-과. -와 함께. ⑧-에게. -에게 있어서. ⑨-하기 보다는. -하느니. ⑩기다리다.

방거사가 말했다.

"꼭 그렇습니다.[1500] 꼭 그렇습니다."

석림이 응대하지 않자 방거사가 말했다.

"좀 전의 말씀은 우발적인[1501] 말이군요."

석림은 역시 응대하지 않았다.

師見居士來, 遂擧起拂子云: "不落丹霞機, 試道看." 士奪拂子, 豎起拳, 師云: "正是丹霞機." 士云: "與我不落看." 師云: "丹霞患啞, 龐公患聾." 士云: "恰是. 恰是." 師不對, 士云: "向道偶爾." 師亦不對.

(3) 차를 건네다

석림이 차(茶)를 방거사에게 주자 방거사가 받으려 하는데, 석림이 손을 움츠리며 말했다.

"왜 낯선 듯합니까?"

방거사가 말했다.

"입은 있으나 말할 수 없습니다."

석림이 말했다.

"반드시 이와 같아야 합니다."

방거사가 소매를 떨치고 나가면서 말했다.

"참으로 실없군요."[1502]

석림이 말했다.

1500 흡시(恰是) : 그렇다. 맞다.

1501 우이(偶爾) : ①(부사) 간혹. 이따끔. 때때로. ②(형용사) 우연한. 우발적인.

1502 무단(無端) : ①무심코. 무심결에. ②뜻밖에. 의외로. ③대책 없이. 대책 없는 일을 가리킴. ④무리하게. ⑤이유 없이. 까닭 없이. 실없이. ⑥끝이 없다.

"방공(龐公)을 다 알아보았습니다."

방거사가 머리를 돌리니 석림이 말했다.

"참으로 실없군요."

방거사가 말이 없자 석림이 말했다.

"당신도 말이 없을 수 있군요."

師下茶與居士, 士擬接, 師縮手云: "何似生?" 士云: "有口道不得." 師云: "須是恁麼始得." 士拂袖而出云: "也大無端." 師云: "識得龐公了也." 士回首, 師云: "也大無端." 士無語, 師云: "汝也解無語."

51. 부배 화상

부배(浮杯) 화상에게 능행(凌行) 노파가 물었다.

"힘을 다해도 말할 수 없는 구절을 누구에게 맡깁니까?"[1503]

부배가 말했다.

"나에게는 쓸데없는[1504] 말이 없습니다."

능행이 말했다.

"부배에 도착하기 전에는 멋대로 의심했습니다."

부배가 말했다.

"따로 뛰어난 것[1505]이 있으면 거리낌 없이 말씀하세요."

능행이 손을 거두어들이고[1506] 곡(哭)을 하였다.

1503 분부(分付) : ①맡기다. 당부하다. ②주다. 공급하다.
1504 잉어(剩語) : 쓸데없는 말. 쓸데없이 덧붙이는 말. 사족(蛇足).
1505 장처(長處) : 장점(長點). 뛰어난 점. 좋은 곳.
1506 염수(斂手) : 손을 소매에 넣다. 손을 떼다. 손을 거두다. =염수(歛手).

"아이고! 원통하다."

부배가 말이 없자 능행이 말했다.

"언어에서 치우침과 올바름을 알지 못하고 도리에서 잘못됨을 알지 못하면서 사람을 위한다면 재앙이 생길 것입니다."

뒷날 어떤 스님이 남전(南泉)에게 이 이야기를 하자, 남전이 말했다.

"안타깝다.[1507] 안타깝다. 부배가 그 노파에게 한 번 당했구나."[1508]

능행이 그 말을 듣고서 웃으면서 말했다.

"왕노사(王老師)도 도리어 방편[1509]이 부족하구나."

그때 징일(澄一)이라는 선객(禪客)이 있었는데, 능행 노파에게 물었다.

"남전은 무엇 때문에 방편이 부족합니까?"

능행이 곡을 하였다.

"애석하고 애통하구나!"

징일이 어쩔 줄 모르자 능행이 말했다.

"알겠습니까?"

징일이 합장하고 가만히 서 있자, 능행이 말했다.

"죽은 듯이 멍청히 서 있는 선객이 매우 많구나."[1510]

1507 고재(苦哉) : ①괴롭다. ②안타깝다.

1508 절좌(折挫) : 다치게 하다. 손해를 끼치다.

1509 기관(機關) : ①기(機)도 관(關)도 특수한 장치가 있는 기계라는 뜻. 고안, 장치. ②사람의 행동기관. 손발 등. ③스승[師家]이 수행자를 이끌기 위한 방편·수단의 뜻. 언어·문자 등에 의해 계획적·조직적으로 주어지는 수단·방법. ④기봉관쇄(機鋒關鎖). 작용. 살아 있는 작략(作略). 장치라고 하는 것. 제법(諸法)의 막힘이 없음. 기교를 통제하는 것을 말함.

1510 기사선화(倚死禪和) : "기사선화(倚死禪和)가 삼대와 좁쌀처럼 많구나."라고 한 능행(凌行) 노파의 말이 널리 인용된다. 기사(倚死)는 기사(徛死), 기사(跂死), 거사(距死), 의사(猗死), 기사(伎死)라고도 씀. 문헌에는 기사(伎死)라고 쓴 경우가 가장 많으나 기사(伎死)는 기사(倚死)의 오기(誤記) 혹은 가차자(假借字)이다. 『조정사원』 제7권에서는 『염팔방주옥집』에 나오는 능행노파의 말인 "距死禪和如麻似粟."를 해설하기를 " '거사'(距死)는 마땅히 '기사'(倚死)여야 한다. '기'(倚)는 '거기절'(巨綺切) —즉 음이 '기'— 로서 '서 있다'는 뜻이다. '거'(距)는 음이 '거'(巨)로서 '닭의 뒷발톱'이라는 뜻이다. 어떤 경우에는 '기'(伎)로 되어 있기도 한데, '기'(伎)는 '함께'(與)라는 뜻이다. 이 둘은 모두 올바른 뜻이 아니다."(距死, 當作倚死. 倚, 巨綺切, 立也. 距, 音巨, 鷄距也. 或作伎, 與也. 竝非義.)라 하고 있다. 『경덕전등록』 제8권(1004년 초간. 1316년 간판)에는 '기사(倚死)'라 되어 있는데, 기(倚)는 '서다[立].'는 뜻이다. 『염팔방주옥집(拈八方珠玉集)』 상권(上卷)(1125년 초간. 1257년 간판)과 『고봉대사어

뒷날 징일이 이 이야기를 조주(趙州)에게 말하자, 조주가 말했다.

"내가 만약 그 냄새나는 노파를 만난다면, 질문을 하여 그녀가 입을 열지 못하게 만들 것이다."

징일이 말했다.

"스님께서는 그녀에게 어떻게 질문할 것입니까?"

조주가 곧장 징일을 때리자 징일이 말했다.

"왜 도리어 저를 때립니까?"

조주가 말했다.

"그대가 바로 멍청히 죽은 듯이 서 있는 선객이니, 지금 때리지 않고 다시 어느 때를 기다리겠는가?"

능행이 그 소문을 듣고서 말했다.

"조주는 내 손안의 몽둥이 맛을 보아야만 한다."

조주가 그 소문을 듣고서 곡을 하며 말했다.

"애통하고 원통하구나!"

능행이 그 소문을 듣고서 말했다.

"조주의 눈빛이 온 우주를 밝히는구나."

조주가 그 말을 듣고서 사람을 시켜 능행에게 물었다.

록(高峰大師語錄)』상권(1599년 간판)에는 '기사(跂死)'라 되어 있는데, 기(跂)는 '발돋움하여 서다'는 뜻이다. 『대혜보각선사어록』제10권(1171년 초간. 1589년 간판)과 『가태보등록(嘉泰普燈錄)』제20권(1204년 간판)에는 '의사(猗死)'라 되어 있는데, 의(猗)는 의(倚)와 통용자(通用字)이며 이 경우 의(倚)는 앞서 본 것처럼 '기(倚)'로 읽히고 '서다'는 뜻이다. 이외의 선서(禪書)에서는 전부 '기사(伎死)'로 표기하고 있는데, 기(伎)는 '기(倚)'의 가차자(假借字)이거나 오자(誤字)로 보아야 할 것이고, 뜻은 역시 '서다.'[立]라고 해야 할 것이다. 그러므로 기사선화(倚死禪和)는 '멍청히 서서 죽은 듯이 있는 선승' 혹은 '죽은 듯이 멍청히 서 있는 선승'이라는 뜻이고, 징일 선사가 말이 막혀 합장하고 서 있으니 능행노파가 '伎死禪和如麻似粟'라고 말한 뜻은 '멍청히 서서 죽은 듯이 있는 선승들이 매우 많다.'로 해석해야 한다. 『속간고존숙어요(續刊古尊宿語要)』제6집 「설당행화상어(雪堂行和尚語)」의 상당(上堂)에 나오는 다음의 게송에서도 이런 뜻이 그대로 보인다. "움직이면 만 길 절벽이고, 움직이지 않으면 그 자리에서 파묻힌다. 천겹 만겹으로 잠긴 관문이라도, 한 번의 망치질로 당장 때려 열어라. 멍청히 서서 죽은 선객들이 헤아릴 수 없으니, 여전히 오리가 천둥소리를 듣는 듯하구나."(動則萬丈懸崖, 不動則當處沈埋. 千重萬重關鎖, 一鎚當面擊開. 伎死禪和無數, 依前似鴨聞雷.)

"어떤 것이 조주의 눈입니까?"

능행이 주먹을 세웠는데, 그 스님이 그 사실을 조주에게 말해 주자 조주가 게송을 지어 능행에게 부쳤다.

"당장[1511] 마주 보고[1512] 제시(提示)하니

마주 보면 당장이니 재빠릅니다.[1513]

그대 능행 노파에게 이르노니

곡하는 소리에 무슨 이익과 손해가 있습니까?"

능행이 게송으로 답했다.

"곡하는 소리를 스님이 이미 밝혔으니

이미 밝혔는데 다시 누가 알겠습니까?

당시에 마갈타국에서도[1514]

눈앞의 기틀을 하마터면 잃을 뻔하였습니다."[1515]

1511 당기(當機) : ①당장. 즉시. ②때에 알맞다. 시기에 적당하다.

1512 적면(覿面) : 맞대면하다. 직접 만나다.

1513 질(疾) : ①질병. 병을 앓다. 폐질(廢疾). 병든 사람. 역병(疫病)이 발생하다. 아프다. ②고통. 고생. ③결점. 하자. ④해를 끼치다. 해를 끼치는 것. ⑤싫어하다. 미워하다. 원망하다. 앙심을 품다. ⑥질투하다. 시샘하다. ⑦걱정하다. 우려하다. ⑧비난하다. 헐뜯다. ⑨빠르고 맹렬하다. 빠르다. 급하다. ⑩민첩하다. 날렵하다. ⑪소리가 크다. 우렁차다. ⑫힘을 다하다. 애쓰다. ⑬나쁜 사람이나 나쁜 일. 악(惡). ⑭누하다. 사납다. ⑮다투다. ⑯승려, 도사, 방사 등이 외우는 주문(呪文).

1514 마갈법령(摩竭法令) 혹은 마갈엄실(摩竭掩室)을 가리킨다. 마갈타국(摩竭陀國; Magadha)은 고대 인도에서 불교와 가장 관계가 깊은 나라로서, 석가모니가 성도(成道)한 땅이고 전도(傳道)한 땅이다. 『대지도론(大智度論)』제34권에서 말하기를, "석가모니는 깨달음을 얻은 뒤 57일 동안 법(法)을 말하지 않았다."(又如釋迦文佛成佛已五十七日不說法)고 한다. 이것을 두고 불립문자(不立文字)요 언어도단(言語道斷)인 법을 침묵으로 가르쳤다고 한다. 마갈타의 법령이라고도 하는데, 보통 마갈엄실과 마갈타의 법령은 곧 불법(佛法), 불도(佛道)를 가리킨다.

1515 기상(幾喪) : 하마터면 잃을 뻔했다. 기(幾)는 '거의', '하마터면'이라는 뜻.

浮杯和尚(凡一), 凌行婆問: "盡力道不得底句, 分付阿誰?" 師云: "浮杯無剩語." 婆云: "未到浮杯, 不妨疑着." 師云: "別有長處, 不妨拈出." 婆斂手哭云: "蒼天中更添冤苦." 師無語, 婆云: "語不知偏正, 理不知倒邪, 爲人卽禍生." 後有僧, 舉似南泉, 泉云: "苦哉. 苦哉. 浮杯被這老婆, 折挫一上." 婆聞笑云: "王老師猶少機關在." 時有澄一禪客, 問婆云: "南泉爲甚麼, 少機關在?" 婆哭云: "可悲可痛." 一罔措, 婆云: "會麼?" 一合掌而立, 婆云: "伎死禪和, 如麻似粟." 後澄一擧似趙州, 州云: "我若見這臭老婆, 問教他口啞." 一云: "和尚作麼生問他?" 州便打, 一云: "爲甚麼卻打某甲?" 州云: "汝這伎死禪和, 不打更待何時?" 婆聞乃云: "趙州合喫婆手中棒." 州聞乃哭云: "可悲可痛." 婆聞乃云: "趙州眼光, 爍破四天下." 州聞, 令人問婆云: "如何是趙州眼?" 婆豎起拳, 僧擧似趙州, 州作頌寄之云: "當機覿面提, 覿面當機疾. 報汝凌行婆, 哭聲何得失?" 婆答頌云: "哭聲師已曉, 已曉復誰知? 當時摩竭國, 幾喪目前機?"

52. 동안 화상

동안(洞安) 화상이 어떤 스님에게 물었다.

"최근 어디를 떠나 왔습니까?"

그 스님이 말했다.

"동천(東川)을 떠나 왔습니다."

동안이 말했다.

"계곡 사이의 외로운 소나무와 구름이 걷힌 흰 달빛 가운데 어느 것이 상좌의 주인공입니까?"

그 스님이 말했다.

"처음 동안에 이르러 곧장 이런 질문을 만나는군요."

동안이 말했다.

"뱃전에 칼 떨어진 자리를 표시하고[1516] 구슬을 부수어 그 속의 영상을 구하는 것이 어찌 스님의 경계가 아니겠습니까?"

그 스님이 도리어 물었다.

"어떤 것이 동안의 바른 주인공입니까?"

동안이 말했다.

"길 위의 망아지는 화류(驊騮)[1517]를 이길 수 없습니다."

그 스님이 절을 하자 동안이 말했다.

"호인(胡人)[1518]이 벌주놀이[1519]를 하는데, 춤도 없고 장단을 맞추는 사람도 전혀 없구나."

洞安和尙(凡一), 問僧: "近離甚處?" 云: "東川." 師云: "雙澗孤松, 煙淸月白, 那箇是上座主人公?" 云: "始屆洞安, 便遭此問." 師云: "記劍刻舟, 破珠求影, 豈不是闍梨境界?" 僧卻問: "那箇是洞安正主?" 師云: "途中駒子, 不勝驊騮." 僧作禮, 師云: "胡人打令, 舞拍全無."

53. 백령 화상

1

2

(1) 힘을 얻은 구절

1516 각주구검(刻舟求劍): 『여씨춘추(呂氏春秋)』에 나오는 말. 중국 초(楚)나라 사람이 배를 타고 강을 건너다가 칼을 물 속에 빠뜨렸다. 그러자 그는 곧 칼을 빠뜨린 뱃전에 표시를 해 두었다. 얼마 후 배가 언덕에 닿자 표시해 둔 배 밑에 가서 칼을 찾더라는 고사.

1517 화류(驊騮): 주(周) 목왕(穆王)의 8준마(駿馬) 가운데 하나. 준마(駿馬)를 일컫는 일반적인 말.

1518 호인(胡人): 중국 북방과 서역(西域)의 소수민족에 대한 칭호. 수당(隋唐) 때에는 중앙아시아의 속특(粟特) 사람을 이르기도 하였으며, 후대에는 외국인을 두루 이르는 말로 쓰였다.

1519 타령(打令): 술자리에서 흥을 돋우기 위하여 주령(酒令)을 시행함. 주령은 술을 마시는 방식, 혹은 흥을 돋우기 위하여 행하는 벌주놀이.

백령(百靈) 화상이 길에서 방거사를 만나자 물었다.

"남악(南嶽)[1520]에서 힘을 얻은 구절을 사람들에게 말해 준[1521] 적이 있습니까?"

거사가 말했다.

"말해 주었습니다."

화상이 말했다.

"누구에게 말해 주었습니까?"

거사가 손가락으로 자기 가슴을 가리키며 말했다.

"방공(龐公)에게."

화상이 말했다.

"설령 문수보살[1522]이나 수보리[1523]라 하더라도[1524] 그를 돕지 못할 것입니다."

거사가 도리어 화상에게 물었다.

"힘을 얻은 구절을 누구에게 말해 주었습니까?"

화상이 삿갓을 쓰고 곧장 가 버리자 거사가 말했다.

"잘 가세요."[1525]

1520 남악(南嶽) : 석두희천(石頭希遷)을 가리킴. 석두는 남악(南嶽) 즉 형산(衡山)에서 머물며 법을 펼쳤고, 방거사는 처음에 석두를 찾아가 깨달은 바가 있었고 나중에 마조를 찾아가 크게 깨쳤다고 한다.

1521 거사(擧似) : 있었던 일을 그대로 이야기해 주다. 사(似)는 동사의 접미사로서 '-주다(與)'의 뜻을 부가해 주는 어조사. =설사(說似), 거향(擧向), 거념(擧拈).

1522 묘덕(妙德) : 묘덕보살, 즉 문수보살.

1523 공생(空生) : 수보리(須菩提). 석가모니의 10대 제자 가운데서 온갖 법이 공(空)인 이치를 깨달은 첫째가는 이가 수보리였으므로, 그를 가리키는 말로 쓰인다. 해공제일(解空第一). 선길(善吉)이라고도 함.

1524 직시(直是) : 설령(설사) -하더라도. (뒤에 야(也)가 따라옴.)

1525 선위도로(善爲道路) : =선위(善爲). (길 떠나는 사람에게 당부하는 말) 잘 가세요. 안녕히 가세요. 조심히 가세요.

화상은 다시는 돌아보지 않았다.

百靈和尙(凡三), 路逢龐居士, 乃問: "南嶽得力句, 曾擧似人麼?" 士云: "曾擧來."
師云: "擧似阿誰?" 士指胸云: "龐公." 師云: "直是妙德空生, 也贊之不及." 士卻問
師: "得力句擧似阿誰?" 師戴笠子便行, 士云: "善爲道路." 師更不回首.

(2) 벗어나지 못하는 것

백령 화상이 방거사에게 물었다.
"말할 수 있어도 말할 수 없어도 둘 모두 벗어나지 못합니다. 당신은 말
해 보시오. 무엇을 벗어나지 못하는 겁니까?"
거사가 눈을 깜빡이며 그를 보자, 화상이 말했다.
"기특하게도[1526] 이러한 경우는 전혀[1527] 없습니다."
거사가 말했다.
"스님은 사람을 잘못 인정하지 마십시오."
화상이 말했다.
"누가 그렇지[1528] 않습니까?"
거사는 작별을 고하고 가 버렸다.

師問居士: "道得道不得, 俱未免. 汝且道. 未免箇甚麼?" 士瞬目視之, 師云: "奇
特. 更無如此也." 士云: "師錯許人." 師云: "誰不恁麼?" 士珍重而去.

1526 기특(奇特) : ①기이하고 특별하다. ②매우 흡족하다. ③범어 āścarya. 홀로 우뚝한 것.
1527 갱(更) : (부정사 앞에서) 전혀 (-가 아니다). 하나도 (-가 없다). 절대로. 결코. =갱역(更亦).
1528 임마(恁麼) : =임(恁), 임적(恁的), 임지(恁地). 그와 같은. 그렇게. 이러한. 이와 같은. =여차(如此).

(3) 어떻게 말하나?

백령 화상이 하루는 방거사를 꽉 붙잡고서[1529] 말했다.

"요즈음 사람의 말이든 옛날 사람의 말이든 거사께서는 어떻게[1530] 말합니까?"

거사가 화상을 손바닥으로 한 번 때리자, 화상이 말했다.

"말하지 못했습니다."

거사가 말했다.

"말하면 반드시 허물이 있습니다."

화상이 말했다.

"내가 한 대 갚아야 하겠습니다."

거사가 가까이 다가서며 말했다.

"당신이 일단 손을 대[1531] 보십시오."

화상은 소매를 떨치고 곧장 가 버렸다.

師一日, 把住居士云: "今人道, 古人道, 居士作麼生道?" 士打師一掌, 師云: "不得道着." 士云: "道必有過." 師云: "還我一掌來." 士近前云: "汝試下手看." 師拂袖便行.

54. 몽계 화상

1

2

1529 파주(把住): 단단히 붙잡아 꼼짝 못 하게 함.
1530 작마생(作麼生): ①어째서? 왜? ②어떻게? ③어떠하냐? ④무엇 하러? =작마(作麼), 즉마(則麼), 자심마(子甚麼), 자마(子麼).
1531 하수(下手): 착수하다. 손을 대다. 시작하다.

(1) 어디서 오느냐?

몽계(濛溪) 화상이 어떤 스님에게 물었다.

"어디에서 옵니까?"

그 스님이 말했다.

"정주(定州)에서 옵니다."

화상이 말했다.

"정주에는 요즈음 무슨 특별한 일이 있습니까?"

그가 말했다.

"제가 그곳에 도착해서 소금은 비싸고 쌀은 싸다고만 들었을 뿐이고, 달리 특별한 일은 없었습니다."

화상이 말했다.

"여기에도 다만 보잘것없는 음식[1532]밖에 달리 특별한 일이 없습니다. 당신은 여기에 와서 무엇을 구합니까?"

그가 말했다.

"저는 알지 못하니, 스님의 자비를 바랍니다."

화상이 말했다.

"다행히 당신은 알지 못하는군요. 만약 당신이 안다면, 나는 곧 당신에게 절반의 도리(道理)를 잃었을[1533] 것입니다."

수좌(首座)가 도리어 물었다.

"아까 무엇 때문에 그에게 절반의 도리를 잃었다고 말씀하셨습니까?"

화상이 말했다.

1532　추차담반(麤茶淡飯) : 변변치 않은 음식. 보잘것없는 음식. 검소한 생활을 형용하는 말.

1533　수(輸) : ①(게임에서) 지다. 패하다. 잃다. ↔영(贏). ②수송하다. 운송하다. ③다 내놓다. 바치다. ④기부하다. ⑤힘이나 정성을 다하다. 진력하다. ⑥깨뜨리다. 무너지다. ⑦알리다. 보고하다. ⑧붓다. 주입하다. ⑨흐르다. 흘러나오다. 쏟아지다. ⑩뒤지다. 뒤떨어지다. ⑪잃다. 상실하다. ⑫모으다. ⑬고치다. 바꾸다. ⑭벌로 노역을 시키다.

"네가 이야기를 꺼내어서 다행이다. 내가 하마터면 잊을 뻔했구나."

수좌가 말했다.

"스님께서 말씀해 주십시오."

화상이 말했다.

"너는 도리어 앞을 잊고 뒤를 잃었는데, 나는 다시 뒤를 잊고 앞을 잃었다."

수좌가 떠날 때에 화상이 뒤에서 불러 말했다.

"꼭 이야기를 꺼낼 수 없는 것 같구나. 요즈음의 스님들은 단지 소금은 비싸고 쌀은 싸다고만 말할 뿐, 불법(佛法)을 일삼지는 않는다. 우연히[1534] 연이어[1535] 말한다면, 그대의 목숨을 잃어버리는 것도 어려운 일이 아닐 것이다."

濛溪和尙(凡二), 問僧: "甚處來?" 云: "定州來." 師云: "定州近日, 有甚奇特事?" 云: "某甲到彼, 只聞鹽貴米賤, 別無奇特事." 師云: "我這裏, 也只是䭞茶淡飯, 別無奇特事. 汝來這裏, 覓甚麼?" 云: "某甲不會, 乞師慈悲." 師云: "賴汝不會. 汝若會, 我卽輸汝一半道理." 首座卻問: "適來爲甚麼道, 輸他一半道理?" 師云: "賴得汝擧, 老僧泊合忘卻." 座云: "請和尙說." 師云: "汝卻忘前失後, 我又忘後失前." 座方去, 師喚回云: "恰不得擧着. 近日師僧, 只說鹽貴米賤, 並不將佛法爲事. 忽然頻頻擧着, 喪卻汝性命也不難."

(2) 고함을 지르다

1534 홀연(忽然) : ①재빠른. 날랜. ②만일. 만약. 가령. 혹시. ③뜻밖에. 우연히. ④삽시간. 일순간. ⑤돌연. 갑자기. ⑥소홀히 하다. 마음에 두지 않다. ⑦정신이 얼떨떨하다. 흐리멍덩하다. ⑧수명이 다하다. 죽다. ⑨쉽다. 수월하다.

1535 빈빈(頻頻) : ①무리를 이룬 모양. ②자주. 연이어.

몽계 화상이 어떤 스님이 오는 것을 보자 곧장 "악!" 하고 고함을 질렀는데, 그 스님이 말했다.

"훌륭한[1536] 이유[1537]입니다."

화상이 말했다.

"도리어 몽둥이 맛을 보아야 합니다."

그 스님이 작별 인사를 하고 곧 나가자, 화상이 말했다.

"이렇게[1538] 자재(自在)하다니!"

師見僧來, 便喝, 僧云: "好箇來由." 師云: "猶要棒喫在." 僧珍重便出, 師云: "得能自在."

55. 홍주수료 화상

홍주(洪州)의 수료(水潦) 화상이 마조 대사에게 물었다.

"어떤 것이 조사께서 서쪽에서 오신 뜻입니까?"

대사는 그의 가슴을[1539] 발로 한 번 찼는데, 발에 차여 넘어지는 즉시 수료는 크게 깨달았다. 일어나서 박수를 치며 크게 웃고는 말했다.

"참으로 희한하다,[1540] 참으로 희한해! 수많은 법문과 무수한 묘한 뜻을 다만 한 개 털끝에서 근원을 알아 버렸네."

곧장 절을 올렸다.

1536 호개(好箇): 대단한. 훌륭한. (감탄을 나타내는 형용사. 개(箇)는 접미사.)

1537 내유(來由): 연유(緣由). 이유. 까닭.

1538 득능(得能): 이렇게. 이와 같이.

1539 난(欄): =난(攔). (동작의 방향을 표시함) -로 향하여.

1540 야대기(也大奇): 참으로 기이하다. 정말 기이하다. 매우 희한하다.

洪州水潦和尙(凡一), 問馬大師:"如何是祖師西來意?"大師欄胸與一踏, 踏倒當下大悟. 起來撫掌, 大笑云:"也大奇, 也大奇. 百千法門, 無量妙義, 只向一毫頭上, 識得根源去."便作禮.

장산천(蔣山泉)이 말했다.
"문득 깨닫고서[1541] 또 잘 웃네."

서선수(西禪需)가 말했다.
"그렇게 대단한 수료가 남의 발에 차이고서 도리어 '내가 깨달았다.'라고 말하는구나. 무슨 똥 같은 것을 깨달았기에 일어나서 부끄러운 줄도 전혀 모르고 '한 개 털끝에서 근원을 알아차렸다.'라고 말했을까? 눈을 비벼서 헛꽃을 만들지[1542] 마라. 주지가 된 뒤에 대중에게 말하기를 '마대사에게 한 번 차인 이래로 곧장 지금까지 웃음이 그치질 않는다.'라고 말했는데, 말해 보라. 무엇 때문에 웃었는가?"

蔣山泉云:"忽然瞥地, 更是好笑."
西禪需云:"大小水潦, 喫人踢踏了, 卻道我悟. 悟甚麼屎, 及乎起來, 更不識羞, 道向一毫頭上, 識得根源去? 且莫捏目生花. 住後告衆云:'自從一喫馬師踏, 直至如今笑不休.'且道. 笑箇甚麼?"

1541 별지(瞥地): ①문득 깨닫다. =돈오(頓悟), 성오(省悟). ②갑자기. 얼핏. 언뜻. 힐끗 (보다). ③일별(一瞥)하다.

1542 날목생화(捏目生花): 눈을 비벼서 헛꽃이 눈에 보이게 하는 것. 눈을 눌러서 비비면 순간 허공 속에 꽃잎 모양의 허상(虛像)이 나타났다 사라지는데, 이것을 헛꽃[공화(空華)]이라고 한다. 그러므로 날목생화(捏目生花)란 실제로 없는 것을 억지로 조작하여 만든다는 말이다. =날목(捏目).

56. 타지 화상

타지(打地) 화상은 강서(江西)에서 깨닫고서 스스로 그 이름을 숨겼는데, 배우는 자가 묻기만 하면 스님은 다만 땅을 한 번 두드릴 뿐이었다. 하루는 어떤 스님이 미리 땅을 두드리는 막대기를 숨겨 놓고서 물었는데, 스님은 머리를 돌려 막대기를 찾다가 찾지 못하자 서둘러[1543] 말했다.

"만약 여기서라면, 방망이를 한 번 집어 들만 하지요."

하루는 어떤 스님이 타지 화상의 문인에게 물었다.

"스님께서는 누가 질문하기만 하면 오로지 땅을 한 번 두들기셨는데, 어떤 뜻입니까?"

그 문인은 부엌에서 땔나무 한 조각을 집어서 솥 가운데에 던져 넣었다.

打地和尙(凡一), 江西領旨, 自晦其名, 凡學者扣問, 師唯打地一下. 一日被僧, 預藏其棒, 然後設問, 師回頭尋棒不見, 遽云: "若在這裏, 泊着一棒." 一日有僧, 問師門人云: "和尙凡有所問, 唯打地一下, 意旨如何?" 門人於灶下, 拈一片柴, 擲于釜中.

묘희(妙喜)가 말했다.

"의붓아들이 아버지에게 미치지 못하니, 가문이 한 세대에 무너지는구나."

妙喜云: "養子不及父, 家門一世衰."

57. 이산 화상

1543 거(遽) : ①황급히. 서둘러. ②당황하다. 두려워하다.

이산(利山) 화상에게 어떤 스님이 물었다.

"온갖 색(色)이 공(空)으로 돌아가는데, 공은 어디로 돌아갑니까?"

이산이 말했다.

"혀는 입 밖으로 나오지 않습니다."

그 스님이 물었다.

"무엇 때문에 입 밖으로 나오지 않습니까?"

이산이 말했다.

"안과 밖이 한결같기 때문입니다."

利山和尙(凡一), 僧問: "衆色歸空, 空歸何所?" 師云: "舌頭不出口." 云: "爲甚麼不出口?" 師云: "內外一如故."

58. 홍주 서산양공 좌주

홍주(洪州) 서산(西山)의 양공(亮公) 좌주(座主)는 촉(蜀) 땅 사람이다. 마조가 양공에게 물었다.

"듣건대 좌주께서는 경론(經論)을 많이 강의한다고 하는데, 맞습니까?"

양공이 말했다.

"예!"

마조가 물었다.

"무엇을 가지고 강의합니까?"

양공이 말했다.

"마음을 가지고 강의합니다."

마조가 말했다.

"마음은 장인(匠人)[1544]과 같고 의식(意識)은 보조를 맞추는 사람[1545]과 같은데, 어떻게 경론을 강의할 줄 알겠습니까?"

양공이 목소리를 높여서 말했다.

"마음이 강의하지 못한다면, 허공이 강의합니까?"

마조가 말했다.

"도리어 허공이 강의할 수 있습니다."

양공이 소매를 떨치고 나가는데, 마조가 불렀다.

"좌주!"

양공이 머리를 돌리자 마조가 말했다.

"이게 뭡니까?"

양공은 말을 듣고서 곧장 크게 깨달았다. 이윽고 절을 올리니 마조가 말했다.

"둔한 스님아, 절은 왜 하느냐?"

양공은 이로부터 서산에 숨어서 자취를 감추었다.

洪州西山亮公座主(凡一), 蜀人也. 馬祖問師: "承聞座主, 大講得經論, 是否?" 師云: "不敢." 祖云: "將甚麼講?" 師云: "將心講." 祖云: "心如工伎兒, 意如和伎者, 爭解講得經?" 師抗聲云: "心旣講不得, 莫是虛空講得麼?" 祖云: "卻是虛空講得." 師拂袖而出, 祖召云: "座主!" 師回首, 祖云: "是甚麼?" 師於言下大悟. 遂作禮, 祖云: "鈍根阿師, 禮拜作麼?" 師自此, 隱于西山.

1544 공기아(工伎兒) : 기술자. 장인(匠人).

1545 화기자(和伎者) : 보조자. 주역(主役)을 도와주는 사람. 박자를 치거나 북을 쳐서 연기(演技)의 효과를 돋우는 사람.

59. 칙공 수좌

(1) 나를 보는가?

칙공(則公) 수좌(首座)는 촉(蜀) 사람인데, 그 때문에 칙천(則川)이라 불렀다. 칙공이 방거사와 함께 찻잎을 딸 때에 거사가 물었다.

"법계가 몸을 용납하지 않는다면, 스님은 나를 보겠습니까?"

칙공 수좌가 말했다.

"제가 아니라면 아마도 거사께 대답하였을 것입니다."

거사가 말했다.

"질문을 하면 답을 하는 것이 당연하지요."[1546]

칙공 수좌가 가만히 있자 거사가 말했다.

"아까의 경솔했음[1547]을 탓하지 마시오."[1548]

칙공 수좌가 역시 가만히 있으니, 거사가 "악!" 하고 고함을 지르고서 말했다.

"이 예의 없는 사람아! 내가 눈 밝은 사람에게 하나하나 말해 줄 때가 있을 것이다."

칙공 수좌는 차바구니를 내던지고 곧장 돌아갔다.

則公首座(凡三), 蜀人也, 因號則川. 與龐居士摘茶次, 士問: "法界不容身, 師還見我否?" 師云: "不是老僧, 泊答公話." 士云: "有問有答, 也是尋常." 師不對, 士云: "莫怪適來容易." 師亦不對, 士喝云: "這無禮儀漢, 待我一一擧似明眼人去在." 師

1546　심상(尋常) : ①평상(平常). 일상(日常). ②보통이다. 평범하다. ③항상. 언제나.

1547　용이(容易) : 경솔하다. 신중하지 않다. 등한하다. 힘들이지 않다. 대강대강.

1548　막괴(莫怪) : ①탓하지 말라. ②나쁘게 생각하지 말라. ③-하는 것도 무리가 아니다. 당연하다.

抛下茶籃, 便歸.

설두(雪竇)가 말했다.

"칙천(則川)은 경계[1549]를 꽉 거머쥐고 있을 줄만 알았지, 함께 살고 함께 죽을 줄은 몰랐다. 당시에 그에게 체면을 차리지 않았다면,[1550] 누가 방거사라고 여길[1551] 수 있었겠는가?"

雪竇云: "則川只解把定封疆, 不能同生同死. 當時與他, 捋下襆頭, 誰敢喚作龐居士?"

(2) 발을 내려뜨리다

칙공 수좌가 앉아 있을 때에 방거사가 찾아와 말했다.

"방장실에 틀어박혀 있기만[1552] 하다면, 객승이 찾아와도 모를 것입니다."

그때 수좌는 의자에서 한 발을 내려뜨렸는데, 거사가 두세 걸음 나가다가 되돌아오니 수좌는 다시 발을 거두어들였다. 거사가 말했다.

"자유자재(自由自在)하다고 할 만하군요."

수좌가 말했다.

"내가 주인입니다."

거사가 말했다.

1549 봉강(封疆) : ①흙을 쌓아 경계를 표시하다. 또는 그 경계. ②강역(疆域). 강토(疆土). 국토.
1550 날하복두(捋下襆頭) : 두건을 벗다. 모자를 벗다. 체면을 차리지 않다. =날하면피(捋下面皮).
1551 환작(喚作) : -라 여기다. -라 부르다. =환주(喚做).
1552 단거(端居) : (바깥과 왕래하지 않고) 집 안에 틀어박혀 있다. 집 안에 편안히 머물러 있다. =단좌(端坐).

"스님은 주인이 있는 줄만 알고, 손님이 있는 줄은 모르시군요."

수좌가 시자(侍者)를 불러 차를 끓이라고 하니, 거사는 춤을 추면서 나갔다.

師坐次, 居士來云: "只知端居丈室, 不覺僧到參." 時師垂下一足, 士出行三兩步, 卻回, 師乃收足. 士云: "可謂自由自在." 師云: "我是主." 士云: "阿師只知有主, 不知有客." 師喚侍者點茶來, 士作舞而出.

(3) 석두를 만났을 때

칙공 수좌가 방거사에게 물었다.

"처음 석두를 만났을 때의 도리를 기억합니까?"

방거사가 말했다.

"오히려 스님이 말씀하실 수 있을 겁니다."

수좌가 말했다.

"오랫동안 간여한 일은 소홀히 한다는 사실을 확실히 알겠군요."[1553]

거사가 말했다.

"칙천(則川) 노인장[1554]께서 저의 허물을 바로잡지 않는군요."

수좌가 말했다.

"둘이 그렇게 동시(同時)인데 다시 차이[1555]가 얼마나[1556] 있겠소?"

거사가 말했다.

"제가 강건(强健)하니 스님을 이깁니다."

1553 정지(情知) : 확실히 알다.
1554 노모(老耄) : ①노망하다. 망령 들다. 노쇠하다. ②70-80세 이상의 노인.
1555 쟁(爭) : 차이. 차이가 있다.
1556 기허(幾許) : 얼마? 몇?(수량을 묻는 의문사)

수좌가 말했다.

"나를 이기는 것이 아니라, 다만 당신이 쓰는 두건[1557] 하나가 나에게 없을 뿐이요."

거사가 두건을 벗어서 쥐고 말했다.

"저도 스님과 꼭 같군요."

수좌는 크게 웃으며 그만두었다.

師問居士: "記得初見石頭時道理麼?" 士云: "猶得阿師擧在." 師云: "情知久參事慢." 士云: "則川老耄, 不啻龐公." 師云: "二彼同時, 又爭幾許?" 士云: "龐公鮮健, 且勝阿師." 師云: "不是勝我, 只是欠汝一箇襆頭." 士拈下襆頭云: "恰與阿師相似." 師大笑而已.

연등회요 1

선문답과 법문 공안집

초판 1쇄 발행 2024년 7월 17일

편저 회옹오명
역주 김태완
펴낸이 오세룡

편집 윤예지 손미숙 박성화 여수령 정연주
기획 곽은영 최윤정
디자인 김효선 고혜정 최지혜
홍보·마케팅 정성진

펴낸곳 담앤북스
주소 서울특별시 종로구 새문안로3길 23 경희궁의 아침 4단지 805호
대표전화 02-765-1250(편집부) 02-765-1251(영업부)
전송 02-764-1251
전자우편 dhamenbooks@naver.com

출판등록 제300-2011-115호

ISBN 979-11-6201-601-5 04220

값 42,000원